Dieter Oestreich

Zwischen Lenin & Lennon

Mein halbes Leben
(1955 - 1990)

Ленин живее всех живых
[Lenin živee vsech živych]
[Lenin ist lebender als alle Lebenden]
Sowjetische Losung

Nothing is real.
John Lennon: Strawberry Fields

Unser größter und längster Irrtum ist, daß wir das Leben, d.h. seinen Genuß […], in seiner Zusammensetzung suchen, als könnte das Ganze oder das Verhältnis der Bestandteile uns etwas geben, das nicht jeder einzelne Teil schon hätte. […] Das Jahrhundert wirft den Blumensamen deiner Freude nur aus der porösen Säemaschine von Minuten; oder vielmehr an der seligen Ewigkeit selber ist keine andere Handhabe als der Augenblick. Das Leben besteht nicht aus 70 Jahren, sondern die 70 Jahre bestehen aus einem fortwehenden Leben, und man hat allemal gelebt und genug gelebt, man sterbe wenn man will.

Jean Paul: Titan

Die Orthographie folgt im wesentlichen der alten Rechtschreibung, mit einigen maßvollen Modernisierungen.

2. Auflage 2016

Erster Teil

Erwachen im Morgenrot

... Heute wiederum grauer Frost.

Thomas Mann: Tagebücher, Eintrag 13. März 1955

Kapitel I

Die frühen Jahre
(1955 – 1962)

Damals war alles so schön,
doch wir waren viel zu jung,
um unser Glück zu verstehn.

DDR-Schlager von Bärbel Wachholz, 1959

1
Die neue Zeit

Als ich geboren wurde, war Deutschland wie durch eine Zündschnur geteilt. Auf der einen Seite standen *die Sieger der Geschichte*, auf der anderen die *Ewiggestrigen*. Beide Seiten befanden sich unter der Obhut der Supermächte, die ihre Atomraketen aufeinander gerichtet hatten: Ein Funke genügte, um Europa in eine radioaktive Wüste zu verwandeln. Zusammen reichte das nukleare Arsenal, um die Menschheit tausendfach auszulöschen. Die *Freunde*, wie unsere sowjetischen Beschützer gemeinhin genannt wurden, bezogen das seltene Element für ihre Sprengköpfe aus dem Erzgebirge, an dessen Fuß ich aufwuchs. Der technische Fortschritt veränderte nicht nur die Weltlage. Zur gleichen Zeit begannen immer mehr Haushaltsgeräte, den Alltag in den hochentwickelten Ländern zu erleichtern. Das Leben von Millionen Menschen gewann an Bequemlichkeit und Mannigfaltigkeit, wie sie selbst frühere Herrscher kaum genossen hatten.

Von alledem spürte der kleine Dieter kaum etwas. Hin und wieder hörte er von seiner Großmutter bedrohliche Andeutungen hinsichtlich der Weltlage. Doch Begriffe wie Uran oder Kobalt entfachten weniger seine Phantasie als die grausigen Gestalten in vielen Märchen der Gebrüder Grimm, die sie ihm oft vorgelesen hatte. Das modernste technische Gerät im Haushalt seiner Eltern war ein alter Radiokasten.

Im Nachhinein war meine frühe Kindheit wie bei den meisten Menschen das Goldene Zeitalter, an das ich mich später bestenfalls schemenhaft erinnern konnte. Das Silberhofviertel, in dem ich aufwuchs, hatte in den zwanziger oder dreißiger Jahren kaum anders ausgesehen als in meiner Kinderzeit. Es wurde beherrscht von wuchtigen Mietshäusern aus der Gründerzeit, die allmählich in kleinere Siedlungshäuser und Schrebergärten übergingen. Als Relikt früheren Bergbaus ragten ein paar Halden auf, bewachsen mit Birken und anderen anspruchslosen Pflanzen. Lediglich zwei, drei neuere Schilder an den Häuserfassaden mit den Aufschriften KONSUM oder HO kündeten von der *neuen Zeit*. Vor den Geschäften bildeten sich oft Schlangen. Die Leute standen geduldig an, kein Murren war zu hören. Autos gab es so gut wie keine, die einzelnen Kraftwagen fügten sich unaufdringlich in das Vorkriegsambiente ein. Hier schien - wie an vielen Orten im Osten Deutschlands - die Zeit stehengeblieben zu sein.

Meine Heimatstadt Freiberg war im Mittelalter dank des Silberbergbaus zeitweilig die wichtigste Stadt Sachsens gewesen. Nach Verlegung der Residenz nach Dresden im 16. Jahrhundert verblaßte der frühere Glanz schnell. Die *Boomtown* verkam zum Provinznest. Den einzigen Lichtblick stellte die Gründung der Bergakademie im Jahre 1765 dar, die damit zu einer der ältesten Technischen Hochschulen der Welt zählt. Mit der Einstellung des Bergbaus am Ende des 19. Jahrhunderts beschleunigte sich der Abstieg. Der Ort schlummerte dahin als Beamtenstädtchen mit ein paar Mittelbetrieben. Die Wiederaufnahme des Bergbaus durch die Nationalsozialisten und der forcierte Aufbau der sozialistischen Schwerindustrie führten zu einem gewissen Aufschwung. Auch die Bergakademie wurde in der DDR wesentlich erweitert. Diese Hochschule sollte meine spätere akademische Laufbahn maßgeblich prägen.

Die Stadt verfügt über eine historische Altstadt, die teilweise noch von Resten einer Stadtmauer umschlossen wird, mit dem Dom als wertvollstes Einzeldenkmal. Im Krieg war die Stadt kaum zerstört worden. Es kam lediglich zu einem angloamerikanischen Bombenangriff auf die Bahnhofsgegend, dem wenige Menschen zum Opfer fielen. Der Oberbürgermeister übergab die Stadt im Mai 1945 kampflos der heranrückenden Roten Armee. Im Gegensatz zu seinem Greifswalder Kollegen, der für dieselbe mutige Tat in unsere Geschichtsbücher einging, verschwand er hinter Stacheldraht des sowjetischen Gulag und starb kurz darauf.

Die Russen zogen sich nach der Gründung der DDR aus der Stadt und deren Umgebung zurück. Im Gegensatz zu vielen anderen Städten und Landkreisen hatte man hier nicht das Gefühl, in einem besetzten Land zu leben. Bis zum Krieg war Freiberg Garnisonsstadt gewesen. Die Nationale Volksarmee übernahm die alten Kasernen nicht, sie wurden ausgemustert und dienten fortan als Studentenwohnheime. Meine Kindheit war bestimmt durch die Abwesenheit von Militär, und ich empfand dies als die natürlichste Sache der Welt.

2
Wunder gescheh'n

Einmal um die ganze Welt und die Taschen voller Geld, der Traum vieler DDR-Bürger blieb für meine Eltern unerreichbar. Ihre weiteste Reise führte sie Ende der siebziger Jahre nach Leningrad. Ihr Portemonnaie enthielt lediglich lappige Scheine und *Aluchips* einer nicht frei konvertierbaren Währung. Damit waren sie schon weitgereist im Vergleich zu meiner Großmutter, die nicht über den Spreewald hinausgekommen war. Von dem schwärmte sie, als handelte es sich um Venedig. Die geringe Mobilität im Raum kompensierte sie durch eine ausgedehnte Reise in der Zeit. Sie erlebte fünf politische Systeme in Deutschland. Als sie geboren wurde, regierte noch Bismarck, als sie starb, war Kohl gesamtdeutscher Kanzler: eine schöne historische Kontinuität, wenn die größten Katastrophen der deutschen Geschichte nicht dazwischen gelegen hätten.

Nur einmal waren meine Eltern im anderen deutschen Staat gewesen, 1954 zur Hochzeit meines Onkels Christian in Langenhagen bei Hannover. Westdeutschland berauschte sich am Wirtschaftswunder - wunderbar, wenn man richtiges Geld in der Tasche hatte. Mein Vater mußte den jüngeren Bruder anbetteln, der nicht gerade als großzügig galt, wenn sie ein Eis essen wollten oder ähnliche bescheidene Wünsche verspürten. Einige Tage später ereignete sich auch das sogenannte Wunder von Bern: *Deutschland* wurde Fußballweltmeister.

Neun Monate nach dem Besuch der Eltern im Wunderland wurde ich geboren. Die Geburt war wie die jedes Menschen ein kleines Wunder, so unwahrscheinlich wie ein Sechser im Lotto mit Superzahl. Von den Abermillionen Samenzellen des Vaters hatte gerade *die* eine prompt *die* eine Eizelle der Mutter befruchtet - gut: hier war die Auswahl überschaubarer - die als einzige die genetische Identität meiner Person begründeten. Sicher wäre aus der harmonischen Ehe meiner Eltern irgendein Kind hervorgegangen. Und den ersten Sohn hätten sie genauso genannt, doch das wäre nicht *ich* gewesen. Lediglich Kindern erscheint die eigene Existenz selbstverständlich. Warum hatten sich ausgerechnet *diese* Gene durchgesetzt? Lag es am Ort der Zeugung? Hatten der Duft des Westens, die glitzernden Verheißungen der Schaufenster und Leuchtreklamen, der Rausch der freien Welt die *eine* Samenzelle besonders angetrieben, oder hatte der Kater der Mittellosigkeit die anderen Spermien abgeschreckt? Daß man die unwahrscheinliche Chance des eigenen Lebens nur einmal bekam, verstand sich von selbst.

3
Der Sonntagsjunge

An einem grauen Märztag setzten die Wehen der Mutter ein. Als die Nacht am tiefsten war, erblickte Dieter das Licht des Kreißsaals. Das künstliche Weiß blendete ihn, dennoch wirkte der Raum düster und kalt. So sieht also die Welt aus, die ihn erwartet, und so wird sie aussehen, wenn er sie verlassen muß? Er begann zu schreien. Lohnt es sich dafür, aus dem Schlaf zu schrecken? Was ist das Leben anderes als ein kurzes Erwachen aus einem unendlichen Schlaf? Oder ist es bestimmt zum Träumen - eine Reihe von Tagträumen? Endlich hörte er auf zu schluchzen und schloß die Augen.

Meine Eltern waren stolz auf ihr erstes Baby. Es wog über vier Kilogramm. Ein stattliches Kerlchen, aus dem einmal etwas Großes werden konnte. Goethe war mit schlechteren Voraussetzungen zur Welt gekommen. Mein Vater schrieb mit weißem Fotostift in gestochener Schrift auf die erste Seite des neu angelegten Fotoalbums: „Dieter O./Ein Sonntagsjunge". Der Vorname war, nachdem er in den vierziger Jahren zu den zehn am häufigsten gewählten Namen gehörte, inzwischen ein Auslaufmodell geworden.

Im Gegensatz zu meinem sechs Jahre später geborenen Bruder wurde ich getauft. Als zweiten Vornamen bekam ich den meines Vaters Manfred. Der traditionelle zweite Vorname in der Familie war, wie ich seinem Stammbuch entnahm, Adolf. Doch derart konnte nach dem schmählichen Abgang des letzten Adolfs niemand mehr in Deutschland heißen. Der Heilige Geist kam mit der Taufe nicht über mich, eher der atheistische Zweifel, vor allem aber der Schauder vor kaltem Wasser.

Die Tage wurden länger, dennoch blickt der kleine Dieter auf den wenigen Photographien als Baby skeptisch oder sogar mürrisch. Hingegen erscheint die Mutter, trotz der altmodischen Kleider, auf den Fotos jung und strahlend. Weder auf früheren noch auf späteren Bildern wirkt sie so schön und entspannt.

4
Familienalbum

So zufällig die individuelle Zeugung ist, so determiniert erscheint der weitere Lebensweg. Sowohl das genetische Material als auch die konkrete Umwelt wie die Persönlichkeit der Eltern oder das soziale und kulturelle Milieu stellen die Weichen der persönlichen Entwicklung.

Mein Vater wurde 1925 in der Arbeiterfamilie O. in einem Industriedorf im Osterzgebirge geboren. Der Ort bekam wegen seines weitläufigen Bahnhofs eine gewisse strategische Bedeutung für das Großdeutsche Reich im Vorfeld der Besetzung des benachbarten Sudetenlandes. Die Eltern verhielten sich wie die Mehrheit der Deutschen gegenüber dem Hitlerstaat, sie waren weder bornierte Nazis noch Widerstandskämpfer.

Ansonsten stellte der Heimatort meines Vaters Manfred eine beschauliche Sommerfrische dar, umgeben von Wald und einigen

Bergen. Ein paar Kleinbetriebe sorgten für Beschäftigung. Sein Vater Gerhard arbeitete als Schmied. Die Arbeitsstätte befand sich nur hundert Meter vom Wohnhaus entfernt. Die Mutter Gertrud, die aus einer Gemeinde nahe der Kreisstadt stammte, war lange Zeit Hausfrau und später Hilfskraft in einem Baubetrieb.

Manfred war der älteste von sechs Kindern. Nach der Schule verließ er als erster aus der Familie den kleinen Ort, wohl in der Hoffnung, Stadtluft mache freier. Er war fleißig, beharrlich und sehr gewissenhaft. Nach einer kaufmännischen Lehre an der Handelsschule in der Kreisstadt Freiberg trat er den Dienst im dortigen Landratsamt an und hätte bestimmt eine klassische mittlere Beamtenlaufbahn genommen, wäre nicht der verkannte Kunstmaler aus Braunau am Inn gerade dabei gewesen, die politische Karte Europas zu überpinseln.

Eingezogen wurde Manfred O., als das Großdeutsche Reich den Zenit seiner Ausdehnung überschritten hatte. Er kam nach Frankreich und wurde vermutlich wegen seiner eingeschränkten Sehkraft, weshalb er eine starke Brille trug, als Funker eingesetzt. Er sprach kaum von seinen Kriegserfahrungen, allenfalls in einem Nebensatz blitzte ein Erinnerungssplitter auf, der eher an einen Urlaubsaufenthalt denken ließ. Wahrscheinlich kann eine Armee nur funktionieren, wenn sie sich auf junge Männer stützt, die die Welt durch eine rosarote Brille sehen. Der hohe Testosteronspiegel läßt sie die fatale Lage einigermaßen rosig sehen. Mein Vater sagte, wer Angst gehabt hätte, sei gefallen. Da wäre ich beizeiten gefallen.

Nach kurzer Kriegsgefangenschaft im Westen kam er wieder ins Landratsamt und trat bald in die Kommunistische Partei ein. Er hatte oft Kontakt mit der russischen Besatzungsmacht. Eine Anekdote, die er gern erzählte, handelte davon, daß er gegen zehn Uhr abends in die Kommandantur bestellt wurde. Er rechnete schon mit dem Schlimmsten und mußte zudem lange im Vorraum warten. Nach dem Vorbild des Generalissimus Stalin, der das gesamte öffentliche Leben seinem persönlichen Lebensrhythmus angepaßt hatte, waren die Russen gerade dabei, das Abendessen vorzubereiten. Schließlich wurde er gerufen und zum Wodkatrinken animiert. Der Kommandant begann, über

Gott und die Welt zu reden. Zu guter Letzt schenkte er dem neuen Klassenbruder einen riesengroßen Schokoladen-Weihnachtsmann, damals eine nahrhafte Rarität.

Erst kürzlich entdeckte ich, daß mein Vater auch Mitglied der NSDAP gewesen war. In späteren Fragebögen hatte er das stets verneint, und ich hatte es natürlich auch nicht angegeben bei meiner Bewerbung zum Auslandsstudium. Andernfalls hätten sie mich wahrscheinlich nicht angenommen und meine Entwicklung wäre ganz anders verlaufen. Beispielsweise hätte ich nie meine spätere Frau kennengelernt. So verdanken nicht zuletzt meine Kinder ihre Existenz einer Lüge.

Freilich handelte sich um eine Notlüge, die Lebenslüge lag auf Seiten des SED-Staats. Der abrupte Farbwechsel vom braunen PG zum roten Genossen war 1945 nichts Außergewöhnliches. In den Akten meines Vaters fand ich einen Artikel aus der *Täglichen Rundschau* von Juni 1945 mit roten Unterstreichungen, in dem „kleinen Mitläufern", die keine Verbrechen begangen hatten, ein Generalpardon zugestanden wurde. Tatsächlich schafften es einige, auch nicht ganz unbedeutende Nazis, in den Anfangsjahren der DDR erneut in wichtige Positionen aufzusteigen, wenngleich das nicht dominante Züge annahm wie im Westen. Erst nach der Niederschlagung der „faschistischen Provokation" am 17. Juni 1953 und der Errichtung der Mauer, dem sogenannten Antifaschistischen Schutzwall, am 13. August 1961, nahm der staatlich sanktionierte Antifaschismus schizophrene Züge an. Von da an gab es Faschisten nur noch im Westen. Die ehemaligen Nazis auf dem Gebiet der DDR hatten die Republik verlassen oder saßen im Zuchthaus. Jedenfalls konnten sie keine Karriere machen, wenn nötig bis ins dritte Glied. Dabei gab es zwischen den beiden totalitären Ideologien eine Reihe zumindest formaler Gemeinsamkeiten, die zu benennen in der DDR selbstverständlich ein Tabu darstellte.

In der Nachkriegszeit mußte mein Vater nicht am Hungertuch nagen, da er bei seiner Tante Flora wohnte, die in der Molkerei arbeitete und von dort allerlei *mitbrachte*. Sie versteckte die Butter unter dem Büstenhalter, was ihr leichtfiel, da sie keinen Busen hatte.

Ganz anders ging es im Haushalt seiner künftigen Schwiegermutter zu, wo Kartoffeln mit Rübensirup und ähnliche kümmerliche Delikatessen stolz gereicht wurden. Ihre Familie besaß einen kleinen Garten am Bahndamm, den sie vom Betrieb des Mannes erhalten hatte. Dort bauten sie nach dem Krieg Kartoffeln an. Außerdem unternahm sie kräftezehrende Überlandfahrten mit dem Handwagen, um Kornfelder zu stoppeln oder Holz zu sammeln. Die Schwiegermutter hieß Emma Sidonie, wurde nur Emma genannt, konnte diesen schönen Namen aber nicht leiden. Heutzutage ist der Name wieder modern. Unbeliebt sind jeweils die Vornamen aus den beiden vorangegangenen Generationen.

Meine Mutter war drei Jahre jünger als mein Vater, was noch heute der durchschnittlichen Altersdifferenz von Ehepaaren entspricht. Sie trug den Namen Ingetraud und wurde gewöhnlich Traudel gerufen. Sie wuchs in kleinbürgerlichen Verhältnissen in der Kreisstadt auf. Ihr Vater Richard war zunächst Arbeiter im Telegrafenbauamt, die Mutter Emma kam aus dem Erzgebirge. Emma lernte ihren Mann in der Kreisstadt kennen, wo sie „in Stellung" war. Später verdiente sie etwas durch Heimarbeit hinzu, zuletzt arbeitete sie als Putzfrau. Die Familie, zu der noch der ältere Bruder Heinz gehörte, wohnte zunächst in der Bahnhofsvorstadt, dann zogen sie in eine Dreiraumwohnung auf die Silberhofstraße.

Mitte der dreißiger Jahre war Richard der NSDAP beigetreten und wurde dafür mit einer Stelle als kleiner Beamter in seinem Amt belohnt. Ansonsten war die Familie weitgehend unpolitisch, und Richard wurde nach dem Krieg genauso selbstverständlich entnazifiziert. Lediglich Emma wagte unter vier Augen auch einmal Zweifel am strategischen Genie des Führers. Als ausgerechnet am dreizehnten Geburtstag ihrer Tochter die Wehrmacht auf Hitlers Befehl die Sowjetunion überfiel, will sie, nach späterem Bekunden, zu ihrem Mann geäußert haben: „Jetzt ist der Kerl völlig verrückt geworden."

Meine Großmutter hatte eine Heidenangst vor den Russen. Noch Jahrzehnte später weigerte sie sich, abends allein durch den Stadtpark zu gehen. Vor allem in den ersten Wochen nach Kriegsende kam es zu Übergriffen sowjetischer Truppen wie

Plünderungen und einzelnen Vergewaltigungen in der Stadt. Auch ihr Sohn Heinz war einmal im Stadtpark von Russen zusammengeschlagen und ausgeraubt worden. Zu DDR-Zeiten waren die Verbrechen der Roten Armee ein absolutes Tabu, und danach hatten die meisten Leute andere Probleme.

Eigentlich wollte meine Mutter, hörte ich später von meiner Großmutter, Lehrerin werden. Wahrscheinlich wäre sie sogar eine gute Lehrerin geworden. Doch in den Wirren der letzten Kriegs- und ersten Nachkriegsjahre absolvierte sie nach Abschluß der Mittelschule nicht einmal eine Berufsausbildung. Nach einer abgebrochenen Schneiderlehre begann sie, beim Landratsamt, dem späteren Rat des Kreises, als Bürohilfskraft zu arbeiten. Hier lernte sie meinen Vater kennen.

Wie in der großen Politik der Sowjetischen Besatzungszone vollzog sich auch bei meinen Eltern eine Vereinigung von KPD und SPD, meine Mutter war 1945 den Sozialdemokraten beigetreten, nur daß es sich bei ihnen nicht um eine Zwangsheirat handelte. Auch in unserer Familie bewahrte die KPD die ideologische Dominanz, derweil meine Mutter hin und wieder von „kleinbürgerlichen Schwankungen“ befallen wurde.

In der Besatzungszeit, als formale Hierarchien wenig galten, spielte mein Vater politisch eine maßgebliche Rolle in der Kreisverwaltung. Er organisierte wichtige Vorhaben wie die Anlage von Kleingartensiedlungen zur teilweisen Selbstversorgung der Pächter oder den ersten Wohnungsneubau in der Kreisstadt nach dem Krieg. Später wurde er etwas in den Hintergrund gedrängt. In den fünfziger Jahren versuchte er, durch ein Fachschulfernstudium Anschluß zu halten. Meine Mutter wechselte damals in die Verwaltung der Papiermaschinenfabrik, wo sie als Hilfskraft in der Lohnbuchhaltung anfing.

Meine Großmutter Emma konnte ihren künftigen Schwiegersohn nicht leiden. Ihre Traudel sollte einen biederen, unpolitischen Gatten bekommen, der Geselligkeit schätzte und ihre Autorität anerkannte. Was sollte sie mit einem Eigenbrötler, der schon als äußeres Zeichen eine Brille trug, und ironischerweise ein aufrichtiger Kommunist war? Die Antipathie zwischen ihr und dem „Kerl“ beruhte auf Gegenseitigkeit. Nicht umsonst galt sie in dem

Viertel als Drachen. Dennoch blieb ihm nach der Hochzeit im Jahre 1953 aufgrund der Wohnungsnot nichts anderes übrig, als bei Emma als Untermieter einzuziehen.

Im Jahr davor war ihr Mann Richard an einer Lungenentzündung gestorben. Die Krankheit war zunächst vom behandelnden Arzt als bloße Erkältung abgetan worden, und der brave Mann rannte weiter zur Arbeit. Durch die schlechte Ernährung waren die Menschen damals weniger widerstandsfähig. Das Krankenhaus war hoffnungslos überbelegt, Penicillin zwar schon bekannt, aber in der Provinz nicht verfügbar. Emma gab die Schuld am Tod ihres Mannes ihrem Sohn Heinz, der sich angeblich nur um seinen gerade geborenen Sohn gekümmert und so den Vater vernachlässigt hatte. Überhaupt brauchte sie für Niederlagen einen „Schuldigen", das konnte jeder sein, nur sie selbst nicht - eine Neigung, die sie mit vielen Deutschen teilte.

In das Zimmer, das nun meine Eltern bewohnten, waren zuvor wegen des katastrophalen Wohnungsmangels nach dem Krieg von der Stadt verschiedene Schauspielerinnen des Stadttheaters eingewiesen worden. Die prominenteste Untermieterin war die junge Inge Keller, die bald nach Berlin ging, und noch als alte Diva von der kleinen Stadt schwärmte.

Ab den sechziger Jahren, nachdem wir umgezogen waren, wohnten dort wieder Theatermimen. Es stand ein Klavier in dem Zimmer, auf dem ich bei Abwesenheit der Untermieter als Teenager zuweilen etwas hämmerte. Der Raum war durch die jeweiligen Bewohner karg, aber heiter eingerichtet worden, pfiffiger als bei meinen Eltern, ganz zu schweigen von den dunklen Gemächern meiner Großmutter.

5
Rosinenwald

In jenem Zimmer wohnte der kleine Dieter in seinen ersten fünf Lebensjahren. Es war hoch mit zwei großen Fenstern nach Osten und Norden. Hier standen sein Kinderbett und sein Laufgitter. Hier wurde für ihn auf einer kleinen Heizplatte gekocht, wurde er in dem Holzbottich gebadet und auf das Töpfchen gesetzt. Wenn die frühe Kindheit die spätere Entwicklung derart determiniert, wie es die Anhänger Freuds behaupten, was hat das ständige Zusammensein mit seinen Eltern auf diesen fünfzehn Quadratmetern in dem zarten Knaben ausgelöst?

Im Wohnzimmer der Großmutter beeindruckten ihn zwei Dinge. Da war zunächst eine große Standuhr, in der man sich fast wie bei den Sieben Geißlein verstecken konnte. Alle Viertelstunden schlug sie, besonders durchdringend zur vollen Stunde. Es dauerte eine Weile, ehe der letzte Ton verhallt war. Zur Verblüffung mancher Besucher konnte Dieter bereits mit drei Jahren die Uhrzeit ablesen. Das zweite Wunderding war ein Grammophon, ein wuchtiger Kasten, der krächzende Töne ausstieß. Die Oma hatte nur wenige Schellackplatten, schwere, sperrige Vorläufer der späteren Schallplatte, auf die nur wenig Musik paßte. Darunter befand sich eine mit dem Rennsteiglied von Herbert Roth, das der kleine Dieter am liebsten hörte und bald auswendig kannte.

Als ich in die Schule kam, verachtete ich bereits die volkstümliche Musik. Die frühkindliche Infektion immunisierte mich zeitlebens gegen diesen infantilen Schwachsinn.

Im Schlafzimmer der Großmutter, das er sehr selten betrat, hing über dem, fast den ganzen Raum ausfüllenden Ehebett ein wuchtiger Elfenreigen. Die atmosphärischen Geschöpfe schwebten zwischen Gondeln in einer entrückten Landschaft. Dieter fand das Bild scheußlich, ja es graute ihm sogar davor.

Das Mietshaus, das meine Großmutter bis kurz vor ihrem Lebensende ein halbes Jahrhundert lang bewohnte, war seit seiner Fertigstellung um die Jahrhundertwende weitgehend dem Zahn der Zeit überlassen worden. Zwar erwies sich die Bausubstanz solider als bei späteren Neubauten, trotzdem war der Komfort minimal. Das einzige Waschbecken in der Parterrewohnung gab es in der Küche. Die Großmutter nannte es auf Sächsisch *Gosse*, nicht zu verwechseln mit dem hochdeutschen Gebrauch dieses Wortes für Rinnstein. Die Erwachsenen gingen zum Baden in die öffentliche Badeanstalt, die in den zwanziger Jahren am Rande der Innenstadt gebaut worden war. Das Trockenklo befand sich eine halbe Treppe tiefer.

Der kleine Dieter, der nichts anderes kannte, nahm daran keinen Anstoß. Viel mehr stank es, wenn das *Sudelauto* vorfuhr und die Jauchegrube des Hauses auspumpte. Die Kinder versammelten sich dann im Garten und starrten gebannt auf das Geschehen. Das Auto roch noch widerlicher als die Grube selbst. Der Grube durfte man sich keineswegs nähern, wenn sie offen stand. Die Großmutter hatte wiederholt Schauergeschichten von Kindern erzählt, die in die Jauchegrube gefallen waren. Normalerweise war die Grube mit einem Eisenblech abgedeckt, über das man gehen mußte, bevor man die Haustür öffnete.

Nicht weniger gruselig war der Kohlenkeller, der im Krieg bei Fliegeralarm als Luftschutzraum gedient hatte. Hinunter führte eine steile Treppe, unten war es rußig und feucht. Wenn seine Großmutter dem Jungen ein Märchen vorlas, in dem Gnome vorkamen, sah er die Ungestalten aus dem Keller heraufkommen und am Abend zum Glück auch dort wieder verschwinden.

An der Fassade des Nebenhauses war die verblichene Aufschrift *Kolonialwaren* zu entziffern, nun befand sich dort eine Wohnung. Dieter wußte nicht, was diese Kolonialwaren darstellten, mit dem einförmigen Angebot in dem nahen HO-Laden hatten sie offenbar kaum etwas zu tun. Um die Ecke in der nächsten Nebenstraße gab es einen Friseurladen, in den er regelmäßig gebracht wurde.

Dort lagen Illustrierte aus wie die *NBI*, die Neue Berliner Illustrierte. Bunte Zeitschriften waren in der grauen DDR rar. Am meisten faszinierten mich Fotos zu einem mehrteiligen Film, wo es um die Autorennen der dreißiger Jahre mit den Rennfahrern von Brauchitsch, Caracciola und Rosemeyer ging. Der Film lief zwar erst Mitte der sechziger Jahre im DDR-Fernsehen, als wir bereits ins Neubaugebiet umgezogen waren, doch erscheint er mir nachträglich wie eine Filmkulisse zu meinen ersten Lebensjahren auf der Silberhofstraße. Das Thema wirkte exotisch im DDR-Fernsehen, dessen eigene Geschichtsfilme fast ausschließlich kommunistischen Helden des antifaschistischen Widerstandskampfes gewidmet waren, doch Manfred von Brauchitsch war Chef des Olympischen Komitees der DDR, eine der wenigen adligen Trophäen mit der sich der Arbeiter-und-Bauern-Staat schmücken konnte.

Regelmäßig strahlte das Ostfernsehen die alten Ufa-Schinken aus, die häufig während des Kriegs unter der strengen Zensur Goebbels' gedreht worden waren. Der Schauspieler Willy Schwabe bediente in der „Rumpelkammer" die Klientel mit den Mythen um die verblichenen Filmsterne des Dritten Reiches, politische Hintergründe wurden galant ausgeblendet. Wahrscheinlich schienen die alten Filme den Funktionären ungefährlicher als die Streifen über den glitzernden *American way of life* aus den Hollywood-Studios der US-Imperialisten. Auf sowjetische Filme reagierten die Werktätigen, nicht immer zu Recht, allergisch, weshalb man sie nur dosiert präsentierte.

Zum nostalgischen Fluidum meiner frühen Kindheit gehörten Fuhren mit dem Handwagen, bei denen ich die Großmutter in den Wald begleitete, wo sie Holz sammelte. Der sogenannte Rosinenwald war gut zu Fuß erreichbar. Was dieses Waldstück mit Rosinen zu tun hatte, blieb schleierhaft. Es stank dort nach Industrieabgasen, nachdem Anfang der fünfziger Jahre ein Hüttenkombinat, das vor allem Blei und Zink produzierte, in der Nähe errichtet worden war.

Ein anderes Relikt war die Milchkanne, mit der man mich zum Milchholen in den Konsum-Laden schickte. Sie bestand aus Aluminium, mit einem Deckel und einem Henkel, der in einem hölzernen Griff endete. Die Kanne der Familie O. war leicht verbeult. Zwar verpestete die Industrie seinerzeit die Umwelt stärker als heute, dafür verhielten sich die privaten Verbraucher in ihrer Not ökologischer. Der Mülleimer mußte viel seltener geleert werden als die Nachttöpfe.

Mit der Großmutter fuhr ich einmal zu ihren Verwandten ins Erzgebirge. Dort wohnte ihre Schwester, die sie nur Tante Minna nannte, nebst Familie. Obwohl das Dorf nur eine Viertelstunde mit der Bahn von Freiberg entfernt lag, handelte es sich um eine andere Welt. Die Verwandten sprachen *Arzgebaargsch,* das heißt den erzgebirgischen Dialekt, der in meinen Ohren grauenhaft klang. Was sollte man sich etwa unter Ardöppeln vorstellen? Ich merkte, daß es sich um gewöhnliche Kartoffeln handelte, die man hier Erdäpfel nannte, in Anlehnung an die französische Bezeichnung *pommes de terre*. Die Gastgeber boten mir Butterbrote an, die so dick wie die Brotscheiben mit Butter belegt waren. Ich mied Butter ohnehin, doch diese *Bemmen* ließen mich erschauern. Damals galt für Kinder der Spruch: „Was auf den Tisch kommt, wird gegessen." Da hungerte ich lieber, was die Alten, wenige Jahre nach der *schweren Zeit*, überhaupt nicht verstehen konnten. Minna war ungewöhnlich dick, zumindest für jene Jahre. Kein Wunder bei solchen Butterbroten. Gelegentlich besuchte Minna in der Kreisstadt Emma. Tante Minna verließ dann mindestens eine Stunde, ehe der Zug zurückfuhr, die Wohnung, obwohl man nur zehn Minuten bis zum Bahnhof brauchte. Was konnte alles auf dem Weg dorthin passieren in der großen Stadt. Möglicherweise fuhr der Zug früher ab. Ich war froh, wenn ich sie nicht begleiten mußte, da ich es schon seinerzeit haßte, auf Bahnhöfen zu warten.

6
Sputnik

Es heißt, wir könnten die Stunde des Todes nicht voraussehen. Welche Wahrnehmungen und Gefühle werden wir dann haben? Ich glaube, sie ähneln in vielen den Wahrnehmungen und Gefühlen eines Neugeborenen. Doch die früheste Zeit liegt für uns hinter einem undurchdringlichen Vorhang. Es ist wie mit dem Urknall, bevor sich Strahlung und Materie trennen, ein nebulöses Plasma unzugänglich der direkten Rekonstruktion. Erst wenn das Licht des Bewußtseins sich scheidet vom körperlichen Sein wird der Himmel unseres Ichs klar für die Teleskope der Erinnerung.

Das erste Ereignis, an das ich mich dunkel erinnern kann, ist der „Sputnik" oder was man dafür hielt. Im Herbst des Jahres 1957 waren die Sowjets den Amerikanern zuvorgekommen und hatten den ersten künstlichen Erdsatelliten gestartet. Die DDR-Medien erzeugten eine Art *Sputnikmania,* und eines Tages hieß es, man könne den „Sputnik" am Himmel beobachten. Tatsächlich ging ich mit meinen Eltern abends ins Freie und war fest davon überzeugt, den Raumflugkörper am Himmel gesehen zu haben. Aus heutiger Sicht muß die Beobachtbarkeit der winzigen Sonde mit bloßem Auge bezweifelt werden. Aber so ähnlich verhält es sich mit allen Mythen.

Wenn es am Himmel nichts Außergewöhnliches zu sehen gab, fanden für die Kinder vor Feiertagen Lampionumzüge statt. Das war allemal besser als die Fackelzüge, die vormals die Nazis oder später die Freie Deutsche Jugend, zuletzt zum 40. Jahrestag der DDR, zelebrierten. Vielleicht war der „Sputnik", der mich seinerzeit stark bewegte, nur meine eigene Laterne gewesen?

Im Alter von drei Jahren ging ich in den nächstgelegenen Kindergarten, der in einem Neubau am Stadtrand eingerichtet worden war, während meine Mutter halbtags arbeitete. Aus dieser Zeit sind zwei Anekdoten überliefert, die meine Eltern zuweilen zum Besten gaben.

Mittagszeit. Dieter ist wie immer Mittagskind. Gleich wird er aus dem Kindergarten abgeholt. Wenn die Erzieherin nicht wäre. Sie paßt auf, daß alle aufessen. Wer nicht aufißt, darf nicht nach Hause. Das Essen schmeckt ihm oft nicht, mitunter überwindet er sich und würgt es hinein. Der Kartoffelsalat heute ist ihm jedoch zu eklig. Den ißt er auf keinen Fall. Zum Glück sind die Hosentaschen seiner Lederhose groß. Ansonsten mag er diese Hose mit dem komischen Bildchen auf dem Latz überhaupt nicht. Seine Mutti hat gesagt, das sei Edelweiß. Wenn schon. Jetzt ist die Erzieherin aus dem Zimmer gegangen. Er stopft den Kartoffelsalat schnell in die Hosentaschen. Fertig! Jetzt darf er nach Hause gehen. Da kommt schon seine Mutti. Vorsichtig erhebt er sich, damit nichts auffällt. Auf dem Heimweg läuft er etwas breitbeinig. Die Mutter will wissen, ob ihm etwas fehle. Er schüttelt den Kopf. Vor der Wohnungstür bemerkt sie den Kartoffelsalat in seiner Hosentasche. Er muß sofort die Hose ausziehen. Sie schimpft mit ihm. Immer noch besser, als das scheußliche Zeug essen.

An einem anderen Tag hat die Erzieherin Dieter zur Strafe in ein Nebenzimmer gesperrt, da er bockig gewesen ist, damit er sich beruhigt. Daran ist nicht zu denken. Nachdem er an der Tür, die verschlossen ist, vergeblich gerüttelt hat, sieht er sich genauer um in dem schrecklichen Zimmer. Wie kommt die dazu, ihn einzusperren? Das Zimmer ist leer. Nur auf dem Fensterbrett stehen einige Zimmerpflanzen. In seiner Wut schmeißt er alle Blumentöpfe auf den Fußboden. Jetzt geht es ihm besser. In dem Türschloß wird ein Schlüssel gedreht, die Kindergärtnerin steht vor ihm. Sie sieht ihn ungläubig an, kopfschüttelnd schickt sie ihn in sein Gruppenzimmer.

Von weiteren Strafaktionen wurde abgesehen und ich zeigte mich verständig. Die armen Pflanzen konnten wirklich nichts dafür. Künftig würde ich meine Empörung nach innen abreagieren. Das verschonte die Nerven, zumindest der anderen. Ich randalierte nie wieder. Bald war ich der bravste Knabe im Kindergarten, und später in der Schule bekam ich in Betragen immer die Note „sehr gut".

Irgendwie schaffte ich es, fast alle klassischen Kinderkrankheiten zu bekommen: Masern, Röteln, Mumps, Scharlach, Keuchhusten. Es heißt, hohes Fieber in der frühen Kindheit wirke sich günstig auf das Gehirn aus. Vor allem die Phantasie soll dadurch entwickelt werden. Sind deshalb viele der heutigen Studenten so beschränkt, weil sie in der Regel die Kinderkrankheiten nicht mehr durchmachen mußten? Oder setzt die Verblödung erst später durch Fernsehen und Computerspiele ein? Einmal mußten meine Eltern sogar den Herbsturlaub abbrechen, als ich im frostigen Altenberg im Osterzgebirge hohes Fieber bekam. Sie litten wahrscheinlich mehr an den Kinderkrankheiten als ich selbst.

7
A(lle) W(erden) G(lücklich)

Dieters Lieblingsspielzeug im Alter von vier, fünf Jahren war ein Modellbaukasten aus Plaste, mit dem man Häuser in Großblockbauweise, wie man die ersten Plattenbauten nannte, errichten konnte. Solches Spielzeug war *neu,* und er fand es viel schöner als die Holzsachen. Es griff sich gleichförmiger an, und keine Farbe blätterte ab. Allein das Wörtchen *neu* wirkte wie ein Sog auf ihn.

Die DDR hatte gerade das sogenannte Chemieprogramm proklamiert, das Ulbricht in dem Satz zusammenfaßte: „Chemie macht schön". Was im Westen als Plastik bezeichnet wurde, hieß im Osten Plaste. Sprachlich überzeugender erscheint das Ostwort, denn eine Plastik ist ja etwas anderes, meist auch Erhabeneres. Die Reklame für Plaste und Elaste aus Schkopau über einer Autobahnbrücke galt lange im Westen als Inbegriff der DDR. Ich lag also unbewußt auf der Linie der Partei. Möglicherweise dirigierte mich mein parteigläubiger Vater sachte dahin. Später bekam ich von Verwandten Baukästen für Sperrholzarbeiten und Stabilbaukästen für Metallkonstruktionen geschenkt, die mich gar nicht oder nicht lange fesselten. Überhaupt hatte ich wenig übrig für irgendwelche Basteleien, der Kinderstube eines guten Ingenieurs.

Später weckte mein Interesse nur ein Computerbaukasten. Damit sollte man eine einfache elektronische Rechenmaschine selbst zusammenbauen können. Doch die Teile paßten schlecht zusammen. Der fertige „Rechner" erwies sich als sehr störanfällig und funktionierte häufig nicht so, wie er sollte. So sammelte ich erste Erfahrungen, die sich später bei richtigen Computern in ähnlicher Form wiederholen sollten und meine Leidenschaft für diese Spezies immer in vernünftigen Grenzen hielt.

Als ich fünf Jahre alt war, zog die Familie um in eine Neubauwohnung der Arbeiterwohnungsgenossenschaft (AWG). Der Wohnblock war nicht in Großblockbauweise errichtet worden, sondern noch mit Ziegeln Stein auf Stein. In dem Neubaugebiet lag sogar eine kleine Ziegelei, die jedoch bald abgerissen wurde. Das Anbringen von Nägeln an einer Ziegelwand erforderte noch keine Schlagbohrmaschine, ohne die man in den Plattenbauten aufgeschmissen war, die aber eine permanente Mangelware darstellte, es sei denn, man hatte gute Westbeziehungen. Die Mitglieder der AWG mußten an Arbeitseinsätzen teilnehmen, ehe sie die langersehnte Wohnung beziehen konnten. Wer keine besondere Bauqualifikation besaß, wurde meist zum Ausheben von Erdgräben abkommandiert. Mein Vater leistete über achthundert Stunden Feierabendarbeit, womit er das Soll übererfüllte, für ihn stellte es eine willkommene Abwechslung zum Büroalltag dar. Zuweilen unterstützten ihn auch Verwandte.

Später führte er freiwillig im Haus viele Arbeiten aus. Er reinigte Schnittgerinne, setzte Wäschepfosten, mähte den Rasen mit der Sense, brachte die Hausantenne an, wechselte Glühlampen und Sicherungen im Hausflur, ölte Haus- und Kellertüren, strich die Hausfenster und -geländer und so weiter. Darüber führte er akribisch Buch, wohl zur Selbstbestätigung, da er keine Aussicht besaß, jemals ein angemessenes Entgelt zu erhalten. Unter anderen Umständen wäre er der ideale *Häuslebauer* geworden.

Die Wohnung besaß ein richtiges Bad. Es stellte zwar einen Schlauch dar, man mußte sich an der Badewanne vorbeilavieren, um zu dem Wasserklosett zu gelangen, dennoch war das revolutionär. Im Gegensatz zu den späteren *Naßzellen* hatte das Bad ein richtiges Fenster. Einmal in der Woche wurde der Kohleofen zum Baden geheizt. Meine Mutter wusch mich in der Badewanne, mindestens bis ich vierzehn war. Sie getraute sich dann nicht mehr, meinen Penis anzufassen, was dessen Reinlichkeit nicht zuträglich war. In der ebenso kleinen Küche, gleichfalls mit Fenster, befanden sich ein Gas-Kohle-Herd sowie ein Fünf-Liter-Gasdurchlauferhitzer. Größere Geräte durften aus Sicherheitsgründen nicht installiert werden. In den siebziger Jahren wurden Abzüge an den früheren Schornstein angeschlossen, und unsere Familie bekam einen größeren Durchlauferhitzer, der nun auch das Bad mit Warmwasser versorgte.

Alle Zimmer waren ziemlich mickrig, was ich damals nicht so empfand. Kein Wunder bei einer Vierraumwohnung mit 66 Quadratmetern, korrekterweise wurde sie mit 2 2/2 Zimmern eingestuft. Alle Räume, außer dem zweiten Kinderzimmer, das hinter dem ersten lag, gingen vom Flur ab. Im Wohnzimmer und dem ersten Kinderzimmer, das meinem Vater als Arbeitszimmer diente, standen Kachelöfen.

Das Beheizen der Öfen war ein Balanceakt. Schraubte man die untere Ofenklappe zu früh zu, riskierte man, daß sich Kohlenmonoxid bildete, das schon in kleiner Dosis tödlich wirken konnte. Schraubte man die Klappe zu spät zu, hielt die Wärme nicht lange genug vor, und man mußte abends frieren. Alle Kohlen mußten gerade begonnen haben, rotgelb zu glühen. Während mein Vater den Stubenofen früh anheizte, war ich als Schulkind oft für das Schließen der unteren Klappe zuständig. Sicherheitshalber überprüfte ich vorher mit dem Kohlenhaken, ob die Briketts wirklich durchgebrannt waren. Für das Entfachen des Feuers bei den oft wäßrigen Braunkohlenbriketts brauchte man auch Geschick. Zunächst mußte man einen Kohlenanzünder mit einem Streichholz entzünden und auf das Rost legen. Darüber kamen ein, zwei Holzscheite, worauf im wohlbestimmten Abstand die Briketts geschichtet wurden, ehe man die obere Ofenklappe schließen konnte. Der Kachelofen im Arbeitszimmer meines Vaters zog schlecht und wurde höchstens sonntags genutzt.

In dem zweiten Kinderzimmer standen die Betten von mir und später auch meinem Bruder sowie ein großer Kleiderschrank und ein kleiner Schrank für Spielzeug, dazwischen gab es nur einen schmalen Durchgang. Es war nicht beheizbar wie auch das Schlafzimmer meiner Eltern. Also spielte ich im Wohnzimmer oder besser gleich in der ganzen Wohnung. Meine Mutter legte mir im Winter eine Wärmflasche ins Bett, die sie herausnahm, nachdem ich eingeschlafen war.

8
Hammer, Zirkel, Ehrenkranz

Unser Wohnblock stand am Anfang eines Neubaugebiets, die sich seinerzeit wie Tumore vor allem an den Rändern aller größeren Orte Ostdeutschlands auszubreiten begannen. Es wurde nach einem Hügel, unter dem sich früher ein Wasserreservoir befand, Wasserberg genannt.

Im Gegensatz zu dem alten Wohnviertel lebten hier viele Kinder. In den ersten Jahren lag gleich hinter dem Haus die „Wildnis“, ein vortrefflicher Abenteuerspielplatz. Besonders spannend wurde es, wenn der Schnee schmolz. Auf den Erdhaufen, die überall aufgeschichtet lagen, blühte der Huflattich. Er war wie eine Verheißung, daß die Sonne bald genauso grell scheinen würde. Da die Straße etwas anstieg, verwandelten sich die Rinnsteine in kleine Bäche. Die Kinder bauten dann Staudämme. Dieters Mutter warnte ihn, nicht gleich die Jacke auszuziehen, wenn er schwitzte. Im Frühling könne man sich viel schneller erkälten als im Herbst.

Der Block hatte vier Hauseingänge, Familie O. wohnte in der Dr.-Richard-Beck-Str. 7. Der „Dr.“ vor dem Namen war eine Marotte, deren Sinn mir nie aufging. In dem Neubaugebiet waren viele Straßen nach bekannten Naturwissenschaftlern wie Einstein oder lokalen Akademikern wie dem Herrn Beck benannt, aber keine andere war mit dem akademischen Titel versehen worden.

Die Bewohner des Hauses spiegelten das soziale Gefüge des kleinen Landes wider. Über uns wohnte in der dritten Etage die Familie des Direktors des volkseigenen Backbetriebes mit drei Kindern, daneben der Parteisekretär eines großen Werkes. Von dem hieß es eines Tages, er habe Frauengeschichten gehabt und sei abgesetzt worden, also eine Story wie in dem damals vieldiskutierten Roman *Spur der Steine* von Erik Neutsch. Jedenfalls war er schließlich ausgezogen. Unter uns wohnte ein Universitätsprofessor, der sich scheiden ließ und zu seiner Freundin zog. Die Ehefrau blieb mit dem einzigen Sohn in der Vierzimmerwohnung allein, für DDR-Verhältnisse ein Luxus. Zudem bekam sie haufenweise Westklamotten, die sie stilgerecht nur mit *Persil* wusch. Im Erdgeschoß wohnte zunächst eine Angestellte der Sparkasse mit ihrer betagten Mutter. Später zog ein Polizist ein, mit einer resoluten Frau und vier Kindern, der häufig besoffen war. Die restlichen Mieter waren Facharbeiter, die herrschende Klasse des Arbeiter-und-Bauern-Staates sozusagen.

An Staatsfeiertagen, besonders am 1. Mai, dem Kampftag der Werktätigen, und dem 7. Oktober, dem Jahrestag der Gründung der Deutschen Demokratischen Republik, gehörte es zum stalinistischen Ritual, die Häuser mit den offiziellen Fahnen zu schmücken. Mein Vater hängte bereits am Vortag die rote Fahne der siegreichen Arbeiterklasse und die DDR-Fahne heraus, Schwarz-Rot-Gold mit Hammer, Zirkel und Ährenkranz in der Mitte. Das Emblem war erst im Laufe der Zeit, ich glaube Anfang der sechziger Jahre, dazugekommen. Ich kann mich erinnern, wie mein Vater meine Mutter beauftragte, es aufzunähen. Er war stolz darauf, wir hatten jetzt eine andere Fahne als die westdeutschen *Revanchisten*. Schwarz-Rot-Gold ohne das Emblem galt fortan als ideologisch anrüchig. Zu seinem Verdruß teilten nicht alle Hausbewohner die Ehrfurcht vor dem Fahnenschmuck. Die Vertreter der Arbeiterklasse hängten nicht einmal aus Opportunismus eine Fahne zum Fenster heraus. Vater ärgerte sich über diese Staatsfeinde, aber außer Ermahnungen hatte er keine Mittel, die Leute zur Räson zu bringen. Sie verdarben das harmonische Bild der sozialistischen Menschengemeinschaft. Die Kreisleitung der Einheitspartei führte interne Statistiken über den Grad der Beflaggung jedes Hauses. Unser Haus würde es nie auf hundert Prozent bringen. Dafür wendete mein Vater erhöhte Sorgfalt auf die Ausschmückung des Treppenhauses.

Anfang der sechziger Jahre gab es im Umkreis eines Kilometers von unserer Wohnung sieben private Bäckereien. Die meisten lagen in Freibergsdorf, einem ländlich geprägten Stadtteil, der um 1900 eingemeindet worden war. Die Bäcker verdienten ihr Geld vor allem mit Kuchen, da bei den Brötchen für fünf Pfennig nichts zu holen war. Sogenannte Fettbrötchen kosteten acht Pfennig, was dem Volk bereits zu teuer war. Das Kuchenangebot war reichhaltig und immer frisch. Wenn das Brot einmal knapp geworden wäre, was freilich nie geschah, hätte sich das Volk – getreu dem fälschlicherweise Marie-Antoinette zugeschriebenen Bonmot – tatsächlich an Kuchen halten können. Der Kuchen wurde auf Blechen gebacken, die Ränder vor dem Verkauf abgeschnitten. Man konnte diese *Kuchenrindeln* für fünfzig Pfennig im Paket kaufen. Es enthielt den gesamten Querschnitt: Schokoladen-, Pflaumen-, Apfel-, Mohn-, Quark-, Kirmes- und Streuselkuchen, nicht zu vergessen Dresdner und Freiberger Eierschecke. Letzterer Kuchen mit einer eicremigen Schicht auf sehr dünnem Teigboden war eine lokale Spezialität. Von der Menge reichte ein solches Paket, ein halbes Dutzend Kinder zu sättigen. Bald verschwanden die Kuchenrindeln aus dem Sortiment. Die Bäcker verkauften nun die Ränder zusammen mit dem Kuchen. Nach und nach schlossen die Bäckerläden. Auch der einzige Tante-Emma-Laden für Lebensmittel in Freibergsdorf – mit einer Waage für Zucker und Mehl, wo der Händler die Preise mit dem Bleistift notierte und im Kopf addierte – machte bald dicht. Es öffnete das erste Lebensmittelgeschäft mit Selbstbedienung.

9
Heut' ist ein wunderschöner Tag

Von der Wohnung war es nicht allzu weit bis zum Waldbad, dem Großen Teich, der für seinen Namen eher winzig war. Im Volksmund wurde er Soldatenteich genannt, weil dort früher die ortsansässige Garnison ihre Pferde gebadet hatte.

An einem heißen Sonntag im Sommer 1961 ging Dieter am späten Vormittag mit den Eltern zum Badeteich. Sie passierten eine Anhöhe mit einem Steinhaufen. Dort stand einmal die Bismarck-Säule, ehe sie die Kommunisten im Zuge ihrer Geschichtsbewältigung gesprengt hatten. Der Weg führte weiter durch Wiesen und Felder, die ihm öde vorkamen, die einzige Abwechslung war ein Feld mit Senf, derartiges hatte er zuvor noch nie gesehen. Kaum vorstellbar, wie aus den winzigen Körnchen so große Pflanzen sprießen konnten. Er machte sich zwar wie die meisten Kinder wenig aus Senf, aber das Senffeld beeindruckte ihn. Die Sonne brannte unbarmherzig auf seinen Kopf. Nach einer halben Stunde waren sie endlich am Waldrand angelangt, jetzt blieben nur wenige Schritte bis zum Eingang des Bades.

In dem Bad war es sehr voll, sie breiteten ihre Decken unter einem Baum aus. Trotz der vielen Leute herrschte eine ungewöhnlich gedämpfte Stimmung. Die stille Unruhe übertrug sich irgendwie auf Dieter. Die Nachbarn flüsterten eher, statt zu reden. Das Wort *Berlin* schwirrte durch die Luft. Was dort eigentlich vorging, begriff er nicht.

Ich ging noch oft mit den Eltern in das Waldbad, doch so wie an diesen Tag blieb die Erinnerung an keinem haften. Dieser 13. August, als die Mauer in Berlin gebaut wurde, sollte wie kein anderes Ereignis das Leben aller Ostdeutschen bis 1989 prägen. Manche sprachen im Nachhinein sogar von der zweiten Geburt des Staates DDR. Der Arbeiter-und-Bauern-Staat hatte nun Gelegenheit zu zeigen, was wirklich in ihm steckte. In den DDR-Sendern hieß die Mauer stereotyp *Antifaschistischer Schutzwall.* Die DDR-Sprachregelung für die Mauer war widersinnig in sich: Das Wort Schutzwall entstammte dem Dunstkreis der LTI, der Sprache des Dritten Reiches, gegen dessen angebliche Erben das martialische Trutzwerk gerichtet sein sollte. In Erinnerung ist mir noch, wie Vertreter des Berliner Kabaretts „Die Distel" im DDR-Fernsehen schale Witzchen über die westdeutschen *Kriegsbrandstifter* verzapften. Ich wußte zwar noch nicht, wozu ein Kabarett gut sein kann, so etwas Peinliches verleidete mir jedoch die Kleinkunst für lange Zeit.

Tatsächlich unterband die Mauer die Fluchtmöglichkeiten von Ost nach West. In dem ersten Jahrzehnt ihres Bestehens hatte die Deutsche Demokratische Republik bereits zwei Millionen Bewohner eingebüßt. Bis zu ihrem Untergang sollte die Bevölkerung nahezu konstant bei siebzehn Millionen bleiben, eine der wenigen politischen Konstanten im Geographieunterricht. Der Westen mußte sich nun andernorts nach Arbeitskräften umsehen und öffnete die Tore weit nach Süden, vor allem in Richtung Türkei. So wurde die Mauer zum deutsch-deutschen Menetekel. Den einen Staat erschlug sie schließlich, ob der andere ihrem langen Schatten entgehen kann, bleibt offen.

Den heranwachsenden Dieter grämte zuweilen, nicht etwas eher geboren worden zu sein. Dann hätte er wie sein Cousin Hartmut, wenigstens einmal im Westen gewesen sein können. So mußte er warten, bis er Rentner wird, also schätzungsweise bis zum Jahr 2020.

Das waren seltene Anwandlungen, die nur bei Verwandtenbesuchen auftauchten. Im Großen und Ganzen fühlte ich mich wohl in der Deutschen Demokratischen Republik. Das Leben schien unaufhörlich an Dynamik zu gewinnen. Immer wieder war von dem *Neuen* die Rede. Der sowjetische Parteichef Chrustschow hatte auf dem XXII. Parteitag der KPdSU verkündet, daß die UdSSR die USA im Jahr 1980 in der Wirtschaft überholen und der heutige Sowjetmensch im Kommunismus leben würde. Für diese höchste Gesellschaftsformation galt nach Marx das Motto: „Jeder nach seinen Leistungen, jedem nach seinen Bedürfnissen". Und die DDR würde in wenigen Jahren Westdeutschland überflügeln oder wie es Walter Ulbricht ausdrückte: „Überholen ohne einzuholen". Ich begriff zwar noch nicht diese Visionen im Einzelnen, doch die Konturen waren klar. Da bei uns zu Hause Westsender verpönt waren, kam ich nicht auf andere Gedanken und nahm die Propaganda für bare Münze.

Bald nach dem Einzug hatten meine Eltern den ersten Fernsehapparat gekauft. Es war ein Gerät vom Typ Staßfurt mit 49er Bildröhre, natürlich schwarzweiß. Das Design hatte einen gewissen Charme, es ähnelte eher einem traditionellen Möbel mit Fensterscheibe als den grauen Kästen, die später Standard wurden. Es gab nur ein Programm. Erst Anfang der siebziger Jahre kam das zweite Programm des DDR-Fernsehens hinzu. Ambitioniert waren vor allem die Kindersendungen wie das Sandmännchen, Meister Nadelöhr, Pittiplatsch und Schnatterinchen, Fuchs und Elster sowie die Sportsendung mit Adi und Angelika „Mach's mit, mach's nach, mach's besser".

Dieters Lieblingssendung war „Professor Flimmrich", die jeden Sonnabendnachmittag lief, in der Kinderfilme, besonders Märchen und Abenteuer, ausgestrahlt wurden. Gern sah er Bildungssendungen für Erwachsene wie das „Professorenkollegium", wobei er sowohl über das Wissen der Professoren staunte als auch die Eitelkeit der meisten Herren belächelte. Frauen gab es in der erlesenen Runde nur eine, die genauso blasiert wirkte.

Einen halben Monat nach dem Mauerbau wurde mein Bruder Bernd geboren. Die Nachkriegszeit war vorbei, die letzten Lebensmittelkarten wurden abgeschafft. Der Aufbau des Sozialismus stand nun auf der Tagesordnung. Der Mangel kam nun in anspruchsvolleren Kostümen daher.

Im Sommer 1962 gab es in unserer Region ein großes Unwetter. Mächtige Hagelkörner schlugen ein, und viele Fensterscheiben gingen zu Bruch. Auch unser Küchenfenster war betroffen. Die Wasserversorgung war einige Tage gestört. Abergläubische Gemüter, die es in unserer Familie nicht gab, konnten das als Zeichen des Himmels gegen die kommunistische Diktatur deuten.

Es wurden Wasserwagen aufgestellt und Glaser reparierten in mobilen Werkstätten die lädierten Scheiben. Die Kinder beobachteten gespannt das ungewöhnliche Treiben. Dieter fand das Provisorium aufregend. Die Erwachsenen wirkten verunsichert. Wie rasch sie aus ihrer Bahn geworfen werden konnten. Viel zu schnell ging wieder alles seinen Gang, bedauerte er.

Kapitel II

Zwischen Fahnenappell und Wembley-Stadion (1962 - 1970)

When I was young, it was more important
Pain more painful, the laughter much louder
Eric Burdon: When I Was Young

In meinem Elternhaus hingen keine Gainsboroughs
wurde auch kein Chopin gespielt
ganz amusisches Gedankenleben
mein Vater war einmal im Theater gewesen
Gottfried Benn: Teils - teils

1
Lechts und rinks

Schulanfang 1962. Das Erinnerungsfoto zeigt den kleinen Dieter mit einer großen Zuckertüte auf dem kurzen Rasen des Wäscheplatzes des Neubaublocks, in dem die Familie seit zwei Jahren wohnt. Neben ihm hampeln einige Cousins herum, die noch nicht zur Schule gehen. Die Eltern haben ihn in einen Anzug gesteckt, wie er auch auf anderen Fotografien aus jener Zeit oft einen Anzug trägt. Resultiert daher seine spätere Abneigung gegen formelle Kleidung?

In dem kleinen Wohnzimmer hatte sich die zahlreiche Verwandtschaft versammelt. Es wurde viel geredet und noch mehr gegessen. Der Schulanfänger saß in der Mitte als Statist.

Eigentlich hätte ich schon im Vorjahr eingeschult werden müssen. Wegen Untergewicht stellte mich die Kommission, die über die Schulaufnahme entschied, für ein Jahr zurück. Insbesondere bestand ich nicht den entscheidenden Reifetest, ich konnte nämlich mit dem Arm über dem Ohr und der Schädeldeckel nicht das andere Ohr erreichen.

Wäre ich ein Jahr früher in die Schule gekommen, wäre mein Leben zunehmend anders verlaufen. Ich hätte andere Freunde gefunden, vielleicht auch andere Interessen entwickelt und später etwas anderes studiert. Garantiert hätte ich nicht am selben Ort studiert und daher auch nicht meine jetzige Frau kennengelernt. Ich besäße eine andere Familie und wohl auch eine andere Arbeit. Kurz ich wäre nicht *ich*. Vielleicht schriebe mein Alter Ego jetzt auch an seiner Autobiographie, worin er spekulierte, was geschehen wäre, wenn er ein Jahr später in die Schule gekommen wäre. Alles lag an ein, zwei Zentimetern bei einem idiotischen Test, den ich im folgenden Jahr kaum besser absolvierte. Vielleicht hätte ich gekonnt schummeln können? Oder meine Eltern hätten nachdrücklich auf der regulären Einschulung bestanden? War das mein Glück, daß dem nicht so war? Jedenfalls konnte ich ein Jahr weiter spielen, statt später ein Jahr länger bis zur Rente zu arbeiten.

Zunächst mußte ich eine Schule in der Stadt besuchen, da es im Neubaugebiet noch keine Schulen gab. Das Gebäude befand sich neben der Brauerei und war ziemlich heruntergekommen. Früher hatte es einmal die Handelsschule beherbergt, die mein Vater besucht hatte. Der Schulweg kreuzte die Fernverkehrsstraße. Der Verkehr war zwar nicht mit heute vergleichbar, dafür gab es keine Ampeln.

Die Eltern hatten mir eingeschärft, immer vorsichtig die Straße zu überqueren. Erst nach links sehen, dann nach rechts. Das war gar nicht so einfach, da ich in der ersten Klasse noch nicht richtig wußte, wo links und rechts war. Oder wie es in einem Gedicht von Jandl heißt: „Lechts und rinks kann man nicht velwechsern. Werch ein Illtum!" Ich merkte mir den Unterschied, indem ich mir überlegte, mit welcher Hand ich einen Ball werfen würde. Das war bei mir die linke Hand. Gern hätte ich auch links geschrieben. Das ließen aber die Schule und die Eltern nicht zu, denn das galt damals als widernatürlich. So lernte ich mit der rechten Hand schreiben, kann aber bei Bedarf, wenngleich etwas unbeholfener mangels Übung, auch die linke Hand dazu nutzen. Gefährlicher als die Straße war für uns der Bahndamm, den wir auf einer Anliegerstraße durch einen Tunnel querten. Im Winter diente uns das starke Gefälle des Damms als ideale Rutschbahn. Davon wußten die Eltern nichts.

Die erste Klasse langweilte mich. Im Herbst 1962 gab es auf der Welt wichtigeres als ein albernes Lesebuch, wobei ich mich mit dem Lesen zunächst etwas schwertat, und ein Rechenbuch mit Aufgaben für Kleinkinder. Im Oktober 1962 hatte der Kalte Krieg zwischen den Supermächten seinen eisigsten Punkt erreicht, und es drohte, auf dem Planeten ungeheuer heiß zu werden: Die menschliche Zivilisation stand näher denn je vor dem Ausbruch eines Nuklearkriegs. Ich bekam davon nur atmosphärisch etwas mit. Nur einige fatalistische Bemerkungen meiner Großmutter ließen mich etwas ahnen. Wahrscheinlich waren sogar die Erwachsenen nur unzureichend über den Ernst der Lage informiert.

Die Sowjets hatten Atomraketen auf Kuba stationiert. Als die Amerikaner das mitkriegten, verlangten sie deren unverzüglichen Abzug und blockierten die Seewege um die Insel. Die sowjetischen Kriegsschiffe mit weiteren Raketen an Bord drehten erst im letzten Augenblick um. Nach späteren Aussagen eines amerikanischen Präsidentenberaters stand das Risiko für den Ausbruch eines Atomkriegs etwa 1:3. Kubas Maximo Lider Fidel Castro hätte zu gern russisches Roulette gespielt: Ein kleiner Weltkrieg mit ein, zwei, drei Gigatoten - zum Ruhme der Weltrevolution, Hauptsache die US-Imperialisten verschwänden für immer im Orkus. Kennedys und Chrustschows Besonnenheit war es zu verdanken, daß die Welt nicht in den nuklearen Abgrund stürzte. Nicht auszudenken, wenn die sowjetischen oder amerikanischen Machthaber, die den Afghanistankrieg 1979 oder den Irakkrieg 2003 anzettelten, damals am Auslöser gesessen hätten.

Den Weltuntergang hatte ich also überstanden, ohne es zu ahnen. Was immer danach käme, konnte nicht schlimmer werden. Bald darauf wurde Kennedy erschossen und Chrustschow abgesetzt. Die Supermächte hielten sich auf stolze Distanz. Der Status quo war sanktioniert.

2
Stolz das blaue Halstuch tragen

Kurz vor Weihnachten wurden alle Schüler unserer Klasse in die Pionierorganisation „Ernst Thälmann“ aufgenommen. Nun durften wir zu festlichen Anlässen die Pionierkleidung mit weißem Pionierhemd und blauem Halstuch tragen. Von Ernst Thälmann, auch „Teddy" genannt, lasen wir im Lesebuch, wie er als Kind seine Schulbrote mit Klassenkameraden teilte, deren Eltern noch ärmer waren als seine. Solcherart falsche Heiligengeschichten kamen mir verdächtig vor, wie auch die echten aus der christlichen Tradition, die ich später hörte.

In meiner Erinnerung wird der Anfang der sechziger Jahre jedoch nicht von kommunistischen Symbolen und Ritualen dominiert, sondern von Hakenkreuzen. Diese mystischen Ikonen der vorangegangenen Diktatur durchzogen wie ein Menetekel meine frühe Schulzeit. Meine Großmutter vermutete, daß Hitler noch lebte und hatte vor dessen Wiederauftauchen mehr Angst als vor den Russen. Vielleicht hatte sie recht? Mal erschien ein Hakenkreuz an einer Hauswand, mal an einer Friedhofsmauer, mal auf einer Schulbank. Natürlich wurden sie auf der Stelle ausgemerzt, man könnte ja davon geblendet und verführt werden. Immer war das offizielle Erschrecken riesig und wurde nur übertroffen von der Geheimnistuerei über das Ruchlose. Es folgte eine hektische Suche nach den Bösen, die stets erfolglos blieb. Die Nazis waren der Gottseibeiuns im atheistischen Arbeiter-und-Bauern-Staat, verflucht und unverzichtbar zugleich. Am geheimnisvollsten erschien eine Briefmarke. Sie steckte auch in meinem Album. Darauf war der zweite sowjetische Kosmonaut German Titow abgebildet, wie er in einer offenen Staatslimousine „Tschaika" steht, die rechte Hand zum Gruß erhoben. In die Handfläche sollten Faschisten ein Hakenkreuz eingraviert haben. Niemand hatte eine solche Marke je gesehen, die erste Auflage wurde sogleich eingestampft, hieß es. Einzelne Exemplare würden noch kursieren, ungeheuer wertvoll.

Realer schien die Angst vor *Sittlichkeitsverbrechern*, wie Kinderschänder seinerzeit genannt wurden. Sowohl meine Oma als auch meine Mutter warnten mich eindringlich, in keinem Fall fremden Männern zu folgen. Die sozialistischen Zeitungen berichteten von solchen Schandtaten wie von jeder Art Kriminalität in der DDR kaum. Desto grausiger malte sich die Phantasie des Volkes die Verbrechen aus, zumal wenn es ausnahmsweise eine kurze Zeitungsnotiz gab. In der Verfilmung der Dürrenmatt-Erzählung *Es geschah am hellichten Tage* hatte man gesehen, zu welchen Ungeheuerlichkeiten ein guter Onkel, eindrucksvoll dargestellt von Gerd Fröbe, in der Lage war. Einmal sprach mich in der Altstadt tatsächlich ein Mann aus einem Hauseingang an. Ich rannte wie von der Tarantel gestochen sofort nach Hause, erzählte meinen Eltern aber nichts, vermied es jedoch längere Zeit, allein in die Stadt zu gehen. Ob es sich um eine banale Situation gehandelt hatte oder der Mann tatsächlich perverse Absichten verfolgte, blieb ungeklärt.

3
Kosmonautenfest

Wegen mäßigen Ehrgeizes erreichte ich in der ersten Klasse nur durchschnittliche Zensuren, auf dem ersten Zeugnis stand, außer einigen Kopfnoten, keine einzige Eins. Vielen Schülern ergeht es gerade anders herum. Sie brennen in der ersten Klasse vor Ehrgeiz und bringen ein Superzeugnis nach Hause. Irgendwann erlischt dann das Strohfeuer, und sie quälen sich durch die schier endlose Schulzeit. Meine Begeisterung für die Schule wuchs von Jahr zu Jahr, erst schnell, später eher unmerklich, schließlich wurde der Stoff immer etwas anspruchsvoller. Bald hatte ich fast nur Einsen, ohne viel für die Schule machen zu müssen. Lediglich im Sport war ich zufrieden, wenn es zu einer Zwei reichte, was nicht häufig vorkam. Unter meinen Mitschülern galt ich nie als Streber. Wenn die Motivation stimmt, ist nicht einmal übermäßiger Fleiß vonnöten, um Erfolg zu haben.

Zu meinem neuen Verhältnis zur Schule trug wahrscheinlich nicht unmaßgeblich der Wechsel des Schulgebäudes bei. Die olle Schule neben der Brauerei wurde als allgemeinbildende Schule geschlossen. Das Gebäude wurde fortan von der Hilfsschule genutzt, deren bisheriges Quartier in der Altstadt überlastet war. Heute nennt man solche Einrichtungen euphemistisch *Förderschule*. Damals war Political Correctness ein Fremdwort, mit dem niemand etwas anfangen konnte. Die Dummen waren die Dummen und wurden nicht gefördert, die Klügeren aber auch nicht vernachlässigt und vom Mittelmaß erdrückt.

Unsere Klasse wurde provisorisch in ein kleines Schulgebäude in Freibergsdorf am Rande des sich ausdehnenden Neubaugebietes geschickt. Kurz vor Weihnachten 1964 wurde die erste Schule im Neubaugebiet eröffnet. Sie lag unmittelbar hinter dem Wasserberg. Zur Einweihung der Schule erschien in der Lokalzeitung ein großes Foto, auf dem gerade einige Klassen das Gebäude verließen. Mit etwas Phantasie konnte man darauf auch den kleinen Dieter erkennen.

Die neue Schule trug den Namen Juri Gagarin, der als erster Mensch 1961 die Erde in einem Raumschiff umrundet hatte. Jedes Jahr wurde am 12. April, dem Jahrestag seines Raumflugs, in der Schule ein *Kosmonautenfest* veranstaltet. Man zeigte Filme und führte Mal- und Wissenswettbewerbe durch. Später wurde gemunkelt, Gagarin wäre dem Suff verfallen. In der Propaganda blieb er ein eindimensionaler Held wie Thälmann, der unsere Emotionen nicht berührte. Nachdem Gagarin 1968 bei einem Testflug tödlich verunglückt war und die Amerikaner den Mond betreten hatten, fanden keine Kosmonautenfeste mehr statt.

Wie alle allgemeinbildenden Schulen in der DDR stellte die Gagarin-Schule eine zehnklassige *Polytechnische Oberschule* (POS) dar, in der die Schüler bis zum Ende der achten Klasse gemeinsam lernten. Diese Schulform sollen sich die Finnen bei ihrer Schulreform in den 1970er Jahren als Vorbild gewählt haben, am Anfang des 21. Jahrhunderts gewannen sie dann den internationalen Schulvergleich im Rahmen der sogenannten PISA-Studie. Wahrscheinlich lag das nicht vordergründig an dieser Schulform, eher an der ethnischen und weitgehend sozialen Homogenität der Schülerschaft, die sowohl für die DDR als auch Finnland hervorstach.

Das Schulgebäude der POS „Juri Gagarin“ war ein großzügiger Bau. Spätere Schulneubauten waren vor allem von Sparzwang geprägt. Von dem dreistöckigen, hellen Mittelbau mit den Klassenräumen und Fachkabinetten gingen zwei Seitenflügel ab, wo sich ein kleiner Speisesaal sowie der Hort beziehungsweise die Werkräume und die Turnhalle befanden. Die Unterrichtsräume waren mit Spannteppichen versehen, weshalb wir als erstes auf dem Flur neben den Jacken auch die Straßenschuhe ablegen und Hausschuhe anziehen mußten. Was heute wohl als spießig empfunden wird, wirkte nicht zuletzt disziplinierend. Gewaltexzesse in Hausschuhen sind lächerlich.

Die Schulspeisung umfaßte täglich nur ein Gericht. Mindestens einmal pro Woche gab es einen faden Krauteintopf, den Dieter lediglich durch das zugehörige Brötchen herunterkriegte. Auch Gerichte wie Spinat mit Ei oder saure Eier, die ihm ebenso wenig schmeckten, standen häufig auf dem Speiseplan. Noch weniger mochte er „tote Oma" - ausgelassene Blutwurst - oder Kartoffeln mit Quark und Leberwurst, wozu obligatorisch ein Quader Butter gehörte, deren Anblick genügte, ihm das Essen zu verleiden.

Die Schüler mußten ein eigenes Besteck mitbringen. Es lag umwickelt von einem Geschirrtuch in einer Bestecktasche aus einem wachstuchähnlichen Material mit einem metallischen Druckknopf. Dieters Besteck war immerhin aus Silber, zumindest bildete er sich das ein. Tatsächlich war es wohl nur versilbert. Die Mutter hatte ihm kein Aluminiumbesteck mitgegeben, wie es die meisten Kinder mitführten, da es sich mit kaltem Wasser schlecht reinigen ließ. Das Silberbesteck stammte aus einer anderen Zeit, sozusagen Friedensware, ein Mitbringsel der Mutter. Zu Hause benutzten sie Aluminium. Lediglich sonntags gab es Besteck aus Edelstahl, das ansonsten in einem klobigen Kasten, der fast wie eine verschlossene Schreibmaschine aussah, aufbewahrt wurde. Besonders stolz war Dieter auf den wuchtigen Silberlöffel, was er sich natürlich nicht anmerken ließ, der machte ihn zu einem heimlichen Aristokraten. Erst recht beeindruckte ihn, als er später las, daß Silber keimtötend wirke. Ein Silberbecher rettete einst Alexander dem Großen das Leben, während die gemeinen Soldaten, die aus Zinkbechern tranken, von einer Seuche hinweggerafft wurden. Mit diesem Löffel ließen sich sogar Gräßlichkeiten wie Milchreis in Angriff nehmen, wobei er bald kapitulierte, nämlich wenn der aufgestreute Zimt zur Neige ging.

Selten gab es Fleisch, noch seltener Fisch. Dieter war schon zufrieden, wenn der zweite Renner nach dem Eintopf, nämlich

Makkaroni mit Tomatensoße, angeboten wurde, obwohl die zu Hause besser schmeckten.

In der Turnhalle am Ende des anderen Seitenflügels des Schultraktes wurde jedes Schuljahr mit einem Fahnenappell eröffnet, meist am 1. September, und ebenso wurde es hier beendet. Alle Schüler mußten in Pionierkleidung antreten. Der Direktor hielt eine Rede, und am Ende wurde ein kämpferisches Lied gesungen. Der letzte Schultag war der einzige Tag im Jahr, an dem Dieter an diesem Ort einen großen Auftritt hatte, denn der Direktor zeichnete die besten Schüler mit einer Ehrenurkunde „Für gute Leistungen in der Schule“ aus.

Ansonsten war die Turnhalle ein Ort der Erniedrigung. Schon wenn Dieter sie betrat, feixten ihn die Folterinstrumente in der Tradition des Turnvaters Jahns an: Reck, Barren, Bock, Kasten, Kletterstange und wie sie alle hießen. Viele Sportstunden mußten sie mit irgendwelchen Kraftübungen am Boden oder der Sprossenwand zubringen. Mitunter hörte er es neben sich stöhnen, wenn sie sich auf dem Boden abmühten: „Das ist schlimmer als im KZ.“ So etwas hätte er selbst zwar nicht geäußert, da er sich besser als die meisten Mitschüler vorstellen konnte, wie es dort seinerzeit tatsächlich zugegangen war. Freilich an Menschenverachtung konnte es mancher Sportlehrer mit einem KZ-Aufseher aufnehmen, wie die Sportlehrer kamen diese Menschenschinder nicht aus einem Labor Frankensteins, sondern aus der Mitte der Gesellschaft.

Zwischen den drei Seiten des Schulgebäudes befand sich der Schulhof, der mit einem Holzzaun abgegrenzt war, und in der Mitte ein Tor hatte, das eigentlich immer offen stand. Dahinter lagen der Sportplatz und seitlich der Schulgarten. Nach 1989 wurde der Schulkomplex rekonstruiert. Dabei wurde der Holzzaun durch ein glänzendes Metallgitter ersetzt, das Tor war nun meist verschlossen. In das großzügige Ensemble zog die *Förderschule* ein, während das Gymnasium mit einem desolaten Plattenbau aus den siebziger Jahren vorlieb nehmen mußte. Der neue Oberbürgermeister, ein christlicher Fundamentalist, feierte das als Akt höherer Gerechtigkeit.

In den sechziger Jahren mußten die Schüler in der großen Pause auf dem Schulhof unter der Aufsicht von Lehrern im Kreis laufen. Das war wahrscheinlich gedacht als Umsetzung des Mottos: *Mens sana in corpore sano,* obgleich die Kommunisten Latein als Schulfach abgeschafft hatten. Die frechen Schüler fürchteten dabei weniger die Ermahnungen der Lehrer, desto mehr den Hausmeister. Der zog Missetäter, oder wen er dafür hielt, unbarmherzig an den Haaren über den Ohren in die Luft.

Alle Schüler bekamen täglich gegen ein kleines Entgelt Milch zugeteilt, die bis zum Ende der großen Pause auszutrinken war. Bei den Elternabenden wurde immer wieder betont, wie wichtig es sei, daß die Kinder Milch in der Schule tranken. Auch ich kam nicht umhin, obwohl ich das Zeug nicht mochte. Ich trank die kleine Flasche möglichst früh aus, dann war die Milch noch kalt, und ich merkte nicht viel von dem aufdringlichen Geschmack.

4
Papa war kein Rolling Stone

Zu Hause lief mein Vater meist in einer schlabbrigen, ausgewaschenen Trainingshose und einem ausgeblichenen, karierten Hemd herum, ein Anblick der sich mir tief einbrannte. Dazu pupste er gelegentlich, was er nie unkommentiert ließ, als legten wir Wert darauf, an seinem Innenleben teilzunehmen. So konnten unsere Ohren schon genießen, was die Nase bald erwartete. Ich weiß nicht, ob er auf diese Weise Verachtung oder Hochachtung uns gegenüber zum Ausdruck brachte.

In sein Büro begab er sich stets korrekt gekleidet mit einem einfachen Anzug und unauffälliger Krawatte. Stets packte er die Brotbüchse aus Aluminium und die Thermoskanne in seine abgewetzte, hellbraune Aktentasche. Dann ging er zu Fuß eine halbe Stunde zu dem wuchtigen Gebäude des früheren Landratsamtes, das nun Rat des Kreises hieß, in dem er unter dem Dach in einem kleinen Kabuff seinen Dienst gewissenhaft verrichtete.

Nachdem er viele Jahre in der Plankommission mitgearbeitet hatte, wurde er Mitte der sechziger Jahre von seinen Genossen für ein Jahr zur Bezirksparteischule geschickt. In dem Jahr zog sein jüngster Bruder Klaus, der gerade sein Ingenieurstudium abgeschlossen und in einem großen Betrieb zu arbeiten begonnen hatte, für ein Jahr bei uns ein, da mein Vater nur am Wochenende nach Hause kam. Dann fuhr Onkel Klaus zu seinen Eltern ins Erzgebirge. Im Gegensatz zu meinem Vater hatte Klaus für die Kommunisten nichts übrig. Er begeisterte sich für schnelle Motorräder und Autos sowie tolle Schlager, alles Sachen, womit die DDR nicht glänzen konnte. Abends drangen nun ungewohnte Töne an unser Ohr.

Früher hatte Dieter die Westsender, die seine Onkel Klaus oder Eberhard hin und wieder einstellten, wenn sie alle bei seinen Großeltern zu Besuch weilten, unter dem beifälligen Nicken seines Vaters weggedreht. Der Onkel drehte erneut den Westsender heran, woraufhin Dieter wieder einschritt. Irgendwann gab der Onkel auf und die Sache des Friedens und Sozialismus hatte einen glanzvollen Sieg davon getragen.

Doch jetzt war Onkel Klaus ein Untermieter, der auch seine Rechte besaß. Und wenn er nach der Arbeit Radio hören wollte, konnte man ihm das schlecht verwehren. Zunächst versuchte Dieter, einfach wegzuhören. Doch dann blieben Schlagerfetzen in seinem Ohr hängen: *Marmor, Stein und Eisen bricht, Liebeskummer, lohnt sich nicht mein Darling, Bohnen in die Ohr'n, Adelheid schenk' mir einen Gartenzwerg, Yeah-Yeah-Jägerlatein.* Lediglich wenn in politischen Sendungen etwas von den „Brüdern und Schwestern in der Zone" oder dem „Unrecht der Vertreibung" gesprochen wurde, ging er in sein Zimmer. Aber meist hörte er beiläufig Klaus' Schlagermusik.

Später erschien mir unklar, wieso Klaus sich auf die Schnulzen beschränkte. Immerhin erreichte die Beatmusik Mitte der sechziger Jahre Ihren Höhepunkt. Wahrscheinlich war er mit Mitte Zwanzig schon zu alt für ein Phänomen, das zunächst nur die Teenager ansprach. Die gängigen Sender bedienten weiterhin die traditionelle Klientel. Und Westschnulzen waren in der DDR schon aufmüpfig genug. Obwohl ich viele Westtitel dreißig Jahre lang nicht mehr hörte, waren mir die Texte, als ich mich Mitte der neunziger Jahre aus Nostalgiegründen wieder dafür interessierte, noch präsent. Dagegen hatte ich die meisten Lieder, die wir in der Schule lernen mußten, längst vergessen.

Als Vater von der Parteischule zurückkehrte, suchte sich Onkel Klaus ein möbliertes Zimmer in der Stadt. Nun war Schluß mit dem frühabendlichen Westspuk. Dieter hörte nachmittags DT 64, die DDR-Jugendwelle, die anläßlich des Deutschlandtreffens eingerichtet worden war. Hier wurde getreu den gesetzlichen Vorschriften die Ost- und Westmusik im Verhältnis 60:40 gespielt. Abends lauschte er zusammen mit seinem Bruder und seiner Mutter der „Schlagerrevue", einer DDR-Hitparade mit Heinz Quermann. Sein Lieblingstitel war „Blumen aus Eis" von Ina Martell. An den Scheiben der damaligen Doppelfenster konnte man solche Eisblumen bei Frost zuweilen beobachten.

Meinem Vater, nach der intensiven Rotlichtbestrahlung, nun für höhere Aufgaben geeicht, wurde die Leitung der sogenannten Org-Abteilung übertragen. Kurzzeitig soll sogar im Gespräch gewesen sein, daß er nach Berlin geht, wozu er aber keine Neigung verspürte, wahrscheinlich wollte er die Gemütlichkeit der Kleinstadt nicht aufgeben. Zweifellos wäre auch mein Leben dann ganz anders verlaufen.

Die Org-Abteilung war eine kleine Truppe, die eigentlich überflüssig war, da alle Ressorts durch andere Abteilungen abgedeckt wurden. Doch da in der Planwirtschaft manches, um nicht zu sagen alles, nicht funktionierte, brauchte es eine Art Nothelfer. Diese Abteilung glich darin der Titelfigur der damals sehr populären ungarischen Zeichentrickserie *Arthur, der Engel*, der immer einsprang, wenn die Karre wieder einmal im Dreck steckte. Freilich ging das Transzendente den Genossen völlig ab, so daß engelsgleiche Erfolge sich nicht einstellen wollten.

Manchmal mußte mein Vater echte Dreckarbeit übernehmen, was er nicht so sah. Er war maßgeblich beteiligt an der Enteignung der letzten Privatunternehmer Anfang der siebziger Jahre im Kreis Freiberg oder – wie es in der damaligen Sprachregelung hieß – bei der Überführung der halbstaatlichen Betriebe in sozialistisches Eigentum. Daß es sich bei den Enteignungen, wenn schon nicht um Unrecht, so doch wenigstens um ökonomische Dummheit handelte, derartige Gedanken waren meinem Vater wahrscheinlich nie gekommen. Die Maßnahmen standen ja im Einklang mit der Lehre des Marxismus-Leninismus, die allmächtig war, weil sie wahr war. Es lief zudem harmonischer ab als der „Sozialistische Frühling" in der Landwirtschaft im Jahre 1960, als die verbliebenen privaten Bauern in die LPG überführt wurden. Die privaten Kleinunternehmer hatten sich zähneknirschend zu fügen, während die Bauern seinerzeit noch in den Westen flüchten konnten.

Hauptsächlich verkörperte mein Vater eine Funktion, die er ehrenamtlich ausübte, nämlich die des Parteisekretärs beim Rat des Kreises. Die Bedeutung dieser Funktion war mir noch rätselhafter, da die verantwortlichen Posten ohnehin von Parteimitgliedern besetzt waren und bei wichtigen Entscheidungen die SED-Kreisleitung stets das letzte Wort hatte. Aber das politische System der DDR war in manchen Zügen kafkaesk. Mein Vater war einer der wenigen verbliebenen vorbildlichen Kommunisten, deren Dichte mit wachsender Funktion drastisch abnahm. Aus seinen Funktionen zog er keinerlei persönlichen Vorteil weder bei der Vergabe der Wohnung oder von Ferienplätzen noch eines Telefons. Das Wort *Beziehungen*, eine elementare Vokabel des realen Sozialismus, hatte für ihn keine Bedeutung. Mit dieser Haltung stand er unter den Funktionären zunehmend isoliert da. Vor allem die nachrückenden jungen Kader dachten zuallererst an persönliche Vergünstigungen.

Er besaß eine ideale Vorstellung von der Partei. So meinte er, beispielsweise bei der Armee müsse man als Untergegebener zwar die Befehle ausführen, doch in der Parteiversammlung könne man die Befehle und die Vorgesetzten - und sei es ein General - kritisieren. Mit der Realität in der Nationalen Volksarmee hatte das nichts zu schaffen. Dort galt wie in einem Konzentrationslager die Überlebensmaxime: Nicht auffallen!

Am Wochenende zog sich mein Vater in sein kleines Arbeitszimmer zurück und studierte die aktuellen Beschlüsse der Partei. Das war seine Sakristei. Wenngleich sich im realen Leben nur wenig bewegte, so produzierte die Partei unaufhörlich bedrucktes Papier. Auf seinem Schreibtisch prangten zunächst die Broschüren mit knallroten Titeln zu dem aktuellen Plenum des ZK der SED. Er arbeitete die Schriften sorgfältig durch und versah sie penibel mit roten und blauen An- und Unterstreichungen. Zumindest ästhetisch wirkten die Schwarten so eindrucksvoll, wenngleich ich sein Prinzip nicht durchschaute, schon gar nicht begriff, wieso die Hervorhebungen bedeutend sein sollten. Daneben lagen Zeitschriften für den *Parteiarbeiter* wie *Einheit* und *Neuer Weg*. Gegenüber diesen spröden Periodika wirkte das *Zentralorgan*, die Tageszeitung *Neues Deutschland* fast wie ein Unterhaltungsblatt. Als Lafontaine den Wahlkampf zum ersten gesamtdeutschen Bundestag 1990 unter dem Slogan „Der neue Weg" antrat, war mir klar, daß er scheitern mußte, obgleich die DDR-Bevölkerung die exklusiven Parteiblättchen wohl gar nicht zur Kenntnis genommen hatte.

Die pure marxistische Theorie schien meinen Vater weniger anzusprechen. Mitunter sprach er verächtlich von den Philosophen als weltfremden Spinnern. Allerdings blieb offen, ob er die *Klassiker* mit einschloß oder nur die Gebetsmühlendreher in den Parteischulen meinte. Ich war mit *13* bei meinem Vater auf ein Lehrbuch des Dialektischen Materialismus aus den fünfziger Jahren gestoßen, das ich in kurzer Zeit auslas. Die marxistische Sophistik imponierte mir. Die Taschenspielertricks der Dialektik schienen eine vortreffliche Methode zu sein, die Welt auf einen Nenner zu bringen. Einen ähnlichen Kick verspürte ich erst wieder mit *31*, als ich Nietzsches *Zarathustra* las.

Obwohl sich mein Vater eher als Partei*arbeiter* sah, galt er offiziell als Angestellter, was in der sozialen Hierarchie des Arbeiter-und-Bauern-Staates eine Abwertung darstellte. Bei mir stand deshalb in der Spalte „Soziale Herkunft" im Klassenbuch nur ein *A*. Das war immerhin besser als ein *I* für die „soziale Schicht der Intelligenz", das bei einigen meiner Freunde verzeichnet war. Sie hatten es deshalb schwerer, zur Erweiterten Oberschule zu kommen. Ideal war ein *PA* für Produktionsarbeiter, doch diese Schüler fielen in ihren Leistungen meist deutlich ab. Mit Kindern von Genossenschaftsbauern war ich nie in einer Klasse, so daß ich nicht weiß, welcher Buchstabe sie bezeichnete. Später geriet diese Buchstabenakrobatik etwas ins Hintertreffen, und es wurden unabhängig von der Herkunft die Jungen und Mädchen bevorzugt, die sich verpflichteten, Offizier beziehungsweise Lehrerin zu werden.

Mein Vater war nicht nur kommunistischer Agitator, sondern auch bereit, seinen Beitrag zum Schutz der Arbeiter-und-Bauern-Macht zu leisten. Zu diesem Zweck engagierte er sich in der Kampfgruppe. Die Kampfgruppen der Arbeiterklasse stellten paramilitärische Formationen dar, die nach dem von den Sowjets niedergeschlagenen Arbeiteraufstand vom 17. Juni 1953 begründet worden waren, um künftig aus eigener Kraft mit der sogenannten Konterrevolution fertigzuwerden. Sie waren maßgeblich bei der Abriegelung der Grenze am 13. August 1961 in Berlin beteiligt. Sie führten hin und wieder Übungen oder Feldlager durch, in der Regel nach Feierabend oder an Wochenenden. Gegenüber der faschistoiden Nationalen Volksarmee waren in diesen Alte-Herren-Garden die Prinzipien des menschlichen Umgangs nicht a priori ausgeschaltet. Freilich habe ich nie dort hineingerochen. Anders als bei vielen Mitkämpfern war für meinen Vater diese Art Freizeitgestaltung keine unvermeidliche Kröte, die man der Karriere wegen schlucken mußte, sondern Herzenssache, wie es pathetisch hieß, der er sich eifrig widmete. Viele Jahre agierte er als Kommandeur. Erst in den siebziger Jahren begann er, wegen gesundheitlicher Probleme etwas kürzer zu treten.

5
Chemiestunde

Das gesellschaftliche Engagement meiner Mutter hielt sich dagegen in Grenzen. Sie war nicht so parteigläubig und hatte sich eine natürliche Skepsis bewahrt, die von den immer neuen Engpässen im sozialistischen Alltag bestärkt wurde. Sie wirkte im Elternaktiv unserer Schulklasse mit, wodurch wir einen gewissen Einblick hinter die Kulissen der Schule gewannen. Das Elternaktiv war die Elternvertretung in der sozialistischen Schule, das sich regelmäßig mit dem Klassenlehrer traf, wichtige Veranstaltungen vorbereite oder besondere Erziehungsaufgaben abstimmte. Mitunter hospitierten seine Mitglieder im Unterricht. Zudem war sie in der Schiedskommission des Wohngebietes tätig, die kleine zivilrechtliche Streitfragen zu klären hatte.

Während wichtige Gene wohl eher von meinem Vater herrühren, lag die Erziehung weitgehend bei meiner Mutter. Da sie, solange ich die Schule besuchte, nur halbe Tage arbeiten ging, mußte ich nicht in den Hort. Sie war liebevoll und verständig, solange sie alles unter Kontrolle hatte.

In der Oberstufe wurde mir die Überwachung mitunter lästig, da ich mir genau überlegen mußte, welchen Freund ich mit nach Hause brachte. *Big Mother is watching you.* An „Damenbesuch" war so gut wie gar nicht zu denken. Das einzige Mädchen, das ich einmal nachmittags ganz harmlos mitbrachte, inspizierte sie so abschätzig, daß ich es nicht bewegen konnte, mich noch einmal zu besuchen. Ich ging daher lieber zu Freunden, deren Eltern den ganzen Tag arbeiteten. Überhaupt wachten die Eltern argwöhnisch über meine Beziehungen zu Mädchen und stichelten schon bei den flüchtigsten Kontakten.

Für die Schule brauchte Dieter keine Hilfe. Dafür drückte er sich nahezu vor jeder Hausarbeit. Lediglich vom Bäcker mußte er hin und wieder Brot holen. Dabei nagte er zuweilen den oft noch dampfenden Brotlaib an, was die Mutter widerwillig in Kauf nahm.

In meinem Elternhaus galt weitgehend das traditionelle Rollenverständnis. Meine Mutter wusch die Wäsche, was sie größtenteils im so benannten Waschhaus, einem großen Raum im Keller, erledigte. Dort stand ein Waschkessel, der mit Kohlen rechtzeitig angeheizt werden mußte, in dem die Wäsche kochte. In Aluminiumbottichen wurde anschließend die Wäsche ausgespült. Zum Trocknen wurde sie bei schönem Wetter in den benachbarten Wäschegarten aufgehängt. Ansonsten mußte man auf den Dachboden steigen, auf dem es gleichfalls reichlich Platz für Leinen gab. Daß es sich um gesellschaftliches Eigentum handelte, waren diese Lokalitäten großzügig bemessen. Damit sich die Mieter im Waschhaus nicht in die Quere gerieten, hatte man den gewünschten Waschtag rechtzeitig in einer Liste einzutragen. Die getrocknete Wäsche fuhr meine Mutter mit dem *Rolli*, einem mickrigen Handwagen, auf den gerade der geflochtene Wäschekorb paßte, zur Mangel, die sich in einem Schuppen in der nächsten Querstraße befand und die man selbst bedienen mußte. Nahe des Stadtzentrums stand an einem ähnlichen Gebäude auf einem Schild: *Mangel im Wohnbezirk*. Da wird immer behauptet, in der DDR konnte man nicht die Wahrheit plakatieren.

Weiterhin übernahm sie das Saubermachen der Wohnung, das sie an einem festen Tag der Woche zur festgesetzten Zeit vornahm, selbst wenn ich gerade Besuch hatte.

Mein Vater kochte zuweilen. Seine Spezialität war der Sonnabendeintopf. Diese Kartoffelstückchen, wie meine Eltern sagten, waren nicht vergleichbar mit dem Schulfraß. Mein Vater nahm Bohnen, die er fein zerkleinerte, dazukamen kleine Kartoffelwürfel und gutes Rindfleisch, statt der widerlichen Fettbatzen in der Schulküche, und viel Bohnenkraut zur Würze. Außerdem bereitete er oft grüne Kartoffelkeulchen, mit den Zutaten rohe Kartoffeln, Quark und Leinöl, die er mit viel Kümmel sowie etwas Muskatnuß würzte. Ebenfalls aus selbstausgepreßten rohen Kartoffeln fertigte er Klöße. Die Kinder durften dann die Bröseln naschen. Den zugehörigen Sonntagsbraten übernahm meine Mutter. Mein Lieblingsessen war Brathähnchen, und meine Mutter teilte mir immer das weißeste Fleisch zu.

Im Frühjahr aßen wir mitunter Brennesselsuppe, wohl ein Relikt aus der Nachkriegszeit, die Brennesseln mußten natürlich hauchzart, das heißt frisch entsprungen sein. Im Herbst gab es Holundersuppe, die ich noch mehr mochte, aus frisch gepflückten Beeren. Gern verzehrte ich rohe Leber oder frisch aufgeschlagene Eier mit Zucker, wovor mir bei der heutigen Lebensmittelqualität schaudert.

Die Vorräte der Familie lagerten im Kohlenkeller. Der Verschlag mit den Briketts befand sich unter dem Kellerfenster, so daß die Kohlen direkt hineingeschüttet werden konnten. Davor hatte mein Vater ein selbstgezimmertes, großes Regal aufgestellt, in dem das eingeweckte Obst und Gemüse in Reih und Glied stand. Unter dem Regal lagerten in einer Stiege die Kartoffeln. Im Herbst kellerte mein Vater sechs Zentner davon ein. Sie wurden zentral ausgetragen und waren wie alle Grundnahrungsmittel spottbillig. Damit die Kartoffeln bis zum nächsten Sommer nicht keimten, bestreute er sie regelmäßig mit *Keimstopp*. Wer weiß, wie viele und welche Chemikalien wir damals mit den Kartoffeln aufgenommen haben. Lag darin der Grund für den späteren Speiseröhrenkrebs meiner Mutter? Dafür waren die meisten anderen Lebensmittel frei von Konservierungsmitteln.

Zwei Eingänge weiter wohnte im Erdgeschoß Familie N., zu der ein Junge gehörte, der etwas jünger war als ich. Er war ein verschlossener Typ, der sich kaum an den Spielen der anderen Kinder beteiligte. Die Frau erwartete das zweite Kind und kam deshalb in die Frauenklinik. Die Geburt verlief normal. Als der Krankenwagen sie zusammen mit dem Neugeborenen nach Hause brachte, öffnete niemand. Am Vortag hatten Vater und Sohn sie noch in der Klinik besucht. Im Haus roch es etwas nach Gas, das kam hin und wieder vor. Der Fahrer des Krankenwagens meinte zu der Frau, sie möge lieber im Auto warten. Nachdem er die Wohnung aufgeschlossen hatte, riß er die Fenster in der Wohnung auf. Der Vater und der kleine Sohn lagen in ihren Betten tot. Kohlenmonoxidvergiftung. Die Hähne des Gasherdes waren offenbar alle abgedreht. Irgendeine Leitung mußte leck geworden sein.

Dieses Ereignis sollte mich nachhaltig prägen. Fortan prüfte ich vor dem Schlafengehen, ob alle Gashähne des Herdes, einschließlich des Absperrhahns der Zuleitung, den mein Vater auch zudrehte, wirklich geschlossen waren. Mitte der siebziger Jahre wurde die Gasversorgung von Stadtgas, welches aus Kohle gewonnen wurde und das todbringende Kohlenmonoxid enthielt, auf das harmlosere Erdgas umgestellt. Von nun an konnte man sich bei Unachtsamkeit bloß in die Luft sprengen. Die Gewohnheit der Herdkontrolle behielt ich sogar bei, als wir später einen Elektroherd besaßen. So wird aus nützlicher Vorsorge schließlich ein Tick. Zum Glück kamen derart existentielle Erlebnisse in meiner Kindheit sonst nicht mehr vor.

Der Vorfall ereignete sich, nachdem ich erstmals geträumt hatte, daß ich nicht für immer leben würde. Bis dahin hatte ich mich wie alle kleinen Kinder für unsterblich gehalten. Der Traum erschütterte mich so stark, daß ich einige Tage davon beherrscht wurde. Ich wußte nicht einmal, ob ich mein Schicksal als grauenhaft oder großartig begreifen sollte.

6
Musikantenstadl

Ein Auto besaß mein Vater nie. Vor allem in den sechziger Jahren lieh er sich hin und wieder ein altes Dienstmotorrad aus, zuweilen auch mit Beiwagen. Einmal nahm er mich darin mit ins Gebirge, es war eine der ganz wenigen Motorradfahrten, die ich jemals mitmachte, und garantiert die einzige, wonach mir hinterher kein Stein vom Herzen fiel, weil ich es heil überstanden hatte. Im Gegensatz zu einigen Freunden, die zeitweilig über einen Feuerstuhl verfügten, pflegte mein Vater einen sehr besonnenen Fahrstil. In der Hinsicht ist er mir als Autofahrer heute noch ein Vorbild.

Das wichtigste Fortbewegungsmittel meines Vaters war sein Fahrrad. Lange fuhr er ein robustes Modell aus den frühen fünfziger Jahren. Erst in den siebziger Jahren stieg er auf ein leichtes Sportrad mit Dreigangschaltung um, was nicht einfach zu beschaffen war. Mitunter nahm er mich mit auf Touren durch die Dörfer der Umgebung, am liebsten fuhr er jedoch allein. Ich fuhr dann auch allein. Es kam vor, daß sich irgendwo im Stadtgebiet unsere Wege kreuzten. Die besten Räder der Familie schloß er in den Keller ein, mehr als zwei paßten nicht in den schmalen Gang, die restlichen mußten im Fahrradkeller des Hauses stehen. Dort wurden zuweilen die Luftpumpe oder Ventile geklaut, die gleichfalls Mangelware darstellten. Mit Hingabe reparierte und reinigte mein Vater die Fahrräder, wofür ich überhaupt keinen Sinn hatte.

Noch lieber schwamm mein Vater. Als Mitte der siebziger Jahre im Neubaugebiet die erste und einzige Schwimmhalle der Stadt gebaut worden war, ging er regelmäßig dorthin. Ich habe für Schwimmhallen wegen des umständlichen Aus- und Ankleidens wenig übrig. Meine Mutter konnte weder Radfahren noch Schwimmen. Staats- und Parteichef Ulbricht prägte einst den Spruch „Jeder Mann an jedem Ort, einmal in der Woche Sport“ – von Frauen war dabei nicht die Rede.

Meine Mutter bewegte sich lieber in Gesellschaft. Sie hatte einige Freundinnen, die sie zuweilen einlud. Mein Vater und ich waren heilfroh, wenn sie wieder abrückten. Die Weiber quatschten ohne Unterlaß und qualmten die Bude voll, daß man lange lüften mußte. Es dauerte Tage bis der eklige Zigarettengeruch aus der Wohnung verschwunden war. Im Gegensatz zu meiner kontaktfreudigen Mutter besaß mein Vater keine Freunde, nur Genossen. Er war ungesellig und meist verschlossen. Fremden Menschen ging er lieber aus dem Weg. Meine Mutter sprach einen ausgesprochen sächsischen Dialekt. Wegen ihrer offenen und herzlichen Art war sie im Betrieb und der Nachbarschaft sehr beliebt.

Meine Mutter las hin und wieder ein anspruchsvolles Buch, daneben goutierte sie aber auch seichte Sendungen im Fernsehen. Ins Theater gingen meine Eltern in der Regel nur, wenn das vom Arbeitskollektiv angesetzt worden war. Regelmäßig besuchten sie sogenannte Betriebsvergnügen. Ich glaube, mein Vater tat das nur aus Pflichtgefühl. Pflicht war für ihn ohnehin ein zentraler Wert. Seine kulturellen Bedürfnisse waren dürftig. „Kultur ist jeder zweite Herzschlag unseres Lebens“ hieß ein SED-Slogan, den ein Parteidichter formuliert hatte. Was war dann die andere Hälfte Unkultur?

Nach meiner Jugendweihe war mein Vater einmal mit mir im Theater. Es wurde eine Komödie von Rudi Strahl gegeben. Er arrangierte den Besuch offenbar in der Meinung, es gehöre zum Erwachsensein, einmal im Theater gewesen zu sein. Ihn berührte das Stück kaum, und ich fand es ziemlich oberflächlich.

Lediglich für die volkstümliche Musik hatte mein Vater ein Faible. Mit dieser Musik garnierte er kulturell den Sonntagsbraten, zum Grauen von meinem Bruder und mir, die ansonsten an den Reglern drehten. Ich weiß nicht, ob seine Volksmusik-Attitüde eher Protest gegen den Rock & Pop der Söhne war oder die Sehnsucht nach der versunkenen Idylle seiner Kindheit artikulierte. In den siebziger Jahren liefen Volksmusik-Sendungen relativ selten im DDR-Rundfunk – Westsender hörte mein Vater selbstredend nicht – da die *Musi* ähnlich der Rockmusik ideologisch als suspekt galt. Wenngleich man in Hinblick auf die Wünsche der Werktätigen zunehmend Zugeständnisse an die Niederungen des Geschmacks machte, unterschätzten die Funktionäre zum Glück für unsere Gehörgänge die Größe dieser Zielgruppe – wie dann das erste gesamtdeutsche *Musikantenstadl* 1989 erschreckend demonstrierte. Die volkstümliche Ostmusik hatte gegenüber der Rockmusik den Vorteil, daß sie für die durchschnittliche Westklientel sofort kompatibel war. Hier wuchs nach der Wende tatsächlich zusammen, was zusammengehörte. Wie hätte mein Vater diese Kopplung empfunden: der Triumph der geliebten Volksmusik mit der Marketing-Maschinerie des verhaßten Klassenfeindes?

Mein Vater verkörperte eine seltsame Mischung aus Prüderie und Vulgarität. Während sich meine Mutter in meiner Kindheit in meiner Anwesenheit ankleidete, was mir mitunter peinlich war, sah ich meinen Vater nie unbekleidet. Sogar wenn ich mit ihm an einem menschenleeren See badete, zog er sich hinter die letzte Hecke zurück, um die Badehose zu wechseln. Manchmal fragte ich mich, welchem Ausrutscher, ich meine Existenz verdankte. Einem Freund, der erstmals bei uns zu Besuch war, erzählte er in meiner Abwesenheit „Schoten" aus seiner Jugend, nicht zuletzt wie er meine Mutter vor der Hochzeit entführte. Ich bekam dergleichen nie zu hören und war verwundert, als mein Freund die Natürlichkeit meines Vaters pries. Andererseits traktierte er seine Schwiegermutter im Beisein der Kinder manchmal mit derbsten sexuellen Anzüglichkeiten, die ich zu überhören versuchte.

Abnorm war der dumpfe Haß meines Vaters gegen die Religion und Kirche, die für ihn die Inkarnation des Bösen darstellten. Ich weiß nicht, welche persönlichen Erlebnisse ihn dazu gebracht hatten. Aus der Kirche war er wie meine Mutter, der die Kirche herzlich egal war, Ende der fünfziger Jahre ausgetreten. Ich nehme an, seine Kontakte als Vertreter der Staatsmacht mit Pfarrern hatten aufgrund deren Kultiviertheit und Bildung in ihm einen Minderwertigkeitskomplex geweckt. Nicht einmal die kulturelle Wertigkeit des Christentums ließ er gelten. Als ich als Student aus literarischem Interesse mir die Bibel kaufte und las, reagierte er sehr verdrießlich. Ich war klug genug, aus Trotz zu seinem atheistischen Fundamentalismus, nicht die Flucht in den Glauben zu suchen.

Gesundheitlich hatte mein Vater bis Mitte vierzig faktisch keine Probleme. Er war stolz darauf, über Jahrzehnte keinen einzigen Tag krankgeschrieben gewesen zu sein. Dann bekam er Beschwerden mit den Nieren und mußte längere Zeit ins Krankenhaus der Medizinischen Akademie Dresden. Außerdem litt er an hohem Blutdruck. Ärger fraß er in sich hinein. Längere Zeit mußte er sogenannte Scheiß-Egal-Pillen schlucken, die zwar den Blutdruck senkten, aber das Persönlichkeitsprofil deformierten. Wahrscheinlich hegte er mit der Zeit seine Beschwerden mit derselben Emphase, womit er vorher seine Gesundheit inszeniert hatte. Meine Mutter nahm gesundheitliche Störungen gelassener hin, was ihr am Ende auch nichts nützte.

7
Familienbande

Der Familienalltag lief in geordneten Bahnen. Genauso selbstverständlich wie der Sonnabendeintopf oder der Sonntagsbraten war der Spaziergang am Sonntagnachmittag. Dieter freute sich schon die ganze Woche darauf. Der Vater führte die Familie durch das Neubauviertel oder in den Wald. Die einzige Abwechslung bildeten die Gammler, die in wachsender Anzahl an den Straßenecken standen. Sie hießen gemeinhin Gammler, weil sie lange, ungepflegte Haare trugen. Unterm Arm hielten sie funkelnde Kofferradios, die wegen des Dröhnens *Heulen* genannt wurden. Sie hörten die Hitparade von Radio Luxemburg oder die Beatmusik anderer *Feindsender*. Der Vater schimpfte auf dieses arbeitsscheue Gesindel und die Hottentottenmusik. Dieter gefielen die schlaksigen Typen auch nicht, doch manchmal drangen Fetzen von Musiktiteln an sein Ohr, die sich anders anhörten als der Friede-Freude-Eierkuchen-Cocktail der Schlagermusik. Etwa der lange Abspann von „He, Jude", das er erstmals auf der Straße hörte. Abgeschmackt fand er die Reklame zwischen den Titeln, wenn eine weichgespülte Stimme die Weißheit von Persil oder ähnlichen Schwachsinn anpries.

Lange Zeit hatten die musikvernarrten Jugendlichen Schwierigkeiten mit der Polizei. Anfang der siebziger Jahre stand niemand mehr mit einer Heule an der Straßenecke. Zuweilen versuchten Fans mit ihren Geräten, die Abteile von Zügen zu beschallen, was jedoch die Reichsbahn beizeiten unterband. Erst Ende der neunziger Jahre wurde es wieder opportun, mit seinen Musikkonserven einen ganzen Wagen zu unterhalten. Zwar trug keiner der Jugendlichen mehr Kofferradios, man begnügte sich mit diversen Walkmans. Das stupide Technogehämmer, das durch die Kopfhörer nach außen drang und in der Lautstärke kaum einem Radio nachstand, genügte, mir eine Zugfahrt zu vermiesen. Welcher Niedergang des populären Geschmacks: von den phantasievollen Songs der Beatles zu dem geistlosen Computergestampfe der Gegenwart!

Ein weiterer Fixpunkt im Alltag der Familie O. waren die regelmäßigen Verwandtenbesuche. Zu jedem Geburtstag eines Familienmitglieds rückte die Familie des Bruders Heinz meiner Mutter bei uns an, oder wir begaben uns mit dem Stadtbus zu dessen Wohnung, die am Stadtrand gegenüber den hohen Essen des Hüttenkombinates lag. Es gab eine große Kaffee- und Abendbrottafel. Dazwischen wurden Karten- oder Würfelspiele veranstaltet oder Dias gezeigt.

Dieter hatte an sich nichts gegen solche gelegentlichen Besuche, doch die Monotonie, mit der sie abgearbeitet wurden, nervte ihn zusehends.

Bei Onkel Heinz waren zuweilen auch Freunde seiner Familie zugegen. Das Ehepaar Mühlberg verkörperte einen Menschenschlag, der mir zuvor nicht begegnet war. Herr Mühlberg war klein, schlank und von der Physiognomie her unscheinbar, aber sehr korrekt gekleidet. Seine Anzugsstoffe und Krawatten waren von erlesener Qualität, sein Scheitel war festgezurrt. Wahrscheinlich benutzte er ein dezentes Parfüm. Er wirkte wie der Prokurist einer soliden Firma. Tatsächlich arbeitete er als Meister in einem kleinen Kfz-Betrieb, was ich damals nicht wußte. Er war immer auf Haltung bedacht, dabei meist zurückhaltend. Politik spielte in seinen Äußerungen keine Rolle, doch er schien die Kommunisten so zu verachten, daß er es unter Niveau fand, gegen sie zu wettern. Seine Frau füllte mit ihrem Leibesumfang den Platz aus, den ihr Gatte frei ließ. Sie plapperte in einem fort. Beflissen erzählte sie von dem Textilgeschäft, in dem sie als Verkäuferin arbeitete. Sie hatten zwei Kinder, die nur selten zugegen waren. Zudem waren sie um einiges älter als ich.

Bei allen Familientreffen war meine Oma Emma dabei. Außerdem besuchte sie uns wenigstens einmal pro Woche. Zu besonderen Gelegenheiten wie Weihnachten übernachtete sie auch bei uns. Zwar wohnte sie nur etwa drei Kilometer entfernt, aber mit dem Stadtbus brauchte sie, einschließlich des Gangs zur Haltestelle, für den Weg fast eine Stunde. Für sie wurde dann die Liege im ersten Kinderzimmer als Schlafgelegenheit hergerichtet. Das Zimmer mußte ich durchqueren, wenn ich zu Bett gehen wollte. Ich sah dann, wie sie ihr Gebiß aus dem Mund genommen und in ein Senfglas gelegt hatte. Ihre langen Haare, die tagsüber zu einem Knoten zusammengeschnürt waren, hatte sie aufgebunden. Sie reichten ihr bis zum Po. Die fahlen, dünnen Haare wirkten fast noch gespenstischer als die falschen Zähne. Ein säuerlicher Geruch erfüllte das Zimmer. Ich versuchte, ihre Anwesenheit geflissentlich zu ignorieren. So alt wollte ich nie werden.

Eine fast mystische Bedeutung genoß der Geburtstag Emmas am 12. Juni, wozu sich die ganze Sippe versammelte. Den Höhepunkt bildete die Kaffeetafel, die von zwei, drei Erdbeertorten gekrönt wurde. Emma gelang es trotz der schlechten Versorgungslage, jedes Jahr die raren Früchte aufzutreiben. Sie sagte, die Erdbeeren kämen aus den Niederlanden, meinte damit aber die flache, wärmere Region nordwestlich von Meißen. Manchmal lud meine Oma ihre Enkel auch zum Mittagessen ein. Sie kochte dann unsere Lieblingsgerichte wie Kartoffelbrei mit Leber oder Rumpsteak

Die Verwandtschaft meines Vaters, die geographisch weiter verstreut war, traf sich weniger regelmäßig. Geburtstage, außer den runden seiner Eltern, spielten hier keine Rolle. Etwa alle vier Wochen fuhr unsere Familie mit dem Zug zu den Großeltern im Geburtsort meines Vaters im Erzgebirge. Es war fast das einzige Ziel für Wochenendausflüge unserer Familie. Schon als Kindergartenkind konnte ich die Reihenfolge der Bahnstationen wie im

Schlaf aufsagen. Lediglich bei der Station in der Mitte hatte ich den Namen nicht richtig aufgeschnappt und sagte „Mirda" statt „Mulda", was meine Eltern belustigte und sie oft zum Besten gaben. Meine Großeltern wohnten im Erdgeschoß eines dreigeschoßigen schlichten Hauses an der Kurve der Fernverkehrsstraße. Einmal fuhr ein Auto, das die Kurve nicht kriegte, in die Fassade, und später ramponierte sogar ein Laster die Hausfront.

Neben dem Haus zog sich entlang der Waldstraße ein Garten hin, den die Großeltern bewirtschafteten. Parallel zur Straße wurde der Garten begrenzt vom Mühlgraben, vor dem die Eltern eindringlich warnten, da könne man hineinfallen und ertrinken. Es wurden tatsächliche oder erfundene Exempel angeführt. Der kleine Dieter war froh, nicht allein in den Garten gehen zu dürfen. Wenn ihn Erwachsene begleiteten, mußte er oft Beete harken, Unkraut zupfen, Johannis- oder Stachelbeeren abnehmen oder ähnliche lästige Arbeiten verrichten. Sonst hätte er wohl auch in deren Abwesenheit arbeiten sollen. Auf der anderen Seite beflügelte der Garten mit seinen verschiedenen Abschnitten Dieters Phantasie. Unter anderem gab es eine Kräuterecke, von der ihn der starke Duft von Pfefferminz betörte. Dort wuchs auch Knoblauch, den Dieter nicht mochte.

Bei späterer Lektüre assoziierte ich Gartenszenen nicht selten mit diesem Garten.

Während Großvater Gerhard einen verschlossenen Eindruck machte, war die Großmutter Gertrud eine lebenslustige Frau. Einige Zeit arbeitete sie in Freiberg bei der Bauunion. Als sie uns einmal besuchte, war eine Flasche Leinöl in ihrer Tasche ausgelaufen. Sie mußte sich daraufhin alle Ausweise, die in der Tasche steckten, neu ausstellen lassen. Doch sie nahm das gelassen. Auf das Leinöl ließ sie nichts kommen, zusammen mit Quark und Kartoffeln war es ihr Leibgericht. Ansonsten war sie mit dem Essen nicht wählerisch. Obwohl sie viel aß, blieb sie spindeldürr. Sie konnte nichts wegwerfen, sogar angeschimmelte Lebensmittel verdrückte sie. Das bekam ihr auf die Dauer nicht. Sie starb an Magenkrebs knapp achtzigjährig. Ansonsten wäre sie bei ihrer Zähigkeit wohl hundert geworden. Ihre besondere Vorliebe galt dem Bohnenkaffee. Sie sagte, bevor man sie in den Sarg lege, solle man ihr eine Kaffeebohne in jedes Nasenloch stecken. In ihren letzten Lebensmonaten konnte sie freilich Kaffee nicht mehr ersehen.

Oft saß der Großmutter der Schalk im Nacken. Einmal erzählte sie dem kleinen Dieter, die Mutti sei zum Bahnhof gegangen, um nach Hause zu fahren. Dieter wollte wissen, wann der Zug führe. In zehn Minuten. Das konnte er noch schaffen. Er rannte sofort zum Bahnhof. Der Bahnsteig war leer. War der Zug schon abgefahren? Als er verheult zurückkehrte, saß die Mutter am Küchentisch, ohne etwas von dem Scherz zu ahnen. Sie sagte, die Oma habe wohl geschwindelt. Dieter nannte nun die Großmutter *Schwindelmeieroma*, was ihr zu schmeicheln schien.

Jeder Besuch verlief nach dem gleichen Ritual. Die nach und nach eintreffende Verwandtschaft versammelte sich in der Wohnküche, die jüngeren Brüder Eberhard und Klaus meines Vaters waren schon anwesend. Der eine studierte Chemie, der andere war Rundfunkmechaniker und begann später ein Studium der Elektrotechnik. Danach arbeiteten sie als Diplom-Ingenieure in Dresden beziehungsweise Freiberg. Ein weiterer Bruder meines Vaters, Karl-Heinz, war Ende der fünfziger Jahre bei Ausübung seines Dienstes beim Zoll der DDR ums Leben gekommen. Die näheren Umstände seines Todes wurden nie aufgeklärt. Offiziell war von einem tragischen Unglücksfall die Rede. Gemunkelt wurde Verschiedenes. Sein Halbporträt in der Uniform der Nationalen Volksarmee stand auf dem Schreibtisch meines Großvaters. Ich konnte mich an ihn nicht erinnern, doch das Foto brannte sich mir ein. Seine Gesichtszüge wirkten feiner als bei den anderen Brüdern.

Aus dem Nachbardorf traf die einzige Schwester des Vaters mit ihrem Gatten ein. Anni und Herbert hatten vier Kinder, mit Ausnahme des ältesten Sohns Hartmut, der ein Jahr älter als Dieter war, recht grobschlächtige Burschen. Sie neckten Dieter oft und nannten ihn den „Professor", da er keine Lust hatte, mit ihnen herumzuziehen und stattdessen lieber las. Herbert unterrichtete in der Dorfschule Sport und Biologie. Er stammte aus Mecklenburg und die Einheimischen kamen schwer mit seiner Mentalität zurecht. Er wiederum spottete über die sächsische

Behäbigkeit. Es hieß, daß er zuweilen in der Schule die Nerven verlor. Dann schrie er die Schüler an, zog sie an den Haaren oder versetzte ihnen sogar eine Ohrfeige. Die Schüler fürchteten ihn, machten sich wohl aber hinter seinem Rücken über ihn lustig. Während er im Sportunterricht kaum etwas vormachte, war er den größeren Mädchen gern bei Geräteturnübungen behilflich. Auch seine Kinder hatten nichts zu lachen.

Vor dem Mittagessen unternahm die versammelte Sippe einen Spaziergang. Unmittelbar dem Haus gegenüber begann der Wald. Sie liefen meist denselben Waldweg bergan bis zu einer Lichtung, von der man auf einem Berghang die Kirche des langgestreckten Ortes sah. Nachdem sie den Hang heruntergestiegen waren, kehrten sie über die Dorfstraße zurück. Von der Brücke über den Gebirgsbach beobachteten sie mitunter Forellen in dem klarem Wasser. Einige Kilometer abwärts befand sich eine Papierfabrik, deren Abwässer den Fluß abrupt in eine Kloake verwandelten, in der sich kein Leben mehr entfalten konnte. Aber hier im Tal zwischen den bewaldeten Hängen war die Natur intakt.

Inzwischen war der Tisch im Wohnzimmer ausgezogen und eingedeckt worden, es dauerte jedoch eine Weile, ehe das Essen aufgetragen wurde. Nach der Mahlzeit blieb man lange an der Tafel sitzen. Während der ganzen Tischzeit fungierte Herbert als unangefochtener Alleinunterhalter. Er konnte bildhaft erzählen und würzte seine Geschichten mit derben Späßen und plumpen Anzüglichkeiten. Je mehr Leute anwesend waren, desto mehr blühte er auf, er brauchte ein Publikum als Resonanzboden. Er war ein verkappter Comedy-Star. Als Kind bewunderte und fürchtete ich ihn. Die Verwandten meiner Mutter wirkten bei seiner Anwesenheit unscheinbar, solche plumpe Unterhaltung kam ihnen nicht geheuer vor. Außerdem war Herbert ein Autonarr. Bereits in den fünfziger Jahren, als Autos eine Rarität darstellten, fuhr er einen P 70. Von diesem Gefährt schien er mehr zu halten als dessen späteren Nachfolger, dem Trabant. Bei jedem Familientreffen schimpfte er über die sächsischen Schlaglöcher. In Mecklenburg hielten sie wenigstens die Straßen in Schuß.

Wenn sie abends mit dem Zug zurückfuhren, atmete Dieter auf, als er die rot leuchtenden hohen Essen der Freiberger Hütten erblickte. Sie standen wie Wächter zwischen den Welten der unheimlichen, primitiven Dörfer und der behüteten, komfortablen Stadt.

8
Nimm zwei

Einen besonderen Nimbus in der Verwandtschaft genoß mein Onkel Christian. Der zweitälteste Sohn meiner Großeltern väterlicherseits hatte sich rechtzeitig in den Westen abgesetzt und in den Jahren des Wirtschaftswunders in Hannover-Langenhagen eine Existenz als selbständiger Klempnermeister aufgebaut. Er hatte günstig geheiratet. Die Familie seiner Gattin Jutta besaß einige Mietshäuser. Ob ihm ohne diese finanziellen Anfangsspritzen der Sprung in die Selbständigkeit gelungen wäre, kann ich nicht beurteilen. Er beutete unbarmherzig sich selbst und seine zwei, drei Gesellen aus. Wenn es das Geschäft erforderte, langte er auch an Sonn- und Feiertagen buchstäblich in die Scheiße. Viele Aufträge erledigte er ohnehin in Schwarzarbeit, immer auf der Hut vor dem Finanzamt, auf das er starrte wie das Kaninchen auf die Schlange. Mitte der sechziger Jahre erkundigte er sich bei einem Ostbesuch sogar nach den Möglichkeiten, hier arbeiten zu können. Klempner wurden dringend gesucht, Konkurrenz mußte er keine fürchten – Handwerker waren die heimlichen Herrscher in der sozialistischen Mangelwirtschaft. Doch neunzig Prozent Spitzensteuersatz und Materialengpässe, die er noch aus seiner Lehrzeit in der Sowjetischen Besatzungszone kannte, bewahrten ihn vor diesem Verzweiflungsschritt. Da sammelte er lieber Belege für Ausgaben, die er seiner bedürftigen Ostverwandtschaft angedeihen ließ, um damit seine Steuerschuld zu reduzieren.

Wir ahnten damals nichts von den Möglichkeiten, durch Geschenke sparen zu können und sahen die Westpakete zum Geburtstag oder zu Weihnachten als uneigennützige Segnungen. Schon der Geruch, der uns beim Öffnen entgegenschwebte, schien von einer anderen Welt zu sein. Und dann wurden dem Sesam die einzelnen Schätze entnommen: Pralinen *Mon Chéri* mit der Piemont-Kirsche, Schokolade von Sarotti, Spekulatius von

Spengler, Bonbons *Nimm zwei*, dazu Feigen und Datteln, manchmal eine Kokosnuß und Paranüsse, die sich schwer knacken ließen. Es kam uns vor wie in einem Märchen aus Tausendundeiner Nacht. Weiterhin enthielten die Pakete auch Deftigeres wie Thunfischkonserven, Linsen oder Deutsche Markenbutter mit dem Bundesadler – meine Mutter war schon von der Verpackung angetan. Die einheimische Butter war nicht in strapazierfähige Silberfolie verpackt, sondern in dünnes Pergamentpapier, und darauf stand lediglich „Butter". Sogar die harte Wurst schien anders veredelt worden zu sein.

Zu Weihnachten war auch Spielzeug in dem Paket. Einmal bekamen wir eine Western-Lokomotive mit einer gelb-roten, auf und ab blinkenden Rundumleuchte. An den Vorbau der Lok war ein Schutzschild montiert für das unwegsame Gelände des Wilden Westens und der Vorbau ruckelte vor und zurück, was so klang wie die Geräusche einer richtigen Lokomotive. Zur Krönung stieß das Stahlroß in gewissen Abständen einen langanhaltenden Pfeifton aus, der den letzten Indianer aus seinen prähistorischen Träumen gerissen haben mußte. Wenn die Lokomotive, die nicht auf Schienen fahren brauchte, gegen ein Hindernis stieß, änderte sie von selbst die Richtung, was aufgrund eines horizontal drehbaren Rades auf der Unterseite geschah. Nicht weniger eindrucksvoll waren die Mondfahrzeuge, die wir im Jahr der Mondlandung erhielten. Während das eine auf Gummiketten rollte, stakste der sogenannte *Moon Crawler* über die vermeintliche, mit Bausteinen übersäte Mondoberfläche.

Zuweilen waren Zigaretten im Paket. Die glitzernden Schachteln von „Peter Stuyvesant", „Milde Sorte" oder „HB" wirkten wie ein Glücksversprechen. Manchmal setzte sich mein Vater auf das Sofa und paffte in seinen Trainingshosen eine der Zigaretten, obwohl er sonst nicht rauchte. Offenbar konnte er der aromatischen Verführung des Klassenfeindes nicht widerstehen, obgleich es auf der Parteischule geheißen hatte, Genossen rauchten keine Westzigaretten. Freilich stanken die Westzigaretten nicht weniger penetrant als die glanzlosen Ostglimmstengel. Ich empfand es als Zumutung, die Wohnung mit dem Qualm zu verpesten.

Auf wenig Resonanz stieß auch ein aufblasbarer Ball mit der Aufschrift *Praline,* den der Vater Dieter vergeblich als Strandspielzeug schmackhaft zu machen versuchte, was ich nach 1989 besonders apart fand, als ich wußte, was es mit diesen Pralinen auf sich hatte. Allerdings behauptet mein Bruder, auf dem Ball habe *Nivea* gestanden und mein Vater habe versucht, den Schriftzug zu übertünchen. Soviel zur Authentizität der Erinnerung.

Selten bekam die Familie Klamotten aus dem Westen. In der siebenten Klasse trug Dieter stolz ein Nylon-Hemd fast jeden Tag in der Schule. Solche Synthetik-Hemden gab es auch in der DDR, hier hießen sie abgeleitet von dem Staatsnamen Dederon, doch ein Westhemd verlieh eine andere Aura. Dergleichen trägt ja heute niemand mehr. Hingegen verschmähte er ein weißes Baumwollhemd mit aufgenähter schwarzer Rose, die ihm weibisch vorkam.

In den siebziger Jahren bezog Christian ein neues Haus, von dem meine Großeltern, die ihn als Rentner besuchen durften, in den höchsten Tönen schwärmten. Es hieß, er sei nun Millionär. Überhaupt kamen meine Großeltern immer wie verjüngt aus dem Westen zurück. Meine Großmutter meinte, ich könne mir gar nicht vorstellen, wie wunderbar es in den Läden im Westen aussähe. Am besten seien die Obst-und-Gemüse-Geschäfte, da gäbe es Früchte zu kaufen, die ich noch nie gesehen hätte. Mein Großvater schwärmte von Fahrten im Mercedes von Christian mit zweihundert Sachen auf der Autobahn. Das käme einem ruhig vor, ganz anders, als wenn man in einem Trabant mit 100 km/h säße. Die Verwandten, besonders die Frau von Onkel Eberhard, gaben meinen Großeltern lange Listen für Kleidung und Kosmetik, die sie aus dem Westen mitbringen sollten. Wir hielten es für würdelos, um Geschenke zu betteln.

Mein Vater betonte, daß Christian vor 1949 den Osten verlassen hätte und daher nicht als Republikflüchtling gelte. So konnte er uns hin und wieder besuchen, mitunter sogar mit seinem Wagen. Freilich war es ein zäher Kampf, den Behörden die Genehmigung abzutrotzen. Die Genossen erkannten hellsichtig, daß ein funkelnder Mercedes in der sozialistischen Provinz die Früchte jahrelanger ideologischer Berieselung faulen ließ. Andererseits verspürte mein Onkel kein Bedürfnis, sich den schleichenden, schmuddeligen Zügen der Deutschen Reichsbahn anzuvertrauen. Obwohl er von der Verwandtschaft bewirtet und gehätschelt wurde, als handele es sich um einen Staatsgast, wurden seine Besuche immer seltener, sogar eine Autoerlaubnis konnte ihn nicht mehr bewegen, in die finstere Zone zu fahren.

Christian hatte eine einzige Tochter mit Namen Ingrid, die wenige Jahre jünger war als ich. Sie war hochgewachsen und blond, eine elegante Erscheinung, die von meinen Cousins umschwärmt wurde. Die plumpen Dorftrottel prallten an ihr ab wie die Fliegen an einer Glasscheibe.

Dieter erkundigte sich bei seiner Cousine nach der Schule im Westen. Der Lehrstoff schien genauso antiquiert zu sein wie ein Thomas Aquin oder Albert Magnus, deren Konterfeis die Westgeldscheine zierten, was der Solidität des Geldes aber nicht schadete. Die DDR-Banknoten wurden auch durch Goethe oder Marx auf der Rückseite nicht wertvoller. Seltsam waren die Bräuche während des Unterrichts in den Westschulen. Einige Schüler rauchten oder gingen einfach nach draußen, wenn sie keine Lust mehr hatten, und die Lehrer waren dagegen machtlos. Wenn Ingrid abends zu Freunden ging, mußten ihre Eltern sie mit dem Auto abholen, da die dunklen Straßen als unsicher galten. Wir brauchten kein Auto, bei uns konnte man zu jeder Zeit auf die Straßen gehen. Ende der sechziger Jahre schickte Ingrid uns eine Ansichtskarte von einem Schulausflug ins Zonenrandgebiet. Auf der Karte stand etwas von Stacheldraht und Unrechtsregime, mit uns schien das nichts zu tun zu haben. Wahrscheinlich waren die Schüler angehalten worden, ihren Brüdern und Schwestern in der Zone einen Kartengruß aus der Freien Welt zukommen zu lassen. Ein Wunder, daß die Stasi die Karte durchgehen ließ. Unter Ulbricht hatte Mielkes *Firma* offenbar noch nicht die Perfektion erreicht wie schließlich unter Honecker.

Später begleitete Ingrid kaum noch ihre Eltern auf den ohnehin selten werdenden Fahrten in den Osten. Sie reiste lieber mit Freunden durch die USA. Während ihres Studiums lernte sie ihren Ehemann kennen. Sie bauten ein Haus in einem Dorf nördlich von Hamburg. Während der Mann als Molkereiexperte genügend Geld verdiente, blieb sie als Mutter zweier Töchter zu Hause. Mehr als die Kinder nahmen sie freilich etliche Pferde, Hunde und anderes Getier auf ihrem Hof in Beschlag. Sie war schon immer ein Tiernarr gewesen.

9
Was willst du denn in Rio

Unsere Familie fuhr jedes Jahr für zwei Wochen in den Urlaub. Die Reiseziele lagen bis Anfang der siebziger Jahre ausnahmslos in der DDR. Die Urlaubsplätze wurden über die Betriebe meines Vaters oder meiner Mutter verteilt. Manchmal mußten wir eine Woche vor Ferienbeginn losfahren, um überhaupt etwas abzubekommen. Meine Eltern nahmen mich dann aus der Schule, was bei meinen Leistungen unproblematisch war. Die Quartiere waren meist anspruchslos, einfache Zimmer in kleinen Ferienheimen oder bei privaten Vermietern, die ihre Zimmer dem Feriendienst der Einheitsgewerkschaft überlassen mußten, und dementsprechend freundlich die Feriengäste mit dem grauenhaften sächsischen Dialekt, den auch das ungeliebte Staatsoberhaupt sprach, aufnahmen. An der Ostseeküste gelang es meinen Eltern, nur dreimal einen Ferienplatz zu ergattern, das erste Mal bevor ich die Schule besuchte.

Die Familie lief im Ostseebad Kühlungsborn oft bei Wind am Strand entlang. An Baden war Anfang Mai nicht zu denken. Wenn die Sonne einmal durchbrach, konnte man den Strandkorb, den die Eltern gemietet hatten, nutzen. Der kleine Dieter baute Sandburgen oder spielte am Wasser. Einmal fand er einen Seestern, den er stolz auf seiner Schaufel für ein Foto präsentierte. Merkwürdig kam ihm vor, daß es ein Kühlungsborn Ost und ein Kühlungsborn West gab, wobei der Ostteil prächtiger wirkte, und man ungehindert zwischen den beiden Teilen hin und her laufen konnte.

Später fuhr die Familie, inzwischen zu viert, einmal nach Rerik. Danach soll Dieter häufig gesagt haben: In Rerik war's am schönsten. Was daran schön war, weiß ich nicht mehr. Vielleicht, daß die Unterkunft unmittelbar hinter dem Dünenwald lag, oder die ungarische Salami, die eine Rarität darstellte und mitunter zum Frühstück in dem Ferienheim angeboten wurde, in dem die Verköstigung erfolgte. Einmal kaufte ein Mann an einem Verkaufswagen vor dem Strand unter anderem ein halbes Dutzend Schokoladen. Eine Tafel kostete 3,85 Mark. Dieter sagte zu seiner Mutter: Der hat Geld wie Scheiße. Seine Mutter entgegnete streng: So etwas sagt man nicht. Meine Eltern waren sehr sparsam und derart Kostspieliges wie Schokolade spendierten sie sehr selten. Dieter gefiel es nicht, den ganzen Tag am Strand zu braten, der Lieblingsbeschäftigung der Eltern. Da blieb er lieber in dem Ferienzimmer, doch das war genauso öde.

Schließlich buchten die Eltern Anfang der siebziger Jahre einen Wohnwagen des Betriebes auf dem Campingplatz von Graal-Müritz. Hier hörte Dieter, während die Familie in ihrem Strandkorb saß, beispielsweise die Neuvorstellungen der Popmusik auf Deutschlandfunk. Manchmal ging er auch heimlich zum FKK-Strand. Einmal soll er im Schlaf gesagt haben: Die ist aber schön, behauptete sein Vater. Dieter war sich gar nicht gewußt, wen er damit gemeint haben könnte. Vielleicht wollte ihn sein Vater bloß aufziehen.

Im Jahr 1966 kam Dieter auf der Rückfahrt von einem Brandenburger See bei Rheinsberg erstmals in die Hauptstadt der DDR. Da die Eltern das Berliner Verkehrssystems schlecht durchschauten, liefen sie die meiste Zeit durch die Straßenschluchten. Bald schmerzten Dieter die Füße. Der Vater meinte, das sei normal, man nenne das Pflastermüdigkeit. Dieter empfand die Stadt als bedrückend groß und grau. Lediglich die vielen Theaterplakate, vor allem an den Wänden der Bahnhöfe, versprühten einzelne Farbtupfer und weckten seine Neugier. In seiner kleinen Heimatstadt fühlte er sich geborgener.

Einmal fuhren wir in den Ferien für zwei Wochen nach Moritzburg bei Dresden. Dieses Ziel ist heute mit dem Auto in einer knappen Stunde erreichbar, damals war es eine halbe Tagesreise. Erst mit dem Gepäck zum Bahnhof rammeln, mit dem Zug nach Dresden, Umsteigen in die S-Bahn nach Radebeul, dort auf Anschluß mit der Kleinbahn warten, die uns schließlich fauchend bis Moritzburg brachte. Verglichen mit einer Reise an die Ostsee war die Anreise dennoch ein Zuckerlecken. An die Küste fuhren wir meist nachts im Liegewagen, das Sechserabteil mußten wir dabei mit Fremden teilen. Nach der Ankunft in Rostock hieß es Ausharren im Morgengrauen auf einem zugigen Bahnsteig, bis der Anschlußzug eintraf. Das Urlaubsprogramm in Moritzburg war noch stupider. Oft saßen die Eltern auf einer Bank im Schloßpark, was Dieter ohne Beschäftigung langweilte. Dann lieber die Strapazen einer ganztägigen Reise auf sich nehmen, da kam man wenigstens in eine andere Landschaft.

Am Ende der achten Klasse fuhren wir nochmals in die Nähe von Rheinsberg. Ich langweilte mich entsetzlich und litt zudem an Liebeskummer. An einem lauen Frühsommerabend hatte sich gegenüber dem Fenster der Pension eine Schulklasse mit ihrem Lehrer versammelt. Der Lehrer deutete auf den Sternenhimmel und erzählte von den Geheimnissen des Universums. Leider verstand ich kaum ein Wort. Doch es blieb ein seltsames Schaudern vor der Unendlichkeit in mir, vielleicht mehr als bei den Schülern, die den Vortrag gehört hatten. Woher kamen wir? Und wohin gingen wir? Der Schulstoff Astronomie konnte mich nicht fesseln. Erst zwanzig Jahre später brach mein Interesse für die Kosmologie wieder hervor.

10
Seid bereit

In der Schulzeit hatte ich im Gegensatz zu späteren Zeiten einen größeren Freundeskreis. Die meisten Kinder waren Mitschüler, die anderen wohnten in der Nachbarschaft.

Mein Hauptfreund war seit der dritten Klasse ein Klassenkamerad, Jörg Schubert. Uns verband vor allem politisches Interesse. Sein Vater war ebenfalls beim Rat des Kreises tätig, freilich in einer noch unbedeutenderen Funktion als mein Vater. Das prominenteste Kind in unser Klasse war übrigens die Tochter des Zweiten Kreissekretärs der SED, des zweit- oder drittmächtigsten Mannes des Kreises gewissermaßen. Sie war Einzelkind, was damals die Ausnahme darstellte, und strohdumm, wurde aber, wo es ging, von den Lehrern weniger streng benotet. Ihr Vater machte einen beschränkten, ungehobelten Eindruck, womit er unter den Funktionären, wie ich später feststellte, eher zu den typischen Exemplaren gehörte.

Die Mutter von Jörg, der zwei Geschwister hatte, war Hausfrau und hatte zu Hause die Hosen an. Gegen die grantige, resolute kleine Frau wirkte ihr Gatte wie ein farbloses Männchen. Politisch war sie eine *Hundertfünfzigprozentige*. In ihrer Penetranz und Halbbildung stellte sie eine Art Provinzausgabe von Margot Honecker dar, die das Amt der Ministerin für Volksbildung bekleidete, so lange wie irgendeiner aus unserer Familie in eine DDR-Schule ging. Da Genossin Schubert die Teilnahme an der großen Politik verschlossen geblieben war, kompensierte sie das mit vielfältigem Engagement im Kleinen. Sie spielte eine wichtige Rolle im örtlichen Demokratischen Frauenbund Deutschlands (DFD), einer blassen Kopie der historisch vorangegangenen NS-Frauenschaft, den jede ernstzunehmende Frau ignorierte. Natürlich war sie Vorsitzende des Elternaktivs der Klasse, das sie zuweilen mit ihren Eskapaden striezte.

Jörg hatte den Ehrgeiz, politisch groß herauszukommen, während mich eher intellektuelle Sandkastenspiele an der Politik reizten. In der dritten Klasse wurde erstmals in der Pioniergruppe, die deckungsgleich mit der Klasse war, eine Leitung gewählt, der *Gruppenrat*. Die Klassenlehrerin hatte wohl das Wort *Wahl* ernst genommen oder zu viel Westfernsehen geschaut. Jedenfalls führte sie eine freie und geheime Wahl durch, entgegen den sonstigen Gepflogenheiten in der Republik, wo es nur um Zettelfalten ging. Jeder konnte also von den antretenden Kandidaten insgeheim ankreuzen, wen er wünschte. Bei der Auszählung stellte sich heraus, daß mein Freund Jörg, der in der Klasse sozusagen als Hardliner galt, die wenigsten Stimmen bekommen hatte, während auf mich die meisten entfielen. Da wurde es der Klassenlehrerin doch mulmig. Sie veranlaßte einen an sich gewählten Jungpionier, großzügig zurückzutreten, was diesem nicht sonderlich schwerfiel, so daß Jörg dessen Sitz übernehmen konnte. Der Gruppenrat bestimmte anschließend gemäß dem Statut der Pionierorganisation den Vorsitzenden. Der hieß selbstverständlich Jörg. Sonst drängelte sich niemand nach diesem Posten. Ich wurde als Stellvertreter bestimmt. Derart hatten wir eine exzellente Vorstellung in sozialistischer Demokratie erlebt.

Möglicherweise war die Klassenlehrerin, Frau Zeiler, gar nicht so naiv, wie sie mir lange erschien. Da sie das Ergebnis der Wahl kannte, auf das alles hinauszulaufen hatte, wollte sie es wenigstens durch die Art des Zustandekommens ad absurdum führen. Sie war eine junge, sympathische Frau, die mich offensichtlich mochte. Einmal lud sie mich und noch ein paar Mitschüler zum Lehrertag, der jedes Jahr am 12. Juni begangen wurde, zu sich nach Hause ein. Es sollte das einzige Mal bleiben, daß ich von einem Lehrer in die Wohnung eingeladen wurde. Im Nachhinein kann ich feststellen, daß sie vielleicht die einzige Lehrerin während der gesamten Schulzeit war, die ich auch als Frau interessant fand, soweit man einem Elfjährigen solche eher unbewußten Assoziationen unterstellen darf. Ab der fünften Klasse bekamen wir eine andere Klassenlehrerin, und Frau Zeiler verließ bald unsere Schule.

Frau Zeiler sagte bei der Gelegenheit voraus, daß ich es einmal in der Mathematik weit bringen würde, was ich überhaupt nicht dachte. Ich hatte mich frühzeitig für Zahlen interessiert. Wenn ich mit meinen Eltern mit dem Zug fuhr, maß ich die Zeitdauer zwischen den Markierungen neben den Gleisen und errechnete daraus die aktuelle Geschwindigkeit. In der Unterstufe gab es Wettbewerbe im Wettrechnen, das sogenannte Bankrutschen. Der Lehrer stellte eine Additions- oder Multiplikationsaufgabe, und wer von den Schülern einer Bank als erster das Ergebnis nannte, durfte eine Bank weiter gehen, wo sich der Vorgang wiederholte. Manchmal schaffte ich es zweimal durch die ganze Klasse.

In der vierten Klasse, mit dem Übergang von den Jung- zu den Thälmann-Pionieren, kam ich vom Gruppenrat in das übergeordnete Gremium, den *Freundschaftsrat*, der für die Pionierarbeit der gesamten Schule zuständig war. Wie Jörg als Gruppenratsvorsitzender bekam ich nun zwei rote Balken auf den linken Ärmel des Pionierhemdes genäht.

Die Pioniernachmittage, die wir zusammen mit dem Klassenlehrer organisierten, beinhalteten gesellige Spiele, Basteln oder Quiz. Mitunter kam ein Vertreter der *Patenbrigade* zu Besuch. Das war für beide Seiten von Nutzen: Wir brauchten uns nicht nur den Lehrer anhören, bekamen manchmal ein Geschenk, und die Patenbrigade hatte einen Anlaß, der Arbeit fernzubleiben und gleichzeitig etwas Positives in das Brigadetagebuch notieren zu können. Den jährlichen Höhepunkt bildete am 13. Dezember die Feier zum Geburtstag der Pionierorganisation, die so geschickt mit der Weihnachtsfeier verschmolz. Eine schlaue Terminwahl, abgeguckt von den Begründern von Weihnachten, die das höchste christliche Fest seinerzeit auf den Zeitpunkt der traditionellen römischen Saturnalien gelegt hatten.

Nun könnte es scheinen, das Pionierleben zielte vor allem auf angenehme Unterhaltung. Dieter nahm das wohl auch an, als er einmal, statt den Pioniernachmittag zu besuchen, dessen Thema ihn nicht reizte, mit einem Freund ins Kino ging. Es lief ein DEFA-Film. Diese Filme „Made in GDR" sah sich zumindest in den sechziger Jahren kaum jemand freiwillig an. Doch das brachte keine mildernden Umstände. Sie hatten ein Sakrileg begangen und mußten etliche Aussprachen über sich ergehen lassen. Vor allem Dieter als Pionierfunktionär hatte die Verantwortlichen enttäuscht. Er wollte in Zukunft seine Pflichten nicht wieder vernachlässigen.

Ein anderes markantes Ereignis war der Internationale Kindertag am 1. Juni, der schulfrei war. Entweder wurde ein Schulsportfest veranstaltet oder die ganze Schule zog ins Grüne. Da gab es ein Picknick und diverse Spiele wurden durchgeführt, manchmal *Geländespiele* – als Vorgeschmack auf das Militär. Mit Karte und Kompaß mußten wir vorgegebene Stationen ansteuern, uns dabei tarnen und getarnte „Gegner" ausfindig machen. Angesichts der Kindermassen endeten die Spielchen meist im Chaos. In den Winterferien gab es sogar ein Manöver, es hieß „Schneeflocke". Das war straffer durchorganisiert, schließlich sollten sich die Kinder nicht unterkühlen. Die Kälte war ja auch realistischer für den Ernstfall. So bereiteten wir uns vor auf den nuklearen Winter, bevor es diesen Begriff gab.

Mitunter traten in den Pioniernachmittagen sogenannte Parteiveteranen auf. Oft war das langweilig, da viele der alten Genossen in einer untergegangenen Welt lebten. Einmal war ein Spanienkämpfer zu Gast. Mehr als seine Schilderungen des spanischen Bürgerkriegs - wovon er nur die lichten Seiten berichtete - beeindruckte mich sein Alltag als Funktionär der KPD davor. Regelmäßig fuhr er mit dem Fahrrad von Freiberg ins Gebirge, um dort Versammlungen abzuhalten oder Flugblätter zu verteilen. Ich war mit meinem Vater in der vierten Klasse einmal mit dem Rad in das dreißig Kilometer entfernte Dorf meiner Großeltern ins Osterzgebirge geradelt. Danach war ich wegen der vielen Anstiege geschafft. Die herrschenden Funktionäre hatten sich diese Fortbewegungsart gründlich abgewöhnt. Schon das Gehen war nicht ihre Stärke. Ein örtlicher Funktionär ließ sich jeden Morgen mit dem Dienstwagen von seiner Wohnung abholen, obwohl sein Büro nur fünfhundert Meter entfernt lag.

Ein weiterer Bestandteil des Pionierlebens waren Altstoffsammlungen. Lieber sammelten wir privat, da wir dann den Erlös behalten konnten. Ein Kilogramm gebündeltes Altpapier brachte fünfzehn Pfennige und eine Weinflasche fünf Pfennige. Man mußte also bei etlichen Leuten klingeln, um einen nennenswerten Ertrag zu erzielen. Viele Leute brachten zudem ihre *Sekundärrohstoffe* selbst zur Annahmestelle. Später gab es fast an jeder Ecke solche Stellen. Anfang der sechziger Jahre waren sie rar, wir mußten mit dem Handwagen fast an ein anderes Ende der Stadt ziehen, nach Friedeburg, wo der nächste *Lumpenhändler* seinen Hof hatte. Er trug den treffenden Namen Bruchmüller.

Bei der größten Sammlung war Dieter mit mehreren größeren Kindern unterwegs, die wuchtige Handwagen mitbrachten. Dieter hatte den *Rolli* der Eltern. Dieses primitive, aber platzsparende Wägelchen mit den Rädchen eines Holzrollers und der niedrigen Deichsel war nicht nur winzig, sondern ließ sich auf unebenen Strecken schwer ziehen. Dieter bekam daher nur einen kleinen Anteil des Erlöses. Er empfand das zwar als ungerecht, aber gegen die großen Jungs war er machtlos.

Immerhin reichte das Geld, um seinen größten Wunsch zu erfüllen, nämlich eine Packung Feinfrost-Erdbeeren, die in der kürzlich eröffneten *Kaufhalle* unweit seines Wohnblocks angeboten wurden. Den Eltern waren die Früchte zu teuer, eine Packung kostete sechs Mark. Erdbeeren im Winter, nicht zerkocht in Einweckgläsern, das war wie im Märchen, sogar im Sommer gab es kaum welche im Laden zu kaufen, man bekam höchstens einmal eine Schale von Verwandten aus deren Garten. Nie hatte er sich auf den Genuß von Obst vorher so gefreut. Natürlich erwiesen sich die Erdbeeren, als er sie endlich vor sich stehen hatte, als Enttäuschung. Sie hatten nahezu den charakteristischen Geschmack eingebüßt.

Es war ein Vorgeschmack des Westens, der einst alles verhieß und nach Einführung der D-Mark uns größtenteils geschmacklose Früchte zum Verkauf anbot, sogar im frischen Zustand.

Die reale Pionierarbeit war eines, deren Darstellung in den *Rechenschaftsberichten* etwas anderes. Jörg hatte erhebliche Schwächen in der deutschen Rechtschreibung und war auch ansonsten keine Leuchte in Deutsch. Deshalb schrieb ich die Berichte. Obwohl unsere Klasse nicht mehr unternahm als andere Klassen, konnten wir durch diese Berichte meist den ersten Platz im Wettbewerb der Pioniergruppen erringen.

Auch in der Freizeit war ich mit Jörg für „Frieden und Sozialismus'', wie es im Pioniergruß hieß, „immer bereit". In Vorbereitung des 15. Jahrestags der DDR, der 1964 mit großem Trara begangen wurde, verteilten wir Propagandaschriften der *Nationalen Front*, die unsere Eltern von Arbeit mitgebracht hatten, in die Briefkästen des Wohngebietes. Wahrscheinlich kam den Erwachsenen diese Tätigkeit zu albern vor. Kinder würden auch von frustrierten Bürgern kaum angepöbelt werden. Zum Dank für unseren Eifer erhielten wir eine Ehrenurkunde. 1968 wiederholte sich das bei der Kampagne zur Annahme der sozialistischen Verfassung der DDR.

Jörg war ein guter Schachspieler. Ich hatte wahrscheinlich die bessere Logik, doch er beschäftigte sich gründlich mit der Theorie, eignete sich etliche Eröffnungen, Endspielvarianten und ähnliches an, was mir öde vorkam. Ich war zwar in der fünften Klasse Klassenmeister geworden, aber später verlor ich meist gegen ihn. In der siebenten Klasse nahm ich einmal an einem Kreisturnier im Pionierhaus teil. Nach drei Siegen zu Beginn, verlor ich zweimal und schied aus. Danach spielte ich nur noch gelegentlich Schach, während Jörg aktiv am Wettkampfbetrieb teilnahm.

11
Robinson

In der vierten Klasse verdankte ich Jörg meinen bisher einzigen Aufenthalt im Krankenhaus. Er war wieder einmal bei uns zu Besuch, und wir wollten - wohl aus Langeweile - unsere Kräfte messen. Zunächst hob er mich hoch, was ihm offenbar wenig ausmachte. Als ich dasselbe mit ihm versuchte, konnte ich mich plötzlich nicht mehr rühren.

Der Arzt diagnostizierte eine Verstauchung der Wirbelsäule und Dieter wurde zur Beobachtung ins Krankenhaus eingeliefert. Man kann natürlich auch sagen, daß die Einweisung ins Krankenhaus, das Ergebnis seiner eigenen Dummheit war. Bereits als Schulanfänger war er einmal beim Spielen die Treppe heruntergestürzt und hatte sich eine Gehirnerschütterung zugezogen, die jedoch nach ein, zwei Tagen Ruhe abklang.

Dieter wurde ins Kinderkrankenhaus gebracht. Die Beschwerden von der Wirbelsäulenverstauchung ließen allmählich nach. Dafür litt er seelisch. In dem Krankenzimmer lagen noch zwei Säuglinge, die, wenn sie nicht schliefen, fortwährend schrien, sowie ein häßliches, siebenjähriges Mädchen, mit dem er sich gleichfalls kaum unterhalten konnte. Er las *Robinson Crusoe* und kam sich selbst wie ein Gestrandeter vor, bloß daß kein Freitag in Sicht war. Das Buch assoziierte er bald mit dem trostlosen Umfeld, was ihn die Freude an schöngeistiger Literatur für die nächsten Jahre vergällte. Noch schlimmer als die Langeweile war der Krankenhausfraß. Wenn die Mutter nicht einige Lebensmittel hereingeschmuggelt hätte, wäre er bei den ewigen Marmeladenbroten, die eine dicke Butterschicht auszeichnete, so daß ihm vor Ekel die Spucke wegblieb, und dem zerkochten Milchreis oder Grießbrei, der ihm nicht weniger widerlich war, völlig von dem ohnehin raren Fleische gefallen. Nur einmal in der Woche, am Sonntagmorgen, gab es ein Stück Sandkuchen.

Bei der Entlassung aus dem Krankenhaus atmete ich auf wie nie wieder in dem Maße, obwohl ich später mitunter in Zwangssituationen kommen sollte, deren Ende ich gleichfalls herbeisehnte. Das Krankenhaus erschien mir lange Zeit als Vorhof der Hölle.

Eine Apathie, die so stark war, daß sie mir seitdem möglicherweise weitere Krankenhausaufenthalte ersparte. Wegen Haltungsschwäche des Rückens mußte ich fortan zum orthopädischen Turnen gehen. Zusammen mit einigen anderen Kindern absolvierte ich dort Streck- und Dehnübungen. Mir ging das alles auf die Nerven und meine Körperhaltung blieb mangelhaft.

Eine andere Schwachstelle war mein Untergewicht. Als Schulkind war ich stets zu dürr. Meine Eltern machten sich deshalb ernsthaft Sorgen. Es konnten wieder schlechte Zeiten kommen, und ich hätte in dem Fall nichts zuzusetzen. Auch die Ärzte schauten mißbilligend, wenn sie mich auf die Waage stellten.

Wenn die Familie zu den Großeltern ins Gebirge fuhr, schickte in der Bahnhofshalle der Vater Dieter auf die Personenwaage, die dort stand. Er stellte sich mit einem bangen Gefühl auf die Plattform. Der klobige Automat gab für einen Groschen eine kleine Pappkarte mit dem aktuellen Gewicht aus. Auf der Rückseite standen für die jeweiligen Altersgruppen und Körpergrößen die Normalgewichte, von denen Dieter stets weit entfernt war.

Ich glaube nicht, daß ich zu wenig aß, doch ich war ständig in Bewegung, wenn das möglich war. Beispielsweise verzehrte ich erhebliche Mengen harte Wurst, wie bei uns die Salami genannt wurde. Andererseits war ich immer noch sehr mäkelig. Meine Eltern beunruhigte, daß ich Butter verschmähte, die ihrer Meinung nach alle lebensnotwendigen Stoffe enthielt. Mich ekelte vor dem schmierigen fetten Zeug.

Wer keine Butter ißt, verkümmert, verblödet oder was auch immer, argumentierte der Vater. Dieter ließ sich breitschlagen, die Butter hauchzart auf die Brotscheiben zu streichen Die Eltern entgegneten dann, man müsse die Butter auf den *Bemmen* mit der Lupe suchen. Bei Brötchen weigerte er sich nach wie vor.

Allerdings verzehrte ich gern frische Brötchen mit Doppelrahmkäse. Von diesem fettreichen Frischkäse gab es nur eine Sorte in den DDR-Kaufhallen. Im Gegensatz zur Butter war er sogar mit einer Doppelschicht aus Aluminiumfolie und Pergamentpapier verpackt, die Hülle glänzte golden. Die Käsequader waren wesentlich kleiner als die Butterstücken aber fast genauso teuer. Die Frische ließ mitunter zu wünschen übrig, dann traf man beim Auswickeln an den Rändern auf grünen Schimmel. Doch wenn er frisch war, schmeckte er mindestens genauso luftig wie die heute gängigen Sorten.

Für meinen Vater war das nicht genug. Er setzte einen Vertrag auf, in dem er jede Verantwortung seinerseits für eine gestörte Entwicklung meines Körpers und Geistes ablehnte, da er mich nachdrücklich auf die möglichen Folgen von zu geringem Butterkonsum hingewiesen habe. Als Gegenleistung wollte er die Butterpropaganda einstellen. Ich unterschrieb natürlich das Pamphlet. Mein jüngerer Cousin Udo verweigerte jegliche Butteraufnahme. Er aß nicht einmal Kuchen, der mit Butter gebacken worden war, was mich überhaupt nicht störte. Er war sozusagen ein Fundamentalist im Butterstreit, während ich als Realo agierte. Er brachte es später nur zum Facharbeiter. Ob ihm Butter den Weg zum Abitur geöffnet hätte?

Meine Erziehungsberechtigten waren schließlich der Meinung, eine Luftveränderung könnte mir guttun. Danach würde ich etwas Speck ansetzen. Anfang der fünften Klasse wurde ich zur Kur verschickt an die Ostsee, hinauf bis zum Kap Arkona auf der Insel Rügen, in das Kindererholungslager Wieck. Die Fahrt dahin kam mir endlos vor, so lange bin ich nie wieder mit einem Bus gefahren. Das Lager bestand aus einer Reihe Baracken, die alle weiß getüncht waren. Die Kur dauerte drei Wochen, eine wahnsinnig lange Zeit für mich damals. Der Tagesablauf war streng durchorganisiert, eine Mischung aus Klosterschule und Armee.

Der Tag begann mit Wecken, Waschen, Frühsport, Frühstück und so weiter. Natürlich gab es Mittagsschlaf und obligatorische Nachtruhe in dem Schlafsaal. Davor liefen über den Lautsprecher des Lagerfunks Hörspiele, denen Dieter mit einer Mischung aus Langeweile, Faszination und Grauen lauschte. Besonders eine russische Geschichte, wo es um irgendeinen See im Gebirge ging, der von Zinnober umgeben war und reines Quecksilber enthielt, regte seine Phantasie an. Trotz des trüben Novemberwetters hielten sie sich oft an der frischen Luft auf und wanderten beispielsweise an der Steilküste entlang. Es hieß, da könne man Bernstein finden. Dieter sah nur die gewöhnlichsten Muscheln. Er war meist nur mit einem Trainingsanzug bekleidet, zumindest wenn man den wenigen Fotos aus dieser Zeit glauben darf, was mich heute noch frösteln läßt.

Das Wichtigste an der Kur war natürlich die Beköstigung. Einige andere Kinder waren wesentlich schwerer als Dieter, sie neigten eher zur Fettsucht. Sollte man hier mit derselben Therapie gemästet und abgespeckt werden? Mit dem Mittagessen hatte er sowieso keine Probleme, wenn es nicht gerade Milchreis oder Grießbrei gab. Zum Frühstück hatten sie eine gewisse Auswahl. Er konnte zwar nicht seine geliebte harte Wurst genießen, mußte aber nicht die verhaßte Marmelade auf die Butterbrötchen schmieren. Er fand mit Schweizer Käse als Belag, konnte man sogar die dünn gestrichene Butter schlucken. Dazu bevorzugte er Äpfel, Gelbe Köstliche, die wirklich köstlich gelb gereift waren. Das Essen ließ sich aushalten. Das Heimweh setzte ihm mehr zu. Am meisten freute er sich, auf die zwei, drei Tage der Woche, wenn sie nach Hause schreiben durften. Ansonsten hielt er sich im Zaum, vor den vielen Jungen wollte er sich keine Blöße geben.

Im ganzen Lager gab es keine Mädchen. Möglicherweise wechselten sich die Belegungen männlich – weiblich ab. In der Hinsicht vermißte ich damals nichts. Es war das erste Mal, daß ich Kinder aus anderen Landesteilen kennenlernte. Bis dahin hatte ich fast nur mit Sachsen zu tun gehabt. Kurz davor war ein Berliner an unsere Schule gekommen, ein Funktionärssohn und Großmaul, der sich eines dreisten Dialekts mit zuweilen seltsamen Begriffen wie „Keule“ für Bruder bediente. Jedes dritte Wort lautete „icke“. Er sollte in den Freundschaftsrat gewählt werden, was auf Empörung seiner, leisere Töne gewohnten Mitschüler stieß. Erst als der Pionierleiter auf der Wahlversammlung beteuerte, jeder Mensch, könne sich ändern, hoben sich die Hände.

Auf dieser Wahlversammlung erzählte ein Mitschüler Dieter den folgenden Witz: „Was heißt FDJ? Ficken darf jeder.“ Er fand das komisch, obwohl er in der fünften Klasse keine Ahnung hatte, was „ficken“ bedeutete. Er erzählte den Witz seiner Mutter weiter, die das gar nicht amüsierte. Sie sagte, das sei ein sehr schlechtes Wort. Was es bedeutete, erfuhr er freilich nicht, ahnte aber, daß es irgendetwas zwischen Männern und Frauen ist.

Künftig würde er sich hüten, möglicherweise Anrüchiges der Mutter zu berichten.

Bei der Kur waren die Berliner in der Überzahl. Plötzlich machten andere sich lustig über den Dialekt der Sachsen, unter denen gehörte er jedoch zu den Unauffälligeren. Es wurden viele politische Witze erzählt, die vor allem den Staats- und Parteichef Walter Ulbricht und den Chefkommentator des Fernsehens Karl-Eduard von Schnitzler als Zielscheibe hatten. Noch wichtiger war das Thema Fußball, wofür sich auch Dieter begeisterte. Er war Anhänger des FC Karl-Marx-Stadt, kurz FCK, der in der DDR-Oberliga, im Kampf um den Meistertitel mitmischte.

Am Ende verging die Zeit schnell. Bloß zugenommen hatte ich nicht. Danach folgten keine Versuche mehr, mich aufzupäppeln. Erst als ich auf die Fünfzig zuging, erreichte ich das sogenannte Idealgewicht.

Während der Kur fand auch Unterricht statt, der allerdings spärlich ausfiel. Welcher Lehrer ging schon freiwillig an das Ende der Welt? Als ich an meine Heimatschule zurückkehrte, hatte ich einiges verpaßt. Vieles holte ich schnell nach. Zwei Themen, die in meiner Abwesenheit behandelt worden waren, blieben mir seltsamerweise präsenter als der meiste Stoff, den ich in der ganzen Schulzeit hören sollte. Beides waren Themen des Erdkundeunterrichts. Da war zunächst ein kurzes Kapitel über Westberlin, „dem Pfahl im Fleisch der Zone“, wie ihn die Imperialisten nannten, das später nie mehr explizit behandelt wurde. Es war nur eine Seite im Lehrbuch, auf dem ein Stück des Kurfürstendamms abgebildet war, der den Anschein von etwas Verbotenem, aber Verführerischem verbreitete. Das übrige Buch beschäftigte sich mit der Geographie der DDR. Zum anderen ging es um Grund- und Endmoränen, bis zum Abitur sollte mir unklar bleiben, was das darstellt. Zum Glück befragte mich niemand danach in der Prüfung. Sander und Urstromtäler, die hatten etwas mit Sand beziehungsweise Wasser zu tun. Aber was waren diese Moränen? Wie hatte man sich die vorzustellen? In der Umgebung gab es so etwas jedenfalls nicht. Erst als ich Mitte der siebziger Jahre erstmals an die Mecklenburger Seenplatte kam, begriff ich, was mit diesen Begriffen gemeint war.

12
Lehrerzimmer

An die Lehrer in der Unterstufe kann ich mich so gut wie gar nicht erinnern. Ich weiß nicht mehr, wer mir Schreiben und Lesen beibrachte. Rechnen lernte ich weitgehend allein. Lediglich der Musiklehrer Herr Templin blieb präsent. Das war ein knorriger, alter Mann mit einem Holzbein, der uns auf dem Akkordeon beim Singen begleitete. Er war genauso dogmatisch wie humorlos, zwei Eigenschaften, die sich oft bedingen. Als beim Singen der Nationalhymne jemand kicherte, rastete er furchtbar aus, schrie dem Schüler etwas ins Gesicht von Verächtlichmachen der Nationalhymne und schickte ihn vor die Tür. Dabei verfärbte sich Templin gefährlich rot im Gesicht und konnte sich bis zum Ende der Unterrichtsstunde nicht beruhigen. Schließlich blieb das ungebührliche Verhalten ohne Folgen – für den Schüler, der Lehrer hatte bei der Klasse seine letzten Sympathien verspielt. Schlimmer traf es später den Rockmusiker Uwe Schikora, der die DDR-Hymne verjazzte, ähnlich wie Jimi Hendrix die US-Hymne, und dafür sogar ins Gefängnis mußte. Mit diesem Staat und seinen Symbolen durfte man keinen Spaß machen.

Dabei war die DDR-Hymne an sich ein Witz. Der Komponist Hanns Eisler übernahm dafür Note für Note – nur mit anderem Rhythmus – des Schlagers „Good bye Johnny", gesungen von Hans Albers. Der Refrain lautete: „Good bye Johnny, warst mein bester Freund, eines Tages, mag's beim Teufel sein, sind wir wieder vereint." Da hatten die Genossen also nichts gekonnt, als sie ab den siebziger Jahren den Becher-Text mit „Deutschland, einig Vaterland" nicht mehr singen ließen. Freilich war der Gag damals weitgehend unbekannt.

Es kam selten vor, daß mir der Schulstoff, den die Lehrer abspulten, naheging. Der Geschichtslehrerin, Frau Hiekel, die gleichzeitig unsere Klassenleiterin ab Klasse 5 war, gelang es mitunter, dem Stoff Leben einzuhauchen, beispielsweise bei der Schlacht im Teutoburger Wald, als die Germanen die Römer bezwangen. Ich vermochte, bei den Lehrern meist zu trennen zwischen ihrer Funktion und der persönlichen Sympathie für sie. Als

Lehrerin fand ich Frau Hiekel akzeptabel, jedoch nicht als Person. Die Frau schminkte sich stark. Das fand ich schon bei jüngeren Frauen bedenklich, bei älteren jedoch widerlich.

Den meisten Wert auf Individualität legte der Zeichenlehrer, Herr Hertel. Eigentlich hatte ich mit dem Fach nichts am Hut, aber er brachte seine ganze Persönlichkeit in den Unterricht ein. Hertel war ein Künstler, der in den Schuldienst gegangen war, um seinen Broterwerb zu sichern. Er erzählte Anekdoten über seine Kriegsgefangenschaft in Frankreich. Er hatte dort auf einem Bauernhof gearbeitet, ohne gegenüber den einheimischen Landarbeitern diskriminiert worden zu sein. Franzosen setzten sich nicht allein an einen leeren Tisch, wenn sie in ein Restaurant kämen, berichtete er.

Eine seiner Lieblingsanekdoten handelte von einem chinesischen Maler, der im Auftrag des Kaisers ein bestimmtes Bild malen sollte. Der Herrscher gab ihm dafür ein Jahr Zeit. Wenn das Bild gefalle, sollte der Maler reich belohnt werden, andernfalls würde man ihn köpfen. Einen Monat bevor die Frist verstrichen war, kamen Beamte des Kaisers zu dem Maler, um zu sehen, wie weit die Arbeit fortgeschritten sei. Doch der Maler hatte keinen Strich getan. Sie erinnerten ihn, daß er nur noch einen Monat Zeit habe. Einen Tag vor dem fälligen Termin erschienen erneut Beamte und mußten feststellen, daß die Leinwand nach wie vor unberührt war. Sie führten dem Maler vor Augen, was ihn erwarte. Als die Stunde herangekommen war, erschien der Kaiser mit großem Gefolge. In der Mitte des Ateliers stand die Staffelei, die mit einem Tuch verhüllt war. Der Kaiser befahl, das Tuch zu entfernen. Plötzlich wurde es still in dem Raum. Schließlich brach der Kaiser das Schweigen und sagte, solch ein großartiges Bild habe er noch nie gesehen. Warum habe der Maler sich nicht unverzüglich an die Arbeit gemacht? Der Maler erwiderte, er habe das ganze Jahr an dem Bild gearbeitet. In seinem Kopf. Für die Ausführung hätte eine Nacht gereicht.

Hertel schwärmte für van Gogh, der viele Bilder mit den bloßen Händen gemalt habe. Oft saß er in der mediterranen Mittagssonne solange, bis ihm die Sinne verschwammen. Dann malte er seine eindringlichsten Bilder. Hertel erzählte uns auch die Geschichte von van Goghs Ohr, das er abschnitt und einer Frau schickte, die ihn verschmäht hatte. Anschließend fertigte er ein Selbstporträt mit verbundenem Ohr.

Die meisten Lehrer blieben farblos. Der Lehrer Pötsch wirkte zwar blaß im Gesicht – man munkelte, er leide an Diabetes – doch er war eine prägnante Erscheinung. Er ging, als habe er einen Stock verschluckt. Er unterrichtete ab der fünften Klasse Russisch. Wenn er den Klassenraum betrat, mußte der Schüler, der *Tafeldienst* hatte, auf Russisch schreien: Achtung! Worauf sich die Klasse sogleich zu erheben hatte. Nachdem er die Front abgeschritten und seine speckige Aktentasche auf das Lehrerpult gelegt hatte, erstattete der Tafeldienst die Meldung. Sie begann mit „*Gospodin* Pötsch", es folgten der Wochentag, das Datum, der Kernsatz „die Klasse 7a ist bereit zum Unterricht der russischen Sprache", die Namen der Fehlenden und der Name des Meldenden. Alles auf Russisch versteht sich. Wer sich dabei verhaspelte, durfte von vorn beginnen. Darauf entgegnete *Gospodin* Pötsch großzügig: „Setzt Euch!". Das kam mir zwar schon damals albern vor. Allerdings wußte ich noch nicht, daß das russische Wort *Gospodin* zwar formal Herr auf Deutsch bedeutete, im sowjetischen Sprachgebrauch aber den Vertretern der früheren Ausbeuterklassen vorbehalten war. Alle anderen Leute hatte man *Grashdanin* (Bürger), besser jedoch *Towaritsch* (Genosse/Kamerad) zu nennen. So konnte sich zwar der „kleine Udo" in dem Hit der achtziger Jahre „Sonderzug nach Pankow" *Gospodin* Lindenberg nennen, aber kein kleiner DDR-Russischlehrer. Ich weiß nicht, ob Gospodin Pötsch ein verkappter *Antisowjetist* war, was sozusagen die kommunistische Entsprechung des Antichrists darstellte, oder ob es sich um Unkenntnis handelte. Offenbar schien er das Land des *Großen Bruders* vorwiegend vom Hörensagen zu kennen. Sonst hätte er uns nicht mit stolz geschwellter Brust einen Diavortrag über eine einwöchige Reise mit dem Reisebüro nach Leningrad gehalten, als wäre er im gelobten Land gewesen. Dabei legte er besonderen Wert auf minutiöse Angaben zum Betreten des Flugzeugs, Abheben, Aufsetzen, Verlassen der Maschine und so weiter, was ungeheuer spannend war.

Sein Unterricht bestand aus der Abfrage von Vokabeln, dem Pauken unregelmäßiger Verben und ähnlichem langweiligen Zeug. Eine brauchbare Konversation lernten wir wie die meisten DDR-Schüler im Russischunterricht bei ihm nicht.

Eines Tages hatte nach der letzten Stunde ein anderer Schüler versehentlich meine Straßenschuhe angezogen und die Schule sogleich verlassen. Wir waren uns jedoch nicht sicher, ob die verbliebenen Schuhe wirklich ihm gehörten. Wir riefen über das Sekretariat der Schule seine Mutter auf Arbeit an, welche Schuhe ihr Sohn am Morgen angezogen hatte. Herr Pötsch hatte das mitbekommen und mokierte sich maßlos darüber. Er fand es schamlos, jemand zu fragen, welche Schuhe er trüge.

Einmal bewies er Größe. In der Pause hatten böse Buben, eine Reißzwecke auf den Lehrerstuhl gelegt. Gospodin Pötsch nahm nach dem Eröffnungsritual betont würdig wie immer auf dem Stuhl Platz, ohne eine Miene zu verziehen. Künftig schien er allerdings kurz auf den Stuhl zu blicken, ehe er sich setzte.

Ab der siebenten Klasse hatten wir zwei Fächer, die stets mit ihren Kürzeln bezeichnet wurden, UTP und ESP, was „Unterrichtstag in der Produktion" beziehungsweise „Einführung in die Sozialistische Produktion" bedeutete. Das erste Fach verkörperte die Praxis, das zweite die Theorie. Der UTP-Unterricht spielte sich bis zur achten Klassen nicht wirklich in der Produktion ab, sondern in denselben Räumlichkeiten, wo wir vorher Werken hatten. Der Unterschied zu früher bestand im Material: Metall- statt Holzbearbeitung.

Und Metallbearbeitung hieß feilen, feilen und nochmals feilen. Der Unterricht wurde von Lehrausbildern aus dem Patenbetrieb durchgeführt, die auf diese Art den Schülern einen Vorgeschmack auf die künftige Lehrausbildung bieten wollten. Das war bequem für sie, während wir uns sisyphushaft abmühten, konnten sie sich größtenteils hinsetzen und Däumchen drehen. Eines Tages hatten wir die Nase voll und verkündeten: Wir streiken. Das übertraf zunächst die Vorstellungsgabe unserer Lehrausbilderin, sie brauchte einige Zeit, ehe sie begriff, daß wir es durchaus ernst meinten. Fünfzehn Jahre waren seit den Streiks im Juni 1953 in der DDR vergangen, und es sollte noch über ein Jahrzehnt dauern, ehe die Streiks der polnischen Solidarnošč das Ende des monolithischen Sozialismus ankündigten. Wir hatten natürlich keine politischen Forderungen, wir wollten nur das Ende der geistlosen Schinderei. Schließlich kam es zu einem Kompromiß. Wir bezeugten, nie das Wort *Streik* im Mund geführt zu haben, und die Lehrausbilderin versprach, Feilen uns nur noch aufzutragen, wenn es unvermeidlich war.

Den ESP-Unterricht führte ein ehemaliger Berufsschullehrer, Herr Morawetz, durch. Er duldete keinerlei Disziplinverstoß und setzte Unruhestifter prompt vor die Tür, wenn es sein mußte unter Anwendung von Gewalt. In seinem Unterricht herrschte eine knisternde Atmosphäre wie in einem Raubtierkäfig, das Inhaltliche war nebensächlich. Selbst die renitentesten Jungen gaben sich meist kreuzbrav. Andererseits schien es ihnen reizvoll, hin und wieder die Grenzen auszutesten. Es gab Beschwerden wegen seiner Züchtigungen, doch er ließ sich von seinem „No-Tolerance"-Kurs nicht abbringen. Auch ich hatte Angst vor ihm, obgleich er mir wohlgesonnen schien. Es war ein kräftiger, sehr behaarter Mann, und ich war mir nicht sicher, wenn er keine Wölfe mehr fand, ob er sich auf die Lämmer stürzte.

In anderen Fächern ging es entspannter zu. Im Physikkabinett hatten sich die frühreifen Jungen, wozu ich zumindest in physischer Hinsicht nicht gehörte, die letzte Bankreihe reserviert. Sie machten sich einen Jux daraus, während des Unterrichts die Länge ihrer erigierten Penisse zu vermessen. Zumindest ihre Methodik hatte etwas Physikalisches.

Am prüdesten war die Biologielehrerin. Bis zur menschlichen Sexualität kamen wir im Unterricht nie, obwohl sie im Lehrbuch behandelt wurde. Die Sexualität hörte irgendwo bei den Fischen auf.

13
Elbflorenz

Während der Schulzeit fuhr ich zweimal in ein Ferienlager: das erste Mal nach der ersten Klasse in das Lager des Betriebes, in dem meine Mutter arbeitete. Es befand sich in der Nähe von

Dresden. Außer diesem Fakt und einer vagen Aura der Umgebung blieb bei mir davon nichts haften.

Das nächste Mal war ich am Ende der vierten Klasse in einem Zeltlager, das unsere Schule am Waldbad Erzengler, weniger als zehn Kilometer von Freiberg entfernt, aufgeschlagen hatte.

Dieter war in einer Gruppe mit einem Dutzend Kinder, die er größtenteils vorher nicht kannte, sowie zwei gleichfalls unbekannten Erziehern. Zunächst mußten sie die Zelte aufbauen. Dieter hatte keine Ahnung, wie das ging. Camping war in der Familie ein Fremdwort. Auch als man ihm vorführte, wie man die Heringe in den Boden schlug und die Seile daran befestigte, zeigte er dafür wenig Geschick. Endlich standen die mickrigen Zelte. Nun sollten Kartoffeln geschält werden. Dieter schnitzte mit dem Messer Bauklötzer, einen Kartoffelschäler, den er von zu Hause kannte, gab es hier nicht. Nachmittags sammelten sie Beeren. Es war kalt, fast ununterbrochen nieselte es. Mußte man sich das antun? Dieter überkam Heimweh. Am nächsten Tag hatte er die Nase so voll, daß er die Erzieher bat, seine Eltern zu verständigen. Am Abend holte ihn der Vater mit dem Dienstmotorrad ab.

Mit Jörg unternahm ich meine erste Reise ohne Begleitung Erwachsener. In der achten Klasse fuhren wir für einen Tag nach Dresden. Ich wußte damals nicht, daß das einmal meine „Schicksalsstadt" werden sollte. Meine geographischen Bezugspunkte bildeten in der Kindheit, vor allem beeinflußt von meiner Mutter, zwei Städte, beide in vierzig Kilometer Entfernung. Da war zum einen das proletarische „Ruß-Kams", was eigentlich von dem früheren Namen Chemnitz kam, das die Einheimischen in ihrem sonderbaren Dialekt „Kams" aussprachen; doch die Bezeichnung paßte auch auf den neuen Namen *Karl-Marx-Stadt,* wie seit 1953 die Stadt hieß. Diesen tristen Ort verachteten wir insgeheim. Dahin fuhr man nur, wenn es sein mußte. In der entgegengesetzten Richtung lag das weltbürgerliche Dresden, das mit Elbflorenz und ähnlichen Epitheta prahlte, obwohl von dem historischen Glanz nicht viel übriggeblieben war nach der Zerstörung im Februar 1945. Tatsächlich unterschieden sich die beiden Orte in ihrer sozialistischen Befindlichkeit kaum, doch der Mensch hält sich gern an Klischees. Zumindest sprachen für Dresden die schönere

Landschaft und eine gemütlichere Färbung des sächsischen Dialekts.

Es war ein schöner Maientag in den Frühjahrsferien. Der Personenzug nach Dresden blieb aus unerklärlichen Gründen auf freier Strecke stehen. Lange drehte sich kein Rad. Mit anderthalb Stunden Verspätung kamen Jörg und Dieter auf dem Dresdner Hauptbahnhof an. Ansonsten brauchte der Zug eine knappe Stunde. So leicht ließen sie sich nicht entmutigen, sie waren entschlossen, das anvisierte Programm voll durchzuziehen. Mit dem Bus fuhren sie zum Fernsehturm auf der Wackwitzer Höhe und gelangten mit dem Fahrstuhl in das Turmcafé. Die Preise waren zwar gepfeffert, dennoch bestellten sie ein Getränk. Zurück ins Stadtzentrum. Mittagessen in einem Restaurant. Danach gingen sie in den Zoo und zum Schluß in ein Kino. Insgesamt kostete Dieter der Abstecher fast 50 Mark, was etwa zwei Tageslöhnen eines Arbeiters entsprach. Es blieb bis zum Studiumsbeginn seine letzte Individualreise.

Jörg sollte auch zu anderen Gelegenheiten den Großkotz herauskehren, während ich künftig eher zur Sparsamkeit neigte.

14
Der Weg nach oben

In der sechsten Klasse wurde ich Vorsitzender des Freundschaftsrates. Das heißt, ich war nun der ranghöchste Pionier an der Schule. Jetzt durfte ich drei rote Balken am Ärmel des Pionierhemdes tragen, was mir aber ziemlich egal war.

Die äußeren Attribute des Postens waren Dieter eher peinlich. Dennoch war er stolz auf das neue Amt. Ihm schmeichelte die herausgehobene Stellung. Ein Onkel hatte einmal wegen seines ausgeprägten politischen Interesses gesagt, Dieter käme eines Tages ins ZK. Er wußte nicht, ob es erstrebenswert sei, in das höchste Machtorgan der Partei zu gelangen. Die erste Stufe auf der politischen Karriereleiter hatte er erklommen, konnte er sich zumindest einbilden.

Die reale Macht auf diesem Posten war unbedeutend, man war eine Marionette des Pionierleiters. Das war ein speziell ausgebildeter Lehrer, der vorwiegend oder ausschließlich – je nach Schulgröße – für die Pionierarbeit der Schule zuständig war. Unser Pionierleiter Herr Kempe hatte längere Zeit bei der Armee gedient und genoß den errungenen Kommandeursposten. Von den meisten Schülern wurde der schlaksige Typ nicht ernstgenommen. Einmal begleitete er als Aufsichtsperson unsere Klasse bei einer Fahrt in eine Jugendherberge. Er versuchte, mit Geschichten von den Fallschirmjägern Eindruck zu schinden. Niemand konnte sich ihn als Fallschirmspringer vorstellen. Einige frühpubertierende Jungen nannten ihn danach bloß den *Schwanzkämpfer*.

Den Pionierleiter beeindruckten vor allem meine theoretischen Kenntnisse des Marxismus-Leninismus (ML), die ich mir wie schon gesagt aus einem alten Lehrbuch meines Vaters angeeignet hatte. Zudem las ich regelmäßig das *Zentralorgan* der Partei, das *Neue Deutschland* sowie das Wochenblatt *Horizont*, das sich mit der Außenpolitik beschäftigte. So konnte ich mitreden, wenn der Pionierleiter und andere Funktionäre über die große Politik sprachen. Sie erkannten mir schon in der sechsten Klasse das Abzeichen „Für gutes Wissen“ zu, das ansonsten für gute ML-Kenntnisse erst an Mitglieder der Freien Deutschen Jugend (FDJ) vergeben wurde.

In die FDJ, die martialisch *Kampfreserve der Partei* genannt wurde, kam ich wie die anderen Jugendlichen in der achten Klasse. Mit den einsetzenden ersten vormilitärischen Aktivitäten, kühlte sich meine kommunistische Begeisterung rasch ab, während der Pionierleiter aufblühte. Er war sichtlich entsetzt, daß meine Schießleistungen so katastrophal waren. Insbesondere zeigte ich keinen Ehrgeiz, diese Leistungen irgendwie zu verbessern. Bei den Pionieren war das Schießen noch nicht angesagt gewesen.

So blieb ich in der achten Klasse als FDJler Freundschaftsratsvorsitzender, obwohl ich gar nicht mehr zu den Pionieren gehörte. Doch die hohen Jugendfunktionäre waren auch alles andere als Jugendliche. Wahrscheinlich fand sich kein geeigneter Nachfolger, solch einen pflegeleichten ideologischen Trottel gab es nicht alle Tage.

Als Pionierfunktionär mußte Dieter zuweilen in der Öffentlichkeit auftreten. Einmal sollte er zu einer Festveranstaltung der

Pioniere des Kreises im größten Saal des Ortes, dem Tivoli, wo ansonsten vorwiegend Tanzveranstaltungen stattfanden, eine Rede halten. Der Redetext war nicht das Problem, er hatte ihn sogar selbst verfaßt, als er ihn dem Pionierleiter zeigte, hatte dieser den Text ohne Änderungen abgenickt. Nun brauchte er ihn bloß noch abzulesen. Schwieriger war die Frage der richtigen Bekleidung: Das Pionierhemd mit blauem Halstuch war vorgegeben, eine Hose fand sich und die Schuhe sollten glänzen. Er zog die neuen hellbraunen Halbschuhe an, sie drückten zwar noch etwas, aber er brauchte ja nicht weit laufen, dafür glänzten sie herrlich. Nachdem sein Auftritt angekündigt worden war, hatte es Dieter eilig, von seinem Platz in einer der hinteren Reihen auf die Bühne zu kommen, auf der das Rednerpult aufgebaut war. Mitten im Saal zog es ihm plötzlich die Beine weg. Die Schuhe waren auch herrlich glatt, zumindest auf Parkett, worauf er vorher nie damit gelaufen war. Das Trara war groß. Er rappelte sich allmählich wieder auf und versuchte, eine gute Miene zum bösen Spiel zu machen. Auf den Redetext hörte keiner mehr, wobei es nichts zu verpassen gab. Bald hatte er es geschafft. Tosender Beifall. Unter allgemeiner Aufmerksamkeit schlich er zurück zu seinem Platz. Endlich hatte er wieder festen Boden unter seinen Füßen. Das politische Parkett konnte verdammt tückisch sein, bloß daß man, wenn es ernst würde, meist ins Bodenlose fiele.

Einmal sollte Dieter als einziger Vertreter seiner Schule zu einer Festveranstaltung der Bezirksleitung der Pionierorganisation nach Karl-Marx-Stadt fahren. Vor der Abfahrt gab sich Dieter redlich Mühe, möglichst ordentlich gekämmt zu sein, worauf er sonst kaum Wert legte. Doch eine Haarsträhne fiel stets in die Stirn. Er schnitt sie einfach ab, jedoch so großzügig, daß eine Stufe in den vorderen Haarspitzen entstand, die sich nicht kaschieren ließ. Während auf der Veranstaltung immer wieder Huldigungen auf den Ersten Sekretär der SED-Bezirksleitung Genossen Roscher ausgebracht wurden, schämte sich Dieter wegen seiner Frisur. Dabei war es unwahrscheinlich, daß den kleinen Pionier überhaupt einer der bedeutungsschweren Gäste anschaute.

Genosse Roscher, der aufgequollene Sohn eines Spanienkämpfers, sprach übrigens nicht selbst zu den geliebten Pionieren; er saß nur selbstgefällig in seiner Loge. Es war meine erste Begegnung mit der Spezies höherer Funktionäre, die meisten schienen aus demselben Holz geschnitzt zu sein. Meist ungebildet und häßlich, plusterten sie sich auf wie die Pfauen und fühlten sich als die Sieger der Geschichte. Solche Veranstaltungen ließen mich wachsam sein, wenn das Gespräch darauf kam, daß ich auch einmal in ein Lager für Pionierfunktionäre fahren könnte. Ich wollte solche Gehirnwäsche nicht, und tatsächlich ging der Kelch an mir vorüber.

Jörg war ein anderer Kerl. Er empfand keine Scheu, sich der Macht anzudienen. Frühzeitig wollte er Offizier werden und trat entsprechend auf. Während ich aufgrund meiner schulischen Leistungen das strenge Auswahlverfahren zur *Erweiterten Oberschule*, der weiterführenden Schule, die ab Klasse 9 in der DDR zum Abitur führte, bestand, genügte Jörgs Berufswunsch für die Delegierung. Einige Schüler mit besseren Leistungen wurden nicht angenommen und mußten den Umweg einer Berufsausbildung mit Abitur gehen oder konnten gar nicht studieren.

An der Erweiterten Oberschule trennten sich unsere Wege, da wir fortan verschiedene Klassen besuchten. Wir sahen uns nur sporadisch. Jörg wurde berüchtigt als schikanöser Ausbilder im Militärlager der Schule.

Später machte er eine steile Stasi-Karriere und soll in der Endzeit der DDR sogar Zugang zum engsten Führungszirkel um Erich Honecker besessen haben. Nach der Wende sattelte er um und war fortan in einer Werbeagentur tätig. Als ich ihn bei einem Schultreffen 1994 sah, war er fett geworden. Ich vermied es, ihm über den Weg zu laufen. Einige ehemalige Mitschüler meinten, es sei eine Schande, daß er aufgekreuzt sei, er habe wohl überhaupt keine Skrupel. Derartiges war ihm wahrlich fremd. Zehn Jahre später zu einem weiteren Schultreffen sprach er mich an. Es kam zu einem Small Talk. Er berichtete unter anderem, daß sein Sohn bei der FDP als Referent tätig sei. Meine Klassenkameraden, die er im Lager für vormilitärische Ausbildung gequält hatte, konnten sich bis auf einzelne Ausnahmen nicht mehr an ihn erinnern. Die Wunden, die ihnen später in diesem Rahmen zugefügt wurden, klafften tiefer.

15
Kinderspiele

Neben den wenigen politisch übereifrigen Altersgenossen wie Jörg waren die meisten meiner Schul- und Spielkameraden angepaßt, ohne sich hervortun zu wollen. Oppositionelle Mitschüler hatte ich kaum. Eine Ausnahme bildete Ralf. Er war dicker als die anderen Kinder, etwas behäbig, wußte aber, trotz seiner mittelmäßigen schulischen Leistungen, was er wollte. Seine Eltern lernte ich nie kennen, aus Ralfs Bemerkungen konnte ich entnehmen, daß sie nichts hielten vom Arbeiter-und-Bauern-Staat. Als Streitpartner fand ich Ralf interessant, persönlich erschien er mir jedoch noch unsympathischer als Jörg. Ich führte mit Ralf lange Auseinandersetzungen über die Existenz Gottes. Ob Ralf tatsächlich an den Allmächtigen glaubte oder ihn nur als Schutzschild gegen den atheistischen Staat benutzte, weiß ich nicht. Jedenfalls gab er sich sehr gläubig. Meine Argumente gegen die Kirche von der Inquisition bis zu den neuesten wissenschaftlichen Erkenntnissen prallten an ihm ab wie Gummiwälle an einer Wand.

Auf der Bank, die neben einem Sandkasten stand, sprachen wir auch über die Welt. In der Musik ließ Ralf nur englische Beatmusik und Westschlager gelten. Alles andere war Mist. Als einzigen Oststar duldete er die Sängerin Rica Deus, die aus dem Westen in die DDR gekommen war. Der Westen war sein gelobtes Land, dort war alles besser. Die Autos waren schneller, die Städte heller und die Frauen rassiger. Aus Ralfs Mund hörte ich erstmals das Wort Sex. Was es damit eigentlich auf sich hatte, konnte ich seinen Andeutungen nicht entnehmen, wahrscheinlich bezog er seine Erkenntnisse vom Hörensagen. Er war genauso wenig ein Mädchenschwarm wie ich.

Bald zog seine Familie um. Ich hörte selten etwas über ihn. Nach dem Schulabschluß unternahm er einen Fluchtversuch in den Westen und wurde in der Nähe von Plauen gefaßt, hieß es. Später wurde er aus dem Gefängnis von der BRD freigekauft. Nach der Wende tauchte er wieder in der Region auf, kaufte zwei, drei Hotels, möbelte sie auf und war hin und wieder in der Zeitung abgebildet zusammen mit anderen Wirtschaftsfürsten der Kreisstadt, meist eine Zigarre rauchend. Ich sah ihn einmal vorbeifahren in einem 500er BMW, ein wohlbeleibter, wohlbetuchter Herr, der dem Klischee eines Kapitalisten aus dem neunzehnten Jahrhundert entsprach.

Die Kinderspiele, an denen sich Dieter beteiligte, hatten schon Generationen von Kindern davor gespielt: „Verstecken", „Haschen", „Räuber und Gendarm", „Gummi hopsen" oder „Land mausen". Er spielte zwar mit, doch sonderlich aufregend fand er solche Spielchen nicht.

Einmal übte ein größeres Mädchen, das in einer schäbigen Villa am Rande des wachsenden Neubaugebietes wohnte, mit ihnen ein Theaterstück ein. Es war das russische Märchenstück *Das Tierhäuschen*. Dieter gefiel das Spielen, wenngleich er nur eine kleine Rolle bekommen hatte. Doch bald darauf zog das Mädchen mit ihren Eltern in eine andere Stadt.

Das Mädchen als solches hatte ihn nicht interessiert, seine Märchenprinzessin wohnte einige Blöcke weiter oben in der Straße und spielte abends häufig Federball vor dem Haus. Er hatte sie einige Mal beobachtet, eine grazile Erscheinung mit blondem Pferdeschwanz. Sie war vielleicht fünf Jahren älter als er. Natürlich wagte er nicht, sie anzusprechen, doch manchmal erschien sie als gute Fee in seinen Träumen.

16
SC Beckathlet

Viel Zeit widmete ich dem Sport. Das Neubaugebiet war in seinem unteren Teil Mitte der sechziger Jahre abgeschlossen worden. Wenn man aus den vorderen Fenstern unserer Wohnung nach Westen sah, schaute man auf eine große Wiese. Im Sommer konnte ich in meinem Kinderzimmer nachts bei geöffnetem Fenster das lautstarke Zirpen der Grillen vernehmen. Auf der Ostseite vom Wohnzimmer aus sah man zwar auf einen anderen Block, doch dieser stand im rechten Winkel, so daß genügend Ausblick verblieb. Die Abstände zwischen den Wohnblöcken waren großzügig bemessen – Grund und Boden kosteten ja faktisch nichts – dazwischen gab es ausgedehnte Wiesen mit einzelnen Bäumchen.

Einige Wiesen dienten als Wäscheplätze, auf anderen konnte man auch Fußball spielen.

Der wichtigste Fußballplatz befand sich an der oberen Querseite des Wohnblocks. Die Jungen nannten die Grünfläche bescheiden das *Wembley-Stadion.* Auslöser war die Fußballweltmeisterschaft gewesen, die 1966 in England stattfand. Die älteren Jungen fieberten mit der westdeutschen Mannschaft, die es bis ins Finale schaffte. Oese, wie Dieter abgeleitet von dem Nachnamen von seinen Spielkameraden wie auch Schulfreunden genannt wurde, verfolgte das Geschehen aus zweiter Hand. Die DDR-Zeitungen druckten zur Abschreckung Faksimiles der Schlagzeilen aus der *Bild*-Zeitung. Vor dem Halbfinale gegen die Sowjetunion hieß es da „Stürmt, stürmt, da wackeln auch die Iwans" oder vor dem Endspiel gegen die Engländer „Rache für Skagerrak". (Dort fand im Ersten Weltkrieg eine Seeschlacht statt, die die Deutschen verloren hatten.) Oese mochte die großkotzigen Westdeutschen nicht, doch offen mit den Engländern sympathisieren konnte er nicht, wenn er nicht den Haß der älteren Kinder auf sich ziehen wollte. Also heuchelte er Gleichgültigkeit. Zum Glück gewannen die Engländer im Finale, wenn auch umstritten, was die Deutschland-Fans noch fanatischer werden ließ. Danach versuchten einige Spielkameraden, an dem *Bonzenkind,* das Oese bestimmt nicht war, ihre Enttäuschung auszulassen. Sein Sportsfreund Uwe Geyer, der zwei Eingänge weiter wohnte, verhielt sich zwar fair, aber desto giftiger agierten dessen Klassenkameraden, die sich gelegentlich zum Fußballspielen im Wembley-Stadion einfanden.

Wäre ich planmäßig eingeschult worden, wäre ich vielleicht mit diesen Kerlen in eine Klasse gekommen. Sie besuchten eine Klasse mit erweitertem Russischunterricht ab Klasse 3, was auch nicht gerade von antikommunistischer Konsequenz zeugte, und fühlten sich als geistige und körperliche Elite der Stadt. Einer ließ es sich nicht entgehen, mich bis zur zehnten Klasse zu striezen, sobald sich ihm eine Gelegenheit dazu bot, was zum Glück nur selten vorkam. Gesund war sein Haß, der offenbar weitere Objekte fand, nicht: Mitte der neunziger Jahre las ich in der Zeitung seine Todesanzeige. Er war inzwischen ein anerkannter Professor geworden.

Meist versammelten sich um Uwe nur die Kinder aus dem Wohnblock. Uwe trainierte Fußball im Ortsverein Union. Er fühlte sich wie der künftige Uwe Seeler. Das Team, in dem Uwe mitspielte, gewann immer wie auch Deutschland immer gewänne, müßte es nicht zusätzlich gegen bestochene Schiedsrichter spielen. Einmal verlor er dennoch, es war sogar eine Art Endspiel, und ich war der wichtigste Mann der gegnerischen Mannschaft. Da rastete er aus, was auch die kleineren Kinder schockierte. Es war doch bloß ein Spiel. Es dauerte einige Wochen, ehe wir wieder miteinander redeten.

Auch in der Klassenmannschaft der Schule spielte Oese mit. Einmal beobachtete der Trainer der Schülermannschaft von Union ein Spiel. Er war angetan, von dem einfallsreichen Stürmer, wenn Oese auch die Härte fehlte. Der Trainer schlug ihm vor, zu seinem Training zu kommen. Oese sagte, er wolle kein Fußballer werden. Der Trainer entgegnete, das wollten die meisten Spieler bei ihm nicht. Für die Herausbildung wichtiger Charaktereigenschaften wie Ausdauer, Entschlossenheit oder Mut und das Lernen aus Niederlagen sei der Fußball unentbehrlich. Das brauche man dann auch für das Studium. So toll konnte das nicht sein, dachte Oese, er brauchte sich nur Uwe und dessen Freunde vor Augen führen. Er spielte zwar öfters aus Spaß, aber kann man Spaß zur Regel machen? Also sagte er dem Trainer ab, der davonging, als hätte er gerade ein hoffnungsvolles Talent verloren.

Die sportlichen Aktivitäten beschränkten sich nicht auf Fußball. Die Kinder des Wohnblocks bildeten einen eigenen Klub, der nach der Straße SC Beckathlet benannt wurde. Die Wortschöpfung stammte wahrscheinlich von Oese. Jedes Jahr fand eine Olympiade statt. Die Disziplinen waren verschiedene Laufstrecken, insbesondere die *Kleine Runde* – eine Schleife vor dem Block – und die *Große Runde* – entlang der Straßen, die den Wohnblock einschlossen. Über diese Strecken gab es ebenso Rollerrennen wie Wettbewerbe im Laufen und Gehen. Weitere Sportarten waren Weitsprung aus dem Stand – der zu Beginn der Spiele der Neuzeit sogar olympisch gewesen war – und Dreierhopp. (Für richtigen Weitsprung oder Dreisprung war der Sandkasten zu klein.) Die einzige Wurfdisziplin bildete Kugelstoßen mit einer eigens gekauften Vierkilokugel, wie sie auch in der Schule verwendet wurde. Für die Wettrennen hatte sich Oese extra eine Stoppuhr gewünscht, die nicht billig war. Die meisten Siege errang natürlich Uwe.

Bei schlechtem Wetter spielten sie Tischfußball oder verschiedene Würfel- oder Schnipsspiele mit sportlichem Hintergrund. Häufig trafen sie sich dazu in Uwes Kinderzimmer, dessen Eltern den ganzen Tag arbeiteten. Die Wohnung war nicht größer als die anderen Wohnungen des Blocks – wenn man den Grundriß von je einer Wohnung auf der linken beziehungsweise rechten Hausflurseite besaß, kannte man sofort alle zweiunddreißig Grundrisse – doch sie schien großzügiger eingerichtet zu sein als bei Oeses Eltern. Es standen nicht so viele Möbel an den Wänden, dafür gab es Kerzenständer und Vasen mit frischen Blumen. Im Wohnzimmer ragte eine Bodenvase empor, worin Sonnenblumen oder sogenannte Schilfzigarren steckten.

Uwes Mutter war ein Typ Frau, den Oese zuvor nicht aus der Nähe gesehen hatte. Sie war groß und gebräunt, sie schminkte sich und trug lackierte Zehennägel. Oese wußte nicht, ob er das abstoßend oder anziehend fand. Eine Tante Uwes war eine bekannte Schauspielerin in Dresden. Uwe wollte gleichfalls Schauspieler werden, ein berühmter selbstverständlich. Tatsächlich realisierte er diesen Berufswunsch, doch er blieb als Schauspieler völlig unbedeutend.

Im Winter rodelten die Kinder von dem nahen Wasserberg. Die Piste war so angelegt, daß man bei hinreichend Schnee, was damals anscheinend die Regel war, die ganze Beckstraße hinunterrodeln konnte – immerhin eine Strecke von einem halben Kilometer. Die Abfahrt war zwar nicht steil, aber häufig spiegelglatt. Mit Autos war nicht zu rechnen. In den frühen sechziger Jahren gab es ohnehin nicht viele, und die wenigen Autobesitzer ließen das kostbare Gefährt bei solch widrigen Umständen lieber in der Garage. Ende der sechziger Jahre wurde ein Gitter oberhalb der Straße angebracht, welche man überqueren mußte, ehe man auf die Beckstraße auffahren konnte. Außerdem stumpfte der Winterdienst nun zum Wohl der Autobesitzer auch Nebenstraßen wie die Beckstraße ab.

Der Wasserberg war von da an etwas für kleine Kinder. Ähnlich war es im Dorf meiner Großeltern im Erzgebirge zugegangen. Dort diente die kilometerlange Abfahrt der Fernverkehrsstraße in den Ort bis Anfang der sechziger Jahre als Bob- und Rodelbahn, bis der Autoverkehr mit diesem Unsinn ein für alle Mal Schluß machte.

Im Winter spielten die Beckathleten „Eishockey". Sie hatten zwar keine Schlittschuhe und spielten nicht auf Eis, sondern nur auf Schnee mit irgendwelchen Stöcken. Blaue Flecke bekam Oese jedenfalls genug.

Trotz meiner sportlichen Betätigung in der Freizeit blieb der Schulsport ein Schrecken, wo ich fast jeder Unterrichtsstunde mit Unbehagen entgegensah. Auf die Idee, daß Sport vor allem Spaß machen konnte, kam kein einziger Sportlehrer. Daß wir noch nicht am Boden der Erniedrigung angekommen waren, sollten wir in der sechsten Klasse erfahren. Wir bekamen einen neuen Sportlehrer, frisch von der Nationalen Volksarmee.

Herr Voigt wollte uns zeigen, daß Sportunterricht fast so schlimm wie Armee sein konnte. Nun hatte alles auf sein Kommando zu hören. Er führte strenges Antreten zu Beginn und Ende des Unterrichts ein mit: *Stillgestanden! Richtet euch! Augen geradeaus!* und ähnlichem militärischen Schwachsinn. Am liebsten ließ er die Jungen marschieren. Dazu schrie er, daß es weit über den Sportplatz hallte. Am meisten reizte ihn, wenn jemand es wagte zu kichern. Dennoch zeigte sein Drill nicht den rechten Erfolg. Eines Tages verkündete er schließlich: „Wenn das heute nicht klappt, marschieren wir bis Oberschöna." (Dieser Ort liegt in etwa zehn Kilometern Entfernung.) Nach einem knappen Kilometer bekamen wir den Befehl umzudrehen. Da eine Sportstunde zum Glück nur 45 Minuten dauerte, mußten wir rechtzeitig zur nächsten Unterrichtsstunde zurück sein. Und falls Sport einmal am Nachmittag lag, hätte er es wohl mit den Eltern zu tun bekommen, wären wir in der Dämmerung heim marschiert. Die Schule war leider doch keine Armee.

Nachdem er sich einige Monate abreagiert hatte, wurde er allmählich zugänglicher. Was mußte das für eine Anstalt sein, aus der er gekommen war? Nur einzelne Schüler hatte er weiter auf dem Kieker. Er spielte seine Macht vor allem in der Benotung aus. So kam es, daß ich nach der sechsten Klasse auf dem Zeugnis eine „Vier“ in Sport stehen hatte. Gewiß war ich im Geräteturnen schwach. Auch beim Schlagballweitwurf sowie bei einigen Kraftübungen erreichte ich von jeher meist nicht mehr als „ungenügend“. Bisher konnte ich das durch andere Disziplinen kompensieren, so daß ich auf dem Zeugnis mal eine „Zwei“, seltener eine „Drei“ hatte. Ich weiß nicht, ob Voigt die Kommunisten im Innersten haßte und es ihnen heimzahlte, beispielsweise, indem er den unsportlichen Freundschaftsratsvorsitzenden vorführte. Möglicherweise auch umgekehrt: Er war zutiefst von der *Sache* beseelt, daß ihm meine Unsportlichkeit als beschämend vorkam und dem Delinquenten hart, aber gerecht begegnet werden mußte. So oder so – ich stand erst einmal auf der Abschußliste.

Dieter trainierte in der Freizeit nun auch ungeliebte Übungen wie Liegestütze. Die meisten Schüler faszinierte damals der Weitsprung, nachdem der schwarze Amerikaner Bob Beamon bei den Olympischen Spielen 1968 in Mexiko den Jahrhundertsprung von 8,90 Meter vollbracht hatte. Einige Schüler versuchten, ihn zu imitieren, indem sie Laufbewegungen während der Flugphase vollführten, so wie es im Fernsehen zu sehen gewesen war. Sie landeten schnell auf dem Boden der Tatsachen. Dieter schaffte ohne solch Gehampel 3,90 Meter, was in der siebenten Klasse eine „Eins“ bedeutete. Am Schuljahresende bekam er eine „Zwei“ auf dem Zeugnis. Der Lehrer Voigt hatte seinen Schrecken verloren. Wenn sich alle Gespenster auf diese Weise aufgelöst hätten, wäre das Leben in der DDR bestimmt lustiger gewesen.

Ab der fünften Klasse führte die Schule in den Sommerferien freiwillige Schwimmkurse für drei Wochen im Freiberger Freibad durch. Die Kinder mußten sich auf dem Schulhof einfinden, und dann trottete die Kolonne zu dem knapp zwei Kilometer entfernten Bad. Dieter konnte den Zug manchmal vom Fenster aus beobachten, nachdem er gerade aufgestanden war. Er boykottierte diese Schwimmlager. Er konnte zwar nicht schwimmen, aber der Gruppenzwang und die halbmilitärischen Ausbildungsmethoden der Schwimmlehrer stießen ihn ab. Außerdem fühlte er einen Horror vor Tauchen und Wasserspringen. Wegen seines Heuschnupfens hatte er eine plausible Ausrede nicht teilzunehmen. Nachdem die Horde vorübergezogen war, ging Dieter in die nahegelegene Kaufhalle. Er holte sich drei Konsum-Brötchen, die nur frisch schmeckten, nach wenigen Stunden waren sie pappig, dazu genoß er Buttermilch und Doppelrahmkäse. Als Dessert seines fürstlichen Frühstücks vertilgte er oft eine Honigscheibe, eine klebrige Masse vorwiegend aus Kunsthonig bestehend. Er brauchte wirklich wenig zum Glück.

Da der individuelle Schwimmunterricht des Vaters nicht fruchtete, konnte Dieter zu Beginn der achten Klasse nicht schwimmen, am Ende dieser Klasse sollte Schwimmen erstmals in die Sportnote eingehen, die er gerade stabilisiert hatte. Die Mutter organisierte für ihn privaten Schwimmunterricht in einem kleinen Becken, schätzungsweise zehn Meter lang und fünf Meter breit im Keller der größten Schule der Stadt. Das war seinerzeit das einzige beheizte Schwimmbecken im Umkreis von dreißig Kilometern. Außer ihm nahmen nur zwei, drei Jugendliche an dem Kurs teil. Er sagte sich, in dem Becken kannst du nicht abgluckern. Nach einigen Bewegungsübungen mit einem Schwimmbrett, sollte er sich zwei Schritte neben den Beckenrand stellen und diesen mit Schwimmbewegungen erreichen. Nach und nach wurde die Entfernung vergrößert. Auf diese Weise lernte er tatsächlich bald schwimmen. Man mußte sich nur vorstellen, daß man eine Sache beherrscht, dann beherrscht man sie tatsächlich bald. Später merkte er, daß das nicht nur beim Schwimmen der Fall war. Er legte zum Abschluß das Schwimmabzeichen in Bronze ab, was ihm eine „Zwei“ in Schwimmen sicherte. Um das Springen, das ebenfalls gefordert wurde, er aber fürchtete, kam er in der mickrigen Anlage herum. In der neunten Klasse mußte er den ersten Startsprung absolvieren. Ansonsten fiel Schwimmen wegen der Kälte im Freibad immer aus. Während des Studiums mußte er noch einen Sprung machen. Danach konnte Dieter keiner mehr dazu zwingen.

17
Hinterm Mond

In der fünften Klasse kam ein neuer Schüler, der bisher auf dem Dorf gewohnt hatte, in unsere Klasse. Er hieß Matthias Meusel. Er sollte bald mein bester Freund werden. Mit ihm verbanden mich ganz andere Interessen als mit Jörg. Wir spielten oft mit Indianern, für die er sich brennend interessierte, während sich meine Begeisterung in Grenzen hielt. Er hatte wohl den ganzen Karl May gelesen. Der sächsische Phantast wurde in der DDR nicht gedruckt. Mich reizte Karl May nicht, die Nacherzählungen von Matthias fand ich zu versponnen und sentimental.

Der Block, in den seine Familie zog, war einer der ersten Plattenbauten, die Mitte der sechziger Jahre die Ziegelbauten abgelöst hatten. Die Wohnung besaß jedoch Fernheizung. Auf dem mit Spannteppich ausgelegten Fußboden baute Matthias zusammen mit Oese die Forts mit den Indianer- und Trappertruppen auf. Mit Schnipsgummis schoßen sie auf den Gegner. Wer umfiel, war tot. Besonders schwer ließ sich ein Indianer umhauen, der wie angeklebt auf einem Gummipferd focht. Matthias hatte ihn Sitting Bull genannt, nach einem bekannten Indianerführer. Andere Spielfiguren, deren Namen Oese initiierte, hießen Jefferson oder Lincoln, nach amerikanischen Präsidenten des neunzehnten Jahrhunderts. Sie ließen sich besser abschießen. Manchmal spielten sie auch Radrennen. Die Rennfahrer stellten Papierstücken dar, die sie auf dem Fußboden so weit wie möglich vorwärts schnipsten. Dieses Spiel praktizierte Oese auch allein quer durch die elterliche Wohnung.

Bisher war ich in Mathematik in meiner Klasse unangefochten gewesen, nun war Matthias mir ebenbürtig. Unsere Mathelehrerin schickte uns zusammen in der fünften Klasse zur Kreisolympiade. Danach war ich ziemlich unzufrieden, bei ein, zwei Aufgaben hatte ich bei der Lösung Ungenauigkeiten, wenn nicht gar Fehler, begangen. Ich rechnete lediglich mit einem Platz im oberen Mittelfeld. Dann hieß es, ich habe mit 38 von 40 Punkten den ersten Platz erreicht, Matthias folgte mit zwei Punkten Rückstand auf Platz 2. Ich kam mir keinesfalls großartig vor, allerdings zweifelte ich an den Fähigkeiten der anderen. In den folgenden Jahren waren Matthias und ich bei den Kreisolympiaden stets unter den ersten Drei platziert. In der siebenten Klasse bekam ich für den Sieg mit der Höchstpunktzahl ein *Ehrengeschenk* des Vorsitzenden des Rates und zwar ein Paar Skier. Damit wurde ich sogar in der Zeitung auf der Lokalseite abgebildet. So exklusiv sollte ich nie wieder in der Zeitung auftauchen.

In der achten Klasse erreichte ich bei der Mathematikolympiade des Bezirkes Karl-Marx-Stadt den zweiten Platz. Bis zur elften Klasse nahm ich weiter an der Bezirksolympiade teil, konnte aber nicht mehr an diesen Erfolg anknüpfen. Die Olympiade fand am letzten Wochenende vor den Winterferien statt. Gerechnet wurden die Aufgaben in zwei vierstündigen Klausuren in Seminarräumen der Technischen Hochschule. Wir übernachteten in deren Wohnheimen, Hochhäusern am Stadtrand, die kürzlich hochgezogen worden waren. Man konnte wegen der Hitze in den Zimmern kaum schlafen. Die Heizung arbeitete mit voller Leistung und ließ sich nicht regulieren, man mußte die Fenster aufreißen, was bei strengem Frost auf die Dauer auch unangenehm wurde. Die Siegerehrung fand am späten Sonntagnachmittag im Schauspielhaus statt. Der Bekanntgabe der Sieger ging ein umfangreiches Kulturprogramm voraus. Mit so viel Pomp sollte die Mathematik nie mehr zelebriert werden.

Matthias hatte sich in der siebenten Klasse selbständig die Differential- und Integralrechnung angeeignet, womit er freilich einstweilen keinen Lorbeer gewinnen konnte. Meine autodidaktischen Versuche in diese Richtung blieben im Ansatz stecken. Auch im Mathezirkel der Schule, den wir beide besuchten, entwickelte er eine erstaunliche Kreativität. Der Zirkel wurde von einem alten Mathematiklehrer geleitet, der ansonsten Mathematik an der Bergakademie unterrichtete.

Herr Schönerstedt war ein altmodischer Mathematiker, der allen Mathematiker-Klischees entsprach. Er erschien weltfremd und genügsam, daß er eine Frau oder gar Kinder hatte, konnte sich Dieter nicht vorstellen. Desto mehr schwärmte der alte Herr für Gauß, von dem er einige Anekdoten erzählte. Schönerstedt war sehr akkurat beim Führen von Beweisen, was Matthias bewunderte und Dieter eher langweilte. Das Hobby des Lehrers war die Zahlentheorie, die Dieter ebenfalls nur mäßig berührte. Dagegen hatte sich Matthias das ehrgeizige Ziel gestellt, eine Gesetzmäßigkeit für das Auftreten der Primzahlen zu finden. Wie alle Mathematiker vorher biß er sich daran vergeblich die Zähne aus. Ob er wie Gauß deshalb weinte?

Einmal besuchte der Mathezirkel eine Lehrveranstaltung an der Hochschule des Ortes, der Bergakademie. In einem Hörsaal, in dem über fünfzig Studenten saßen, rechnete ein Dozent Aufgaben vor. Die meiste Zeit verbrachte er damit, die Studenten abzuprüfen. Er stellte eine Frage zum Thema Determinanten und rief einen Studenten nach vorn an die Tafel. Die meisten wußten keine Antwort, setzten sich wieder und bekamen effektvoll eine „Fünf" verpaßt. Einzelne versuchten ihr Glück, schafften aber selten eine „Vier" oder gar eine bessere Note. Diese Art Unterricht schockierte und faszinierte mich zugleich. Ein Dutzend Jahre später lernte ich den Dozenten persönlich kennen, er war gar kein richtiger Dozent, sondern Lehrer im Hochschuldienst. Inzwischen machte er einen harmlosen Eindruck.

Außer im Mathezirkel sowie einigen künstlerischen Arbeitsgemeinschaften wurden außerschulisch Talente kaum gefördert. Ob ich außer in der Mathematik überdurchschnittliche Fähigkeiten besaß, mußte ich selbst herausbekommen – oder auch nicht. Die Mathematik war sozusagen meine Verlobte, an der mich manches reizte, aber auch einiges abstieß. Mangels vernünftiger Alternativen blieb mir später nichts anderes übrig, als sie zu ehelichen.

Im Gegensatz zu mir erzielte Matthias auch im Sportunterricht sehr gute Leistungen. Er warf den Schlagball fast fünfzig Meter weit, bezwang im Hochsprung beachtliche Höhen, kletterte wie ein Affe die Stange hoch und führte am Reck alle Felgumschwünge mustergültig aus. In der Freizeit hangelte er verwegen auf Bäumen. Nicht zuletzt spielte er aktiv Fußball. Vor allem als Torwart vollführte er tollkühne Paraden. Da konnte ich nur staunen. Später staunte ich noch mehr – allerdings mit anderem Vorzeichen. Davon wird zur gegebenen Zeit, wenn wir gemeinsam die Erweiterte Oberschule besuchen, zu reden sein.

Einmal berichtete er in Anwesenheit des Pionierleiters detailliert über eine Sendung zum Thema Doping, die er im Radio gehört hatte. Das Thema war in den DDR-Medien nahezu tabu, obwohl (oder weil) die DDR-Athleten bei den Olympischen Spielen 1968 erstmals den dritten Rang in der Länderwertung erreicht hatten. Der Pionierleiter hörte sich den Bericht schweigend bis zum Ende an, um dann zu fragen, wo er das alles gehört habe. Matthias antworte treuherzig: „Im RIAS". Diese Westberliner Rundfunkstation („Radio im amerikanischen Sektor") galt spätestens seit den „konterrevolutionären" Ereignissen im Juni 1953 in der DDR bei den Funktionären als feindlichster aller Feindsender. Matthias wollte sich verteidigen, es sei doch ein unpolitisches Thema. Der Pionierleiter erwiderte, das sei gerade das Schlimme. Der Klassenfeind versuche in seiner Raffinesse, die Jugendlichen mit scheinbar unpolitischen Themen zu ködern: Jedes Mal würden die Westsender ein bißchen mehr Politik untermischen, bis die Jugendlichen völlig verunsichert wären und womöglich nur dem Klassenfeind lauschten. Deshalb müsse man von vornherein klare Fronten schaffen. Künftig überlegte Matthias sich besser, wem er was erzählte.

Bei ihm sah ich die erste Mondlandung der Amerikaner im Fernsehen. Es war Zufall, wir spielten gerade, als sein Vater uns ins Wohnzimmer rief, wir sollten uns das einmal ansehen. Das DDR-Fernsehen übertrug die Landung nicht, und bei uns gab es nach wie vor kein Westfernsehen. Das Gehopse von Armstrong auf der Mondoberfläche kam mir vor wie aus einer anderen Welt. Waren die Bilder so verschwommen, weil sie vom Mond stammten, oder lag es an dem schlechten Westempfang? Etwas verwirrt ging ich nach Hause. Da lebten wir weiter hinterm Mond und waren zufrieden damit.

18
Ein sagenhaftes Jahr

Nach Jahren oberflächlicher politischer Ruhe drohte die Welt, Ende der sechziger Jahre wieder aus den Fugen zu geraten. Im Mai 1968 schien plötzlich alles möglich zu sein: Daß in Paris bald

Fahnen mit Hammer und Sichel wehen würden, genauso wie in Prag das Sternenbanner. Im Wirtschaftswunderland mit dem ewig blauen Postkartenhimmel wurde plötzlich massenhaft demonstriert, ein Student wurde in Westberlin von der Polizei erschossen. Auseinandersetzungen um den Vietnamkrieg erschütterten die USA, wo die Hoffnungsträger Robert Kennedy und Martin Luther King kurz hintereinander ermordet wurden. Nur der DDR schien das alles nichts anhaben zu können. Ich verfolgte das Weltgeschehen mit gesteigertem Interesse. Zu den französischen und amerikanischen Ereignissen fertigte ich Wandzeitungen an, die ungewöhnlich stark beachtet wurden.

Ab der siebenten Klasse hatten wir das Fach Staatsbürgerkunde. Konkretes Wissen stand dabei nicht im Vordergrund, es ging mehr um Bekenntnisse zu unserem Staat. Dennoch gab es an der Polytechnischen Oberschule lebendigere Diskussionen über politische Probleme als später an der Penne. Die künftigen Vertreter der Arbeiterklasse zeigten sich weniger angepaßt als der Nachwuchs der sogenannten Intelligenz.

Die Ereignisse im Frühling 1968 in der Tschechoslowakei wurden von den DDR-Medien sehr einseitig wiedergegeben, und andere Nachrichten hörte ich seinerzeit nicht. Ich glaubte tatsächlich, daß der Gewerkschaftsboss Smrkovský, der Chef-Ökonom Šik und der Chef des Fernsehens Pelikán – die Hauptzielscheiben der DDR-Propaganda – Agenten des Imperialismus waren, die in der ČSSR die Konterrevolution vorantrieben. Andererseits wirkten diese Figuren geheimnisvoll anziehend auf mich, genauso wie das viel geschmähte Manifest „Zweitausend Worte“, von dem man nie mehr als den Titel hörte. Doch hatte nicht mein Onkel Heinz von Unmengen Gammlern in den Straßen Prags berichtet? Diese arbeitsscheuen, langhaarigen Gestalten, die den lieben langen Tag nichts Besseres zu tun hatten, als lautstark westliche Musik aus ihren Kofferradios auf den Straßen zu hören, waren den Spießern von je her ein Greuel gewesen. Bei uns wurde Arbeitsbummelei streng geahndet. Doch in der Tschechei juckte das die Polizei nicht, im Gegenteil, sie schien sich eher den Gammlern anzugleichen. Die Warnungen der SED-Führung an den Ersten

Sekretär der tschechoslowakischen KP Dubček wegen der konterrevolutionären Gefahr wurden immer eindringlicher.

Die Wälder zwischen Freiberg und der tschechischen Grenze durften im Sommer 1968 größtenteils nicht mehr betreten werden, weil Panzer, meist sowjetischer Einheiten, dort Stellung bezogen hatten. Der Einmarsch in die ČSSR am 21. August überraschte uns nicht. Es war herrliches Wetter, wir saßen gerade beim Mittagessen im Hof des Schloßes von Neuhausen, unweit der tschechischen Grenze, als wir im Rundfunk die Nachricht vernahmen. Endlich hatte der konterrevolutionäre Spuk ein Ende, und der Frieden wäre wieder sicher. Im Buschfunk hieß es, in der Nacht des 21.8. hätte es in einigen tschechischen Städten Freudenböller gegeben, da die Bevölkerung annahm, NATO-Panzer rollten durch die Straßen. An den folgenden Tagen, nachdem die Tschechen den wahren Sachverhalt erkannt hatten, hörte man von DDR-Touristen, die angespuckt oder deren Autos mit Hakenkreuzen beschmiert worden waren. Bald darauf wurde die Grenze dichtgemacht. Der visafreie Reiseverkehr in das einzige Land außerhalb der DDR war wieder passé. Meine Eltern hatten sowieso nie davon Gebrauch gemacht. Es sollten einige Jahre vergehen, ehe man frei nach Polen und später auch wieder in die erstarrte ČSSR reisen konnte.

Ich habe lange angenommen, daß wir in jenen Tagen bei meinen Großeltern im Erzgebirge Urlaub machten, was jedoch nicht stimmte. Die Urlaubsaufenthalte waren 1967 und 1969, als meine Eltern keinen Ferienplatz erhalten hatten, wovon ich zumindest einen Urlaub in guter Erinnerung behielt, obwohl ich sonst nicht gern dorthin reiste. Vor allem blieben wir da verschont von der Invasion der Verwandtschaft. Nach Radtouren zusammen mit meinem Vater durch das Gebirge gab es Bratkartoffeln mit Tomaten aus dem Garten oder Paprikaschoten aus dem Konsumladen. Oder wir liefen über die Bergwiesen, auf denen Arnika blühte. Im Fernsehen lief abends ein packender mehrteiliger Krimi.

Nach Ferienende fanden propagandistische Veranstaltungen zu den Ereignissen in der Tschechoslowakei statt. Als Freundschaftsratsvorsitzender mußte ich auch an Versammlungen für Erwachsene teilnehmen, was meinem politischen Ehrgeiz schmeichelte. Die Funktionäre mühten sich eisern, die Gefährlichkeit der Lage und Unausweichlichkeit der Maßnahmen zu verdeutlichen. Auf einem derartigen Treffen erhielt ich vom Patenbetrieb einen Kompaß geschenkt, der dort hergestellt worden war. Überhaupt setzte man auf Brot und Spiele. Der Rundfunk der DDR spielte in diesen Tagen vor allem Pop und Schlager auf „Heavy Rotation". Ein Titel, den ich später nie wieder hörte, hatte den Refrain *Ananas, Ananas, Ananas*. Wenn es an echten Südfrüchten mangelte, so sollten wir sie wenigstens virtuell genießen. Daß es damals auch in der DDR eine handfeste Opposition gegen das Niederwalzen des Prager Frühlings gab, erfuhr ich über zehn Jahre später, als ich eine Schreibmaschinenkopie von Kunzes *Die wunderbaren Jahre* in die Finger bekam. An dem Einmarsch selbst nahmen - entgegen den eigenen Verlautbarungen - keine DDR-Truppen teil, nachdem der sowjetische Generalsekretär Breschnew in letzter Minute sein Veto eingelegt hatte, was erst viel später bekannt wurde. Die NVA-Einheiten kampierten noch monatelang, wie ich bereits in den frühen achtziger Jahren von Betroffenen hörte, an der Grenze im Erzgebirge, ohne Ausgang und Urlaub zu bekommen. Zur Aufheiterung der Soldaten wurden sogar Pornofilme gezeigt, die ansonsten total verpönt waren. Einige Politbüromitglieder sollen sich ja auch in Wandlitz Pornos reingezogen haben.

Gewisse Erleichterungen gab es 1968 auch für die DDR. Es wurde die Fünf-Tage-Arbeitswoche für die Werktätigen eingeführt. Zunächst war jeder zweite Sonnabend frei, bald darauf jeder. Im Gegenzug wurde eine Reihe von Feiertagen gestrichen. Für die Schüler blieb alles beim Alten. Wir hatten weiterhin sonnabends Unterricht, das heißt, wir durften aufgrund der weggefallenen Feiertage sogar noch mehr lernen.

19
Das schönste Mädchen der Welt

Für Mädchen begann ich mich, in der fünften Klasse zu interessieren. Lange blieb es bei platonischem Anschmachten, wie bei den Troubadouren des Mittelalters, die das Bild ihrer Angebeteten im Herzen trugen. Nach einer brünetten Ingrid, die bereits in eine höhere Klasse ging und sich nur über mich lustig machte, wurde eine schwarzhaarige Monika meine Favoritin. Sie war ebenfalls ein Jahr älter. Es hieß, sie wäre einmal die Freundin von Matthias gewesen, was sie noch interessanter machte. Irgendwie verlief sich die Sache. Als ich sie nach über 25 Jahren einmal wiedersah, war sie eine Matrone geworden, und ich war froh, nie mit ihr ernsthaft angebandelt zu haben.

In der siebenten Klasse wurde Dieter erstmals neben ein Mädchen gesetzt, bisher saß er immer neben Jungen, wahrscheinlich wollte die Klassenlehrerin das Schwatzen einiger Mädchen eindämmen. Die Nachbarin hieß Angelika, sie trug Netzstrümpfe, die damals gerade modern waren. Sie war nicht unattraktiv und käme als Freundin in Betracht, wenn von ihr nicht ein unangenehmer Geruch ausgegangen wäre. So war sie inakzeptabel, er konnte sie im wahrsten Sinne nicht riechen.

Ernstere Absichten hegte Dieter in der achten Klasse gegenüber einer Mitschülerin namens Roswitha. Sie hatte lange blonde Haare, blaue Augen, ein rundlich-rosiges Gesicht und schon ausgeprägte weibliche Formen, was ihm allerdings ziemlich egal war. Besonders apart fand Dieter neben ihren Augen und den Haaren die weißen Kniestrümpfe, die sie zu dem Minirock trug. Sie galt als das schönste Mädchen der Klasse, sich selbst hielt sie sowieso dafür. Kurz zuvor war in einem DDR-Schlager „Das schönste Mädchen der Welt“ namens *Rosemarie* besungen worden – ich sah darin keinen großen Unterschied. Doch bei Rosi biß er auf Granit, sie schwärmte für Typen wie Alain Delon. Dieters Traumfrau war eigentlich von demselben Format, nämlich die Schauspielerin Michelle Mercier, Hauptdarstellerin in dem französischen Film *Angelique*, aber er wußte sich zu bescheiden.

Allerdings war Roswitha in gewissem Sinne auf ihn angewiesen, da sie besonders in Mathematik keinen Stich sah und Dieter ihr Nachhilfeunterricht geben sollte. Dem Ansinnen der Mathelehrerin kam er nur allzu gern nach. Freilich war er nie mit Roswitha allein, da sie stets ihre Freundin mitbrachte, ein mürrisches Mädchen, das von Mathe nicht viel mehr verstand. Die beiden Mädchen schienen unzertrennlich zu sein, zumindest so lange sie mit ihm zusammensaßen. So konnte er zwar kaum erotisches Geschick entwickeln, dafür aber ein Gespür für Didaktik, womit er schließlich einmal sein Geld verdienen sollte.

Der größte Macho der Klasse, der eigentlich Klaus-Dieter hieß, aber nur Berta genannt wurde, hatte mich ohnehin gewarnt, daß Roswitha keine Investition für die Zukunft sei. Man müsse sich nur die Mutter ansehen, dann wüßte man, was einem in einigen Jahren erwarten würde. Und das wäre bei Rosi desillusionierend. Immerhin hatte Berta mich damals besser durchschaut, als ich mich selbst kannte. Wenn ich mich, mit einem Mädchen einließ, sollte es möglichst eine Beziehung für immer sein.

Ich habe ihre Mutter nie gesehen, wie ich auch Roswitha selbst nach der POS nie wieder sah. So entging mir ihr schnelles weiteres Erblühen und wohl erst recht ihr frühzeitiges, unaufhaltsames Verwelken. Berta hatte übrigens schon gewisse sexuelle Erfahrungen mit Rosi gehabt, doch darum ging es mir damals nicht. In der sechsten und siebenten Klasse verzog er sich in den Pausen mit ihr öfter in eine Ecke des Klassenzimmers und knetete sie durch. Sie ließ sich das gefallen, mitunter kicherte oder stöhnte sie. Was sie da im Einzelnen machten, wollte ich gar nicht wissen. Auch die anderen Mitschüler taten so, als sähen sie nichts.

Berta war ein kräftiger Junge mit markantem Profil. Er war einer der wenigen Menschen, die ich je kennenlernte, die ein gewisses Charisma hatten, auch wenn sich kein Feld abzeichnete, in dem er das einsetzen konnte. Natürlich war er intelligent, aber triefend faul, weshalb seine schulischen Leistungen Mittelmaß blieben. Er konnte alle fünfzig Bundesstaaten der USA, aber kaum eine der fünfzehn Sowjetrepubliken aufsagen. Der Erdkundelehrer wollte lediglich die Sowjetrepubliken wissen.

Einmal versuchten einige Jungen während eines Wandertags nach Meißen, mich mit Roswitha zu verkuppeln, was natürlich kontraproduktiv wirkte. Danach hatte ich die Hoffnung aufgegeben, aber die Sehnsucht nach ihr machte mir, weiter zu schaffen. Bald würde ich die POS verlassen und die Erweiterte Oberschule besuchen. Die Ferien brauchte ich, um mich von Roswitha innerlich zu lösen.

20
Ein bißchen Bonaparte

In der achten Klasse ging ich öfter ins Kino, meist allein mangels an Begleitung. Die Kinos waren damals noch Lichtspieltheater, nicht solche triste Funktionshallen wie heute. In der Stadt gab es zwei Kinos, das größere hieß Stadtpark und befand sich in der Innenstadt. Im Foyer hingen Szenenfotos der aktuellen und kommenden Filme. Hier gab es eine Spur von Glamour, den man sonst kaum finden konnte im langweiligsten Land der Welt. Dieses Lichtspieltheater besaß einen großen Saal mit Samtvorhängen, wie im Theater gab es einen Rang. Die Eintrittspreise galten einheitlich für alle Kinos und Filme: 1,05 und 1,25 Mark für das Parkett sowie 1,55 Uhr für den Rang, bei Überlänge wurde ein Aufschlag von fünfzig Prozent erhoben. Mit der Zeit bevorzugte ich den Rang. Wenn man etwas zu spät zur Wochenschau kam, dem DEFA-Augenzeugen, leuchtete die Platzanweiserin mit der Taschenlampe den Weg aus. Die Vorstellung begann mit drei Gongschlägen, waren sie verhallt, öffnete sich der schwere Bühnenvorhang.

Einmal war Oese mit Mitschülern im Stadtparkkino. Nach der Vorstellung wollten sie noch nicht nach Hause gehen. Jemand meinte, man könne ja bei dem anderen Kino vorbeischauen. Zufällig fing dort gleich die Vorstellung an, was lag näher als hineinzugehen. Danach konnte er sich kaum noch an die Filme entsinnen, doch er war irgendwie euphorisiert.

Aufgrund seines eher kindlichen Aussehens hatte Oese vor seinem vierzehnten Geburtstag keine Chance, Filme mit dem Jugendprädikat P 14 zu besuchen. So wurde er bei dem harmlosen, amerikanischen Film *Spartakus* nach Hause geschickt. Lediglich einmal zeigte sich der Einlaßdienst großzügig, als er einen DEFA-Spielfilm über Karl Liebknecht zusammen mit der Mutter, die ihn vorsorglich begleitete, sehen wollte. Solche propagandistische Streifen sah sich kein vernünftiger Mensch freiwillig an. Aufgrund der Zurückstellung wurde Oese als erster in der Klasse vierzehn. Nun konnten die großen Jungen nicht mehr mit ihren Kinoerlebnissen vor ihm prahlen. Freilich mußte er oft den neu erhaltenen Personalausweis vorzeigen, wenn er eingelassen werden wollte.

Lesen gehörte nicht zu Oeses Hobbys. In der fünften Klasse folgte er einmal Matthias in die Schulbibliothek, der sich dort nach Indianerbüchern umsehen wollte. Oese fand ein vielversprechendes Buch von einem sowjetischen Autor über das Glück. Das wollte er schon immer wissen, was es damit auf sich hatte und wie man es erlangen konnte. Die Lektüre enttäuschte ihn, nur politisches Geschwätz. Fortan mied er die Bibliothek, zumal auch die Schullektüre wenig ermutigend wirkte.

Hin und wieder bekam er ein Buch geschenkt oder sollte einen geschenkten Bücherscheck einlösen. Einige Sachbücher über Eroberer, Entdecker und Erfinder sammelten sich auf diese Weise an. Oese las sie mit wachsender Begeisterung. Besonders packte ihn die Lektüre der Napoleon-Biographie von Tarle. Ihn beeindruckte wie der kleinwüchsige Korse sich rücksichtslos nach oben gearbeitet und mit welcher Souveränität er seine Macht ausgeübt hatte. Oese bedauerte, kein Franzose zu sein, so konnte er nie Kaiser der Franzosen werden oder französischer Präsident, was fast dasselbe war.

Als politischer Höhepunkt des Jahres 1970 galt der 100. Geburtstag Lenins im April. Drei Jahre zuvor hatte man den 50. Jahrestag der Oktoberrevolution zelebriert. Die Würdigung jenes Ereignisses hatte Oese noch aufmerksam in der Zeitung verfolgt. Damals erschienen regelmäßig historische Beiträge über das Heranreifen der Revolution sowie über die Revolutionsführer, was natürlich alles sehr tendenziell war. Der Rummel um Lenin ließ ihn inzwischen kalt. Gegenüber Napoleon wirkte Lenin blaß und langweilig. Zum Glück übertrieb man es an unserer Schule nicht mit der Leninehrung. Ein Bekannter, der in eine andere Schule ging, meinte, seine Klassenlehrerin spreche von Lenin, als habe sie mit ihm intime Beziehungen gehabt.

Der Bücherschrank der Eltern gab kaum etwas her, sie hielten das Kaufen von Büchern für Geldverschwendung. Bei den meisten Büchern, die säuberlich hinter Glas verstaut standen, handelte es sich um Geschenke, die der Vater vor allem von der Partei zu irgendwelchen Jubiläen erhalten und in den seltensten Fällen gelesen hatte. Lediglich einige Standardwerke wie ein Kochbuch oder die Kleine Enzyklopädie Medizin hatte man von sich aus erworben. Letztere hatte es Oese besonders angetan. Einige Kapitel las er etliche Male. Wenn er sich nicht so vor körperlichen Gebrechen geekelt hätte, wäre er vielleicht Arzt geworden.

So brachte er es nur zum Hypochonder. Es gab so viele Leiden, die er bekommen könnte. Besonders fesselten ihn die Geschlechtskrankheiten. Möglicherweise dämpfte die Lektüre seine spätere sexuelle Entfaltung. Wer weiß, was aus ihm geworden wäre, hätte im Bücherschrank *Mann und Frau intim* oder ein ähnliches Werk gestanden. Die Zeichnungen zu den Geschlechtsorganen in dem Medizinbuch wirkten nicht gerade luststimulierend. Nun ja, Tripper oder Syphilis konnte er vorerst nicht bekommen, dafür war ein Karzinom möglich. Als er mit vierzehn einen Knoten, oder was er dafür hielt, in seiner Brust entdeckte, ging er zum Arzt, erstmals ohne die Mutter vorher zu befragen. Doch der Mediziner meinte nur, das seien pubertäre Veränderungen, völlig harmlos. Danach war er auch von der Hypochondrie vorerst kuriert.

Tatsächlich hatte ich jeden Frühsommer unter Heuschnupfen zu leiden. Dagegen nahm ich Tabletten. Bei den DDR-Präparaten wurde ich entweder sehr müde oder – falls man irgendwelche Aufputschmittel zugemischt hatte – nahm ab. Die Westpillen, die mein Onkel hin und wieder schickte, hinterließen keine spürbaren Nebenwirkungen. Später führten auch die heimischen Apotheken ähnliche Präparate. Die Tabletten linderten zwar die Symptome, doch sie griffen das Übel nicht an der Wurzel an. Dafür unterzog ich mich einiger Tests zur Sensibilisierung, und mit meiner Mutter suchte ich sogar eine Wunderheilerin auf, über die die Leute wundersame Geschichten erzählten. Ob das eine ernsthafte Heilpraktikerin war oder eine ausgefuchste Kurpfuscherin, kann ich heute nicht mehr rekonstruieren. Jedenfalls hielt ich das verhutzelte Weib für einen Scharlatan. Kein Wunder, daß ihre weisen Ratschläge genauso wenig fruchteten wie die Therapien der Schulmediziner.

21
Männer, die noch keine sind

Einige meiner Mitschüler hatten in der achten Klasse „Orgien" gefeiert mit den vorgeblichen Insignien des Erwachsenseins. Von Jörg hieß es gar, er fresse die Zigaretten. Ein beliebter Treff war die Wohnung von Petras Eltern, wohin ich einmal kurz durch Zufall geriet. Es lief gerade das Lied „Je t'aime" mit Jane Birkin, und die Atmosphäre schien irgendwie aufgeladen zu sein. Petra hatte die größten Brüste in unserer Klasse, was dazu führte, daß sich etliche Jungen einfanden, wenn sie am Stufenbarren turnte oder über den Bock sprang.

Ähnlich verhielten sie sich gegenüber der jungen Russischlehrerin, die gleichfalls eine beträchtliche Oberweite aufwies und weite, tiefgeschnittene Blusen trug. Ein frühreifer Junge meldete sich, er könne ein Wort im Buch nicht richtig aussprechen. Welches Wort? Das könne er ja gerade nicht lesen. Sie ging schließlich zu ihm. Der Junge hielt das Buch derart, daß sie sich tief hinabbücken mußte, und er schaute in ihren Ausschnitt.

Einmal hatte Matthias ein Porno, wie er sagte, mitgebracht. Er zeigte es in der Pause einigen Mitschülern. Es handelte sich um ein Schwarzweißfoto, Dieter bekam es nur kurz zu Gesicht. Das Foto war sehr undeutlich, er sah nur irgendwelche Haarbüschel. Er erkannte nicht, was auf dem Bild oben und unten sein sollte. Das Bild regte in keiner Weise seine Phantasie an. Matthias meinte, es sei aus einer schwedischen Zeitschrift abfotografiert.

Ein anderes Mal erzählte er von einer Lichtung im Wald. Dort sollten in der Dämmerung manchmal Liebespaare zu Gange sein. Er habe einmal ein Paar beobachtet, wie es aus dem Unterholz kroch. Die Frau habe nur noch breitbeinig gehen können.

Einmal war ich im Frühjahr mit einigen Jungen am nahegelegenen Waldbad. Sie fingen Frösche und steckten ihnen Zigaretten ins Maul, bis sie sich aufblähten und dann in sich zusammensackten. Mir war diese Tierquälerei zutiefst zuwider. Ich begann, mich zusehends von meinen Klassenkameraden abzusondern. Oft unternahm ich allein Radtouren.

An einem lauen Frühlingsnachmittag fuhr Oese im Wald eine abschüssige Strecke mit dem Fahrrad hinunter, dabei stellte er sich nur auf eine Pedale wie bei einem Roller. Aus Übermut sprang er bei voller Fahrt ab. Er mußte erfahren, daß das Trägheitsgesetz, welches er in Physik mustergültig herbeten konnte, dem er ansonsten aber keine Beachtung schenkte, leider für ihn nicht außer Kraft gesetzt war. Er schlug kräftig hin, hatte aber Glück im Unglück, außer einer zerrissenen Hose und ein paar leichten Schürfwunden blieb alles heil.

Am selben Abend ging er zu einer Veranstaltung für ausgezeichnete Schüler des Kreises ins Ballhaus Tivoli. Nach einem Kulturprogramm mit Gedichten von Brecht, durften die Schüler Bier trinken. Auch Oese trank zwei, drei Gläser. Leicht beschwipst begab er sich nach Hause. Er fühlte sich ziemlich groß. Am nächsten Tag war ihm übel.

Die Pubertät betraf mich eher beiläufig. Geistig war ich ohnehin kein Kind mehr. Als meine Mutter einmal sagte, als ich vierzehn war, du bist doch noch ein Kind, empörte mich das maßlos.

Die physischen Veränderungen nahm Dieter nur unterschwellig zur Kenntnis. Seine Stimme wurde brüchig, was den Vorteil hatte, vom Singen im Musikunterricht verschont zu bleiben. Mitunter war seine Schlafanzughose feucht, wenn er am Morgen erwachte, doch das trocknete wieder. Er kam nicht einmal auf die Idee zu masturbieren. Auf seinem Gesicht sprossen erste Stoppeln. Versuche, sich naß zu rasieren, endeten in Massakern. Also mußte er zu Trockenrasierern greifen. In der DDR gab es nur einen Typ namens Bebo sher. Das war ein ruppiger Apparat, der entweder die meisten Haare stehen ließ oder ebenfalls Wunden verursachte. Erst als er sich einige Jahre später in der Sowjetunion einen Trockenrasierer mit runden Scherköpfen kaufte, der dort als Lizenzprodukt von Philipps gefertigt wurde, löste sich das leidige Rasurproblem.

Alles in allem waren Dieters Gedanken an Mädchen fast unkörperlich. Die Brüste von Petra, die er auch einmal zufällig beim Turnen gesehen hatte, irritierten ihn zwar, aber etwaiges Begehren verdrängte er, bevor es ihm bewußt wurde.

Ganz anders als die künftigen Pennäler gingen die künftigen Berufsschüler zur Sache. Jedenfalls schienen die geistig regesten Schüler die sexuell trägesten zu sein. Doch war das ein Fehler? Wie heißt es in der Bibel: Die Letzten werden die Ersten sein. Der Spruch wird oft bemüht. In dem Zusammenhang scheint er zu stimmen. Matthias zitierte oft seinen älteren Bruder, der geäußert hatte, das Aussehen der Freundin sei letztlich gleichgültig, entscheidend sei der Charakter. Und Charaktere waren an der Polytechnischen Oberschule rar gesät.

Ein Mädchen namens Karin wäre vielleicht als Freundin in Frage gekommen, wenn ich versucht hätte, sie zu gewinnen. Doch sie besuchte immer weniger den Unterricht, und ich erkundigte mich nicht nach ihr. Kurz nach dem ich die Schule verlassen hatte, erfuhr ich, daß sie an Krebs gestorben sei. Ihre Mutter trug noch eine Zeitlang bei uns die Post aus und war sehr freundlich zu mir, bis sie aus meinem Gesichtskreis verschwand. Hatte ich das tragische Ende Karins vorausgesehen? Wäre sie meine Freundin gewesen, hätte das ein gewaltiges Seelenbeben ausgelöst, und ich wäre wahrscheinlich ein anderer geworden.

22
Weltall, Erde, Mensch

Am Ende der achten Klasse wurde ich wie die meisten meiner Mitschüler mit der Jugendweihe in die Reihen der Erwachsenen aufgenommen, wie die offizielle Floskel lautete. Am Anfang der achten Klasse waren wir bereits von der Pionierorganisation in die FDJ, den Einheitsjugendverband, übernommen wurden. Das war ein geschickter Zug, auch wer dem ideologischen Firlefanz nichts abgewinnen konnte, sah sich zumindest in seiner vermeintlichen individuellen Reife bestätigt. Zur Vorbereitung der Jugendweihe nahm die Klasse an sogenannten Jugendstunden teil. Ich kann mich an deren Inhalt nicht mehr erinnern.

Zu dem abschließenden Ausflug nach Dresden konnte Dieter nicht mitfahren, da gleichzeitig die Bezirksmathematikolympiade stattfand. Insbesondere sollte das Hygienemuseum besucht werden. Hinterher schwärmten die Jungen von der gläsernen Frau, die sie dort gesehen hatten. Auch hätten sie einen sehr freizügigen Vortrag über die Geschlechter gehört. Dieter grämte sich, nicht dabei gewesen zu sein. Das eigentliche Leben spielte sich dort ab, wo er gerade nicht war.

Die Jugendweihe selbst lief nach einem festen Schema ab. Auf der Festveranstaltung im Schützenhaus, einer ziemlich heruntergekommenen Kneipe mit großem Tanzsaal am Stadtrand, hielt eine Persönlichkeit des öffentlichen Lebens eine Festansprache, danach sprachen die Schüler das Gelöbnis und erhielten als Ehrengeschenk das Buch *Weltall, Erde, Mensch*. Der Titel klang verheißungsvoll, doch der Inhalt war trocken und langweilig. Danach versammelte sich die Verwandtschaft bei uns zu Hause. An die Geschenke kann ich mich nicht mehr entsinnen, wahrscheinlich vorwiegend Geld. Für die meisten Mitschüler waren die umfangreichen Geschenke, die bis zum Moped reichen konnten, der Hauptgrund an der Jugendweihe teilzunehmen. Ich war damals weitgehend wunschlos.

Als Dieter ein Jahr später einen Lebenslauf schreiben mußte, erwähnte er die Jugendweihe mit keinem Wort, was ihm eine Zwei eintrug, obwohl er sonst in Deutsch nur Einsen hatte. So ein wichtiges Ereignis wie die Jugendweihe könne man nicht unerwähnt lassen, meinte der Lehrer. Dabei war die Jugendweihe für Dieter ein Ritual wie Zähneputzen, das erwähnt man schließlich auch nicht im Lebenslauf. Das behielt er freilich für sich, mit einem Hauch wäre das mühsam errichtete Kartenhaus zerfallen, das sie *Klassenstandpunkt* nannten, und er womöglich zur Bewährung in die Produktion geschickt worden.

Kapitel III

Ein Hauch von Frühling
(1970 – 1973)

Those were the days my friend
We thought they'd never end
We'd sing and dance forever and a day
We'd live the life we'd choose
We'd fight and never lose
For we were young and sure to have our way
Schlager von Mary Hopkins

1
Keine Experimente

Ab September 1970 besuchte ich die Erweiterte Oberschule (EOS), wie in der DDR die gymnasiale Oberstufe genannt wurde. Unser Geographielehrer in der achten Klasse hatte aus dieser Schulform fast ein Mysterium gemacht. Für die Schüler, die auf die EOS gehen sollten, erdachte er sich knifflige Zusatzaufgaben, denen wir oft ratlos gegenübersaßen. Die Anforderungen dort seien mit denen an der Polytechnischen Oberschule nicht vergleichbar, versuchte er, uns zu motivieren.

Die ersten Wochen an der neuen Schule schienen ihm recht zu geben, wir mußten einen dicken Roman lesen und eine Unmenge Vokabeln auswendig lernen. Doch bald traten die Lehrer auf die Bremse, und der Aufwand für Hausaufgaben blieb für mich gering.

Die Erweiterte Oberschule war nicht vergleichbar mit dem humanistischen Gymnasium seligen Angedenkens, den Gedanken an eine Elite versuchten die Genossen, im Keim zu ersticken. Die herrschende Klasse war die Arbeiterklasse, und die brauchte kein Latein, um ihre historische Mission zu verwirklichen.

Daher lernten alle Schüler in der DDR bis zur achten Klasse gemeinsam an der Polytechnischen Oberschule (POS), was für mich zumindest die letzten ein, zwei Jahre Zeitvergeudung bedeutete. Nach der achten Klasse trennten sich die Lebenswege, wobei die neunte und zehnte Klasse an der EOS kürzlich zur Vorbereitungsstufe herabgestuft worden war. Man konnte mit dem Abschluß der zehnten Klasse abgehen, was kaum vorkam, noch seltener passierte es, daß ein POS-Schüler in die Abiturstufe ab Klasse 11 einstieg.

Da die Erweiterte Oberschule nur etwa ein Zehntel eines Jahrgangs aufnahm, war die Auslese streng, und nicht jeder Depp konnte das Abitur machen wie ab 1990, wo bis zur Hälfte eines Jahrgangs ihre Schulzeit im Gymnasium absaß. So stellte die EOS de facto doch eine Art technokratischer Eliteanstalt dar, im Mittelpunkt des Unterrichts standen die natur- und gesellschaftswissenschaftlichen Fächer.

Im Nachhinein erscheint mir meine Zeit an der Penne, wie die EOS traditionsgemäß im Schülermund genannt wurde, halb als verschenkte Zeit. Während die Kindheit die Zeit des Lernens darstellt, ist die Jugend die Zeit der Experimente. Und mit Experimenten hielt ich mich zurück. Ich folgte lieber den vertrauten Pfaden. Weder das Elternhaus noch die Schule ermutigten uns zu Ungewohntem, wir sollten vor allem funktionieren. Brav und bieder, und das waren wir dann auch weitgehend.

2
Ernteschlacht

In den sechziger Jahren hatten die Oberschüler eine parallele Berufsausbildung absolviert, was den Vorteil hatte, daß man einen Beruf ausüben konnte, falls es nichts mit dem Studium wurde. Und die Partei konnte darauf verweisen, daß die künftigen Kader aus der Arbeiterklasse stammten. So gab etwa Gregor Gysi an, Rinderzüchter zu sein, obwohl er bestimmt nicht, einige Jahre nur im Kuhstall gearbeitet hatte. Später verzichtete man auf solchen Schnickschnack. Wenn Schüler als Arbeitskräfte gebraucht wurden, was in der Mangelwirtschaft immer wieder geschah, setzte man sie als Hilfsarbeiter ein.

Dieters Zeit an der EOS begann mit einem Einsatz im Schoß von Mutter Erde. Man schickte sie zur Unterstützung der Genossenschaftsbauern in die Ernteschlacht – wie es in Zeitungsberichten zuweilen hieß – geerntet wurden Kartoffeln. Sie krochen, nachdem der Pflug die Hackfrüchte freigelegt hatte, über den Acker und schmissen die Knollen in Kiepen, die sie gefüllt zur Sammelstelle schleppten und dort entleerten. Dafür erhielt man jeweils eine Zählmarke, und die Tortur begann von vorn. Am Abend schmerzte Dieter der Rücken. Er war so geschafft, daß er das Essen, an dem er unter anderen Umständen herumgemäkelt hätte, klaglos ertrug. Natürlich machte ihm die Plackerei keinen Spaß, doch er wollte sich vor den neuen Mitschülern keine Blöße geben. Nach einer Woche war der Spuk vorüber. Er gehörte sogar zu den Schülern, welche die meisten Marken eingeheimst hatten. Dafür bekam er ein paar Pfennige zusätzlich sowie ein mündliches Lob.

In den kommenden Schuljahren beschränkte sich der Ernteeinsatz auf einzelne Tage. Die Teilnahme war freiwillig, was bedeutete, daß man einen fehlenden Klassenstandpunkt offenbarte, wenn man nicht hinging. Und jemand mit fehlendem Klassenstandpunkt war an einer sozialistischen Bildungsanstalt deplaciert. Bald wurden sogenannte Vollerntemaschinen eingesetzt. Man saß zu sechst unter einem kleinen Dach auf einem derartigen Monster, das über den Acker rumpelte, auf einem Band glitten Kartoffeln, Erdbatzen und Steine vorüber, man brauchte nur noch die Guten ins „Töpfchen" zu werfen. Das schonte die Wirbelsäule und Gelenke, man mußte sich jedoch wärmer anziehen, da man nun nicht mehr ins Schwitzen geriet, gegen Schichtschluß wurde es meist unangenehm kühl.

In einer Fotoausstellung in Thüringen sah ich neulich ein Schwarzweißbild, das EOS-Schülerinnen während eines Ernteeinsatzes Anfang der siebziger Jahre zeigte. Die Mädchen erschienen natürlich, sie trugen auf dem Oberkörper nur BHs, die ausgeleiert aussahen. Dennoch wirkte das Bild sinnlicher als moderne „erotische" Zeitschriftenfotos – wahrscheinlich, weil es nicht auf Erotik abzielte. Bei uns arbeiteten die Mädchen leider nicht im BH. Im Erzgebirgsvorland war es dafür viel zu kalt.

Bereits nach Beendigung der achten Klasse hatte Dieter erstmals Bekanntschaft mit der sozialistischen Arbeitswelt geschlossen, als er im Betrieb der Mutter, der Papiermaschinenfabrik (PAMA), freiwillig für zwei Wochen in den Ferien arbeitete. Er sollte in einem Archiv aufräumen und saubermachen. Der Stundenlohn betrug wie für alle Hilfsarbeiten 1,55 Mark der DDR. Außer ihm waren dort nur Frauen tätig, die aus einem Büro abgezogen worden waren. Eine junge Frau, vielleicht drei Jahre älter als er, stellte nach einer Woche fest, daß Dieter nicht so dämlich sei, wie er aussähe. Das richtete ihn auf. Da war bei den Frauen wohl nicht alles verloren, wenn er hartnäckig genug blieb. Dafür schienen die restlichen Frauen ziemlich dämlich zu sein, sie redeten in einem fort über irgendwelche Belanglosigkeiten.

Einmal horchte Dieter auf. Eine Frau erzählte von einem Jahrmarkt. Ein kleines Kind sei auf einem Spielzeugpferd einer Reitschule gefahren. Es habe die Zügel am Pappmachémaul des Pferdes gehalten. Plötzlich hätte das Kind geschrien. Die Eltern hätten versucht es zu beruhigen, ohne der Ursache nachzugehen. Es hätte sich herausgestellt, in dem Pferdebauch sei eine Schlange gewesen, die das Kind gestochen habe. Als die Eltern den Schlangenbiß bemerkten, sei es zu spät gewesen. Das Kind sei bald gestorben. Ob es sich um die Phantasie des Volkes oder ein wirkliches Geschehen handelte, war Dieter nicht klar. Aus der Zeitung war so etwas nicht zu erfahren, da wurde nur von Erfolgen berichtet. Alles, was nach Unglück roch oder für Verunsicherung sorgen könnte, wurde wenn möglich verschwiegen. Dieter beeindruckte die Story sichtlich. Wenn er später auf einem Rummelplatz ein Kinderkarussell sah, mußte er an Schlangen denken.

Im folgenden Jahr arbeitete Dieter erneut in den Sommerferien, eigentlich nur aus Langeweile. Von den sportlichen Aktivitäten der Kinder in der Nachbarschaft hatte er sich ausgeklinkt. Die acht Wochen Sommerferien mußte er auf andere Art herumkriegen. Nun wollte er in einer Außenstelle der PAMA, in der vorwiegend junge Männer arbeiteten, sein Glück versuchen. Der Betriebsteil befand sich im Muldental hinter der Stadt. Auf dem Heimweg mußte er einen langen Berg mit dem Fahrrad überwinden, schon deshalb prägte sich dieser Ferienjob ein. Die Tätigkeit in der maroden Bude erschien ihm noch sinnloser. Sie sollten Teile für die Messe präparieren, von denen niemand wußte, ob sie überhaupt gebraucht wurden, aber es mußte alles sehr gründlich gemacht werden. Es könnte ja sein, daß Interessenten aus dem Westen, die Teile sehen würden.

Nun trug Dieter das Stigma eines Pennälers, die bei den Arbeitern als arbeitsscheu und arrogant galten. Dieter mußte sich zusammenreißen bei der unmotivierten Arbeitsaufgabe, dem Klischee nicht vollauf zu entsprechen. Die jungen Arbeiter sprachen oft über Rockmusik. Der eine meinte, nach der Auflösung der Beatles, seien die Rolling Stones unangefochten die Größten, eigentlich wären sie das ja schon immer gewesen. Der andere gab zu bedenken, daß die Equals vielleicht noch besser seien. Von denen hatte Dieter bisher nichts gehört. Der Stones-Fan spielte selbst in einer Amateurband und träumte davon, Rockstar zu werden. Er bemerkte einmal, er hätte einen Bekannten, der Dieter äußerlich und charakterlich erstaunlich ähnlich sei. Er meinte das nicht als Kompliment. Den Beweis blieb er leider schuldig, den vermeintlichen Doppelgänger bekam Dieter nie zu Gesicht. Er konnte sich ohnehin nicht vorstellen, daß es einen solchen gäbe. Wie hatte seine Oma immer gesagt: Der Dieter ist ein Sonderling. Andererseits konnte er nicht so absonderlich sein, wenn er in mehreren Ausführungen vorkam.

3
Allons enfants

Die EOS „Geschwister Scholl", die ich nun besuchte, war die einzige Erweiterte Oberschule des Kreises. Der Name der antifaschistischen Münchner Studenten wurde dem ehemaligen Albertinum gleich nach dem Krieg verliehen. In der Zeit des „sozialistischen Staates deutscher Nation", als wir die Schule besuchten, hätte man sie bestimmt nicht nach christlich geprägten Widerstandskämpfern benannt. Daß längst ein unbarmherziger Wind wehte, zeigte sich in einer spektakulären Affäre kurz nach meinem Eintritt in die Schule. Ein Grüppchen in der Kirche aktiver Jugendlicher hatte sich geweigert, eine martialische Resolution gegen ehemalige SS-Leute, die gerade vor einem DDR-Gericht wegen Kriegsverbrechen standen, zu unterschreiben. Sie erklärten sinngemäß, sie würden zwar deren Taten verurteilen, müßten jedoch auch die Täter in das Gebot der Nächstenliebe einbeziehen. Außerdem genüge das Verfahren vor dem DDR-Gericht nicht rechtsstaatlichen Grundsätzen. Solche subtile Argumentation war zu viel für die Bewahrer der herrschenden, einzig wahren Lehre. Die Gruppe wurde „wegen Verherrlichung faschistischer Untaten" von der Schule relegiert. Nicht besser war es ein paar Schülern im Vorjahr ergangen, die nach der letzten Schulstunde zum Marktplatz zogen mit dem Spruchband „Nackt unter Lehrern" – einer Anspielung auf den Roman *Nackt unter Wölfen* des DDR-Autors Apitz, der vom Widerstandskampf im KZ Buchenwald erzählte. Gewiß, das war nicht gerade geistreich von den Schülern, aber waren es deshalb gleich verkappte Nazis, denen man alle akademischen Wege verbauen mußte?

Die „Penne" war sechszügig. Außer einer Spezialklasse, die bereits ab der dritten Klasse vertieft Russisch lernte, hatte man erstmals auch eine Klasse „mit verstärktem Unterricht in Französisch" gebildet. Ansonsten lernte man wie alle Oberschüler Russisch ab der fünften und Englisch ab der siebenten Klasse.

Mein Vater hatte mir geraten, die Französischklasse zu besuchen. Er hatte in der Schule etwas diese Sprache gelernt, und sein Kriegseinsatz in Frankreich blieb seine einzige „Reise" ins westliche Ausland. Offenbar hatte er das Land schätzen gelernt, wenngleich er das als Parteisekretär nicht zugab. Seine verfügbaren Sprachkenntnisse nach dreißig Jahren beschränkten sich auf einige Stereotypen. Vielleicht würden es die Söhne besser treffen. Außerdem wollten mein Schulfreund Matthias sowie vier weitere Schüler aus dem Neubaugebiet auch in diese Klasse.

Ob die Einführung des Französischunterrichts ein Symptom der vorsichtigen internationalen Öffnung der DDR war oder ob man nach der Rebellion von 1968 in Paris hoffte, daß Frankreich eines Tages kommunistisch regiert würde, ist heute schwer zu sagen. Immerhin erreichte die KPF seinerzeit über zwanzig Prozent der Stimmen, wahrscheinlich mehr als die SED bei freien Wahlen jemals erreicht hätte.

Jedenfalls würden wir in absehbarer Zeit, wie exzellent wir auch die französische Sprache lernten, nicht unter dem Eiffelturm promenieren können. Ich schloß 1972 mit meinem Mitschüler Herbert sogar eine Wette um einen Kasten Sekt ab. Er behauptete, im Zuge der fortschreitenden internationalen Entspannung käme er in spätestens fünfzehn Jahren einmal nach Frankreich; ich verneinte das. Ich konnte mir seinerzeit wie die meisten DDR-Bürger nicht vorstellen, vor Eintritt des Rentenalters jemals ins westliche Ausland zu kommen.

Bei dem Klassentreffen 1994 mußte Herbert zugeben, die Wette verloren zu haben. Immerhin hatte er das Ziel nur knapp verfehlt. Hätten wir für zwanzig Jahre gewettet - worauf ich bestimmt eingegangen wäre - hätte er gewonnen. Auf den Sekt verzichtete ich, ich machte mir nichts mehr daraus.

Die Schule befand sich am Rande der Altstadt in einem ehrwürdigen neoklassizistischen Gebäude aus der Gründerzeit, vom Schulhof konnte man den spätgotischen Dom erblicken. Mein Schulweg betrug zu Fuß etwa fünfundzwanzig Minuten. Freilich nahm ich meist das Fahrrad. Oft startete ich erst 6.50 Uhr, um mit dem Vorklingeln den Schulhof zu erreichen. Um 7.00 Uhr begann der Unterricht. Manchmal wurde es aufgrund der Verkehrssituation knapp. Einmal drängelte ich mich zwischen zwei Lastern durch - zu beiden Seiten blieb nur eine Handbreite. Vielleicht bewirkte der nachträgliche Schock, daß ich später zu einem eher vorsichtigen Rad- beziehungsweise Autofahrer wurde.

Falls es regnete, kam ich mitunter so durchnäßt an, daß es ein paar Unterrichtsstunden dauerte, ehe die Hosenbeine getrocknet waren. Im Winter lief ich. Der Weg führte durch den Stadtpark. Auf dem Rückweg gingen dann die Schüler, die am Wasserberg wohnten, gemeinsam nach Hause, was sich häufig länger hinzog. Oft debattierten wir an der Kreuzung hinter der Eisenbahnbrücke am Rande des Neubaugebietes, ehe sich unsere Wege trennten.

4
Hello Goodbye

Im Frühjahr 1971 gab es einen Machtwechsel in der DDR. Der greise Walter Ulbricht wurde durch seinen „Kronprinzen“ Erich Honecker ersetzt. Daß es sich um einen Sturz handelte und dessen Umstände, erfuhr man erst nach dem Ableben der DDR. Einige Lehrer an der Schule, die früher mit Ulbricht-Zitaten um sich geworfen hatten, begannen, Kübel von Hohn über die neue Unperson Wu zu schütten. Nominell war Ulbricht noch Vorsitzender des Staatsrates, also nach der erst vor drei Jahren angenommenen sozialistischen Verfassung der erste Mann im Staate. Doch was kümmerte die Partei die Verfassung. Das wichtigste war, wie der spätere „Kronprinz“ Egon Krenz immer beteuerte, die Machtfrage.

Zunächst schien ein frischerer Wind durch das Ländchen zu wehen. Es erschienen ein paar Bücher, die vorher verboten waren. Die Rockmusik wurde gefördert und verstärkt im DDR-Rundfunk gespielt. Die Hetzjagden auf Jugendliche mit langen Haaren hörten auf. Auch das Warenangebot schien vielfältiger zu werden. So beschaffte mir mein Vater bei einem Kuraufenthalt im Harz sogar ein Sportfahrrad mit Dreigangschaltung.

Die Partei proklamierte die Einheit von Wirtschafts- und Sozialpolitik. Es wurden viele Kindereinrichtungen gebaut und jungen Familien Vergünstigungen gewährt, um den nach Einführung der Antibabypille, die man in der DDR offiziell Wunschkindpille nannte, sich abzeichnenden Geburtenknick zu begradigen. Zudem versprach die Partei, bis 1990 die Wohnungsfrage zu lösen. Dann sollte jeder *seine* Wohnung haben. Später nahm man die vollmundige Versprechung zurück und sprach von „der Lösung der Wohnungsfrage als sozialer Frage“, das heißt, jeder sollte *eine* Wohnung bekommen. Doch auch dieses Ziel wurde in der DDR nie erreicht. Daß man wenige Jahre nach deren Ende in Ostdeutschland begann, intakte Wohnungen wegen chronischen Leerstands abzureißen, konnte man seinerzeit nicht ahnen.

Historisch gesehen war das Wohnungsbauprogramm der SED verhängnisvoll für die Struktur und das Stadtbild der ostdeutschen Städte. Hatte man bis dahin in massiver Ziegelbauweise einzelne Häuser errichtet, wurden nun große Trabantenstädte mit immer trostloseren Plattenbauten hochgezogen. Zwar gab es ähnliche Tendenzen eine Zeit lang auch im Westen, doch in der DDR begann man erst Mitte der achtziger Jahre umzudenken. Der

Abriß von Altbauten wurde gestoppt und die Instandsetzung der Innenstädte vorgesehen, wozu freilich die Mittel fehlten.

5
Lob des Lernens

Unsere Klasse stellte eine Art „Elite" der Schule dar, zumindest fühlten wir uns heimlich so. Die anderen konnten schließlich kein Französisch. Wir bildeten unseren eigenen Kosmos. Mit den anderen Klassen hatten wir kaum Kontakt, abgesehen vom Sportunterricht, den wir zusammen mit den Schülern der Russischklasse bestreiten mußten. So lernte ich einen Kollegen, der im selben Jahrgang die Schule besucht hatte, erst im Laufe meiner späteren Arbeit kennen. Als exklusivste Klasse bekamen wir auch die exklusivsten Lehrer.

Unsere Klassenlehrerin war Frau Siegel, eine zierliche junge Frau mit französischem Flair, die nicht zu Unrecht als *Madame* angesprochen wurde. Neben Französisch unterrichtete sie Russisch, was ihr aber offenbar weniger Spaß machte und ziemlich langweilig war. Für den Französischunterricht wurde die Klasse halbiert. Der Unterricht von Madame Siegel nahm zuweilen sinnliche Züge an. Als einmal ein Schüler das Wort „lieben" statt mit „aimer" mit „faire l'amour" (Liebe machen) übersetzte, errötete sie und wechselte bald das Thema.

Über solch einen Lapsus wäre *Monsieur* Exner, in dessen Gruppe ich lernte, souverän hinweggegangen. Exner war früher an der Gagarin-Schule gewesen, ehe er für einige Jahre nach Mali ging. Anschließend durfte er als Parteiloser bald an der EOS unterrichten. Er war ein gesetzter Herr in den mittleren Jahren, mit Stil, aber unnahbar. In der Gagarin-Schule waren nach seiner Rückkehr aus Afrika etliche Souvenirs ausgestellt gewesen. Neben einem Portemonnaie aus Krokodilsleder und diversen kunstgewerblichen Artikeln lag da ein klobiger Revolver. Ein Mitschüler öffnete einmal heimlich die Vitrine und fuchtelte mit dem Schießeisen herum. Es schien sogar zu funktionieren, nur die Munition fehlte. Später bekam Exner Briefe aus Afrika, die lediglich adressiert waren mit „Monsieur Exner, DDR", dennoch erreichte ihn diese Post. Es war fast wie in einem sowjetischen Lied der siebziger Jahre, in dem es hieß, „meine Adresse ist weder ein Haus noch eine Straße, meine Adresse ist die Sowjetunion." Welcher umtriebigen Institution er diese Präzision tatsächlich zu verdanken hatte, wußte seinerzeit vielleicht Exner, wir konnten uns jedoch nichts zusammenreimen.

Deutsch und Englisch unterrichtete Studienrat Hans-Christian Neumann. Er war in englischer Kriegsgefangenschaft gewesen, etwa fünfzig Jahre alt und besaß eine klassische Bildung. Sein Hobby war die historische Bibliothek der Schule, deren Bestände bis ins 16. Jahrhundert zurückreichten, sein Idol Goethe. Als Kreistagsabgeordneter war er auch politisch exponiert. Er saß dort für den Kulturbund, war natürlich ebenfalls Mitglied der SED. Bei Neumann lernten wir in Englisch in zwei Monaten mehr als in den beiden Jahren zuvor. Er sprach zwar keinen britischen Akzent, versuchte uns aber, wenigstens die richtige Aussprache des „th" nahezubringen. Einmal sollten wir einen Aufsatz schreiben, was wir einem Amerikaner in unserer Heimatstadt zeigen würden. Die meisten schrieben etwas von den Neubaugebieten, aber die hätten einen Ami wohl am wenigsten angesprochen. Als ich einmal krank war, und ein Arzt einen Hausbesuch abstattete, erkundigte er sich auch nach der Schule. Von dem Arzt hörte ich, daß sie bereits in den fünfziger Jahren bei Neumann an der Penne Unterricht gehabt hätten. Sie nannten ihn damals „Stift". Gewiß, Neumann war kleinwüchsig, doch wir hatten zu viel Respekt, um ihn so abschätzig zu titulieren.

In Deutsch war als Hausaufsatz in der neunten Klasse die Schilderung eines Erlebnisses aufgegeben. Ich wählte einen Theaterbesuch, die Aufführung von Goethes *Urfaust* im Stadttheater. Als der Aufsatz zurückgeben wurde, sagte Neumann, er könne mir keine Zensur geben. An sich sei der Aufsatz vortrefflich, eine Erörterung wie sie in der elften Klasse auf dem Programm stehe. Dort hätte ich eine Eins bekommen. In diesem Fall sei es aber um eine Schilderung gegangen, womit ich das Thema verfehlt habe. Ich durfte den Aufsatz noch einmal einreichen. Obwohl meine Schilderung nun fast parodistische Züge annahm, ich erinnere mich an die Sentenz „die Lampen strahlten wie Sonnen", den

Neumann mit einer Wellenlinie versah, gab er dafür die Bestnote. Mein Vater störte sich vor allem an einigen Fremdwörtern in dem Text. Beispielsweise fand er, daß ich für den Gebrauch des Wortes *faszinierend* noch nicht reif genug sei. Das kam mir sehr seltsam vor. Schon vor der Pubertät hatte ich eine Affinität für Fremdwörter entwickelt. Einmal las ich sogar das ganze Fremdwörterbuch durch.

Später mußten die Schüler eine „Darstellung der Entwicklung" schreiben. Unter einem Lebenslauf konnte sich Dieter ja etwas vorstellen, doch was hatte man unter so einer Darstellung zu verstehen? Die Hinweise des Lehrers waren spärlich. Dieter holte sich den Aufsatz eines älteren Schülers, der in seinem Haus wohnte. Dieser hatte groß ausgeholt und mit der Befreiung vom Hitlerfaschismus begonnen, der seiner Geburt vorausging. In der Art ging es weiter. Dafür hatte er eine Eins erhalten, allerdings nicht bei Neumann, sondern einer Genossin Oberstudienrätin, die sogar auf dem Pädagogischen Kongreß der DDR eine Rede gehalten hatte. Ganz so dick wollte Dieter nicht auftragen. Er hob die Geburt seines jüngeren Bruders hervor, durch dessen Existenz er seine Egozentrik überwinden konnte. Dann legte er seine politische Reifung dar, die nicht zuletzt befördert wurde von dem sowjetischen Dokumentarfilm *Der gewöhnliche Faschismus*. Er betonte, die Festigung seines Klassenstandpunktes in Zusammenhang mit der Niederschlagung der Konterrevolution 1968 in der ČSSR. Dann spekulierte er anhand von Lems utopischen Roman *Der Unsichtbare* über die Möglichkeiten außerirdischer Zivilisationen (was Neumann wohl eher mißfiel). Schließlich bekannte Dieter sich im letzten Abschnitt zu einem biederen Marxismus: Einerseits wollte er seinen Beitrag liefern zur Veränderung der Welt, andererseits eine geliebte Frau finden, um mit ihr eine Familie zu gründen. Natürlich wurde das Elaborat mit „sehr gut" bewertet. Die parteiliche Gesamtdarstellung überwog die jugendlichen „Spinnereien" bei weitem.

Wenn Neumann traditionelle Dichter bis zu den Brüdern Mann behandelte, konnte man bei ihm einiges lernen. Bereits zu Beginn der neunten Klasse sensibilisierte er uns anhand Heinrich Manns *Der Untertan* für die Kunst des Romananfangs. Noch mehr beeindruckte mich Thomas Manns Opus *Buddenbrooks*, das ich innerhalb von drei Tagen verschlang, obwohl ich kein Schnellleser bin. Freilich prägte sich davon nur der opulente Gesamteindruck ein. Als ich über dreißig Jahre später die vollständige Hörbuchfassung, gelesen von dem kongenialen Gert Westphal hörte, konnte ich mich an so gut wie nichts erinnern.

Im Ganzen besaß der Literaturunterricht eine Schieflage: Weinert statt Rilke, Scholochow statt Dostojewski, Becher (weitgehend) statt Brecht. Autoren, die sich nicht ins Schema des sozialistischen oder allenfalls bürgerlich-kritischen Realismus pressen ließen, wurden ausgeblendet. Nun konnte man Herrn Neumann nicht für den doktrinären Lehrplan verantwortlich machen, doch als engagierter Deutschlehrer hätte er zuweilen das eine oder andere Werk aus der literarischen Mannigfaltigkeit durchschimmern lassen können, ohne seine Position zu gefährden. Offenbar fielen die Grundsätze des Lehrplans mit seinen eigenen zusammen. Mit der neueren deutschen Literatur stand Neumann auf Kriegsfuß. Auch mit der klassischen Moderne schien er nichts anzufangen können. Den Namen Kafka hörte ich nicht ein einziges Mal aus seinem Mund. Von zeitgenössischen Autoren wurde lediglich Hermann Kants *Die Aula* behandelt. Da meine Mitschüler literarisch wenig ambitioniert waren, hatte ich meine belletristischen Aha-Erlebnisse erst nach der Schulzeit. Danach dauerte es eine Weile, ehe ich Dichter wie Goethe, Heine oder Fontane, die in der Schule eine herausgehobene Stellung innehatten, wieder unvoreingenommen lesen konnte.

Das röteste Tuch für den Klassenkämpfer Neumann präsentierte der DDR-Schriftsteller Ulrich Plenzdorf, weil er ein Rot ausgerollt hatte, das kaum etwas mit dem Rot gemein hatte, das uns aus diversen „Rotlichtbestrahlungen" vertraut war. Plenzdorfs Goethe-Adaption *Die neuen Leiden des jungen W.* kannten wir lediglich vom Titel, da es nur ein, zwei Theater wagten, das Stück zu spielen, und es die Buchfassung bloß unter dem Ladentisch gab. Neumann äußerte sich über dieses *Machwerk* sehr abfällig, was aus seiner Sicht durchaus verständlich war. Einerseits ging das Stück scheinbar respektlos mit dem Text seines geliebten Goethe um, andererseits stellte es den Geist einiger sozialistischen Paradigmen in Frage. Damit hatte Plenzdorf gewissermaßen gleich zwei heilige Kühe geschlachtet. Hatte uns doch Neumann das Walter-Ulbricht-Zitat diktiert: „Wenn ihr wissen wollt, wie der Weg vorwärtsgeht, lest Goethes ‚Faust‘ und Marx‘ ‚Kommunistisches Manifest‘!“ Zu der Zeit war Ulbricht übrigens bereits in Ungnade gefallen.

Während er bei den gelegentlichen Ausfällen gegen Plenzdorfs Theaterstück auf keinen Widerspruch stieß, sah das ganz anders aus bei der *Legende von Paul und Paula*. Der wahrscheinlich größte Kultfilm, den die DEFA jemals produziert hatte und für den Plenzdorf die Vorlage schrieb, lief im Frühjahr 1973 in den Kinos. Hier umwehte uns eine milde Brise, die unsere diffuse Sehnsucht nach Veränderung ausdrückte. Im Deutschunterricht kam es zu heftigen Debatten zwischen begeisterten Schülern wie mir, die vor allem die rebellischen, inhaltlichen Gesichtspunkte hervorhoben und Genossen Neumann, der versuchte, den Film mit ästhetischen Argumenten niederzumachen. Die Fronten blieben starr. Danach war der Deutschunterricht ein anderer geworden. Neumann arbeitete formal seine Themen ab, und wir erfüllten formal die Aufgaben.

In einem Raum der Schule wurde die Schulspeisung verabreicht. Das Essen kam in grünen Eisenkübeln aus einer Betriebskantine Es schmeckte besser als in der früheren Schulküche, wo man vor Ort kochte. Am Ende der letzten Stunden machten wir uns sprintklar, um einen möglichst vorderen Platz in der Essensschlange zu erspurten. Die meisten Lehrer respektierten das und hörten zwei, drei Minuten vor der Mittagspause eher auf. Studienrat Neumann scherte das nicht im Geringsten. Oft überzog er gerade dann. Und wenn wir nach zehn oder mehr Minuten endlich an der Reihe waren, schritt er an der Schlange vorbei und schnappte im Extremfall einem von uns die letzte Portion seines Wahlessens vor der Nase weg.

Für unsere staatsbürgerliche Erziehung waren in vorderster Front die Lehrerinnen für Staatsbürgerkunde, Frau Scherz, und für Geschichte, Frau Schlüter, zuständig. Frau Scherz war in meinen Augen eine alte Schachtel, die mit ihrem staubtrockenen Unterricht erfolgreich mir meine frühere Begeisterung für die marxistische Philosophie austrieb. Dafür sollte ich ihr eigentlich dankbar sein. Der Unterricht bei Frau Schlüter war etwas aufgeweckter, obwohl wir für Leistungskontrollen nur starre Schemata über die Rolle der Arbeiterklasse und so weiter wiedergeben mußten, um eine sehr gute Note zu erhalten. Immerhin war das kalkulierbar. Frau Schlüter galt als eine Art graue Eminenz an der Schule. Ihr Mann war ein hauptamtlicher SED-Funktionär, der später zum Ersten Kreissekretär aufstieg.

Eine stramme Genossin war auch unsere Lehrerin für Mathematik Frau Rentzsch. Freilich gab das Fach nichts her für ideologische Mätzchen. Sie hatte eine herrische Art und blickte stets grimmig. Sie versuchte, Matthias und mich als ihre besten Schüler mit Zusatzaufgaben und ähnlichem zu fördern, obwohl sie zumindest mich augenscheinlich nicht mochte – falls sie überhaupt jemanden mochte. Manchmal zeigte sie sich sogar heimtückisch. Seit der zweiten Klasse hatte ich als Einzelnote in Klassenarbeiten oder anderen Tests in Mathematik stets „sehr gut" erhalten. In der elften Klasse bekam ich nun für eine Hausarbeit, in der wir die Bilder einiger Funktionen zeichnen sollten, gleich eine Drei. Die Bilder waren zwar richtig, aber nicht so „schön" dargestellt, wie das Frau Rentzsch vorschwebte.

Ein typisches Nebenfach betreute unser Musiklehrer Herr Ulbricht. Er war stets sehr korrekt gekämmt und erschien in einem makellosen Anzug. Anfangs war er noch wegen der langen Haare meines Klassenkameraden Frank Baumgart ausgerastet. Er brabbelte etwas von unästhetisch und unhygienisch, doch Frank sagte nur, er würde sich jeden Tag die Haare waschen. Für die Beatmusik hatte Ulbricht nur abfällige Kommentare. Immerhin war er lernfähig. Dem Diktum seines Namensvetters, „mit dem Yeahyeah, und wie das alles heißt, muß man Schluß machen", folgte die Honeckersche Einsicht, „wir haben nichts gegen eine gepflegte Beatmusik". Und so sollten wir zwei Jahre später im Unterricht gepflegte Beatmusik besprechen.

Aus heutiger Sicht weiß ich nicht, ob ich den Opportunismus des Musiklehrers gutheißen soll, wahrscheinlich blieb ihm nicht anderes übrig. Für einen echten Musikliebhaber ist Popmusik immer primitiv. Mozart oder Wagner auf der einen Seite und die

Beatles oder Stones auf der anderen spielen nun einmal in anderer Liga. Von anderen Popgrößen ganz zu schweigen. Doch jegliches hat seine Zeit.

In der neunten Klasse mußte ich wie alle anderen Schüler vorsingen. Als ich geendet hatte, räusperte sich Herr Ulbricht und murmelte etwas von Stimmbruch. Dieser dauerte bei mir offenbar die ganze Schulzeit, denn ich wurde nie wieder zum Singen aufgerufen. Es genügte das Aufsagen der Texte. Daneben mußte man den formalen Aufbau gewisser Sinfonien und Sonaten beziehungsweise die Biographien großer Komponisten zu Papier bringen. Es funktionierte wie in Geschichte, von der man auch keine Ahnung haben brauchte, um sehr gute Noten zu bekommen, bloß mit anderen Versatzstücken. Das war allemal besser als Kunsterziehung, bei der man sich mit Selbstbildnissen, Stilleben und sonst was abmühen mußte, wozu Talent erforderlich war. Es war für mich also keine Frage, daß ich Musik wählte, als wir ab der elften Klasse endlich nur noch ein „künstlerisches" Fach belegen mußten.

Dieters verhaßtestes Fach blieb Sport. Der Lehrplan war so angelegt, den Spaß an sportlicher Betätigung möglichst vielen Schülern ein für alle Mal auszutreiben. Der Sportunterricht begann im September mit einem Schwimmtest im Freibad bei naßkaltem Wetter. Es folgte das lange Wintermartyrium mit Geräteturnen und Kraftsport in der baufälligen Turnhalle. Hatte Dieter in der achten Klasse es erstmals geschafft, die Kletterstange zu erklimmen, sollte er nun am Seil hochkommen, was für ihn aussichtslos war. Statt Bockspringen, was ihm leidlich gelang, mußte es jetzt das Pferd sein. Der Fundus der Folterinstrumente nahm nicht ab. Beim Kopfstand kippte er um wie ein Brett, ohne eine Miene zu verziehen, was einige Mitschüler mit Anerkennung quittierten. Daß sie zusammen mit den Jungen der Klasse mit verstärktem Russischunterricht Sport hatten, belastete die Atmosphäre zusätzlich. Im Gegensatz zu den meist unscheinbaren Französischschülern waren das robuste Kerle, die für den Hänfling nur Hohn übrighatten. Nur zum Ende der Sportstunde durften sie mitunter etwas spielen. Im Frühjahr wurde es etwas lichter, nun war Leichtathletik angesagt. Viel Zeit verbrachten sie mit Dauerlauf, immer dieselbe lange Runde zwischen der „Penne“ und dem benachbarten Hochschulgelände, wofür er sich auch nicht begeistern konnte. Immerhin konnte er mit Sprint und Weitsprung punkten. Auch fiel der Schlagballweitwurf weg zugunsten von Kugelstoßen, bei dem er sogar eine Zwei erreichte.

Wegen des zusätzlichen Französischunterrichts hatten wir ab Klasse 11 die Wahl zwischen Biologie und Chemie. Ich wählte das ungeliebte Auswendiglernen von Fakten in Biologie ab zugunsten der in sich schlüssigeren Chemie, die wie die Schulphysik bei mir kaum Spuren hinterließ. Dabei wollte ich sogar einmal Chemie studieren, nachdem ich in der siebenten Klasse populärwissenschaftliche Bücher über den Chemiker von Liebig beziehungsweise das chemischen Periodensystem verschlungen hatte.

Nach der zehnten Klasse mußten die EOS-Schüler wie die Absolventen der Polytechnischen Oberschule erstmals Prüfungen ablegen. So hatte man wenigstens den Zehnklassenabschluß sicher. Mündlich sollte Dieter in Geschichte geprüft werden. Er bereitete sich mit großer Intensität vor, es galt viele Schemata auswendig zu lernen. Freilich saß er nicht die ganze Zeit in der Bude und büffelte. Er benutzte dazu auch Radtouren und Aufenthalte im Waldbad. Die Banalität des Prüfungsgesprächs bewirkte, daß Prüfungen ihren Nimbus für ihn weitgehend verloren. Am Vorabend der Geschichtsprüfung hatte er erstmals einen Titel von Pink Floyd („Astronomy Domine“) im Radio gehört. So blieb wenigstens etwas von dem großen Ereignis bei ihm hängen.

6
Gulaschkommunismus

In den Sommerferien 1972 verließ ich erstmals das Territorium der DDR. Mit meinen Eltern und meinem Bruder fuhr ich für drei Wochen nach Ungarn an den Balaton. Meine Eltern hatten zusammen mit der Familie meines Onkel Heinz ein Ferienhaus in Szantod am Südufer gemietet. Die Anzahl der Schlafgelegenheiten erwies sich als begrenzt, so daß ich im Wohnzimmer auf einem Feldbett nächtigen mußte. Die Anreise im Liegewagen war strapaziös, wahrscheinlich aber angenehmer als bei den Leuten, die mit dem eigenen Auto angereist waren. Unsere Ferienhausnachbarn brüsteten sich, die Strecke in einem Ritt mit dem Trabi in zwanzig Stunden geschafft zu haben.

Das Urlaubsprogramm war, wie gewohnt bei meinen Eltern, eintönig. An den meisten Tagen hieß es nur Baden im Plattensee. Das seichte Wasser, in dem man sich hunderte Meter vom Ufer fortbegeben mußte, ohne daß es zum Schwimmen tief genug wurde, fand ich nicht gerade aufregend. Mittags gingen wir fast immer in dasselbe Lokal essen, in dem wir stets Wiener Schnitzel mit Pommes frites verzehrten. An den ersten beiden Tagen fand ich dieses Gericht ganz toll, am Ende hing es mir fürchterlich zum Hals heraus. Gelegentlich bestellten wir auch Kesselgulasch, dessen Schärfe unsere Leidenschaft dafür in Grenzen hielt. Wir machten nur ein, zwei kleine Abstecher in die Nachbarorte. Es war der letzte Urlaub, den ich ganz mit meinen Eltern verbrachte. Mein Onkel war unternehmenslustiger. Einmal berichtete er von einem Zigeunerdorf, das er inspiziert hatte, das nach seiner Schilderung schrecklich rückständig war.

Meist saß ich in dem Haus, las und hörte Radio. Der ungarische Touristensender spielte fast ausschließlich westliche Popmusik. Die aktuelle Berichterstattung wurde beherrscht von der Schachweltmeisterschaft. Der extravagante amerikanische Herausforderer Bobby Fischer und der amtierende sowjetische Weltmeister Boris Spasski lieferten sich in Reykjavik ein packendes Duell. Der Kampf war von den Medien zum Symbol der Systemauseinandersetzung zwischen den Supermächten hochstilisiert worden. Die Sympathie des ungarischen Senders lag eindeutig auf Seiten des Amerikaners, der schließlich auch gewann.

Den Höhepunkt der Reise stellte ein Tagesausflug nach Budapest dar, den wir zusammen mit der Familie meines Onkels unternahmen. Hier beteiligten wir uns an einer Stadtrundfahrt. Der Reiseführer versuchte, durch einige Anekdoten dem ostdeutschen Publikum im Bus vor Augen zu führen, wie liberal der ungarische Sozialismus sei. Wer es richtig anstellte, konnte es schnell zu einem ansehnlichen Vermögen bringen. Die ungarische Bevölkerung war sehr an den deutschen Touristen interessiert. Die erste Frage lautete stereotyp: „West oder Ost?“ Nach unserer Antwort kühlte sich die Anteilnahme mit einem Schlag ab. In Budapest hatte ich mich auch mit der ungarischen Briefpartnerin getroffen, mit der ich seit ein paar Monaten gelegentlich korrespondierte. Wir konnten uns nur auf Englisch verständigen, wobei ich mündlich mehr Schwächen offenbarte als schriftlich. Sie war offenbar kein intellektueller Typ, hatte aber eine sagenhafte Oberweite. Ich kam mir vor wie der komische Held in diversen Filmkomödien. Die junge Frau mußte bald weiter und meine Eltern waren froh, nicht länger warten zu müssen.

Besonders gespannt war ich auf die Plattenläden in Budapest. Das Angebot an Platten mit Westinterpreten war geringer, als ich erwartet hatte. Ich kaufte schließlich von unseren spärlichen Forint-Bestand zwei LPs von Donovan und Bob Dylan, letzteren kannte ich damals nur vom Hörensagen. Auf der Heimfahrt behandelte ich die beiden Platten wie rohe Eier. Da wir keinen Plattenspieler hatten, konnte ich die Alben nur bei Freunden hören. Ich verkaufte schließlich beide Platten an Klassenkameraden weiter. Die Dylan-Platte hatte ich kein einziges Mal gehört.

Nach der Rückkehr aus Ungarn arbeitete Dieter wieder für zwei Wochen in der Papiermaschinenfabrik, diesmal im Materiallager. Es war ein harter Aufprall in der Realität. Die Arbeit bestand in dem Transport schwerer Güter, wobei man keine Rücksicht auf Dieters empfindlichen Rücken nahm, sowie Aufräum- und Reinigungsaufgaben. Sein Arbeitselan hielt sich in engen Grenzen. Zum Glück gab es etliche Pausen, auf deren maßvolle Überziehung die dauerhaft Beschäftigten großen Wert legten. Überhaupt entsprachen diese Vertreter der Arbeiterklasse ganz und gar nicht dem heroischen Bild, das man in Staatsbürgerkunde von ihnen entworfen hatte. Sie fluchten, erzählten obszöne Witze und soffen sogar während der Arbeitszeit, von geistigen Interessen keine Spur. Der Vorarbeiter lispelte und wurde von den restlichen Arbeitern nicht für voll genommen. Einige Pausen waren betriebsbedingt, das hieß, es fehlte an Material. Einmal verletzte sich Dieter beim Transport rostiger Rohre und wurde sogleich zur Betriebsärztin geschickt, die ihm vorsorglich eine Tetanusspritze verabreichte, obwohl er eigentlich noch immunisiert war. Von der Welt der rohen Arbeit hatte er nun für immer genug, freiwillig würde er sich das nicht mehr antun.

7
Die Aula

Neben den Lernverpflichtungen spielten die Aktivitäten der Jugendorganisation, der Freien Deutschen Jugend (FDJ), eine gewisse Rolle im Schulalltag, wenngleich die *gesellschaftliche Arbeit* für Dieter nicht mehr so wichtig war wie als Thälmannpionier. Nun war er stellvertretender FDJ-Sekretär der Klasse, natürlich waren alle Schüler Mitglied der FDJ. Im Gegensatz zu früher empfand er die neue Funktion zunächst als Degradierung. Im ersten Halbjahr der neunten Klasse igelte er sich ein, was zur Folge hatte, daß in seiner Beurteilung zu große Passivität bemängelt wurde. Dann sagte er sich, ich kann auch anders und kehrte den redseligen Aktionisten heraus, was sich in glänzenden Beurteilungen niederschlug.

Die FDJ-Arbeit war nicht politischer als der normale Schulbetrieb. Wir sahen Theaterstücke oder spielten gegen andere Klassen Fußball, wobei ich meistens nur als Ersatzmann fungierte. Eine Ausnahme bildete die Abnahme des Abzeichens „Für gutes Wissen", für das die Kenntnisse der Jugendlichen im Marxismus-Leninismus abgeprüft wurden. Da ich das Abzeichen in Gold erworben hatte, saß ich in der Prüfungskommission für Mitschüler, die sich mit Silber oder Bronze begnügten. Ich erinnere mich, an eine intensive Polemik mit einer gläubigen Mitschülerin. Es gelang uns natürlich nicht, sie zum Atheismus zu bekehren. Aus heutiger Sicht war die Sache ziemlich peinlich.

Wie an der POS gab es auch an der EOS hin und wieder künstlerische Wettstreite. Früher spielten Rezitatoren und Sänger eine dominierende Rolle, so daß ich die Wettbewerbe nur als Zuschauer erlebte. An der „Penne" sollten wir etwas Szenisches aufführen. Einzelheiten sind mir nicht mehr erinnerlich, obwohl ich den Regisseur mimte. Ich weiß nur noch, daß ich Westnachrichten einblendete, die natürlich als volksverdummend entlarvt wurden. Unser Programm platzierte sich irgendwo im Mittelfeld.

Bei den Proben in der Aula nahmen einmal Schüler aus Langeweile das SED-Emblem vom Rednerpult ab. Darunter war ein dickes Hakenkreuz eingraviert. Wir deckten das Schandmal schnell wieder zu. An dem Pult hatte der Direktor der Schule zu festlichen Gelegenheiten gestanden und mit durchdringender Stimme sozialistische Moral gepredigt.

Am Ende der zehnten Klasse sollten wir uns gegenseitig beurteilen. Dieter war per Los Lutz Schneider zugeordnet wurden. Lutz war eine seltsame Erscheinung, er hat etwas Pfauenhaftes. Er trug auffallend viele Westklamotten. Später sollte er Portier eines Grandhotels werden und eine Schwulenehe führen. Beides lag jenseits Dieters Vorstellungshorizontes der siebziger Jahre. Einmal hatte Dieter mit Lutz zwei D-Mark, die ihm sein Onkel großzügig zugesteckt hatte, gegen fünf Finnmark getauscht. Lutz beteuerte, daß das bei dem gegenwärtigen Kurs, der sich freilich ändern könne, für Dieter ein gutes Geschäft sei. Die Finnmark entpuppte sich als Finnpfennig oder wie die kleinste Einheit heißen mochte. Ob ihn Lutz betrogen hatte oder ob er genauso naiv war, blieb offen. Zumindest behauptete er, das Geld als Finnmark erhalten zu haben. Das Westgeld hatte er da selbstverständlich schon ausgegeben.

Dieter schrieb in die Beurteilung von Lutz, dieser habe „eine kleinbürgerliche Einstellung". Die meisten Mitschüler fanden das zutreffend. In die sich verschärfende Auseinandersetzung schaltete sich sogar der FDJ-Kreissekretär ein, der zufällig an einer FDJ-Gruppenversammlung teilnahm. Möglicherweise erinnerte ihn die Formulierung an frühere stalinistische Hexenjagden, wovon Dieter damals keinen Schimmer besaß. Jedenfalls wurde der Satz gestrichen, selbst wenn er ein Körnchen Wahrheit enthielt, wie eingeräumt wurde, *so* konnte man das nicht stehenlassen. Dieter zog daraus die Konsequenz, künftig stromlinienförmige Beurteilungen zu verfassen. Zuvorderst mußte eine Beurteilung in das sozialistische Schema passen.

Im Nachhinein kann man feststellen, daß die meisten von uns kleinbürgerlich geprägt waren. Kaum jemand kam aus einem proletarischen, bäuerlichen oder auch intellektuellen Elternhaus.

Die Großbürger waren ganz verschwunden. Doch zu jener Zeit stellte Kleinbürgerlichkeit ein Verdikt dar.

FDJ-Sekretär der Klasse war Peter Homilius, was etwas seltsam erschien, da er nach der Jugendweihe in der achten Klasse sich in der neunten Klasse konfirmieren ließ. Er wirkte eher integrierend, während ich Konflikte zuspitzte. Ich arbeitete mit ihm korrekt zusammen, wobei es weder zu Reibungen noch freundschaftlichen Beziehungen kam. Die größte „Auseinandersetzung" hatten wir im Vorfeld eines Elternabends, zu dessen kultureller Untermalung ich aufreizende Rockmusik auflegen wollte, während er für etwas Moderateres eintrat, dem ich schließlich nachgab. Später studierte und promovierte er in Freiberg und blieb auch danach als einer der wenigen meiner Mitschüler in der Region. Jetzt ist er im sächsischen Wirtschaftsministerium tätig.

8
Rock 'n' Roll Music

Die klassische Periode des Rock 'n' Roll war gerade zu Ende gegangen, die Beatles hatten sich aufgelöst, als Dieter sich für Beatmusik, wie die Rockmusik damals noch hieß, zu begeistern begann. Das Feuer in ihm entzündete Frank Baumgart, ein Klassenkamerad. Er und sein Kumpel Volker Bormann hörten regelmäßig die Neuvorstellungen von Platten, die jeden Montag 16.10 Uhr auf Deutschlandfunk gesendet wurden und nahmen die Titel auf.

Zunächst überspielte Dieter sie von ihrem Tonband. Sie bevorzugten die gerade aktuellen Gruppen der Teenager wie Sweet, T. Rex und Slade. Bald nahm Dieter selbst auf, freilich ließ sich der Deutschlandfunk nur über Mittelwelle empfangen, und die Tonqualität war dementsprechend mies.

Das Spulentonbandgerät der ungarischen Firma „Qualiton" hatte der Vater Ende der sechziger Jahre gekauft, um politische Vorträge zur Parteiarbeit von Radio DDR aufzunehmen. Nach und nach nahm Dieter das Gerät für sich ganz in Beschlag. Nun konservierte es die Musik des Klassenfeindes. Die Magnettonbänder der Marke ORWO, die für drei Stunden Musik auf Vorder- und Rückseite reichten, finanzierte die Mutter, mitunter knurrend, ein Band kostete etwa dreißig Mark, wofür ein Durchschnittsverdiener einen ganzen Tag arbeiten mußte. Dieter war das ziemlich egal, er mußte ja nicht arbeiten.

Eine neue Musikader erschloß sich ihm durch Lothar Willner, der zwei Jahre älter war und über ihnen wohnte. Lothar war ein introvertierter Eigenbrötler, der etwas stotterte und auch sonst gehemmt erschien. An den Sportwettbewerben der Kinder des Wohnblocks hatte er keinen Anteil genommen. Lothar bevorzugte die Pop-Heroen des vorigen Jahrzehnts von den Beatles bis zu den Bee Gees. Unvergeßlich für Dieter blieb, als er erstmalig „Mother" von John Lennon hörte. Er schmiedete mit Lothar Pläne, selbst Rocktexte zu verfassen. Es blieb bei den Plänen. Immerhin stellte Lothar Vorträge über Popmusik zusammen. Die Musik der Beatles schätzte er dabei als anspruchsvoll, die der Bee Gees als einfach und der Rolling Stones als primitiv ein. Ob er jemals solch einen Vortrag vor „Fans" gehalten hat, bezweifle ich. Vor allem die Anhänger der Rolling Stones, die sich überall fanden, hätten ihm wohl sein Pamphlet um die Ohren gehauen.

Lothars Quelle war der „Treffpunkt" von RIAS II, der am Samstagnachmittag lief. Da der Westberliner Sender sein Programm auf UKW auch über den Sender Hof abstrahlte, war er auch in der Region zu empfangen, wenn auch wetterbedingte Schwankungen in der Empfangsqualität auftraten. Berühmt war die Sendung für seine Grußbotschaften der Osthörer untereinander in der Art: „Der größte Black-Sabbath-Fan aus Plauen grüßt Mausi und alle Stones-Fans in Greiz". Der Sender gab am Ende jeder Sendung neue Deckadressen bekannt, an die man seine Grüße schreiben konnte. Man munkelte, die Stasi fange diese Briefe dennoch ab, und das könne sehr unangenehme Folgen für den Betreffenden haben.

Noch anspruchsvoller war die Hitparade von Radio Saarbrükken, wo Gruppen wie Deep Purple, Led Zeppelin und Pink Floyd dominierten. Hier war der Empfang sehr wetterabhängig.

Aus Gaudi hörte Dieter manchmal Radio Tirana. Hier wurde auf Deutsch dem Großen Vorsitzenden Enver Hoxha gehuldigt, gegen die Sozialimperialisten in Moskau gewettert, und man erfuhr beispielsweise, daß das Trinken von Milch konterrevolutionär sei. Nur Babys durften Milch trinken. Eine Sprecherin sprach sogar einen leicht sächsischen Dialekt.

Zusammen mit Frank und Volker versuchte Dieter, selbst Musik zu machen. In einem Keller erzeugten sie mit Kochtöpfen, einem Waschbrett und ähnlichem Instrumentarium einen stereotypen Sound, den sie mit grimmigen, vokalen Lauten konterkarierten. In der Ära des Bombast- und Glamrocks nahmen sie so den Punk vorweg. Ihnen fehlten bloß der modische martialische Schnickschnack und das nötige Marketing.

Einmal spielte Dieter für eine Klassenfeier den Diskjockey oder den Plattenunterhalter, wie das offiziell in der DDR genannt wurde. Er hatte die Titel in einer aufwendigen Prozedur ausgewählt und die entsprechenden Spulenbänder präpariert, daß sie schnell einsatzbereit waren. Er rechnete mit einer tollen Resonanz für sein anspruchsvolles Programm. Am Ende gab es zwar einige anerkennende Worte, aber insgesamt hielt sich die Begeisterung in engen Grenzen.

Neben den Weststationen verfolgte Dieter die sich entfaltende Rockmusik der DDR mit Gruppen wie der Klaus-Renft-Combo und den Puhdys. Auch einige ungarische Bands wie Omega und Hungaria sowie polnische Interpreten wie Niemen standen hoch in seiner Gunst. Sein Bruder Bernd begann, sich frühzeitig für Popmusik zu begeistern. Wöchentlich schrieb Dieter seine Wertungstipps an die „Beatkiste" der Rundfunkstation „Stimme der DDR" und wünschte sich Titel für den Wunschteil der Sendung. Gelegentlich wurde sogar einer der Titel gespielt. Später übernahm Bernd die Korrespondenz, er fertigte auch Jahresauswertungen und ähnliche Analysen an. Dabei schrieb er immer mit im Namen des Bruders, obwohl Dieter während des Studiums die Sendungen gar nicht mehr hörte. Einmal nahm der Moderator ausführlich auf die beiden regen Schreiber aus Freiberg Bezug und ließ sogar etwas von einem möglichen Studiobesuch der Brüder durchblicken, woraus freilich nichts wurde.

Bernd nahm noch bis Anfang der achtziger Jahre Titel mit dem Tonband auf. Am Ende hatten wir über achtzig klobige Magnetbänder gefüllt. Als ich die Monobänder über zwanzig Jahre danach noch einmal durchhörte, klangen sie nahezu unverändert. Die meisten Titel hatten wir inzwischen auf CD. Den bewahrenswerten Rest überspielte ich. Er paßte auf *eine* MP3-CD.

9
Frühlingserwachen

Mein Freund Matthias war mein Banknachbar. Wir saßen in der letzten Reihe neben der Wand, eine vorzügliche Position im Mathematikunterricht, um die sich redlich, aber oft vergeblich mühenden Mitschüler mit Adleraugen zu beobachten. In der Freizeit hatten wir weniger miteinander zu tun als früher. Er schwärmte plötzlich für Pawel Kortschagin, den revolutionären Superhelden aus dem Roman Nikolai Ostrowskis *Wie der Stahl gehärtet wurde,* dem Musterwerk des sozialistischen Realismus. Das war für mich nicht nachvollziehbar. Mich stießen der Heldenkult und das damit verbundene Pathos ab, das uns ebenfalls der Deutschlehrer versuchte nahezubringen. Ich denke, Plenzdorf hat seinen Protagonisten Edgar Wibeau in *Die neuen Leiden des jungen W.* nicht zuletzt als Gegenfigur zu Kortschagin entworfen. Studienrat Neumann hatte guten Grund, diesen Plenzdorf zu hassen.

In den Winterferien der zehnten Klasse fuhr Dieter zusammen mit Matthias in ein Mathematik-Spezialistenlager ins Erzgebirge. Unter den Matheassen des Bezirkes nahmen sie sich recht bescheiden aus. Sie waren untergebracht in Internatszimmern einer Fachschule. In ihrem Zimmer hingen an der Wand Werbeposter mit jungen Damen, die außer Strumpfhosen nichts anhatten. Die Bilder regten Dieters Phantasie mehr an als die Mathematikaufgaben. Am letzten Tag des Kurses, als er allein in dem Zimmer war, ließ sich eine Studentin, die wohl sonst dort wohnte, kurz blicken. Sie scherzte etwas mit ihm, und er konnte sie sich auch als Strumpfhosen-Girl vorstellen. So ein erotisches Kribbeln hatte er bei seinen Mitschülerinnen nie erlebt.

Matthias erzählte ihm eines Abends, daß er von tiefen Ängsten geplagt werde. Wegen seiner verwegenen Paraden als Tormann beim Fußball galt er allgemein als besonders mutig. Er gestand

Dieter, daß er wahnsinnige Angst habe, wenn jemand auf das Tor schieße. Um diese Angst zu überspielen, zeige er in einer Art Verzweiflung tollkühne Reaktionen. Danach habe er noch mehr Angst. Außerdem müsse er ständig masturbieren, wenn er allein sei. Er wisse, daß das ihm nichts bringe, aber selbst, wenn er Schmerzen empfinde, könne er nicht damit aufhören.

Seine Beichte schockierte Dieter. Wenn er Angst hatte, vermied er tunlichst alles, was die Angst anheizte, egal ob er als feige galt oder nicht. Und masturbiert hatte er auch noch nie. Selbst das Strumpfhosen-Girl bot dafür keinen Anlaß.

Mein wichtigster Freund wurde allmählich Andreas Ulbricht. Er wohnte auch am Wasserberg, hatte keine speziellen Hobbys, war aber für neue Ideen offen. Viel Zeit verbrachte ich mit ihm mit sportlichen Aktivitäten. Wir trainierten Laufen im Stadion oder spielten dort Federball. Dabei unterhielten wir uns über Gott und die Welt. Andi war ziemlich klein, hielt sich aber viel auf seinen kaum behaarten Körper zugute. Besonders stolz war er darauf, einmal am FKK-Strand von einem Fotoreporter der beliebten Zeitschrift *Das Magazin* angesprochen worden zu sein, der Ganzkörperfotos von ihm machen wollte. Er lehnte das Angebot aber ab, er wollte ja eine ordentliche Karriere machen.

Ab der elften Klasse hatte Andreas als Freundin eine Schülerin aus der neunten. Dieter gefiel Kordula auch, doch da sie Andis Freundin war, hielt er sich zurück. Er hatte eben einen hohen Sinn für Freundschaft, mehr als für etwaige Liebe. Sicher wäre er bei ihr abgeblitzt, zumindest in der Phase. Obwohl Dieter keine Freundin hatte, hielt ihm Andreas vor, er würde bei Frauen nur an Beischlaf denken. Das war übertrieben, er dachte zwar auch daran, aber nicht ausschließlich. Wäre es ihm nur *darum* gegangen, hätte er schon etwas gefunden. Einige Mitschülerinnen aus seiner früheren Schule etwa schienen nicht abgeneigt zu sein, doch von denen wollte er nichts mehr wissen. Daß Andreas trotz Freundin, mit der er, wenn sie in den Sommerferien getrennt waren, täglich auf rosa Briefpapier korrespondierte, vorgab nicht daran zu denken, wunderte Dieter sehr.

Überhaupt gelangten manche Mitschüler zu wunderlichen Einschätzungen über Dieter. So meinte einmal Birgit vorwurfsvoll, wenn er im Westen leben würde, wo man ohne weiteres an alle Drogen herankäme, hätte er alle probiert und wäre süchtig geworden. Wie es wirklich im Westen aussah, wußten damals weder sie noch er. Daß sie Unrecht hatte, dessen war er sicher. Er wußte nicht, wie seine Klassenkameraden zu ihren Mutmaßungen kamen. Schlossen sie aus seiner Leidenschaft für den Rock 'n' Roll, daß Sex & Drugs dazugehörten? War er denn ein Rockstar?

Vielleicht erinnerten sie sich an den ersten Tanzabend der „Penne" im Ballhaus Tivoli, dem größten und lange Zeit einzigen Tanzlokal der Kreisstadt, an dem die frische neunte Klasse teilnahm. Dieter, der bis dahin als sehr zurückhaltend galt, vollführte auf dem Parkett wilde Tänze, die an Voodoo denken ließen, was mehr Beachtung als das stupide Gedröhn der Band fand. Ihm war diese Aufmerksamkeit peinlich, künftig hielt er sich im vermeintlichen Selbstausdruck deutlich zurück.

10
Komm gib mir deine Hand

Zu Beginn der neunten Klasse hatte die Klassenlehrerin zum besseren Kennenlernen einen Tanznachmittag organisiert. Die Veranstaltung fand im „Lindengarten" statt, einem einfachen Lokal unweit von Dieters Zuhause. Er zog seinen besten Pullover an, einen weißen Rollkragenpullover aus dem Westen. Carmen, ein rothaariges Mädchen, das gern Hot Pants trug, für das sich Dieter jedoch nicht interessierte, lobte prompt das gute Stück, obwohl es eigentlich schon aus der Mode gekommen war. (Sie reiste übrigens als Einzige vor 1989 in den Westen aus.) Das schmeichelte zumindest seiner Eitelkeit. Ansonsten verlief das Treffen langweilig.

Dieter suchte immer noch eine Freundin, aber eher in der Ferne. Sie sollte so perfekt sein, wie es sich die Ritter der Minnezeit erträumten. Das war zwar nicht sein ausdrückliches Ideal, aber vom Wesen her tendierte er in diese Richtung. Ein Mädchen aus der Parallelklasse, mit der sie gemeinsam Sport hatten, war ihm aufgefallen. Nun war Sport nicht gerade das Fach, das sich für Annäherungsversuche seinerseits anbot. Er mußte vielmehr aufpassen, bei manchen Übungen nicht zum Gespött seiner Mitschüler zu werden. Sie war keine Modellathletin und schien ihn nicht unsympathisch zu finden; er war jedoch zu schüchtern, sie anzusprechen. Jedenfalls war sie eines Tages weg, offenbar hatte sie die Schule gewechselt.

Möglicherweise hätte sie meine erste Freundin werden können, einige Indizien deuteten jedenfalls darauf hin. Zumindest mein Liebesleben wäre dann ganz anders verlaufen, obwohl ich sie bestimmt nicht geheiratet hätte.

Einer Schülerin aus der zehnten Klasse, die an ihrer Freundin wie eine Klette zu hängen schien, folgte Dieter einmal nach dem Kino, in dem eine moderne Adaption des *Carmen*-Stoffes gezeigt worden war. Er tat es so professionell, daß sie nichts bemerkten. Er observierte danach über einige Wochen das Zweifamilienhaus auf einer Anhöhe hinter dem Bahnhofsgelände, in dem sie wohnte, bis er die Lust auch an dieser sinnlosen Beschäftigung verlor.

In unserer Klasse hatte damals lediglich Birgit einen festen Freund. Er war etwas älter, und man sah sie oft in der Öffentlichkeit verhakt wie Kletten. Der Deutschlehrer spöttelte: „Seid umschlungen, Millionen." Trotzdem ließ sich Birgit davon nicht beirren, was ihr eine gewisse Bewunderung eintrug. Nach zwei, drei Jahren war der Liebestraum vorüber.

Zur Tanzstunde in der zehnten Klasse, die seine Klasse fast geschlossen besuchte, war ihm ein korpulenteres Mädchen aus seiner Klasse als Tanzstundendame „zugeteilt" worden. Sie machte einen fast mütterlichen Eindruck. Sie half ihm, die Klippen der Tanzstunde zu überwinden. Obwohl er so viele Gelegenheiten sonst bei keinem Mädchen hatte, war er froh, als endlich der Tanzstundenball vorüber war. Dabei war sie charakterlich und intellektuell ein tadelloses Mädchen. Der Charakter war zwar für einen Freund entscheidend, für eine Freundin konnte *nur* der Charakter Dieter nicht befriedigen.

In der elften Klasse wurde er allmählich unruhig. Die Idee von Andreas, es in einer unteren Klasse zu versuchen, fand er nachahmenswert und verliebte sich prompt in die Freundin von Kordula. Gabriele war eher eine beiläufige Freundin von ihr. Vor allem war sie unreifer und intellektuell anspruchsloser als Kordula. Das tat seinen Gefühlen zunächst keinen Abbruch. Überhaupt benebelten die Hormone des Verliebtseins ihn für einige Tage in einem Maße, wie er es später selbst bei ernsthafteren Versuchen kaum wieder erlebte. (Erst als ich die Liebe wirklich erlebte, geriet er in noch höhere Sphären.) Doch Gabi wollte nicht mit ihm gehen. Allmählich stellte sich bei ihm Ernüchterung ein. Als sie nach einigen Monaten vorsichtiges Interesse an ihm durchblicken ließ, war sie ihm schon egal geworden.

Statt in die Ferne zu schweifen, konzentrierte sich Dieter nun auf eine Klassenkameradin, Cornelia, die unmittelbar vor ihm saß. Sie bildete zusammen mit Peter Homilius und ihm die Leistungsspitze der Klasse. In Fremdsprachen war sie talentierter und vor allem in Sport besser als er, was seine Bemühungen nicht einfacher machte. Ihre Freundin nannte sie Nelli, die Jungen sagten Conny. Sie war ihm nicht ganz abgeneigt, hatte aber viele Verehrer, was sie zu schätzen wußte. Zunächst war sie keine auffällige Schönheit, nach der sich die Männer auf der Straße unwillkürlich umdrehten. Sie war schlank, aber ohne aufreizende Formen. Ihr Gesicht war mit einigen Pickeln überzogen. Ihre schwarzen Haare waren lang, aber meist zusammengebunden und wirkten etwas ungepflegt. Sie kleidete sich unauffällig, meist trug sie schlabbrige Pullover. Doch sie betörte durch ihre Bewegungen und Sprechweise. Ihr Wesen erschien geheimnisvoll.

Für Feiertage hatte Dieter nie viel übriggehabt. Am schlimmsten war Weihnachten in der elften Klasse, weil er zwei Wochen Conny nicht sehen konnte. Er litt unter ihrer Abwesenheit und konnte sich kaum zu einer sinnvollen Tätigkeit aufraffen. Er war froh, als der Unterricht wieder begann und sie auf der Bank vor ihm Platz nahm.

Seine „Beziehung" zu ihr gipfelte in einem Besuch der Eisdiele, einem flüchtigen Kuß im Ballhaus Tivoli sowie einer Visite bei ihm zu Hause. Sie selbst wohnte im Internat, da sie in einer Kleinstadt im Osterzgebirge beheimatet war. Dieters Mutter verfolgte sie während des Besuchs argwöhnisch. Offenbar schien sie von dem schlaksigen Mädchen nicht viel zu halten. Danach kühlten sich ihre lauwarmen Beziehungen weiter ab, wenngleich sie sich im schulischen Rahmen nach wie vor gut verstanden.

Inzwischen schien sich überraschend eine Liaison zwischen Matthias und Conny anzubahnen. Später beobachtete Dieter auf einer Tanzveranstaltung im Tivoli, wie Conny versuchte, mit den Mitgliedern von Bands wie der Sterncombo Meißen anzubandeln, die gerade landesweit bekannt wurden. Vielleicht bildete er sich das alles nur ein. Ihre Unberechenbarkeit ließ sie ihm noch begehrlicher erscheinen. Er ersann Fabeln und Märchen, die das vom Wege abgekommene Mädchen wieder auf den Pfad der Tugend zurückrufen sollten, dieser führte auf geradem Wege natürlich zu ihm. Wenigstens behielt er diese fragwürdigen literarischen Ergüsse für sich. Daß sich Literatur mit Belehrung nicht vertrug, hatten sie in der Schule nicht gelernt.

Am Ende der elften Klasse folgte eine mehr oder weniger feste Beziehung zwischen Conny und Herbert, der auch im Internat wohnte. Mich berührte das kaum noch. Was kümmerten mich die lokalen Kabalen? Mir wurde es, wie es in einem damals populären Lied hieß, in der Stadt zu klein, und ich zog in ganz Deutschland ein, zumindest soweit das für uns seinerzeit reichte. Während der zwölften Klasse sah ich Conny nicht mehr. Das war wohl besser so, wie ich Fotos entnahm, die ich erst Jahrzehnte später sah, blühte sie in der Zeit vollends auf und unterstrich das auch durch eine keckere Kleidung.

11
Tomorrow Never Knows

Nach Matthias' Beichte im Mathe-Spezialistenlager stand eine gewisse Beklemmung zwischen uns. Ich sah ihn und seine gelegentlichen Mutproben, die andere Schüler an ihm bewunderten, mit anderen Augen. In der elften Klasse zeigte er erstmals in Mathematik gewisse Schwächen. Die Vektorrechnung, die mich bei der ersten Bekanntschaft wegen ihrer Stupidität gelangweilt hatte, schien ihm schwer zugänglich zu sein. Ob es sich nur um eine momentane Krise handelte oder auch wie sich seine Beziehung zu Conny weiter gestaltete, sollte man nicht mehr erfahren.

An einem Frühlingsnachmittag 1973 kam Andreas verstört zu mir und berichtete unter Tränen, dass Matthias tot sei. Ich war vielleicht der Einzige, den diese Nachricht nicht überraschte, wenngleich sie mich noch Monate danach erschütterte.

Eines der Lieblingsthemen von Matthias bestand darin, sich Todesarten auszudenken. Einiges hatte er gelesen, doch auch seine eigene Phantasie bemühte er dafür. Eines seiner Lieblingsszenarios bestand darin, den Delinquenten in der Mitte eines großen Quadrates, dessen Eckpunkte Palmen markierten, an die Spitzen der umgebogenen Palmen zu binden und dann mit einem Schwertstreich die Fesseln zu lösen. Daß der Tod ganz banal kommen konnte, reflektierte er nicht.

Der Unfall ereignete sich im Wald auf der Fernverkehrsstraße kurz hinter dem Ortsausgangsschild in einer Kurve. Nach den Verlautbarungen hatte Matthias dort mit dem Fahrrad gewendet, und ein entgegenkommendes Auto konnte nicht mehr bremsen. Solche abrupten Aktionen waren nicht untypisch für ihn. Ich war selbst einmal Zeuge eines anderen Unfalls gewesen. Wir standen auf der Hauptstraße und wollten vor dem Kino nach links abbiegen. Obwohl gerade eine Radfahrerin den Berg herunterrollte, setzte Matthias urplötzlich zum Abbiegen an und kollidierte prompt mit der Radfahrerin. Ich hatte große Mühe, die ältere Frau, die wie Matthias nur ein paar Kratzer abgekriegt hatte, zu beruhigen und sie davon abzubringen, eine Anzeige zu erstatten. Ihr leicht verbeultes Vorderrad konnten wir sofort wieder gerade biegen. Im Nachhinein wäre es wahrscheinlich besser gewesen, sie hätte Anzeige erstattet. Matthias schien aus dem Vorfall offenkundig keine Konsequenzen gezogen zu haben.

Die Beisetzung war die erste Trauerfeier, an der ich teilnahm. Von nun an sollten derartige Veranstaltungen in mehr oder weniger regelmäßigen Abständen folgen. Das Ritual war im wesentlichen das gleiche, egal, ob ein atheistischer Grabredner oder seltener ein Pfarrer sprach. Auch darin waren die Toten gleich. Doch Trauerfeiern sind ja nicht für die Toten bestimmt.

Über fünfunddreißig Jahre später, nach dem Selbstmord des Fußball-Nationaltorwarts Enke, der an schweren Depressionen litt, erschien mir Matthias' Ende in einem neuem Licht. Er wurde ja gleichfalls von depressiven Angstzuständen gequält (wenngleich ich das seinerzeit nicht so genannt hätte), wobei ich möglicherweise der einzige war, dem er das mehr oder weniger unverblümt anvertraut hatte. War es also gar kein Unfall, sondern ein gut getarnter Suizid, der wie ein Unfall aussehen sollte, nicht zuletzt, um seine Eltern zu „schonen"?

12
k. v.

Bei einer medizinischen Untersuchung in der Schule wurde bei Dieter erhöhter Blutdruck festgestellt. Nach der Untersuchung wurde er plötzlich kreidebleich und drohte ohnmächtig zu werden. Das lag sicher nicht an der Diagnose. Vielleicht kam es von dem Chloroformgeruch in dem Raum oder bloß von der vorhergehenden Blutentnahme. Da keine anderen Liegemöglichkeiten vorhanden waren, sollte er sich auf eine Pritsche in dem Untersuchungsraum legen, in den inzwischen die Mädchen gekommen waren. Aber nicht gucken. Er drehte sich mit dem Gesicht zur Wand und schloß die Augen und Ohren. Allmählich ging es ihm besser, doch er mußte abwarten, bis die Mädchen sich wieder angezogen hatten und er aufstehen durfte.

Das war in der zehnten Klasse gewesen, ein Jahr später hätte ich mich wohl etwas anders verhalten. Ich wurde wegen des Blutdrucks zu einem Spezialisten überwiesen. Der Arzt, Dr. Friedrich, in der Poliklinik registrierte bei jeder Visite zu hohen Blutdruck, der mit der Zeit noch anwuchs, was nicht verwunderlich war: Da ich die hohen Werte befürchtete, schnellte der Druck empor – eine sich selbsterfüllende Prophezeiung. Dagegen mußte ich Tabletten einnehmen. Manchmal litt ich unter Schwindelgefühl. Ich nehme an, wegen der Tabletten war der Blutdruck zu stark abgesunken.

Als ich während des Auslandsstudiums mit existentiellen Problemen konfrontiert wurde und mich nicht um den Blutdruck scherte und die Tabletten nicht mehr einnahm, lag der Blutdruck wieder in der Norm. Der Name Dr. Friedrich tauchte dann in Zeitungsberichten auf. In Zusammenhang mit dem Auffliegen einer Fluchthelferorganisation auf der Transitstrecke von Berlin, war er verhaftet worden und mußte vor Gericht als Zeuge gegen

„die imperialistischen Menschenhändler“ aussagen. Er selbst soll zu zwei Jahren Gefängnis verurteilt worden sein, munkelte man. Mein Facharzt, der mich in regelmäßigen Abständen grundlegend untersuchte, wurde nun Frau Dr. Müller.

Im Frühjahr 1973 erhielt ich eine Vorladung zur Musterung. Der Abiturjahrgang 1970, zu dem mein Cousin Jürgen gehörte, brauchte als letzter nicht zur Armee. Damals regierte noch der greise Ulbricht, der eine gewisse Achtung gegenüber der Intelligenz bewies. Seinem Nachfolger Honecker war alles suspekt, was nach Geist roch – nicht verwunderlich bei seinem eigenen intellektuellen Niveau. Also mußten die Abiturienten schleunigst zur Fahne, damit ihnen ihr unsozialistischer Hochmut ausgetrieben wurde.

So hoch wie meine Abneigung gegen das Militär konnte der Blutdruck gar nicht sein, an dem Tag erwies er sich sogar als fast normal. Meine anderen „Trümpfe“ – Heuschnupfen, Haltungsschwäche oder Plattfüße – stachen ebenfalls nicht. Die Musterungskommission erklärte mich für uneingeschränkt wehrdiensttauglich (früher hieß das kurz „k. v.“) und zwar für die sogenannten Mot.-Schützen. So nannte man nun die Infanterie, die im Ernstfall massenhaft verheizt würde.

Wegen des geplanten Auslandsstudiums brauchte ich mich nicht zu äußern, ob ich drei Jahre dienen wollte. Allgemein wurde das von einem Abiturienten erwartet, einige gaben dem Druck jedoch nicht nach. Von „Wollen“ konnte ohnehin nicht die Rede sein, doch der freie Wille war im Sozialismus kastriert worden. Im Staatsbürgerunterricht war uns immer wieder der Satz von Friedrich Engels, daß Freiheit „Einsicht in die Notwendigkeit“ sei, vorgehalten worden. Und was notwendig war, bestimmte die Partei, die immer recht hatte.

13
Working Class Hero

Im Rahmen des polytechnischen Unterrichts hatten wir am Ende der neunten und zehnten Klasse jeweils eine Woche in der Produktion gearbeitet und zwar in einer Werkstatt des größten

Betriebes der Stadt, des Bergbau-und-Hütten-Kombinates. Da ging es um Metallbearbeitung, vor allem um die Bedienung von Drehmaschinen. Die Tätigkeit war zwar auch mit schmutzigen Händen verbunden, aber sie verschaffte ein befriedigendes Gefühl. Zu meiner eigenen Überraschung gehörte ich zu den besten Arbeitern. Ich fühlte mich fast wie John Lennons *Working Class Hero*.

Ab der elften Klasse gingen wir einmal pro Woche zur sogenannten wissenschaftlichen praktischen Arbeit (WPA). Zusammen mit einigen Mitschülern nahm ich an einem Computerlehrgang im Rechenzentrum des Bergbau-und-Hütten-Kombinates teil. Damals gab es nur Großrechner, die mit Lochkarten gefüttert wurden. Groß an den Rechnern war vor allem der Raumbedarf, während sich die Rechenleistung aus heutiger Sicht als sehr bescheiden ausnahm. Die Luft in dem Rechnerraum, einem Reinraum, mußte mit einer aufwendigen Prozedur staubfrei gehalten werden. Daher bekamen wir das Allerheiligste, die Rechenmaschine „Robotron 300", nur einmal kurz zu Gesicht. Ansonsten absolvierten wir „Trockenschwimmen". Ein Diplom-Ingenieur führte uns in einem Kurs in die Grundlagen der elektronischen Datenverarbeitung (EDV) ein. Dabei versuchte er, mit monotoner Maschinenstimme die Vorzüge der Maschinensprache uns nahezubringen. Es war schwer zu entscheiden, was ermüdender war, der Gegenstand seiner Ausführungen oder sein Vortragsstil. Am Ende blieb bei mir vor allem Skepsis gegenüber der EDV. Ohnehin schien es, daß das Zeitalter der Rechentechnik schon vorüber war, ehe es richtig begonnen hatte. Während Ende der sechziger Jahre, die die letzten der Ulbricht-Ära darstellten, die EDV mit großem Aufwand propagiert wurde – es gab beispielsweise stundenlange Sonderübertragungen im Fernsehen wegen einer Datenfernübertragung von der Leipziger Messe (also einer Art Vorläufer des Internets) – begann man nun zurückzusteuern. Die DDR verschenkte so die letzte Chance, auf wenigstens einem Gebiet die Weltspitze mitzubestimmen.

Zum Abschluß der elften Klasse sollten wir richtig in der sozialistischen Produktion arbeiten. Für die letzten drei Schulwochen war ein Betriebspraktikum in einer Wäscherei angesetzt. Der

Betrieb war früher privat gewesen, nach der Enteignung Anfang der siebziger Jahre volkseigen geworden. Die früheren Besitzer hatten aber weiterhin das Sagen. Schlecht schien es ihnen auch unter den Kommunisten nicht zu gehen. Nach der Reprivatisierung 1990 expandierte die Firma schnell, und ein Mitglied des Clans stieg zum Oberbürgermeister auf.

In der Wäscherei lernte ich nichts. Ich konnte allenfalls meine Vorurteile pflegen, was die Primitivität vieler Angehöriger der „herrschenden" Arbeiterklasse betraf. Hier verschwanden zuweilen männliche Arbeiter gemeinsam mit weiblichen Beschäftigten auf einem unübersichtlichen Dachboden. Die Schüler wurden lediglich als billige Arbeitskräfte benutzt, am Ende gab es ein eher symbolisches Entgelt.

Da Dieter für schwere Transportarbeiten ungeeignet war, teilte man ihn zusammen mit einigen Mädchen zum Wäschezusammenlegen ein. Sie mußten Bettlaken und Bezüge möglichst glatt aufeinanderschichten, eine Tätigkeit, vor der er sich schon zu Hause drückte. Und das sollte er nun acht Stunden Tag für Tag drei Wochen lang tun. Dazukamen der Gestank und die Schwüle in der Bude. Außerdem mußte er wegen seines Heuschnupfens Tabletten nehmen, die müde machten und ihn bei der Arbeit lethargisch stimmten. Bald gab es Klagen der Aufpasser wegen der mangelnden Qualität und Geschwindigkeit seiner Arbeit. Schließlich kam es zu verbalen Auseinandersetzungen, worin er seinen Frust über diese Zwangsarbeit äußerte. Er sprach von Ausbeutung, gar Sklavenarbeit. Das hörten die Verantwortlichen überhaupt nicht gern, wenn man solche Begriffe, die im Staatsbürgerkundeunterricht zum Standardvokabular in Zusammenhang mit dem westlichen „Imperialismus" gehörten, auf die sozialistische Produktion übertrug. Schließlich biß er die Zähne zusammen und brachte die restliche Zeit in der Stinkbude irgendwie hinter sich.

Doch mein Bild bei den Lehrern als „sozialistische Persönlichkeit mit gefestigtem Klassenstandpunkt" hatte arge Schrammen abbekommen. Zum Glück waren die Beurteilungen in der Schule schon geschrieben. Und das allgemeine politische Klima in der DDR im Vorfeld der Weltjugendfestspiele war liberal wie selten.

Sonst hätte möglicherweise irgendein Idiot meinen weiteren Lebensweg verbaut.

Am Ende der Sommerferien drohte nochmals Ungemach. Da fand nämlich im zentralen Ausbildungslager Breege auf Rügen die vormilitärische Ausbildung der Schule statt. Mein Vater versuchte bis zuletzt, in Hinblick auf eine ähnliche Veranstaltung in meiner künftigen Bildungseinrichtung mich davon loszueisen. Eine Woche vor dem Beginn des Militärlagers erhielt ich im Ferienlager der EOS in Gager, gleichfalls auf Rügen, ein Telegramm von ihm mit der Nachricht: „Sonne" – das war das vereinbarte Codewort für die Befreiung von dem Lager. So fuhr ich mit meinen ehemaligen Klassenkameraden nach Hause, doch sie mußten ein paar Tage später erneut Richtung Küste ausrücken. Waren sie deshalb in dem Ferienlager so ausgelassen gewesen?

Die fortschreitende Militarisierung der Schule, nicht zuletzt durch Einführung des Wehrkundeunterrichts Mitte der siebziger Jahre, die von der Volksbildungsministerin Margot Honecker maßgeblich initiiert wurde, und auch des Studiums beobachtete ich fortan aus der Ferne. Es war wie bei einem Felssturz, wo man gerade noch eine Schlucht passiert hat, ehe die wuchtigen Brocken herunterstürzen.

Kapitel IV

Im roten Kloster
(1973 - 1974)

NVR WAHRHAFT LEBT, WER AVFWÆRTS STREBT
Inschrift über dem Eingang zum Unterrichtsgebäude II der ABF Halle

Ich bin nicht gern, wo ich herkomme.
Ich bin nicht gern, wo ich hinfahre.
Warum sehe ich den Radwechsel
Mit Ungeduld?
Bertolt Brecht: Der Radwechsel

1
Ex oriente lux

Lange Zeit wußte ich nicht, was ich studieren sollte. Sicher war nur, was ich keinesfalls studieren wollte, nämlich Mathematik. Ab der neunten Klasse begann ich, mich für Kybernetik zu begeistern, deren Stern sich schon im Sinken befand, was mir nicht bekannt war. Die Vorstellung, eines Tages Maschinen zu konzipieren, die denken konnten, faszinierte mich. Darüber hinaus schien die Kybernetik als Instrument zur Steuerung der Gesellschaft einsetzbar zu sein. Immerhin konnte man den populärwissenschaftlichen Büchern, die ich darüber las, entnehmen, daß Kybernetik viel mit Mathematik zu tun hatte - anders als ihre Stieftochter - die Informatik, die mir später oft unlogisch vorkam. Also verschob ich die Entscheidung.

Meinem Westonkel hatte ich bei einem seiner wenigen Besuche Anfang der siebziger Jahre ebenfalls erzählt, daß ich Kybernetik studieren wolle. Er wußte nicht, was das für ein Fach sei. Das versetzte mir einen Stich. Ich hatte bisher gedacht, die Leute im Westen wären klüger, da sie doch viel bessere Informationsmöglichkeiten hatten.

Vor allem wollte ich im Ausland studieren. So käme ich aus dem „Dörfchen DDR“, wie es Peter Hacks in einem Gedicht tituliert hatte, heraus und könnte meinen Horizont erweitern. Nicht zuletzt ersparte ein Auslandsstudium die ansonsten unvermeidliche Einberufung zur Armee. Das Militär verabscheute ich abgrundtief und hätte nahezu alles getan, um seinem Strudel zu entfliehen, ohne dabei von dem vorgezeichneten Lebenskurs abzukommen.

Als Studienland kam für mich nur die UdSSR in Frage. Die Sowjetunion war durch den Sieg über Hitlerdeutschland im Zweiten Weltkrieg und dem anschließenden Bau der Atombombe zur zweiten Supermacht in der Welt aufgestiegen. Sie dominierte das sozialistische Lager, ein Studium im „nichtsozialistischen Wirtschaftsgebiet" war für uns genauso utopisch wie eine Reise zum Mars. Hauptsächlich sah ich in der Sowjetunion die Wissenschaftsmacht Nummer Eins. Sowjetische Wissenschaftler waren weltberühmt, und Russisch galt nach Englisch als zweitwichtigste Sprache. Natürlich hatte mich auch mein Vater in diese Richtung beeinflußt, wohingegen meine Großmutter Emma bei jedem ihrer regelmäßigen Besuche in unserer Wohnung gegen mein geplantes Studium in Rußland vehement zu Felde zog. Unser Wissen von der Sowjetunion, dem Pionier des Menschheitsfortschritts, wie es hieß, speiste sich im wesentlichen aus der Propaganda der SED, die ja auch den Schullehrstoff bestimmte. Die gebetsmühlenartig vorgetragenen Anti-Rußland-Attacken meiner Oma bestärkten mich in meiner Entscheidung, gerade dort zu studieren.

Die Anzahl der Studienrichtungen im Ausland war klein. Nach meinen schlechten Erfahrungen mit der EDV im Schulunterricht wollte ich, nichts vordergründig mit Rechnern zu tun haben. Angeboten wurde noch ökonomische Kybernetik, wofür mir jegliches Interesse fehlte. So blieb als einzig akzeptable Studienrichtung Mathematik.

Im Februar 1973 fuhr ich zum Auswahlgespräch nach Halle an der Saale. In dem Eisenbahnabteil saß ich einer Nonne gegenüber. War das ein Wink von oben für meinen künftigen Lebensweg, „God on your side" sozusagen? Die Begegnung hielt mich nicht davon ab, ein Jahr später, notariell beglaubigt, aus der Kirche auszutreten. Eine Entscheidung, die ich nie bereute. Wie ich überhaupt mit Austritten mehr Glück hatte als mit Eintritten in irgendwelche Organisationen.

Es war eine Art höhere Weihe, daß ich überhaupt nach Halle fahren durfte. An der dortigen Arbeiter-und-Bauern-Fakultät (ABF) wurden die künftigen Studenten für ein Studium im sozialistischen Ausland vorbereitet. Mit der ABF, die Hermann Kant in dem Roman *Die Aula* beschrieb, hatte diese Kaderschmiede wenig gemeinsam. Sie trug den Namen wohl nur aus kommunistischer Tradition, der Untertitel lautete „Institut zur Vorbereitung auf das Auslandsstudium". Doch war diese Bezeichnung zu sperrig gegenüber dem eingebürgerten Kürzel ABF. In den Kreis der Zukunftskader aufgenommen, schienen alle Türen der Gesellschaft den späteren Absolventen offenzustehen.

Mein Freund Andreas, der sich auch beworben hatte, war abgelehnt worden. Eine Begründung hatte er nicht erhalten. Er vermutete, daß es an der NSDAP-Mitgliedschaft seiner Großmutter gelegen habe, die er wahrheitsgemäß in dem ausführlichen Fragebogen angegeben hatte. Natürlich hatte ich in dem Fragebogen auf die Frage: „Gehörten Ihre Eltern der NSDAP oder einer ihrer Gliederungen an?" ohne Zögern mit „nein" geantwortet, was ja, wie ich bereits schrieb, nicht der Wahrheit entsprach.

Falls ich nicht zum Auslandsstudium zugelassen würde, erzählte ich meinem Nachbarn in der Hallenser Aula – als der stellvertretende Direktor Büchner der ABF uns gerade ausmalte, wir würden einmal die Elite des Landes darstellen –, würde ich in Dresden Mathematik studieren. Noch zu Beginn des vorigen Studienjahrs hatte Büchner, wie ich später hörte, am Eingang des wuchtigen Gebäudes aus der Gründerzeit sich postiert und die Jungen mit seiner Ansicht nach zu langen Haaren zum Friseur beordert. In Vorbereitung der Weltjugendfestspiele hatte man die Schraubzwingen etwas gelockert. Sogar die Dogmatiker hatten inzwischen begriffen, daß es nicht darauf ankommt, was *auf*, sondern was *in* den Köpfen ist.

Bei den Aufnahmegesprächen versuchten die Lehrer, uns für ein Studium in Polen zu begeistern. Dafür hatte ich nun gar nichts übrig, die Tschechoslowakei wäre ja noch gegangen, doch die stand nach dem „Prager Frühling" unter Quarantäne und war nach dessen Niederschlagung wissenschaftlich ausgeblutet. Im Rückblick wäre Polen vielleicht sogar besser gewesen als das Land Lenins. Polen stellte neben Ungarn das liberalste Land im Ostblock dar, mit einem guten Zugang zu westlichen Kulturgütern. Man hatte mehr Freiraum für Unternehmungen und Reisen, die Versorgung war besser als beim *Großen Bruder*, und die Frauen schienen attraktiver zu sein. Doch was sollte man mit Polnisch später anfangen? Schade um die Mühe, die es machen würde, die Sprache von Null an zu lernen. Ich ahnte nicht, daß ich auch einmal mit Russisch nicht viel anfangen könnte. Ich wurde schließlich der Vorbereitungsklasse für ein Mathematikstudium in der Sowjetunion zugeteilt. Diese Hürde war genommen. Es blieb ein halbes Schuljahr in Freiberg.

2
Wir treffen uns auf jeden Fall zum Festival

Im Sommer 1973 fanden in Berlin die Weltfestspiele der Jugend und Studenten statt. Es war *das* Festival im Ostblock, ein Mix aus vielfältiger Unterhaltung, politischer Propaganda und spontanen Begegnungen zwischen Jugendlichen aus vielen Ländern. Der Westberliner Rundfunksender RIAS versuchte, im Vorfeld gegenzuhalten, indem er auch ein Festival initiierte, wo stundenlang Musik der damals besonders populären Gruppen Deep Purple, CCR, Santana und Bee Gees gespielt wurde. Obwohl diese Bands nicht in Ostberlin auftraten, verblaßte das Radiofestival der „freien Stimme der freien Welt" gegenüber dem kommunistischen Großereignis. Die SED und FDJ taten alles, um das Festival zu einem Symbol des Aufschwungs der DDR seit der Machtübernahme Honeckers werden zu lassen. Man hatte die Meteorologen bemüht, den optimalen Zeitpunkt zu finden. Die Wahl Ende Juli/Anfang August erwies sich als goldrichtig. Tatsächlich schien in der ganzen Zeit über Ostberlin „die Sonne schön wie nie" – wie es in der Nationalhymne hieß, deren Text, verfaßt vom ersten Kulturminister der DDR Johannes R. Becher, nicht mehr gesungen wurde.

Obwohl es in einem Lied hieß, das jeden Tag im Radio lief: „Wir treffen uns auf jeden Fall zum Festival", durften nur wenige Jugendliche aus den Bezirken nach Berlin fahren. Vor allem die Quote für Schüler und Studenten war stark limitiert, während sich das Interesse unter den jungen Arbeitern ohnehin in Grenzen hielt. Der FDJ-Sekretär Peter Homilius und ich waren die einzigen aus unserer Klasse, die delegiert waren, zwar nicht für die ganze Zeit, aber für die zweite Hälfte.

Eine Woche davor waren die Eltern zusammen mit Bruder Bernd in den Urlaub nach Polen abgereist, so daß Dieter erstmals einige Tage allein in der Wohnung verbrachte. Das führte zu einem Hochgefühl von Freiheit, obwohl nichts Außergewöhnliches in der Zeit geschah. Hätte er eine Freundin gehabt, wäre er schier vor Glück zerplatzt. Er fuhr viel Rad und besuchte abends Filmvorführungen auf der Freilichtbühne. Außerdem fanden Vorbereitungstreffen der örtlichen Festivaldelegation statt, die trotz der strengen Auswahlkriterien sehr zahlreich schien.

Am 1. August war es soweit. Die Delegierten sollten sich um fünf Uhr am Bahnhof im Blauhemd versammeln. Dieter sah viele, schöne Mädchen, die meist kurze Röcke trugen. Einzelne waren ihm schon bei den Vorbereitungstreffen aufgefallen. Die meisten kamen aus irgendwelchen Betrieben und waren wohl etwas älter als er. Da hatte er kaum eine Chance. Was sollte er auch mit einer Arbeiterin oder Verkäuferin anfangen? Schülerinnen sah er kaum, seine Mitschülerinnen sähen hier ohnehin blaß aus.

Um neun Uhr fuhr eine lange Reihe von Viehwaggons ein. Dieter war so von der umgebenden Weiblichkeit angetan, daß ihn weder die lange Wartezeit noch der ordinäre Zug aufregten. Im Ersten Weltkrieg hatten die amerikanischen Soldaten gestreikt, als sie in solchen Wagen an die Front gekarrt werden sollten. Die Europäer waren die Entwürdigung gewohnt. Einmal hielt der Zug für längere Zeit auf freier Strecke, damit die Insassen ihre Notdurft verrichten konnten – Männlein und Weiblein getrennt an den beiden Seiten des Bahndamms. Im Großen und Ganzen überwog der Gaudi. Die FDJler hatten prall gefüllte Verpflegungsbeutel bekommen, die neben Brötchen, Knackern, Wurstkonserven, Äpfeln und Süßigkeiten auch Bananen, H-Milch und

Kaugummi enthielten, was die an die Mangelwirtschaft gewohnten Herzen höher schlagen ließ.

Am Nachmittag traf der Zug in Berlin ein. Dort herrschte eine eigenartige Erregung. Das Parteiaktiv der Freiberger Delegation wurde zusammengetrommelt. Zufällig hatte Dieter gerade an dem vorgesehenen Treffpunkt gestanden und die Umstände der Versammlung zunächst nicht mitbekommen. Ein FDJ-Funktionär sprach leise in einem pathetischen Ton. Eine Aura von Bedeutsamkeit, Geheimniskrämerei und Lächerlichkeit lag über der improvisierten Zusammenkunft. So etwa stellte sich Dieter einen Geheimbund vor, er sah zu, möglichst schnell das Weite zu suchen.

Man sagte den Jugendlichen, Walter Ulbricht sei gestorben. Die älteren Genossen in der Delegation schienen sichtlich erschüttert zu sein, während die Jüngeren die Nachricht emotionslos zur Kenntnis nahmen. Ulbricht, der das Schicksal Ostdeutschlands ein Vierteljahrhundert maßgeblich bestimmt hatte, war seit über zwei Jahren in den DDR-Medien nicht mehr präsent. Er war gewissermaßen ein lebender Toter, der durch sein Ableben noch einmal aufgelebt war. Mehr konnte der alte Stalinist die neuen Stalinisten nicht ärgern, als daß er gerade während der gigantisch inszenierten Show verscheiden mußte. Es hieß bald, das Festival wird nicht abgebrochen.

Abends waren auf dem Alexanderplatz hunderttausende Leute versammelt. Größere Musikveranstaltungen waren abgesagt worden, die Stimmung erschien insgeheim unruhig, aber äußerlich ruhig. Viel wurde getuschelt, etwa was der RIAS gemeldet hatte. Ich kam mit einem Berliner Jugendlichen ins Gespräch. Er äußerte sich unverblümt verächtlich über die Staatsführung, wie ich das in der Provinz nie vernommen hatte.

Am nächsten Tag war die gespenstische Stimmung verflogen, und das große Fest der Völkerfreundschaft lief weiter, als hätte es nie Irritationen gegeben. Im Volksmund wurde das Festival „Inter-Pimper“ genannt, nach einem damals modischen Synonym für Geschlechtsverkehr. Tatsächlich schien es auf manchen Wiesen im Dämmerschein schnell zur Sache zu gehen. Dieter war jeden Tag bis tief in die warmen Nächte in der Stadt unterwegs, die ein ungewohntes, fast mediterranes Flair verbreitete. Die einzelnen Veranstaltungen waren meist wenig spektakulär, aber so eine bunte, weltoffene Atmosphäre hatte er noch nie erlebt. Er schlief maximal vier Stunden und war früh morgens wieder unterwegs. Seine Quartiereltern waren irgendwelche Staatsangestellte, der Mann wahrscheinlich sogar bei der Staatssicherheit. Doch das interessierte Dieter damals nicht. Er sah sie täglich nur wenige Minuten. Dennoch schrieb er ihnen später eine Weihnachtskarte, worauf sie nicht reagierten.

Kein Wunder, daß Dieter in der physisch und psychisch aufgeheizten Atmosphäre in eine Art Trancezustand geriet. Anderen Festivalteilnehmern muß es ähnlich gegangen sein, beispielsweise Andreas' Freundin Kordula, die zu den wenigen Delegierten seiner Schule gehörte. Er traf sie regelmäßig auf dem Weg zum Morgenappell, an dem die Verpflegungsbeutel ausgegeben wurden. Für das Mittagessen bekamen sie Wertbons, die man in vielen Freiluftgaststätten einlösen konnte. Bestimmte Funktionäre hielten kurze Reden, doch da hörte keiner mehr zu. Außer dem Morgenappell gab es keine Verpflichtungen für die Teilnehmer. In dem emotionalen Ausnahmezustand wäre es unmöglich gewesen, die Jugendlichen in ein starres Schema zu pressen, wie es sonst üblich war.

Ich frage mich, was wäre geschehen, hätte man die allgemeine Euphorie in Richtung Mauer gelenkt. Wäre das für die Ewigkeit konzipierte Bauwerk schon damals ins Wanken geraten? Doch die Mauer blieb ein Tabu, sogar die zahlreichen Gäste aus dem Westen vermieden das Thema.

Außer Konzerten besuchte Dieter vor allem Diskussionsforen. Neben organisierten Veranstaltungen, die eher langweilig verliefen, kam es auf der Straße, vor allem am Alexanderplatz, zu spontanen Diskussionen, meist unter Beteiligung westdeutscher Jugendlicher. Bei den oft prekären Themen wie freier Meinungsäußerung, Versorgungsengpässen oder Armee wuchsen die Diskussionsgruppen schnell zu großen Menschentrauben an. Dann bekam Dieter eher die Berührung der Brüste eines dahinter stehendes Mädchens mit als die Argumente der Wortführer. Die Herkunft der Diskutierenden erschloß sich, wenn sie kein Blauhemd trugen, eher über den Dialekt als die Argumente, da mancher Westdeutsche sich „linker“ artikulierte als die Einheimischen. Eine Ausnahme bildete die Junge Union, die in breiter Formation auf dem Festival präsent war. Bisher hatten die Konservativen kommunistische Aktivitäten strikt boykottiert. Doch nun waren die jungen Christdemokraten weiter als ihre verkrustete Führung und setzten das sozialdemokratische Credo „Wandlung durch Annäherung“ in die Tagespolitik um.

Die „Wessis“ wirkten – im Gegensatz zu vielen Vertretern, mit denen man nach der Wende Bekanntschaft schließen durfte – aufgeschlossen und natürlich. Sie wollten mit den Eingeborenen ja keine Geschäfte machen. Nach dem Festival müssen die Machthaber aufgeatmet haben, endlich hatten sie alles wieder unter Kontrolle. Fortan konnten solche Zusammenrottungen, wie es in ihrer menschenverachtenden Sprache hieß, jederzeit wie auch immer aufgelöst werden.

Am Abend des letzten Tages lernte ich auf dem Alex ein Berliner Mädchen kennen. Die Begegnung ergab sich aus einem Gespräch Simones mit einem Japaner, in das ich irgendwie einbezogen wurde. Wir schlenderten zusammen mit dem Japaner durch das nächtliche Stadtzentrum. Da Simone bald nach Hause mußte, tauschten wir nur die Adressen aus. Daraus entspann sich in den nächsten Wochen eine zunehmend regere Korrespondenz. Während ihre ersten Briefe endeten „mit Gruß“, schrieb sie später „mit Gruß und Kuß“.

Nach dem Festival konnte man die Hauptstadt der Deutschen Demokratischen Republik außerhalb des Konvois verlassen. Immer noch in Hochstimmung fuhr ich in das Ferienlager unserer Schule nach Gager auf der Insel Rügen. Der eintönige Alltag mit Strand, Volleyball und flauen Späßen meiner Mitschüler, holte mich bald in die Realität zurück. Im Umkreis des Lagergebäudes tauchten hin und wieder junge Möchtegernmaler auf, die mit ihrem nonkonformistischen Charme, die Mädchen zu bezirzen suchten. Im Nachbarort fanden Tanzveranstaltungen statt mit einer Band, die aus dem Binnenland stammte und hier den Sommer verbrachte. Eines Tages bekamen wir ihr Textbuch in die Finger. Es war in einer Phantasiesprache abgefaßt, die gewisse

Anklänge an Englisch vermuten ließ. So hieß der Schlager „Rain, Rain“ bei ihnen „Ren, Ren“, bei anderen Worten konnte man nicht einmal ahnen, was gemeint war, von einem zusammenhängenden Sinn der Texte ganz zu schweigen. An der Ostsee im Sommer versammelten sich eben alle, die sich zu Höherem berufen fühlten.

3
Professorenkollegium

Erwartungsvoll fuhr ich Anfang September 1973 zum Studium nach Halle. Wir mußten zwar noch das Abitur ablegen, doch im Mittelpunkt stand die Vorbereitung auf das Auslandsstudium. Das bedeutete intensiven Unterricht in Russisch und Mathematik sowie Staatsbürgerkunde – mit dem Schwerpunkt Geschichte der KPdSU. Formal gehörte die ABF, die immer noch den Namen „Walter Ulbricht“ trug, zur Martin-Luther-Universität Halle-Wittenberg. Martin Luther und Walter Ulbricht in einem Topf – der Super- und der Anti-Christ, was sie einte war höchstens ihre Besessenheit – das ergäbe einen irren Cocktail. Eigentlich wollten die Genossen, welche die Ideologie-Suppe am Kochen hielten, weder von dem einen noch anderen etwas hören. Wer mit einer Bibel an der ABF erwischt wurde, hörte man später, konnte sogar von der Schule verwiesen werden. Wir durften uns jedenfalls Studenten nennen und bekamen ein Stipendium.

Ich gab meinem Bruder Bernd, der inzwischen die sechste Klasse besuchte, vor der Abreise detaillierte Anweisungen zum Aufnehmen von Pop- und Rockmusik. Dazu würde ich in Halle keine Zeit mehr haben, und Westsender konnte man dort sowieso nicht hören.

Zunächst machten wir uns mit den Wohnheimen vertraut. Sie standen am Stadtrand (Landrain 48), ein halbes Dutzend weißgetünchter, zweigeschossiger Holzbaracken mit bescheidenem Komfort, die eher an ein Asylantenlager als an eine Eliteschule denken ließen. Aber wer weiß, was uns danach erwartete. Die einzigen zwei Duschen befanden sich im Keller und wurden nur abends für kurze Zeit mit warmem Wasser versorgt. Ansonsten gab es auf dem Flur einen Waschraum mit ein paar Toiletten. Dennoch verbrachte ich hier das wohl enthusiastischste Jahr meines Lebens. In den Vierbettzimmern gab es zwei Doppelstockbetten, vier Spinde, zwei Tische, vier Stühle, ein kleines Bücherregal sowie einen Ofen. Einige Studenten waren in Zweibettzimmern untergekommen. Ich war froh in einem Vierbettzimmer zu sein, da war mehr Leben in der Bude. Die Zimmerkameraden konnte ich mir genauso wenig aussuchen. Als ich ankam, waren bereits zwei selbstbewußte Jungen, Frank Ihlenburg und Konrad Engel, beide Professorensöhne von der Ostseeküste, eingetroffen. Sie begannen sogleich, mich wegen meines sächsischen Dialektes zu hänseln. Frank behauptete noch Jahre später, ich hätte gesagt: „Ich komme aus Freibärsch." Dabei sprach bei uns daheim niemand den Ortsnamen so aus. Ich wählte die „Belle Etage" des unbesetzten Doppelbettes.

Der vierte Student sollte ursprünglich ein Schüler aus dem tiefsten Erzgebirge sein – dagegen mußte mein Dialekt sogar in den Ohren der Fischköppe wie Hochdeutsch klingen. Aber dieser Student, Frank Baumgartl, war nicht nur gut in Mathematik, er war immer besser bei der Bezirksolympiade als ich gewesen, sondern auch ein Leistungssportler. Bei der nächsten Olympiade sollte er für die DDR über 3000 Meter Hindernis die Goldmedaille holen. Deswegen wurde er in letzter Minute vom Auslandsstudium zurückgepfiffen. Doch die Goldträume sollten sich nicht erfüllen. Bei den Olympischen Spielen 1976 stürzte er in aussichtsreicher Position am letzten Hindernis, konnte sich aber aufrappeln und gewann noch die Bronzemedaille. Aus der Internet-Enzyklopädie Wikipedia, in der er übrigens als Einziger der hier Genannten verzeichnet ist, konnte ich entnehmen, daß er wegen Verletzungen vor den folgenden Olympischen Spielen seine sportliche Karriere beendete. Danach studierte er an der TH Karl-Marx-Stadt Automatisierungstechnik und promovierte dort 1989. Heute arbeitet er in Stuttgart als Softwareentwickler in der Automobilbranche. Ob er je bereute, nicht unseren Weg gegangen zu sein? Hatte er überhaupt eine Wahl gehabt im Räderwerk der Funktionäre?

Statt des künftigen Olympioniken kam kurzerhand ein Schüler aus Halle in unser Zimmer. Roland Keilhoff wohnte zwar mit seinen Eltern in unmittelbarer Nähe des Unterrichtsgebäudes, mußte jedoch in das abseitigere Wohnheim umsiedeln, was er offenbar gern tat. Versehentlich nannte ihn jemand einmal Robert, woraus ich sogleich Bob machte. So bekam er seinen Spitznamen, der ihm mehr behagte, als sein amtlicher Name. Bob führte einen regelmäßigen Briefwechsel mit einer Bekannten, die ausgerechnet an der Bergakademie Freiberg Sozialistische Betriebswirtschaft studieren wollte. Die Dame war zwar in festen Händen, schrieb dennoch Bob kitschige Briefe, aus denen er mitunter vorlas. Bob sprach gern von Mädchen, heftete sich aber statt an weibliche Fersen eher an mich wie Sancho Pansa an Don Quichote. Es bedurfte einiger Anstrengung, ihn gelegentlich abzuschütteln. Er hatte die Gewohnheit, mit möglichst „fetzigen" Redewendungen auf sich aufmerksam zu machen. Besonders häufig krächzte er als Ausruf höchsten Entzückens: „Ich krieg einen Orgasmus!" Er genierte sich nicht, das auch in einer größeren Runde von sich zu geben.

Insgesamt war es die beste Zimmerbesatzung, mit der ich je in einem Wohnheim zusammenlebte, was angesichts dessen, daß drei Insassen später Professoren werden würden, nicht überraschte.

Wir trafen bald mit unserem Gruppendozenten, Herrn Dietrich, und den anderen Kommilitonen zusammen. Er führte uns vom Unterrichtsgebäude II, das aus der Gründerzeit stammte und in der Nähe des Stadtzentrums gelegen war, in einen Park „an der Saale hellem Strande", wie es in einem Gedicht aus dem neunzehnten Jahrhundert hieß. Dietrich trug immer Anzug mit Schlips, was an meiner vorigen Schule nur der Studienrat und Kreistagsabgeordnete Neumann getan hatte, allerdings nicht wie ein elegantes Kleidungsstück, sondern eher wie Arbeitskleidung. Es war stets derselbe Anzug.

Unsere Gruppe hieß M 23, wobei das „M" für Mathematik stand. Neben zwölf künftigen Mathematikstudenten, gehörten dazu fünf ökonomische Kybernetiker. Von den sechs Studentinnen hätte ich mich höchstens für eine erwärmen können, doch die fand bald in der Seminargruppe ihren Lebenspartner.

4
Give Peace A Chance

Das Studium an der ABF begann mit einem Lager für vormilitärische Ausbildung. Das Lager der Gesellschaft für Sport und Technik (GST), der wir bei der Gelegenheit beitreten durften, befand sich im Harz, in der Nähe des Ortes Güntersberge. Es wurde ein Sonderzug mit richtigen Reisewagen bereitgestellt, der alle schätzungsweise siebenhundert ABF-Studenten von Halle nach Stolberg im Harz brachte. Die restliche Strecke von etwa zehn Kilometern war zu Fuß zurückzulegen, nur das Gepäck wurde befördert. Doch das Reglement war mild wie das Wetter, und so wurde es kein stupider Marsch, sondern eine gemütliche Spätsommerwanderung.

Die weltoffenen Gemüter bewegte gerade ein Film Erich von Dänikens *Erinnerungen an die Zukunft*, der mit Herkunftsland Westberlin versehen, sich kurzzeitig in die DDR-Kinos verirrt hatte. Nach einer Woche merkten die Zensoren, daß sich hinter der scheinbar unpolitischen Fassade ein besonders perfider Anschlag auf die marxistisch-leninistische Weltanschauung verbarg. Däniken versuchte, in dem Film nachzuweisen, daß Außerirdische einst die Erde besucht und die Initialzündung für die Entwicklung der menschlichen Zivilisation ausgelöst hatten. Außerirdische Besucher waren fehl am Platz im deterministischen Geschichtsbild des Historischen Materialismus, der uns als höchste Wahrheit offenbart wurde. Die Idee der Außerirdischen hielt ich zwar für legitim, wenngleich ich anthromorphe Formen eher für unwahrscheinlich erachtete. Am wenigsten traute ich den an den Haaren herbeigezogenen „Beweisen", die Däniken besonders suggestiv aufbereitet hatte. Der Film war aufgemacht wie eine populärwissenschaftliche Bild-Zeitung, weshalb er wohl für viele Studenten besonders anziehend erschien. In dem engagiert geführten Disput votierte ich als einer der wenigen für unbedingte wissenschaftliche Seriosität. In der Öffentlichkeit fand keine Auseinandersetzung mit den pseudowissenschaftlichen Theorien statt, die Partei war ja im Besitz der einzig wissenschaftlichen Weltanschauung. So kann es nicht verwundern, daß sich nach der Wende gerade in Ostdeutschland viele Anhänger obskurer Theorien fanden.

Däniken selbst präsentierte seine Idee in den folgenden Jahrzehnten in allerhand Verpackungen, ohne den in dem Film geäußerten Vermutungen Wesentliches hinzufügen. Er versammelte um sich eine gewisse Gemeinde, die von der etablierten Wissenschaft nie ernst genommen wurde. Angesichts der sich ausbreitenden religiösen Fundamentalismen, die keinerlei Spaß verstehen, ist der Däniken'sche Glaube an Außerirdische, der Selbstironie und Humor nicht ausschließt, eine recht sympathische Verirrung.

In dem GST-Lager schliefen wir in Zwölfmannzelten mit Feldbetten. Bis tief in die Nacht erzählten einige Studenten Witze und Anekdoten. Mitunter versammelten sich tagsüber spontan Jugendliche, und ein Leadsänger sang zur Gitarre englischsprachige Rocktitel oder deutsche Blödellieder, die ich meist peinlich fand. Den Höhepunkt bildeten *Sit-Ins*, die wir nach dem Vorbild des amerikanischen Films *Blutige Erdbeeren* inszenierten. Wir saßen auf dem Erdboden und stampften und klatschten rhythmisch zu der mit Inbrunst geröhrten John-Lennon-Hymne *Give peace a chance*. Der Sinn des Lagers war natürlich die Vorbereitung auf eine Auseinandersetzung mit dem Klassenfeind, von dem ausnahmslos alle Lieder stammten. Von den Kriegsspielen war ich befreit, nachdem ich Durchfall bekommen hatte. Nach einem Tag normalisierte sich mein Stuhlgang, was ich nicht an die große Glocke hängte. Gegenüber dem zuständigen Arzt stellte ich die Genesung, um der Quarantänestation zu entgehen, zwar als fortschreitend dar, für den Dienst fühlte ich mich weiterhin zu schwach.

Während unseres Aufenthalts in dem GST-Lager wurde in Chile die frei gewählte Regierung durch General Pinochet mit Hilfe der amerikanischen CIA gestürzt. Bei dem Putsch kam der sozialistische Präsident Chiles Salvador Allende, der eine Koalition von Sozialisten und Kommunisten anführte, ums Leben. Mit seinem Namen verbanden sich etliche Hoffnungen, nicht zuletzt in der DDR, auf eine demokratische Alternative zum Kapitalismus. Es hieß, den Amerikanern wäre es vor allem um die Sicherung der reichen Kupfervorräte des Andenlandes gegangen. War doch nicht ganz abwegig, was wir im Staatsbürgerkundeunterricht gelernt hatten über den verbrecherischen US-amerikanischen Imperialismus und seine NATO-Verbündeten? Die Ereignisse in Chile verunsicherten sogar einen eingefleischten Pazifisten wie mich.

Obwohl ich wegen der Krankschreibung weitgehend von der Ausbildung verschont blieb, kam ich am Anfang in den Genuß einiger Marschübungen. Als Gruppenführer war der Student unserer Seminargruppe Rainer Zerck eingesetzt worden, ein schlaksiger, langer Kerl von der Küste, der schnarrend das „R" sprach und aus mir nicht nachvollziehbaren Gründen „Padder Zerck" genannt wurde. Nach kurzer Zeit hatte er mich, als den wohl Unsoldatischsten der Gruppe, auf dem „Kieker". Wenige Stunden Machtgefühl genügten, um in ihm die Bestie zu wecken. Sie verkroch sich, als unser Leben wieder in zivilen Bahnen lief. Im Gegensatz zu den Gleichaltrigen an den anderen Schulen sollte das Lager zumindest für die nächsten sechs Jahre unsere definitiv letzte Berührung mit dem Feld sein, für das die Baumeister des Sozialismus eine besondere Vorliebe hegten. Die energischen Genossen hatten, gemessen an den großartigen Verheißungen, wenig erreicht bei der Errichtung einer neuen Gesellschaft, desto entschlossener mußte sie verteidigt werden.

Ende September stand als nächster Höhepunkt unserer kommunistischen Erziehung eine Tagesfahrt nach Weimar auf dem Programm, in die Mahn-und-Gedenkstätte Buchenwald. Da war ich bereits einmal als Pionier gewesen, doch das zählte nicht. Wir sollten dort einen Schwur ablegen. Erneut wurde ein Sonderzug eingesetzt. Als wir mit den Bussen ab Bahnhof an der Gedenkstätte ankamen, regnete es in Strömen. Wir liefen durch das ehemalige Konzentrationslager und waren froh, in den Ausstellungsbaracken verschwinden zu können. Bei dem Appell vor dem Denkmal der antifaschistischen Widerstandkämpfer sollten die Regenschirme weggesteckt werden, die paßten nicht zu der

Heldenpose. Die Häftlinge hatten seinerzeit schließlich auch keine Schirme, wenn sie stundenlang auf dem Appellplatz bei Regen antreten mußten, wahrscheinlich hielt nicht einmal die SS welche. Ein gefürchteter SS-Offizier mit Regenschirm wirkte lächerlich. Und nichts fürchten autoritäre Regimes mehr als Lächerlichkeit. An den Schwur kann ich mich nicht erinnern, ich weiß nur, es regnete und regnete. Die Funktionäre sahen keine Veranlassung, das Ritual abzukürzen. Am Nachmittag versuchte ich, mit ein paar Mitstudenten in einer Weimarer Kneipe bei Grog wieder warm zu werden und die Klamotten allmählich zu trocknen.

Ein weiterer Sonderzug fuhr uns nach Berlin. Hier fand eine Kosmosausstellung der UdSSR statt, die wir geschlossen zu besuchen hatten. Sie sollte uns die Überlegenheit der sowjetischen Wissenschaft vor Augen führen. Nach der Mondlandung der Amerikaner war die Sowjetunion zwar von der Spitzenrolle bei der Eroberung des Kosmos verdrängt worden, doch die Propaganda versuchte, verlorenes Terrain wiederzugewinnen. An die ausgestellten Raumkapseln kann ich mich nicht mehr erinnern, dafür an ein irdisches Annäherungsmanöver.

Dieter hatte inzwischen die Damen in den anderen Wohnheimen in Augenschein genommen, und sein Blick war auf einer Astrid hängengeblieben. Sie wollte Stomatologie studieren und war bildhübsch wie eine Barbie-Puppe, obwohl Dieter damals nicht wußte, was Barbie-Puppen sind. Seine Zimmerkameraden hatten es arrangiert, daß er einen Platz in dem Abteil abbekam, wo sich Astrid mit einer Freundin niedergelassen hatte. Dieter war zunächst geschockt von dieser sich plötzlich ergebenden Gelegenheit. Er betrachtete lange seine Auserwählte, erst verstohlen, später mutiger. Die Blicke schienen an ihr abzuprallen. Ein Gespräch wollte auch nicht in Gang kommen. Als der Zug in Berlin einfuhr, war er bereits geheilt. Seine Kumpel meinten, sie hätten ja gleich gesagt, daß sie ungeheuer spröde sei.

5
Unser kleiner Trompeter

Obwohl wir nun Studenten waren, lief der Unterricht weiterhin schulmäßig ab. An der ABF mußte ich mich erstmals in der Schulzeit intensiv mit dem Lehrstoff beschäftigen, zumindest in den ersten Monaten. Früher war mir alles mehr oder weniger zugeflogen. Jetzt war besonders in Russisch viel zu tun. Wir hatten zwar bereits sieben Jahre Russisch gelernt, doch das Ergebnis war dürftig. Die Kenntnisse reichten kaum zur vernünftigen Konversation, erst recht nicht zum Mitschreiben in Vorlesungen. Der Russischunterricht wurde in einer Art Crashkurs von zwei Lehrkräften durchgeführt. Eine deutsche Lehrerin, rothaarig und vollschlank, die nach ihrem Namen König schmeichelhaft die *Queen* genannt wurde, war für die Grammatik und den schriftlichen Ausdruck zuständig, während wir bei einer älteren Polin mit dem Vornamen Ada auf Konversation getrimmt wurden. Die Queen fand meine russische Aussprache ziemlich schauderhaft wegen des sächsischen Einschlages. Dabei stammte sie selbst aus Meißen. Sie beherzigte das Motto Gernhardts: „Die größten Kritiker der Elche waren früher selber welche." Obwohl ich in Russisch nie brillierte, sollten die Kenntnisse reichen, um das Studium zu bewältigen. Ansonsten hielt ich mich sinngemäß an Brecht: „Mein Russisch ist schlecht, aber mein Deutsch ist besser."

Einen weiteren Schwerpunkt bildete die Mathematik. Hier waren die Lücken kleiner, wenngleich ich an der EOS beispielsweise kaum etwas von Additionstheoremen gehört hatte. Vor allem war ich nicht mehr der Primus. Mit Konrad Engel aus meinem Zimmer sowie Hans-Gert Gräbe und Rainer Zerck aus dem Nachbarzimmer befanden sich gleich drei Preisträger der Internationalen Mathematikolympiade in unserer Seminargruppe. Im Unterschied zu den anderen beiden glänzte Engel, den man nach einem aktuellen Titel der Rolling Stones meist „Angie" nannte, nahezu in allen Bereichen. Er spielte Klavier und Gitarre, war einigermaßen belesen und ein guter Sportler. Die zweite Reihe in Mathematik führten Frank Ihlenburg und Jürgen Socolowsky an, so daß ich in der mathematischen Hierarchie nur Platz 6 einnahm.

Mathematik unterrichtete unser Gruppendozent Herr Dietrich. Er lebte bei seiner Mutter und sah wesentlich älter aus, als er war. Dietrich wirkte sehr steif, und ich wurde mit ihm nie warm. Einige Studenten nannten ihn „Theo", obwohl er eigentlich Helmut hieß. Mir blieben solche Vertraulichkeiten fremd. Immerhin konnte ich meine mathematischen Grundfertigkeiten perfektionieren, was mir sowohl im Studium als auch später als Lehrender zugutekam. Obgleich die Antipathie auf Gegenseitigkeit beruhte, blieb er mir gegenüber immer fair. Dietrich versuchte, sich auch musisch zu profilieren, so las er Literatur der deutschen Klassik und Romantik, aber im Innersten schien ihm an nichts gelegen zu sein, außer der Mathematik. Parallel zu seiner Arbeit als Lehrer schrieb er an seiner Dissertation, die er später erfolgreich verteidigte, wonach er an eine Hochschule wechselte. Zu den Halbjahrzeugnissen mußte er den Leistungsstand der Seminargruppe nach sozialen Kriterien auswerten. Da die Kinder aus Intelligenzfamilien klar dominierten, zählte er mich dazu, wohin ich seinem Empfinden nach gehörte, nämlich zu den Arbeiterkindern, statt zu den Angestellten, wozu ich tatsächlich zugeordnet wurde. So konnte ich mit meinem Durchschnitt von 1,0 (außer Sport), die Ehre der Arbeiterklasse retten, die durch das einzige wirkliche Arbeiterkind, ein Mädchen aus einer vietnamesischen Familie, ansonsten nur befriedigend repräsentiert worden wäre.

Einen verordneten Schwerpunkt stellte das Fach Staatsbürgerkunde dar. Ohne ideologische Klarheit würden wir nicht die Gipfel der Wissenschaft erklimmen können. Nicht zuletzt mußten wir die Geschichte der Kommunistischen Partei der Sowjetunion (KPdSU) studieren, das heißt, was man in der Breschnew-Ära darunter verstand. Zu diesem Zweck waren etliche Leninschriften zu *konspektieren*, das hieß gründlich lesen und einen Auszug anfertigen. Ich fand an dem wirren Stil des angeblichen Menschheitsgenies nie Gefallen. Kernsätze wie „Die sozialistische Demokratie ist millionenfach demokratischer als die bürgerliche Demokratie" riefen bei mir Kopfschütteln hervor. Hätte es nicht auch „hundertfach" getan? Aus der politischen Erfahrung wußte ich schon, je größer die Übertreibungen, desto weniger Substanz steckte dahinter. Treffender zum Thema Demokratie war ein polnischer Witz, den ich in den achtziger Jahren hörte: „Was ist der Unterschied zwischen Demokratie und sozialistischer Demokratie? Der gleiche wie zwischen einem Stuhl und einem elektrischen Stuhl." Derartiges konnte man seinerzeit nicht öffentlich äußern, dennoch wagte ich mich in den häufig angesetzten Diskussionen, subjektiv ehrlich, freilich im Rahmen meiner damaligen Beschränktheit, mitunter weit hervor. In den ersten Monaten an der ABF galt ich als eine Art Narr – Narrenfreiheit, war die einzige Art Meinungsfreiheit, die mitunter toleriert wurde.

Der Staatsbürgerkundelehrer Dr. Buchsbaum war, abgesehen von seinem Titel, ein typischer Vertreter seines Fachs, an der ABF galt er als „Chefideologe". Er hatte promoviert über den „Kleinen Trompeter", den Hallenser Jungkommunisten Fritz Weineck, der in einer Saalschlacht der zwanziger Jahre erschossen worden war und danach von den Kommunisten in einem bekannten Lied, das wir in der Schule lernten, glorifiziert wurde. Nach Buchsbaums Darstellung bestand die wissenschaftliche Leistung darin, herausgefunden zu haben, an welcher Stelle des Saales „das tapfere Rotgardistenblut" fiel. Er zeigte uns natürlich diese sagenhafte Stelle, wobei er emphatisch ausrief: „Hier hat er gelegen." Auf ähnlich markantem Niveau äußerte er sich über Philosophie. So erklärte er den von Hegel und Marx geprägten Begriff der Widerspiegelung anhand geputzter Schuhe. Alle Dinge könnten sich in ein paar Schuhen spiegeln, sie müßten vorher nur ordentlich geputzt werden. Ordentliche Menschen hätten folglich keine Probleme mit der Dialektik. Buchsbaum gab uns gleichfalls zu verstehen, daß Stalin zwar ein bedeutender Marxist-Leninist, aber kein Klassiker mehr sei. Es gäbe also auch keinen Stalinismus.

Einmal bemerkte Buchsbaum vorwurfsvoll: „Es gibt doch tatsächlich Studenten, die, wenn sie vom Unterricht ins Wohnheim kommen, sich als erstes auf das Bett legen." Ich weiß nicht, ob das eine allgemeine Anspielung war oder ob er jemand Bestimmtes im Auge hatte. Bob und ich verhielten uns gerade so, wir lasen dabei Zeitung oder dösten etwas. Doch woher sollte er das wissen? Wäre er in unser Zimmer gekommen, hätte ihn zudem ein Wandspruch geschockt: „Ab morgen wird gearbeitet."

Im Spätherbst funktionierte die Heizung im Unterrichtsgebäude für einige Tage nicht. Entweder war sie wegen technischer Mängel ausgefallen oder vorgesehene Bauarbeiten waren nicht rechtzeitig abgeschlossen worden. Jedenfalls war es empfindlich kühl. In dem Raum an der Nordseite, wo der Staatsbürgerkundeunterricht stattfand, war es besonders ungemütlich. Die in Anoraks gehüllten Studenten schrieben an die Tafel: „Hier ist es kalt." Daneben stand: „Hier auch". Jemand hatte einen Eskimo gemalt, auf der anderen Tafelseite war ein Thermometer abgebildet, dessen Quecksilber sich tief an das negative Ende der Skala verzogen hatte. Als Buchsbaum den Raum betrat, schaute er finster zur Tafel und wandte sich an einen Studenten in der ersten Reihe: „Wischen Sie das ab. Ich habe die politische Reife Ihrer Seminargruppe leider überschätzt." Dann begann er grimmig seinen Unterricht.

Ein paar Mal hatten wir Vertretung bei einem Dozenten mit böhmischem Akzent, den man František nannte. Er berichtete von einer Begegnung in der ČSSR mit einem ehemaligen Kommilitonen, der inzwischen in der BRD lebte. Nach diversen politischen Debatten gipfelte das Treffen in einem Schachspiel „Ost gegen West", das selbstverständlich der Osten gewann, womit die historische Überlegenheit des Sozialismus gegenüber dem Kapitalismus erneut bewiesen war. Bei aller Blauäugigkeit war der Bericht fast ketzerisch, da wir uns vor Beginn des Studiums verpflichten mußten, keinerlei Kontakte mit Westmenschen zu haben. Sogar der orthodoxere Buchsbaum sprach achtungsvoll von BRD-Außenminister Genscher, weil er aus Halle stammte.

Die restlichen Fächer Deutsch, Physik, Chemie sowie Sport führten ein Schattendasein. Die Fachlehrer versuchten, daraus das Beste zu machen oder auch nicht. Irgendwie mußte das Abitur abgehakt werden. Der Physiklehrer zog seine Folien mit kaum nachvollziehbarer Geschwindigkeit über den Polylux, nuschelte irgendetwas dazu und kommunizierte allenfalls mit den drei mathematischen Koryphäen der Gruppe. Der Chemielehrer Herr Birkholz machte aus seinen paar Stunden Showveranstaltungen. Dabei ging es weniger um chemische Experimente, sondern mehr um sophistische Deklamationen. Er konzentrierte sich auch auf die Koryphäen, doch eher mit der Absicht, sie auf Glatteis zu führen, wo er sie sodann elegant zu Fall bringen konnte. Dann gab er Sentenzen von sich wie: „Begründen Sie, warum Ihre Antwort falsch ist.“ Auch Bob stand im Visier von Birkholz. Auf Bobs wortreiche Eklogen entgegnete er: „Unser Dichterfürst.“ Nicht zuletzt war Birkholz ein Pedant. Als in einer Kontrollarbeit bei der Berechnung von Volumenprozenten mein Ergebnis in der dritten Stelle *nach* dem Komma um eins vom korrekten Wert abwich, verpaßte er mir gleich eine Zwei.

6
Frohe Zukunft

Erstmals war mir keine Funktion im Jugendverband zugeteilt worden. Da jeder Student irgendwie gesellschaftlich aktiv sein sollte, wurde ich zum Wohnheimverantwortlichen unseres Hauses benannt. Die einzelnen Gebäude standen im sozialistischen Wettbewerb, wie es hieß. Zusammen mit den entsprechenden Studenten der anderen Häuser und dem staatlichen Chef der Wohnheime Lindner sollte ich die Zimmer nach ihrer Ordnung und ästhetischen Gestaltung begutachten. Dazu fand in jedem Halbjahr ein Rundgang statt, bei dem der Heimchef das Wort führte und wir brav hinterhertrotteten. Das Gute daran war, daß ich in die Zimmer der Mädchenhäuser kam. Bei den Stomatologinnen war die Unordnung häufig größer als in Jungenzimmern. Die künftigen Zahnärztinnen bildeten das größte Kontingent am Landrain. Sie wirkten meist wenig dezent und ließen mich daher kalt. Warum man gerade Stomatologie in der Sowjetunion studieren sollte, blieb mir angesichts des erbärmlichen Standards dort immer ein Rätsel. Andere Mädchenzimmer sahen so mustergültig aufgeräumt aus, als wären sie unbewohnt. Der Heimchef lobte mitunter die Zimmergestaltung der Studentinnen und Studenten. Mehr schien ihm jedoch an mißliebigen Gegenständen zu liegen. Bei einigen Mädchen entdeckte er kosmetische Erzeugnisse zweifelhaften Ursprungs, beließ es jedoch bei sanften Ermahnungen. Den Gipfel bildeten zwei, drei Studentenzimmer, in denen Poster von BRD-Fußballern an der Wand klebten. Irgendwelche Rockgruppen waren schon schlimm genug. Allerdings kannte sich da Lindner nicht so aus, ob sie aus dem Westen oder Osten kamen, weshalb er nur mürrisch blickte. Die Fußballprofis waren eine Verherrlichung des Imperialismus. Die Jungen mußten die Poster unverzüglich abnehmen, um größeren Ärger zu vermeiden. Ich glaube, die meisten klebten sie, nachdem die Luft rein war, wieder an. Vor dem nächsten Rundgang wurden sie rechtzeitig gewarnt.

Die Wohnheime am Landrain erreichte man, wenn man vom Hauptbahnhof die Straßenbahn nahm in Richtung der Endhaltestelle „Frohe Zukunft". Das war der Name einer Laubenpieperkolonie. Aussteigen mußte man eine Station eher an der Station Gertraudenfriedhof, den man links liegen ließ, um nach rechts zu den Wohnheimen zu gelangen. Ein Schöngeist hatte an den hinteren Rahmen des Fensters des Wachzimmers unserer Baracke eingraviert: „Wir wollten in die Frohe Zukunft und kamen nur bis zum Gertraudenfriedhof."

In jedem Haus befand sich am Eingang eine Wachstube. Jede Zimmerbesatzung kam in regelmäßigen, aber wegen der dichten Belegung der Gebäude großen Abständen mit dem Wachdienst an die Reihe. Fremde durften nur mit Anmeldung das Haus betreten, auch keine Studentinnen nach 22 Uhr. Morgens waren die Bedingungen weniger restriktiv. Ein Student in unserem Haus wurde Tag für Tag von seiner Freundin abgeholt, während die Zimmermitbewohner wie wir schon zum Frühstück in die Mensa aufgebrochen waren. Man munkelte, sie kämen schnell zur Sache. Mitunter sah man die beiden in letzter Minute mit dem Moped in Richtung Schule starten.

Die Wohnheimzimmer wurden beheizt mit Kanonenöfen, die museumsreif waren. Da die Baracken keinerlei Wärmeisolierung besaßen, mußten im Winter große Mengen Briketts verheizt werden. Doch Braunkohle war ein heimischer Rohstoff, den es im Überfluß zu geben schien. Notfalls wurden eben noch ein paar Dörfer, die dummerweise über den Flözen standen, weggebaggert. Einige Zimmer veranstalteten sogar Wettbewerbe im Wettheizen und brachten die Öfen zum Glühen mit Zimmertemperaturen kurzzeitig bis vierzig Grad. Beim Heizen konnte ich auf frühere Erfahrungen zurückgreifen, während andere Studenten, die bisher nur mit Zentralheizung aufgewachsen waren, es mitunter fertigbrachten, daß die Kohlen am Vormittag nicht durchbrannten und mittags nach der Rückkehr von der Schule ein unterkühlter Empfang winkte.

7
Die Tage der Kommune

Während Frühstück und Mittagessen in der nahen Mensa angeboten wurden, hatten wir uns ansonsten selbst zu versorgen. Zu diesem Zweck bildeten die Studenten unserer Seminargruppe zwei Wirtschaftsgemeinschaften. Ich war der Wortführer der *Kommune*, der außerdem Bob sowie Socke – wie Jürgen Socolowsky mit Spitznamen genannt wurde – und Volker Teichert aus einem Zweibettzimmer angehörten. Wir zahlten einen bestimmten Betrag in eine Kasse, dann gingen zwei Mann jeweils für eine Woche in den nächsten Lebensmittelladen einkaufen ohne irgendwelche Einzelabrechnungen. Vor allem Getränke, Vita-Cola oder Limonade, wurden reichlich herangeschleppt. Wenn das Geld alle war, wurde erneut eingezahlt.

Volker Teichert war ein rätselhafter Mensch. Er wollte wie die meisten Mädchen in unserer Gruppe ökonomische Kybernetik studieren. Im Gegensatz zu den anderen *Kommune*-Mitgliedern, die gern und oft über Mädchen sprachen, äußerte er sich darüber gar nicht, schien aber ein aktives Sexualleben zu führen. Er kam aus einem Kaff südlich von Karl-Marx-Stadt, was man aber kaum heraushörte, weil er überhaupt wenig sprach. Er hatte eine Freundin an der ABF, eine andere wartete wohl daheim. Er schien die Frauen mit seinem geheimnisvollen Blick zu betören. Er war ein großer Fan von James Brown, von dem ich nur den bekanntesten Titel *Sex machine* kannte. Rockmusik war fast das einzige, worüber er sich in zusammenhängenden Sätzen artikulierte. Einmal meinte er, als er nach den Ferien das Haus betreten habe und als erstes den Titel „Chierpi, chierpi, cheep" der schottischen Softpopgruppe Middle of the Road hörte, wäre er am liebsten gleich umgekehrt.

Die andere Wirtschaftsgemeinschaft, der die drei Mathekoryphäen Engel, Gräbe und Zerck sowie Volker Heumann angehörten, nannte sich *Grosotgol* nach dem russischen Namen einer konspirativen Vereinigung aus den achtziger Jahren des neunzehnten Jahrhunderts in Rußland. So hinterwäldlerisch wie der Name, der auf typische Weise zusammengezogen war aus den russischen Wörtern für „Gruppe der Befreiung vom Hunger", erschienen die Prinzipien des Zusammenschlußes. Ein Student holte für die anderen das Gewünschte aus dem Laden. Dann wurde auf Mark und Pfennig jedes Mal einzeln abgerechnet. Dabei strebte man, sich gegenseitig im Geiz zu überbieten. So verkündete Engel einmal stolz, er habe eine Sorte Muckefuck gefunden, die fünf Pfennig billiger war als die bisher benutzte. Ohnehin kostete der Ersatzkaffee im Vergleich zu den von uns bevorzugten Getränken fast nichts. Vorräte gab es bei ihnen so gut wie keine, weshalb es vor allem sonntags vorkam, daß *Grosotgol*-Mitglieder bei der *Kommune* Getränke erbaten. Die Flaschen horteten wir im Schrank von Bob, der als Hallenser wenig Stauraum benötigte.

Volker Heumann sollte später für einige Zeit mein „bester Feind" werden. Er hielt sich gern im Hintergrund auf; was er sagte war oft mit Widerhaken behaftet. Mich nannte er einen Linksradikalen. Auf dieses Etikett war ich beinahe stolz. Er kam aus Dessau, wo er auch eine Freundin hatte, die er an den Wochenenden besuchte. Sein Bruder studierte bereits in Rostow am Don. Vielleicht war er deshalb weniger überschwenglich als wir. Mitunter erzählte er Anekdoten über das Paradies der Werktätigen. So wollte sein Bruder eine Arbeiterin fotografieren, die mit einem Preßlufthammer hantierte. Als die anderen Straßenbauer das bemerkten, entrissen sie ihm die Kamera und belichteten den Film.

Das Lebensmittelangebot war seinerzeit für DDR-Verhältnisse außergewöhnlich vielseitig. Apfelsinnen gab es fast die ganze Zeit, nur Bananen blieben selten. Besonders die Wurstauswahl war vorzüglich. Die DDR erlebte am Beginn der Honeckerära eine kurze Blütezeit. Im Chemiearbeiterzentrum Halle versorgte man die Werktätigen zudem bevorzugt. Auf diese Weise wurde der Kontrast zu dem, womit wir uns beim *Großen Bruder* begnügen sollten, desto größer. Brot kauften wir jeden Tag frisch beim Bäcker, der auf dem Weg zur Mensa lag. Dabei kam es vor, daß der Rest vom Vortag weggeschmissen wurde. Ein Zweipfundbrot kostete 56 Pfennig. Rechtfertigten zwei, drei Pfennige pro Mann, auf den Genuß frischen Brotes zu verzichten? Wenn wir doch einmal die Reste verzehrten, sank der aktuelle Verbrauch, so daß der Anteil alten Brotes kontinuierlich wuchs.

Belegte Brote oder Bemmen, wie man auf sächsisch sagte, schmierte ich mir selten, um bis zum Mittagessen durchzuhalten. Lieber holte ich mir in der großen Pause Kuchen beim Bäcker. Durch Halle lief der Kuchenäquator der Republik: Während einige Bäcker die preußische Linie mit Zwiebel- und Speckkuchen und ähnlichen „Spezialitäten" bedienten, schmeichelten andere Läden dem sächsischen Geschmack mit Eierschecke, Kirmeskuchen und so weiter. Gemäß Lenins Diktum „Sozialistische oder bürgerliche Ideologie, ein Drittes gibt es nicht" existierte kein Ausgleich zwischen den Geschmäckern. Zum Glück war der Bäcker nahe dem ABF-Gebäude in sächsischer Hand.

Beim Mittag- und Abendessen hatte ich die Gewohnheit, den rechten Daumen nach oben zu strecken. Ich überlasse es den Psychoanalytikern, diese Geste zu interpretieren. Meine Kommilitonen fanden in einer Zeitschrift die Reproduktion eines Bildes von Velázquez, wo in einer Kneipenszene ein Zecher gleichfalls seinen Daumen derart präsentiert. Dieses Bild hefteten sie an die Frontseite meines Spindes.

Zuweilen traf sich die ganze Seminargruppe in einem Zimmer bei Bier oder Cola. Davon gibt es noch ein paar Fotos. Wenn Dieter gut aufgelegt war, stieg der dann auf einen Stuhl und röhrte einen Hit der Puhdys.

8
Monopoly

In den Herbstferien durften wir das erste Mal nach Hause fahren. Ich wählte zunächst die entgegengesetzte Richtung, um meine Berliner Festivalbekanntschaft zu besuchen. Im Zug war ich zusammen mit Jürgen Socolowsky, der in einem Dorf *bei Berlin* wohnte, wie er immer wieder betonte. Er sympathisierte mit den Rolling Stones, dieweil ich die Beatles vorzog. Aber erbitterte Kontroversen zu dieser Frage, wie in den späten sechziger Jahren üblich, gab es nicht mehr. Jürgen war sehr gründlich, was ihm auch in der Mathematik zugutekam, während ich eher zur Vogel- als zur Froschperspektive neigte. Da er es sich mit niemand verderben wollte, entschuldigte er sich schon für Sachen, die er erst im Begriff war zu tun. Das ging besonders Frank gründlich auf die Nerven.

Simone besuchte die zehnte Klasse einer Polytechnischen Oberschule, sollte aber danach zur EOS überwechseln, was selten vorkam. Sie wohnte mit ihren Eltern in einer zentral gelegenen, großen Altbauwohnung, die gediegen eingerichtet war. Innerhalb der Wohnung war Dieter eigentlich nie mit ihr allein. Zusammen mit ihrer Mutter spielten sie Monopoly, ein Spiel, das ihm bisher nicht bekannt gewesen war. Bei ihnen zu Hause gab es keine Westspiele. Er bekam sogar einige der besten Straßen – im Gegensatz zum Monopoly der Liebe, bei dem er bisher mit der Badstraße vorlieb nehmen mußte, worauf er gern verzichtete.

Auf Anregung ihrer Mutter, die in irgendeiner Kulturinstitution beschäftigt war, besuchte Simone mit Dieter zweimal ein Theater. Da traten leibhaftig Schauspieler auf, die er bisher nur aus dem Fernsehen kannte. Der Gegensatz zum Freiberger Stadttheater war frappierend. Lessings Drama *Nathan der Weise*, das Schulpflichtstoff gewesen war, sollten sie eigentlich nur wegen des Hauptdarstellers Wolfgang Heinz ansehen. Es hieß, der alte Heinz sei gesundheitlich derart angegriffen, daß es wahrscheinlich einer seiner letzten Auftritte sein würde. Tatsächlich stand er dann noch etliche Jahre auf den Brettern, die die Welt bedeuteten. Außerdem besichtigten sie das Pergamonmuseum. Simones Eltern gehörten wohl zum Bildungsbürgertum – eine Schicht, die Dieter bisher nur aus Büchern kannte und die in der Provinz so gut wie ausgestorben war. Leider konnte er mit Simone selbst wenig anfangen. Der Funke, der in den Briefen zunehmend geglimmt hatte, erlosch. Sie hatte bestimmt ein gutes Herz, aber darüber keinen Busen. Und sie war sehr ruhig. Das war in seinen Augen mindestens ein Manko zu viel. Dieter war zwar schüchtern, aber kein Fisch. Wenn zwei Menschen zusammen waren, sollten sie sich auch in einem ausgewogenen Maß miteinander unterhalten. Einige Tage nach der Rückkehr schrieb er ihr, daß er die Beziehung abbrechen möchte.

Als ich nach über dreißig Jahren Simones Briefe wieder las, erschloß sich mir ein vielschichtigeres Bild. Sie schrieb in einem lebendigen, aufgeschlossen Stil über eine Vielzahl von Themen. Vielleicht hätte ich nicht so voreilig Schluß mit ihr machen sollen? Ich hätte sie ja nicht heiraten müssen. Aber damals wollte ich alles oder nichts – was immer wieder auf „nichts“ hinauslief. Da die Briefumschläge nicht erhalten blieben, konnte ich nicht einmal Simones Nachnamen und die Adresse rekonstruieren.

In den Wohnheimen der ABF lockte eine Vielfalt hübscher Mädchen auf engstem Raum wie nie zuvor oder danach. Es schien, als brauchte Dieter nur zuzugreifen. Daß es mindestens ebenso viele männliche Konkurrenten gab, ignorierte er geflissentlich. Im Kopf führte er ein Register, das im Gegensatz zu Don Giovanni nicht die Namen der reellen Liebesaffären enthielt, sondern nur der imaginären. Eher war es eine Art Charts, in denen zeitweise ein Dutzend Damen platziert waren, die hartnäckig um die Top-Positionen rangelten. Allerdings war Dieter nach dem verpufften Strohfeuer um Astrid in Äußerungen und Aktionen vorsichtiger geworden. Eines war die Mädchen zu erblicken, etwas anderes mit ihnen in Kontakt zu kommen. Zu Anfang war er zusammen mit der Seminargruppe einmal im Studentenclub der Hallenser Uni gewesen. Dort spielte eine renommierte Jazzband. Zum Tanzen war das nicht das Richtige. Zudem trafen sich dort vorwiegend richtige Studenten, die wenig gemeinsam hatten mit den ABF-Novizen.

Einmal im Monat besuchte die ABF im Rahmen des Theateranrechts geschlossen die Hallenser Landesbühne. Bereits in der Straßenbahn drängten sich die Kommilitoninnen und Kommilitonen. In der Pause konnte Dieter die Schönheiten im Foyer bewundern. Unvorstellbar, in dem Gedränge eine anzusprechen.

Offenbar war ich mehr mit der Begutachtung der Besucherinnen als mit den Theaterstücken beschäftigt, da ich mich lediglich an eine Inszenierung erinnern kann. Das war Plenzdorfs *Die neu-*

en Leiden des jungen W. Das Buch hatte ich schon bei Simone gelesen. Nun konnte ich mir endlich eine eigene Meinung bilden über die Zielscheibe meines früheren Deutschlehrers. Neben Bob, der viele Passagen des Stücks zitieren konnte, wurde ich zum großen Fan des Anti-Helden Edgar Wibeau.

9

Was wir brauchen, damit das Land hochkommt

Zu Weihnachten gab es Ferien. Am liebsten wäre ich in Halle geblieben, doch es blieb nichts anderes übrig, als nach Hause zu fahren. Bis Freiberg brauchte ich von Halle(Saale) mit der Reichsbahn etwa fünf Stunden, wobei ich in Leipzig und Dresden umsteigen mußte. Häufig gab es Verspätungen. Heutzutage würde man mit dem Auto für die Strecke etwa zwei Stunden benötigen. Aber Autos waren damals für mich ein rotes Tuch. Während die anderen sogleich mit der Vollendung des 18. Lebensjahres ihre Autobestellung abgegeben hatten, dachte ich nicht im Traum daran, ein derartiges spießbürgerliches Relikt erwerben zu wollen. Mir kam nie der Gedanke außer an den Heimfahrtswochenenden, die etwa aller sechs Wochen angesetzt waren, nach Hause zu fahren. Das Leben an der ABF war viel spannender.

Das neue Jahr feierte ich im Waschhaus von Andreas Ulbrichts Wohnblock mit ehemaligen Mitschülern und -schülerinnen. Deren provinzieller Horizont langweilte mich – ein Glück, daß ich den engen Kreis meiner Heimatstadt hinter mir gelassen hatte.

Vor den Weihnachtsferien hatten die Studenten meiner Seminargruppe verabredet, sich gegenseitig Ansichtskarten zu schreiben. Die meiste Mühe für einen gelungenen Text wendete ich für meinen Zimmermitbewohner Frank Ihlenburg auf. Er trug den Spitznamen Eilei. Früher hatten ihn seine Mitschüler nach dem Familiennamen Ihli gerufen. Als sie dann mit Englisch lernten, transferierten sie die Aussprache. Augenzwinkernd wurde er wegen seines selbstbewußten Auftretens in Halle auch der *Große Diktator* genannt.

Gleich nach seiner ersten Ankunft in unserem Zimmer hatte Frank Belletristik in das Bücherregal gestellt. Darunter war ein

Band mit Gedichten von Morgenstern, wozu er den Kommentar abgab, die wären in der DDR nicht gern gesehen, was im konkreten Fall bei aller Zensur eine Übertreibung darstellte. Er wollte ohnehin nicht auf die Zensur, sondern auf sich aufmerksam machen. Er führte einen FDJ-Gruppennachmittag mit Rilke-Gedichten durch, was zumindest ungewöhnlich anmutete. Bisher waren Gedichte für mich ein lästiges, langweiliges Muß im Deutschunterricht gewesen. Rilke kam dort wie viele moderne Dichter nicht vor. Ich beeindruckte Frank, da ich ein Gedicht, das er mit uns näher besprechen wollte, als Einziger authentisch interpretierte. Dabei fand ich den Rilke-Sound mitunter zu sentimental, doch er weckte meine Leidenschaft für die deutsche Lyrik.

Weiterhin brachte Frank ein Spulentonbandgerät mit. Bisher hatte ich in der Rockmusik den Mainstream bevorzugt, was eben so lief auf RIAS II oder Deutschlandfunk, sowie die aktuellen Titel der DDR-Gruppen bei Stimme der DDR. Das war freilich Klassen besser als die Titel, die spätestens ab den neunziger Jahren im *Formatradio* dominieren sollten, das auf *Durchhörbarkeit* konzipiert ist: Wo man nicht mehr neugierig einschalten, sondern lediglich nicht irritiert ausschalten soll. Durch Frank lernte ich Bob Dylan und einige andere Singer-Songwriter kennen und schätzen. Besonders gefiel mir die folgende Passage aus dem Dylan-Song *I shall be free* mit den drei „Busenwundern" der frühen sechziger Jahre:

Well, my telephone rang it would not stop,
It's President Kennedy callin' me up.
He said, „My friend, Bob, what do we need to make the country grow?"
I said, „My friend, John, Brigitte Bardot,
Anita Ekberg,
Sophia Loren."
(Oh, mein Telefon klingelt, ich geh ran:
Präsident Kennedy, ruft mich an.
Er sagt: „Mein Freund Bob, was brauchen wir, damit das Land kommt hoch."
Ich sag: „Mein Freund John, Brigitte Bardot,
Anita Ekberg.

Sophia Loren.“)

Außerdem gab Frank vor, sich für Free Jazz zu begeistern, doch das war eher eine intellektuelle Attitüde, der ich und später wohl auch er nicht folgen konnte. Am Sonntagmorgen, den einzigen Tag, an dem wir ausschlafen konnten, weckte er uns mit Orgelmusik von Bach.

Frank fand von allen Weihnachtskarten die meinige am originellsten. Der Text war kürzer als die meisten anderen, aber prägnanter gewesen. Auch mir gefiel sein Text am besten. Wir waren ja auch die „Stars“ im Deutschunterricht. Die Karten begründeten eine Freundschaft, die über zwei Jahrzehnte zu einem Fixpunkt in meinem Leben werden sollte. Wir unterhielten uns fortan über alle möglichen politischen und literarischen, später auch persönlichen Fragen. Auf dem Schulweg zitierte er mitunter Gedichte, von Volker Braun, so sagte er. Erst später eröffnete er mir, daß er der Autor gewesen sei. Danach las ich den originalen Volker Braun, der neben Kunze und Kunert zu meinem bevorzugten DDR-Lyriker wurde.

10
Sag mir, wo du stehst

Frank war als einziges Gruppenmitglied in keinem der konträren Wirtschaftblöcke integriert, sondern versuchte, sich mal hier mal dort durchzuschlauchen, sogar bei den Mädchen der Seminargruppe, die gleichfalls einen losen Zusammenschluß pflegten. Gelegentlich kaufte er auch selbst eine Flasche Milch oder etwas Brot. Von der Küste brachte er Katenwurst mit – in den südlichen Bezirken gab es diese feudale Salami mit Senfkörnern nicht, die auch den Abendbrottisch der Kommune bereicherte. Nicht daß er sparen mußte, aber festgefügten Tagesabläufen konnte er wenig abgewinnen. Mir machte schon das Fehlen von Tee und Kuchen am Nachmittag, was ich während der Penne regelmäßig genossen hatte, zu schaffen.

Franks Eltern, die an der Universität Kairo als Germanisten die DDR vertraten, hatten ihn mit reichlich Taschengeld versehen. Als er einmal ein Paar teure Schuhe gekauft hatte, die nicht richtig paßten, warf er sie in den Müll. Während andere Kommilitonen, die wohl lieber Blasen in Kauf genommen hätten, das scharf mißbilligten, akzeptierte ich seine Haltung insgeheim als Souveränität gegenüber dem schnöden materiellen Sein, obwohl ich mir dergleichen damals selbstverständlich nicht leisten konnte. Viel Geld gab Frank für den Kauf von Büchern aus. So etwas kannte ich überhaupt nicht von zu Hause. Bücher konnte man sich in der Bibliothek ausleihen. Allenfalls die Reclam-Bändchen für zwei Mark mit Pflichtliteratur bezahlten meine Eltern, damit ich darin Anstreichungen vornehmen konnte.

Die drei konkurrierenden Wirtschaftsgemeinschaften hatten sich im neuen Jahr geeinigt, Franks parasitäres Gebaren nicht mehr zu dulden. Sie stellten ihm ein Ultimatum, sich *einer* der Vereinigungen anzuschließen. Frank verfaßte daraufhin ein Pamphlet, das aus einem einzigen Satz bestand, der sich über vier eng beschriebene Seiten wand. Seinem stilistischen Vorbild Thomas Mann war er mit dem kanzleimäßigen Satzmonster, in dem er den verschiedenen Blöcken ihre Schwächen vorhielt, zwar nicht gewachsen, doch schindete er genügend Eindruck, um den Status quo fortsetzen zu können. Der *Kommune* warf Frank in seinem Pamphlet kapitalistische Methoden vor, da wir Lebensmittel vernichteten. Dabei hätte man für das Brot, das wir im ganzen Jahr wegwarfen, kaum ein Paar billige Sandalen kaufen können.

Eines Tages stank es in unserem Zimmer. Auch längeres Öffnen der Fenster brachte keine Abhilfe. Die Ursache mußte im Zimmer liegen. Es dauerte einige Tage, ehe wir sie lokalisieren konnten. Der Geruch kam aus dem Spind von Frank. Es stellte sich heraus, daß er Milch in eine Schüssel gegossen hatte, um Sauermilch zu gewinnen. Dann hatte er das vergessen, und die Brühe begann zu schimmeln. Fortan achteten wir genau darauf, wie Frank mit seinen Milchflaschen verfuhr.

11
Zwischen Underground und Opernhaus

Das heißeste Thema für Zimmerdiskussionen waren nach wie vor Mädchen. Frank vertrat ein Schönheitsideal, in dem er als Hauptkriterium symmetrische Kniekehlen ansah. Das kam Bob und mir zu weit hergeholt vor. Dafür sprach allenfalls, daß sich das leicht überprüfen ließ, da viele Mädchen noch einen Minirock trugen. Kontroverse Diskussionen gab es über ein natürliches Erscheinungsbild. Während einige Kommilitonen dezentem Make-up und lackierten Finger- oder Zehennägeln etwas abgewinnen konnten, fand ich das abgeschmackt. Daß wir mit unseren langen Mähnen, die damals ihre volle Pracht erreichten, für die Mädchen nicht gerade männlich wirkten, reflektierten wir nicht.

Die einzig realistische Möglichkeit, Mädchen aus anderen Seminargruppen kennenzulernen, bildeten interne Tanzabende. Seit einiger Zeit wurden jeden Samstagabend Diskotheken in den Franckeschen Stiftungen am Rande der Altstadt veranstaltet. Diese Gebäude dienten als Internate von ABF-Studenten geisteswissenschaftlicher Fächer, also vorwiegend Studentinnen. Die historisch wertvollen Bauten sind inzwischen restauriert worden, damals befanden sie sich wie viele ältere Gebäude in der DDR in einem erbarmungswürdigen Zustand. Zusammen mit Jürgen suchte ich diese Diskos eine Zeit lang auf. Die Musikauswahl aus westlichen und einheimischen Poptiteln war anspruchsvoll, stupide Tanzbarkeit spielte seinerzeit noch keine Rolle, es kam mehr auf die Qualität der Titel als solche an. Aber wegen der Musik machten wir uns nicht auf den weiten Weg.

Von einer angekündigten Disko versprachen wir uns besonders viel. Für diesen Sonnabend war jedoch ein Opernbesuch der Seminargruppe in Leipzig vorgesehen. Da uns die Mädchen mehr reizten als die Wagnerschen Heroen, bekundeten Jürgen und ich Desinteresse an dem Opernbesuch. Das war für die FDJ-Leitung nicht akzeptierbar, man betrachtete es als Affront gegen das Kollektiv. In einigen Aussprachen wurden wir schließlich weich geklopft.

Also saß Dieter die fünf Stunden im Opernhaus ab. Die Ouvertüre von *Rheingold* klang noch flott. Doch dann folgten entsetzliche Längen, stupide Rezitative und öde Arien. Bald hatte er mit dem Schlaf zu kämpfen. Während die Augenlider schwer wurden, erwachten in Dieter Bilder, die er verdrängt hatte. Er sieht seinen Freund Matthias mit dem Fahrrad eine Straße entlang fahren. Unvermittelt will er wenden. Reifen quietschen. Ein dumpfes Krachen, danach gespenstische Stille.

Die Erinnerungen an Matthias beherrschten mich während der ganzen Aufführung, die Wagner-Oper wurde derart zu einer doppelten Tortur. Danach meinten einige Kommilitonen im persönlichen Gespräch, ein Diskobesuch wäre lohnender gewesen. Hätte ich mich an den nach Jahrzehnten noch erinnert? Auch später neigte ich bei schwermütigen Konzerten zu Grübeleien.

Gelegentlich wurden auch in der Mensa am Landrain Tanzveranstaltungen angeboten. An einem Sonnabend im März war Dieter zunächst in die Franckeschen Stiftungen gezogen. Dort tanzte er zufällig mit einem Mädchen, das Kunstwissenschaft studieren wollte. Das Mädchen fand er nicht erregend, aber ihre Studienrichtung desto mehr. Sie mußte aus irgendwelchen Gründen fort, es gelang ihm jedoch, sich mit ihr für Sonntagvormittag zu verabreden. Danach begab er sich zu der Diskothek am Landrain. Mit gestärktem Selbstvertrauen gelang es Dieter, mit seiner aktuellen Favoritin, einer künftigen Studentin der Lebensmittelchemie, zu tanzen. Ingrid schien zwar sehr ruhig zu sein, doch ihre Augen faszinierten ihn. Überhaupt hatte sie ein anmutiges Gesicht. Außerdem spielte sie Geige, was er erotisch fand. Sie war die erste Auserwählte Dieters, die „gut im Fleische stand", wie es sein Onkel Herbert ausgedrückt hätte, im Gegensatz zu den Gertenschlanken, auf die er bisher gesetzt hatte. Mit Ingrid verabredete er sich für Sonntagnachmittag.

Aus Dieters Andeutungen konnten seine Zimmergenossen entnehmen, daß er es gleich zu zwei Rendezvous an einem Tag gebracht hatte. Das schlug hohe Wellen, da er bisher als ausgesprochen schüchtern gegolten hatte. Frank hatte zwar hin und wieder ein Stelldichein, aber mit größeren Abständen. Auf dem Weg vom Frühstück zurück ins Wohnheim paßte Ingrid Dieter ab, daß sie es sich anders überlegt habe. Sie hauchte irgendetwas von Freund oder so. Die Absage war ein herber Rückschlag.

Später erfuhr ich, daß ihr Vater zur wirklich herrschenden Klasse der DDR, der Nomenklatura, gehörte. Er bekleidete eine hohe Funktion im Apparat des ZK der SED. In den Wendewirren erschien sein Name erstmals in den Zeitungen. Gegen ihn war Anklage erhoben worden wegen dubioser finanzieller Machenschaften. Danach verlor sich seine Spur im Dunst des öffentlichen Interesses. Wie wäre mein Leben verlaufen als Ehemann einer sehr sensiblen Frau mit einem Apparatschik als Schwiegervater? Säße ich heute in einer Villa am Tegernsee oder in einem Plattenbau in Berlin-Marzahn? Ingrid, hörte ich, heiratete einen Russen und lebte seitdem in Moskau.

Das zweite Treffen mit der Kunstwissenschaftlerin fand wie verabredet an einer Normaluhr in der Nähe der Franckeschen Stiftungen statt. Dieter sprach mit ihr ein paar Stunden, doch die Chemie schien nicht zu stimmen. Vielleicht war sie nur nicht hübsch genug in seinen Augen. Die Kunstwissenschaft als solche konnte das nicht kompensieren. Das naßkalte Wetter förderte nicht die Romantik, wer weiß, wen er an einem milden Maiabend in ihr erblickt hätte.

12
Was wäre wenn

Im Frühjahr brachte Dieter sein Fahrrad mit nach Halle. Er fuhr nun zur Schule, was Zeit sparte gegenüber dem langen Fußmarsch oder der umständlichen Nutzung der Straßenbahn. So konnte er eine Viertelstunde länger schlafen. Am Wochenende unternahm er Touren in die Umgebung. Bob schwärmte vom Petersberg, einige Kilometer nördlich von Halle, der die höchste Erhebung zwischen Harz und Ural markieren sollte. Dieter kannte aus dem Erzgebirge andere Berge und konnte solche läppischen Gipfel nicht als Fahrtziel ernst nehmen. Stattdessen kreuzte er lieber durch die Heide, die mehr Lokalkolorit besaß.

Wie zu Hause radelte er allein. Vielleicht hätte er eine Partnerin für Radtouren am Wochenende suchen sollen? Wo hätte er inserieren können? Außerdem standen die ersten Studienorte für gewisse Fachrichtungen so gut wie fest. Ein Mädchen, das Dieter neuerdings gefiel, sollte mit einem anderen Mädchen in Taschkent studieren. Man konnte mit zwei singulären Frauen bei den Muselmanen zwar Mitleid haben, aber als Freundin war sie wohl keine günstige Wahl.

Bei dem Fahrrad hatte sich eines Tages die Halterung aus Aluminium für das Schutzblech des Vorderrades gelöst. Da der Schaden die Fahrtauglichkeit nicht beeinträchtigte, sah er keinen Grund ihn abzustellen. Ihm ging zwar das Geklapper hin und wieder auf die Nerven, aber den Mangel zu beheben, war noch nervender. Fahrradwerkstätten mußte man mit der Lupe suchen. Bei der Rückkehr nach Freiberg in ein paar Wochen würde sein Vater den Mangel schon abstellen. Als Dieter an einem Frühsommertag nachmittags in die Stadt fuhr, verfing sich bei einer Abfahrt die lose Halterung im Vorderrad, das sofort blockierte, so daß er über den Lenker stürzte. Er schleppte sich bis zur nächsten Apotheke, die sich in wenigen hundert Metern Entfernung befand. Die Apothekerin war sehr freundlich. Sie versorgte die Schürfwunden und bestellte ein Taxi. In der Wartezeit unterhielt sie sich mit ihm. Es stellte sich heraus, daß ihr Sohn in der Sowjetunion studierte. Er schien dort überhaupt nicht glücklich zu sein. Sie hielt Dieter für zu sensibel, um ein solches Studium unbeschadet zu überstehen. Ihre Mahnung gab ihm zu denken, doch worin bestand die Alternative?

Das Taxi fuhr mich in die Poliklinik. Die Verletzungen erwiesen sich als harmloser als von der Apothekerin befürchtet. Nichts war gebrochen, der Fuß nur leicht verstaucht. Ich bekam eine Tetanusspritze und eine Befreiung für das bevorstehende Sportfest. Nach einer Woche konnte ich wieder richtig laufen und sogar Radfahren. Das Fahrrad war inzwischen repariert. Ich würde mich also auch in der Sowjetunion nicht unterkriegen lassen.

In Halle nahmen wir wie die ganze werktätige und lernende Bevölkerung des Landes an der Kampfdemonstration zum Ersten Mai teil. Wir mußten ein, zwei zentral vorbereitete Transparente schleppen, der Rest bekam Winkelemente. Es dauert eine Weile, ehe wir an der Ehrentribüne mit den führenden Genossen des

Bezirkes Halle vorbeilaufen durften. Bei der Vielzahl der Werktätigen spielte die ABF keine Rolle. Unterwegs kamen wir an einem Sarggeschäft vorbei. In dem Schaufenster stand ein Sarg, darüber war eine Losung gespannt „Vorwärts zu neuen Erfolgen". Daneben hing ein Porträt des Generalsekretärs der Sozialistischen Einheitspartei Deutschlands und Vorsitzenden des Staatsrates der Deutschen Demokratischen Republik Erich Honecker. Mir fiel sofort die Komik der Schaufenstergestaltung auf. War sie von dem Betreiber des Sarggeschäftes in Eulenspiegelmanier bewußt angestrebt worden? Oder war ein übereifriger Parteisekretär hier über das Ziel hinausgeschossen? Jedenfalls mußten noch viele Jahre vergehen, bis sich der plakative Wunsch erfüllte. Wie hätte sich die Geschichte des Landes und somit auch meine geändert, wenn der vormalige Dachdecker seinerzeit das Zeitliche gesegnet hätte?

13
Nach Moskau

Die Spannung konzentrierte sich zunehmend auf den Studienort, den man uns zuteilen würde. Wir hatten uns zwar das Land ausgesucht, doch der Ort blieb völlig ungewiß. Zog man das große Los Moskau oder eine Niete in der Provinz? An einem Nachmittag standen drei kräftige Biologinnen in unserem Zimmer und verkündeten, sie würden mit uns in Kischinjow studieren.

Besonders belustigten sich Bob und ich später über die pummeligste und resoluteste der Damen, die treffend Gerburg Ramm hieß. Der Name Kischinjow war uns bisher nur nebulös als Hauptstadt der Moldauischen Sowjetrepublik vorgekommen. Wenigstens sollte es dort im Süden wärmer sein als in Moskau.

Pikanterweise sollte Gerburg später Bobs Frau werden. Die Studienplatzverteilung erwies sich, ähnlich wie in Hermann Kants *Aula,* generell als effektiveres Eheanbahnungsinstitut als die heutigen Partnervermittlungsagenturen. Ihre Beziehung entwickelte sich wie im Schlager: „Tausendmal berührt und es ist nichts passiert. Tausendundeine Nacht und es hat Zoom! gemacht.“ Über ihre großen Brüste äußerte er einmal: „Da hat man wenigstens etwas in der Hand.“

Es zeigte sich, daß die Biologinnen nur die halbe Wahrheit erfahren hatten. Die Mathematiker sollten nach Minsk *oder* Kischinjow geschickt werden. Das stellte einen harten Schlag für unsere Koryphäen dar. Sie hatten fest damit gerechnet, nach Moskau zu kommen. „Nach Moskau“ hatte in ihren Ohren einen Klang wie für die drei Schwestern in dem gleichnamigen Tschechow-Stück. Und nun das. In den Jahren davor studierten die Mathematiker tatsächlich meist in Moskau, und auch im folgenden Jahr gab es dort ein paar Studienplätze. Ausgerechnet der Premium-Jahrgang ging leer aus. Was die sowjetischen Bürokraten zu ihren Entscheidungen veranlaßte, sollten wir nie erfahren.

Die Verteilung der Mathematiker nahm zeitweise Züge von russischem Roulette an. Der Gruppendozent Herr Dietrich hatte eine Aufteilung vorgenommen, die die Talente etwa gleich verteilte. So sollte gewährleistet werden, daß die etwas schwächeren Studenten wirkungsvoll unterstützt werden konnten. Insbesondere wurden Engel und Ihlenburg für Kischinjow vorgesehen, während Gräbe und Zerck sowie Socolowsky und ich nach Minsk, der Hauptstadt Weißrußlands, sollten. Darüber wurde nicht diskutiert. Wenn es so bestimmt worden war, ließ sich nichts daran ändern. Oder doch?

Inzwischen hatte Konrad Engels Vater, der in Rostock Professor für Mathematik war, beim Minister angerufen, um anzufragen: „Seit wann wird man für gute Leistungen bestraft?“ Schließlich war Konrad der beste Student, und der sollte nun in die hinterste Provinz? Die weißrussische Hauptstadt Minsk lag immerhin auf dem halben Weg nach Moskau. Möglicherweise konnte man von dort eines Tages den Sprung nach Moskau schaffen. Nach dieser Intervention wurden die Karten natürlich neu gemischt. Zunächst stand fest, Engel geht nach Minsk. Ansonsten wurde das Pro und Contra rege debattiert. Socolowsky war prinzipiell mit Kischinjow einverstanden. Seine Freundin Sieglinde, genannt Siggi, die er vor ein paar Monaten kennengelernt hatte, würde in Moskau Lebensmittelchemie studieren, und da war es ihm ziemlich egal, wohin er ging. Allerdings sah er es gern, wenn ich ihn begleitete. Und Konrad Engel war lieber mit Frank Ihlenburg zusammen, für den zudem die größere Heimatnähe zählte, da seine Freundin in Greifswald saß. So kam ich gemeinsam mit Jürgen Socolowsky doch nach Kischinjow. Die Intentionen von Dietrich hatten sich in ihr Gegenteil verkehrt: Während die Crème nach Minsk aufbrach, wurde die zweite Wahl in den finsteren Sonnenstaat verbannt.

Vielleicht war alles ganz anders gewesen. Wie bei der Delegierung an die ABF hatte bei der Verteilung der Studienorte das Ministerium für Staatssicherheit das letzte Wort. Es sollte abgesichert werden, daß die Stasi überall ihre Lauscher hatte. Mancher mußte sogar die Studienrichtung wechseln, damit die Planspiele der Genossen aufgingen. Als Vollstrecker der Firma agierte der stellvertretende Direktor Büchner. Von alledem wußten wir seinerzeit selbstredend nichts. Heute kann man lesen, daß etwa jeder zehnte Auslandsstudent für die „Firma" gehorcht und geguckt hat.

Im Nachhinein war es für mich wohl die bessere Entscheidung, wenngleich das Wort *besser* deplaciert erscheint bei einer Wahl wie zwischen blind und lahm. Vor allem kamen nach Kischinjow im Laufe der Zeit wesentlich mehr Studentinnen aus der DDR als nach Minsk. Dort hätte ich nie meine Frau kennengelernt. Die weißrussische Hauptstadt war hingegen eine Hochburg für die Ausbildung von DDR-Russischlehrerinnen, die hier ein Praktikumsjahr verbrachten. Hätte ich mich auf diese gestürzt oder mit den einheimischen Weibern angebändelt, die allerdings attraktiver schienen als in Moldawien? Zudem genossen wir in Kischinjow einen privilegierteren Status als unsere Kommilitonen in der weißrussischen Metropole. Auch deren mathematische Blütenträume sollten dort schlecht reifen.

14
Endspiel

Das Jahr im „roten Kloster", wie die ABF außerhalb ihrer Mauern zuweilen genannt wurde, neigte sich dem Abschluß zu. Zwar durchzog die ideologische Indoktrination alle Lebensbereiche der

Anstalt, und es gab auch Restriktionen wie in einem Kloster, doch verglichen mit unseren Altersgenossen waren wir selbständiger. Mein Horizont hatte sich nicht zuletzt durch das Zusammenleben mit außergewöhnlichen Kommilitonen wesentlich geweitet. Und so viele hübsche Mädchen an einem Ort sollte ich nie wieder sehen.

Wie alle Abiturienten mußten wir die Abschlußprüfungen schreiben. An mündliche Prüfungen kann ich mich nicht erinnern. Der Anregung Bobs folgend brachte ich Schokolade und Babysaft mit zu den Klausuren, um den Geist fit zu halten. Der Babysaft in 0,15-Liter-Fläschchen war der einzige konzentrierte Mehrfruchtsaft, den es in der DDR zu kaufen gab. Da ein Fläschchen 1 Mark kostete, hielt sich der Abkauf in Grenzen. Freilich gefährdeten wir mit unserem dekadenten Gebaren die Versorgung der Kleinkinder mit Vitaminen im Arbeiter-und-Bauern-Staat, denn die Fläschchen waren bestimmt abgezählt, wie es sich für die Planwirtschaft gehörte.

Im letzten Monat wurden wir an einem Nachmittag zu einem Arbeitseinsatz ins zentrale Obst-und-Gemüse-Lager des Bezirkes Halle geschickt. Hier sah man Bananen, Tomaten, Gurken und andere Früchte, die sich nur selten in die Läden verirrten. Ich mußte zusammen mit anderen Studenten Zitronen aussortieren. Die Hälfte war grün oder weiß verschimmelt, was die Arbeit eklig machte. Wenn überall so viel zwischendurch vergammelte, brauchte man sich nicht wundern, daß wenig beim Endverbraucher ankam.

Frank Ihlenburg und Jürgen Socolowsky wurden als würdigste Studenten unserer Seminargruppe als Kandidaten in die SED aufgenommen. Unser Gruppendozent selbst bürgte für sie. Konrad Engel, dem als FDJ-Sekretär und Primus die Ehre zunächst zugestanden hätte, war vorzeitig eingeschult worden und daher noch nicht volljährig. Mir war das eigentlich egal. Ich hatte mit der Partei nicht viel am Hut, meine diffuse Kritik an deren Politik kam aber eher von links. Unsere Praktiken in der Kommune, als deren geistiger Kopf ich galt, und nicht zuletzt meine vehement geäußerte Ablehnung von individuellen Personenkraftwagen hatten mir den Ruf eines Linksradikalen eingetragen. Und linke

Kritiker waren in der spießigen DDR fast suspekter als rechte Opponenten, die zumal kaum etwas sagten, sondern versuchten, sich irgendwie in den Westen abzusetzen.

Nach dem letzten Heimfahrtwochenende, als ich zum Freiberger Bahnhof ging, begegnete ich zufällig einem bildhübschen Mädchen, das im Nachbarblock wohnte, mit dem ich sogar weitläufig verwandt war. (Sie war die Enkelin der Schwester meiner Großmutter) Sie winkte mir besonders freundlich nach. Sie war vielleicht vierzehn Jahre alt. In ein paar Jahren hätte sie eine reizende Freundin abgegeben. Doch ich traf sie nie wieder.

Ich kam später ein paar Mal nach Halle und noch öfter nach (Ost-)Berlin. Die faszinierende Aura, den diese Städte während der ABF-Zeit und der Weltfestspiele auf mich ausgeübt hatten, erreichten sie nie mehr. Im Gegenteil, ich fühlte mich dort fremd und empfand die Städte abstoßender als andere Orte, mit denen sich keine Erinnerungen verbanden. Ist das, was man die Ausstrahlung einer Stadt oder einer Landschaft nennt, nicht vor allem der Spiegel der eigenen Seele?

Die letzten Wochen in Halle vergingen wie im Zeitraffer. Sie wurden in der Wahrnehmung dominiert von der Fußballweltmeisterschaft in der BRD. Erstmalig hatte die DDR die Qualifikation geschafft. Obwohl ich mich lange nicht mehr für Fußball interessiert hatte, sah ich mir viele Spiele im Fernsehraum der Mensa an. So auch das siegreiche Spiel der DDR gegen das favorisierte BRD-Team in Hamburg. Es stellte sich bald heraus, daß es ein Pyrrhussieg war. Auch ohne das legendäre Sparwasser-Tor wäre die DDR ins Viertelfinale gekommen, so mußte sie als Gruppensieger gegen die starken Niederländer antreten, gegen die sie verlor. Die BRD steigerte sich von Spiel zu Spiel und schlug im Endspiel die Niederlande. Das Endspiel verfolgte ich nach der Ausgabe der Abiturzeugnisse und dem Abi-Ball, von diesen Ereignissen blieb kaum etwas bei mir haften, bereits in der Heimat. Wir gingen extra zu meinem Onkel Heinz, der als einziger in der Verwandtschaft einen Farbfernseher besaß.

Bald behaupteten einige fanatische Kommilitonen die Fußballweltmeisterschaft habe die Überlegenheit des Sozialismus demonstriert. Zwar sei die BRD Weltmeister geworden, doch wir hätten die Westdeutschen geschlagen und seien daher die Besten in der Welt. Wenn der Fußball tatsächlich ein Gradmesser für Effizienz der Systeme darstellen sollte, dann zeigte sich darin in Zukunft die Hoffnungslosigkeit des Sozialismus, denn die DDR-Mannschaft erreichte nie wieder die Endrunde. Immerhin hatte das Ländchen nie eine so starke Mannschaft besessen, und sie stand gewissermaßen für den Gipfel, den der DDR-Sozialismus erklommen hatte. Bald sollte es nicht nur mit dem Fußball kontinuierlich bergab gehen.

Die restlichen drei Wochen in Freiberg bis zur Abfahrt nach Osten dämmerten konturlos dahin. Lediglich an den Kauf eines großen Pappkoffers kann ich mich entsinnen. Mein Leben unter der Käseglocke ging unwiderruflich zu Ende. Das große Abenteuer konnte beginnen. Alles Bisherige war Vorspiel gewesen. Aber war das Vorspiel oft nicht prickelnder?

Zweiter Teil

Der lange Mittag

Wer ein WARUM zum Leben hat, erträgt fast jedes WIE.

Friedrich Nietzsche

Kapitel V

Im Reich des Bösen
(1974 – 1979)

Ja, damals, als wir Kinder waren,
nach der Revolution, haben wir
in Baschkirien noch
den Großvater gesehen, wie er
mit hellen lachenden Augen
die erste Glühbirne verfolgt hat,
die blitzend nackt durch unser
Dorfschulzimmer gependelt ist,
hin und her und hin und her.

Aber nun?

Karin Kiwus: Kleine Erinnerung an den Fortschritt

Anfangs wollt ich fast verzagen,
Und ich glaubt, ich trüg es nie;
Und ich hab es doch getragen –
Aber fragt mich nur nicht, wie?

Heinrich Heine

1
Ukrainischer Sommer

Meine Mutter begleitete mich nach Berlin, wo von dem düsteren Ostbahnhof ein Zug uns nach Moskau bringen sollte. Meine Mutter konnte vor der Abfahrt die Tränen nicht zurückhalten, als müßte ich an die Ostfront. Ich blickte indes sorglos nach vorn. Damals beherzigte ich noch die Leitlinien des positiven Denkens, ohne etwas davon gehört zu haben. Ich fühlte mich physisch und psychisch gesund. Mit meinem Elan hätte ich Berge versetzen können.

Wir erreichten bald die polnische Grenze. Danach legten wir uns nieder in dem Schlafwagen. Bob hatte einen Schrankkoffer angeschleppt, den er kaum anheben konnte, und der ständig im Weg stand. Am Morgen kamen wir in Brest an. Wegen des Wechsels der Spurweite mußten wir aussteigen. Die nähere Umgebung, die armselig und verlassen wirkte, war bald erkundet, doch bis zur Abfahrt verblieben zwei Stunden. So erfuhren wir gleich, worauf es in den russischen Weiten vor allem ankam, nämlich Geduld, besser noch Langmut. Wieder im Zug bot sich über Stunden ein nahezu unverändertes Bild einer menschenleeren, endlosen Ebene. Wir vertrieben uns die Zeit mit Kartenspielen. Vor allem Poker stand hoch im Kurs, als ginge es in den Wilden Westen. Zwischendurch servierte die dicke Schaffnerin Tee. Einmal aßen wir im Speisewagen zu Mittag. Ein Kaukasier sprach uns dort an wegen irgendwelcher Geschäfte, doch wir verstanden nicht, was er wollte.

In dem Jahr, in dem wir erstmals in das Land Lenins kamen, mußte ein anderer Mann dieses Land verlassen. In einem Buch hatte er das heroische Geschichtsbild der Kommunistischen Partei als Lüge entlarvt, indem er den blutigen Morast beschrieb, auf dem es stand. Die DDR-Presse hatte in die wüsten Beschimpfungen gegen Solschenizyns *Archipel Gulag* eingestimmt, und wir hatten die polemischen Kommentare gegen das antisowjetische Machwerk mangels besseren Wissens mehr oder weniger aufgesogen. Später hörte man, dieser oder jener Dozent habe das Werk, das in Handschriften zirkulieren sollte, gelesen und sich verhalten geäußert. Später zeigte sich, daß die Samisdat-Exemplare von Solschenizyns Werk die ersten Termiten waren, die schließlich das eherne Gebäude der Sowjetreiches zum Einsturz brachten. Nie wieder hatte Literatur eine derartige Wirkung. Und wir konnten sagen, wir waren dabei gewesen und hatten nicht den blaßesten Schimmer.

Im Morgengrauen erreichten wir Moskau. Die Lokomotive schlich durch die weit ausgedehnten Vororte, die Stadt schien zum Greifen nahe, eine Illusion, die auch die deutschen Angreifer im November 1941 gehabt hatten, als sie bis zum Stadtrand vordrangen. Vor dem Weißrussischen Bahnhof warteten Busse, die uns zu Studentenwohnheimen an der Peripherie beförderten. Hier konnten wir unser Gepäck abstellen. Die Zimmer machten einen maroden Eindruck. An der Decke hingen die nackten Glühlampen, die Tapeten waren verblichen und halb abgerissen. Das spärliche Inventar sah aus wie von einer Sperrmüllsammlung. Wir sichteten vereinzeltes Ungeziefer. Zum Glück brauchten wir hier nicht übernachten, geschweige denn uns für länger einrichten.

Nach einer kleinen Stadtrundfahrt, die an den monumentalen Bauten der Lomonossow-Universität vorbeiführte, wurden wir am Roten Platz abgesetzt. Nun konnten wir die Stadt auf eigene Faust erkunden. Wir passierten das Lenin-Mausoleum, bei der langen Schlange wollte sich keiner von uns anstellen. Im berühmten Kaufhaus GUM sammelten sich die Leute vor kümmerlichen Auslagen. Bald bekamen wir Hunger. Zusammen mit Jürgen, Bob und Volker ging Dieter in das erstbeste Restaurant. Bob meinte, er kenne sich mit den russischen Speisen etwas aus, da er früher ein paar Tage in Moskau gewesen war. Auf seinen Rat bestellten wir ein preiswertes Gericht mit einem unübersetzbaren Namen. Es wurde überraschend in einer Schüssel serviert. In einer dicken Soße schwammen Fleischstücke. Wir hatten keine Ahnung, ob man das mit dem Löffel oder der Gabel essen sollte. Da zur Mahlzeit viel Weißbrot gereicht wurde, waren wir bald gesättigt.

Schließlich holten wir unser Gepäck ab und wurden zu einem anderen Bahnhof gebracht. Von dort sollten wir am späten Abend nach Donezk in der Ukraine weiterreisen. In Donezk sollten wir in einem vierwöchigen Sprachkurs auf Land und Leute eingestimmt werden. Der Zug erwies sich als wesentlich schäbiger als auf der internationalen Strecke. Die Bettwäsche schien offenbar nicht gewechselt worden zu sein. Auf meinen Laken entdeckte ich sogar Blutflecken und Rotze. Meine Kommilitonen rieten mir, mich damit abzufinden, doch ich beschwerte mich in meinem rudimentären Russisch. Die Schaffnerin gab mir sogar neue Laken, die sahen allerdings nicht viel reinlicher aus. Schon der Zug nach Moskau war nicht schnell gefahren, aber dieser kroch geradezu. Oft blieb er stehen, entweder auf freier Strecke oder bei irgendwelchen Stationen, was äußerlich kaum einen Unterschied machte, außer daß ein paar Bauern Obst anboten.

Nach siebenundzwanzig Stunden Eisenbahnfahrt erreichten wir kurz nach Mitternacht Donezk. Die City des sowjetischen Ruhrgebietes wirkte gegenüber dem ländlichen Milieu, das wir vom Zug gesehen hatten, richtig aufgeräumt. Es gab breite, von Platanen gesäumte Magistralen mit vielen Läden und Restaurants. Auffällig waren wie in allen sowjetischen Städten die vielen politischen Losungen als Neonschrift auf Hochhäusern oder Spruchbänder an Gebäuden und Straßen. Der häufigste Spruch lautete wahrscheinlich „Ruhm der Arbeit", gefolgt von „Ruhm der KPdSU". Daneben gab es diverse Lenin-Zitate wie „Die Presse ist der kollektive Propagandist und Agitator" oder „Die Filmkunst ist die wichtigste aller Künste". Ein beliebter Spruch, der mir damals besonders widersinnig erschien, lautete: „Lenin ist lebender als alle Lebenden". Möglicherweise war das gar nicht so absurd, wenn auch wenig schmeichelhaft für die sich ausbreitende Totenstarre des real existierenden Sozialismus. Dagegen wirkten die Losungen in der DDR in Inhalt und Aufmachung ideologisch fahl, wenngleich die Sowjetmenschen die Losungen offenbar genauso ignorierten wie zu Hause die gelernten DDR-Bürger.

Wir wurden am Rand des Zentrums in neuen Hochhäusern untergebracht. Im Detail war in den Häusern viel Pfusch zu sehen. Die Treppenstufen waren ungleichmäßig hoch und schief, der Fahrstuhl fiel häufig aus. Die Fenster waren undicht. Die Studentenwohnheime lagen an einem kleinen See, in dem wir oft badeten. Einmal wurde mir beim Baden das Handtuch geklaut. Da hatte ich noch Glück, von einem Kumpel nahmen die Diebe gleich alle Sachen mit.

Von dem Wohnheimzimmer hatte man einen weiten Blick auf viel Grün. Die Zimmer wirkten sauber. Im Gegensatz zu Moskau kam Dieter das Wohnheim wie ein Hilton-Hotel vor, obwohl sie zu sechst nur einen großen Schrank hatten. Daneben gab es für jeden ein Nachtschränkchen. Einmal tropfte Wasser von der Zimmerdecke, der Klempner kam erst, als das ganze Zimmer unter Wasser stand. Darunter litt vor allem Dieters Stoffkoffer.

Ein kleiner Kühlschrank wurde billig ausgeliehen, so daß die Selbstverpflegung morgens und abends gesichert war.

Das Sortiment in den Lebensmittelläden war zwar schmaler als in der Heimat, aber alle wesentlichen Nahrungsmittel waren verfügbar. Als Schwerarbeitermetropole war die Stadt in der Versorgung relativ gesehen noch privilegierter als Halle bei uns. In dem Laden namens Gastronom, in dem wir meist einkauften, mußte man zuerst bezahlen und konnte dann die Waren in Empfang nehmen. Vorher empfahl es sich zu überprüfen, ob der Artikel, den man wünschte, im Angebot war. „Im Angebot“ hatte eine andere Bedeutung als heute, wo es für ein günstiges Angebot steht. Im sozialistischen Handel war das bloße Vorhandensein einer Ware günstig, der Preis war ja festgeschrieben und meist gering. Als Abwechslung zu dem eintönigen Mittagessen in der Mensa gönnten wir uns hin und wieder einen Restaurant-Besuch, der auch preisgünstig war. Mein Lieblingsgericht wurde Boeuf Stroganoff.

Bald begann der Russischkurs, den ein nachdenklicher junger Dozent durchführte. Er stellte sich vor mit Vor- und Vatersnamen, ich will ihn hier kurz Sergej nennen. Er trug trotz der Hitze einen einfachen schwarzen Anzug, aber ohne Krawatte. Obwohl er sich immer mit Kreide vollschmierte, war der Anzug am nächsten Tag makellos ausgebürstet. Auch die schwarzen Schuhe glänzten spiegelblank. Unser früherer Staatsbürgerkundelehrer Buchsbaum hätte an so viel Widerspiegelung seine dialektische Freude gehabt. Neben der Alltagssprache versuchte Sergej, uns die russische Poesie nahezubringen. Wir mußten einige Gedichte auf Russisch auswendig lernen. Das längste war Simonows „Wart' auf mich“, das während des Zweiten Weltkriegs, der hier Großer Vaterländischer Krieg hieß, entstanden war. In dem Gedicht appellierte das lyrische Ich an seine Frau oder Geliebte, das Warten auf seine Rückkehr nicht aufzugeben, selbst wenn es aussichtslos schien. Welchen Zweck der Dozent damit verfolgte war unklar. Wollte er unsere patriotische Erziehung stärken oder uns gegen Heimweh immunisieren?

Sein Lieblingsdichter war jedoch Jessenin, von dem wir vorher nie etwas gehört hatten. Von ihm lernten wir ein schlichtes Gedicht über eine weiße Birke, dem russischen Schicksalsbaum. Generell schien Jessenin in Rußland populärer zu sein als sein Antipode Majakowski, der zu offiziellen Anlässen oft mit propagandistischen Versen zitiert wurde. Auch ich lernte mit der Zeit Jessenin, der sich Mitte der zwanziger Jahre erschossen hatte, schätzen. Legendär war Jessenins Abschiedsgedicht, das endete mit den Versen: „Sterben ist in diesem Leben nicht neu, / Aber Leben ist natürlich nicht neuer“, was auf Russisch noch eindrucksvoller klang. Es rief seinerzeit ähnlich wie Goethes *Werther* eine Selbstmordwelle hervor, woraufhin Majakowski eine plakative Replik schrieb, was ihn nicht hinderte, sich fünf Jahre später selbst zu erschießen. Später interessierte ich mich sehr für den frühen Majakowski, der in der Sowjetunion kaum publiziert wurde. Dessen surrealistisches Gedicht „Ich sehe gern, wie Kinder sterben“ übertrug ich sogar leidlich ins Deutsche.

Während der gesamten Zeit des Sprachkurses herrschte erstklassiges Sommerwetter. Vor dem Tragen kurzer Hosen, von denen ich ohnehin nicht viel hielt, hatte man uns bereits vor der Abreise gewarnt. Es könnte passieren, daß man von einigen Leuten angespuckt würde. Einige Studenten trugen nun Sandalen ohne Socken. Das mißfiel zumindest Sergej. Er wies diskret auf die nackten Tatsachen hin und schrieb an die Tafel auf Englisch: „If you are in Rome, do like Romans.“ Der Spruch hatte gewiß etwas für sich, aber Rom stellte ich mir etwas anders vor.

Sehenswürdigkeiten im engeren Sinne gab es keine in Donezk. Die Stadt machte einen lebendigen Eindruck. Besonders abends quollen die Alleen und Plätze über von Passanten jeden Alters, die die laue Sommerluft genossen. Ein solches südliches Fluidum hatte ich bisher nur während der Weltfestspiele 1973 in Berlin erlebt. Hier schien es Alltag zu sein. Es umgab uns vielleicht doch ein Hauch von Rom. Die Geschäfte hatten jeden Tag, einschließlich sonntags, bis zum späten Abend geöffnet. An Straßenständen konnte man schmackhaftes Eis oder Konfekt kaufen. Überall gab es Getränkeautomaten, die für wenige Kopeken Limonade ausgaben. Aus großen Fässern schenkten russische Mütterchen Kwass oder Bier aus. Das einheimische Bier war ein fürchterliches Gesöff und hatte nur den Namen mit dem europäischen Produkt gemeinsam. Doch das süßliche, hellbraun leuchtende, alkoholfreie russische Spezialgetränk Kwass, das aus Brot gewonnen wurde, schmeckte mir.

Außer den früheren ABF-Studenten nahmen an den Sprachkursen auch künftige Diplomaten teil, die in der DDR bereits eine Ausbildung begonnen hatten. Sie bildeten einen exklusiven Kreis und ignorierten ihre Landsleute. Sie stürzten sich jeden Morgen auf alle verfügbaren Zeitungen und diskutierten den ganzen Tag über Politik. Die Ölkrise hatte den Westen in seinen Fundamenten getroffen. Gerade wurde das politische System der USA von der Watergate-Affäre erschüttert, die schließlich zur Amtsenthebung von US-Präsident Nixon führte. Der Vietnamkrieg näherte sich dem Ende mit einem Sieg des kommunistischen Nordens. In einigen afrikanischen Ländern hatten sich marxistische Regierungen etabliert. Der Aufstieg des Weltkommunismus schien unaufhaltsam. War ich doch zur richtigen Zeit am richtigen Ort?

Später behauptete ein hoher Sowjetfunktionär in einem Vortrag, Nixon wäre in jenen Tagen nahe dran gewesen, einen Atomkrieg auszulösen, um die Niederlage in Vietnam abzuwenden und gleichzeitig von den inneren Problemen abzulenken. Ich weiß nicht, ob das stimmte. Der Mann bezeichnete auch den ägyptischen Präsidenten Sadat, der den Friedensvertrag mit Israel abgeschlossen hatte und danach ermordet worden war, als Faschisten.

Die Zeit des Studiums in der Sowjetunion sollte zur friedlichsten Periode seit dem Zweiten Weltkrieg werden. Die UdSSR hatte Abkommen mit den USA zur Begrenzung des atomaren Wettrüstens abgeschlossen. In Europa kam es im Vorfeld und als Folge der Konferenz für Zusammenarbeit und Entspannung in Europa zu einer Entkrampfung zwischen den Blöcken.

In der Nähe des Wohnheims befand sich ein Vergnügungspark. Hier fanden öfters Tanzveranstaltungen statt, die Dieter in Begleitung einiger Mitstudenten mitunter aufsuchte. Zur Überraschung seiner Kommilitonen und zur eigenen Verblüffung forderten die sowjetischen Mädchen ihn bevorzugt gegenüber den restlichen deutschen Studenten auf. So etwas war zu Hause nie vorgekommen. Lag es an meinem rotweißgestreiften Hemd, das die Damen möglicherweise als Symbol westlicher Mode interpretierten? Sie erzählten von irgendwelchen deutschen Studenten, von denen sie Geschenke erhalten hatten. Nur entsprachen die hiesigen Schönheiten nicht seinem Frauenideal. Donezk gehörte zwar zur Ukraine, lag aber weit im Osten und war russisch dominiert. Die Verse aus dem Beatles-Titel „Back to the U.S.S.R": „The ukrain girls make me twist and shout / They leave the West behind" konnten kaum auf diese Mädchen gemünzt sein.

Den Höhepunkt des Sprachkurses bildete eine Rundfahrt durch das Donezkbecken. Außerhalb Donezks waren die Siedlungen ärmlich. Der Bus hielt zu einem Zwischenstopp in einem Ort mit 70.000 Einwohnern, der wie ein Kaff mit 5.000 Einwohnern wirkte. In Amerika konnte ich fast ein Vierteljahrhundert später den gegenteiligen Effekt beobachten. Im Mittelpunkt der Bustour stand der Besuch von Gedenkstätten der Helden, die im Hinterland gegen die „deutschen Eindringlinge", wie es stereotyp hieß, gekämpft hatten. Mit uns schienen die Sprecher diese gesichtslosen Gestalten nicht in Verbindung bringen zu wollen. Mehr als die martialischen Denkmäler prägten sich die Toiletten ein, wobei man treffender von Scheißhäusern sprechen müßte. Die beckenlosen Abtritte ohne Wandverkleidung waren schlimm genug, deren Verdrecktheit verschlug uns die Sprache.

Das Ziel der Rundfahrt war Krasnodon. In dem Ort hatte eine jugendliche Partisanenorganisation gegen die deutschen Okkupanten gekämpft, was der Schriftsteller Fadejew in dem Roman *Die junge Garde* dargestellt hatte. Ich hatte das Buch, das als Meisterwerk des sozialistischen Realismus galt, in einem Anfall patriotischen Pflichtbewußtseins in den letzten Ferien gelesen. Das vordergründige Pathos ging mir beizeiten auf den Wecker. Fadejew beschrieb die Deutschen als Leute, die sich nie wuschen und zu jeder Gelegenheit fluchten. Hatte er da nicht etwas verwechselt? Es hieß, einige Helden des Buches hätten sich tatsächlich als Verräter erwiesen und umgekehrt, woraufhin der glühende Stalin-Verehrer Fadejew sich erschoß.

In Donezk besuchten wir ein paar Museen, an die ich mich nicht erinnern kann und ein Stahlwerk, von dem mir noch die Hitze in der Nähe des Hochofens bewußt ist.

Unser Russischdozent Sergej bot eines Tages an, zwei Studenten auf eine Obstplantage mitzunehmen. Das Obstangebot in den Läden war sehr spärlich. Da Bob und ich sich zuerst meldeten, fuhr Sergej mit uns in seinem Lada zu einer Aprikosen-Plantage in der Nähe der Stadt. Er sagte, wir könnten hier für den Eigenbedarf eine angemessene Menge ernten. Mir kam das zwar etwas seltsam vor, das war wohl eine Form des Kommunismus. Die Eimer, die Sergej mitgebracht hatten, füllten wir schnell. Im Wohnheim verteilten wir die Früchte unter den Kommilitonen, die sie gierig verschlangen. Am nächsten Tag hatten wir alle Durchfall.

Ein paar Mal ging Sergej mit unserer Gruppe ins Kino. Filmbesuche waren bei der sowjetischen Bevölkerung sehr populär. Vor den Kinos wiesen riesige Plakattafeln, die in der Machart den Arbeiterdarstellungen der Propaganda ähnelten, auf die aktuellen Filme hin. Erinnerlich ist mir nur ein indischer Film mit dem Titel *Elefanten – meine Freunde*. Ein gräßlicher Streifen – abgeschmackt, rührselig und pseudotragisch: der Begriff Bollywood sagte mir damals noch nichts. Die primitive Story hatte immerhin den Vorteil, daß ich fast alle Dialoge verstand. Zu Hause liefen solche Schinken nicht. In der DDR wollte man das Publikum nicht nur politisch, sondern gleichfalls ästhetisch erziehen. Auch für Horror war die sowjetische Zensur durchlässiger als die ostdeutsche.

Keinen Spaß verstand der sowjetische Filmverleih bei Nacktszenen. Dazu gab es den folgenden Witz: „In der Sowjetunion ist der erste Sexfilm gedreht wurden. Lenin nimmt die Mütze ab." Tarkowskis *Andrej Rubljow*, der wegen seines vermeintlich patriotischen Credos offizielle Duldung genoß, wurde wegen einer Massennacktszene, die man nicht herausschneiden konnte, ohne den ganzen Film zu verstümmeln, nur im geschlossenen Rahmen aufgeführt.

An einem Sonntagmorgen war ich mit Volker Heumann früh aufgestanden, um Fotos von der Stadt zu machen. Zu einem waren die Lichtverhältnisse günstiger, zum anderen waren zu früher Stunde die Straßen nahezu menschenleer. Wir kamen bis zum Stadtrand, wo die Abraumhalden aufragten. Hier gab es Wohnsiedlungen aus Lehmhütten, die nicht zu den Monumentalbauten im Zentrum paßten. Wohnte hier die herrschende Arbeiterklasse oder bloß das Lumpenproletariat, das für den Kapitalismus typisch war? Wir packten die Fotoapparate weg und hielten uns in respektabler Entfernung zu den Hütten. So hoch schätzten wir unsere Fotokünste nicht, daß wir dafür unkalkulierbare Risiken eingingen. Heute bedauere ich eher, so zaghaft gewesen zu sein, gab es doch viele Motive im Paradies des entwickelten Sozialismus, die man gern für die Nachwelt konserviert hätte. Aber keiner von uns ahnte, daß dieses Paradies, das in seiner Ereignislosigkeit für die Ewigkeit bestimmt schien, in absehbarer Zeit von der historischen Bühne verschwinden würde.

2
Die weiße Stadt

Ende August fuhren die neunzehn DDR-Studenten, die in Kischinjow studieren sollten, weiter an den künftigen Studienort. Neben sieben Mathematikern waren das sieben Biologen und fünf Physiker. Die Fahrt in die Hauptstadt Moldawiens hinterließ in mir eine angenehme Stimmung, wenngleich ich mich an Einzelheiten nicht mehr erinnern kann. Ich weiß nur, irgendwann stand neben uns ein Zug mit jungen Leuten, die das Ende ihres Studiums bejubelten. Die Absolventen ermunterten uns, die fünf Jahre Studium seien wie im Flug vergangen. Ich stellte mir vor, ich säße in jenem Zug, und mir kam es vor, alles sei bereits vorüber. Ein schöner Traum. Dabei sollte die Zeit gerade im ersten Studienjahr langsamer kriechen als je zuvor oder danach.

Die ersten Wochen bereitete es mir etwas Mühe, die Vorlesungen in Russisch zu verfolgen. Bald hatte ich mich wie meine Kommilitonen daran gewöhnt. Ich konnte mich nun auf Russisch verständigen, ohne es je zur Perfektion zu bringen. Die Russen hielten uns in der Regel für Balten, bevorzugt Esten. Da die baltischen Völker, die erst 1940 von Stalin ins Sowjetreich eingegliedert worden waren, ein sehr distanziertes Verhältnis sowohl zum Sowjetsystem als auch den Russen pflegten, gaben sie sich nicht viel Mühe beim dialektfreien Erlernen der Amtssprache.

Wir hatten zwar weiter Russischunterricht bei jungen Lehrerinnen, die sich vor allem viel auf ihre tatsächliche oder vermeintliche Schönheit einbildeten. Viel lernten wir dabei nicht. Mitunter machten wir einen Jux. Beispielsweise sollten wir einmal moderne deutsche Gedichte ins Russische übertragen. Bob hatte ein Kurzgedicht von Sparschuh ausgewählt: „Ich wachse. / Mein Bett wird zu klein, / allein.“. Daraufhin errötete die Schöne und entrüstete sich über diese Unmoral. Die politischen Anspielungen in dem Kunze-Gedicht über die Sowjetunion, das ich übersetzt hatte, verstand sie gleich gar nicht. Einmal hatten wir Vertretung bei einer älteren Dame, die desto greller geschminkt war. Sie behauptete, Deutsch zu können und alles zu verstehen, was wir untereinander sprachen. Außer dem Satzfragment: „Rote Rose war rot“, mit rollendem R vorgetragen, brachte sie nichts Verständliches über die Lippen. Sie war offenbar die Gattin eines Funktionärs, denn sie war in London und Paris gewesen. Sie hatte davon nicht viel zu erzählen, wahrscheinlich war sie vorwiegend in den Geschäften gewesen, sozusagen als Vorbotin der neuen Russen zwanzig Jahre später.

Der Russischunterricht zog sich bis zum neunten Semester hin. Die Russen lernten während der Zeit das Kriegshandwerk, wie das Fach wörtlich übersetzt lautete. Konkret erhielten die Jungen eine Reserveoffiziersausbildung und die Mädchen wurden Sanitäter. An DDR-Hochschulen beschränkte sich diese Art Ausbildung auf ein sechswöchiges Militär- beziehungsweise Zivilverteidigungslager. Als Reserveoffizier mußte man sich extra verpflichten. Der Intelligenzler als gemeiner Rekrut war den DDR-Oberen ohnehin lieber. Von der Militärausbildung der Russen erfuhren wir kein Sterbenswörtchen, wahrscheinlich fielen Gespräche darüber unter Hochverrat, obwohl es schätzungsweise wenig zu verraten gab.

Da die Russen meinen Familiennamen nicht richtig aussprechen konnten, bereits die adäquate Transkription war unmöglich, hieß ich fortan Ostraich. Einigen war das noch zu kompliziert, so daß der Name zu dem der berühmten Geiger Oistrach mutierte. In Amerika wäre das einfacher gewesen. Allerdings hatte ich auch zu Hause oft Ärger mit der richtigen Schreibweise. Daß jemand den Namen Oestreich korrekt schrieb, nachdem er ihn gehört hatte, war so gut wie ausgeschlossen. Sogar beim Abschreiben machten viele daraus Oestereich oder Östreich oder gleich Österreich. Das passierte sogar habilitierten Leuten. Die Etymologie dieser Wörter ist tatsächlich gleich, doch jeder hat ein Recht auf die richtige Schreibweise seines Namens.

Im Wohnheim hatte ich ein Zimmer im ersten Obergeschoß, was in Rußland als zweite Etage zählte, zusammen mit Jürgen, Bob sowie einem Moldauer mit Familiennamen Prodan, dessen Vorname zu Senja verkürzt wurde. Senja war etliche Jahre älter als wir, wahrscheinlich etwa 25, sah aber mehr als zehn Jahre älter aus. Er hatte in der Sowjetarmee gedient und war verlobt. Seine Verlobte war ein zurückhaltendes, kräftiges Mädchen aus einem moldauischen Dorf. Er studierte Chemie im ersten Studienjahr. Wie er dazukam, mit uns ein Zimmer zu teilen, blieb im Dunkeln. War es Zufall, oder hatte gar der KGB seine Finger im Spiel? Es hieß, wir sollten auf diese Weise besser Russisch lernen. Für ihn war Russisch nicht die Muttersprache, wenngleich er bedeutend besser sprach als wir. Im Gegensatz zu späteren russischen Mitbewohnern war er kommunikativ. Vor allem lernten wir das unentbehrliche Alltagsvokabular, nicht zuletzt die üblichen Schimpfwörter, die die Russischlehrerinnen nicht nur zum Erröten gebracht hätten. Senja war ein einfacher, lebensfroher Mensch, der gern scherzte. Er hatte aber zwei Nachteile, die er mit vielen Vertretern des *Homo Sovieticus* teilte. Zum einen beschränkte er die Körperhygiene auf ein Minimum, im Zweifelsfall benutzte er eher Parfüm, wenn man das sowjetische Produkt dieses Namens überhaupt so bezeichnen kann. Zum anderen schnarchte er mächtig, vor allem wenn er etwas getrunken hatte, was allerdings selten vorkam. Da er oft auswärts übernachtete, blieb das Zusammenwohnen mit ihm auf die Dauer erträglich.

Die Zimmer mußte man natürlich selbst sauber halten. Auch für die Reinigung der Flure waren die Studenten zuständig. Man kam in gewissen Abständen an die Reihe und konnte dann kurz vor Mitternacht beginnen mit Kehren und Wischen. Dafür kam man in den Genuß der sowjetischen Nationalhymne, die um 24 Uhr aus dem Lautsprecher schepperte. Lediglich die Toiletten und Waschräume wurden von einer Reinigungskraft gesäubert, die es jedoch meist nicht sehr genau damit nahm.

Die objektiven Voraussetzungen für die Körperpflege waren nicht günstig. Im Wohnheim gab es auf jeder der drei Etagen je einen Waschraum mit Toilette für die beiden Geschlechter. Im Haus befand sich keine einzige Dusche. Wir improvisierten mitunter mit einem Gummischlauch, den wir im Waschraum an das kalte Wasser anschlossen. Wenn man baden wollte, mußte man in die *Banja,* ein öffentliches Badehaus, gehen. Die nächste Banja befand sich schräg gegenüber dem Wohnheim. Hier konnten je nach Wochentag entweder die Männer oder Frauen baden. Die russischen Männer rieben sich nach einer heißen Dusche mit großen Schwämmen gegenseitig die Rücken ab. Manche saßen stundenlang in der Banja. Viele Badegäste – darunter Senja - zogen am Ende wieder die stinkenden Turnhosen und –hemden an, die sie als Unterwäsche benutzen. Einige reinigten auch in der Banja ihre Klamotten. Wir wuschen unsere Sachen im Waschraum. Für Kochwäsche gab es einen großen Topf, den ein DDR-Student für die anderen verwahrte, der in der benachbarten Küche aufgesetzt wurde. Die Waschmittel ließen wir uns schicken, weil die landestypischen Produkte einerseits eine sehr bescheidene Reinigungswirkung besaßen, andererseits penetrant rochen. Aufhängen mußte man die Wäsche im Wohnraum. Aufgrund der Umstände trug ich meine Hemden meist eine ganze Woche, während ich sie heute beinahe täglich wechsle.

Das Wärmeempfinden von Bob und mir war diametral entgegengesetzt. Während ich im Spätherbst, in eine dicke Strickjacke gehüllt, am Zimmertisch las, saß er im Unterhemd am leicht geöffneten Fenster, und ihm rann der Schweiß von den Achseln. So war er zwar schon in Halle herumgesprungen, doch das dortige Zimmer war warm gewesen, und er hatte sich stets nach den anderen Bewohnern gerichtet. Jetzt gab es Auseinandersetzungen nicht zuletzt darüber, ob man nachts das Fenster offen oder geschlossen lassen sollte: Das Bedürfnis nach frischer Luft kollidierte mit dem Bedürfnis nach Wärme. Immerhin hatten die Fenster im oberen Teil eine Luke (russisch: „Fortotschka"), so daß man sich meist auf deren Offenlassen als Kompromiß einigen konnte.

Eines Tages bekamen wir ungebetenen Besuch. Bob hatte den Rest eines mit Wasser gefüllten Glases aus dem Fenster gekippt, ohne auf die Passanten auf dem Fußweg Obacht zu geben. Eine Frau hatte die Flüssigkeit, deren Konsistenz sie nicht kannte, auf den Mantel abbekommen. Sie stürmte sogleich in unser Zimmer. Ob wir das gewesen seien, wollte sie wissen, was wir kleinlaut bejahten. Daraufhin war sie kaum zu bremsen. Erst nachdem wir ihr mehrfach versichert hatten, daß es sich nur um Wasser handelte, zog sie ab. Für den Wiederholungsfall drohte sie mit schwerwiegenden Maßnahmen. Danach wagte niemand mehr von uns, etwas aus dem Fenster zu entsorgen, was vor allem auf der Hofseite des Wohnheims durchaus typisch war. Die asiatischen Sitten sollte man sich besser nicht angewöhnen.

In den ersten Wochen machten wir uns mit unserem Studienort allmählich vertraut. Kischinjow war eine Stadt mit einer wechselvollen Geschichte, von der man im Stadtbild nur wenig ablesen konnte. Am Anfang des 19. Jahrhunderts war Bessarabien mit seiner Hauptstadt Kischinjow nach Jahrhunderten türkischer Besatzung an Rußland gefallen. Die Stadt genoß keinen guten Ruf. Puschkin, der hier drei Jahre in der Verbannung verbrachte schrieb: „Verfluchte Stadt Kischinjow, die Zunge wird nicht müde, Dich zu beschimpfen." Um 1900 stellten die Juden fast die Hälfte der Bevölkerung, und es kam zu einem Pogrom mit etlichen Toten. Das alles spielte in der Betrachtung zu unserer Zeit keine Rolle. Inzwischen lebten eine halbe Million Menschen hier. In der sowjetischen Folklore wurde Kischinjow als „weiße Stadt" besungen, ein poetisches Bild, dem die Wirklichkeit kaum entsprach. Zumindest gab es viel Grün. Wir verkürzten den Namen der Stadt oft zu *Ki*.

Den Lebensnerv bildete die Magistrale, der Lenin-Prospekt, der sich über einige Kilometer durch die Stadt zog. Dort standen die Gebäude der Partei, des Obersten Sowjets und weitere Verwaltungsgebäude. Es gab ein Museum für bildende Kunst, wo man Prachtstücke des sozialistischen Realismus begutachten konnte, ein Theater, das Postamt, ein paar Läden und das Intourist-Hotel. In einer Seitenstraße befand sich ein Plattenladen. Hier kaufte ich viele Klassikplatten der Firma Melodija zum Preis von umgerechnet ca. vier DDR-Mark. Hin und wieder gab es auch Singles westlicher Rockgruppen, wobei die Gruppennamen mit kyrillischen Schriftzeichen angegeben und die Titel ins Russische übersetzt waren.

Vor dem Sitz der Partei verbreitete sich der Lenin-Prospekt. Hier ragte das Lenin-Denkmal auf. Davor wurde zu Feiertagen die Tribüne für die Führung der Sowjetrepublik aufgebaut. Später errichtete man einige Meter weiter ein Marx-Engels-Denkmal. Die Begründer des wissenschaftlichen Kommunismus wurden weniger verkrampft dargestellt als der Säulenheilige Lenin, nämlich in ein Gespräch vertieft. Das nahm der Volksmund als Grundlage für einen Witz, indem er den beiden die folgenden Worte in den Mund legte – Marx: „Wo ist Lenin?" Engels: „Der holt die Flasche." (Im zwielichtigen Milieu war es üblich, daß sich drei Trinker, die sich zufällig getroffen hatten, ihre Piepen zusammenlegten und einer eine Flasche Wodka kaufte, die sie sogleich gemeinsam niedermachten.)

Abseits der Magistrale wirkte die Hauptstadt eher ländlich. Am Stadtrand existierten einige Neubaugebiete. In dem größten Gebiet Botanika befand sich der Buchladen „Drushba" („Freundschaft") für internationale Literatur. Hier konnte man vor allem in der DDR gedruckte Literatur kaufen. Die Bücher waren sehr preiswert, sie kosteten etwa die Hälfte des an sich geringen Endverbraucherpreises der DDR. Die Auswahl folgte keinem erkennbaren Prinzip, mitunter waren daher auch rare Titel im Angebot. Der kürzeste Weg nach Botanika führte durch ein verrufenes Viertel mit Schlammwegen und primitiven Hütten. Ich zog es in der Regel vor, eine weiträumige Umfahrung mit dem Trolleybus zu nutzen. Mit den klapprigen Bussen konnte man notfalls auch zur Universität fahren. Da das Wohnheim neben dem größten Stadion der Stadt lag, befand sich unweit davon eine Bushaltestelle. Zu Fuß brauchte man eine Viertelstunde. Der Weg führte durch ein- bis zweigeschossig bebaute Straßenzeilen. Ein ähnliches ländliches Bild fand ich später in einigen alten Straßen von Potsdam-Babelsberg. Obwohl ein Busticket weniger als 15 Pfennig kostete, fuhr ich zuweilen schwarz. Im Programm der KPdSU, das unter Chrustschow Anfang der sechziger Jahre angenommen worden war, stand ja, der öffentliche Nahverkehr sei kostenlos ab 1965. Der „warmherzige Ukrainer" war zwar längst zur Unperson geworden, aber Kontrolleure sah ich dennoch nie.

Auf dem Weg zur Universität wunderten sich meine Kommilitonen, wieso ich mitunter die Straßenseite abrupt wechselte. Es dauerte eine Weile, ehe sie durchschauten, daß ich derart aus den Höfen zuweilen auftauchenden Hunden auswich. Immerhin hatte ich Erfolg mit meiner Strategie, während ein Mitstudent einmal von einem Kläffer an der Hose gepackt wurde. Die Anzahl der freilaufenden Hunde konnte man als Gradmesser der Zivilisiertheit eines Viertels nehmen. So gab es im sogenannten Diplomatenviertel keine streunenden Hunde, auch im Zentrum oder Botanika waren sie vernachlässigbar, während es beispielsweise in der Nähe des Bahnhofs kritisch aussah.

Unterhalb des Lenin-Prospekts lag der Busbahnhof, eine besonders schmuddelige Gegend, die vorwiegend von dicken Bäuerinnen mit bunten Kopftüchern aus dem Umland bestimmt wurde. Dahinter begann das Lebensmittel-Paradies der Hauptstadt, der Bauernmarkt oder Basar. Der Markt war ein augenscheinlicher Beweis für die Überlegenheit der Marktwirtschaft über die Planwirtschaft. Hier verkauften die Bauern die Produkte, die sie individuell erzeugt hatten. Es gab es ein breites Sortiment erstklassigen Obstes und Gemüses, das nicht nur gut aussah, sondern auch - anders als das, was man heutzutage im Supermarkt kaufen kann - vorzüglich schmeckte. Die Preise waren freilich gepfeffert. Daher hielt sich der Zulauf in Grenzen.

Wir bekamen als Stipendium 85 Rubel pro Monat, das entsprach 270 DDR-Mark, sowie einmal im Jahr einen Freiflug nach Berlin und zurück, der in unserem Fall 60 Rubel kostete. Die Miete für das Wohnheim betrug 4,50 Rubel. Das Grundstipendium war gleich für alle Auslandsstudenten, allerdings mußten die Eltern, die besser verdienten, die Differenz zum Einheitsstipendium von 150 Mark in der DDR, teilweise oder ganz einzahlen. Unser Stipendium betrug das Doppelte der Stipendien der sowjetischen Studenten. Viele sowjetische Rentner bekamen gleichfalls nicht mehr als 40 Rubel im Monat. Die meisten von uns gaben das Geld vorwiegend für Lebensmittel aus.

Auf dem Basar gab es auch Fleisch, das offen auslag und auf dem es von Fliegen wimmelte, oder Hühnerkadaver. Um diese Stände machten wir einen großen Bogen. In den staatlichen Läden war das Angebot sehr eingeschränkt, kein Vergleich mit dem Donezkbecken. Fleisch fehlte völlig. Hartkäse wurde eine Sorte angeboten, sogenannter Holländischer, der aus großen Laiben geschnitten wurde. Ebenso gab es, wenn überhaupt, eine Sorte Wurst, entweder eine griebenartige Sorte, die ich nicht mochte, oder „Doktorskaja", eine Art Lyoner, die nach gar nichts schmeckte. Zumindest konnte man diese Wurst braten. Eier konnte man meist kaufen, aber nicht mit Sicherheit. Am Anfang wurden noch Obstkonserven, vor allem Aprikosen, angeboten. Gut und beständig war das Brotangebot. Vor allem einige Weißbrotsorten waren den Erzeugnissen zu Hause geschmacklich überlegen. Verglichen mit Regionen in der tiefsten russischen Provinz war die moldauische Versorgung gut. Dort sollte es außer Brot, Fischkonserven und Marmelade faktisch nichts geben.

Der Mensch lebt nicht vom Brot allein. Harte Wurst und zuweilen geräucherten Schinken brachte ich aus der DDR mit oder ließ ich mir schicken. Einmal im Vierteljahr durften unsere Eltern ein *Lizenzpaket* aufgeben. Darein konnte man – klitzeklein deklariert – zehn Kilogramm Lebensmittel wie Stollen, Schokolade, Kekse, Kakaopulver oder auch Zellstofftaschentücher packen. Die Zulässigkeit von Wurst war unklar, wenn man ein, zwei Stück beilegte, kam sie meist an. Das waren unsere Westpakete. Das Inhaltsverzeichnis war jedes Mal ein Armutszeugnis für die entwickelte sozialistische Gesellschaft in der UdSSR, für die Generalsekretär Breschnew gerade den Übergang zur zweiten Phase der kommunistischen Gesellschaftsformation verkündet hatte. Dann sollte laut Marx „Jeder nach seinen Bedürfnissen" leben können. Man mußte das Lizenzpaket vom Postamt abholen und quer durch die Stadt schleppen. In Päckchen bis zu einem Kilogramm konnten nur Waschpulver, Seife oder ähnliches geschickt werden. Die Aufbewahrung der Lebensmittel war problematisch. Zwar stand im Flur des Wohnheims ein öffentlicher Kühlschrank. Die exklusive Wurst konnte man natürlich nicht dahin legen. Ich hängte sie in der kalten Jahreszeit zwischen die Doppelfenster.

Mit der Zeit begannen die Würste an der Kunststoffschale, Schimmel anzusetzen. Vor dem ersten Anschnitt wusch ich die Schale deshalb ab. Damit die Wurst möglichst lange reichte, billigte ich mir pro Tag drei Scheiben zu.

Eine Zeitlang erhielt ich das Lizenzpaket in ramponierter Form. Einige Verpackungen waren zerstochen, besonders die Waschmittel, die meine Mutter zunächst gleichfalls hineingetan hatte, kamen den sowjetischen Zöllnern suspekt vor. Das weiße Pulver verteilte sich sodann gleichmäßig auf das Paketinnere. Einzelne Produkte fehlten ganz, ohne daß die Beschlagnahme protokolliert worden war. Mitunter zeigte die Tätigkeit des Zolls groteske Züge. Einmal erhielt ich ein offizielles Formblatt bezüglich der Beschlagnahme von Saatgut, das für die Einfuhr generell verboten sei. Welches Saatgut hatte meine Mutter geschickt? Es stellte sich heraus, daß es sich um Fencheltee handelte.

Meine Mutter schrieb einen Beschwerdebrief an die Zollverwaltung der DDR. Sie bekam ein höfliches Antwortschreiben, das begann mit: „Liebe Frau *Kestrich*". Darin bedankten sich die Genossen für die Hinweise, versicherten aber, die Pakete nicht angerührt zu haben. Einige Zeit später wurde ich zum Vizekonsul und Leiter der Studentenabteilung der DDR-Botschaft in Kiew, der hin und wieder die sogenannte Landsmannschaft der DDR-Studenten in Kischinjow aufsuchte, bestellt. Er war ein braungebrannter, smarter Macho mit dem treffenden Namen Eiteljörge. Man konnte sich ihn auch als Personalchef einer westlichen Firma vorstellen. Doch hier verkörperte er den dogmatischen Apparatschik, der unsere Leitung mit Weisungen versah. Er kanzelte mich ab, wieso ich mich erdreisten könnte, mich bei den Genossen der Zollverwaltung zu beschweren. Wir sollten froh sein, daß wir überhaupt die Pakete bekämen. Unsere sowjetischen Freunde würden wesentlich bescheidener leben und dennoch nicht klagen. Ich wendete ein, daß meine Mutter den Brief geschrieben habe. Doch das zählte nicht, wie alle diktatorischen Regimes neigte die DDR zur Sippenhaft. Von wem hatte denn meine Mutter die Informationen? Man hatte sie also durchaus nicht als „Frau Kestrich" registriert. Bezeichnend war auch die Feigheit der Behörden. Schriftlich gaben sie sich konziliant, während sie unter vier Augen die Zähne fletschten.

Am kärglichsten fielen die Mittagsmahlzeiten aus. Man konnte sie in öffentlichen Kantinen und Mensen, die alle „Stolowaja" hießen, einnehmen. In unserem adaptiven Deutsch-Russisch verkürzten wir den Namen zu „Stoli". Während des Sprachkurses in Donezk hatte uns der Russischdozent geraten, am Essensschalter bei Unkenntnis der Speisenbezeichnungen einfach zu sagen: „Toshe samoje", was „das Gleiche" - wie der Vorgänger - bedeutete. In *Ki* konnte man sich diese Bemerkung meist sparen, entweder gab es sowieso nur ein Essen oder der Vorgänger wählte die gräßlichste Variante. In der Nähe gab es zwei Stolis. Eine kleine war direkt in der Uni, doch man mußte lange anstehen, und das gewünschte Gericht war nach Unterrichtsschluß oft schon ausgegangen. Die andere befand sich neben dem Wohnheim im Kulturhaus. Hier ging es schneller, doch das Essen glich Fraß, was diese Kantine zur typischeren machte. Zwar bestand das Essen wie üblich aus drei Gängen, doch das wog die Unappetitlichkeit nicht auf. Nach einer wäßrigen rötlichen Suppe namens *Bortsch*, in der eine Handvoll Krautblätter schwamm, gab es als Hauptgericht in der Regel *Bifsteksy* - durchgedrehtes fettes Fleisch, angereichert mit viel Weißbrotmasse. Seltener stand Fisch auf dem Speisenplan, dessen Konsistenz oft noch zweifelhafter erschien. Als „Sättigungsbeilage" dienten Makkaroni, eine klumpige Masse, die nicht abgeschreckt war, geschweige denn mit Butter oder Salz verfeinert und am häufigsten diverse Grützen; Graupen und Breie, auf Russisch *Kascha* genannt. So etwas hatte man in Deutschland auch einmal zur Hauptmahlzeit gegessen - bis zum achtzehnten Jahrhundert. Die Buchweizengrütze hieß bei uns Drachenzähne. Sie war zwar genießbar, aber freudlos zubereitet wie die Makkaroni. Dagegen brachte ich den Hirsebrei nicht hinunter. Das Beste war vielleicht *Plow*, eine Mischung aus Tomatenreis mit Hammelstücken. Zum Abschluß kam auf das Tablett ein meist dürftiges Kompott. Als Getränk diente beispielsweise Birkensaft, der allenfalls kalt schmeckte, aber lauwarm gereicht wurde. Das einzige Gute waren die dicken Brotscheiben, die man zu dem „Menü" mitnehmen konnte. Das Essen in den Stolowajas war eines der vielen Tabus im Sowjetreich. Es war ja billig, folglich gut. Erst in den achtziger Jahren wagte es Jelzin als lokaler Parteifunktionär, die Qualität des Mensaessens öffentlich anzuprangern.

Mitunter kochte ich selbst. Dann wurde das Essen nicht vor 15 Uhr fertig, weil wir mindestens bis 14 Uhr Unterricht hatten. Das war für russische Verhältnisse keine ungewöhnliche Mittagszeit, der Genosse Stalin hatte noch später gespeist, aber unserem Lebensrhythmus entsprach es nicht. In jeder Etage des Wohnheims gab es eine Gemeinschaftsküche. Meist befand sie sich in einem ziemlich mistigen Zustand, da sich niemand für die Reinigung verantwortlich fühlte. Hätten nicht hin und wieder einige unserer Studentinnen die Herde gereinigt und den Unrat zusammengekehrt, hätte man es kaum darin ausgehalten. Beherrscht wurden die Küchen von den Vietnamesen, die jedes Jahr zahlreicher wurden. Die Vietnamesen gingen faktisch nie in die Stolowaja, sondern schleppten Hühner und Fisch vom Basar heran, die sie mit Gemüse, Reis und diversen Gewürzen zubereiteten, wodurch sie die Küche mit sehr eigenwilligen Düften kontaminierten. Ich suchte mir für längere Arbeiten meist die Küche in der Etage aus, wo die wenigsten hantierten, auch wenn ich weiter laufen mußte.

Bevorzugt fabrizierten wir Schnellgerichte wie gebratene Zwiebeln mit Ei. Bratkartoffeln bereiteten wir aus Zeitgründen wie die Einheimischen aus rohen Kartoffeln mit Sonnenblumenöl, was sogar besser schmeckte als aus gekochten Kartoffeln. Das Festessen bildete ein Ragout aus gebratenen Zwiebel-, Paprika-, Auberginen- und Tomatenstücken, mit frischem Weißbrot genossen. Ganz selten gab es an Sonntagen auch Fleischkonserven und Klöße aus Fertigpulver aus der Heimat. Im Winter, wenn das Angebot auf dem Markt sich reduzierte, wurde es schwieriger, etwas Appetitliches zu finden. Gut hatten es einige Genügsame, die sich mit Fischkonserven und Marmelade begnügen konnten.

Der Herbst 1974 stand im Zeichen zweier historischer Jahrestage. Zunächst wurde der 50. Jahrestag der Moldauischen Sowjetrepublik (MSSR) begangen. Breschnew kam aus diesem Anlaß persönlich in die moldauische Hauptstadt. Der andere Jahrestag war das 25jährige Jubiläum der DDR. Die Funktionäre sagten beide Jahrestage gehörten untrennbar zusammen. Auf den allgegenwärtigen Spruchbändern konnte man von dem ewigen Bruderbund sowohl der sowjetischen Völker als auch zwischen der Sowjetunion und DDR lesen. „Ewig" war starker Tobak, es assoziierte sich bei mir mit ewigem Höllenfeuer. Daß beide Ewigkeiten nur noch etwa fünfzehn Jahre dauern würden, überstieg die heimlichsten Phantasien.

Die fünfzig Jahre MSSR waren schon damals fragwürdig. Von 1918 bis 1940 gehörte Moldawien, dessen Bevölkerung in der Mehrheit rumänischstämmig war, zu Rumänien. 1924 war auf einer Enklave lediglich die Moldauische Autonome Sowjetrepublik proklamiert worden. Infolge des Hitler-Stalin-Paktes kam „Rest-Moldawien" heim ins Sowjetreich. Die offizielle Darstellung lautete natürlich, daß es befreit worden war vom Joch der Kapitalisten und Gutsbesitzer. Als eine der ersten Maßnahmen nach der Befreiung wurde das lateinische Alphabet abgeschafft und das kyrillische Alphabet für die rumänische Sprache dekretiert und so eine vorgeblich neue Sprache, das Moldauische, geschaffen. Von allen Einwohnern wurde zudem die Beherrschung des Russischen verlangt. Wenn man mit Russen außerhalb Moldawiens über dieses Land sprach, fielen denen die beiden Klischees „sonnig" und „Wein" ein. Tatsächlich hatten die Russen beträchtliche Ressourcen an Menschen und Material in Moldawien investiert, so daß sich das Land zu einer der reichsten Sowjetrepubliken entwickelte.

Die moldauische Sprache wurde inzwischen nicht mehr so offensichtlich unterdrückt. An der Universität hörten einzelne Seminargruppen zumindest einen Teil der Lehrveranstaltungen in Moldauisch. Nur die beiden größten Städte Moldawiens Kischinjow sowie Tiraspol befanden sich fest in russischer Hand. Der Rest war ländlich, hier waren die Russischkenntnisse der Bevölkerung mitunter dürftig. Gegenüber dem „Bruderland" und Bündnispartner im Warschauer Pakt Rumänien wurde von den Sowjetorganen eine Abgrenzung praktiziert, die rigoroser war als die der sozialistischen DDR zur „imperialistischen" BRD. Verwandtenbesuche von und nach Rumänien waren verboten, die Grenze nach Rumänien wurde dem Vernehmen nach genauso gut gesichert wie die Westgrenze der DDR. Das Verhältnis der echten Moldauer zur Sowjetmacht war gespalten. Einerseits trafen wir ältere Männer, die stolz berichteten, sie hätten „gemeinsam mit unseren“ gegen die Russen gekämpft. Andererseits war man froh, unter der kommoden Breschnew-Diktatur statt dem totalitären Ceauşescu-Regime in Rumänien zu leben. Dort war der Lebensstandard noch erbärmlicher und die Propaganda desto penetranter. Einmal hatte ich ein längeres Gespräch mit einem Studenten, der bestimmt kein Anhänger der Sowjetmacht war. Doch sein Haß richtete sich gegen den rumänischen „Conducator“ (deutsch: „Führer“) und dessen einflußreiche Frau. Im rumänischen Radio lief zwar meist bessere Musik als auf den sowjetischen Wellen, aber fast täglich gab es Live-Übertragungen von Kundgebungen, wo „das Volk“ nach kurzen Redepassagen Ceauşescus dem großen Führers fanatisch applaudierte und Sprechchöre „Ceauşescu, Ceauşescu“ donnerte.

3
Was mich nicht umbringt

Während der ersten Wochen in Kischinjow versuchte ich, an die sommerliche Unbeschwertheit von Donezk anzuknüpfen. Nicht weit vom Wohnheim wurden sogar Freilufttanzabende veranstaltet. Die Musik war noch provinzieller, und das Fluidum hatte wenig mit Donezk gemeinsam. Zudem schienen die einheimischen Schönen kaum an Ausländern interessiert zu sein, was bald auf Gegenseitigkeit beruhte. Die moldauischen Mädchen trugen wie ihre Mütter oft bunte Kopftücher, wohl aus Gewohnheit, was sie nicht gerade attraktiver erscheinen ließ. Bis auf ganz wenige Ausnahmen kam es zu keinen Liebesbeziehungen zwischen Einheimischen und DDR-Studenten.

Die Auswahl beschränkte sich auf den engen Kreis der Mädchen aus der „Landsmannschaft“, wenn man keine aufreibende Fernbeziehung bei nur zwei Heimfahrten im Jahr führen wollte. Die erste Gelegenheit bot eine Eröffnungsfete im Wohnheim, wozu man viel von dem billigen Portwein gekauft hatte. Im Gegensatz zu späteren Anlässen trank Dieter auch einiges von dem

Zeug. Nach wenigen Gläsern fand er die Biologin Irene, aus der er sich bisher überhaupt nichts gemacht hatte, begehrenswert. Außerdem war sie Kettenraucherin, aber vielleicht erregte ihn gerade das, obwohl er das Gepaffe nicht ausstehen konnte? Nun waren ziemlich viele Leute in dem engen Raum und die Zeit war schon weit fortgeschritten, jedenfalls hieß es plötzlich, wir hören auf. Dieter war so apathisch, daß er den anderen ins Zimmer folgte. Am nächsten Morgen kämpften die meisten mit ihrem Kater. Dieter war überraschend fit, sah die Welt aber verdammt nüchtern, ohne eine Spur Sehnsucht nach Irene. Er träumte zwar vom Rausch der Liebe, doch Liebe zum Rausch verspürte er nie. Portwein-Feten wurden fortan nicht mehr durchgeführt, man hielt sich an dezenteren Wein im kleineren Kreis.

Eine Abwechslung brachte ein Besuch in den Studios von Moldfilm, wie sich die lokale Filiale der sowjetischen Filmgesellschaft nannte. Ein DDR-Student des zweiten Studienjahres hatte den Kontakt hergestellt. Wir sollten in einem Kriegsfilm die „Fritzen" synchronisieren. Der Große Vaterländische Krieg gegen Hitlerdeutschland bildete das mit Abstand das beliebteste Filmsujet der Breschnew-Zeit. Was nicht verwunderte, da der Krieg die einzige Zeit in der sowjetischen Geschichte darstelle, in der das System unbestreitbar seine Überlegenheit demonstrierte. Die Regie legte uns wenige deutsche Brocken in den Mund, die die sowjetischen Zuschauer wahrscheinlich schon aus ähnlichen Streifen kannten. Wir sollten möglichst barsch: „Dalli, dalli", „Los!", „Schnauze!", „Marsch!" und ähnliche Wendungen von uns geben. Das war hier also hängen geblieben von der deutschen Sprache. Kurios war, daß die deutschen Soldaten in solchen Filmen wohl überdurchschnittlich oft einen sächsischen oder brandenburgischen Tonfall hatten. Dabei saßen gerade dort nach dem Verdikt der Staatsführung die „Sieger der Geschichte". Später wurden wir nicht mehr zum Synchronisieren herangezogen. So endete meine Filmkarriere, ehe sie richtig begonnen hatte.

Am 1. Oktober 1974 zog ich erstmals Bilanz. Der goldene September war vorüber. Das milde Klima hatte die Alltagsprobleme kaschiert. Es konnte nur schlimmer werden. Härtere Zeiten, wie es in einem Gedicht von Ingeborg Bachmann hieß, waren angesagt. Tatsächlich zeigte das kontinentale Klima bald seine rauhe Seite.

Wir versuchten, es uns in dem Wohnheimzimmer etwas gemütlicher zu machen. Die Metallbetten, deren lange Stahlfedern bei Belastung wie Hängematten durchhingen, dominierten den Raum. Wir kauften in einem Buchladen einige Plakate mit klassischen Kunstwerken. Die Auswahl war nicht groß gewesen, so hatten wir auch eine opulente nackte Schönheit von Rubens gewählt, die sich auf einer Schlafstatt rekelte. Eines Tages besichtigte eine Kommission die Zimmer. Die Leiterin, eine bulgarische Aspirantin, wurde sofort rot, als sie das Zimmer betrat. Sie brauchte offensichtlich einige Zeit, ehe sie auf diese pornographische Provokation anständig reagierte. Sie verlangte, *das* sofort abzunehmen. Doch wir ließen uns nicht einschüchtern. Was konnten wir dafür, daß die künftige Kandidatin der Wissenschaften nicht einmal Rubens kannte? Später heftete ich noch einen auf Leinwand gemalten altdeutschen Spruch an die Wand: *Zuviel zerreißt den Sack.* Daran nahm niemand Anstoß, da es sich in der russischen Übersetzung banal anhörte.

Der Besuch der Uni selbst bereitete vergleichsweise die wenigsten Sorgen. Der Unterricht fraß zwar viel Zeit – im ersten Semester hatten wir über vierzig Wochenstunden, selbstverständlich auch samstags. Zum Glück, möchte ich fast sagen, denn was sollte man in der sowjetischen Provinz groß anfangen? Der Universitätsbetrieb war sehr schulmäßig aufgezogen. Es gab Präsenzpflicht. Zu Beginn der Unterrichtsstunden klingelte es im gesamten Gebäude. Regelmäßig wurden Hausaufgaben erteilt.

Die drei wichtigsten mathematischen Disziplinen im Grundstudium waren mathematische Analysis, Algebra und Geometrie. Analysis unterrichtete der moldauische Dozent Aleksandru, der wahrscheinlich noch jung war, aber älter aussah. Er wohnte mit seiner Familie im Wohnheim. Wir mußten bei ihm viele Hausaufgaben rechnen, wodurch wir das mathematische Handwerk gründlich beherrschen lernten. In den Vorlesungen hatte er einen Spagat zu bewältigen: Einerseits bemühte er sich um hohes mathematisches Niveau, andererseits mußte er etliche russische Studenten durchschleppen, die Dorfschullehrer werden würden.

Aleksandru versuchte mitunter mit Tricks, sich Aufmerksamkeit zu verschaffen. Wenn es im Auditorium laut wurde, redete er leiser. Hatte der verantwortliche Student die Tafel nicht rechtzeitig abgewischt, schrieb er über die alten Formeln. Wegen seiner ironischen Bemerkungen war er bei vielen russischen Studenten verhaßt.

Der Dozent für Algebra, Krasarm Konstantinowitsch Shukin, befand sich in gesetztem Alter. Mit Vor- und Vatersnamen werden in Rußland normalerweise die Leute angesprochen. Der Vorname *Krasarm* war skurril, es war eine Zusammenziehung aus *Kra*snaja *Arm*ija (Rote Armee), solche Neologismen waren in der Sowjetzeit gängig, wurde aber von Sprachhütern verachtet. Man hatte ihn so genannt, weil er am Jahrestag der Roten Armee, dem 23. Februar, geboren wurde. Er war wie Aleksandru interessiert an der deutschen Kultur. Doch während dieser einige Jahre in Algerien unterrichtet hatte, schien Shukin den Dunstkreis Moldawiens kaum verlassen zu haben. Ich konnte seinen ausführlichen Reden nicht entnehmen, ob er einem eher grobschlächtigen Sowjetpatriotismus oder einem subtilen Dissidententum huldigte.

Die Übungen in Algebra führte ein Gnom durch, der fast immer besoffen war, dessen Name ich vergessen habe. Er konnte sechsreihige Matrizen im Kopf korrekt miteinander multiplizieren, auch wenn er sie nicht vor Augen hatte. Allerdings brachte er das nur fertig, wenn er eine hinreichend Menge Alkohol intus hatte. Wohingegen man sicher sein konnte, wenn er sich verrechnete, daß er ausnahmsweise nüchtern war.

Shukin ist der einzige der früheren Dozenten, außer einem, der auswanderte, von deren späteren Schicksal ich etwas hörte. Es wurde berichtet, daß er nach dem Jahr 2000 auf dem Kischinjower Markt Zigaretten verkaufte, um seine Rente aufzubessern. Sogar die frühere russische Studentin, die ihn beobachtet hatte, wagte ihn aus Scham nicht anzusprechen. Die durchschnittliche Rente beträgt in Moldawien 12 Euro im Monat, wobei man als Existenzminimum 100 Euro veranschlagt.

Der Professor für Geometrie Samorsajew war schon über siebzig Jahre alt, zumindest sah er so aus und sprach auch so. Er galt als wissenschaftliche Koryphäe, schien aber schon etwas senil zu sein. Er machte hin und wieder mathematische Späßchen, über die er nur selbst lachen konnte.

In den ersten drei Semestern stand im Rahmen des Studiums der Grundlagen des Marxismus-Leninismus das Fach Geschichte der KPdSU auf dem Programm. Diese Geschichtsklitterung schilderte den Aufstieg der Kommunistischen Partei wie in der Hegelschen Geschichtsphilosophie als kontinuierliche Entwicklung, die im aktuellen Status Quo gipfelte. Dazu sollten wir viele Quellen, besonders die Werke Lenins, im Original studieren und in der Prüfung repetieren können. Ich stellte fest, daß Lenin auch im Original nichts gewann. Wieso sich der späte Majakowski zu der Formel verstiegen hatte, er würde Russisch lernen, nur weil es Lenin gebrauchte, blieb mir rätselhaft. Es war eine Blasphemie gegenüber den wahren Meistern der russischen Sprache, vor allem den Romanciers des 19. Jahrhunderts. Jedenfalls fraß das Geschichtsstudium viel Zeit, die wir wahrlich für sinnvollere Studien hätten nützen können.

Die Dozentin für die Geschichte der KPdSU Paukowa war so breit wie hoch und ungefähr sechzig Jahre alt – obwohl es schwer ist, das Alter russischer Frauen zu schätzen, wenn ihre kurze jugendliche Blüte hinter ihnen liegt. Sie machte einen menschlich integren Eindruck, falls das überhaupt möglich war in einem Fach, das ein Gespinst von Lügen darstellte. Sie schien mehr zu wissen, als sie uns sagte, doch wäre sie nur einen Schritt von der vorgegebenen Linie abgewichen, hätte das sicher das Ende ihrer Hochschullaufbahn bedeutet.

Neben dem Grundstudium des Marxismus-Leninismus stand pro Woche eine Politstunde auf dem Stundenplan, in der die aktuell-politischen Ereignisse ausgewertet werden sollten Wie gründlich das geschah, lag an dem zuständigen Dozenten. Bei uns war der Dozent für Analysis Aleksandru als Gruppenbetreuer dazu verdonnert, der meist über sonst was schwatzte. Außerdem war nicht klar, ob Ausländer überhaupt die Veranstaltung besuchen mußten, da wir in der „Landsmannschaft" bereits intensiv mit Rotlicht bestrahlt wurden. Meist beschränkten wir uns auf die Höhepunkte, sogenannte allgemeine Politstunden.

Wir saßen zwar Tag für Tag in den Unterrichtsräumen zusammen mit russischen Studenten, dennoch machten beide Seiten keine ernsthaften Versuche, nähere Kontakte herzustellen. Die Wertvorstellungen lagen zu weit auseinander. Die Deutschen galten in den russischen Augen wahrscheinlich als arrogante Weichlinge, während uns die Russen als mehr oder weniger grobsinnige Bauerntölpel vorkamen. Leistungsmäßig waren wir genau wie die fünf vietnamesischen Mathematikstudenten den Einheimischen klar überlegen. Das war kein Wunder, da die besten Russen in beiden Seminargruppen allesamt in Moskau oder Leningrad abgelehnt worden waren. Wir waren also die Champions der zweiten oder dritten Liga.

Der Campus der Universität befand sich am Stadtrand und bestand größtenteils aus Neubauten, die von diversem Baupfusch geprägt waren. Die Fenster waren völlig undicht, die Scheiben wurden nur durch Nägel gehalten, Kitt schien man nicht zu kennen. Mit dem Einbruch des Winters drehte man die Heizungen zwar auf, doch sie wurden bestenfalls handwarm. Dafür dichtete man die Fenster mit Klebeband ab. Im Gegensatz zur ABF in Halle war bereits der Gedanke, sich irgendwie zu beschweren, völlig abwegig. Die einheimischen Studenten hatte man so dressiert, daß sie ungemütlichste Situationen fatalistisch hinnahmen. Also saß ich oft mit Anorak in den Vorlesungen. Achtzig Leute in einem mittleren Raum entwickelten eine beachtliche Wärmeleistung. Nach einiger Zeit wurde es wärmer, doch die Luft war kaum zu atmen, zumal die meisten Kommilitonen ein ähnliches Verhältnis zur Körperhygiene pflegten wie unser Zimmergenosse Senja.

Auch in den Wohnheimen war auf die Zentralheizung kein Verlaß. Allerdings konnte man sich mit elektrischen Heizgeräten selbst behelfen, die es preiswert zu kaufen gab. Dabei hatte man eine Auswahl, die fast an das Sortiment heutiger Baumärkte heranreichte. In der DDR war der Verkauf solcher Geräte wegen ihres immensen Stromverbrauchs eingestellt worden, allenfalls mit einem besonderen Berechtigungsschein konnte man eines erwerben. In den Wohnheimen flog zuweilen die Sicherung heraus, wenn zu viele Studenten auf diese Weise ihren Wärmebedarf decken wollten. Wir kauften uns einen sogenannten Ölradiator, dessen große Plattenfläche für eine lautlose, kontinuierliche Wärmeabgabe sorgte. Die mangelnde Zentralheizung vor allem im Herbst wurde im Frühjahr ausgeglichen, wenn bei frühsommerlichen Außentemperaturen die Heizung auf volle Pulle lief, ohne sich abstellen zu lassen.

Unweit der Universität begann ein Park mit einem künstlichen See, dem *Komsomolzensee*. Es hieß, Breschnew habe den See anlegen lassen, als er nach dem Krieg einige Jahre Chef der Moldauischen KP war. Allerdings hatte er einen Abfluß vergessen, so daß es im Sommer in der Gegend stank. Zum Baden war er ohnehin ungeeignet. Überhaupt gab es in der Stadt kein akzeptables Freibad.

In den ersten beiden Studienjahren war die Teilnahme am Sportunterricht obligatorisch. Es gab zwar keine Noten, dennoch war es belastend, da einige Sportlehrer es als Lust empfanden, uns mit Kraftübungen oder Langstreckenläufen zu quälen. Ich interessierte mich für Alternativen wie Tischtennis oder Badminton, doch der Unterricht scheiterte an organisatorischer Schlamperei. Zunächst fand der Sport im benachbarten Stadion statt, der Spielstätte des Kischinjower Fußballclubs. Das hatte den Vorteil, daß wir nicht die miefigen Umkleidekabinen zu benutzen brauchten. Später mußten wir mit dem Trolleybus in ein weniger exklusives Stadion fahren. Dabei wurde Jürgen einmal von einem älteren Offizier der Sowjetarmee angesprochen. Der wollte wissen, „ob es ihm nicht schwer wäre, auf der Erde zu leben". Jürgen wußte nicht, was der Uniformierte damit sagen wollte. Es stellte sich heraus, daß dem Offizier die langen Haare mißfielen. Meine Haare waren kaum kürzer, doch ich hatte in einer anderen Ecke des Busses gestanden.

Mein Vater versuchte, mir Mut zu machen mit dem Spruch: „Was uns nicht tötet, macht uns nur hart". Daß es sich um eine abgewandelte Sentenz von Nietzsche handelte, wußte er wohl nicht. Jedenfalls klang diese Version ziemlich nationalsozialistisch – sie hatten sich damit im Krieg Mut gemacht. Obwohl ich mir zumindest geographisch manchmal wie an der Ostfront vorkam, konnte ich mich mit dem Satz nicht identifizieren. Bei

Nietzsche heißt es freilich: „Was mich nicht umbringt, macht mich stärker", was subtiler ist, schon wegen des individualistischen „Ich" statt des gleichmacherischen „Wir".

Anfang November beschloß Dieter, sich wegen des allgemeinen Frustes bis zum Ende des Semesters nicht mehr zu rasieren. Es zeigte sich bald, daß ihm ein Vollbart überhaupt nicht stand. Die Barthaare wuchsen an Stellen, wo sie nicht sollten und umgekehrt. Dennoch blieb er bei seinem Vorsatz. Erst kurz vor den Prüfungen, als ihn der Gestachel zu sehr störte, entschloß er sich das Experiment abzubrechen.

Wie schon früher hatte ich während des Studiums viele Nachtträume. Einige waren angenehm, andere weniger, doch ich genoß eigentlich jeden Traum als eine Art Film. Entweder endete er mit einem Happy End, dann konnte ich mich daran ergötzen, oder es war klar, daß es sich um etwas Unwirkliches handelte, dann konnte ich darüber lächeln. In dem farblosen Alltag stellte noch der düsterste Traum einen Lichtstreif dar. Manchmal wartete ich sehnsüchtig darauf, mich hinlegen zu können, damit endlich das Traumkino begann. Der vielleicht obskurste Traum handelte von meinem Vater, der im offenen Wagen zusammen mit Breschnew durch die Stadt fuhr. Ich erzählte diesen Traum am nächsten Morgen im Waschraum unserem FDJ-Sekretär Griepentrog, der das gar nicht lustig fand.

Allein mit Träumen konnte ich mein seelisches Gleichgewicht nicht wiederfinden. Daher richtete ich meine Aufmerksamkeit auf die DDR-Studentinnen vor Ort. Die Auswahl war sehr begrenzt. Nach der Auffassung von Experten sollte man mindestens hundert Kandidaten näher kennenlernen, um einen geeigneten Partner zu finden. In Kischinjow studierten seinerzeit lediglich fünfzehn deutsche Mädchen, die Chancen standen demnach denkbar schlecht. Einige waren inakzeptabel, andere befanden sich in festen Händen. Die ersten fünf DDR-Studenten waren 1971 nach Moldawien geschickt worden, dazukamen zwei Jahre später sieben weitere. Die attraktivste junge Frau war Silvia, eine Biologin aus dem zweiten Studienjahr. Sie galt als Schneewittchen der Delegation: eine Barbie mit ostdeutscher Natürlichkeit. Natürlich trug sie eine Schüttelfrisur, dem damals letzten Schrei. Sie war liiert mit Christian Brückner, einem durchaus wohlgestalten jungen Mann desselben Studiengangs. Sie waren gewissermaßen unser Traumpaar. Zwei- oder dreimal traf ich ihn im Waschraum, als er sich abseifte, nachdem er wahrscheinlich mit Silvia geschlafen hatte. Er erläuterte mir wortreich, die Vorzüge des kalten Wassers für die Abhärtung des Körpers. Über politischen Themen diskutierte man lieber nicht mit ihm, da er einen knallharten Dogmatiker darstellte. Er war der einzige DDR-Student aus Kischinjow, dem die zweifelhafte Ehre zuteilwurde, an dem sogenannten Jahrhundertbau, der Baikal-Amur-Eisenbahnmagistrale (BAM), in den Sommerferien einmal mitwirken zu dürfen. Er erzählte danach, daß im vordersten Abschnitt Schwerverbrecher eingesetzt wurden. Das Traumpaar hielt nicht bis zum Ende des Studiums. Danach gab es Gerüchte, er sei schwul.

Ein einziges Mädchen des zweiten Studienjahrs galt als ungebunden, doch sie wirkte noch älter und unnahbar, weshalb ich sie nicht in meine Gedankenspiele aufnahm. Übrig blieb aus meinem Jahrgang eigentlich nur ein Mädchen: Heike Trepke. Sie war blond und schlank, hatte ein fein geschnittenes Gesicht und ansprechende Brüste. Äußerlich sprach alles für sie. Sie studierte Physik. In Halle war sie mit einem gut aussehenden Fußballer gegangen, der auch Physik studieren wollte. Ihn hatte es nach Moskau verschlagen, so innig konnte die Verbindung demnach nicht gewesen sein. Ich versuchte, möglichst oft in ihre Nähe zu gelangen. Sie wohnte mit einer Mathematikstudentin aus meiner Gruppe in einem Zimmer. Einmal zog sich Heike ungeachtet meiner Anwesenheit um, so daß ich sie kurzzeitig im Slip sehen konnte. Ich nahm das als gutes Zeichen. Sie schnitt mir auch die Haare. Zu einem ernsthaften Annäherungsversuch konnte ich mich vorerst nicht entschließen. Zu groß war die Befürchtung, abgewiesen zu werden. Frank Ihlenburg, sagte später einmal, falls man ihn nach Kischinjow geschickt hätte, wäre ihm nichts anderes übriggeblieben, als mit Heike anzubandeln. Das klang nicht gerade begeistert. Da sie ein Faible für wohlgeformte junge Männer hatte, wären sie wahrscheinlich sogar ein Paar geworden, ein glückliches wohl eher nicht.

Das erste Weihnachtsfest im fernen Land rückte näher. Ich schrieb meiner Mutter eine ausführliche Liste, was ich in den Ferien zu Mittag essen wollte. Zunächst galt es, die Prüfungen zu meistern. Das erste Testat wurde für den ersten Weihnachtsfeiertag angesetzt. Ich hatte mir nie viel aus Weihnachten gemacht, aber in einem neonbeleuchteten Raum Aufgaben zu lösen, war etwas kraß. Es fand zwar eine Weihnachtsfeier unter den deutschen Studenten statt, aber einprägte sich der normale Unterrichtsbetrieb inklusive Vorprüfungen.

Die Prüfungsperiode, im Russischen Sessija genannt, hatten wir auf die erste Januarhälfte 1975 verdichtet. Man mußte aus dem Gedächtnis in den mathematischen Fächern die wichtigsten Sätze einschließlich ihrer Beweise wiedergeben können. In Geschichte der KPdSU sollte man auf fast hundert Fragen eine detaillierte Antwort wissen. Die Themen wurden jeweils per Los verteilt. Für jede Prüfung gab es drei Tage Vorbereitungszeit, so daß man straff arbeiten mußte, um sich alles einzubläuen. Ich ging die Hefte zweimal gründlich durch, dann konnte ich sie im Wesentlichen auswendig. In Geschichte hatte man zudem das dicke Lehrbuch durchzuackern. Ich lernte in dem Arbeitszimmer, dem sogenannten Roten Eck, das sich auf jeder Etage des Wohnheims befand. Tagsüber machte ich nur die nötigsten Pausen. Im Gegensatz zu vielen Kommilitonen ließ ich mich nie auf Nachtarbeit ein, da ich das für uneffektiv hielt. Wie die meisten DDR-Studenten erreichte ich in allen Fächern die Bestnote, sprich eine Fünf. Die schlechteste Note war übrigens die Zwei; die Eins war zu schlecht, als daß sie in der Sowjetunion vorkommen konnte.

4
Mind Games

Mitte Januar war es endlich soweit, wir durften erstmals nach Hause. Es war außerdem mein erster Flug. Zunächst flogen wir nach Moskau. In dem Flugzeug saßen viele Bauern mit Geflügel, das sie offenbar in Moskau verkaufen wollten. Ein Flug von Kischinjow nach Moskau war spottbillig, er kostete lediglich 11 Rubel, d.h. ca. 35 DDR-Mark. Bevor die Sowjetbürger zustiegen, wurden uns die besten Plätze zugewiesen. Auf den Flughäfen hatten wir uns in den Intourist-Abteilungen zu melden, eine Art VIP-Lounge. Lediglich den Abgeordneten der Obersten Sowjets standen ähnliche Lokalitäten zur Verfügung. Die Intourist-Abteilungen waren eigentlich für devisenstarke Gäste aus dem Westen gedacht, da sich kaum ein Westler in die Sowjetunion verirrte, mußten wir den Westen vertreten. Für die einfachen Russen war der Unterschied BRD – DDR ohnehin kaum begreifbar zu machen.

In Moskau lag mehr Schnee als im „sonnigen" Moldawien, und die Quecksilbersäule zeigte deutlich niedrigere Temperaturen, die man aufgrund der geringen Luftfeuchte jedoch nicht dermaßen spürte. Hier mußten wir den Flughafen wechseln, von Wnukowo fuhren wir per Taxi ungefähr ein Stunde nach Scheremetjewo, was recht preiswert war. In Scheremetjewo gab es einen Laden mit internationalen Presseerzeugnissen. Ich kaufte eine *Süddeutsche Zeitung* – die erste Westzeitung, die ich lesen konnte. Auf der Titelseite ging es um eine Spionageaffäre in Ostberlin, welche die DDR-Medien unter den Teppich gekehrt hatten. Eindrucksvoll war auch die Dicke der Zeitung gegenüber den wenigen Bögen selbst des SED-Zentralorgans. Ich brachte das Blatt erfolgreich durch den DDR-Zoll, von Osten rechnete man nicht mit der Einschleusung solchen subversiven Materials. Mein Vater wollte die Gazette seinem Chef, dem Vorsitzenden des Rates des Kreises Schlüter ausborgen, da der sich sehr dafür interessierte, nachdem mein Vater sie irgendwie erwähnt hatte. Natürlich bekam ich, die Zeitung nie wieder zu sehen. Auf das Wort eines SED-Funktionärs war eben Verlaß. Bei späteren Aufenthalten in Scheremetjewo sah ich keine Westzeitungen mehr.

Meine Eltern hatten für mich Apfelsinen auf den Schränken in ihrem unbeheizbaren Schlafzimmer gehortet. Normalerweise gab es Apfelsinen nur in der Adventszeit, und es wurde jeweils nur ein Kilogramm abgegeben, wenngleich sie nicht so rar waren wie Bananen. Nach zwei, drei Wochen konnte man sie mitunter sogar ohne Anstehen bekommen. Ansonsten wurden nur die sogenannten Kuba-Orangen angeboten. Das waren fast ideale Kugeln mit einer weniger idealen dünnen grünen Schale. Sie schmeckten nach Zuckerwasser und waren innen strohig. Das Klima auf Castros Sonneninsel schien wenig geeignet für die subtropischen Früchte zu sein. Die Kullern lagen den ganzen Winter in den Auslagen und wurden kaum gekauft. Eines Tages tauchten sie auch in der moldauischen Provinz auf, wofür sich lange Schlangen bildeten. In Moskau gab es, echte Apfelsinen zu kaufen, nur nicht billig. Ich habe nie wieder so viele Apfelsinen gegessen wie in den ersten Semesterferien, und so gut schmeckten sie mir später auch nicht mehr. Dazu trank ich am Abend oft eine Flasche Bockbier und fühlte mich danach beinahe so wohlig wie die Schlaffsäcke auf Breughels Gemälde *Schlaraffenland*.

Dieter entschloß sich, einen Brief an Heike zu schreiben, in dem er seine Gefühle zu ihr beschrieb. Mit Briefen hatte er bei Mädchen oft den größten Eindruck gemacht. Doch in diesem Fall war es bestimmt nicht die treffendste Form. Daß er kein Analphabet war, wußte sie auch so. Überraschend schnell bekam er eine Antwort, sogar relativ ausführlich. Sie schilderte, daß sie seine Gefühle leider nicht erwidern könne. Sie hätte, auch schon viele Enttäuschungen hinnehmen müssen, wir könnten ja Freunde bleiben. Dieter versuchte, mit Mendelsohn-Bartholdys *Italienischer Sinfonie*, die er mehrmals von Schallplatte hörte, über die Enttäuschung hinwegzukommen, was ihm sogar teilweise gelang.

Insgesamt hatte sich Dieter in der „Sache" ziemlich dämlich angestellt, was angesichts seiner mangelnden Erfahrungen mit Mädchen nicht verwunderte. Unter den extremen Bedingungen in Kischinjow - direkt vor Ort - war es eigentlich nicht allzu schwierig, jemand zu verführen. Statt mit kleinen Schritten voranzukommen, hatte er auf die Artillerie gesetzt, und die traf selten ins Herz.

Wahrscheinlich war Dieter nicht einmal in sie verliebt gewesen. Freilich hätte er bei einem positiven Bescheid sich wohl so in seine Gefühle hineingesteigert, daß er schließlich „in Liebe gefallen" wäre. Nach der Rückkehr in Kischinjow ging er ihr nicht direkt aus dem Wege, suchte aber nicht mehr bewußt ihre Nähe. Im Nachhinein war ich froh, daß es nichts mit ihr geworden war. Zum einen war sie nicht mein „Typ" - da hätte ich mich schon in

Halle für sie interessiert, zum anderen paßten wir kaum zueinander. Es wäre eine Notlösung geblieben.

Später wurde Heike einmal in einer FDJ-Versammlung von Uwe Pfannmöller, dem Parteichef der DDR-Studenten, abgekanzelt, weil sie irgendeine Rede von Honecker, die wir studieren sollten, nicht gelesen hatte. Ich fand die Szene entwürdigend, doch hatte ich nicht den Mut ihr beizustehen. Eine versäumte Lektüre konnte noch als Lapsus aus Flüchtigkeit gelten, die Verteidigung solcher Handlungsweise wäre ein Affront gegen die Staatsdoktrin gewesen. Wahrscheinlich hatten Pfannmöller seine unterschwelligen, früheren Gefühle zu Heike in die peinliche Szene manövriert. Offenbar war ich nicht der einzige, den sie abblitzen ließ. Jeder versucht auf seine Weise, in seinem Freudschen Untergeschoß Ordnung zu schaffen.

In den Ferien genoß ich es, wieder Radfahren zu können. In der Sowjetunion konnte man nicht Radfahren, wenn man nicht lebensmüde war, da die Autofahrer keinerlei Rücksicht auf schwächere Verkehrsteilnehmer nahmen. So konnte man als Fußgänger viele Straßen am sichersten bei roter Ampel überqueren, wenn gerade kein Auto nahte. Hingegen mußte man bei Grün mit Rechtsabbiegern rechnen, die rücksichtslos um die Ecke rasten. Allerdings waren die winterlichen Straßenverhältnisse in Freiberg kaum für Fahrrad geeignet. Einmal zog es mir auf einer verschneiten Nebenstraße das Hinterrad weg. Zudem fror ich an den Beinen, bis ich mich entschloß, lange Unterhosen anzuziehen.

Im Filmclub hielt ich einen Diavortrag über die Sowjetunion, mit dem Schwerpunkt meines Aufenthalts in Donezk. Dazu hatte mich der Vorsitzende der Gesellschaft für Deutsch-Sowjetische Freundschaft (DSF) der EOS eingeladen, und einige Schüler waren erschienen. Hin und wieder verwendete ich das Pronomen „unser" zur Beschreibung bestimmter Objekte, Vorgänge oder Personen, wie „unser Wohnheim" oder „unser Lehrer". Der DSF-Vorsitzende wertete das als Zeichen von Identifikation, was zeige, wie heimisch ich schon im Lande Lenins geworden wäre. Ich schluckte das, ohne einen berechtigten Einwand zu erheben.

Ich traf mich auch mit meinem früheren Mitschüler Jörg Schubert in einer Kneipe, der Ort ging auf ihn zurück. Er diente inzwischen beim Wachregiment „Felix Dzershinski" des Ministeriums für Staatssicherheit. Seitdem ich beim *Großen Bruder* studierte, war ich als potentieller Nomenklaturkader für ihn wieder interessant geworden. Jörg schwärmte von dem Kameradschaftsgeist in seiner Kompanie und machte sich wichtig mit sogenannten vertraulichen Informationen. So wetterte er gegen die Schriftsteller Heym und Hermlin als „Verräter", die man sich bald „greifen" werde. Bewundernd sprach er von Fidel Castro, den sie während eines Besuches abschirmen sollten, der sich aber zuweilen geschickt ihrer Kontrolle entzogen habe und beispielsweise allein am Morgen durch Dresden spaziert sei. Außerdem prahlte er, sei keine Frau vor ihnen sicher, wenn seine Kompanie Ausgang habe. Ich konnte weder mit pikanten Geschichten noch Insider-Wissen von den „Freunden" aufwarten, so daß er das Interesse an mir verlor. Es war unser letztes Treffen. Daheim hörte ich zur geistigen Entgiftung den neuesten Hit von George Harrison vom Tonband, ehe ich leicht benebelt zu Bett ging.

Erfreulicher war ein Treffen mit Kordula, der Freundin von Andreas Ulbricht, der inzwischen für drei Jahre bei der Armee war, bei ihr zu Hause. Sie wollte sich für ein Studium der Japanistik in Moskau bewerben. Am Ende des Studiums sollte ein einjähriger Aufenthalt in Japan stehen. Sie wollte Einzelheiten über den Studienalltag in der Sowjetunion erfahren. Besonders schien sie zu schockieren, daß wir unsere Wäsche in den Zimmern trocknen mußten. Auch sonst nahm ich kein Blatt vor den Mund. Trotzdem hielt sie an ihrem Vorhaben fest. Was tut man nicht alles, um ins Land der aufgehenden Sonne zu kommen. Ich fand Kordula noch attraktiver denn zuvor. Aus Rücksicht auf meinen Freund wagte ich keinen Annäherungsversuch, obwohl ich sie unter den damaligen Umständen möglicherweise rumgekriegt hätte.

Erst in Kischinjow bedauerte ich meine Zurückhaltung, und ich erwog, ihr einen Liebesbrief zu schreiben, wovon ich jedoch nach dem Fehlschlag bei Heike Abstand nahm. Im Frühjahr erhielt Kordula eine Ablehnung für die ABF Halle. Japan war auch für sie wieder in unerreichbare Ferne gerückt. Und die Zwischenstation Sowjetunion war belanglos geworden. Sie suchte ihr

Glück nun in der Nähe. Die Beziehung mit Andreas brach auseinander, und sie wandte sich einem Zahnarztsohn zu. Da ärgerte ich mich erst recht, seinerzeit so zurückhaltend gewesen zu sein. Schon im Sommer war sie mir ziemlich gleichgültig.

Ich begegnete ihr später noch einmal kurz, als sie mir etwas zurückbrachte. Frank war gerade zu Besuch. Sowohl er als auch meine Mutter konnten Kordula nichts abgewinnen. Sie fanden sie abgeschmackt oder was auch immer. Ich meinte, daß mir nie an ihr gelegen war. Davor war es bereits zu einer kurzen zufälligen Begegnung zwischen meinem Studienfreund Frank und meinen alten Schulfreunden Andreas und Volker gekommen. Ich spürte ihre wechselseitige Apathie. Man sollte die verschiedenen Lebensphasen nicht vermischen. Das ergibt einen unbekömmlichen Punsch.

Meine Schulfreunde schrieben mir hin und wieder über den Alltag beim Militär, zu dem sie im November 1974 eingezogen worden waren. Die Briefe von Frank Baumgart und Volker Bormann, die beide in Leipzig bei der Bereitschaftspolizei dienten, was sich kaum vom Armeedienst unterschied, klangen trostlos und verzweifelt. Da hatte ich es mit meinem Studium vergleichsweise gut getroffen. Frank schilderte dabei seine ausweglose Situation wesentlich genauer und anschaulicher. Eigentlich wollte er ja Journalist werden. Die Genossen hatten ihn bei einem Vorbereitungslehrgang derart in die Mangel genommen, daß er es vorzog, auf ein ideologiefreieres Fach, in seinem Fall Landschaftsarchitektur, umzusteigen. Andreas Ulbricht, der sich für drei Jahre bei der Nationalen Volksarmee als Unteroffizier verpflichtet hatte, versuchte, seinem „Friedensdienst" die guten Seiten abzugewinnen. Seine Briefe wurden für mich immer schwerer verdaulich. Die beiden anderen trösteten sich damit, im Herbst ihr Maßband für die letzten einhundertfünfzig Tage der achtzehn Monate Grundwehrdienst anschneiden zu können.

Dieters Schulkameraden interessierten sich für das Leben in der UdSSR, von dem in der DDR nur vage Vorstellungen herumgeisterten: Die Oberen malten es in den hellsten Farben, die „niederen" Schichten rechneten eher mit dem allerschlimmsten. Im Herbst hatte Dieter in einem Brief an seine Kumpel die Lage

„analysiert". Neben einigen realistischen Details konstatierte er, daß die Studenten „voll und ganz hinter dem Staat und der Partei stehen". Das war naiv. Natürlich sagten die sowjetischen Studenten nichts gegen ihr System oder unternahmen gar etwas dagegen. Aber das resultierte aus Fatalismus, nicht aus Überzeugung. Sie standen nicht *hinter* dem Staat, sondern *daneben* und wollten vor allem nicht auffallen, was unangenehmere Folgen als in der DDR haben konnte.

Ganz blind war ich damals nicht. Andreas schrieb ich, daß ich auf keinen Fall in die SED eintreten würde. Er entrüstete sich darüber, daß man nicht Mitglied der einzig wahren Partei werden wolle. Was ich darauf antwortete, ist nicht mehr auffindbar. Er selbst war zusammen mit Volker vor der Armeezeit, als er zur Überbrückung einige Wochen in einer Gießerei arbeitete, gewissermaßen als Angehöriger der Arbeiterklasse, deren „Avantgarde" beigetreten.

5
Obervolta

Die drei Wochen Ferien waren schnell verflossen, und bald hieß es wieder ins Flugzeug steigen, diesmal nicht himmelhoch jauchzend. Mit meiner Mutter hatte ich während der Ferien einen englischen Nylonanorak in der Jugendmode gekauft. Der Anorak war toll geschnitten, gut gefüttert, hatte irrsinnig viele Taschen und eine riesige Kapuze. Ich bezeichnete ihn als Taucheranzug. Die dreihundert Mark waren gut angelegt. Sogar Heike schien der Anorak zu gefallen. Der Taucheranzug war mein einziger Lichtblick an den düsteren Februartagen im naßkalten Kischinjow. Später erwiesen sich einige Nähte als wenig beständig. Meine Mutter versuchte, die Fehler zu beheben, irgendwann kam er mir dabei abhanden. In einer Art feindlicher Übernahme ging der Anorak in die Garderobe meines Bruders über, der ihn trug, bis er ganz verschlissen war.

Unser Wohnheim sollte rekonstruiert werden. Die Einheimischen wurden in Heime in den Außenbezirken ausquartiert, und die Ausländer mußten zunächst die oberen Etagen freimachen.

Nun wohnte ich zusammen mit drei deutschen Studenten, Jürgen Socolowsky, Volker Heumann sowie dem Physiker Ulrich Dreßler, der neben mir der einzige Sachse in Kischinjow war, mir aber immer fremd blieb. Er war ein begeisterter Fußballspieler, kulturell aber unbedarft. Wir bewohnten ein Zimmer im Erdgeschoß in dem Flügel unmittelbar an der Hauptstraße, die dort anstieg. Besonders nachts hörte man, wie die durstigen russischen Laster mit Vollgas den Berg hinaufrumpelten. Volker zitierte beim Einzug beiläufig Zille: „Mit einer Wohnung kann man jemand erschlagen wie mit einer Axt." Wegen der Hitze mußten wir in der wärmeren Jahreszeit nachts die Fenster offen lassen. In einer Frühlingsnacht wäre beinahe ein Besoffener durch den nur kniehohen Fenstereinstieg von der Straßenseite ins Zimmer getappt. Schließlich gelang es Ulrich und Volker, dem Kerl begreiflich zu machen, daß es bei uns keinen Wodka gäbe, so daß der Alte schließlich abzog.

Ein Höhepunkt sollte ein Ausflug der deutschen Studenten des ersten Studienjahres nach Odessa werden. Die ukrainische Hafenstadt am Schwarzen Meer war etwa zweihundert Kilometer entfernt, für russische Verhältnisse ein Katzensprung. Wir brauchten in einem klapprigen Kleinbus für die Strecke fünf Stunden. Ich weiß nicht, was grauenhafter war, die sowjetischen Straßen oder die fehlende Federung des Busses. Ich war auf jeden Fall heilfroh, als wir angekommen waren. In Odessa regnete es in Strömen. Von der Stadt sahen wir kaum etwas. Lediglich die berühmte Treppe, von welcher der Kinderwagen in Eisensteins *Panzerkreuzer Potjomkin* herunterrollte, besichtigten wir kurz. Danach fuhren wir zu den Katakomben der *Heldenstadt*, ein Titel der nur sieben sowjetischen Städten für Heldentaten im *Großen Vaterländischen Krieg* verliehen worden war. Unter der Stadt erstreckte sich ein riesiges Labyrinth unterirdischer Gänge. Während der Besatzungszeit war es den Nazis nicht gelungen, die Katakomben zu kontrollieren. In Begleitung einer Russischlehrerin gingen wir durch einige der spärlich beleuchteten Gänge. Man schärfte uns ein, ja nicht vom Weg abzuweichen und in einen der zahlreichen stockdunklen Schächte abzuirren. Das wäre schon manchen Besuchern zum Verhängnis geworden. Später hätte man meist nur ihre Leichen geborgen. Etliche Leute wären nach wie vor vermißt. Auf der Rückreise war ich so müde und abgestumpft, daß mich die Widrigkeiten der Busfahrt kaum noch berührten. Ich hatte den apathischen Zustand erreicht, der für die meisten Sowjetmenschen den Dauerzustand darstellte. Dabei hatte der Bus unterwegs eine Panne. Nach einiger Zeit gelang es dem Fahrer, die Karre wieder in Gang zu setzen.

Obwohl der Winter sich langsam zurückzog, besserte sich meine Stimmung nicht. Anfang Mai war es innerhalb weniger Tage Hochsommer geworden. Einen Frühling im mitteleuropäischen Sinne gab es in Moldawien nicht. Immerhin konnte ich nun öfter spazieren gehen. Ich rekapitulierte dabei im Stillen diverse Popsongs. Ein bevorzugter Titel war der Schmachtfetzen der Hollies „I'm down".

Das Frühjahr stand wieder im Zeichen eines Jahrestags, diesmal war es der 30. Jahrestag des Sieges über den Faschismus. Vizekonsul Eiteljörge äußerte dazu: „Wer im dreißigsten Jahr der Befreiung nicht an die Plätze des Ruhms fährt, stattdessen – wenn er eine Reise durch die SU macht – in den Kaukasus oder nach Sibirien, liegt politisch schief." Großen politischen Spielraum hatte der Genosse sicher nicht, wenn er nicht abstürzen wollte, aber mußte er dermaßen vom Teppich abheben? Tatsächlich schien dem Schwachsinn der Funktionäre nach unten keine Grenzen gesetzt zu sein, viele potentielle Äußerungen würden heute wie eine Unterstellung wirken. Das obige Zitat fand ich in einem meiner Briefe aus dieser Zeit.

Traditionelle Rituale des Sowjetsystems waren die Demonstrationen zum Jahrestag der Oktoberrevolution am 7. November und zum Kampftag der Arbeiterklasse am 1. Mai. Die Umzüge waren martialischer inszeniert als die Maidemonstrationen in der DDR. Gigantische Losungen prangten an der Magistrale, die Nebenstraßen waren mit Lkw abgeriegelt, Militär und Polizei patrouillierten durch die Straßen. Nicht zuletzt war die Logistik viel chaotischer als zu Hause. Wir mußten uns einige Stunden vor dem Vorbeimarsch im Unigelände treffen und warten, bis die Kolonnen sich in Bewegung setzten. Das war vor allem bei dem kalten Novemberwetter eine Zumutung. Auch nachdem wir endlich losgegangen waren, kam der Zug wiederholt zum Stehen. Das Passieren der Tribüne mit den Repräsentanten von Partei und Staat vor dem Lenindenkmal geschah dann fast im Laufschritt. Nach der Demonstration füllte sich die Stadt schnell mit Torkelnden, die den Festtag zu einem ausgiebigen öffentlichen Besäufnis nutzten.

Unser Gruppenbetreuer Aleksandru, hatte den Ausländern die Teilnahme an der Maidemonstration freigestellt. Das ließ ich mir nicht zweimal sagen. Im kommunistischen Sprachgebrauch hieß zwar „freiwillig“ stets mit ganzem Herzen *dabei*, doch Alexandru war kein Dogmatiker und meinte es sicher ehrlich. So blieb ich am 1. Mai allein im Wohnheim, obwohl ich ahnte, daß ich mir Ungemach einhandelte. Tatsächlich war ich für die FDJ-Leitung in gefährliche Nähe des „Klassenfeindes“ gerückt. Wenn uns die sowjetischen Freunde etwas freistellten, hieß das nur, daß wir bereitwillig mitmachten. Es gab zwei, drei Aussprachen, in denen ich zunehmend einsilbiger wurde. Es hatte keinen Zweck, mit den Besitzern der alleinigen Wahrheit zu diskutieren. Die direkte Konfrontation mit dem System führte zu nichts. Man konnte sich unangenehmen Verpflichtungen nur durch Tricks entziehen, indem man beispielsweise andere „Verpflichtungen“ vorschob oder plötzlich erkrankte.

Außer den regelmäßig wiederkehrende Großdemonstrationen mußten wir ausrücken, wenn ein Staatsführer Kischinjow einen Besuch abstattete, was zum Glück in meiner Zeit nur dreimal vorkam: zweimal Breschnew und einmal der Vorsitzende des Ministerrates Kossygin. Wir standen dann gleichfalls stundenlang am Stellplatz beziehungsweise am Lenin-Prospekt. Irgendwann raste ein Konvoi schwarzer Limousinen vorbei – natürlich fuhr Breschnew nicht im offenen Wagen, und so etwas wie das Papamobil war den Funktionären wohl zu teuer. Außerdem sollte das Volk seine Regenten gar nicht begaffen, die Provinzfürsten wollten diesen durch die Menschenmassen am Straßenrand signalisieren, daß sie das Volk in Griff hatten.

Ich hatte es mit den Dogmatikern unter den DDR-Studenten bereits vorher verdorben, als ich zum Erwerb des Abzeichens „Für gutes Wissen“ – dem Nachweis guter Kenntnisse des Marxismus-Leninismus – eine Arbeit über denkende Maschinen geschrieben hatte, die schließlich den Menschen verdrängen würden. Die Ideen, die ich selbstverständlich nicht erfunden hatte, waren zwar im Detail überzogen, nahmen aber Ansichten vorweg, die erst zwanzig Jahre später in den futurologischen Mainstream einflossen und somit zumindest den Marxismus-Leninismus überdauerten.

Im Frühjahr 1975 ging der Vietnam-Krieg, der die Weltöffentlichkeit über ein Jahrzehnt in Atem gehalten hatte, mit dem Sieg des kommunistischen Nordens zu Ende. Die Amerikaner mußten Südvietnam verlassen, aus Saigon wurde Ho-Chi-Minh-Stadt. Unsere fünf vietnamesischen Kommilitonen waren aus dem Häuschen. Sie erzielten neben den deutschen Studenten die besten Fachleistungen, ihr Russisch war jedoch ziemlich unverständlich. Bisher hatten sie sehr zurückgezogen gelebt. In den kommenden Jahren kam es zu gewaltsamen Grenzstreitigkeiten zwischen China und Vietnam. Unsere Vietnamesen fertigten dazu Wandzeitungen mit Ausschnitten aus vietnamesischen Zeitungen an. Die Zeitungsbilder zeigten abgeschlagene Köpfe oder aufgeschlitzte Bäuche von Chinesen und wurden euphorisch kommentiert. Der asiatische Kommunismus, der bald in Kambodscha unter Pol Pot seine „Vollendung" erreichte, konnte nicht das sein, was Marx sich erträumt hatte.

Ende Mai heiratete unser ehemaliger Zimmerbewohner Senja in seinem moldauischen Heimatdorf. Er hatte bereits im Vorjahr versprochen, uns dazu einzuladen. Besonders Bob freute sich darauf sehr, während ich dem Ganzen eher mit gemischten Gefühlen entgegensah. Um einen anderen Ort in der Sowjetunion zu besuchen, mußte man mit einer offiziellen Einladung von dort bei der Ausländerbehörde des Innenministeriums eine Reiseerlaubnis beantragen. Ansonsten war es kaum möglich, eine Bahnkarte geschweige denn ein Flugticket zu erwerben. Für viele strategisch relevante Regionen war es auch mit Einladung zwecklos, um eine Erlaubnis zu ersuchen. Im gegebenen Fall gab es erwartungsgemäß keine Probleme.

So fuhren wir an einem Samstagmittag, unmittelbar nach dem Unterricht, in die moldauische Pampa. Das Dorf lag weniger als hundert Kilometer nördlich von Kischinjow, doch es war wie eine Zeitreise ins vorige Jahrhundert. Die Straßen waren nicht asphaltiert oder anderweitig befestigt. Bei Regen mußte hier alles in Schlamm versinken. Die Bauern wohnten in primitiven Lehmkaten. Dagegen nahm sich die ländliche Bebauung an den Rändern Kischinjows fast großstädtisch aus. Das Dorf insgesamt wirkte dreckig und verkommen. Der Ort war ein treffender Beleg für die Sentenz von Bundeskanzler Schmidt, die ich freilich erst später vernahm: „Sowjetunion = Obervolta + Atombomben". Elektrischen Strom gab es allerdings in dem Dorf. Somit war der Leninschen Formel: „Kommunismus = Sowjetmacht + Elektrifizierung des ganzen Landes" Genüge getan.

Die Festtafel war im Freien aufgebaut, und das Wetter spielte mit. Über hundert Leute, wahrscheinlich das ganze Dorf, hatten sich eingefunden. Bob, Jürgen und ich waren in der Gesellschaft Exoten. Es gab reichlich zu essen, Diverses vom Schwein, viel Geflügel und Sauereingemachtes und natürlich genügend Brot. Doch im Mittelpunkt standen die Getränke, neben moldauischem Wein vor allem selbstgebrannter Schnaps. Nichtalkoholische Getränke waren eine Rarität. Zu Beginn wurden Trinksprüche ausgebracht, Lieder angestimmt und ähnliches, doch allmählich ging die Feier in ein regelloses Gelage über. Die Bauern nötigten uns, möglichst viel zu trinken. Ich konnte mich zunächst mit einem fingierten Magenleiden heraushalten. Als das nicht mehr zog, waren meine Nachbarn schon so besoffen, daß sie nicht merkten, wie ich die Gläser größtenteils unter dem Tisch ausschüttete, um gelegentlich dazwischen daran zu nippen. Die Naivität der Dorfbevölkerung war schockierend. Einige Kolchosbauern wollten wissen, ob wir in Deutschland hungern müßten. Sie nahmen wohl an, im gelobten Land zu leben. In Rumänien ging es den Leuten schlechter, warum sollte es dann weiter westlich nicht noch übler werden?

Irgendwie zog sich die Feier in die Nacht hinein, wahrscheinlich schliefen wir auch eine Weile. Am nächsten Tag ging das Gelage völlig chaotisch weiter. Ich langweilte mich fürchterlich. Uns hatte man anscheinend vergessen. Allmählich wurde es sogar Bob, der das Treiben lange Zeit mit Wohlwollen verfolgt hatte, zu viel. Wie konnten wir aus dem elenden Nest herauskommen? Busse verkehrten offenbar keine, und Taxis gab es erst recht nicht. Zusammen mit einer russischen Studentin, namens Vika, gelang es uns in der Nacht zum Montag, zu einer Bushaltestelle chauffiert zu werden. Von dort erreichten wir im Morgengrauen Kischinjow. Die Stadt erschien mir wie eine Oase in der Wüste einer vorsintflutlichen Welt. Von Vika, die klein und pummelig war, hieß es später, sie habe sich mit Vorliebe an deutsche Studenten herangemacht. Es war von diversen Bettgeschichten die Rede. Danach war mir damals als Letztes zumute. Auch sie hielt sich uns gegenüber zurück. Wer weiß, wie lange wir ohne diese barmherzige Samariterin in dem Nest geschmort hätten.

Einige Zeit später trafen wir Senja wieder. Bei der Feier hatten wir ihn bald aus den Augen verloren. Er wollte wissen, wie uns seine Hochzeit gefallen habe. Wir riefen „ausgezeichnet", und er lachte herzhaft auf. Bald verloren wir ihn aus den Augen. Eigentlich war ich zu der Hochzeit nur aus ethnologischem Interesse mitgekommen. Dabei merkte ich, daß ich nicht zum Ethnologen taugte. Ich nahm mir vor, mich nicht mehr in die Tiefen der sowjetischen Provinz zu begeben.

So weigerte ich mich beharrlich, an einer sogenannten Baubrigade – freiwilligen mehrwöchigen Arbeitseinsätzen in den Sommerferien – teilzunehmen. Außer mir hatten nur wenige wie Volker Heumann, dessen Freundin in der Heimat wartete, den Mut dazu. Ihm billigte die FDJ-Leitung mildernde Umstände zu. Als Alternative sollte ich das neue Studienjahr zum Sprachkurs nach Donezk begleiten. Obwohl mir das die Gelegenheit verschafft hätte, die neuen Studentinnen als Erster zu begutachten, was die FDJ-Oberen natürlich einkalkuliert hatten, lehnte ich ihr Ansinnen ab. Das miserable Essen und die mentale Trostlosigkeit gingen an meine Substanz, daß ich so lange wie möglich zu Hause sein wollte. So sollte Bob fahren. Wie sein Vorgänger Pfannmöller arrangierte er sich danach mit einer Studentin, die bereits vorher in Kischinjow gewesen war.

Nach der Prüfungsperiode, der *Sessija*, war zum Semesterende ein EDV-Praktikum im Studienplan vorgesehen. Dafür hatte man drei Wochen veranschlagt. In der Zeit sollten drei Aufgaben programmiert werden. Wir baten unseren EDV-Dozenten, den Ausländern die Aufgaben im Voraus zu geben. Der EDV-Dozent war ein Exot. Er hatte eine piepsige Stimme, der man nur mit erhöhter Anspannung folgen konnte, und benutzte mit Vorliebe Verkleinerungsformen, für die im Russischen schier unerschöpfliche Möglichkeiten bestehen, nicht zuletzt für Fachtermini, was putzig wirkte. Er roch nach guter Seife, zumindest für sowjetische Verhältnisse schien er einen Reinheitsfimmel zu haben. Dafür hatte er von Mathematik so gut wie keine Ahnung, was zuweilen zu verschrobenen EDV-Programmen führte. Da wir seine eifrigsten Studenten waren, ließ er uns gewähren. Nach drei Nachmittagen konzentrierter Arbeit hatte ich die Aufgaben gelöst.

6
Die Verwandlung

Ende Juni flog ich gemeinsam mit einigen meiner Kommilitonen in die DDR zurück. Wir hatten von der Studentenabteilung des DDR-Generalkonsulats einen Freiflug über Kiew bekommen. Die Anschlüsse waren ungünstig, wir mußten am Vorabend aus Kischinjow nach Kiew fliegen, um von dort die Frühmaschine nach Berlin zu erreichen. Es blieb uns nichts anderes übrig, als auf dem Flughafen zu übernachten. Was nimmt man nicht alles in Kauf, wenn es nach Westen geht. Wir streckten uns auf den Bänken in der Flughafenhalle in der Nacht aus. Ich konnte bei dem Getöse ringsherum kaum ein Auge zudrücken. Vor Dieben fürchtete ich mich seltsamerweise nicht.

Fast zehn Wochen Ferien lagen vor mir. Im D-Zug Berlin – Dresden, der weiter nach Prag fuhr, traf ich einen Tschechen. Er konnte nur einige Brocken Deutsch. Als ich ihm stolz eröffnete, daß ich recht gut Russisch beherrschte, verdüsterte sich sein Gesicht, und unser bis dahin holperndes, aber lebhaftes Gespräch verebbte. Dabei schien er selbst besser Russisch als Deutsch zu sprechen.

Meine Eltern verbrachten gerade die üblichen zwei Wochen Jahresurlaub in einem Bungalow bei Oberhof. Ich stieß in der zweiten Woche zu ihnen. Das Wetter Ende Juni 1975 in Mitteleuropa war kühl und in den Thüringer Bergen kam es mir geradezu frostig vor, nachdem ich fast zwei Monate Hochsommer im sonnigen Moldawien erlebt hatte. Ich fror die ganze Zeit, sowohl in dem Bungalow als auch im Freien. Eigentlich hatte ich mir für den Aufenthalt das Ziel gestellt, einen Roman zu schreiben. Aber über die Suche der Namen für die Protagonisten kam ich nicht hinaus. Bei einer Ruderpartie auf einem Stausee mit meinem knapp vierzehnjährigen Bruder Bernd sprach ich mit ihm auch über Mädchen. Er schien diesbezüglich mehr Erfahrungen zu haben als ich.

Auf Wunsch des Vaters schrieb Dieter einen Brief an den ehemaligen Chef der Sowjetischen Militäradministration im Kreis Freiberg, der nach 1945 die Befehle für die deutsche Verwaltung meinem Vater übermittelt hatte. Er lebte nun als Rentner in Kiew und hatte zum 30. Jahrestag der Befreiung die Stadt im Frühjahr besucht. Dieter schrieb über sein Studium in den rosigsten Farben, wurde jedoch nie einer Antwort gewürdigt. Vielleicht war es unter Würde des hohen Offiziers, mit einem Nichts wie mir zu korrespondieren. Oder er war in seiner Heimat inzwischen selbst ein Nichts, nur „Big in Germany" gewesen und deshalb verbittert. Möglicherweise hatte der KGB den Brief als Provokation aus dem Verkehr gezogen.

Nach der Rückkehr aus Oberhof wurde es noch ein heißer Sommer. In Kischinjow war es zwar auch heiß gewesen, aber da konnte man durch kühle Alleen schlendern, beschattet von den Baumkronen über den Fußwegen, die ich in Freiberg vermißte. Ich fuhr häufig mit dem Rad in das Waldbad. Dort tummelten sich etliche Russen, doch ich suchte keinen Kontakt. Ich zog mich zurück in die Welt der Literatur. Nie habe ich so viele Romane gelesen, bestimmt ein Dutzend meist dickere Werke der Weltliteratur. Den tiefsten Eindruck hinterließen die Romane und Erzählungen von Franz Kafka. Ich las alles, was von ihm in der DDR erschienen war. Seine Werke lagen zwar nicht in den Buchläden herum, aber in der Städtischen Bibliothek konnte ich sie ohne Wartezeit ausleihen. Besonders *Amerika* und *Das Schloß* beeindruckten mich nachhaltig. Von den Erzählungen faszinierten mich besonders *Die Verwandlung* und *In der Strafkolonie*, die ich mehrfach las, was sonst nicht meine Art war.

Zur Abwechslung ging ich jede Woche ein- bis zweimal in das Ballhaus Tivoli zu Tanzveranstaltungen. Meine Traumfrau konnte ich hier offenbar nicht finden. Dennoch rannte ich immer wieder dahin, um am späten Abend frustriert nach Hause zu trotten. Mehr Glück hatte ich mit Korrespondenz. Über eine Annonce lernte ich Ute Schumacher, ein Mädchen aus einem kleinen Ort bei Ribnitz-Damgarten kennen, die gerade eine Apothekerlehre abgeschlossen hatte und bald ein Fachschulstudium aufnehmen wollte. Es entspann sich ein gehaltvoller Briefwechsel. Leider konnten wir uns wegen der großen Entfernung nicht ohne weiteres treffen.

Den Höhepunkt des Sommers bildete eine zweiwöchige Reise zu meinem Freund Frank Ihlenburg nach Greifswald. Es sollte so etwas wie die mentale Wende für die nächsten Jahre werden, gleichfalls eine Verwandlung. Dabei streifte ich den seelischen Chitinpanzer ab, wenngleich ich dazu einige Zeit brauchte. Ich wurde entkrampfter, offener und selbstbewußter.

Franks Eltern wohnten in einer alten Villa am Rande der Altstadt zur Miete. Der Vater war Professor für Germanistik, die Mutter Lehrerin für Deutsch. Sie waren seit ein paar Jahren für die DDR in Kairo tätig. Sie verfügten daher über einige Devisen. Die großzügige Wohnung mit opulenten Bücherschränken bildete einen Kontrast zu der spartanischen Neubauwohnung meiner Eltern. Frank bewohnte ein eigenes Zimmer unter dem Dach. Häufig hielten wir uns in dem großen Wohnzimmer auf, das über eine bemerkenswerte Akustik verfügte. Wir hörten über die Stereoanlage neue Platten von Jethro Tull oder Bob Dylan. Sie waren natürlich aus dem Westen, wie beispielsweise auch die Zahnpasta im Badezimmer, von der man nur einen Klecks in Tropfengröße nehmen brauchte. Seltsamerweise ist mir solche Zahnpasta nach 1989 nie begegnet. Damals hatte der Westen noch nichts von seinem Glanz verloren.

Eine zweite Quelle für Westsachen war Franks Freundin Gunhild, deren Eltern geschieden waren. Sie war ein Jahr jünger und lebte bei der Mutter. Der Vater war ein hohes Tier im Apparat des

ZK der SED und hatte ein Faible für westliche Schlager- und Volksmusik. Er ließ der Tochter hin und wieder auch eine Rockplatte zukommen. Einmal begleitete ich Frank und Gunhild in einen Möbelladen. Sie trat gegenüber den hilflosen Verkäuferinnen resolut auf, was sich zu DDR-Zeiten kaum ein Kunde traute. Ich wußte nicht, ob ich das bewundern oder verachten sollte.

Ich unternahm mit Frank Radtouren und Spaziergänge durch die weite norddeutsche Landschaft. Mittagessen gingen wir zuweilen in die Altstadt von Greifswald. Allerdings mußte man vor den Gaststätten meist anstehen und wurde schließlich *platziert*, das heißt, der Kellner wies den Gästen einen Platz nach seinem Gutdünken zu. Meist gab es als Beilage nur Pellkartoffeln, die man selbst abschälen mußte. Angenehmer war die Waldgaststätte, wohin sich kaum Touristen verirrten und wo man im Freien wohlschmeckendes Schaschlik und Soljanka essen konnte. Mit den russischen Originalen hatten diese Gerichte kaum mehr als den Namen gemeinsam. Am besten schmeckte mir der Gulasch, den Frau Ihlenburg mit Sahne zubereitete. Ihr Essen unterschied sich deutlich von der biederen Hausmannskost, die ich bisher gewohnt war. Es gab demnach wirklich so etwas wie Kochkunst, wenngleich das eine der Künste blieb, auf die es mir nicht schwerfiel zu verzichten. Beim Essen an der Tafel des Professors wurde nicht zuletzt über Politik gesprochen. Unüberhörbar hatte der Auslandsaufenthalt den politischen Horizont der Eltern geweitet. Prof. Ihlenburg mokierte sich beispielsweise über die zunehmende Vergreisung des Politbüros der KPdSU.

In Greifswald erfuhr ich die neuesten Nachrichten über Konrad Engel, unserem Primus in Halle. Er mußte das Studium in Minsk aus Nervengründen abbrechen. Es war unklar, ob er sich beim Büffeln zu viel zugemutet oder die äußeren Umstände nicht verkraftet hatte. Jetzt war er in einer Nervenklinik. Es hieß, nach einer depressiven, suizidgefährdeten Phase habe sich sein Zustand konsolidiert. Es war sogar von einem Techtelmechtel mit der Krankenschwester die Rede.

Zufällig wohnte ich in Greifswald einer Begegnung Franks mit dem Lyriker Bert Papenfuß bei. Der Jung-Lyriker war mit Frank zusammen in die Grundschule gegangen und hatte durch erste nonkonformistische Gedichte, die in einigen Anthologien erschienen waren, Furore gemacht. Frank hatte mir schon einiges von Papenfuß erzählt. Er schien einen enormen Verbrauch an Frauen zu haben, wobei ihn etwaige Häßlichkeit kaum bekümmerte. Er soll geäußert haben, wenn das Gesicht einem nicht gefiele, könne man ja ein Handtuch darauf legen. Dieses Motiv griffen übrigens die Dampfwalzen-Rocker der Gruppe Rammstein in einem Song reichlich zwanzig Jahr später auf. Papenfuß war ein schmächtiger Jüngling mit schulterlangen Haaren. Er strahlte ein sagenhaftes Selbstbewußtsein aus und schien ein belesener Hippie zu sein. Er sagte, er arbeite als Beleuchter beim Theater. Seine Kollegen charakterisierte er kurz als „Verbrecher".

Ich verfolgte auch später das lyrische Schaffen von Papenfuß-Gorek, wie er sich später nannte. Mitte der achtziger Jahre erschien sein wohl einziger Gedichtband zu DDR-Zeiten. Er war weitgehend hermetisch, mit artistischer Sprachakrobatik, inhaltlich eher vage. Nach der Wende gab es keine preiswerten Lyrikbände mehr zu kaufen, und die meisten DDR-Nachwuchsdichter verschwanden sang- und klanglos. Frank besuchte Anfang der neunziger Jahre Papenfuß-Gorek einmal in Berlin. Er besaß dort eine Künstlerkneipe. Vereinzelt registrierte ich neuere Gedichte von ihm in Anthologien. Seine lyrische Manier schien mir jedoch ausgereizt.

Ein anderer Schulfreund von Frank war ein gewisser Egi Lenz. Neben dem Studium jobbte er, um sich einen angemessenen Lebensstandard leisten zu können. Er hatte eine Bekannte, von der es hieß, sie habe eine Wette um ein Paar *echte* Jeans gewonnen. Irgendein Typ sollte sie bumsen, und sie wollte dabei das *Neue Deutschland* lesen, ohne eine Miene zu verziehen.

Einmal war ich mit Frank zu einem Rockkonzert. Dort kam er mit ein paar Hippies ins Gespräch, die an die Ostsee getrampt waren, aber kein Quartier hatten. Er bot den Typen an, in seinem Zimmer zu übernachten, was mir nicht behagte. Da es nicht mein Zimmer war, maßte ich mir nicht an, etwas dagegen zu sagen. Sie erzählten einige interessante Stories, aber ich war froh, als die Kerle am nächsten Morgen wieder abzogen. Für mich war *Freiheit* etwas Sphärisches und nicht mit den Ausdünstungen der Straße behaftet.

Ich besuchte Frank ebenfalls in den kommenden Jahren in Greifswald, allerdings jeweils nur wenige Tage. Schließlich trennte er sich von seiner Freundin Gunhild. Sexuell schien es ziemlich verklemmt zwischen ihnen zugegangen zu sein. Bei meinem letzten Aufenthalt in Greifswald war er gerade mit einer ehemaligen Mitschülerin im Wohnzimmer zu Gange. Ich konnte mich nicht einmal von ihm verabschieden. Doch diese Beziehung hielt nicht lange, es war wohl eher ein One-Night-Stand.

Bereits zu Beginn der Ferien hatte sich die heilige Verwandtschaft anläßlich des 75. Geburtstags meines Opas in dessen Heimatort versammelt. Lediglich Onkel Herbert interessierte sich etwas für meine Eindrücke in der Sowjetunion. Ich nahm solche Familientreffen inzwischen gelassener, es sollte zudem für mich das letzte dieser Art sein. Immerhin war das Essen sehr gut, und bereits am frühen Abend fuhr ich allein nach Freiberg zurück. Was kümmerten mich meine tumben Vettern, wenn ich im Zug Kafka aufschlagen konnte?

Mit meinem Bruder Bernd unternahm ich im August eine Kurzreise nach Prag. Im Juli war ich bereits mit meinem Vater und Onkel Herbert, der uns im Trabi kutschierte, erstmals in Böhmen gewesen. Wir waren nur auf einen Berg bei Most gestiegen und danach zurückgetuckert. Die tschechische Grenze war erst vor kurzem wieder geöffnet worden. Das Land schien in einem Dornröschenschlaf zu liegen, darin unterschied es sich nicht von der DDR. Dennoch gab es einige Insignien der großen weiten Welt. Bei einem Zwischenstopp tranken wir zunächst eine Flasche Coca Cola, die man in der DDR nicht bekam. Mitte der siebziger Jahre hatte man zwar begonnen, Pepsi Cola bei uns in Lizenz herzustellen. Die Viertelliterflasche zum Preis von einer DDR-Mark war um ein Mehrfaches teurer als die imitierte *Club Cola* und wurde nie populär. Im Gegensatz zur *Coke*, die nach wie vor den American Way of Life verkörperte.

In Prag suchten wir als erstes die Tourist-Information auf. Wir hatten die formale Wahl zwischen einem großen Hotel in der Innenstadt mit Zimmerpreisen über zweihundert Kronen, was siebzig DDR-Mark entsprach und den zulässigen Umtauschbetrag weit übertraf, und einem Billighotel in Bahnhofsnähe. Hier verbrachten wir zwei Nächte mit Blick auf die Abluftschächte. Tagsüber besuchten wir die typischen Sehenswürdigkeiten wie den Wenzelsplatz, die Karlsbrücke oder die Burg. Der jüdische Friedhof, den wir erst nach längerer Suche fanden, kam mir wie ein Steinlager vor. Ich weiß nicht, ob das der originäre Zustand oder die Folge der Vernachlässigung durch die jetzigen Machthaber war. Das Buchangebot im Kulturzentrum der DDR enttäuschte mich ebenfalls, da war in den Internationalen Buchläden in der UdSSR mehr zu holen. Dafür war das Essen in einem russischen Schnellrestaurant bedeutend schmackhafter als im Ursprungsland. In der berühmten Kneipe *U Fleku* weigerte sich der Kellner meinem Bruder, der älter als vierzehn aussah, ein Schwarzbier zu bringen, woraufhin wir das Lokal verließen. Am späten Abend wollten wir mit dem Nachtzug nach Dresden zurückfahren. Der Zug war hoffnungslos überfüllt, so daß wir die ganze Zeit stehen mußten. Dazukamen einige Halte auf freier Strecke, die zu einer deutlichen Verspätung führten. Gegen fünf Uhr trafen wir endlich in Freiberg ein. Ich schlief bis zum späten Nachmittag durch.

7
Neues Leben

Die Sommerferien gingen zu Ende. Psychisch entspannt begab ich mich zurück ins „Reich des Bösen“, wie Reagan ein halbes Dutzend Jahre später die Sowjetunion titulierte. Tatsächlich hatten die Sowjets nach den Rüstungskontrollabkommen mit den USA von 1969 in den siebziger Jahren insgeheim kräftig aufgerüstet. Inzwischen war das sowjetische Atomwaffenarsenal anderthalbmal so groß wie das amerikanische. Mit der Aufstellung atomarer Mittelstreckenraketen in Weißrußland und der Ukraine, die in wenigen Minuten Westeuropa erreichen konnten, wurde bald eine neue Runde des Kalten Krieges eingeläutet. Von alldem ahnten wir damals nichts. In der Propaganda wurde Breschnew als der große Friedensbringer gefeiert. Wir spürten vor allem die Banalität des Bösen.

Diesmal flog ich von Dresden nach Moskau, was wesentlich angenehmer war, als erst mit dem Zug nach Berlin zu fahren.

In Kischinjow mußten wir erneut umziehen. In dem Karree der Wohnheime an der Benderskaja standen vier Gebäude aus den fünfziger Jahren. Aus Nr. 3 wurden wir provisorisch einquartiert in Nr. 1, die an zwei ruhige Nebenstraßen grenzte. Ich hatte mir einen Schlafsack mitgebracht, aus Gänsedaunen ganz leicht, sowie einen Bezug, den ich darüber zog. So besaß ich wenigstens eine angenehme Zudecke. Bisher hatte ich mich begnügen müssen mit einem einfachen Laken und einer Wolldecke, die ich widerwärtig fand.

Ich habe die dortigen Betten lange für eine russische Spezialität gehalten und bin desto überraschter gewesen, als ich später ähnliches in Frankreich, Italien und anderen Ländern wiederfand. Auch die primitiven russischen Lokusse hatten ihren Ursprung in Westeuropa. Nicht einmal im Absonderlichen brachte das russische Imperium etwas Originelles hervor. Dabei betonte man in der Uni immer, was die Russen alles erfunden hätten. Nun ja, der alte russische Kalender hinkte dem europäischen hinterher. Da konnte man noch im November eine Oktoberrevolution machen.

Im August 1975 hatten sich in Helsinki alle Staatschefs Europas und Nordamerikas versammelt, um das Schlußdokument der Konferenz für Sicherheit und Zusammenarbeit in Europa feierlich zu verabschieden. Unsere Propagandisten interpretierten die darin fixierte völkerrechtliche Anerkennung der Grenzen und Sicherheitsbedürfnisse des Warschauer Paktes als machtvollen Sieg der sozialistischen Staatengemeinschaft. Ich wies in Diskussionen auf die Menschenrechte hin, auf dessen Verankerung der Westen gedrungen hatte. Das sei zweitrangig, sagten die Genossen, zumal die wichtigsten Menschenrechte wie das Recht auf Arbeit bei uns im Gegensatz zum Westen verwirklicht wären. Speziell sah das Dokument auch das Recht auf Freizügigkeit vor. Wenn man schon nicht gleich in den Westen fahren konnte, durfte man wenigstens hoffen, beispielsweise auf sowjetischem Territorium sich freier bewegen zu können. Doch die Sowjetunion machte keinerlei Anstalten, ihre restriktiven Aufenthaltsbeschränkungen für Ausländer zu lockern. Trotzdem sollte das Schlucken der Menschenrechte durch den „Ostblock“ schließlich die Pille sein, die mit der Zeit den Körper des Riesen innerlich zersetzte.

Der September begann arkadisch. Wir wurden täglich für einige Stunden in die Apfelernte gefahren. Unsere russischen Kommilitonen mußten in der Zeit auf Kartoffeläckern in der Provinz herumkriechen, doch wir durften den Dunstkreis der Hauptstadt ja nicht verlassen. Jeden Tag war schönes Wetter mit Sonne bei angenehmen Temperaturen. Nachdem wir ein Mindestmaß an Apfelkisten gefüllt hatten, verbrachten wir den milden Mittag hingestreckt dösend unter den Apfelbäumen. Die meisten Kisten, die wir gefüllt hatten, standen noch nach Wochen an den Wegrändern, und die Äpfel vergammelten. Eine Ausnahme bildeten lediglich die „ZK-Äpfel“. Wir sollten makellose Exemplare pflücken und vorsichtig in gepolsterte Kisten legen, die prompt abgeholt wurden. Der *Natschalnik*, wie man den jeweiligen Chef nannte, hatte gesagt, die Äpfel seien für das ZK der KPdSU, zumindest der Moldauischen KP bestimmt. Vielleicht hat sogar Breschnew unsere Früchte sich schmecken lassen. Die Äpfel waren wirklich vorzüglich, verschiedene Sorten für verschiedene Verbrauchszeiten, groß, farbenkräftig, süß und saftig. Wir konnten jeden Tag einige mit ins Wohnheim nehmen. Der ansehnliche Vorrat reichte bis Weihnachten.

Nachmittags las ich weiterhin viel. Mitunter ging ich ins Kino. Die Verfilmung der Erzählung von Scholochow *Sie kämpften für die Heimat*, die als außergewöhnlicher Kriegsfilm gepriesen worden war, *mußte* ich vorzeitig verlassen, als in einer langen Szene fotorealistisch gezeigt wurde, wie ein verwundeter Soldat ohne Narkose operiert wurde. Ich gelangte gerade rechtzeitig an die frische Luft, ehe mir schwarz vor den Augen wurde. Im vorigen Semester war ich einmal bewußtlos vom Stuhl gekippt, als meine Zimmerkameraden bilderreich über Unfallverletzungen sprachen. Der Sturz war glimpflich abgegangen. Sie waren am Ende wohl erschrockener als ich und verkniffen sich künftig in meiner Anwesenheit derartige Schilderungen.

Der Ernteeinsatz ging solange gut, bis nach drei Wochen die neuen Studenten in der Plantage erschienen. Die Wortführer Nimmrichter und Schröder strotzten vor kommunistischem Tatendrang und führten sich auf wie Stoßarbeiter, die alle Normen brechen wollten. Das war natürlich sinnlos, weil es egal war, wo die Äpfel vergammelten. Ganz zu schweigen von der Entlohnung, die im wesentlichen mit den Naturalien abgegolten war. Die Kommunisten verspürten eine besondere Affinität zu Jesus, den es nach der offiziellen sowjetischen Auslegung nie gegeben hatte, als er von Thomas forderte, er solle nicht nur glauben, was man sehe. Die hartgesottenen Kommunisten glaubten, was sie nicht sahen und glaubten dafür nicht, was sie sahen.

Man hatte uns aus dem Paradies vertrieben zwecks Errichtung Potemkinscher Dörfer. Neben Äpfeln ernteten wir auch Wein, was eine ziemlich schmutzige Tätigkeit darstellte, da die Weinstöcke reichlich mit Chemikalien behandelt worden waren, sowie Birnen, wo man sich vor Wespen vorsehen mußte. Wir sahen von weitem auch Plantagen mit Pfirsichen oder Mandeln. Da ließ man uns erst gar nicht ran. Der sich verdüsternde Arbeitsalltag, der sich bis Ende Oktober hinzog, auch das Wetter wurde kühler und launiger, hätte mich wahrscheinlich in die nächste Krise gestürzt, wenn nicht die wichtigste Person meines weiteren Lebens erschienen wäre.

Die neuen Erstsemester hatte ich selbstverständlich seit ihrer Ankunft intensiv in Augenschein genommen, da das offenbar das einzige Reservoir war, wo ich eine Freundin finden konnte. Zuerst fiel mir die Biologin Betty mit einem sündhaft kurzen Rock auf, doch sie geriet bald in die Hände unseres größten Trinkers, eines genialischen Physikers. Auf der ersten großen Fete der DDR-Studenten hingen sie derart zusammen, daß man beinahe von öffentlichem Petting sprechen konnte. Die Beziehung hielt zwar nicht lang, aber ich hegte keine Ambitionen für sie mehr. Für eine dauerhafte Beziehung kam es auf mehr an als vordergründigen Sexappeal.

Es ereignete sich am 27. September 1975. An diesem Tag sollte sich *die* Wende in meinem Leben vollziehen. Bis zum Abend deutete nichts darauf hin, ähnlich wie an dem 9. November vierzehn Jahre später, der das Leben der deutschen Nation umkrempelte. An jenem Samstagabend im September fand im Wohnheim eine private Geburtstagsparty statt. Eine Mathematikstudentin aus dem ersten Studienjahr hatte dafür eine extra scharfe Suppe gekocht. Oder sie hatte zunächst die Suppe gekocht, und dann fiel ihr spontan ein, eine Party aus diesem Anlaß zu veranstalten. Wie dem auch sei, ich war nicht zum Suppe Essen eingeladen worden und hätte auch keinen Wert darauf gelegt. Von irgendwem bekam ich im Flur einen Hinweis auf die Feier im Haus. Ich verspürte zunächst keine Neigung hinzugehen. Später schaute ich aus Langeweile sowie Neugier vorbei.

Es ergab sich, daß ich mit einer Physikstudentin aus dem ersten Studienjahr ins Gespräch kam. Sie war mir einige Tage vorher erstmals aufgefallen, sie hatte irgendwie bedeutungsvoll gelächelt, ehe sie zusammen mit einem anderen Mädchen die Treppe emporschritt. Ich hatte *ihr* eine Weile von hinten nachgeschaut, ehe sie meinen Blicken und schließlich den Sinnen entglitt. Ich tanzte die ganze Zeit mit Christiane, die von ihrer Familie Kitty genannt wurde, wie ich bald erfuhr. Dieser Name gefiel mir besser, obwohl sie ihren christlichen Namen der Gattin des Geheimrats von Goethe verdankte. Sie schwärmte von ihrem jüngeren Bruder, auf den sie sehr stolz war, wie sie versicherte. Christiane stammte aus Sternberg, einer Kleinstadt in Mecklenburg und sprach ein makelloses Hochdeutsch. Eine sächselnde Freundin wäre mir wohl bald auf die Nerven gegangen. Wir unterhielten uns angeregt bis nach Mitternacht. Kitty schmiegte sich beim Tanzen dicht an mich, so daß ich deutlich ihre Brüste spürte. Sie schien weder sexuell verklemmt noch zu lasziv zu sein. Wir sprachen über Belanglosigkeiten wie Westfernsehen oder Rauchen, wovon sie jeweils wenig hielt, diese Themen spielten danach kaum noch eine Rolle. Wichtiger war, daß die Chemie stimmte, falls man das zwischen einer Physikerin und einem Mathematiker sagen kann. So lernte ich auf der einzigen privaten Party, die ich jemals besuchte, meine spätere Frau kennen.

Für den ersten Abend nach der Party hatten wir uns am Eingang des Internates zu einem Spaziergang verabredet. Ich war mir unsicher, ob sie wirklich zu dem Rendezvous kommen würde. Als sie dann vor mir stand, hatte ich Mühe, meine Gefühle zu zügeln. Damals wußte ich natürlich nicht, wie es mit uns weitergehen würde. Im Rückblick kann ich allerdings feststellen, daß mir bereits nach einem Tag unbewußt klar war, daß sie *die* Frau war, auf die ich immer gewartet hatte. (Was nicht ausschließt, daß es unter anderen Umständen eine andere Frau sein konnte, auf die dasselbe zutraf. Zumindest waren es bestimmt nicht viele Frauen im Universum, mit denen ich „auf ewig" zusammenleben wollte.)

Daß ich Christiane überhaupt begegnete, erfuhr ich einige Zeit später, war auch von ihrer Seite her vom Zufall bestimmt. Eigentlich war sie für ein Studium der theoretischen Mechanik in Charkow vorgesehen. Nur durch den Tausch mit einem Studenten aus der Physikgruppe hatte es sie nach Kischinjow verschlagen. Den Tausch hatte der Gruppendozent Christiane nahegelegt. Ob er initiiert wurde, weil sie für die Mechanik als wenig geeignet angesehen wurde oder man den anderen Studenten unbedingt in Charkow haben wollte, läßt sich nicht mehr aufklären. (Vielleicht traf sogar beides zu.) Im letzteren Fall hatte sicher „die Firma" ihre Finger im Spiel. Zwar „liebte" Mielke gewiß nicht „alle", wie er 1989 hilflos vor der gewendeten Volkskammer stammelte, aber unsere Liebe wäre ohne seinen Verein dann nicht zustande gekommen.

Die Mädchen, in die ich mich jemals verliebte, hatten durch ein, zwei Kernreize meine Hormone in Wallung gebracht. Bei R. waren es die langen, blonden Haare, bei C. die Stimme und die Gestik, bei I. das Gesicht und bei H. die Brüste. Kitty hatte ich wie gesagt zuerst von hinten gesehen, und tatsächlich faszinierte mich zunächst ihr Hintern. Dazukam das feine Lächeln, das ihr eine ätherische Note verlieh und mich magnetisierte. Eine Einheit von Körper und Geist, was wollte ich mehr? Sie maß 1,67 Meter, was ich als ideale Größe für mich empfand. Die Figur war wie schon bei Ingrid von etwas reicherer Körperlichkeit, gewiß war sie nicht gertenschlank zu nennen, aber auf jeden Fall wohlgestalt. Die brünetten Haare trug sie halblang, die Wimpern waren etwas buschig. Sie verzichtete auf Make-up, was ich gut fand, da ich Natürlichkeit favorisierte. Besonders gefiel sie mir im Minirock, obgleich sie Hosen bevorzugte.

Wir trafen uns fast jeden Abend zu einem Spaziergang. Ich hatte keine Skrupel, durch Gegenden zu laufen, die ich davor abends bestimmt gemieden hätte. Nach wenigen Tagen begannen wir, uns lange und intensiv zu küssen. Nun konnte ich meinen ganzen Ideenreichtum für eine abwechslungsreiche Freizeitgestaltung in die Waagschale werfen. Sonntags erkundeten wir periphere Stadtviertel. Bei Gelegenheit gingen wir auch in Sinfoniekonzerte sowie gelegentlich Film- oder Theateraufführungen.

Das gemeinsame Essen stellte angesichts der miserablen Kost in der Stolowaja einen existentiellen Höhepunkt dar. Im Restaurant des Intourist-Hotels, das im Stadtzentrum aus Glas und Beton neu errichtet worden war, oder in dem Nationalitätenrestaurant Butojasch am Stadtrand, das die Form eines Fasses aufwies, waren in der Regel nur wenige Gäste. Es kam sogar vor, daß wir als einzige Gäste in dem riesigen Intourist-Saal saßen. Wahrscheinlich schreckten die Preise die meist arme einheimische Bevölkerung ab oder das europäische Ambiente, das freilich vergebliche Liebesmühe darstellte, da sich die erwarteten westlichen Touristen nie nach Kischinjow verirrten. Oder war es einfach nicht üblich, mittags essen zu gehen? Die meisten DDR-Studenten waren zu geizig für Restaurantbesuche, sie setzen ihr Geld lieber in Wein um, dem wir nur sehr spärlich zusprachen. Wir wählten meist dasselbe Arrangement: einem Kartoffel-Fleisch-Salat als Vorspeise folgte eine Soljanka, in der als Krönung einige Oliven schwammen, woran sich das Hauptgericht anschloß. Das war meist ein Steak zu hausgemachten Pommes frites, die besser schmeckten als die tiefgefrorene Fast-Food-Variante, sowie gedünstetes Gemüse, meist Erbsen. Im Butojasch bevorzugte ich Stör für nur zwei Rubel, d.h. sechs DDR-Mark, mit dessen feinem Geschmack keine andere Fischsorte mithalten konnte. Stör sah ich erst wieder in den neunziger Jahren in Westberlin, im KaDeWe kostete ein Kilogramm über hundert D-Mark. Wir tranken dazu meist Orangensaft, mitunter ein Glas Rotwein. Die moldauische Weinsorte Negru de Pukar sollte angeblich der Lieblingswein der englischen Königin sein.

Wie schon in den vorangegangenen Semestern hielten uns die Dozenten mit schriftlichen und mündlichen Leistungskontrollen, sogenannten Kolloquien, auf Trab. Hinzukamen umfangreiche Hausaufgaben vor allem in mathematischer Analysis sowie die umfangreiche Lektüre in Geschichte der KPdSU, die wir nach drei Semestern endlich abschlossen. Ich war dermaßen von der Liebe erfüllt, daß ich dieses Pensum wie in Trance erledigte.

Neben den mathematischen Standardfächern hörten wir eine Vorlesung in Topologie. Sie war auf die letzte Doppelstunde sonnabends angesetzt. In dem Raum herrschte eine grausige Spannung, die Stimme des Dozenten schwankte zwischen piano und forte. Seine Sätze waren kryptisch und die wenigen Krakel, die er an die Tafel kritzelte, schwer zu deuten. Der Topologiedozent sah mit seinen wenigen, schwärzlichen Zähnen aus wie Dracula und stank zudem fürchterlich aus dem Mund. Sein Anzug war verschlissen, und die Manschetten lugten speckig unter den Ärmeln hervor. Die Russen fürchteten ihn, da er vor Handgreiflichkeiten nicht zurückschreckte, wenn jemand etwas nicht verstanden hatte. Zugleich bewunderten sie ihn heimlich. Es hieß, er arbeite bei der Akademie der Wissenschaften und gelte dort als Genie. Vor der Revolution hatte das Volk zerlumpte, religiöse Vagabunden als Heilige verehrt. Diese Rolle war anscheinend auf einige Mathematiker übergegangen. Zum Glück brauchten wir in dem Fach nur ein Testat ablegen. In den Augen des Topologiedozenten waren wir wahrscheinlich so etwas wie Ameisen, die nichts von den echten Rätseln der Welt verstanden. Eigentlich müßte er alle Studenten durchfallen lassen, aber das hätte ihn unnütz Zeit gekostet, also ließ er alle bestehen.

Im Spätherbst 1975 war die Renovierung unseres früheren Wohnheims Nr. 3 abgeschlossen. Zusammen mit Jürgen bekam ich ein Zimmer zugewiesen im Erdgeschoß des Haupttraktes, der an einer mäßig befahrenen Seitenstraße lag. Als Dritter wurde uns ein Russe zugeteilt. Er sprach mit uns generell nicht, die ganze Zeit wechselte ich mit ihm kaum mehr als ein Dutzend Worte. Die Kommunikation sollte doch der Zweck einer solchen Belegung sein. Sein Vater war Offizier, einmal besuchte er unser Zimmer und gab sich leutselig. Ich weiß nicht, ob er seinem Sohn eingeschärft hatte, mit Faschisten, Handlangern des Imperialisten oder wofür er uns halten mochte nicht zu sprechen. Gegenüber seinen Kumpels, wenn sie ihn abholten, machte der russische Student, an dessen Name ich mich genauso wenig wie die Studienrichtung erinnern kann, einen aufgeschlossenen Eindruck. Meist kam er nur zum Übernachten in das Zimmer. Er hatte allerdings den Vorteil, daß er im Gegensatz zur Mehrzahl seiner Landsleute auf gründliche Körperpflege bedacht war. Den Gegenpol bildete ein Student aus unserer Seminargruppe, der bei Brückner im Zimmer wohnte, der nach einem halben Jahr im Wohnheim fragte, wo sich der Waschraum befinde.

Bei der Renovierung hatte man erstmals einen Duschraum mit zwei Duschen in jeder Etage eingerichtet. Warmes Wasser gab es freilich meist nur im Erdgeschoß. Außerdem war ein Raum als Trockenraum für die Wäsche vorgesehen, wenngleich der Raum kein Fenster besaß. Es ging voran beim allmählichen Übergang zum Kommunismus. Den tieferen Sinn der Baumaßnahmen sollten wir erst später erfassen.

Der Chef des Wohnheims, auf Russisch *Kommandant* genannt, wohnte mit seiner Familie, einer Frau und einem Kleinkind, in dem Zimmer neben uns. Es ist anzunehmen, daß er den Posten annahm, um überhaupt zu einem Zimmer in der moldauischen Hauptstadt zu kommen. Meist sah man ihn besoffen. Besonders störend war sein Fernseher, der oft bis in die Nacht hinein lief. Ich ging zwar kaum vor 23 Uhr ins Bett, da der Unterricht erst 8.15 Uhr begann und wir maximal eine Viertelstunde bis zur Universität brauchten, aber selbst hatte ich nur ein kleines Transistorradio, um das Geplärre zu übertönen. Besonders markant war die sowjetische Nationalhymne, die um Mitternacht über alle Kanäle ausgestrahlt wurde und dann durch das Wohnheim schepperte.

Man hatte an den Zimmerwänden wieder die sowjetischen Radioempfänger angebracht, wo nur der Einheitssender zu empfangen war, die wir bestenfalls zum Stellen der Uhren nutzten. Zehn Jahre später las ich bei Orwell, wie er diese Geräte, die ein Pendant zum *Volksempfänger* darstellten, als typisches Accessoire des Totalitarismus einsetzte. Bei Orwell freilich konnten die Geräte zusätzlich senden. Im Gegensatz zu den früheren Apparaten, die man wie bei Orwell nur leiser stellen konnte, ließen sich die neuen Kästen sogar ausschalten. Der Totalitarismus war eben auch nicht mehr das, was er früher einmal war. Der *Big Brother* war ja seit über zwanzig Jahren tot, und die Reanimationsversuche der Breschnew-Zeit konnten ihn nicht wiedererwecken.

Jürgens Freundin Siggi, die bisher in Moskau Chemie studiert hatte, war es gelungen, mit Beginn des zweiten Studienjahres den Studienort zu wechseln. Dadurch fiel Jürgen für gemeinsame Unternehmungen faktisch aus. Im ersten Studienjahr hatten Bob, Jürgen und ich erwogen, ein Spulentonbandgerät zu kaufen, um die musikalische Ödnis etwas zu beleben. Dann hatte Jürgen abgewunken, er wolle sein Geld für Wichtigeres sparen. Siggi war in ihrem Jahrgang die einzige Chemiestudentin aus der DDR, weswegen sie zwangsläufig engere Beziehungen zu ihren russischen Kommilitonen fand als die meisten von uns.

Kitty blieb bis zum Ende des Studienjahres zusammen mit ihrem Jahrgang im Wohnheim Benderskaja 1, was zur Folge hatte, daß ich öfter dort weilte. Zumindest holte ich sie zu den Abendspaziergängen ab. Ein beliebtes Ziel wurde der sogenannte *Memorialnji Komplex*, ein weitläufiges Areal mit martialischen Stelen, der aus Anlaß des 30. Jahrestags des Sieges der Sowjetunion über das faschistische Deutschland im Frühjahr eingeweiht worden war. Das Gelände befand sich nicht weit vom Wohnheim, hierher verirrte sich abends kaum jemand, obwohl die Wege gut beleuchtet waren. Hier konnten wir solange küssen, bis wir müde wurden. Das „Glückshormon" Endorphin, das beispielsweise durch Küssen ins Hirn ausgeschüttet wird, wurde übrigens im gleichen Jahr entdeckt, in dem wir seine Wirkung am intensivsten erfuhren. Seine Intensität schien allerdings nachzulassen. Nach einigen Wochen mißfiel mir gelegentlich bei den Spaziergängen der Ausdruck von Kittys Augen, ein stechender Blick, der mich irritierte und mir dörflich-fischköppisch vorkam, was ich selbstverständlich für mich behielt. Ich überlegte sogar, ob ich mich nicht nach einer anderen umsehen sollte. Aber wahrscheinlich würde sich das geben, was dann tatsächlich der Fall war.

Eines Tages *schockierte* ich sie, als ich fragte, ob sie die *Pille* nähme. Zumindest meinte sie das später, in dem Moment ließ sie sich nichts anmerken und bejahte die Frage, was mich erleichterte. Ich wollte zwar nicht so schnell wie möglich mit ihr ins Bett gehen, wir hatten ja viel Zeit, in der geschlossenen Gesellschaft, wo wir lebten, brauchte man nichts zu überstürzen, aber bis nach den nächsten Ferien damit warten oder gar ein Risiko eingehen, schmeckte mir auch nicht. Kondome wurden in der Sowjetunion nicht so frei gehandelt wie in Europa, soweit ich weiß, gab es sie – wenn überhaupt – nur in der Apotheke.

Der Samstagabend war die einzige Zeit, in der man ausschließlich seiner Lust und Laune nachgehen konnte. Er genoß eine Art epikuräischen Kultstatus – wie der Sonntagmorgen für den Kirchgänger. Es drohten weder Versammlungen noch Arbeitseinsätze, Hausaufgaben konnte man aufschieben, und den Wecker mußte man nicht stellen. Da die Studenten am Wochenende nicht nach Hause fuhren und Freizeitangebote rar waren, erwies es sich als schwierig, ein freies Zimmer für ein Stündchen zu zweit zu finden.

Nachdem wir es an trüben Novemberabenden mit Petting auf einer dunklen Bodentreppe des Wohnheims versucht hatten, gelang es mir Anfang Dezember für einen Samstagabend das Dreibettzimmer, wo mein Bett stand, für zwei Stunden zur alleinigen Benutzung zu erhalten. Hätte mir ein Radioreporter des Kultursenders damals die Frage gestellt hätte, die sie heutzutage Prominenten vorlegen: „Wann fühlen Sie sich am lebendigsten", hätte ich ohne Zögern geantwortet: „Zusammen mit K. im Bett". Ich versuchte, möglichst jeden Samstagabend mit Kitty zusammen zu sein. Das wurde Jürgen allmählich zu viel. Obwohl ich mich hin und wieder revanchierte, zeigte er wenig Neigung, regelmäßig das Weite zu suchen. Man mußte also bescheiden bleiben.

Kitty hatte einen Freund in der DDR. Es handelte sich um einen jungen Facharbeiter aus ihrem Heimatbezirk, mit dem sie bereits sexuelle Erfahrungen gesammelt hatte. Ich bedrängte sie, mit ihm Schluß zu machen, was sie nach gewisser Zeit auch tat. Ob dabei eher emotionale oder pragmatische Gründe den Ausschlag gaben, ging ich nicht nach. Aufgrund späterer Erfahrungen tippe ich auf Letzteres. Da sie aber, soviel ich mitbekam, kaum Briefe von ihm bekam oder an ihn schrieb, kann es sich nicht um die überwältigende Liebe gehandelt haben. Da korrespondierte ich häufiger mit meiner Briefpartnerin Ute, von der ich freilich nicht einmal wußte, wie sie aussah.

Die Winterferien, die ich im Vorjahr sehnsüchtig erwartet hatte, wurden zu einem Übel, da ich Kitty nicht sehen konnte. Nicht das letzte Mal in unserer Beziehung geriet ich in die Tonio-Kröger-Position, daß der, wer mehr liebt, mehr leiden muß. Lediglich in Briefen an meinen Freund Frank, der mit anderen Beziehungsproblemen konfrontiert war, konnte ich mir Luft machen. Ich war froh, als ich nach Kischinjow zurückfliegen konnte.

8
Kontraste

Das Frühjahrssemester 1976 verging wie im Flug. Mit Kitty unternahm ich weiterhin viele Spaziergänge. Ende April konnten wir eine ganze Nacht allein in ihrem Wohnheimzimmer zusammen sein.

Obwohl unser Wohnheim erst frisch renoviert worden war, hielt eine Ratte im ersten Stock die dortigen Zimmerbewohner und mit ihnen das gesamte Wohnheim in Atem. Ein Physikstudent war durch Scharrgeräusche eines Nachts munter geworden. Sie brauchten einige Zeit, ehe sie das Loch unter dem Heizkörper entdeckt hatten, daß das Vieh als Einstieg nutzte. Sie kauften eine Rattenfalle, und tatsächlich konnten sie nach einigen Wochen das Tier exekutieren. Das Bild mit der verendeten Ratte in der Falle unter der Heizung wurde wohl zur am häufigsten abgezogenen Fotografie in der Geschichte der DDR-Studenten in Kischinjow.

Zu Kittys Jahrgang gehörte eine unscheinbare Physikstudentin mit dem Namen Birgit Ewald, die nur Biggi genannt wurde. Sie war die Tochter des DDR-Sportchefs Manfred Ewald. Dieser besuchte einmal kurz Kischinjow. Nach der Wende wurden gegen ihn schlimme Vorwürfe laut, vor allem hinsichtlich Dopings. Seiner Tochter, die zumindest in den ersten Studienjahren bescheiden und zurückhaltend auftrat, verschaffte er während des Studiums keine sichtbaren Vorteile. Sie gehörte nicht zu den politischen Scharfmachern, die in diesem Jahrgang überrepräsentiert waren.

Als neues Fach hörten wir Differentialgeometrie. Der Dozent erzählte gern Anekdoten von Mathematikern, die oft einen letalen Ausgang nahmen. Danach kicherte er. Ansonsten war er eher unauffällig.

In der Prüfungsperiode im Juni 1976 erkrankte ich. Die Prüfung in marxistischer Philosophie, dem Dialektischen Materialismus, kurz Diamat, brachte ich mit 38,1 Grad Fieber über die Runden. Zunächst hatte mir der Arzt ein paar Hausmittel verordnet, woraufhin das Fieber auf beängstigende Werte anstieg. Jürgen und Kitty riefen den Notarzt, der diagnostizierte eine schwere Angina und verschrieb ein Antibiotikum. Danach begann allmählich die Genesung. Die letzten beiden Prüfungen verschob ich auf den Herbst. Vor allem Kitty kümmerte sich aufopferungsvoll um mich. Nebenbei mußte sie ihre Prüfungen bewältigen. Ich versuchte, durch belletristische Lektüre und Hören von Schallplatten – Kitty hatte im Winter ihren Plattenspieler mitgebracht - der Tristesse zu entkommen. Besonders beeindruckten mich *Dr. Faustus* von Thomas Mann, das in seiner düster, deutschen Stimmung gut zu meiner Lage paßte, sowie das *Requiem* von Mozart. Gewissermaßen war die Erkrankung schicksalhaft – Glück im Unglück. Wie Kitty später gestand, wollte sie damals mit mir Schluß machen. Danach dachte sie nicht mehr daran. Heute kann sie sich nicht mehr an diese Absicht erinnern. Die nächsten drei Jahre sollten die schönste Zeit mit ihr werden.

Gerade am Ende der Prüfungsperiode konnte ich das Krankenbett verlassen. Ich fühlte mich noch etwas schwach, doch wir konnten unsere erste gemeinsame Reise antreten. Sie führte nach Odessa. Dabei konnte ich meine Qualitäten als individueller Reiseleiter ausspielen, einer Rolle, mit er ich auch später bei meinen Kindern Punkte sammeln konnte. Ursprünglich hatte ich für den Sommer weiter reichende Reisepläne gehabt. Wir hatten uns für eine Uni-Exkursion nach Leningrad gemeldet. Von dort wollten wir uns individuell, das heißt nach sowjetischen Gesetzen illegal, über die drei baltischen Hauptstädte bis Minsk durchschlagen, für das Frank eine Übernachtung im Wohnheim organisiert hatte. Da die Uni die Exkursion kurzfristig absagte, brach der ganze Plan zusammen. Angesichts meiner labilen Verfassung, war das wohl besser so. Kitty kannte in Odessa Studenten von Halle her, die uns eine Einladung besorgten. Wir flogen mit einem Kleinflugzeug in die lebendige Millionenstadt am Schwarzen Meer. Kittys ehemalige Kommilitonen machten einen angenehmeren Eindruck als die verstockten Dogmatiker in Kischinjow.

In Odessa war der Kontrast zwischen Glanz und Elend noch größer als in Kischinjow, was vor allem an dem größeren Glanz bei etwa gleichem Elend lag. Während die moldauische Hauptstadt ein architektonisches Nichts darstellte, gab es in Odessa mit dem Opernhaus, der Potjomkin-Treppe und weiteren Gebäuden in der Innenstadt echte Sehenswürdigkeiten. Auf der Treppe machte ich ein Foto von Kitty im Minirock. Schön wäre, wenn wie bei Oscar Wildes *Bildnis des Dorian Gray* das Bild alterte und die Frau jung bliebe.

Die Stadtbewohner, die Odessiten, traten gewitzter auf als die dumpfen Moldauer. Über ihre Schlagfertigkeit gab es etliche Witze wie den folgenden: In einem überfüllten Trolleybus will ein Mann an einer Passagierin vorbei und fragt „Junge Frau, kann man?“, worauf diese antwortet „Falls Sie es in einer Minute schaffen.“

Wir erforschten gründlich die City. Dort sahen wir eines Tages eine Gruppe Amerikaner. Es waren meist ältere Männer und Frauen von beachtlichem Körperumfang, was sie zunächst nicht von den Russen unterschied, doch sie trugen grelle, bunte Klamotten, was sie als Exoten im sozialistischen Grau erscheinen ließ. Ein Russe sprach sie schüchtern an und wollte, daß sie für seine Dollar etwas in dem nahen Intershop für ihn kauften. Diese Läden, wo es diverse sonst nicht erhältliche Waren für westliche Devisen gab, hießen in der UdSSR „Berjoska“ (auf Deutsch: „Birkchen“) und waren für Einheimische - im Gegensatz zu den DDR-Intershops - tabu. Manchmal waren wir am Hafen, der eine seltsame Mischung aus Trostlosigkeit und Verheißung darstellte, was wohl für die meisten Häfen zutrifft.

Außerdem gingen wir in die Vorstadt, die teilweise Kischinjow ähnelte. Einmal betraten wir dort ein Gotteshaus, was wir uns in Kischinjow nicht getraut hätten. Die russisch-orthodoxe Kirche führte damals noch ein Schattendasein, obwohl es in gewissen intellektuellen Kreisen gerade chic wurde, beispielsweise Ostern, dem Gottesdienst beizuwohnen. Das Innere der Kirche war ungewöhnlich finster, als einzige Lichtquelle fungierten Kerzen. Ein Pope wimmerte einen uns unverständlichen Singsang. Das Publikum bestand, soweit man das überhaupt feststellen konnte, vorwiegend aus alten Frauen, die zuweilen zu schluchzen schienen. Am prägnantesten war der Weihrauchduft, den der Geistliche durch ein Gefäß, das er schwang, ständig erneuerte. Der Geruch erfüllte den ganzen Raum und erinnerte in seiner lasziven Penetranz an die Wolken schlechten Parfüms, in die sich viele russische Frauen einhüllten.

Mittag aßen wir in Restaurants oder anspruchsvollen Kantinen. Ich bestellte nach Möglichkeit als Getränk Tee mit Zitrone, um meinen Hals zu besänftigen. Mitunter begaben wir uns zum Strand. Davor war es etwas hügelig und Kitty, als typische Flachländerin, hatte Horror vor jeder Erhebung, die sie hinunterlaufen sollte. Allmählich konnte ich sie später an die Berge heranführen. Einmal wurden wir abends bei einer Razzia von der Miliz diskret vom Strand verwiesen. Ich weiß nicht, wen oder was sie suchten. Jedenfalls wurde es uns unheimlich zumute. Nach einer Woche flogen wir von Odessa über Moskau zurück in die DDR. Inzwischen war mein Gesundheitszustand stabil.

9
Bumerang

Unmittelbar vom Flughafen Berlin-Schönefeld fuhr ich direkt nach Werder bei Potsdam, wo meine Eltern 1976 ihren Jahresurlaub verbrachten. Hier war es zwar warm – im Gegensatz zu Oberhof im Vorjahr – aber der Ort mit seinen meist ein- bis zweigeschossigen Häuserzeilen erinnerte mich fatal an Moldawien. Lediglich der Lindenblütenduft, der die Alleen durchzog, wirkte deutsch. Vor allem langweilte ich mich ohne Kitty. Nach einer langen Woche wollten wir uns in Berlin treffen und dann nach Freiberg begeben.

Erwartungsvoll fuhr ich mit der S-Bahn über Schönefeld in die *Hauptstadt der DDR*. Ich wartete den ganzen Tag vergebens auf dem Ostbahnhof. Keine Spur von Kitty. Hatte ich sie verfehlt? Oder hatte sie mich nun doch sitzengelassen? Für immer gar? Mit solchen trüben Gedanken ging ich stundenlang auf dem Bahnhof auf und ab, immer hoffend, daß sie mit dem nächsten Zug ankommt. Doch ich erblickte nur fremde Gesichter. Das Telefon nahm auch niemand ab. Am Nachmittag machte ich mich zerknirscht auf die Rückfahrt nach Werder. Am Abend bekam ich sie ans Telefon. Sie waren den ganzen Tag im Garten gewesen und hatten kein Klingeln gehört. Inzwischen hatte sie ihre Sachen gepackt für die Reise nach Berlin. Sie war davon ausgegangen, daß wir uns morgen dort treffen wollten. Wer sich geirrt hatte, klärte sich nie ganz auf, mir war so, daß ich recht hatte. Da schließlich alles gut war, überwog die Erleichterung den vergangenen Ärger. Am nächsten Tag lief alles wie abgesprochen. Jetzt mußte ich nur lange warten, wenn sie sich auf eine Toilette begab.

Kitty kam das erste Mal mit mir nach Hause. Sie war zuvor noch nie so tief in Sachsen gewesen. Anfangs verstand sie nicht viel von dem, was die Leute auf der Straße sprachen. In Freiberg unternahmen wir Radtouren, fuhren mit dem Zug nach Dresden und zu anderen Zielen der Umgebung, gingen Baden oder zum Orgelkonzert in den Dom. Abends gingen wir oft spazieren. Die lauen Sommernächte heizten unsere Gefühle an. Danach mußte nicht jeder in sein Wohnheimzimmer zurückschleichen. Endlich konnten wir ungestört in einem Zimmer übernachten. Unsere Liebe erreichte einen Höhepunkt. Ich glaube, in dieser Zeit habe ich endgültig Kittys Herz gewonnen.

Ich kaufte mir einen eigenen Plattenspieler. In dem Rundfunkladen trafen wir zufällig meine früheren Mitschüler Frank Baumgart und Volker Bormann. Ihre anderthalbjährige Armeezeit war kürzlich zu Ende gegangen, im Herbst würden sie ein Studium in Dresden beginnen. Die Gegenwart meiner Freundin schien sie zu irritieren. Wir hatten uns nicht mehr viel zu sagen.

Anfang August waren Kitty und ich zur Hochzeit von Michael und Angela Zoller aus ihrem Studienjahr nach Leipzig eingeladen. Kitty hatte zuvor mit ihren Eltern in Prerow Urlaub gemacht. Sie war dabei auch mit dem Sohn einer mit ihren Eltern befreundeten Familie zusammengekommen. Er war zwar einige

Jahre älter, dennoch beunruhigte mich diese Mitteilung, wofür allerdings kein Grund bestand. Außer der Hitze weiß ich nichts mehr von der Hochzeitsfeier. Wir übernachteten in der Leipziger City im Parkhotel.

Nachdem ich Kitty wieder zum Zug gebracht hatte, saß ich bis zur Abfahrt meines Zuges auf einer Bank vor dem Hauptbahnhof. Ein alter Mann setzte sich neben mich. Er schimpfte mörderisch auf den sowjetischen Parteichef Breschnew. Außerdem berichtete er von der Kriegszeit im Osten. Ihn hatten damals vor allem die primitiven Lebensbedingungen der Russen schockiert.

Im Sommer 1976 sollte bereits die Vermittlung der Arbeitsplätze nach dem Studium erfolgen. Bereits am Ende des Vorjahres hatte das Generalkonsulat die einzelnen Studenten auf die zuständigen Ministerien verteilt. Fünf der sieben Kischinjower Mathematikstudenten, darunter ich, sollten im Verantwortungsbereich des Ministeriums für Hoch- und Fachschulwesen (MHF) anfangen. Die künftigen Hochschulmitarbeiter wurden für drei Tage nach Cottbus zur Einsatzorientierung von diesem Ministerium eingeladen. Wir wurden in den neuen Wohnheimen der dortigen Ingenieurhochschule untergebracht, die nobel wirkten gegenüber dem, was wir gewohnt waren. Vor allem das Wahlessen in der Mensa erschien mir traumhaft. Vor den konkreten, individuellen Gesprächen stand die übliche propagandistische Berieselung über die Rolle der Bedeutung.

Die Einsatzorte waren nach für uns undurchschaubaren Kriterien durch das MHF im Vorfeld festgelegt worden. Nur bei schwerwiegenden Gründen konnte man versuchen, eine Veränderung zu erreichen. Entsprechend den gesetzlichen Bestimmungen mußten alle Hochschulabsolventen in der DDR für mindestens drei Jahre an der ersten Arbeitsstätte verbleiben. Für mich war ein Einsatz an der Bergakademie Freiberg, an der Sektion Mathematik, vorgesehen. Wahrscheinlich dachten die Genossen, ich könne bei meinen Eltern wohnen bleiben, da hätten sie ein Wohnungsproblem weniger. Als Vertreter dieser kleinsten Universität des Landes war ein Prof. Schoch angereist. Ich war nicht gerade scharf darauf, wieder nach Freiberg zu kommen. Hatte ich den großen Sprung von zu Hause weg gemacht, um schließlich wieder auf dem alten Läufer zu landen? Die barsche Art des Professors gefiel mir gar nicht. Der Professor vertrat in Freiberg die Optimierung. Von diesem Gebiet hatte ich bisher nichts gehört, und nachdem mir der Professor erläutert hatte, worum es dabei ging, konnte ich mir nicht vorstellen, daß es mir zusagen würde. Als Alternative nannte er die Arbeitsgruppe für mathematische Analysis von Prof. Rühs. Mit den Grundlagen der Analysis hatte ich mich ausgiebig beschäftigt, und die Disziplin sagte mir mehr zu als Algebra oder Geometrie. Also würde ich bei Prof. Rühs anfangen.

Ich besuchte Rühs bald darauf in seinem Freiberger Arbeitszimmer. Es war mit einem teuer wirkenden Teppich versehen, und in der Ecke stand ein Sofa, während Rühs hinter einem großen Schreibtisch thronte. Er machte einen väterlich, gönnerhaften Eindruck. Von Rußland schien er nicht viel zu halten, immerhin gab es dort hin und wieder respektable Mathematiker.

Ende August kam Frank Ihlenburg nach Freiberg. Hier fand eine Kaderschulung von FDJ-Funktionären in der Sowjetunion statt. Während er im neuen Wohnheim der Bergakademie untergebracht wurde, übernachtete seine Freundin Gunhild bei uns im Arbeitszimmer meines Vaters neben dem Kinderzimmer, in dem ich mit Kitty schlief. Sie konnte Gunhild nicht leiden und meinte, wir brauchten wegen ihr keine Rücksicht zu nehmen. Ich unternahm mit Frank und Gunhild eine Radtour ins Erzgebirge. Frank schnitt tollkühn die Kurven der Abfahrten, so daß man nur auf fehlenden Gegenverkehr hoffen konnte. Hingegen schien für Gunhild die ganze Tour eine Zumutung zu sein.

Als Abschlußveranstaltung der Kaderschulung war ein Kabarettauftritt der Leipziger Academixer in der neuen Mensa angesetzt, wofür mir Frank eine Karte besorgt hatte. Mir imponierte die Aufführung dermaßen, daß ich beschloß, selbst Kabaretttexte zu verfassen und in Kischinjow ein Kabarett zu gründen. Beschwingt von dem milden Sommerabend und etwas Wein, den ich zu dem Büfett getrunken hatte, setzte ich mich auf mein Fahrrad und fuhr nach Hause. Kabarett schien mir das Medium zu sein, wo ich den politischen Frust, der sich immer wieder ansammelte, am schöpferischsten abreagieren konnte.

10
Der schöne 27. September

In Kischinjow stieß die Idee eines Kabaretts auf eine unerwartet große Resonanz. Neben Kitty und mir, meldeten sich Jürgen Socolowsky, Bob Keilhoff und seine Freundin Gerburg sowie vier Studenten aus dem zweiten und ersten Studienjahr. Viele Texte schrieb ich, einige verfaßten wir kollektiv oder übernahmen Sketche von Frank, der in Minsk ebenfalls Kabarettauftritte organisierte. Außerdem fungierte ich als Regisseur und organisatorischer Leiter. Die Oberen beargwöhnten zwar unsere Bemühungen, da sich deutsches Kabarett schlecht in das Schema Deutsch-Sowjetischer Freundschaft paßte, doch sie ließen uns gewähren. Angesehener war der Singeklub, der mit seinen fröhlich, kämpferischen Liedern sogar im lokalen Fernsehen auftrat. Aber wenn es die Stimmung in der „Landsmannschaft" zugutekam, konnte man eine gewisse Narrenfreiheit gewähren.

Daß die Freiheit nicht überbordete, dafür sorgte die Parteileitung, die Bob den Auftrag gegeben hatte, im Kabarett auf die politische Linie zu achten, was ich allerdings erst geraume Zeit später erfuhr. Einige Sachen blockte er ab, wie beispielsweise einen Text über das Mensaessen. Der Sketch widerspräche unserer politischen Verantwortung, hieß es. Auch eine Coupletstrophe über Genossen, die die Westantenne erst im Dunkeln raus hingen, wurde gestrichen. Sofort auf den Index kam ein Kasperlestück, in dem ich mich über den Fahnenfetischismus der Kommunisten lustig machte – was darauf hinauslief, daß die „heiligen" Fahne nur ein Fetzen Stoff sei. Die literarische Umsetzung hatte freilich einige Schwachstellen, was für Bob ein gefundenes Fressen war. Ansonsten hätte das Stück als „öffentliche Herabwürdigung" gelten können, also ein Fall für den Staatsanwalt.

Im Wohnheim bekamen Jürgen und ich als neuen Zimmergenossen, einen Studenten aus der Parallelgruppe. Guschelik war Ukrainer, was seinerzeit scheinbar keine Rolle spielte. In Marxismus-Leninismus hörten wir, daß sich eine neue historische Gemeinschaft, das Sowjetvolk, herausgebildet habe und die einzelnen Nationalitäten allenfalls folkloristische Bedeutung besäßen.

Er war gesprächiger als der Offizierssohn, aber es ergaben sich kaum Anknüpfungspunkte. Er trug wie viele sowjetische Studenten in einen speckigen, grauen Anzug und war auch ansonsten kein Hygiene-Freak. Sein Handtuch, das neben meinem am Haken hing, war eklig. Von ihm fing ich mir Läuse ein, die ich nur mit größter Mühe wieder loswurde. Vor allem pflegte er einen chaotischen Lebenswandel. Er verschlief oft den Unterricht, dann kam es ihm wieder an, und er legte eine Nachtschicht ein. Jürgen und ich prägten für sein Verhalten das neue Wort „knirren" – das Wort *Chaos* verstanden ja auch die Einheimischen.

Guschelik machte später von sich reden, als er nach dem Zerfall der Sowjetunion als einziger aus den beiden Mathematiker-Gruppen nach Nordamerika, nämlich Kanada, ging. Was er dort tat, war nicht zu erfahren, aber seinen sowjetischen Lebensstil konnte er nicht weiter gepflegt haben. Vielleicht schlummerten in ihm ungeahnte unternehmerische Potenzen, die er nicht früher freisetzte, da das in der sozialistischen Mangelwirtschaft ohnehin nichts gebracht hätte.

Zu Beginn des Studienjahres 1976/77 mußte ich die beiden Prüfungen nachholen, die ich wegen meiner Erkrankung im Juni nicht abgelegt hatte. Das hatte den Vorteil, daß ich während der Vorbereitungszeit nicht am Ernteeinsatz teilnehmen mußte, auf den ich nach den schlechten Erfahrungen im Vorjahr wenig Lust verspürte. Ich dehnte die Prüfungsvorbereitung daher auf einige Wochen aus, wobei sich mein tägliches Pensum in Grenzen hielt. Das mißfiel zunehmend unseren Oberen, doch ich konnte Terminschwierigkeiten des prüfenden Professors und ähnliches anführen. Als ich dann die Prüfung eher beiläufig bestanden hatte, wurden die Ernteeinsätze der Ausländer wegen schlechten Wetters meist abgesagt, während die Russen noch bis Ende Oktober Wein ernteten. Wir vertrieben uns die Zeit so gut wie möglich.

Kitty konnte mit einer anderen Studentin ihren Wohnheimplatz tauschen und zog in ein Vierbettzimmer im zweiten Stock unseres Hauses. Sie wohnte nun zusammen mit Gerburg sowie zwei Russinnen. Nun mußten wir uns nicht mehr außer Haus begeben, um uns zu besuchen und konnten problemlos gemeinsam Abendbrot essen. Außerdem gingen wir manchmal zusammen Duschen.

Zu einem Höhepunkt unserer Liebe wurde der erste Jahrestag unseres Kennenlernens am 27. September 1976. Wir verbrachten nach einem selbstbereiteten, schmackhaften Mittagessen den ganzen Nachmittag im Bett in Kittys Zimmer. Nur eine Russin schaute einmal kurz vorbei, verschwand jedoch sogleich wieder. Kitty hatte sich auf meinen Wunsch ihre Zehennägel rot lackiert, was ich ziemlich sexy fand. Zwei Jahre davor hatte ich noch leidenschaftlich in einer „Männerrunde" gegen lackierte Nägel gewettert. Danach streiften wir ziellos bis zum Einbruch der Dämmerung durch die spätsommerlichen Straßen Kischinjows, etwas weltentrückt, aber glücklich.

So triumphal begingen wir nie wieder unseren Liebestag, durch den gemeinsamen Alltag verlor er etwas von seiner Gloriole. Es blieb aber ein besonderer Tag. Dieser Tag spielte ja auch in der Literatur eine gewisse Rolle. Thomas Brasch nannte eines seiner besten Gedichte „Der schöne 27. September". Und die sowjetische Regierungszeitung *Iswestija* hatte Anfang der sechziger Jahre die Schriftsteller aufgerufen, diesen Tag in Tagebuchform zu verewigen. Der Aufruf wäre längst vergessen, wenn ihn nicht Christa Wolf seinerzeit beherzigte und auch bei anderer politischer Konstellation akribisch an dem Projekt festgehalten hätte, um die Tagebuchnotizen zu Beginn des 21. Jahrhunderts zu veröffentlichen. In den achtziger Jahren sollte der Tag durch ein tragisches familiäres Ereignis zu einem ambivalenten Schicksalstag werden – ähnlich dem 9. November in der deutschen Geschichte.

Im November 1976 erschütterte die Biermann-Affäre die DDR. Von Biermann selbst hatte ich einmal beiläufig den Namen gehört, kannte aber kein einziges seiner Gedichte. Die wenigen Verse, die das *Neue Deutschland* als Beleg für seine Staatsfeindlichkeit zitiert hatte, schienen mir eher darauf hin zu deuten, daß er den Finger in manche Wunde gelegt hatte. Warum sollte sich die Parteiführung so hysterisch gebärden, wenn der Kerl nur Lügen verbreitete? Wahrscheinlich hatte er vielmehr unangenehme Wahrheiten ausgesprochen, worin die im Einzelnen bestanden, ließ sich anhand der tendenziellen Berichterstattung des *Zentral-*

organs, das uns als einzige Informationsquelle zur Verfügung stand, nicht sagen. Als kulturell sensiblen Zeitgenossen ließ mich die befremdliche Reaktion der SED-Führung auf die Proteste gegen die Ausbürgerung Biermanns nicht kalt. Die erwähnten Schriftsteller waren sozusagen die „Who Is Who" der DDR-Literatur, während die Apologeten des Politbüros von mir weniger geschätzte Autoren darstellten, ganz zu schweigen von den abgedruckten „Stellungsnahmen der Werktätigen", die in ihrer Abgeschmacktheit kaum zu überbieten waren. Einzelheiten über die Vorgänge im November 1976, von denen sich das Kulturleben der DDR nie mehr erholen sollte, erfuhr ich erst während meines nächsten Ferienaufenthalts im Winter.

Als einziger Prominenter stellte sich Peter Hacks hinter die Staatsführung. Frank hatte mir in Halle Hacks nahegebracht nicht zuletzt, indem er die Sentenz aus *Amphytrion*: „Es schätzt kein Weib am Mann den äuß'ren Glanz / allein sein Wesen ist es, was sie fesselt" an meinen Spind heftete. Inzwischen war Hacks neben Brecht zu einem der Götter in meinem Literaturhimmel aufgestiegen. Er schrieb in der *Weltbühne* sinngemäß, Biermann sei bei Böll untergekrochen, in dessen Bett er noch die Läuse Solschenizyns vorgefunden habe. Nach den Briefen Franks zu urteilen, die ich aufbewahrt habe, fanden wir beide diesen berüchtigten Artikel toll. Hacks hatte freilich damit seine West-Tantiemen vergeigt. Vom Darling der Westtheater wurde er über Nacht zur Unperson. Ich glaube, die politische Aussagen Biermanns, der wie Hacks in den fünfziger Jahren aus dem Westen in die DDR übersiedelt war, juckten den Ästheten wenig. Für ihn war Biermann ein stümperhafter Bänkelsänger, der die Protektion gleichfalls mittelmäßiger Literaten wie Böll und Solschenizyn suchte, die dummerweise den Nobelpreis bekommen hatten, wohin gegen er, *der* sozialistische Klassiker, nicht einmal auf die Vorschlagsliste gelangt war. Wir führten später Teile aus Hacks „Adam und Eva" auf, natürlich auch ohne Tantiemen dafür zu entrichten. Mit Urheberrechten nahm man es in der DDR nicht so genau. Es gab noch keine Rechtsanwälte, die sich darauf spezialisierten, arme Würstchen mit Unterlassungsklagen zu ruinieren.

Auf der Rückreise im Februar übernachtete ich zusammen mit Kitty einen Tag in Moskau. Das Thermometer zeigte fast minus dreißig Grad. Wegen der trockenen Luft fühlte es sich nicht so kalt an. Dennoch waren wir froh, daß wir in Kischinjow milderes Klima hatten. Dort fiel ebenfalls Schnee, doch blieb er meist nicht lange liegen.

11
Hotel California

In mein Studium war inzwischen so etwas wie Normalität eingezogen, die Depressionen des ersten Studienjahres lagen genauso hinter mir wie die Euphorie der ersten Liebeserlebnisse. Wir befanden uns inzwischen im Fachstudium, wenngleich es keine ausdrückliche Abgrenzung zum Grundstudium gab. Das heißt, wir hörten vor allem weiterführende Vorlesungen. Einige Lehrveranstaltungen waren anregend, andere Fächer die reinste Zeitverschwendung. Zu letzterem zählte unter anderem der Kurs Experimentalphysik bei einer kratzbürstigen Dozentin, die sich in stumpfsinniger Ausführung langweiliger Experimente und dem stupiden Auswendiglernen der Theorie erschöpfte. Ihre Methodik entsprach der Grundschule, aber nicht der Hochschule.

Im vorigen Semester hatten wir eine anspruchsvolle Vorlesung zur theoretischen Mechanik gehört. Der junge Dozent sprach aus dem Gedächtnis druckreif, und wir mußten sein Diktat wortwörtlich mitschreiben. Zusammenhänge erschlossen sich auf diese Weise freilich kaum, wir sollten das Ganze lediglich reproduzieren können. Dabei fehlten uns für das Verständnis der schwierigen mathematischen Form oft die mathematischen Grundlagen, die wir erst jetzt in der Funktionalanalysis kennenlernten.

Freilich hätten wir dennoch Probleme gehabt, den tieferen Sinn zu verstehen, da die theoretische Physik und die Funktionalanalysis oft gleiche Sachverhalte mit unterschiedlichen Begriffen und Bezeichnungen, also in verschiedenen Sprachen, behandeln. Weder Physiker noch Mathematiker erachteten es als notwendig, eine einheitliche Plattform zu schaffen. Die wissenschaftliche

Welt wartet immer noch auf den Herakles der diesen didaktischen Augiasstall ausmistet.

Die Funktionalanalysis war die wichtigste mathematische Disziplin, die wir überhaupt hörten, da sie wichtige Ergebnisse der mathematischen Analysis aus dem Grundstudium verallgemeinerte und die Voraussetzung für etliche Spezialvorlesungen darstellte. Das Fach las Naum Jakowlewitsch Krupnik, der mathematisch und intellektuell aus dem Mittelmaß der meisten Dozenten hervorstach. Er beeindruckte nicht zuletzt durch seine lakonische Art. Kein Wunder, daß Funktionalanalysis, trotz mancher Schwierigkeit, zu meinem Lieblingsfach avancierte. Auch er hielt seine Vorlesungen ohne Notizen, sprach aber nicht wie ein Roboter. Er forderte uns in den Übungen mit anspruchsvollen Aufgaben, während er von den einheimischen Durchschnittsstudenten das unabdingbare Minimum an Kenntnissen verlangte. Einmal war in einer Übung eine Aufgabe offen geblieben, die sich als vertrackter erwies als vermutet. Am Ende der folgenden Vorlesung präsentierte er die Lösung, die er sich im Laufe der Vorlesung überlegt hatte. Krupnik war ein international anerkannter Mathematiker, zusammen mit einigen Kollegen bildete er die sogenannte Gochberg-Krupnik-Schule. Als Jude blieb Krupnik eine Professur versagt. Gochberg war zwar Professsor gewesen, aber kurz vor unserer Ankunft nach Israel ausgewandert, da er in der Sowjetunion keine Entwicklungschancen für seine Kinder sah. Neben diesen beiden Koryphäen gab es einige weitere talentierte, jüdische Wissenschaftler, die meist bei der moldauischen Akademie der Wissenschaften beschäftigt waren. Bei zwei, drei von ihnen hörten wir später Spezialvorlesungen. Sie waren zwar mathematisch korrekt, erreichten jedoch bei weitem nicht die pädagogischen und charismatischen Qualitäten von Krupnik. Bei den russischen Studenten war Krupnik eher unbeliebt. Zum einen überforderten seine Vorlesungen ihre Auffassungsgabe, zum anderen waren etliche antisemitisch eingestellt.

Im dritten Studienjahr wurden die russischen Studenten mit einer umfangreichen und, wie man hörte, stupiden Vorlesung in Pädagogik gestriezt, was uns erspart blieb. Die meisten Russen sollten später als Lehrer arbeiten – eine Trennung des Studiums in Mathematik oder Lehramt gab es nicht. Das belastete die einen wie die anderen. Was sollte ein künftiger Lehrer mit Funktionalanalysis, wenn er nicht einmal eine Gerade anhand ihrer Gleichung zeichnen konnte?

Allerdings mußten wir die Vorlesung in Psychologie besuchen, die gleichsam dem pädagogischen Profil zugerechnet wurde. Diese Lehrveranstaltung besaß immerhin einen gewissen Bildungswert. Als Weisheit für das Leben lernte ich, daß sich in dessen Verlauf die individuelle Grundstimmung gesetzmäßig verdüstern würde – was sich, wie die spätere Erfahrung zeigte, leider als wahr erwies.

Ab dem zweiten Studienjahr wurden für DDR-Studenten bei besonderen Leistungen ein Leistungsstipendium vergeben und zwar in drei Stufen von monatlich achtzig, sechzig oder vierzig Mark, die auf das heimische Konto überwiesen wurden. Zwar spielten die Studienergebnisse eine gewisse Rolle, den Ausschlag gab jedoch die sogenannte gesellschaftliche Arbeit, sprich Funktionen in der Partei oder FDJ. Im zweiten Studienjahr hatte ich zwanzig Mark erhalten, da man die Beträge geteilt hatte. Gegen diese kommunistische Gleichmacherei hatte sich das Generalkonsulat in Kiew ausgesprochen, weshalb nunmehr die Funktionäre das Geld weitgehend unter sich aufteilten, so daß die meisten Studenten unserer Gruppe, so auch ich, leer ausgingen. Obwohl ich immer die besten Prüfungsergebnisse erreichte, war ich „wegen mangelnder gesellschaftlicher Aktivität" nicht würdig genug. Ab viertem Studienjahr wurde mir wenigstens die niedrigste Stufe in Höhe von 40 Mark pro Monat zuerkannt, während Christiane nie etwas abbekam.

Während meiner späteren Berufstätigkeit in der DDR ging dieser Verteilungszirkus weiter. Auch im Rechtsstaat BRD wurden willkürliche Differenzierungen der Bezahlung im öffentlichen Dienst praktiziert, etwa bei der Eingruppierung in die Besoldungsgruppen oder erst recht bei den mit der letzten Hochschulreform eingeführten „Leistungszulagen" – bloß, daß es sich nun nicht mehr um ein paar lumpige Ostmark drehte, sondern um einige hundert Euro.

Im Rahmen der FDJ fanden regelmäßig Agitationsveranstaltungen statt. Im ersten Studienjahr hatte ich mich sogar dem Agitationskollektiv angeschlossen in der irrigen Annahme, den Charakter der Diskussionen beeinflussen zu können. Mitunter wurden Gäste zu diesen Veranstaltungen eingeladen, beispielsweise Weggefährten des moldauischen Revolutionshelden Sergej Laso, um dessen Namen die „Landsmannschaft" der DDR-Studenten kämpfte. Laso war während des Bürgerkriegs von Konterrevolutionären in einer Lokomotive verbrannt worden. Viel mehr war über den Helden nicht zu erfahren, zumal ihn die „Weggefährten" nur vom Hörensagen kannten und an der historischen Wahrheit ohnehin keinem der Funktionäre gelegen war. Schließlich hatten die Roten mit dem Terror begonnen.

Einmal besuchte uns der Vater einer Kommilitonin, der in Moskau beim RGW, dem Rat für gegenseitige Wirtschaftshilfe, arbeitete. Der RGW war als Gegenwicht zur Europäischen Wirtschaftgemeinschaft (EWG), der späteren EU, gegründet worden. Wir hatten über diese Organisation schon im Geographieunterricht der Mittelstufe wunderbare Dinge gehört. Man hoffte, damit den Westen aushebeln zu können. Tatsächlich erwies sich der planwirtschaftliche Dinosaurier noch schwerfälliger als die einzelnen Ökonomien im sozialistischen Lager. Der Vater gehörte zu den ersten DDR-Studenten in der Sowjetunion, die 1951 ihr Studium begonnen hatten. Eine zweifelsohne interessante Zeit: die stalinistischen Eskapaden der frühen fünfziger Jahre, Stalins Tod bis zum einsetzenden Tauwetter unter Chruschtschow. An dem verdienstvollen Genossen schien das alles abgeprallt zu sein. Auf eine vorsichtig von mir formulierte Frage nach den Auswirkungen des Personenkultes ging er überhaupt nicht ein. Stattdessen fütterte er uns mit denselben Phrasen, die uns tagtäglich vorgekaut wurden.

Die Haltung des Manns war typisch für DDR-Funktionäre. Etwa zur selben Zeit wie er hatte Gorbatschow studiert und zusammen mit tschechoslowakischen Kommilitonen, die später während des Prager Frühlings eine bedeutende Rolle erlangen sollten, die Schrecken des Stalin-Regimes konstatiert. Im Gegensatz zu den anderen Ostblockstaaten fanden sich unter den DDR-

Funktionären nie Reformer. Allenfalls erschoß sich ein Wirtschaftsfunktionär. Die Mischung von Preußentum und Sozialismus sterilisierte gegen die triste Realität.

Die Hauptstadt Kischinjow versuchte, den Anschluß an den Zug der Zeit nicht zu verpassen. Man tat zunächst etwas im Sinne Brechts, den hier freilich keiner kannte, für das Fressen, indem man den ersten Supermarkt namens „Universam" auf dem Lenin-Prospekt eröffnete. Das Angebot entsprach eher dem einer Kaufhalle in der hintersten DDR-Provinz, doch für hiesige Verhältnisse war es ein Fortschritt, besonders hinsichtlich der Warenpräsentation. Zudem gab es Kassen, wo man die Waren direkt zu bezahlen hatte, und nicht das ansonsten in sowjetischen Selbstbedienungsläden praktizierte Prinzip, daß man erst etwas auswählte, mit einem entsprechenden Zettel von der Verkäuferin zur Kasse ging, dort bezahlte, um mit der Kassenquittung schließlich die Ware abholen zu können. Wir kauften in dem Supermarkt vor allem Fertiggerichte wie Pelmeni, eine Art mit Fleischklößchen gefüllte Maultaschen. Nach der Eröffnung des „Universam" wurde das Angebot in den kleinen Läden abseits des Boulevards noch dürftiger.

Für die Moral wurden neue Kultureinrichtungen eröffnet. Im Zentrum entstand ein großer Kulturpalast. Ähnlich dem Palast der Republik durften hier diverse Schlageraffen sowie Volksmusikcombos „ihren Schrott zum Vortrag bringen", wie es bei Udo Lindenberg treffend hieß. Manchmal wurden auch klassische Konzerte angeboten. Besonders exotisch war der Auftritt des polnischen Rockstars Czesław Niemen. Dank der vortrefflichen Akustik konnten sich seine elektronischen Rockexperimente voll entfalten. Während ich mit Kitty auf dem Rang in unseren Sesseln die Klangteppiche bewunderte, verließ über die Hälfte des Publikums vorzeitig den Saal. Derartige „avantgardistische" Mätzchen lehnte der neue Mensch ab. Ein solch anspruchsvolles Rockkonzert vom Gesamtambiente her, sollte ich nie wieder erleben.

Um den 8. März 1977 flog ich mit Kitty nach Minsk. Der 8. März als internationaler Frauentag war offizieller Feiertag in der Sowjetunion, so daß man bei geschicktem Arrangement einen Kurzurlaub daraus machen konnte. Allerdings waren die bürokratischen Barrieren hoch, vor allem die Beschaffung der offiziellen Einladung, die uns Frank zukommen ließ, und der Ausreiseerlaubnis war mit etlichen Behördengängen gewürzt. Trotz des Matschwetters sollte die Reise zu einer angenehmen Abwechslung werden. In Minsk lernte ich die Umstände kennen, wie sich mein Dasein gestaltet hätte, wäre ich dahin verschlagen worden, wie man das ja ursprünglich geplant hatte.

Die weißrussische Hauptstadt wirkte urbaner als Kischinjow. Sie war im Zweiten Weltkrieg von den Deutschen weitgehend dem Erdboden gleichgemacht worden. Nach dem Krieg wurden im Zentrum protzige Stalin-Bauten errichtet. Später kamen nüchterne Hochhäuser hinzu. In einem befand sich ein großes Hotel, in dem wir einmal zu Mittag aßen. Im Foyer standen einige westliche Spielautomaten für Autorennen, die mich seinerzeit faszinierten. Das Wohnheim stellte ebenfalls ein Hochhaus dar. Es war neuer als die Wohnheime in Kischinjow, machte jedoch einen ziemlich heruntergekommenen Eindruck. Gegenüber befand sich eine Schnapsfabrik, aus den Schornsteinen quollen penetrant süßliche Rauchschwaden, die man bei ungünstigem Wind im Wohnheim wahrnahm.

Frank hatte gewisse Probleme, für uns ein freies Zimmer zu finden. Die Bettwäsche hatte er von einem Kumpel erhalten. Als wir sie aufziehen wollten, zeigte es sich, daß sie von Sperma befleckt war. Wir mußten uns irgendwie auf den Laken einrichten, um den Ekel in Grenzen zu halten. Am nächsten Tag entschuldigte er sich, nachdem wir ihm den Sachverhalt mitgeteilt hatten. Er hatte selbstverständlich angenommen, daß die Wäsche ungebraucht war. Ihm war die Sache offensichtlich peinlich, und er beschaffte bald einwandfreie Laken. Allerdings mußten wir das Zimmer wechseln, da die Bewohner überraschend zurückgekehrt waren. Frank brachte uns im Quarantäne-Zimmer unter, das der Isolierung kranker Studenten diente. Zunächst schien uns das obskur zu sein, doch anscheinend war dieser „Isolator", wie dieses Zimmer auf Russisch hieß, schon längere Zeit unbenutzt gewesen. Es machte jedenfalls einen für das Wohnheim ungewöhnlich sauberen Eindruck. Außerdem lag es naturgemäß etwas abseits, so daß es sehr ruhig war. Daß wir ausgerechnet hier eine unvergeßliche Nacht miteinander verbrachten, war schon bizarr.

Wir gingen oft spazieren, manchmal in Begleitung von Frank. In Minsk konnte man Zeitungen kaufen, die nie bis Kischinjow vordrangen. In der *Union*, der Zeitung der DDR-CDU, las ich einen anregenden Artikel über abstrakte Kunst mit ungewöhnlichen Materialien. Ich wollte danach selbst in der Richtung tätig werden. Doch wie bei vielen solcher Vorhaben, blieb es bei der fixen Idee.

Das Warenangebot in Minsk war etwas besser als in Moldawien. Vor allem gab es diverse Säfte zu kaufen. Besonders schmeckte mir der Mangosaft, der in Blechdosen abgefüllt war. Die ansässigen Studenten bevorzugten eher härtere Getränke. Einmal wohnten wir einer kleinen Fete bei, an der meine früheren Kommilitonen, die „Genies" Gräbe und Zerck teilnahmen. Die Mathematik schien nicht mehr ihr Einundalles zu sein. Zusammen mit ihnen studierte ein Berliner namens Detlev Licht, Leuchte genannt, der nicht in Halle gewesen war. Ich lernte ihn nur flüchtig kennen. Nach Franks Darstellung war er innerlich zerrissen. Am Ende des Studiums beging er Selbstmord.

Während der Fete im siebenten Stock schwankte plötzlich der Boden unter unseren Füßen, und es klirrte in den Regalen. Wir nahmen zunächst an, daß wir schon zu beschwipst seien. Tatsächlich handelte es sich um ein Erdbeben. In Minsk waren freilich nur die Ausläufer zu bemerken. Kischinjow lag in der Nähe des Epizentrums. Dort hatte das Beben die Stärke 7 gehabt. Wie wir nach der Rückkehr erfuhren, war einiges zu Bruch gegangen, und in den Gängen des Wohnheims klafften Risse. Am Stadtrand waren sogar einige Hütten zusammengefallen.

Der Höhepunkt des Aufenthalts in Minsk war ein Abstecher in die litauische Hauptstadt Vilnius. Ein derartiger Ortswechsel war für Ausländer nicht zulässig. Wir fuhren einige Stunden mit dem Zug in Begleitung eines Russen, was das Risiko kalkulierbar machte. Unser Begleiter war wesentlich gebildeter und kultivierter als die Russen, die wir aus Moldawien kannten. Wir führten mit ihm anregende Gespräche. Vilnius wirkte moderner und europäischer als die meisten sowjetischen Städte, zudem spürte man hier schon den Frühling. Wir bummelten durch die Stadt und besahen etliche Kirchen sowie den neuen Kulturpalast, ehe wir am Abend zurückfuhren

Kurz nach unserer Rückkehr nach Kischinjow fand das Bergfest meines Studienjahres statt. Die erste Hälfte des Studiums war zunächst nur zäh vergangen, die zweite Hälfte würde bestimmt glatter ablaufen. Kitty zog zusammen mit Gerburg in ein frei gewordenes Zweibettzimmer auf der Hofseite eines Seitenflügels unseres Wohnheims. Das war eine ideale Konstellation. Während Bob regelmäßig Gerburg zu einem Abendspaziergang abholte, schlüpfte ich in Kittys Bett. Eine Absprache gab es nicht, dennoch wurden wir nie vorzeitig gestört.

Nach dieser mentalen Belebung las ich meist noch etwas in meinem Zimmer oder hörte Transistorradio. Mitunter bekam man die *Voice of America* heran. Neben Nachrichten wurden auch Rocktitel gespielt. Besonders beeindruckte mich „Hotel California" von den Eagles. Wir befanden uns ja in einer ähnlichen Situation wie in diesem Lied: „Einchecken" war verhältnismäßig leicht gewesen, aber herauskam man nicht ohne weiteres. Bereits vor einem reichlichen Jahr hatte ich die neue LP von Pink Floyd „Wish you were here" eingesogen. Etwas später hörte ich, wie aus den nach außen gerichteten Lautsprechern des benachbarten Kulturhauses statt der üblichen Marschmusik der wichtigste Titel dieser Platte „Welcome to the machine" dröhnte. Ich nahm das als Signal dafür, daß der Dornröschenschlaf des Riesenreiches nicht ewig währen würde.

In EDV absolvierten wir ein Praktikum. Es bestand darin, daß wir im Laufe des sechsten Semesters zwei, drei numerische Probleme programmieren sollten. Nachdem ein FORTRAN-Programm fertig war, wurden die Befehle von Angestellten in Lochkarten gestanzt. Die virtuelle Realität war damals noch handgreiflich. Das Lochkartenbündel brachten wir sodann ins Rechenzentrum. Den Computer selbst bekamen wir – wie schon an der Oberschule – nie zu Gesicht, weshalb ihm etwas Mythisches anhaftete. Nach einigen Tagen erhielten wir den Ausdruck der Ergebnisse, wobei sich bei den ersten Versuchen meist nichts Brauchbares ergab. Man mußte also penibel mögliche Fehler suchen, und die Prozedur begann von vorn. Ich hatte Glück und verfing mich nicht in einer Endlosschleife.

Weiterhin hörten wir Vorlesungen in Wahrscheinlichkeitstheorie. Dieses wichtige Fach war ein Schuß in den Ofen. Statt grundlegender, für Anwendungen relevanter Modelle paukten wir formale Strukturen. So mußten wir seitenlange Beweise auswendig lernen, der längste betraf den zentralen Grenzwertsatz und füllte in meinem Heft acht Seiten. Der Dozent war ein humorloser Bürokrat, dem man besser nicht widersprach. Bei ihm bekam Jürgen Socolowsky seine einzige Vier während des gesamten Studiums, was ihn sehr erschütterte. So blieb ich der einzige Mathematikstudent, zumindest unseres Jahrgangs, der alle Prüfungen mit der Höchstnote Fünf abschloß.

Beim Studium des Marxismus-Leninismus waren wir bei der politischen Ökonomie des Kapitalismus angekommen, die im Gegensatz zu dem im nächsten Semester folgenden schleimigen Kurs für den Sozialismus, recht lehrreich war. Die Vorlesungen hielt Belous, ein Aufsteiger, den man außerhalb der Universität nur in einem neuen Lada herumfahren sah. Er hatte zur Landwirtschaft der USA promoviert und ließ hin und wieder seine Faszination für die amerikanische Effizienz durchblicken. Dabei war eine gewisse kritische Distanz zum Alltag des „entwickelten Sozialismus" bei vielen Gesellschaftswissenschaftlern der UdSSR schon damals häufiger anzutreffen als bei ihren etablierten Kollegen in der DDR. Sogar die Reden von Parteichef Breschnew enthielten kritische Passagen, während Honecker alles rosarot darstellte. Freilich änderte weder das eine noch das andere etwas an der realen Misere. Im Gegensatz zu den meisten anderen, restaurativ veranlagten Hochschullehrern zeichneten sich bei Belous Züge kommender Entwicklungen ab, sowohl der Glasnost und Perestroika unter Gorbatschow als auch der postsowjetischen „Neuen Russen" unter Jelzin. Daß das Sowjetimperium ein Dutzend Jahre danach implodieren würde, ahnte freilich niemand. Wahrscheinlich wagten das nicht einmal die eingefleischtesten antisowjetischen *Sowjetologen* im Westen zu hoffen.

Zur Bereicherung des kulturellen Lebens wollte die FDJ-Leitung eine Buchdiskussion veranstalten. Es sollte ein DDR-

Roman sein. Mit der Vorbereitung waren der Physiker Michael Griepentrog und ich betraut worden. Griepentrog war zunächst FDJ-Sekretär unserer Gruppe gewesen, dann übernahm Jürgen Socolowsky diesen Posten. Griepentrog war ein typischer Opportunist, je nachdem wie der Wind wehte, trat er dogmatisch oder liberal auf. Solche Leute waren mir lieber als die bornierten Prinzipienritter. Als wir uns abgestimmt hatten, war das Wetter freundlich gewesen, und wir wählten von Stefan Heym den Roman *Lassalle.* Das Buch gab es einige Zeit in der Internationalen Buchhandlung in Kischinjow zu kaufen. Offenbar war den Lieferanten und Griepentrog mehr oder weniger verborgen geblieben, daß Heym bei den Politbürokraten inzwischen als Staatsfeind eingestuft war. *Der König David Bericht* – mit seiner grotesken Parabel zur marxistischen Geschichtsklitterung – wäre mir zwar lieber gewesen, aber man mußte sich bescheiden, da in dem Buch nicht nur der Salon-Revolutionär Lassalle, der offiziell als Vorläufer des Sozialdemokratismus, also „Böser" galt, sondern auch Marx ihr Fett abbekamen. Wegen der Biermann-Affäre wurde die Buchbesprechung zunächst verschoben. Griepentrog meinte, er wüßte gar nicht, wie wir auf das Buch gekommen seien. Im Frühjahr wurde die Besprechung schließlich nachgeholt, wobei wir vorwiegend unverfängliche Stellen vorlasen. So war für die Zuhörer eigentlich unklar, was an Heym destruktiv sein sollte.

Auch sonst war es mitunter vorteilhaft, hinter dem Mond zu leben. So wurde im folgenden Jahr im Kulturhaus der Film *Die Legende von Paul und Paula* in der Originalfassung gezeigt, obwohl die Hauptdarsteller bereits als Unperson galten beziehungsweise schon im Westen waren. In solchen Fällen verschwand ein Kunstwerk normalerweise in der Versenkung.

Viel Zeit wendete ich für die Vorbereitung des Sommerurlaubs auf. Meine Eltern wollten mich in Kischinjow besuchen und danach zusammen mit mir und Christiane eine Schiffsreise auf dem Schwarzen Meer unternehmen oder auch ein, zwei Wochen im Kaukasus verbringen. Ich hatte viel Lauferei. Die Ausländerabteilung schickte mich zum Dekan, dieser zum Rektor, der wieder zurück zur Ausländerabteilung, die zum Innenministerium. Für meine Eltern ergab sich, daß sie eine Reise durch die Sowjetunion zu Hause buchen mußten. Zum einen wäre die Anzahl solcher Reisen klein, daß man sie nicht den einheimischen Werktätigen wegschnappen könne, zum anderen trüge die sowjetische Regierung für Ausländer die volle Verantwortung. Wenn ihnen etwas zustoße, müßte sich die Sowjetregierung vor der DDR-Regierung verantworten. Das fand ich schon damals lachhaft, obwohl ich die ganze Machtlosigkeit des ostdeutschen Satellitenstaates gegenüber dessen *Großen Bruder* nicht kannte. Erst nach dem Untergang beider Staaten erfuhr man, daß beispielsweise sogar der Verteidigungsminister der DDR nicht wußte, wie viele sowjetische Soldaten auf seinem Hoheitsgebiet stationiert waren, obgleich die DDR für deren Unterhalt aufkommen mußte. Straftaten von Besatzungssoldaten fielen, unabhängig vom Ort der Verübung, ausschließlich unter die sowjetische Militärgerichtsbarkeit.

Die Schwarzmeerreise wollten ebenfalls Jürgen Socolowsky und Siggi als Hochzeitsreise machen. Schließlich führte ein Vertreter des Innenministeriums mit uns eine Aussprache. Gegenüber den Waschlappen der Universitätsverwaltung machte der relativ junge Mann einen eleganten, vertrauenswürdigen Eindruck. Er legte uns dar, daß das Schiff auch in Sewastopol anlege, das für Ausländer gesperrt sei. Vor allem wollten die Behörden keinen Präzedenzfall schaffen. Wenn die DDR-Studenten die einzigen Ausländer in Kischinjow wären, ließe sich eine Lösung finden. Doch es studierten Leute aus 46 Ländern hier, und da könne man des lieben Friedens willen niemand bevorzugen.

Mitte Juni erhielt ich die Mitteilung, daß wegen der Schweinepest für Kischinjow eine Einreisesperre für Ausländer verhängt wurde. Ich schickte ein Telegramm an meine Eltern. Für Studenten galt diese Sperre leider nicht. Eine Exkursion der Uni nach Leningrad, für die uns kurzfristig beworben hatten, war bereits ausgebucht. Als einzige Möglichkeit, das Gastland etwas näher kennenzulernen, blieb ein Aufenthalt in Kiew im Juli 1977 auf der Rückreise in die DDR.

12
Elvis Has Left the Building

Bekannte von Bekannten hatten uns großzügigerweise eine Einladung für Kiew organisiert, und wir konnten in ihrem Zimmer unterkommen, ohne sie je zu Gesicht zu bekommen. Wir besichtigten die Sehenswürdigkeiten der ukrainischen Hauptstadt aus tausend Jahren. Mich beeindruckte der mächtige Dnepr-Strom, dagegen erschien die Elbe als Rinnsal. Am Rand von Kiew besuchten wir ein Museumsdorf mit Häusern aus dem vorigen Jahrhundert. Hier war alles sauber und idyllisch und erinnerte an Landschaftsbilder russischer Maler aus dieser Zeit. Insgesamt wirkte die ukrainische Hauptstadt jedoch ziemlich langweilig.

Nach der Absage aus Kischinjow hatte mein Vater für den Sommerurlaub einen Bungalow am Senftenberger See organisiert. In dieser Zeit begann ich mit ersten ernsthaften lyrischen Versuchen, die freilich unausgegoren waren. Im Gegensatz zu früheren Romanprojekten zeigte ich mehr Beharrlichkeit, was einfacher war, da ein Gedicht wie ein Bild etwas Überschaubares darstellt. Sprint lag mir immer schon mehr als Ausdauerlauf. Allmählich steigerte ich die Intensität und Qualität meiner Arbeiten. Ich hielt es nur wenige Tage in der Lausitzer Idylle aus, dann fuhr ich zu Kitty.

Ihr Vater, Heinz Seegert, holte mich mit seinem Trabant vom Schweriner Bahnhof ab. Damals konnte man zwar noch mit dem Zug die Kreisstadt Sternberg erreichen, aber das letzte Stück ab Schwerin war zeitaufwendig. Die Mecklenburger Landschaft mit den Hügeln und Seen gefiel mir. Familie Seegert bewohnte in Sternberg ein kleines Häuschen an der Fernverkehrsstraße. Kitty hatte zwei jüngere Geschwister. Der Bruder Ulrich war blond und kräftig und hatte eine sehr hübsche, ebenfalls blonde Freundin mit dem schönen Namen Rebecca. Mit ihrer jüngeren Schwester Annegret hatte Kitty kaum Berührungspunkte. Wir machten mit ihren Eltern ein paar Ausflüge im Trabant in die Umgebung, die weiteste Reise führte nach Klink an der Müritz. Lieber radelte ich zusammen mit Kitty in der Sternberger Seenlandschaft, oder wir fuhren mit dem Bus nach Schwerin oder Güstrow. Während sich die Familie im Garten oder im Schuppen zu schaffen machte, lag ich in der Hollywoodschaukel und las Bücher.

Manchmal schipperten wir auf dem nahen Sternberger See, der – gegenüber dem, was ich an Gewässern kannte – eine beachtliche Ausdehnung besaß, mit dem Ruderboot der Familie, das Christianes Vater ansonsten zum Angeln nutzte. Einmal kamen wir, beim Rudern uns abwechselnd, über einen Verbindungskanal bis in den benachbarten See, in dem anders als in dem fast ruhigen Ausgangssee eine steife Brise für beachtliche Wellen sorgte, obwohl der See wesentlich kleiner war. Wir hatten Mühe nach der langen Strecke, das Boot gegen die Wellen zu stemmen und die notwendige Kraft für die Rückkehr aufzubringen. Später fuhr ich zusammen mit Kitty oder auch allein höchstens noch bis zum anderen Ende des Sternberger Sees, was zwar auch anstrengend war, jedoch berechenbar blieb.

Überhaupt neigte Dieter zu Übermut. So wollte er mit Christiane von Sternberg nach Freiberg mit dem Rad fahren. (Heutzutage wäre das mit jugendlichem Elan – zunächst quer bis zum Elbradweg und dann über diesen bis Dresden – durchaus realistisch.) Bei der damaligen mickrigen Infrastruktur sowohl hinsichtlich der Radwege als auch der Übernachtungsmöglichkeiten war das offensichtlich Wahnsinn, wovon er von Christiane zum Glück rechtzeitig abgebracht wurde.

Anschließend fuhren wir nach Freiberg. Die Bahnfahrt war spottbillig, indem wir mit den internationalen Studentenausweisen, über die wir verfügten, eine Auslandsfahrkarte von Schwerin bis Dečin lösten, die wir natürlich nur bis Dresden nutzten, was nur ein reichliches Viertel des regulären Fahrpreises kostete. Die Deutsche Reichsbahn hatte den Trick, welchen natürlich auch andere anwendeten, bald durchschaut, war jedoch machtlos, solange diese Vergünstigung galt. Bei meinen Eltern wurde nicht erwartet, daß wir uns nützlich machten. So konnten wir täglich etwas unternehmen. Bei einer Radtour ins Osterzgebirge besuchten wir meine Großeltern. Sie waren den ganzen Tag damit beschäftigt, irgendwelche Tabletten, Tropfen und Tees zu schlucken und daran zu denken, das nicht zu vergessen. Im Wohnzimmer roch es wie in einer Apotheke. Dennoch waren die alten Leute recht lebenslustig. Sie erkannten auch die erotische Ausstrahlung Kittys und fragten, ob es bei uns gut im Bett klappe. So etwas hatte uns noch niemand gefragt. Ich bejahte, ging aber nicht auf Einzelheiten ein, die sie gern gehört hätten. Sie erzählten stolz, sie hätten es früher sehr keck getrieben, oft mehrmals am Tag. Sie hätten gar nicht voneinander lassen können.

Seit gut zwei Jahren korrespondierte Dieter mit Ute Schumacher, die inzwischen in Leipzig an der Fachschule Pharmazie studierte. In ihre Briefe investierte sie offenbar mehr Gefühl als er, zumindest seitdem Dieter Kitty kannte. Dennoch hatte er in gewissen Abständen geantwortet. Im Sommer 1977 wollten sie sich erstmals persönlich treffen. Das *Date* sollte an einem Wochenende in Leipzig stattfinden. Kitty war zwar nicht begeistert davon, doch sie hatte nicht widersprochen, wahrscheinlich rechnete sie damit, daß das Treffen Dieters ohnehin bescheidenen Erwartungen enttäuschen würde. Ganz anders sah das sein Vater, der vehement gegen das Treffen polemisierte. Er meinte, daß er sich auch nicht mit anderen Frauen verabredet hätte, nachdem er Mutti kannte. Seine absolute Fixierung auf eine Frau war zwar ehrenwert, sollte ihn aber schließlich teuer zu stehen kommen. Auf Grund des psychischen Drucks sagte Dieter kurzfristig das Treffen ab. Ute bedauerte das. Sie hatte seine Liebe zu Kitty akzeptiert, wohl aber Freundschaft erhofft. So erfuhr Dieter nie, mit wem er sich die ganze Zeit ausgetauscht hatte – war es ein graues Mäuschen oder eine attraktive junge Frau? In dem Fall wäre er wohl doch in eine Konfliktsituation geraten. Auf die Anforderung eines Fotos hatte er anfangs verzichtet, da er fürchtete, ihr würde sein Bild mißfallen, und später war ihm ihr Aussehen ziemlich egal. Was besagte außerdem ein Foto, wenn man die Person nicht gesehen hatte?

Erotisch vermißte ich nichts, allerdings wünschte ich mir manchmal eine Partnerin, die mir aufmerksamer zuhörte. Kitty besaß die Neigung, wenn ich etwas mir besonders Wichtiges erklärte, plötzlich mit irgendwelchen Banalitäten abzulenken. Vielleicht wäre jemand wie Ute gar die „ideale“ Ehefrau geworden, die einkaufte, kochte, wischte, den Müll wegbrachte und so weiter, kurz ihren Mann verwöhnte. So mußte ich diese Verrichtungen später größtenteils selbst übernehmen. Die Weichen in Richtung moderner Ehemann waren gestellt.

Ich hatte zusammen mit Volker Heumann von der Armee ein Angebot erhalten, nach dem Studium im Rechenzentrum des Zentralen Stabes als Zivilangestellter zu beginnen. An sich lag mir weder an der Armee noch an einem Rechenzentrum etwas. Dennoch war es schwer, eine Entscheidung zu treffen, da das Damokles-Schwert des Grundwehrdienstes über mir schwebte, den anderthalb Jahren Freiheitsberaubung wollte ich auf jeden Fall entgehen. Ich fuhr nach Garzau bei Strausberg bei Berlin. Das Armeeambiente in dem Kaff wirkte abstoßend. Die Genossen versicherten, bei dieser Tätigkeit würde man garantiert nicht eingezogen. Worin die Tätigkeit im Einzelnen bestand, war nicht zu erfahren. Außerdem beteuerten sie, daß wir gleich eine Wohnung bekommen würden. Nun gut, ich würde es mir überlegen.

Mitte August fand in Cottbus die Einsatzplanung des MHF für Kittys Studienjahr statt. Ich hatte mir ein preiswertes Hotelzimmer besorgt. Christiane sollte an der TU Dresden, Sektion Physik anfangen und dort Materialuntersuchungen mit Hilfe von Röntgenstrahlen vornehmen. Das schmeckte ihr nicht sonderlich. Es war die Rede davon, daß die Wissenschaftler das Problem der Korrosion, wodurch der Volkswirtschaft jährlich Schäden in Milliardenhöhe entständen, lösen wollten. Ich erkundigte mich nach einer Arbeitsmöglichkeit für mich an der TU. Der anwesende Numerik-Professor sagte, ich könne in seine Arbeitsgruppe einsteigen. Auf die Frage nach einer Wohnung oder wenigstens einem Wohnheimplatz entgegnete er, solange Christiane nicht an der TU arbeite, sei nichts zu machen. Danach müsse man weitersehen. Ich könne ja bei meinen Eltern in Freiberg wohnen und jeden Tag mit dem Zug nach Dresden kommen. Er kenne einige Leute, die zwischen den beiden Städten täglich hin und her fuhren. Der Zug brauchte für die vierzig Kilometer eine knappe Stunde. Für mich war das völlig unzumutbar, zumal ich oft genug in den ollen Reichsbahnzügen die Strecke gefahren war. Außerdem Numerik – da konnte ich gleich in das Rechenzentrum gehen.

Von Cottbus nahmen uns Kittys Eltern mit, die bei Bekannten im Zittauer Gebirge gewesen waren. Die Fahrt im Trabant bis Sternberg kam mir unheimlich lang vor, eigentlich wollte ich während der Fahrt lesen, wie ich das bei Zugfahrten gewohnt war, doch in diesem Auto war das unmöglich. Vater Seegert meinte, Lesen sei nicht nötig, es gäbe so viel zu sehen. Ich sah nur das Grau der Autobahn, gesäumt von märkischen Kiefern.

Gut, daß wir nicht im Winter fuhren. Kittys Vater besaß die Gewohnheit, die Heizung der „Rennpappe“ voll aufzudrehen und daran nichts mehr zu ändern. Bei Entscheidungen jeder Art war bei Seegerts ein „Hüh und Hott“ verpönt. Die Anzeige des kleinen Thermometers neben der Armaturentafel stieg daher bei einer winterlichen Fahrt vom Schweriner Bahnhof nach Sternberg oder umgekehrt unaufhaltsam von 0 auf 30 Grad. Wir saßen auf der engen Rückbank im Anorak, da es zunächst eisig gewesen war, und kamen uns bald vor wie in der Sauna. Zum Glück währten solche Fahrten nur eine Dreiviertelstunde.

Von Sternberg machte ich einen Tagesausflug nach Rostock. Im „Delikat“-Laden gab es originalabgefüllten Moselwein für 25 DDR-Mark zu kaufen. Ich nahm für Kittys Eltern eine Flasche mit. Die „Delikat“-Läden waren Mitte der siebziger Jahre in den größeren, später auch kleineren Städten eingerichtet worden, um Kaufkraft abzuschöpfen, wie es hieß. Hier konnten die Bürger, die nicht in den *Intershops* einkaufen konnten, weil sie über kein oder nicht genügend Westgeld verfügten, West- oder hochwertigere DDR-Lebensmittel zu überhöhten Preisen erwerben. Dafür blieben die Preise für die subventionierten Grundnahrungsmittel in den sonstigen Läden konstant.

In Rostock hörte ich, daß Elvis Presley gestorben sei. Ich hatte in meiner jugendlichen Arroganz den *King of Rock 'n' Roll* bis dahin mit weitgehender Ignoranz gestraft. Er schien mir lasch gegenüber den Beatles und ihren Nachfolgern zu sein. Er war für mich ein Relikt aus den fünfziger Jahren. Lediglich ein, zwei Hits aus seiner Spätzeit ließ ich gelten. Dennoch ahnte ich, daß nicht irgendein Rockstar abgegangen war. Erst über ein Jahrzehnt danach wurde mir bewußt, daß Elvis' Tod eine Zäsur darstellte, wie von Don McLean in dem Song „American pie“ vorweggenommen: „The day that music died.“ Er hatte das zwar auf Buddy Holly bezogen, der Ende der fünfziger Jahre mit dem Flugzeug abgestürzt war. Wer war schon Buddy Holly? Nach ihm kamen die Beatles, die Rolling Stones und Bob Dylan. Nachdem Elvis das Gebäude der Pop- und Rockmusik endgültig verlassen hatte, wo er wahrscheinlich der größte Interpret aller Zeiten gewesen war, kam eigentlich nichts mehr. Oder sollte man Typen wie die Witzfigur des „King of Pop“ Michael Jackson oder die Verwandlungsakrobatin Madonna als bedeutend ansehen?

Am selben Abend tranken wir den Wein. Kittys Mutter sagte, solchen Wein hätte sie früher oft getrunken. Er mundete besser als die gemanschten Sorten aus der HO, aber die Marke, die mein Onkel Christian einmal meinen Eltern geschickt hatte, schmeckte mehr nach Traube, was ich geschmacklich favorisierte. Kittys Eltern kredenzten einen echten schottischen Whisky, der mir recht süffig vorkam. Ich trank drei, vier Gläser. Das rauchige Aroma unterschied diesen Schnaps wohltuend von anderen Schnäpsen. Ich war angenehm beschwipst. Am nächsten Tag hatte ich einen fürchterlichen Kater. Vor dem Mittag kam ich überhaupt nicht hoch. Danach versuchte ich, mit Zwieback und Kräutertee einen klaren Kopf zu bekommen. Whisky sollte ein edles Getränk sein? Künftig mied ich jede Art Schnaps.

Von Sternberg fuhr ich mit Kitty an die Ostsee zum ersten gemeinsamen Erholungsurlaub. Ihr Vater, der beim Rat des Kreises Sternberg für Handel und Versorgung zuständig war, hatte für eine Woche einen Bungalow in Boltenhagen organisiert. Eigentlich wollten wir zunächst an der Ostsee zelten. Den begehrten Platz hatten wir wegen der geplanten Schwarzmeerreise zurückgegeben. Ein festes Quartier war uns auf jeden Fall lieber. Wir mußten zwar die grauenhaften deutschen Schlager unserer Nachbarn ertragen, dafür revanchierten wir uns mit natürlichen Geräuschen in der Nacht. Tagsüber fuhren wir mit dem Rad zum FKK-Strand. Die ersten Tage übertrieben wir die Freikörperkultur etwas, was zu roten Hintern führte. Die Glut vom Tage heizte unsere Nächte weiter an.

13
Siesta kontinental

Dieter flog erneut von Dresden nach Moskau. Die Hälfte des Taxigeldes vom internationalen Airport zum Inlandsflughafen konnte er diesmal sparen, da er ein Taxi gemeinsam mit einer DDR-Studentin nahm, die in Rostow am Don Philosophie studierte. Er unterhielt sich angeregt mit der schlanken, eleganten jungen Frau. Sie gefiel ihm gut, aber er hatte ja Kitty. Hätte er sie zwei Jahre eher getroffen, hätte er sich wenigstens ihre Adresse geben lassen. Wahrscheinlich wäre sie darauf eingegangen, da sie ihn anscheinend nicht unsympathisch fand. Ob er allerdings vor zwei Jahren bereits die Selbstsicherheit besessen hatte, die er jetzt seines Erachtens ausstrahlte, stand auf einem anderen Blatt.

Für die Kischinjower DDR-Studenten und -Studentinnen war es typisch, daß viele untereinander dauerhaft liiert waren. Einzelne Zweierbeziehungen gingen auf die ABF-Zeit zurück, die meisten hatten sich hier ergeben. Das Wohnheim wurde gewissermaßen zu einem Hort der Monogamie, kein gutes Jagdgebiet für einen Don Juan. Etliche Paare, darunter Jürgen Socolowsky und Siggi, heirateten im Sommer 1977. Sie bezogen daraufhin Zweibettzimmer im Seitenflügel des Wohnheims. Liebe – vor und mit der Ehe – besaß hier etwas Pragmatisches. Dennoch hielten diese „Vernunftehen" in der Regel weit über die schwierige Zeit des Studiums hinaus. Die Scheidungsrate dürfte wesentlich unter der von „Traumpartnern" liegen, die sich auf einem nahezu unbegrenzten Markt fanden.

Kitty mußte ihr Zweibettzimmer für Frischvermählte freimachen und bekam ein Dreibettzimmer zugewiesen. Sie wohnte nun mit einer anderen Studentin aus meinem Studienjahr zusammen. Außerdem wurde ihnen eine Lateinamerikanerin zugeteilt. Sie hatte nie zuvor Schnee gesehen.

Das Wohnheim sollte zum Ausländerheim werden. Deshalb hatte man es im Vorfeld renoviert und mit Luxus wie Duschen versehen. Bis auf wenige sowjetische Studenten, die Schlüsselstellungen innehatten, mußten alle Einheimischen, darunter der Ukrainer aus meinem Zimmer, ausziehen. Dafür sollten vor allem

Leute aus der Dritten Welt kommen, um an der Uni Russisch zu lernen und anschließend an verschiedenen Orten der Sowjetunion ein Studium aufzunehmen.

Eine Weile konnte Dieter das Zimmer allein nutzen. Der Ernteeinsatz hatte begonnen. Als er am zweiten oder dritten Tag zum Bus gehen wollte, der sie morgens zu den Obstplantagen brachte und am frühen Nachmittag zurück, ließ sich die Zimmertür, die er nachts verschlossen hatte, nicht öffnen. Das Schloß klemmte seit einiger Zeit von innen. Von außen ließ es sich einfach öffnen. Da die Zeit knapp war, öffnete er kurz entschlossen das Fenster, erklomm es und sprang die anderthalb Meter auf den Fußweg hinunter, um dann von außen die Tür aufschließen zu können. Er prallte hart auf den Asphalt auf und verspürte ein jähes Ziehen im rechten Fuß. Er humpelte bis zur Tür. An Ernte war nicht mehr zu denken. Die Ärztin stellte eine Verstauchung fest. Der Fuß wurde eingebunden, und er behandelte ihn regelmäßig mit Schlangengift, der Kampfergeruch füllte jedes Mal das ganze Zimmer aus. Nach ein, zwei Wochen konnte er wieder richtig laufen.

Ich nutzte die gewonnene Zeit zum Schreiben von Kabaretttexten. Außerdem verfaßte ich eine Kurzgeschichte, die ich zu einem Wettbewerb der Jugendzeitung *Junge Welt* einsandte. Worum es darum ging, ist mir nicht erinnerlich. Ich hörte nie etwas davon. Wahrscheinlich war das besser so.

Der Ernteeinsatz dauerte erneut sechs Wochen. Waren wir als Studenten oder als Saisonarbeiter in die mächtige Sowjetunion geschickt worden? In der zweiten Hälfte mußte ich mit ausrücken. Einmal sollten wir Walnüsse ernten. Man hatte uns zu einigen riesigen Bäumen geschickt ohne jegliche Hilfsmittel. Nun versuchten unsere Aktivisten, mit Stöcken oder Klettereinlagen an die Nüsse zu gelangen, was wenig ergiebig war. Ich genoß indes die hügelige Landschaft, für die ich früher wenig Sinn gehabt hatte. Bald wurden die Einsätze wegen schlechten Wetters abgesagt. Man wartete auf Wattejacken. Als man endlich welche aufgetrieben hatte, war die Zeit so gut wie um. Es sollte meine letzte Obsternte gewesen sein. Im fünften Studienjahr durften wir uns ganz der Wissenschaft widmen.

Ende September war der gottgleiche Zustand in meinem Zimmer vorbei. Die freien Betten wurden belegt von zwei Griechen, das heißt, der eine war ein griechischstämmiger Zypriote. Sie gehörten der Kommunistischen Partei an, der aus Griechenland war sogar Funktionär – warum wollten sie sonst in der Sowjetunion studieren? Beide trugen Rauschebärte wie Marx und Engels und gaben sich betont männlich, waren jedoch ungewohnt prüde. Anfangs schien ich mit ihnen gut auszukommen. Bald führten die unterschiedlichen Lebensgewohnheiten zu einer unüberbrückbaren Kluft. Nach mediterraner Sitte zogen sie nach dem Unterricht die Vorhänge zu und legten sich zur Siesta schlafen. Daß das Klima in Moldawien kontinental war, spielte für sie keine Rolle. Mir blieb nichts anderes übrig, als das dunkle Zimmer zu verlassen. Die Siesta zog sich drei Stunden hin. Meine Lage wurde immer ungemütlicher, ich kam mir unbehaust vor.

Kittys neue Zimmermitbewohnerin Birgit Berndt stand an Prüderie den Südländern nichts nach, obwohl sie Biologie studierte und aus dem FKK-Paradies Rügen stammte. Den Gedanken an vorehelichen Sex wies sie jäh von sich. Und zwar mit der Begründung, wenn ihr Papi sie in der Badewanne waschen würde, bemerkte er sofort, daß da etwas gewesen sei, wie eine Kommilitonin mitzuteilen wußte. Außerdem sprach sich BB strikt dagegen aus, daß ich in dem Zimmer mit Kitty den Tisch teilte, sprich mit ihr Abendbrot aß. Das störe sie beim Lernen, gab sie als Begründung an. Daher mußten wir uns zum Essen oft in eine Gemeinschaftsküche setzen.

Aufgrund der globalen Gästeschar wurde die Versorgung des Wohnheims privilegiert. Einmal in der Woche kam ein Auto direkt vom Fleischkombinat und verkaufte in einem Wohnheimflur frisches Gehacktes, Steaks, Schweine- und Hammelbraten. Dergleichen hatten wir nie in staatlichen Geschäften gesehen. Plötzlich lebten wir wie die Made im Speck. Auch bei einigen russischen Mütterchen sprach sich der Fleischverkauf herum, für den die meisten Afrikaner oder Asiaten kaum Interesse zeigten. Die Einheimischen konnten zwar nicht wegschleppen, soviel sie wollten, aber von den Restbeständen blieb manches gute Stück für sie übrig. Außerdem schienen sie ihre neue Quelle geheim zu halten, denn man sah fast immer dieselben Frauen warten, bis die Ausländer abgefertigt waren.

Wegen unserer neuen Mitbewohner entfiel für uns die Pflicht, die Flure des Wohnheims abends zu reinigen. Für die männlichen Studenten aus den patriarchalisch geprägten Ländern war derartige Weiberarbeit nicht zumutbar. Die Anwesenheit der verschiedenen Nationalitäten aus der Dritten Welt zeigte auch Schattenseiten. So kam es hin und wieder zu handfesten gewalttätigen Auseinandersetzungen, vor allem die arabischen Studenten taten sich dabei unrühmlich hervor. Bei denen mußte man stets damit rechnen, daß sie ein Messer mit sich führten. Man konnte ihnen nur weitläufig aus den Weg gehen, wie den Pinschern in den Nebenstraßen von Kischinjow. Dabei waren diese Leute keine Underdogs, sondern entstammten höheren Schichten. Die spektakulärste Konfrontation fand zwischen einem Algerier und einem rothaarigen Libanesen statt. Der Algerier hatte zunächst ein Messer gezogen, worauf der Libanese ihm eine Fensterscheibe über den Kopf schlug, berichteten Augenzeugen. Bald darauf fuhr ein Wagen der Schnellen Medizinischen Hilfe vor. Später hieß es, das Ganze wäre glimpflicher ausgegangen als zunächst befürchtet.

Im Herbst fand wie üblich die Wahl zur FDJ-Leitung statt. Der bisherige FDJ-Sekretär der Delegation Pfannmöller sollte abgelöst werden, da er sich auf seine Promotion konzentrieren wollte. Als seinen Nachfolger hatte die Studentenabteilung des Generalkonsulats Nimmrichter auserkoren. Er studierte im dritten Studienjahr Physik, obwohl er in seinem Auftreten eher an einen Berufsfunktionär erinnerte. Sein Vater war Offizier bei der Nationalen Volksarmee, und er schien in dessen Fußstapfen zu leben. Er stellte den eifrigsten Betonkopf der Delegation dar. In der Diskussion wagte ich es, mich gegen seine Kandidatur wegen seines autoritären Leitungsstils auszusprechen, und in der anschließenden Wahl stimmte ich mit einer Handvoll Studenten, darunter Volker Heumann und Heike Trepke, gegen ihn. Das führte zu einem Eklat. Hinterher mußte ich bei Vizekonsul Eiteljörge antanzen und mir eine Suada wegen meiner ideologischen Unreife anhören. Wieder einmal hatten wir eindringlich demonstriert bekommen, was von der fabelhaften sozialistischen Demokratie zu halten war.

Im vierten Studienjahr mußten wir eine Jahresarbeit anfertigen. Nachdem ich mich für ein Thema der mathematischen Analysis entschieden hatte, wurde mir wie auch Volker Heumann der Leiter des Analysis-Lehrstuhls Vulpe als Betreuer zugeteilt. Derselbe Dozent sollte auch die Diplomarbeit unter seine Fittiche nehmen. Mitte November bekamen wir das Thema. Es ging um die Verallgemeinerung einer Definition und daraus resultierende neue Theoreme. Volker und ich sollten das in unterschiedliche Richtungen hin untersuchen. Wir erzielten bald einige Ergebnisse, die wir dem Betreuer nach vierzehn Tagen vorwiesen. Er stellte daraufhin fest, das reiche fast für die Diplomarbeit. Wir sollten diese Ergebnisse als Jahresarbeit bis zum Jahresende aufschreiben und dann bis zum 1. März die Diplomarbeit fertigstellen. Danach könnten wir uns einem ernsthaften Thema widmen und mit ihm zusammen eine Veröffentlichung vorbereiten.

Mit meinem Studium lief also alles bestens, desto belastender wurde für Kitty und mich die Situation im Wohnheim. Um der Misere zu entgehen, beschlossen wir, gleichfalls zu heiraten. Noch war *ein* Zweitbettzimmer im Seitenflügel prinzipiell verfügbar. Wir mußten uns demnach beeilen. Von wem die Idee ausging, kann ich nicht mehr sagen. Ich machte Kitty jedenfalls keinen förmlichen Heiratsantrag. Der Entschluß kam ziemlich spontan. Wir heirateten natürlich nicht bloß wegen des Zimmers. Ansonsten wäre die Hochzeit im Sommer gewesen, was in Hinblick auf spätere Jubiläen günstiger gewesen wäre. Ich bat meine Mutter, die organisatorischen Fragen zu übernehmen. Sie hatte erhebliche Probleme, für die Winterferien noch einen Termin beim Standesamt zu bekommen. Außerdem mußte man spätestens vier Wochen vor dem Termin persönlich beim Standesamt erscheinen und einige Unterschriften leisten. Das war uns jedoch unmöglich. Schließlich begnügte sich das Amt mit einer Vollmacht für meine Eltern. Ich mutete ihnen also einiges zu. Außerdem mußten sie sich um die Organisierung der Hochzeitstafel sowie der Hochzeitsreise kümmern.

Während meine Eltern nichts gegen die Hochzeit einzuwenden hatten, außer dem Stress der Vorbereitung, war die Reaktion aus Sternberg zwiespältig. In einem Brief, den Kitty von ihrer Großmutter nach Weihnachten erhielt, hieß es, ihre Eltern wären böse gewesen. Es dauerte eine Weile, ehe von ihnen selbst ein Brief eintraf. Darin war nur die Rede, daß sie erstaunt gewesen seien. Außerdem hätten sie es lieber gesehen, wenn die Hochzeit in Sternberg stattgefunden hätte. Dann hätten sie uns mit einer schönen Feier beglückt. Wie so etwas aussah, sollte ich zweieinhalb Jahre später zu ihrer Silbernen Hochzeit erfahren.

14
Ganz in Weiß

Die Hochzeit fand am 10. Februar 1978 im Freiberger Rathaus statt. Es war der 80. Geburtstag Bertold Brechts, der in den DDR-Medien aufwendig zelebriert wurde. Desto bescheidener fiel unsere Trauung aus. Auf die weiße Hochzeit und das ganze Brimborium wollten wir verzichten. Kitty trug eine weiße, dezent bestickte Folklore-Bluse zu einem langen schwarzen Rock und ich eine schwarzbraune Kombination. Das beigefarbene Hemd hatten wir in einer „Exquisit"-Boutique am Berliner Alexanderplatz gekauft. Es kostete über 50 Mark. Vor mir kaufte der Chefkommentator des DDR-Fernsehens Karl-Eduard von Schnitzler zufällig das gleiche Hemd. Das Hemd erwies sich als ausgesprochen dauerhaft – es hängt immer noch in meinem Kleiderschrank – während der „Schwarze Kanal" von *Sudel-Ede* nur noch ein gutes Jahrzehnt über die Mattscheibe flimmern sollte.

Zu der Zeremonie waren neben meinen Eltern, meinem Bruder, Kittys Eltern und Geschwistern, nur meine Oma, von der der Unterrock auf dem Trauungsfoto hervorlugte, sowie meine ehemaligen Kommilitonen Frank Ihlenburg und Konrad Engel als „Überraschungsgäste" erschienen. Frank zeigte später in Weißrußland das Hochzeitsfoto als Hochzeit „auf DDR-Art", was aufgrund des Fehlens der traditionellen Insignien Entsetzen hervorrief. Nach der Trauung begaben wir uns in die Gaststätte

„Unicent" im Neubaugebiet Wasserberg, wo Schweinslende zum Mittagessen servierte wurde.

Am Nachmittag fuhren Kitty und ich mit dem Zug nach Dresden. Meine Mutter hatte ein Doppelzimmer im dortigen Motel „Astoria" bestellt, in anderen Hotels war alles ausgebucht. Auch Hotelzimmer waren in der DDR rar. Am Abend gingen wir ins Hotelrestaurant und aßen noch einmal warm. Ich bevorzugte Rosenkohl, den Kitty nicht mochte. Am Nebentisch saß ein bekannter Schauspieler aus dem Fernsehen, der meist fiese Typen darstellte. Er trank viel und wirkte arrogant. Bald zogen wir uns in unser Appartement zurück. Von Hochzeitsnacht konnte nicht die Rede sein, da Kitty gerade ihre Tage hatte. Wir hatten uns den Termin nicht ausgesucht, sondern genommen, was gerade frei war. Etwas anderes blieb einem in der Planwirtschaft prinzipiell kaum übrig. Am nächsten Tag besuchten wir die Zentrale Kunstausstellung der DDR. Es war ein trüber Tag. Die grauen Straßen im Zentrum Dresdens wirkten noch grauer, und ich war froh, als wir am folgenden Tag nach Freiberg zurückkehrten. Das war unsere Hochzeitsreise.

Damals wußte ich nicht, daß Dresden meine Schicksalsstadt werden sollte. Vielleicht war sie es auch schon. Wenn ich im Ausland nach meinem Heimatort befragt wurde, konnten die Leute mit Freiberg nichts anfangen, so daß ich die Stereotype „nahe Dresden" beifügte. Das Motel wurde bald nach der Wende abgerissen, um den Verkehrsraum auszuweiten. Es war wohl zu stadtnah für ein richtiges Motel gelegen, ganz zu schweigen von den mangelnden Parkplätzen.

In den Winterferien versuchten wir, Klarheit wegen unseres künftigen Einsatzes zu erzielen. In Berlin sprachen wir deswegen im Ministerium für Hoch- und Fachschulwesen vor. Der riesige Klotz des Ministeriums wirkte einschüchternd. Im Ministerium zeigten sie sich überraschend aufgeschlossen. Christiane könne auch an der Bergakademie Freiberg beginnen. Die dortige Sektion Physik bilde zwar keine eigenen Studenten aus, aber in der Forschung sowie Ingenieursausbildung bestünde das Tätigkeitsfeld. Man müsse allerdings den Stellenbedarf ausloten.

Ich erkundigte mich an der Pädagogischen Hochschule Dresden über die Arbeitsmöglichkeiten. Wenn schon Dresden, dann ohne Numerik, die mir an der TU drohte. Der Professor empfing mich sehr freundlich, ganz im Gegensatz zu seinem arroganten Kollegen von der TU. Die PH führte neben der großen Universität ein Nischendasein. Dennoch studierten hier einige Tausend künftige Lehrer. Die wichtigste Aufgabe der Mathematik-Ausbildung an der PH sei das Aussieben der Studentenschaft, legte er mir dar. Ich könne mir nicht vorstellen, wie viele unfähige Abiturienten versuchten, Lehrer zu werden. Man müsse diese Dünnbrettbohrer auf jeden Fall im ersten Studienjahr eliminieren, danach sei das leider kaum mehr möglich. Er wisse nicht, ob ich die notwendige Härte aufbrächte. Auf jeden Fall würde er sich freuen, wenn ich an seiner Seite in der Lehre tätig werden würde.

15
Vergnügungen

Bald nach der Hochzeit flogen wir zurück nach Kischinjow. Wir bekamen das freie Zimmer im Seitenflügel des ersten Stocks mit Blick auf den Hof. Der Ausblick war nicht betörend, im Hof standen die Mülltonnen, und dort tummelten sich mitunter halb verwahrloste Kinder, doch es war ruhig gelegen. Unser erstes gemeinsames Domizil hatte 9,9 Quadratmeter, ganz nach dem Motto „quadratisch, praktisch, gut“. Das Zimmer wurde beherrscht von dem Doppelbett. Daneben gab es einen Schrank, einen Tisch und ein Bücherregal. Auf den Schrank setzen wir einen kleinen Kühlschrank, den wir preiswert gekauft hatten.

Die Rückseite des Kühlschranks und das Bücherregal wurden zum Lieblingsplatz der Kakerlaken, die uns bald heimsuchten. Bis dahin waren wir im Gegensatz zu den DDR-Studenten in anderen Orten von diesen widerlichen Insekten verschont geblieben. Vielleicht waren die Tierchen von Ausländern aus der Dritten Welt in das Wohnheim eingeschleppt worden, vielleicht hatten wir bisher auch nur Glück gehabt. Wenigstens blieben uns Wanzen erspart, die laut Radio Jerewan nicht leuchteten, da sonst ganz Moskau in hellstem Licht erstrahlen müßte. Das Ungeziefer mechanisch oder chemisch zu bekämpfen, gaben wir bald auf. Später las ich, daß die Kakerlaken als einzige Spezies einen Atomkrieg überleben würden. Möglicherweise entstünden irgendwelche affengroße Mutanten, die sich irgendwann zu bewußtseinsbegabten Kreaturen erheben würden.

Trotzdem hatten wir in dem Kabuff eine gute Zeit, zumindest das erste halbe Jahr, als wir uns fast täglich nach dem Unterricht liebten. Wir stellten fest, daß wir uns nirgends so gut verstanden wie im Bett. Da wir mit dem Studium beschäftigt waren, blieb nicht viel Zeit, um Divergenzen aufzublähen.

Neben einigen in der Regel anspruchsvollen mathematischen Vorlesungen in meiner Spezialisierungsrichtung enttäuschten mich andere mathematische Disziplinen. Die Vorlesung in Operationsforschung hielt eine Dozentin, die nebenbei als Filmschauspielerin bei *Moldfilm* agierte. Unser erster Zimmergenosse Prodan hatte sie fast abgöttisch angehimmelt. Sie sprach deutlicher als die meisten Lehrenden und war für russische Verhältnisse ungewöhnlich schlank. Als Schönheit hätte ich sie nicht bezeichnet, ob sie eine gute Schauspielerin war, konnte ich nicht beurteilen. Jedenfalls blieb wie schon von der Wahrscheinlichkeitsrechnung nichts von ihrem Kurs bei mir haften. Nicht einmal ihr Name.

Neben dem üblichen Programm in Marxismus-Leninismus hörten wir Vorlesungen in Wissenschaftlichem Atheismus. Da erfuhr man einiges über die Weltreligionen, vor allem das Kapitel über die Religion ohne Gott, den Buddhismus, war aufschlußreich. Letztlich hinterließ der oktroyierte Atheismus in der sowjetischen Gesellschaft kaum dauerhafte Spuren, wie die Wiederauferstehung der orthodoxen Kirche nach dem Fall des Sowjetsystems zeigte. Die Vernunft überzeugt – wenn überhaupt – durch Tatsachen, nicht durch Missionare.

Das Kabarett setzte seine Aufführungen fort. Da die Studententhemen zur Neige gingen, wichen wir auf andere literarische Felder aus. Allgemeine politische Themen waren selbstredend tabu. So stellte ich einen Brecht-Abend zusammen. Von Brecht hatte ich mir im Internationalen Buch die Ausgewählten Werke gekauft. Ich versuchte auch in seiner Tradition, Nicht-

Aristoteles'sche Prosa zu schreiben. Statt der Einfühlung in die Figuren sollte die Analyse deren gesellschaftlicher Rolle stehen. Natürlich scheiterte ich damit. Wie ja selbst Brechts Versuche in diese Richtung nicht gerade als gelungen gelten.

Mitte März trat das Kabarett mit einem *Best of* der bisherigen Programme in Odessa auf. Die dortigen Studenten waren ideologisch nicht so verkrampft wie die meisten meiner Kommilitonen in Kischinjow. Wir aßen mit einem Grüppchen Abendbrot. Es gab Brot, Käse und Ketchup. Sie meinten, das wäre in den USA das Standardgericht der Obdachlosen. Daß es bei ihnen überhaupt Ketchup gab, hielten sie nur den DDR-Maschinen zugute. Die Älteren wußten, von besseren Zeiten bis Anfang der siebziger Jahre zu berichten. Das allgemeine Angebot war damals zwar kaum besser gewesen, dafür gab es spottbillig Kaviar, den sie zusammen mit Weißbrot und ebenso billigem Krimsekt genossen hatten. Krimsekt und echten Kaviar gab es inzwischen nur noch für Devisen.

Zum 1. Mai besuchte uns Frank Ihlenburg in Kischinjow. Es war prächtiges Sommerwetter, so daß sogar die Demonstration Spaß machte. Ich notierte täglich neue literarische Einfälle in mein Notizbuch. An einem Abend stellte ich in unserem Zimmer bei Kerzenschein und klassischer Musik meine lyrischen Werke vor. Außer Frank war zwar nur eine Studentin des fünften Studienjahres gekommen, aber das tat meinem literarischen Eifer keinen Abbruch. Mit Kitty war ich im Honigmond. Kurz gesagt, es war die beste Zeit meines Studiums.

Vielleicht ging es Dieter zu gut. Jedenfalls stellte er bei der Parteileitung den Antrag, als Kandidat in die SED aufgenommen zu werden. Ganz abwegig war das nicht, zumindest keine Frage von Dummheit. Die fünf besten Studenten seiner Hallenser Mathematikgruppe gehörten inzwischen alle der Partei an. Kann man sehr klug und dennoch einfältig sein? Bereits im zweiten Studienjahr hatte er einen solchen Antrag gestellt, der abgelehnt worden war wegen „mangelnder politischer Reife". Inzwischen sei er reifer geworden, bestätigte ihm die Parteileitung. Allerdings gebe es nach wie vor Defizite. Im Gegensatz zu einigen anderen Studenten, die ebenfalls den Antrag gestellt hätten, sei er kein hoffnungsloser Fall. Wenn er weiter an sich arbeite, werde er es schon schaffen, ermunterten sie ihn. Als Anreiz durfte er einem Treffen mit Funktionären der KPdSU beiwohnen, das an sich nur für Parteigenossen gedacht war. Bei dem Treffen erläuterte der Chefarchitekt von Kischinjow die Vorstellungen der sowjetischen Genossen vom weiteren Aufbau. In zehn Jahren würden wir die Stadt nicht wiedererkennen, beteuerte er. Zwanzig- und dreißigstöckige Hochhäuser würden dann im Zentrum aufragen. Es würde eine richtige Metropole sein.

Irgendwie verlief sich die Antragstellung im Sand. Im nächsten Studienjahr hütete ich mich nachzufragen.

Von der Armee bekam ich ein Schreiben, in dem sie mitteilten, daß Christiane genau wie ich im Rechenzentrum arbeiten könne. Für Physiker gebe es bei ihnen oder in der Umgebung keine Einsatzmöglichkeiten. Da Kitty keinesfalls in ein Rechenzentrum gehen wollte, war die Sache klar. Ich mußte mir nicht weiter den Kopf zermartern nach dem Für und Wider. Ich sagte ihnen ab. Hoffentlich würden sie sich nicht dafür rächen und mich nach Beendigung des Studiums einziehen. Volker Heumann entschied sich derweil für den Job bei der Armee. Seine künftige Frau studierte Ökonomie in der DDR, da war sie vielseitiger einsetzbar. Außerdem verspürte er keine Lust, sich im Elfenbeinturm der mathematischen Forschung einzurichten.

Christiane bekam einen Brief von der Bergakademie Freiberg. Die Sektion Physik teilte mit, daß sie bei ihnen anfangen könne. Die Einzelheiten könnten während ihres nächsten Ferienaufenthalts besprochen werden. Also würden wir beide doch in Freiberg beginnen.

16
Feueranbeter

Zum Abschluß eines Studienjahres konnten ausländische Studenten an einer Ferienexkursion teilnehmen. Bisher waren allerdings unsere Versuche in diese Richtung gescheitert. Im Sommer 1978 wurde es erneut nichts mit der bevorzugten Leningrad-Exkursion. Viel Zeit hatte ich nicht mehr, von dem Riesenland etwas zu sehen. Man bot uns eine dreiwöchige Tour durch Aserbaidschan an. Diese transkaukasische Sowjetrepublik stand nicht gerade oben auf meiner Wunschliste. Außerdem mußte man nach den Prüfungen einige Tage Wartezeit herumbringen. Wir schrieben uns dennoch für die Reise ein, da wir wahrscheinlich nie mehr die Gelegenheit bekämen, nach Asien und speziell ans Kaspische Meer zu gelangen.

Außer uns beteiligten sich Jürgen Socolowsky - seine Frau mußte wegen Prüfungen in Kischinjow bleiben - das Ehepaar Dreßler aus meinem Jahrgang, ein Student aus Kittys Jahrgang und ein paar Moldauerinnen sowie andere Ausländer an der Exkursion. Der Abflug verzögerte sich aus ungewissen Gründen. Daher mußten wir den ganzen Tag in der Intourist-Abteilung des Kischinjower Flughafens herumsitzen. Das war zwar nach der Abgeordnetensuite der zweitbeste Platz auf dem Airport, doch der Fernseher, der permanent mit voller Lautstärke lief, nervte mich erheblich. Am Abend konnten wir endlich abheben. Das Flugzeug machte eine Zwischenlandung in Suchumi am Schwarzen Meer. Nachdem wir die Gangway verlassen hatten, sprachen uns ein paar ältere Frauen an und boten ein Quartier an. So einfach war es also unterzukommen. Man mußte bloß erst einmal allein bis hierher kommen. In der Dämmerung flogen wir über den Kaukasus. Im roten Licht ragte der Elbrus auf, was sehr eindrucksvoll aussah. Wir landeten gegen 22 Uhr in der aserbaidschanischen Hauptstadt Baku. Als wir das Flugzeug verließen schlug uns eine Wand feuchtheißer Luft entgegen. Mit diesem Klima mußten wir nun drei Wochen zurechtkommen. Wir wurden zu Studentenwohnheimen gefahren, die einen heruntergekommenen Eindruck machten. Immerhin konnte ich erreichen, daß ich zusammen mit Kitty ein Zimmer bekam. Andere Ehepaare hatten gleich resigniert und waren getrennt worden.

Als wir am nächsten Morgen erwachten stach die Sonne in das nüchterne Zimmer. Die Vollverpflegung in der Mensa war dürftig, jetzt konnten wir im Gegensatz zu unserem „Basislager" in Kischinjow nicht auf Vorräte zurückgreifen. Überraschend fanden unsere moldauischen Begleiterinnen das Essen auch scheußlich. Nach dem Schock in der Mensa, brachen wir in die Stadt auf.

Schon am Morgen stand die Sonne so hoch, daß die kümmerlichen Bäumchen an den ausgedörrten Straßenrändern kaum Schatten spendeten. Lediglich in den engen Gassen der Altstadt sowie entlang der großzügigen Promenade mit hohen Palmen am Meer, wo der Wind für Erfrischung sorgte, war es auszuhalten.

Die Veranstalter hatten Besichtigungen diverser Sehenswürdigkeiten vorbereitet. Neben einigen Ruinen und Museen besuchten wir Wirkungsstätten des Kampfes der Bolschewiki vor der Oktoberrevolution. In einem Kellerloch hatte Josef Stalin, dessen Name hier mit Ehrfurcht ausgesprochen wurde, zusammen mit Kampfgenossen illegale Flugblätter gedruckt. Sie hatten eine Kerze in dem Raum aufgestellt, die verlosch, wenn der Sauerstoff in dem Kabuff zu knapp wurde, dann mußten sie aufbrechen. Wir unternahmen Abstecher zum Strand des Kaspischen Meeres. Dazu mußten wir einige Vororte passieren, in denen man etliche Erdölpumpen sah. Der Strand des größten Binnensees der Erde war braun und steinig. Dahinter erstreckte sich eine wüstenähnliche Öde. Das Wasser war zwar warm, aber offenbar nicht sehr sauber, mir schien es ölverseucht zu sein. Interessanter als die Revolutionsstätten war der Tempel der Feueranbeter. Unter einem Säulendach in der Mitte eines Hofes brannte eine ewige Flamme. Hier hatte man vor anderthalb Tausend Jahren den Religionsgründer Zarathustra verehrt. Zarathustra: das klang nach Nietzsche, mit dem das alles freilich nichts zu tun hatte. Das Feuer paßte zu dem Ölgeruch und der Gluthitze. Die Anhänger Zarathustras waren nach der islamischen Eroberung abgeschlachtet worden.

Nach einigen Tagen verließen wir Baku. Die ausländischen Teilnehmer der Ferienexkursion studierten in allen Gegenden der Sowjetunion, die meisten kamen aus der DDR, aber es waren auch andere Bruderländer vertreten. Man setzte fünf Sonderbusse ein, die unter Polizeischutz in die Provinz gelotst wurden. Das Ganze nannte sich „Autozug der Freundschaft". Die Busse waren zwar nicht klimatisiert, doch sie hatten gute Vorhänge, so daß man wenigstens nicht der unmittelbaren Sonneneinstrahlung ausgesetzt war. Im Radio des Busses liefen nationale Folklore und Schlager. Die arabischen Klänge waren zwar monoton, doch sie wirkten auf mich eigenartig suggestiv. Hingegen konnte ich die komisch derben oder melancholisch getragenen russischen Volkslieder nicht ausstehen.

Unterwegs hatte man in einem Dorf unter hohen Bäumen eine lange Tafel aufgebaut. Mit schlechtem Wetter schien man nicht zu rechnen. Tatsächlich sahen wir während des gesamten Aufenthalts kein Wölkchen am Himmel. Im Vergleich zu dem bisherigen Mensafraß war es ein Gourmetessen. Auf dem Dorfplatz hatten sich die Männer des Ortes versammelt, welche die Ankunft der Busse aufmerksam oder gleichgültig – das war nicht genau auszumachen – beobachteten. Frauen bekamen wir in den Provinznestern generell nicht zu Gesicht. Hier schien bereits Realität zu sein, was einige hundert Kilometer südlich im Iran die Ajatollahs im nächsten Jahr einführen würden. Offenbar waren die Kerle überwältigt von den vielen Frauen in Miniröcken und engen Nickis, die sie sonst nicht zu sehen bekamen.

Das Ziel der Tour war der Provinzort Mingetschaur. Hier wurden wir in den Internaten einer Fachschule untergebracht, die einfachen Hotelstandard aufwiesen. Für alle Ehepaare waren nun Doppelzimmer reserviert. Auch das Essen war außergewöhnlich gut. Es gab richtiges Fleisch, statt durchgedrehten Resten, und der Kartoffelbrei, den man hier gern servierte, war aus einwandfreien Kartoffeln mit Milch zubereitet, statt aus Futterkartoffeln mit Wasser in den gemeinen sowjetischen Mensen. Eine moldauische Russischlehrerin beklagte sich über das viele Hammelfleisch.

Das Klima des Ortes ließ keine rechte Freude aufkommen. Das Thermometer zeigte permanent über 40 Grad im Schatten bei sehr hoher Luftfeuchte. Der Schweiß lief in einem fort. Wir konnten nur trinken, trinken, trinken. Wir konsumierten mindestens fünf Liter Mineralwasser am Tag. Das Programm beinhaltete einen Abstecher in ein Pionierlager am Rande des Kaukasus. Hier war das Klima erträglich. Wir badeten in einem eiskalten Gebirgsbach, das heißt, vertraten uns in dem reißenden Wasser kurz die Beine. Die größeren Flüsse waren ausgetrocknet. Außerdem besuchten wir einige Moscheen und Paläste. Die bilderlose Ausgestaltung der islamischen Gebäude wirkte erhabener als der Bilderreichtum mancher Kirchen. Zur Erfrischung badeten wir im

Stausee von Mingetschaur, wo Wasser für ein Wasserkraftwerk aufgestaut wurde. Da das Wasser aus dem Gebirge zufloß, war der Stausee mit 27 Grad kühl zu nennen. Am Ufer waren Sonnenschirme aus Stahl eingelassen. Direkt unter dem Schirm konnte man ein Stückchen Schatten in Handtuchgröße abbekommen.

Bei der Rückkehr nach Baku kamen uns die 32 Grad im Schatten, die dort tagsüber herrschten, fast kühl vor. Wir begannen, uns zu langweilen. Wir aßen im repräsentativsten Hotel der Stadt, dem Intourist-Hochhaus, meist zu Mittag. Ansonsten saßen wir auf einer Bank an der benachbarten Promenade, da wir alle Sehenswürdigkeiten inzwischen abgeklappert hatten, die restlichen Tage ab.

Endlich konnten wir zurückfliegen. In Suchumi stiegen wir in ein kleines Flugzeug um. Je weiter wir nach Westen flogen, desto größere Wolken zogen auf. Wir kamen in ein Gewitter. Kurz vor Kischinjow kam es zu heftigen Turbulenzen. Ich war schon gut zwei Dutzend Mal geflogen mit den unterschiedlichsten Flugzeugen, so etwas hatte ich noch nicht erlebt. Daß es sich um keinen Spaß handelte, merkten wir, als wir gelandet waren. An der Rollbahn standen etliche Feuerwehrautos und Krankenwagen. Wie nah wir einem Absturz waren, sollten wir nie erfahren, viel hatte offenbar nicht gefehlt.

In Kischinjow war es ungewöhnlich kalt, maximal 15 Grad Mittagstemperatur, bei viel Regen. Man sprach von einem mißratenen Sommer. Das konnten wir wahrlich nicht behaupten. Am nächsten Morgen flogen wir zurück nach Mitteleuropa, wo das Wetter moderat war. Wie immer nach der Rückkehr aus der Sowjetunion war es ein kleiner Kulturschock, zumindest was die Kleidung der DDR-Bürger betraf. Bei den jungen Frauen war es Mode geworden, ohne BH zu gehen. Die springenden Brüste unter einem Nicki, Pullover oder Kleid konnten einen als Mann schnell aus der Fassung bringen. Die offenherzigen Dekolletés nach der Jahrtausendwende wirken dagegen eher bieder, zumal man manchen Busen lieber nicht zu Gesicht bekäme.

Von Sternberg aus fuhr ich zusammen mit Kitty einige Tage nach Greifswald. Außer uns war Konrad Engel bei Frank zu Besuch. Im Wartburg, den Konrad von seinem Vater bekommen hatte, unternahmen wir einen Ausflug auf die Insel Usedom an den Strand von Trassenheide, das heißt an die offene See. Greifswald lag nur am Bodden. Konrad studierte inzwischen erfolgreich Mathematik in Rostock. Nach dem zeitweiligen Aussetzer schien er an allen seiner ehemaligen Kommilitonen vorbeizuziehen. Dabei war er sowohl um die Hürden Armee als auch Auslandsstudium herumgekommen.

Die Autotour nahmen Frank und Konrad zum Anlaß an ein altes Streitthema aus der Hallenser Zeit, das Pro und Contra von Privatautos, anzuknüpfen. Ohne Auto wäre der schöne Ausflug nicht möglich gewesen, argumentierten sie. Nun fand ich es von jeher nicht so toll, an einem Strand zu liegen, doch die Militanz aus früheren Zeiten hatte ich aufgegeben, so daß ich ihnen nur schwach widersprach. Trotzdem hatte ich es nicht eilig, zu einem eigenen Auto zu kommen. Die Bestellung für einen Trabant gab ich nicht wie üblich an meinem achtzehnten Geburtstag ab, sondern erst 1980. Und das eher prophylaktisch, man konnte ja die Berechtigung, wenn wir an der Reihe waren, gewinnbringend verhökern. Unter normalen Umständen hätten wir „die Pappe" nicht vor 1992 in Empfang nehmen können. Wir bekamen dann 1990 die Nachricht, daß wir einen neuen Trabant abholen könnten.

Franks Eltern arbeiteten nach wie vor in Kairo und verbrachten ihre Ferien in Greifswald. Franks Vater beklagte sich an der Speisetafel über unsinnige Restriktionen, die ihnen die DDR-Funktionäre auferlegten. So durfte er, als anerkannter Germanist, die Lesung einer bekannten deutschsprachigen Schriftstellerin in Kairo nicht besuchen. Die Botschaft begründete das Verbot mit der Abgrenzungspolitik gegenüber dem Imperialismus. Dabei kam die Autorin gar nicht aus der bösen BRD, sondern aus Österreich und hatte sich nie kritisch über die DDR geäußert. Mit Spannung verfolgten Franks Eltern die oft chaotische Entwicklung des Dollarkurses. Sie wurden in Ägypten in Dollar bezahlt, die sie in D-Mark umtauschen mußten, wenn sie hier etwas im *Intershop* oder über das Devisenversandhaus Genex kaufen wollten. Vor einigen Jahren gab es für 1 Dollar noch 4 Westmark, jetzt nicht einmal mehr die Hälfte. Von solchen Problemen konnten die meisten DDR-Bürger nur träumen.

Frank erzählte mir, daß sein Vater in den fünfziger Jahren zusammen mit einem Herrn Meyer in Leipzig studiert hatte. Meyer hatte das Germanistikstudium abgebrochen und war in den Westen abgehauen. Der nichtalkoholische Getränkemarkt wurde dort von Limonaden dominiert. Meyer fand, daß die Leute auch gern Saft trinken würden und baute diese Geschäftsidee konsequent aus. Dabei stellte er fest, daß sich Investitionen nur rentierten, wenn er den gesamten Produktionsablauf vom Anbau der Früchte bis zur Abfüllung der Flaschen kontrollierte. Daher kaufte er preisgünstig etliche Apfelsinenplantagen in Spanien. Seinen Namen änderte er von Meyer in Dittmeyer. Mittlerweile war er zu einem der größten Saftproduzenten Westeuropas geworden. Dagegen war die Karriere von Prof. Ihlenburg recht bescheiden verlaufen. Anläßlich eines Jubiläums lud Herr Dittmeyer seinen früheren Studienfreund zur Feier nach Spanien in seine Finca auf einer der Apfelsinenplantagen ein. Herr Ihlenburg könnte von Hamburg direkt mit dem Privathubschrauber nach Spanien fliegen. Er mußte bloß nach Hamburg kommen ... Solche kleine Geschichten waren nachhaltiger als ein ganzes Semester Marxismus-Leninismus.

So professionell Franks Vater über Geistiges sprechen konnte, so dilettantisch hantierte er in dem kleinen Hausgarten. Wenn der Professor ein Beet von zwei mal drei Meter versuchte umzugraben, als handle es sich um ein Staatsgeschäft, wirkte das erheiternd. Kitty machte sich mir gegenüber darüber lustig. Aus Sternberg kannte sie andere Gartenarbeiter. Ich sah das gelassener. Für mich war das Geistige primär.

Während unseres Aufenthalts strich eine Katze in dem Grundstück umher, die dort nicht hingehörte. Eines Tages fand Franks kleiner Bruder die tote Katze in der Garage des Hauses. Es war von einem Tollwutverdacht die Rede. Ich hatte das Tier zwar nur von weitem gesehen, aber solche Vorfälle weckten den Hypochonder in mir. Ich war erleichtert, als wir Greifswald bald verließen.

In Freiberg suchten wir unsere künftigen Arbeitsstätten auf. Der wissenschaftliche Sekretär der Sektion Physik sagte, eine Assi-stentenstelle sei derzeit nicht frei, aber Christiane könne als Forschungsstudentin bei ihnen beginnen. Sie müßte dann kaum zusätzliche Aufgaben in der Lehre übernehmen und könnte in den drei Jahren Forschungsstudium intensiver arbeiten als in der vierjährigen Assistentenzeit.

Als ich mich im Sekretariat der Sektion Mathematik meldete, war der Sektionsdirektor nicht da. Die Sekretärin rief bei ihm zu Hause an, und nach wenigen Minuten fuhr ein Wartburg vor. Prof. König, der einen souveränen Eindruck verbreitete, fragte mich, ob ich gern lehre. Ich rang mir ein halbwegs überzeugendes Ja ab. Die Ausbildung der Ingenieur- sowie Mathematikstudenten sei nämlich die Hauptaufgabe der Sektion, für das man sich voll engagieren müsse. Wie ich von Studenten einige Jahre danach hörte, war die Qualität seiner eigenen Lehrveranstaltungen eher mäßig. Er teilte mir mit, daß ich als Assistent nicht in die Arbeitsgruppe Prof. Rühs', sondern zu Prof. von Wolfersdorf käme, der den anderen Lehrstuhl für Analysis innehabe, jetzt jedoch im Urlaub sei. Der wissenschaftliche Sekretär Dr. Flaxa wollte von mir wissen, ob ich schon einmal etwas von der Wärmeleitungsgleichung gehört habe. Als ich das ebenfalls bejahte, meinte er, da sei ich bei von Wolfersdorf gut aufgehoben.

17
Amerikanischer Traum

Neuerdings traf man bei internationalen Flügen öfter Westdeutsche, da wohl auch die sowjetische Fluggesellschaft ihre Deviseneinnahmen vergrößern wollte. Während früher Rauchen in den Flugzeugen strikt verboten war, durften die Bürger der freien Welt selbstverständlich rauchen. Einmal war mir von der stickigen Luft schlecht geworden, und ich mußte mich in den beiliegenden Beutel übergeben.

Es war aufschlußreich, die Bundesbürger bei ihrem ersten Kontakt mit dem roten Riesen zu beobachten. Einmal stöhnte ein netter Herr, während er beim Landeanflug auf Moskau seine

Frau auf etliche Katen hinwies, aus tiefster Brust: „O Gott, o Gott.“ Die vorgeblichen Klassenfeinde schienen uns doch näherzustehen als unsere Klassenbrüder, mit denen wir auf ewig verbunden waren.

Im Herbst 1978 hatten Kitty und ich viel Zeit füreinander. Während sich bei ihr der Ernteeinsatz dahinschleppte, mußte ich nur wegen vier Wochenstunden Spezialvorlesung sowie Russisch in die Uni. Daher meldeten wir uns für drei, vier Wochen an die Erdgastrasse „Drushba“ als Dolmetscher. In der Westukraine verlegten Spezialisten aus der DDR Röhren und schufen die zugehörige Infrastruktur. Sie wohnten in extra gebauten Siedlungen mit Sonderversorgung und diversem kulturellen Tamtam. Nach Abschluß ihres Einsatzes sollten sie in der DDR eine Neubauwohnung und ein Auto erhalten. Von den besonderen materiellen Bedingungen war in den DDR-Medien nicht die Rede, desto ausführlicher von Heldentum und dergleichen. Da der Hintergrund jedoch größtenteils bekannt war, wirkte die Propaganda wie in anderen Bereichen lächerlich.

Das Ausländerdekanat lehnte unseren Antrag wegen meiner umfangreichen Unterrichtsverpflichtungen ab. So mußten wir uns wieder einmal in Kischinjow die Zeit vertreiben. Wir gingen zuweilen ins Kino. Ich kann mich an den Besuch des amerikanischen Films *Der Untergang Japans* entsinnen, den wir an einem milden Herbsttag in einem etwas abgelegenen Stadtbezirk sahen. In der DDR lief dieser Thriller nie. Auch sowjetische Filme besuchten wir, die ich jetzt gut verstand. Einige Streifen vermittelten einen relativ authentischen Einblick in den sowjetischen Alltag. Mitte Oktober schlossen wir die Russischausbildung endlich ab. Wenn ich in den letzten Jahren in Russisch etwas dazugelernt hatte, dann bestimmt nicht dort.

Im fünften Studienjahr war ich chronisch unterbeschäftigt. Die Diplomarbeit war zwar nicht bis zum 1. März fertiggeworden, wie es dem Betreuer Vulpe vorgeschwebt war, aber Ende September lag sie fertig in der Schublade. Vulpe war ein Moldauer, der etwas stotterte, sich aber in der Administration aufspielte. Mathematisch besaß er – im Gegensatz zu seinen Kollegen – wenig Substanz. Wir hatten bei ihm eine konfuse Spezialvorlesung gehört. Typisch für seine naive Denkart war der Satz, den er einmal fallen ließ: „Schade, daß die wichtigen mathematischen Sätze schon entdeckt sind. Wenn ich früher gelebt hätte, hätte ich sie alle selbst entdecken können." Natürlich gab es auch jetzt genügend ungelöste mathematische Probleme, doch dazu brauchte man echte Ideen. Ich hätte die Diplomarbeit lieber bei Krupnik geschrieben, obwohl mich das wesentlich mehr Anstrengungen gekostet hätte, aber Vulpe hatte im Bereich Analysis das Sagen und aufgepaßt, daß er bei der Aufteilung der deutschen Studenten nicht zu kurz kam.

Zusammen mit Volker Heumann begann ich, Anfang Oktober ein neues Thema, das uns Vulpe gestellt hatte, zu bearbeiten. Während wir davor, den Begriff des Grenzwerts etwas abschwächten, machten wir nun dasselbe mit dem metrischen Raum. Man konnte über den Sinn solcher Abwandlungen, die etliche Mathematiker betreiben, geteilter Meinung sein. Diesmal kamen wir langsamer voran. Dennoch hatten wir im Frühjahr einiges herausgekriegt, was wir zu einer Publikation zusammenfaßten. Vulpe setzte zu guter Letzt seinen Namen davor, reichte den Artikel beim Universitätsjournal ein, in dem diese tiefgründige Arbeit zwei Jahre später erschien.

Das Kabarett absolvierte zum 7. November ein letztes Gastspiel, diesmal in Lwow, dem ehemaligen Lemberg, in der Westukraine. Wegen schlechten Wetters startete das Flugzeug statt am Vormittag erst am späten Abend. Für den folgenden Abend war der Auftritt angesetzt. Wir nutzten den Tag, die Stadt kennenzulernen. Die Stadt erinnerte an Mitteleuropa. Bob Keilhoff sagte, er fühle sich wie in Halle. Doch die historischen Bauten in Lwow wirkten repräsentativer, allenfalls die Straßenbahn wies gewisse Ähnlichkeiten auf. Zum Mittagessen begab ich mich mit Kitty in ein Restaurant am Markt aus der k.-u.-k.-Epoche. Nach dem vorzüglichen Essen tranken wir ein Glas Wein, und ich rauchte eine Zigarette. Es sollte die einzige Zigarette bleiben, die ich jemals *genoß*.

Ich hatte in der achten Klasse hin und wieder heimlich eine Zigarette, F6 oder so, probiert, ohne Geschmack daran zu finden. Nach einem Mathezirkel rauchte ich mit einem anderen Schüler, der aus einem Dorf bei Freiberg kam, drei Marlboro-Zigaretten. Danach spürte ich erstmals so etwas wie Sucht, widerstand jedoch der Versuchung, zumal wir bald nach Hause fuhren. Später hatte ich es nur sehr selten versucht. Auch die Lwower Episode blieb singulär. Etwas später steckte ich mir zur Silberhochzeitsfeier meiner Schwiegereltern noch einmal eine an, weil man mich dazu animierte. Bald darauf bildete sich ein starker Widerwille gegen den Tabakgestank heraus. Jemand der nach Zigaretten riecht ist mir seitdem zuwider.

Der Auftritt des Kabaretts kam erwartungsgemäß gut an. Danach saßen wir mit einigen der dortigen DDR-Studenten zusammen. Alle schienen ukrainische Freundinnen zu haben. Die jungen Westukrainerinnen wirkten ungeheuer sexy. Auf sie traf die entsprechende Zeile aus dem Beatles-Song tatsächlich zu, obwohl die Beatles wahrscheinlich nie einer Westukrainerin begegnet waren. Hier wäre ich wahrscheinlich auch schwach geworden. Inwieweit es sich um ernsthafte Beziehungen handelte oder eher um Tauschgeschäfte - bestimmte Waren oder die Aussicht auf die Ausreise aus der UdSSR gegen heißen Sex - war schwer zu beurteilen. Mir kamen die Mädchen eher wie Gespielinnen vor.

Am nächsten Nachmittag mußten wir schon zurückfliegen. Am Morgen trafen wir meinen ehemaligen griechischen Zimmerbewohner, den Oberkommunisten, wieder, der nun in Lwow studierte. Wir verstanden uns prächtig. Man kommt sich oft näher, wenn man sich nicht zu nahe kommt. Weiterhin unternahm das Kabarett einen kurzen Abstecher in ein Freilichtmuseum am Rande die Karpaten. Offensichtlich gab es hier auch mehr Möglichkeiten für kleine Ausflüge.

Im letzten Jahr meines Kischinjow-Aufenthalts wurde im Zentrum ein Orgelsaal eröffnet. Die Stadt verdankte diese Bereicherung des kulturellen Angebots vor allem der Tatsache, daß die Tochter des Ersten Sekretärs der Moldauischen KP eine preisgekrönte Organistin war. Jetzt hatte sie eine eigene Spielstätte. Die Orgel selbst konnte zwar nach unserem Empfinden nicht mit den klassischen Kirchenorgeln zu Hause konkurrieren, trotzdem besuchten wir zuweilen eines der Konzerte, wo natürlich auch andere Interpreten auftraten.

Einige russische Kommilitonen heirateten. Wahrscheinlich wollten sie sich dadurch bessere Chancen für die Arbeitsstellenverteilung sowie einen Platz auf der Warteliste der Wohnungsvergabe sichern. Zwei, drei Mal wurden wir zu solchen Hochzeitsfeiern eingeladen, die in Restaurants der Stadt stattfanden. Es kamen viele Gäste, bestimmt über hundert Leute. Im Gegensatz zu der Dorfhochzeit, auf der wir im ersten Studienjahr waren, ging es manierlich zu. Man wurde auch nicht zum Saufen genötigt. Da diese Feiern werden positiv noch negativ herausstachen, habe ich so gut wie keine Erinnerung mehr daran.

Um Geld für Solidaritätsspenden zu bekommen, hatte die FDJ-Leitung angeregt, statt eines sonst üblichen Arbeitseinsatzes eine Auktion zu veranstalten. Keine schlechte Idee, da sich bei den meisten Studenten diverser Krempel angesammelt hatte, den man nicht mit nach Hause nehmen wollte, für den sich aber andere möglicherweise interessierten. Den höchsten Preis erzielte zunächst eine LP von Manfred Krug, der inzwischen die DDR verlassen hatte, ganz genau wußte das hier allerdings keiner. Um einen politischen Skandal zu vermeiden, erwarb die Parteileitung ein Marx-Poster, das zuvor niemand haben wollte, für 7 Rubel statt der 6,90, die Krug eingebracht hatte.

Ein Dozent, wahrscheinlich war es Belous gewesen, hatte auf eine Ausstellung zur Landwirtschaft der USA hingewiesen, die um Weihnachten in Kischinjow stattfinden sollte. Zur trüben Stimmung wegen der fehlenden Feiertage kam das trübe Wetter. Zur Aufheiterung entschlossen sich Kitty und ich, am Heiligabend zu der US-Ausstellung am Komsomolzensee zu gehen. Es schien, als wären Aliens gelandet und hätten in einem Pavillon eine Dependance des Paradieses eingerichtet. Ein amerikanischer Supermarkt mit seiner überquellenden Obst-und-Gemüse-Theke war aufgebaut worden. Es gab tolle Maschinen zu besichtigen. Großartige Landschaftsfotos und eindrucksvolle Tabellen rundeten die Präsentation ab. Es herrschte ein großes Gedränge, doch die Leute schienen rücksichtsvoller als im gemeinen sowjetischen Alltag zu sein. Die Einheimischen mußten noch mehr staunen, da sie nicht nur in einem „Tal der Ahnungslosen“, sondern auf einem ganzen Kontinent derselben lebten. Unsere Dogmatiker hätten sich die Show einmal ansehen sollen. Soviel ich weiß, waren wir beiden die einzigen DDR-Studenten, welche die Ausstellung sahen. Nach wenigen Tagen war alles abgebaut, und es erschien wie eine Fata Morgana.

Es wurde ungewöhnlich kalt. In Moskau sank das Thermometer unter minus 40 Grad. So frostig war es in Zentralrußland seit dem deutschen Überfall 1941 nicht mehr gewesen. Zu Silvester gab Radio Moskau regelmäßig Warnungen heraus, möglichst nicht die Häuser zu verlassen und auf keinen Fall betrunken auf die Straße zu gehen. Dennoch erfroren in dieser Nacht einige Schnapsleichen.

Wenige Tage nach Neujahr 1979 flog ich zurück in die DDR, die gerade den Weltuntergang probte, wovon ich hinter den frostigen Weiten nichts mitgekommen hatte. Von den vier Feinden des Sozialismus - Frühling, Sommer, Herbst und Winter - hatte der Hauptfeind wieder einmal zugeschlagen. Ab Silvester war es zu einem abrupten Kaltlufteinbruch mit ausgiebigen Schneefällen gekommen, der besonders die Braunkohlentagebaue der Republik lahmlegte. Die Energieversorgung, die fast ausschließlich auf Braunkohle beruhte und sozusagen von der Hand in den Mund lebte, brach daraufhin weitgehend zusammen. Als ich Anfang Januar in Berlin eintraf, begann sich die Situation, langsam zu entspannen. Es schneite nicht mehr, die Temperaturen kamen mir gegenüber Rußland mild vor. Es hieß, es sei der erste Tag, an dem überhaupt ein Zug nach Dresden verkehrte. Es war allerdings nur ein Regionalzug, die D-Züge steckten noch im Norden fest. Nach etlichen zusätzlichen Halten auf freier Strecke erreichte der Bummelzug nach über fünf Stunden die sächsische Metropole, ansonsten dauerte die Fahrt ab Berlin-Schönefeld circa zwei Stunden. Daher traf ich erst am frühen Morgen in Freiberg ein. In der Stadt war es völlig duster. Es sollte ein paar Wochen dauern, ehe die Straßenbeleuchtung wieder in Betrieb genommen wurde. Zum Glück hatten wir daheim einen Kachelofen und genügend Briketts im Keller, so daß wir nicht von der zentralen Wärmeversorgung abhingen.

18
Beograd II

Auf dem Rückflug Ende Januar nach Kischinjow blieb ich auf dem Moskauer Inlandflughafens Wnukowo hängen. Wegen Nebels waren alle Flüge nach Kischinjow gestrichen worden. Auch in andere Städte flogen kaum Maschinen. Der Flughafen glich einem Flüchtlingslager. In den kahlen Hallen und zugigen Durchgängen kampierten tausende Gestrandete, etliche offenbar schon tagelang. Zum Glück durften wir uns als Ausländer in der Intourist-Abteilung aufhalten, wo man von dem Elend nichts mitbekam. Es hieß nur Geduld haben. Zunächst wurde man bis zum Abend mehrmals vertröstet. Unter den wenigen Anwesenden in dem großzügigen Raum befand sich der bekannte DDR-Schlagersänger Hans-Jürgen Beyer, der keinen Kontakt zu anderen Reisenden suchte und von ihnen gleichfalls ignoriert wurde. Beyer hatte Anfang der siebziger Jahre eine Karriere als aufmüpfiger Rocksänger begonnen, war in Konflikt mit den Behörden geraten und in der Versenkung verschwunden. Einige Zeit später war er als schmalziger Schlagersänger auferstanden. Einmal hatte er auch in Kischinjow gastiert und Kitty hatte das Konzert besucht. Ausnahmsweise begleitete ich sie nicht.

Trotz der unbestimmten Warterei wurde Dieter die Zeit nicht lang, da er die Philosophiestudentin aus Rostow wiedertraf, mit der er einmal das Taxi geteilt hatte. Erneut unterhielt er sich angeregt mit ihr. Jetzt nahm er intensiver ihre erotische Ausstrahlung wahr. Lag es an den drei Wochen Liebesabstinenz in den Ferien oder vielmehr an dem normalisierten Hormonspiegel, der ihn auch andere Frauen wahrnehmen ließ? Lediglich, daß sie rauchte, sagte ihm nicht zu. Am späten Abend hieß es, daß sie in einem Hotel auf Kosten der Fluggesellschaft „Aeroflot" übernachten sollten. Ein Taxi fuhr sie ins Zentrum. Der Fahrer ignorierte die eisglatte Piste und raste mit seinem „Wolga" mit 100 km/h auf der Überholspur. Dieter war froh, als sie aussteigen konnten. Das Hochhaus des Hotels „Beograd II" schien neu und eher für westliche Touristen bestimmt zu sein. Von dem Zimmer hatte man einen weiten Blick auf die Moskauer Innenstadt Er erwog, an der Tür des Zimmers der Philosophiestudentin zu klopfen. Doch er fühlte sich müde. Es war ja schon Mitternacht. Er dachte, nichts überstürzen, morgen ist auch noch ein Tag. Auf dem Flughafen wären sie wieder den ganzen Tag beisammen.

Am Morgen fuhren sie zurück zum Flughafen. Dort hatte sich nichts verändert. Im Laufe des Tages traf Jürgen Socolowsky ein. Dieter hatte nichts gegen seinen Kommilitonen, aber jetzt störte er, was er ihm natürlich nicht zu erkennen geben durfte. Am Abend begaben sie sich erneut in dasselbe Hotel. Er bekam ein Zimmer zusammen mit Jürgen. Dieser staunte nicht schlecht. So nobel hatten sie während der gesamten Studienzeit nie ansatzweise gewohnt. Dieter mußte oft an die Philosophiestudentin denken. Aber unter den jetzigen Bedingungen war es unvorstellbar, sich aus dem Zimmer zu schleichen. Zumindest würde er sie morgen um ihre Adresse bitten. Danach könnte man weitersehen.

Am nächsten Morgen ging alles sehr schnell. Gleich nach Eintreffen auf dem Flughafen wurde die Maschine nach Rostow angesagt. Der letzte Aufruf. Eine Intourist-Tante geleitete die Philosophiestudentin. Sie winkte kurz aus der Ferne. Bald darauf beorderte man uns in das Flugzeug nach Kischinjow, wo wir eine geraume Zeit allein mit der Crew zubrachten, berieselt mit folkloristischer Fahrstuhlmusik. Die Einheimischen mit ihrem überbordenden Gepäck durften in letzter Minute zusteigen. In den Körben unter den Sitzbänken gackerte zuweilen ein Huhn. Wir flogen in unsere Universitätsstadt zurück.

Natürlich sah ich *sie* nie wieder. Vielleicht war sie meine Traumfrau. Der Zufall mag keine Wiederholungen. Das abermalige Zusammentreffen war eine einzigartige Gelegenheit, wenn man die nicht nutzte, war einem nicht zu helfen. Wahrscheinlich war es besser so. Das nächste Jahr sollte genügend Belastungen in unsere Ehe bringen. Einer weiteren Zerreißprobe hätte sie kaum standgehalten. Und einmal den unwahrscheinlichen Fall angenommen, ich hätte die Philosophin schließlich geheiratet. Was wäre aus ihr zehn Jahre später geworden? Hätte ich mit einer Versicherungsvertreterin leben wollen?

In Augenblicken der nostalgischen Verklärung meiner letzten romantischen Romanze der siebziger Jahre konnte ich mich mit einem Schlager aus den sechziger Jahren trösten, als Drafi Deutscher sang: „Ha-ha Honey Bee hab' ich sie genannt, / doch ihren Namen hab' ich nicht gekannt. / ... / Jemand finden ohne Namen / das ist furchtbar schwer. / O yeah!"

Allerdings verschwamm mit der Zeit auch ihr Bild. Kürzlich fand ich im Internet Fotos, die sie *möglicherweise* zeigen – dreißig Jahre danach. (Sie wurde keine Versicherungsvertreterin, sondern ist jetzt Bundestagsabgeordnete.) Ob es sich wirklich um dieselbe Person handelt, kann ich nicht mit Bestimmtheit sagen. Allerdings bedaure ich nicht mehr, wenn das der Fall sein sollte, die damalige „Chance" nicht wahrgenommen zu haben.

19
Wer spricht von Siegen

Außer meiner Frau nahe zu sein, gab es keinen vernünftigen Grund, ein weiteres halbes Jahr in Kischinjow zu vertrödeln. Vorbei die Anspannung der ersten Studienjahre, wo man bei über vierzig Wochenstunden nur funktionieren mußte. Die Uni war auf Leerlauf gestellt und meine Diplomarbeit, wie bereits gesagt, abgabebereit. Hingegen war Kitty mit Praktika und ähnlichem voll ausgelastet. Häufig stand sie bis 19 Uhr im Labor.

Die Stadt Kischinjow hatte für mich fast jeden Reiz verloren. Die Innenstadt langweilte mich. Lediglich in dem sogenannten Diplomatenviertel, in dem ich manchmal mit Kitty spazieren ging, fühlte ich mich einigermaßen wohl. Hier gab es keinen baulichen Verfall, keine Asozialen oder Straßenköter. Doch das Viertel war klein, und man mußte etliche öde Bezirke durchqueren, ehe man es erreichte. An Reisen war wegen der restriktiven sowjetischen Gesetze ohnehin nicht zu denken. Ich fühlte mich wie interniert.

Ich hätte die Zeit mit Schreiben überbrücken können. Außer einigen mäßigen Gedichten brachte ich nichts zustande. Die nötige Ausgeglichenheit wollte nicht aufkommen angesichts der sich verschlechternden Lebensumstände im Wohnheim.

Die hygienische Situation wurde zunehmend kritisch, besonders der Zustand der Toiletten. Die Putzfrau hatte gekündigt, und niemand kümmerte sich um den Zustand der desolaten Abflüsse, weshalb die Urinale verstopften. Dennoch wurden die Örtchen weiter heftig frequentiert mit dem Ergebnis, daß die Pisse bald überlief. Die Klokabinen waren meist vorher dichtgemacht worden. Zuweilen staute sich schon im Waschraum davor eine mehrere Zentimeter hohe Lache Urin. Am schlimmsten sah es in dem Männerklo auf unserer Etage aus, keine zehn Meter von unserem Zimmerchen entfernt. Ich begab mich zum Austreten zu den weiter entfernten Toiletten im Haus, doch diverse Ausländer aus der Dritten Welt und Russen ließen sich von dem gelben See nicht stören und stellten sich zuweilen gleich an dessen Ufer, um ihn weiter zu füllen. Manchmal wurde die Toilette verschlossen, aber das schaffte das Problem nicht aus der Welt. Mitunter gab es kein Wasser im Wohnheim, was zwar in anderen Stadtbezirken typisch, aber hier bisher nicht vorgekommen war. Warmes Wasser fehlte über zwei Monate. Mich belastete die fatale hygienische Situation psychisch stark. Meine schlummernde Bakteriophobie wurde geweckt. Ich war wieder ähnlich verzweifelt wie im ersten Studienjahr.

Später hörte ich, daß ähnliche und schlimmere sanitäre Zustände in vielen Kasernen und Wohnhäusern der Sowjetarmee in der DDR herrschten. Auch im Mutterland war dergleichen wohl nicht außergewöhnlich – nur daß kaum Ausländer an solche Orte gelangten – sonst hätte die Administration die säuischen Klos nicht mit solchem Gleichmut abgetan. Bereits in Thomas Manns *Zauberberg* war auf das prekäre Verhältnis der Russen zu reinlichen Toiletten hingewiesen worden. Nicht alle Übel resultierten aus dem ineffizienten Sowjetsystem, die Wurzeln reichten oft tiefer.

Mit etwas Geschick hätte ich einige Zeit nach Hause fahren können. Meine Eltern hatten bereits ein Schreiben mit einem fiktiven Grund fabriziert, doch was sollte ich ohne Kitty dort? Zudem kostete ein Flug einen Batzen Geld.

Aus dem Kabarett war inzwischen die Luft raus. Es entstanden keine nennenswerten neuen Texte mehr. Ich versuchte, das Terrain zu wechseln und ein literarisch-musikalisches Programm zu inszenieren. Das wurde schließlich aufgeführt, doch es entfachte keine Begeisterung weder bei den Darstellern noch beim Publikum. Es war kein Kabarett mehr und noch kein Theater und wie alle Halbheiten unbefriedigend. Höchstens die FDJ-Leitung äußerte sich zufrieden, da das Thema Liebe wirklich harmlos war, zumal ich auf polarisierende Texte verzichtet hatte. Außerdem waren die meisten Kabarettspieler zwar für Klamauk zu haben, aber keinesfalls für Tragikomik oder ähnliches.

Vielleicht hätte ich mehr Fotografieren sollen. Historische Motive - aus heutiger Sicht - gab es genug, wenngleich etwas Mut dazugehörte, gewisse dubiose Motive auf einen Film zu bannen. Bei anderen systemkonformen Objekten wie Losungen und Manifestationen war überhaupt nichts zu befürchten. Aber die Historie hielt ich wohl für eingefroren. Jedenfalls fällt der Ertrag der Dias aus fünf Jahren SU-Aufenthalt dürftig aus. Da gibt heutzutage ein Sommerurlaub mitunter mehr her.

Um die Zeit totzuschlagen, las ich häufiger sowjetische Zeitungen wie *Prawda* oder *Literaturnaja Gaseta.* Sie waren zwar etwas weniger langweilig als die gleichartigen DDR-Zeitungen *Neues Deutschland* beziehungsweise *Sonntag,* doch die Kritik blieb an der Oberfläche. Immerhin konnte ich derart meine Russischkenntnisse, zumindest was das geschriebene Wort anging, etwas vertiefen, was mir in den späten achtziger Jahren nutzte, als in der Periode der Glasnost die sowjetischen Zeitungen wirklich interessant wurden.

Ich zählte die Tage, ja Stunden bis zum Ende des Studiums. Je mehr ich mich dem Ende näherte, desto langsamer schien die Zeit zu vergehen, als strebe ich einem Schwarzen Loch zu. Volker Heumann, der ähnlich unterbeschäftigt wie ich war, stieß beim Blättern in wissenschaftlichen Zeitschriften auf eine Arbeit, die an unsere beiden Diplomarbeiten erinnerte, die wir gerade eingereicht hatten. Ein Mathematiker hatte darin haargenau dieselben Themen abgehandelt, die uns von Vulpe für die Diplomarbeiten gestellt worden waren. Er war nie auf diesen Artikel zu sprechen gekommen, und wir hatten ihn natürlich nicht zitiert. Unsere Ergebnisse widersprachen nicht den dortigen Sätzen, doch das Original wirkte professioneller, und die Schlußfolgerungen waren wesentlich weiter getrieben. Darum hatte er kein Interesse, daß wir etwas zum Diplomthema veröffentlichten.

In seinem Gutachten lobte Vulpe unsere Arbeiten über den grünen Klee. Besonders betonte er unsere Kreativität. Die Verteidigung ging ohne Hindernisse über die Bühne. Unsere Diplomarbeiten wurden mit „sehr gut“ bewertet. Warum sollten die seriösen Wissenschaftler uns Steine in den Weg legen, über die höchstens wir ahnungslosen Studenten stolperten, aber nicht ihr windiger Chef?

Die einzige Herausforderung bestand in dem Staatsexamen in Wissenschaftlichem Kommunismus. Bisher hatte ich in allen Prüfungen die Bestnote erreicht. Für die Prüfung hatten wir eine lange Themenliste abzuarbeiten. Dabei mußten wir viele Schriften von Wladimir Iljitsch Lenin, mit denen man uns bereits im ersten und zweiten Studienjahr traktiert hatte, repetieren können. Dazukamen diverse Parteitagsdokumente des XXIII., XXIV. und wer weiß welchen Parteitags der KPdSU sowie als besonderer Leckerbissen die drei Bände von Leonid Iljitsch Breschnews Werken. Sie waren neulich erschienen und priesen die Heldentaten des späteren Generalsekretärs im Großen Vaterländischen Krieg, beim Wiederaufbau in den späten vierziger und bei der Neulandgewinnung in den fünfziger Jahren. Zum Glück waren die Bände eher Broschüren, aber selbst die plattesten Leninschen Schriften wirkten dagegen inhaltsreich und tiefschürfend. Was sollte man bloß darüber sagen?

Natürlich hatte der Generalsekretär die Werke nicht selbst verfaßt. Nach einem Schlaganfall Mitte der siebziger Jahre war er eher ein lebender Leichnam, was wir damals freilich nicht wußten. Die Bändchen waren zur Pflichtlektüre für alle Schulen und Hochschulen der UdSSR erklärt worden. Breschnew konnte also eine Menge Tantiemen kassieren. Die Schriften wurden sogar mit einem Literaturpreis geehrt, obwohl die Sprache trotz der professionellen Schreiber alles andere als künstlerisch war. Das merkten sogar wir als Ausländer.

Der Personenkult um den greisen Generalsekretär der KPdSU und andere Politbürokraten nahm ab Mitte der siebziger Jahre groteske Züge an. In Kischinjow wurde schon einige Wochen vor den großen Feiertagen am höchsten Gebäude des zentralen Platzes ein gigantisches geliftetes Porträt des Machthabers montiert. Das Porträt überragte um ein Vielfaches das Lenin-Denkmal auf demselben Platz. Das Universitätsgebäude und andere repräsentative Bauten wurden zu solchen Anlässen mit kleineren, aber überlebensgroßen Bildnissen aller Politbüromitglieder staffiert. Das sah aus wie die „Straße der Besten" eines Seniorenheimes. Wenn wir in einem der Räume mit diesen Porträts Unterricht hatten, war es wegen der größtenteils verdeckten Fenster so dunkel, daß man selbst bei Sonnenschein Licht einschalten mußte. Wir konnten die Physiognomien der Parteiführer sozusagen von innen analysieren. Bei Großdemonstrationen wurden diese Porträts wie Ikonen in den ersten Reihen getragen. Selbstverständlich feierten auch die Medien die unfehlbaren Nachfolger Lenins.

So erstarrt wie die greisen Führer erschien das ganze Land. Später würde man von der Zeit der Stagnation sprechen. Vielerorts präsentierte sich die *große, mächtige* Sowjetunion, wie es in dem neu verfaßten Text der Nationalhymne hieß, als potemkinsches Dorf. Ein bezeichnendes Beispiel war der neue Kischinjower Flughafen. Der alte war erweitert und modernisiert worden. Pünktlich am Tag des Eintreffens des allerhöchsten Gastes aus Moskau wurde der Airport mit großem Pomp eröffnet. Dabei war so viel Pfusch vertuscht worden, daß der Neubau danach gleich wieder geschlossen wurde. Es dauerte einige Monate, ehe der Flughafen planmäßig betrieben werden konnte. Allzu genau durfte man – wie überall – auch dann nicht hinsehen.

Das Staatsexamen bestand ich schließlich wie fast alle meine Landsleute mit der Bestnote „5". Daher erhielt ich zum Abschluß des Studiums das „Rote Diplom". Das hatte nichts mit besonderer Linientreue zu tun, sondern symbolisierte das Prädikat „mit Auszeichnung". Vor allem durfte ich mich nun Diplom-Mathematiker nennen.

Die Abschlußfeier der DDR-Studenten am 1. Juli 1979 fand in dem Nationalitätenrestaurant „Butojasch" statt. Während sich meine Kommilitonen vollaufen ließen, trank ich Mineralwasser. Einerseits vertrugen sich die Tabletten, die ich gegen Heuschnupfen nahm, schlecht mit Alkohol, andererseits widerten mich

Saufexzesse an. Die saftige Rechnung der Kellnerin wollten meine Kommilitonen unbesehen begleichen. Als einzig Nüchterner, außer Kitty, die nur geduldeter Gast war, rechnete ich nach und stellte fest, daß sie sich um einen ansehnlichen Betrag zu ihren Gunsten verrechnet hatte. So hatte ich eine kleine Genugtuung. Das geflissentliche Akzeptieren einer überhöhten Rechnung sah ich als Gleichnis für die deutsch-sowjetische Freundschaft.

Im Verlaufe des Studiums war meine Distanz gegenüber dem Gastland eher gewachsen, wenngleich ich nach den fünf Jahren manches dort erklären oder nachvollziehen konnte. Verstehen heißt nicht gutheißen. Immerhin hatte ich Differenzieren gelernt. Wie überall gab es Licht und Schatten. Unklarer denn je war mir, ob meine Aversionen eher antirussisch oder antisowjetisch begründet waren.

Die Kraft, das Studium zu bestehen, hatte ich aus der Liebe sowie später auch der Literatur geschöpft. Natürlich gehörte Glück dazu. Vor allem durfte man nicht ernsthaft krank werden. Bei den katastrophalen Zuständen in den sowjetischen Krankenhäusern, von denen man hörte, wäre ich in diesem Sumpf untergegangen. Manchmal kam ich mir vor, als wäre ich mit einem Schutzanzug durch einen langen Tunnel gelaufen. Gemäß Rilkes: „Wer spricht von Siegen, Überstehen ist alles“ hatte ich alle Gefahren überstanden, aber viel Energie für die elementare Selbstbehauptung verausgabt. Hätte ich die jugendliche Vitalität in ein Studium in England oder Frankreich investieren können, hätte es vielleicht zum „Siegen“ gereicht.

Bevor wir nach Hause zurückflogen, überprüfte ich penibel alle Koffer, Taschen, Mappen, Hefte, Bücher und so weiter, die ich mitnahm, daß sich darin keine Spuren von Kakerlaken fanden, da ich unter keinen Umständen das Viehzeug, das man nicht wieder los wurde, einschleppen wollte.

Zusammen mit Kitty flog ich über Moskau. Hier bereitete man sich eifrig auf die Olympischen Spiele 1980 vor. Die Olympiade sollte zu einem Meilenstein auf dem Weg des weltweiten Triumphes des Kommunismus werden. Der neue internationale Flughafen Scheremetjewo II war bereits eröffnet worden. In dem riesigen, modernistischen Areal aus Stahl und Glas fehlte nahezu jede Inneneinrichtung, so daß ein Gefühl unheimlicher Leere von dem Bau ausging.

Eine Leuchttafel zeigte einen Flug nach Frankfurt am Main an. Davor hatte sich eine eher lose Reihe aufgestellt. Wenn man sich rein zufällig zu den Passagieren gesellte und bei der Kontrolle beiläufig die Bordkarte vorwies – die Stewardess an dem Schalter schien sehr flüchtig danach zu schauen, käme man dann in den Westen? Hier bot sich vielleicht eine Chance zur Flucht, so einfach, daß noch niemand darauf gekommen war. Und wenn es schiefging, konnte man sich herausreden, man habe in der großen Halle nicht durchgesehen. Die Stewardess wirkte nicht so, ein Drama daraus zu machen. Für den Durchschnittsrussen waren wir ohnehin alle Deutsche. Aber *wollte* Dieter im Westen? Auf Besuch gewiß, doch für immer? Hätte er eine Chance auf dem Markt der Möglichkeiten, oder würde er in einem Obdachlosenasyl landen? In der DDR würde die Entwicklung wie auf Schienen ablaufen. Die Strecke war genauso klar wie das Ziel, es fragte sich nur, wie lange es dauerte, bis man ankam. Doch was war das für ein Ziel? Die Zeit war davon geeilt. Kitty rief ihn. Dieter folgte ihr zum Interflug-Schalter.

Ich verabschiedete mich von der Möglichkeit, die besten zehn Jahre der BRD zu erleben. In der DDR warteten zehn Jahre Agonie auf mich, das war spannender.

Dritter Teil

Dämmerungen

Man sah den Wegen am Abendlicht an, daß es Heimwege waren.

Robert Walser; von Stephan Hermlin als Motto zitiert in: Abendlicht 1979

Kapitel VI

Schattenspiele
(1979 - 1980)

Sag es ihr, wenn sie im fremden Land
manchmal sucht den Horizont,
sag es ihr, wenn sie endlich fand,
was ich ihr nicht geben konnt'.
Sag ihr auch, ich lieb sie immer noch…

Gerd Christian: Sag es ihr, Siegertitel des DDR-Schlagerwettbewerbs 1979

It's only ghosts and ghosts can't touch me now.

Steve Wynn, Rocktitel aus den späten 1990er Jahren

1
Verweile doch

Im Leben gibt es Perioden, in denen der Zufall oder, falls man diesen negiert, das Chaos - das heißt die extreme Abhängigkeit von geringfügigen Änderungen bestimmter Anfangskonstellationen - regiert. Am Anfang einer solchen Periode läßt sich kaum voraussagen, wie deren Ende aussieht, von dem wiederum der weitere Lebensweg maßgeblich geprägt wird. Dagegen stehen Abschnitte, in denen das zufällige Element stark zurückgedrängt ist zugunsten determinierter Prozesse. Solche Intervalle sind meist länger und langweiliger.

Eine solche Zufallsphase war für mich die Vorbereitung und der Beginn des Auslandsstudiums 1974/75 - von der Verteilung der Studienorte bis zum Kennenlernen meiner Frau. Eigentlich dachte ich, danach würde die Lebenskurve nur noch wenige „Wackler" aufweisen. Das war ein Trugschluß, wie sich herausstellen sollte.

Die Sommerferien 1979 verbrachte ich zusammen mit meiner Frau. Den Höhepunkt bildete eine Urlaubsreise nach Wernigerode. Wir hatten von der Studentenabteilung in Kiew einen Ferienscheck erhalten, der es erlaubte, für zwanzig Mark ein Zweibettzimmer im neu erbauten Studentenwohnheim der dortigen Fachschule zwei Wochen zu bewohnen. In dem Zimmer gab es zwar nur ein Doppelstockbett, dennoch war der Raum geräumiger als das Kabuff in Kischinjow, von der allgemeinen Sauberkeit im Heim gar nicht zu reden. Mittag aßen wir mitunter feudal für drei Mark in einem nahen Lokal. Die deutsche gutbürgerliche Küche war etwas anderes als der sowjetische Mensafraß.

Wenn man aus dem Wohnheim trat, sah man den Brocken. Der höchste Gipfel des Harzes lag im Sperrgebiet, für immer unerreichbar. Wir versuchten, dem sagenumwobenen Berg möglichst nahezukommen, manchmal schien er greifbar zu sein, bis die Wege im Nirgendwo verliefen oder Sperrschilder das Ende markierten. Wir unternahmen viele Wanderungen in der Umgebung von Wernigerode oder fuhren mit dem Bus sowie der Harzquerbahn in benachbarte Orte, um dort zu wandern. Mitunter bewältigten wir Wanderstrecken von dreißig Kilometern pro Tag, ohne hinterher erschöpft zu sein. Es war ein heiterer Sommer. So unbeschwert würden wir nie wieder zusammenleben. Vielleicht machte ich mir deshalb kaum Sorgen über das kommende Jahr.

Im September fing für uns ein neuer Lebensabschnitt an. Kitty flog am 31. August 1979 zurück nach Kischinjow, um ihr letztes Studienjahr zu absolvieren. Ich begleitete sie zum Dresdner Flughafen. In der folgenden Woche begann meine Tätigkeit an der Sektion Mathematik der Bergakademie Freiberg.

Die Trennung war zwar bitter, aber ich war zuversichtlich, daß wir das Jahr ohne Blessuren hinter uns bringen würden. Wir würden beide konzentriert arbeiten, in den Ferien gemeinsam neue Kraft tanken und danach glücklich und vergnügt leben bis zum Ende unserer Tage.

Mein Freund Frank, der selbst fünf Jahre Trennung hinter sich hatte, schrieb, es würde sicher kein schönes Jahr für Christiane werden. Noch schlimmer sollte das Jahr für mich werden, obwohl meine äußeren Lebensumstände wesentlich angenehmer waren. Dabei hätte ich aus seinen Briefen, in denen er mich über die Höhenflüge und Abstürze seines Liebeslebens freimütig unterrichtet hatte, einiges über die Achterbahnfahrt einer Fernbeziehung lernen können. Besonders den Frauen fiel es schwer, mit dem getrennten Leben fertigzuwerden. So berichtete er von Teilstudentinnen, das waren künftige Russischlehrerinnen, die ein einjähriges Auslandspraktikum absolvieren mußten, die wegen eines unzähmbaren Zärtlichkeitsbedürfnisses ihre Ehemänner, Verlobte oder Freunde betrogen. Die wechselvollen Geschichten hatte ich zwar mit lebhaftem Interesse aufgenommen, aber nicht verinnerlicht. Franks langjährige Beziehung zu seiner Freundin Gunhild ging ebenfalls in die Brüche. Uns konnte so etwas nicht passieren. Kitty war „anders, als all die andern", wie es in einem Schlager hieß, gleichwohl ich damals nichts von Schlagern hielt.

2
Heimatkunde

An meinem ersten Arbeitstag an der Sektion Mathematik am 3. September 1979 zeigte mir der wissenschaftliche Sekretär Dr. Flaxa zunächst meinen künftigen Arbeitsplatz in einem ausgebauten Zimmer auf dem Dachboden. Der Schreibtisch stand direkt neben dem großen Heizkörper, da brauchte ich also nicht frieren. (Manchmal blieb die Heizung, besonders in der Übergangsperiode, kalt. Da das Zimmer schnell auskühlte, verzog ich mich dann nach Möglichkeit nach Hause.) Von einem kleinen Fenster konnte man die hohen Essen des Hüttenkombinates am anderen Ende der Stadt erblicken. Das Fensterchen war nur einfach verglast, der abgeblätterte Rahmen hätte einen neuen Anstrich vertragen. Als ich diesen Arbeitsplatz nach dreizehn Jahren räumte, sah das Fenster immer noch so aus. Offenbar hatte man seit Einweihung des wuchtigen Gebäudes, das am Stadtrand gegenüber einem idyllischen Teich lag, Mitte der fünfziger Jahre keine Renovierung mehr vorgenommen. Die Möbel und Tapeten stammten ebenfalls aus jener Zeit. Das Bodenzimmer hatte den Vorteil, daß sich dahin selten jemand verirrte. Zunächst mußte man über eine Holzstiege auf den Boden steigen und diesen durchqueren, was im Winter eine frostige Angelegenheit war. Die einzige Verbindung zur Außenwelt bestand über einen Telefonapparat, der heutzutage jedem Museum zur Ehre gereichen würde. Außer mir hatte noch ein Assistent seinen Arbeitsplatz in dem

Zimmer. Insgesamt gab es vier solche Zimmer auf dem Dachboden.

Eigentlich waren die Geologen in dem Gebäude ansässig. Es hieß Humboldt-Bau und verfügte über eine bedeutende paläontologische Sammlung. Bereits im Treppenhaus standen einige Steinplatten mit Abdrücken urzeitlicher Wirbelloser. Schließlich war den mehr oder weniger heimatlosen Mathematikern bei den Fossilien Asyl gewährt und ein Großteil des Gebäudes zugewiesen worden. Was würde von uns geblieben sein nach einigen Millionen Jahren?

Nach meinem ersten Tag in der Sektion, an dem ich in Flaxas Arbeitszimmer diverse Formalitäten erledigte, hatte ich es nicht eilig, nach Hause zu kommen. Ich wählte einen Umweg über den Segelflugplatz in Friedeburg. Vom Flugplatz hatte man einen vorzüglichen Blick auf die Stadt. Bald sollte auf den Wiesen ein neues Wohngebiet entstehen. Irgendwann, hoffte ich, mit Kitty eine Neubauwohnung zu erhalten. Hätte sich die Erschließung einige Jahre verzögert, hätte das Gebiet dank seiner Lage zwischen Altstadt und Stadtwald zu einem ausgezeichneten Standort für Eigenheime werden können. Doch die Kommunisten waren schneller. Die Plattenbausiedlung, die rasch in den frühen achtziger Jahren hochgezogen wurde, sollte zum häßlichsten aller Neubaugebiete der Stadt werden.

Formal ging die Arbeitszeit an der Hochschule von 7.00 bis 16.30 Uhr. Als einzige Fachrichtung handhabten die Mathematiker diese Zeit recht flexibel. Der Sektionsdirektor Prof. König vertrat die Meinung, es sei egal, wo und wann die Mathematiker forschten, Hauptsache sie forschten. An anderen Sektionen konnte es vorkommen, daß der Professor um 7 Uhr Ausschau hielt, daß alle Assistenten an ihrem Arbeitsplatz waren. Die liberale Arbeitszeitregelung rief immer wieder Neidattacken von außerhalb hervor – von der Putzfrau bis zum Rektor, doch König konnte dank seiner Autorität alle Angriffe ins Leere laufen lassen. (An der TH Merseburg, wo mein früherer Kommilitone Jürgen Socolowsky begonnen hatte, durften die Mathematiker sogar einen Tag pro Woche zu Hause bleiben.) Allerdings meinte Flaxa man solle den Bogen nicht überspannen. Überstunden ließen sich nicht in freie Tage ummünzen. Ein Assistent lehnte es prinzipiell ab, vor 9 Uhr in der Sektion zu erscheinen, was schließlich akzeptiert wurde. Ich nutzte die großzügige Regelung im ersten Jahr eher zögerlich und war etwa 7.30 Uhr in meinem Büro, das ich gegen 16 Uhr wieder verließ. Zuweilen nahm ich mir Arbeit nach Hause mit.

Die ersten drei Wochen hatte mich Flaxa ausersehen für eine Aufgabe jenseits der Mathematik. Ich wurde beauftragt mit der Betreuung einer Moskauer Studentengruppe, die im Rahmen eines sogenannten Austauschpraktikums bald in Freiberg eintraf. Aufgrund meiner Russischkenntnisse war ich dafür prädestiniert. Die sowjetische Delegation bestand aus zehn Studenten der Moskauer Partnerhochschule sowie zwei Dozenten, die als offizielle Leiter fungierten. Von deutscher Seite war Flaxa für die Betreuung der Moskauer Delegation zuständig, doch überließ er den Großteil der Arbeit mir. Das mißfiel zwar meinem wissenschaftlichen Betreuer Prof. von Wolfersdorf, der mich lieber wissenschaftlich arbeiten gesehen hätte. Mir war es ganz recht, da ich viel herumkam und durch die Abwechslung mir die Trennung von Kitty nicht so schwer wurde. Zudem konnte ich den Russen einige Glanzlichter der westlichen Kultur präsentieren, soweit der saure Regen des realen Sozialismus sie bisher verschont hatte.

Flaxa verwaltete hauptsächlich das Geld. Um die Kosten des Aufenthalts zu bestreiten, hatten DDR-Studenten, die zur gleichen Zeit nach Moskau reisten und dort kostenlos untergebracht und verpflegt wurden, vor einigen Monaten Geld eingezahlt. Flaxa hatte die ansehnliche Summe auf seinem Privatkonto geparkt. Nun war es zu DDR-Zeiten nicht ohne weiteres möglich, ein Konto zu eröffnen, und im Schreibtisch konnte er die Scheine schlecht liegen lassen. Man munkelte, daß er die Zinsen für sich behielt. Immerhin demonstrierte er so, die gern beschworene Einheit zwischen gesellschaftlichen und persönlichen Interessen.

Ich fuhr mit den sowjetischen Studenten mit der Bahn nach Dresden, Karl-Marx-Stadt, Leipzig und in die Sächsische Schweiz. Dort besichtigten wir die Festung Königstein. Für den Aufstieg hatte ich einen romantischen Wanderweg gewählt, während wir zurück auf einer Asphaltstraße liefen. Der sowjetische Chef schien darüber erleichtert zu sein. Er meinte, die Straße sei kulturvoller. Von Königstein bis Pirna fuhren wir gemächlich mit dem Elbdampfer. Ein Gewitter in Dresden hatte die Stromversorgung der Bahnstrecke in Richtung Freiberg lahmgelegt, so daß kein Zug mehr verkehrte. Immerhin gelang der Deutschen Reichsbahn, wie die Eisenbahn in der DDR immer noch hieß, nach einer knappen Stunde Busse bereitzustellen, die freilich gerammelt voll wurden. (Als ich in eine ähnliche Situation fünfzehn Jahre später mit der *Deutschen Bahn* geriet, mußte man über Chemnitz fahren, was eine Verspätung von drei Stunden nach sich zog.) In Leipzig besuchten wir die Herbstmesse, die neben der Frühjahrsmesse das wichtigste Handelsereignis im gesamten Ostblock darstellte. Der Sonderzug von Karl-Marx-Stadt war so voll, daß wir stehen mußten. Auf der Messe holten ich und erst recht die Russen sich große Augen von Dingen, die es nirgends zu kaufen gab. Vor allem erinnerte mich die Innenstadt an meine erste Hotelübernachtung zusammen mit Kitty drei Jahre zuvor.

Nicht zuletzt zeigte ich den Russen alles, was in Freiberg sehenswert war: vom Dom über die Betstube des früheren Schachtes „Alte Elisabeth", die Lehrgrube „Reiche Zeche" bis zum Stadt- und Bergbaumuseum und der Mineraliensammlung. Dazukamen einige Vorträge an der Hochschule und ein Empfang im neuen Mensarestaurant der Bergakademie. Zu den Treffpunkten fuhr ich mit dem Fahrrad. Nie kam mir meine Heimatstadt so reizvoll vor wie im September 1979. Auch den Moskauern gefiel die kleine Stadt, die sie als „friedlich, ruhig und gemütlich" einstuften. Sie nutzen die freie Zeit besonders zum Einkaufen. Ich bemühte mich um einen engen Kontakt zu den Russen, die aufgeschlossener und kultivierter waren als meine früheren Kommilitonen. Über die offizielle Ebene hinaus entwickelten sich jedoch keine Kontakte, da die sowjetischen Leiter bei allen Unternehmungen die deutschen Betreuer in Beschlag nahmen und die Studenten nicht wagten, die Hierarchie zu durchbrechen.

Zum Abschluß begleitete ich die Gruppe ein paar Tage nach Potsdam. Auffallend gleich nach der Ankunft war das für DDR-Verhältnisse gute Obstangebot in der Stadt. So gab es Pfirsiche aus lokaler Ernte an verschiedenen Ständen zu kaufen. Flaxa kam später mit seinem Wartburg nach, da das Auto sich in der Werkstatt befand. Wir übernachteten in Bungalows einer Jugendherberge in Werder.

Am Freitag machten wir einen „Abstecher“ in die Hauptstadt der DDR, wenn man eine anderthalbstündige Bahnfahrt um das südliche Berlin so bezeichnen mag. Am Vormittag hatten wir frei. Ich kaufte im „Exquisit“ auf der Leipziger Straße eine Kordhose „made in Austria“ für hundertachtzig Mark. Bei der Gelegenheit „besichtigte“ ich die Mauer, das heißt, ich näherte mich diesem beklemmenden Bauwerk soweit das gefahrlos möglich war. Das Springer-Hochhaus auf der anderen Seite schien einen Steinwurf entfernt zu sein, zumindest, wenn man besser werfen konnte als ich. Bisher kannte ich den „antifaschistischen Schutzwall“ nur von Bildern. Ich suchte den Eulenspiegelverlag auf, wo ich meine Gedichte zur Begutachtung abgab. Zwei Verlagsmitarbeiterinnen waren gerade dabei Auberginen zu braten. In der DDR-Provinz waren diese lila Eierfrüchte unbekannt. Wir hatten sie in Kischinjow zusammen mit Paprika und Tomaten gedünstet. Die Damen versprachen, das Manuskript zu prüfen und mir in sechs bis acht Wochen Bescheid zu geben. Nachmittags fand die übliche Stadtrundfahrt mit Besuch des Pergamonmuseums statt.

Am Sonnabend war es naßkalt. Den ganzen Tag liefen wir im Regen durch die Parkanlagen von Sanssouci. Lediglich bei den Führungen durch die verschiedenen Schlösser konnte man sich etwas aufwärmen. Als ich einige Jahre zuvor mit meinen Eltern das erste Mal hier war, hatte mich die stechende Sonne malträtiert. Preußens verblichene Gloria schien mir nicht wohlgesonnen zu sein. Die Klamotten trockneten am Abend nicht in den ungeheizten Hütten. Da meine Schuhe völlig durchnäßt waren, mußte ich am letzten Tag die leichten Turnschuhe anziehen, die ich eigentlich als Hausschuhe mitgebracht hatte.

Wir brachen erneut auf nach Ostberlin. Der Zug nach Moskau fuhr erst 22 Uhr. Wir hatten im Palast der Republik ein abschließendes Mittagessen für die Delegation bestellt. Das Drei-Gänge-Menü aus Fleischcocktail, Braumeistersteak und Eisbecher war gut und teuer (dreizehn Mark). Danach flanierte ich zusammen mit Frank Ihlenburg durch die Straßenzüge des alten Berlin. Die düstere Stimmung erinnerte an einige Gedichte von Günter Kunert. Dafür waren die Schaufenster bunter und die Kneipen stilvoller als in der Provinz. Doch die gereizten und aggressiven Einheimischen empfand ich mit meinem sächsischen Naturell bloß abstoßend.

Frank berichtete von seinem neuen Umfeld. Er war an der Humboldt-Universität Berlin in die Arbeitsgruppe eines namhaften Professors für Algebra aufgenommen worden. Der Meister hatte kühl festgestellt, Frank habe große Wissenslücken und solle zunächst das Niveau des dritten Studienjahrs erreichen. Mochten die Auslandsabsolventen auch wenig wissen, so waren sie doch belastbar. So mußte Frank Algebra-Übungen für die Mathematikstudenten halten. In der Seminargruppe saßen einzelne „Genies", die mehr drauf hatten als er selbst, so daß er sehr viel Zeit zur Vorbereitung der Übungen benötigte – Zeit, die ihm fehlte, mit der Forschung voranzukommen. Die Uni war nicht imstande, ihm einen Arbeitsplatz zu geben. Im Wohnheim konnte er nur schlecht arbeiten. Die hygienischen Umstände dort waren schlimmer als an seinem Studienort Minsk: Flure und Zimmer dreckig, viele Vietnamesen, kein Mensch machte sauber, die Küche sah ständig aus wie in seinem früheren Wohnheim am Montagmorgen. Allerdings bot Berlin wesentlich mehr Möglichkeiten zur Zerstreuung sowie Plätze zum Verweilen als die weißrussische Hauptstadt, was die Wohnfrage etwas milderte.

Die letzten Stunden bis zur Abfahrt des Zuges schlugen Flaxa und ich gemeinsam mit den Russen in einer Kneipe unweit des Ostbahnhofes tot. Die russischen Betreuer nannten mich Doktor, worauf ich entgegnete, daß ich gar kein Doktor sei. Sie erwiderten, das würde nicht mehr lange dauern. Wir unterhielten uns angeregter als zuvor mit ihnen. Danach sollten wir nichts mehr von ihnen hören. Flaxa nahm mich in seinem Auto mit nach Freiberg. Unterwegs fielen mir die riesigen Schlote der Braunkohlenkraftwerke bei Lübbenau auf, die man auf der Bahnstrecke nicht tangierte. Die Kulisse wirkte monströs. Der Wartburg blieb zweimal auf der Autobahn stehen. Reichlich zehn Jahre später schenkte mir Flaxa diesen Wagen – es sollte mein erstes eigenes

Auto sein, das ich fuhr. Hätte uns das damals jemand vorausgesagt, wir hätten beide schallend gelacht.

3
Optimale Steuerung

Ich begann als befristeter wissenschaftlicher Assistent mit einem Bruttogehalt von 840 Mark, die Professoren bekamen durchschnittlich das Vierfache, wobei eine erhebliche Streuung herrschte. In meinem Gehalt war bereits ein Zuschlag von fünfzig Mark für SU-Absolventen enthalten. Netto erhielt ich 630 Mark. Das war zwar nicht üppig, da ich aber bei meinen Eltern nichts abgeben brauchte, ein gutes Taschengeld. Flaxa meinte einmal, ich gelte als Nomenklaturkader. Ich konnte mir darunter nichts vorstellen. Irgendwelche Vorteile hatte ich von dem pompösen Etikett nicht.

Mein Betreuer Prof. von Wolfersdorf hatte eine der beiden Professuren für mathematische Analysis inne. Er war damals fünfundvierzig Jahre alt und vor etwa zehn Jahren berufen worden. Die Zuordnung zu ihm erwies sich als Glücksfall. Die Vorfahren von Wolfersdorfs stammten aus dem verarmten Landadel, der Stammsitz befand sich in einem Nest bei Gera. Außer einem ausgeprägten Interesse für Geschichte hatte er nichts an sich, was an Klischees von Adel denken ließ. Er zeichnete sich durch tiefgründige mathematische Kenntnisse aus, sagenhaft war sein Überblick über die einschlägige Literatur. Er verstand es hervorragend, für seine Doktoranden die Themen so zu wählen, daß sie ihre jeweiligen Stärken entfalten konnten.

Mein Vater hatte mich vor von Wolfersdorf gewarnt, er sei „heilig“. Damit bezeichnete mein Vater jede Art von Religiosität. Daß ich zu jener Zeit die Bibel las, erfüllte meinen Vater mit zusätzlichem Mißtrauen, als könne man sich bei der Lektüre infizieren. Mich interessierte die Bibel als Weltliteratur und nicht als Fels des Glaubens. Am tiefsten berührte mich die Lektüre des Buches Hiob und des Predigers Salomo.

Was menschliche Integrität und Anständigkeit anbelangte, habe ich kaum einen Menschen kennengelernt, der an v. W., wie er kurz genannt wurde, heranreichte. In der Hinsicht war er wirklich *heilig*, im Gegensatz zu grob gestrickten Leuten, die gern ihr Christentum herauskehrten – zu DDR-Zeiten als Ausweis der Opposition und danach in einer Art Erlösermentalität. Welche ethischen Wurzeln von Wolfersdorf bestimmten, war mir letztlich egal, wobei ich die ganze Zeit, in der ich mit ihm zu tun hatte, nie irgendwelche religiösen Zeichen feststellte. Vielleicht war die Religiosität nur ein Mißverständnis, da mein Vater alle Leute, die nicht in der Partei waren, als potentielle Staatsfeinde ansah oder der Kirche zuordnete – getreu dem biblischen Motto: „Wer nicht für uns ist, ist gegen uns". Tatsächlich pflegte v. W. ein pragmatisches Verhältnis zur Kirche, wie ich viele Jahre später von ihm hörte.

Wieso ich der Arbeitsgruppe Prof. von Wolfersdorfs statt – wie ursprünglich vorgesehen – der von Prof. Rühs zugeteilt worden war, erfuhr ich nie. Während von Wolfersdorf seine befristeten Assistenten regelmäßig zur Promotion führte, kümmerte sich Rühs faktisch nicht um seine Doktoranden. Die beiden Assistenten in seiner Arbeitsgruppe revanchierten sich mit diversen Spitzen gegen den alten Herrn. Rühs hatte ein Lehrbuch veröffentlicht, in dem es nach ihrer Darstellung vor Fehlern wimmelte. Sie regten als Maßeinheit für die Korrektheit von mathematischen Büchern die Fehlerquote von 1 *Rühs* an, was, so glaube ich, durchschnittlich fünf Fehlern pro Seite entsprach.

Das aktuelle Spezialgebiet von Wolfersdorfs war die optimale Steuerung. Ich sollte mich zunächst in die Theorie der singulären Integralgleichungen einarbeiten und später daraus abgeleitete Probleme der optimalen Steuerung betrachten. Das Thema erwies sich als ziemlich akademisch. Die Gefahr, daß mir jemand die Ergebnisse wegschnappen würde, bestand nicht. In den ersten Monaten mußte ich vor allem lesen, lesen, lesen. Immerhin stammten die dicken Bücher vorwiegend von sowjetischen Autoren, besonders aus Georgien, und lagen meist in deutscher Übersetzung vor. Zwar hätte es mir keine Mühe bereitet, sie auf Russisch zu lesen, aber viele deutsche Fachbegriffe waren mir nicht gegenwärtig. Nach einem guten Auftakt erlahmte mein Leselust

Anfang November, vor allem weil die Trennung von Kitty wie ein Mühlstein auf meinem Geist lastete.

An der Bergakademie traf ich eine Mathematikstudentin wieder, die nach dem ersten Studienjahr das Studium in Kischinjow abgebrochen hatte – die Gründe dafür sind mir heute nicht mehr bekannt – und dann in Freiberg das Studium fortsetzte. Christine Lorz sah nun frischer und „runder" im Gesicht aus, obwohl sie nach wie vor wie ein Schlot rauchte: Ihr „Mittagessen" bestand aus einigen Zigaretten und einer Tasse Kaffee. Obgleich sie gertenschlank war, hatte sie riesige Brüste, was die Phantasie einiger Assistenten anstachelte. Ich empfand das eher als disharmonisch. Sie gehörte inzwischen zur FDJ-Hochschulleitung. Christine kannte also beide Seiten aus der Perspektive eines Studenten. Ihr Urteil fiel vernichtend für das Studium in der Sowjetunion aus. Das DDR-Studentenleben sei abwechslungsreicher, das Studium weniger hektisch, ruhiger und trotzdem lerne man letzten Endes mehr.

In der Lehre übernahm ich zunächst eine einzige Übung bei Ingenieurstudenten des ersten Studienjahres in linearer Algebra. Es war meine erste Lehrveranstaltung, und später folgten viele zu meist substantielleren Themen, doch an kaum eine habe ich eine so klare Erinnerung. Es ist wie mit der ersten eigenen Reise. In einer der ersten Stunden erklärte ich den Gaußschen Algorithmus, den die Studenten eigentlich schon in der Vorlesung gehört haben sollten. Sie schienen kaum etwas verstanden zu haben, was mir wiederum unverständlich war. Später mußte ich oft dieses Verfahren zur Lösung linearer Gleichungssysteme erläutern. Ich nahm mir mehr Zeit und hatte eine höhere Erfolgsquote, aber mein Enthusiasmus sank mit der Geschwindigkeit der Erklärung. Eine Besonderheit der damaligen Übungen bestand darin, daß für die Auftritte der Studenten Noten vergeben wurden. Ich wußte zwar nicht, welchen Einfluß diese Zensuren auf die Endnote hatten, bemühte mich aber um eine liberale Bewertung. Im Gegensatz zu den sowjetischen Unis mußte man hierzulande die Tafel selbst abwischen. Das galt auch für die Professoren. Bis etwa zur 3. Hochschulreform im Jahr 1968, die mit bürgerlichen Überbleibseln Schluß gemacht hatte, sollte es Ordinarien gegeben haben, die extra ihren Assistenten mitbrachten, damit er die Tafel säuberte.

Meine Übung fand in der ersten Doppelstunde, die spätestens 7.30 Uhr begann, im größten Gebäude der Bergakademie statt. Wie als Oberschüler kam ich jedes Mal in der letzten Minute mit dem Fahrrad angespurtet. Zur allerersten Übungsstunde erkundigte ich mich im dortigen Sekretariat, wo ich den im Stundenplan angegebenen Raum fände. Die Sekretärin entgegnete: „Sie sind wohl auch ein Student, der verspätet angereist ist."

Der Altersunterschied zu den Studenten war tatsächlich gering, die männlichen waren mitunter gleichaltrig. Sie hatten anderthalb oder drei Jahre Lebenszeit bei der Armee verplempert oder zuweilen in einem Betrieb gearbeitet. An sich waren Lehrveranstaltungen für die Ingenieurstudenten wegen der stupiden Standardaufgaben, die dort gerechnet wurden, bei den wissenschaftlichen Mitarbeitern wenig beliebt. Der Unterricht bei den Mathematikstudenten war wesentlich anspruchsvoller. Da brauchte man nicht irgendwelchen Deppen triviale Zusammenhänge zum hundertsten Mal erklären. Der einzige Lichtblick bei den Nichtmathematikern waren einzelne hübsche Mädchen, die wie Wunderkerzen aufleuchteten. Zwar bestand bei den meisten Ingenieurdisziplinen ein Männerüberschuß, doch in der Übungsgruppe der vierzehn Geotechniker, die ich mit Algebra beglückte, gab es tatsächlich eine Studentin, Kerstin Püschel, die ich nicht übel fand und die wohl nicht abgeneigt war, mich näher kennenzulernen. Da ich voll und ganz auf meine abwesende Frau fixiert war, ging mir das erst zwei, drei Jahre später auf, als der Zug schon abgefahren war.

Ich mußte einsehen, daß meine berufliche Tätigkeit mich von den Studenten wie eine Barriere trennte. Sie gehörten zu einer anderen Welt, von der ich inzwischen ausgeschlossen war. Dazukam bei den Mädchen der Makel, daß ich verheiratet war. Durch den goldenen Ring, den ich als treuer Ehemann trug, war ich wie Prometheus an einen fernen Felsen gekettet. Eine Pein, die ich gern ertrug.

Bei von Wolfersdorf nahm ich erstmals an einer Prüfung auf der anderen Seite teil. Er hatte mich als Beisitzer für eine Wiederholungsprüfung in der Spezialdisziplin „Optimale Steuerung" bestimmt. Obwohl ich in diesem Zweig der Mathematik promovieren sollte, hatte ich davon noch weniger Ahnung als der Student. Im Gegensatz zu den Mathematikprüfungen in der Sowjetunion wurden keine Beweise abgefragt, mit deren Auswendiglernen wir die meiste Zeit zur Prüfungsvorbereitung verbracht hatten. Allenfalls sehr gute Studenten sollten gelegentlich eine Beweis*idee* erläutern. Von Wolfersdorf interessierten die prinzipiellen Zusammenhänge, und er ging sehr behutsam auf den Studenten ein, immerhin konnte ich intuitiv erfassen, ob dieser Unsinn oder etwas Richtiges erzählte. Schließlich bekam der Student eine Vier.

4
Novembrigkeiten

Wohltuend gegenüber den Vorjahren war das Mensaessen. Die neue Mensa der Bergakademie war Mitte der siebziger Jahre eingeweiht worden. Es gab für 75 Pfennige ein Werksessen und für 80 Pfennige zwei Wahlessen für Studenten, die meist opulenter gerieten, welche für 1,20 Mark auch von Mitarbeitern bestellt werden konnten. Der Speiseplan wurde einen Monat zuvor herausgegeben, man hatte daraus für jeden Tag das gewünschte Essen auszusuchen, im Voraus zu bezahlen und bekam die entsprechenden Speisemarken. Die Kost war „gutbürgerlich" und bestand in der Regel aus drei Gängen: Suppe - Hauptgericht - Kompott oder Obst. Viele Kollegen wählten mechanisch das billige Werksessen. Ob sie das aus Sparsamkeit, Bequemlichkeit oder nach dem Motto „Es wird gegessen, was auf den Tisch kommt" - freilich kam das Wahlessen genauso auf den Tisch - taten oder weil sie gewohnt waren, immer so zu „wählen", war mir unklar. Ich wählte jedenfalls nach meinem Geschmack.

Der erste gesellschaftliche Höhepunkt - wie das in der Propaganda hieß - den ich nach meiner Rückkehr erlebte, war der 30. Jahrestag der DDR am 7. Oktober 1979. Breschnew hatte sich persönlich nach Berlin, Hauptstadt der DDR, begeben und hielt wie immer eine wegweisende Rede im Palast der Republik. Der unverbrüchliche Bruderbund, die ewige Freundschaft zwischen der Sowjetunion und der DDR – oder wie die gestanzten Superlative noch lauteten – hatte ihren Gipfel erreicht. An der Sektion Mathematik wurde ebenfalls eine Festveranstaltung zelebriert. Dabei wurde die allgemeine Zufriedenheit mit der Politik der Partei konstatiert. Lediglich die Schlangen müßten verschwinden, stellte listig der führende Stochastiker Dr. Stoyan fest, der nicht in der Partei war und sich mit Warteschlangentheorie beschäftigte, wohl ahnend, daß das Problem im Rahmen des Systems sich als unlösbar erweisen sollte. In unserem Wohnblock hingen lediglich bei sieben von zweiunddreißig Haushalten Fahnen aus dem Fenster – bevor ich zum Auslandsstudium ging, war das Verhältnis eher umgedreht gewesen.

Im Herbst mußten die Mitarbeiter der Bergakademie wie die Angestellten aus anderen Betrieben zur Kartoffelernte in die benachbarten Dörfer ausrücken. In der Regel waren zwei, drei Schichten pro Saison fällig. Mittags holte uns ein Bus vom Institut ab. Ich beneidete die Professoren, die vom Ernteeinsatz befreit waren. Inzwischen verfügten die Landwirtschaftlichen Produktionsgenossenschaften (LPG) über Kartoffelvollerntemaschinen. Wir brauchten also nicht mehr über die Äcker zu robben wie während meiner Schulzeit. Stattdessen mußte man in der zentralen Sammelstelle an einem Fließband die Steine, Erdbatzen und faulen Kartoffeln aussondern. Das schonte zwar den Rücken, dafür war die Luft in der abgeschlossenen Halle sehr staubig. Der Staub sammelte sich penetrant in den Nasenschleimhäuten. Außerdem kühlte es an den Herbstabenden in den schlecht isolierten Räumen schnell aus, so daß man möglichst viele Kleidungsschichten anziehen mußte. Ebenso wie vor der stupiden Arbeit graute mir vor der großen Pause. Man konnte sich zwar im Speiseraum der LPG bei Kaffee aufwärmen. Zu essen gab es ebenfalls, die Genossenschaftsbäuerinnen hatten belegte Brote vorbereitet, auf die sie daumendick die gute Butter aufgetragen hatten, was mich ekelte. Später brachte ich die Verpflegung selbst mit und schlang sie an einem abgelegenen Platz schnell hinunter. Beim ersten Einsatz warteten wir abends vergeblich auf den Bus, der uns abholen sollte. Die LPG hatte vergessen, einen Bus zurück zu bestellen. Nach einiger Zeit rief ich meinen Vater an. Er war für die Koordinierung der Kartoffeleinsätze im Kreisgebiet zuständig. Ihn wurmte diese Panne sichtlich. Nach einer halben Stunde fuhr ein Bus vor. Wäre es nach der Schafsgeduld meiner Kollegen gegangen, hätten wir wohl noch um Mitternacht dort gestanden. Die Kartoffeleinsätze wurden in den folgenden Jahren rarer, ehe sie Mitte der achtziger Jahre für uns eingestellt wurden.

Weiterhin kommandierte man mich zu einem Arbeitseinsatz junger Assistenten ab. Eigentlich sollten wir Kabelgräben ausheben. Vor Ort erfuhren wir, daß zwei vierhundert Meter lange Kabel, die jeweils sechs Tonnen wogen, mit vereinter Kraft in einen Graben zu hieven waren. Die Arbeit erwies sich zwar als nicht leicht, doch die meiste Zeit standen wir sinnlos herum.

Ich wurde in die FDJ-Leitung der Sektion Mathematik als stellvertretender Sekretär gewählt. Die anderen Jugendfreunde, wie die FDJ-Mitglieder gewöhnlich genannt wurden, waren froh, *nicht* gewählt zu werden. Ganz anders als bei den Auslandsstudenten, worunter es immer welche gab, die geil nach einer Funktion waren. Ich hatte mich in mein Schicksal willig gefügt, ohne gesellschaftliche Aufgabe bestand keine Chance, langfristig an der Hochschule zu bleiben. Zur Wahl wurde ich in meiner neuen Strickjacke aus dem Exquisit fotografiert. Unsere Bibliothekarin, die nach Maßgabe eines Kollegen von hinten wie dreißig und von vorn wie sechzig aussah und tatsächlich wohl um die fünfzig war, fand die Jacke wegen des verdeckten Reißverschlusses toll. Leider bekam das Bild einen Tintenfleck. Ich schickte es dennoch Kitty, die sich zwar freute, aber wegen des Flecks das Bild nicht an die Wand heftete.

Ich mußte nun an den Leitungssitzungen teilnehmen und alle zwei Wochen am Montagmittag zu einer Anleitung in die FDJ-Hochschulleitung gehen, die sich in einem Gebäude gegenüber dem Stadtpark befand. Ansonsten hatte ich kaum etwas zu tun. Obwohl ich wenig für „gesellschaftliche Arbeit" übrighatte, empfand ich die Anleitungen als willkommene Abwechslung in meinem tristen, geschlechtslosen Dasein.

Traditionell wurde an der Bergakademie zum 11.11. eine Faschingsvorlesung gehalten. Sie begann stilgerecht genau 11.11

Uhr im Großen Hörsaal. Einige Prorektoren und Professoren sowie FDJ-Funktionäre produzierten sich am Katheder mit mehr oder weniger gelungenen Witzchen. Die zuweilen kecken politischen Anspielungen bekamen immer rechtzeitig die parteiliche Kurve. Ich empfand den Faschingsauftakt zunächst als amüsante Ablenkung, später nervte mich dieses zwanghafte Getue um Heiterkeit. Meine Mutter hatte zum Mittagessen an diesem Sonntag erstmals mein Lieblingsgemüse, Rosenkohl, zu Schweinslende oder ähnlichem zubereitet, doch ich war in Gedanken zunehmend bei Kitty - die unerreichbar ferne war - so daß ich dieses Festessen nicht recht genießen konnte.

In der alten Mensa fanden zuweilen Tanzveranstaltungen statt. Zweimal war ich im Oktober dort gewesen, hatte aber „keine hübschen Mädchen" gesehen, wie ich an Kitty schrieb. Einmal tanzte ich demnach auch mit einer Studentin, woran ich keinerlei Erinnerung habe. Zum Faschingsauftakt am 10.11. unterhielt ich mich lediglich mit Freunden aus der Pennezeit sowie einigen „meiner" Studenten.

Ich hatte so gut wie keinen Partner für Gespräche, die über dienstliche oder Alltagsbelange hinausgingen. Die einzige Ausnahme war mein Zimmerkollege Dietrich Bicher. Er war wissenschaftlicher Assistent in der Arbeitsgruppe für lineare Optimierung von Prof. Schoch. Die Mathematik betrachtete er als Nebenbeschäftigung. Die meiste Zeit verbrachte er als FDJ-Sekretär der Sektion, dafür war ihm keine Mühe zu viel. Die Leitungsarbeit hatte er nahezu monopolisiert, was ihm von den FDJ-Mitgliedern niemand verargte. Allerdings war er deshalb häufig nicht da. Im Gegensatz zu den meisten Mathematikern war er vielseitig interessiert, so konnte ich mit ihm über Literatur oder Philosophie sprechen. Wenn ich hingegen mit der Arbeitsgruppe meines Chefs von Wolfersdorf zum Mittagessen in die Mensa ging, wurde nur über mathematische Probleme debattiert, wovon ich zumindest in der Mittagspause nichts hören wollte. Daher mied ich lieber die offizielle Mittagsrunde. Bicher gab mir die Fortsetzung des Plenzdorf-Textes „Die Legende von Paul und Paula". Meine Begeisterung aus der Schulzeit für die Story hatte sich etwas abgekühlt, zumal die Fortsetzung vom „Glück ohne Ende“ konstruiert wirkte.

5
Es geht seinen Gang

Ich wohnte vorerst bei meinen Eltern und hatte nicht einmal ein eigenes Zimmer. Den Schlafraum teilte ich mit meinem Bruder und das Arbeitszimmer mit meinem Vater. In den früheren Ferien war ich gern in die Wohnung meiner Eltern zurückgekehrt. Jetzt fand ich es dort bedrückend. Meine Eltern hockten jeden Abend vor der Glotze, in der nur DDR-Fernsehen zu empfangen war. Gern sahen sie Serien und Schwänke, womit man mich jagen konnte, sowie sogenannte Unterhaltungssendungen. Mir blieb nichts anderes übrig, als mich in das kleine Arbeitszimmer zu verziehen. Ich fühlte mich zusehends einsam. Ich brauchte mich zwar um fast nichts zu kümmern, weder Wäsche waschen noch einkaufen, Essen kochen oder gar saubermachen. Dennoch wäre ich lieber in eine eigene Wohnung gezogen, doch die stand mir von Amtswegen nicht zu – ich hatte ja eine Bleibe, und einen freien Wohnungsmarkt gab es in der DDR nicht

Mein Bruder Bernd besuchte inzwischen die zwölfte Klasse. Er war viel mit Kumpels unterwegs. Einmal war ich zusammen mit ihnen in ein Rockkonzert zu einer DDR-Gruppe in den Großen Hörsaal der Hochschule gegangen. Ansonsten kann ich mich überhaupt nicht an seine Anwesenheit erinnern, ganz zu schweigen daran, *wirklich* mit ihm im gleichen Zimmer übernachtet zu haben. Er kann sich übrigens auch nicht an meine Anwesenheit erinnern. Er nahm an, ich sei in dem Jahr bereits ausgezogen. In einem Brief, den er damals an Christiane schrieb, heißt es, er bekäme von Dieter Unterstützung für die Schule, „obwohl er wenig Zeit und Lust hat“. In einem anderen Brief beklagt er sich, daß sie von mir nahezu nichts über Christiane erführen. Wahrscheinlich kapselte ich mich äußerlich und innerlich ziemlich ab.

Trotz meiner liberalen Arbeitszeit konnte ich in der Woche auf der Beckstraße nicht ausschlafen, da ich jeden Morgen von Baulärm geweckt wurde. Gegenüber unserem Wohnblock, wo früher eine große Wiese duftete, auf der in Sommernächten die Grillen zirpten, wurde ein weiterer Wohnblock hingesetzt. Im Herbst arbeiteten sie sogar in zwei Schichten, so daß der Kran bis 21 Uhr lärmte.

Zwiespältig war in den ersten Wochen der Gang zum Briefkasten. Zum einen erwartete ich sehnsüchtig Kittys Briefe aus Kischinjow, zum anderen fürchtete ich mich vor der Einschreibesendung, die mir eine Vorladung zur Musterungskommission bescherte. Noch dreimal hatten die Genossen Gelegenheit, mich in ihre Krallen zu bekommen. Laut Wehrgesetz der DDR konnte man bis zur Vollendung des 26. Geburtstags zum Grundwehrdienst in der Nationalen Volksarmee eingezogen werden, die Diensthalbjahre begannen jeweils im November und Mai. Meine ehemaligen Mitschüler hatten zuweilen halb genüßlich geschrieben von Absolventen, die bei der Asche gelandet waren und denen der Armeealltag noch mehr zusetzte als den Abiturienten. Bei einer Promotionsverteidigung erlebte ich einen Mathematiker, der nach dem Studium eingezogen worden war und der gebrochen wirkte. Anderthalb Jahre Menschenquälerei würde ich nicht mehr überstehen. Ende Oktober hellte sich der Horizont erstmals auf, der erste Kelch war an mir vorübergegangen.

Neben der Arbeit mit ihren neuen Eindrücken fuhr ich oft Rad, ging zuweilen Schwimmen, schrieb Gedichte und las viel. In der Regel beackerte ich mehrere Bücher parallel. So konnte ich in verschiedene alternative Welten gleichzeitig eintauchen. Einige Mal besuchte ich Sportabende der Sektion, wo die Kollegen in der Turnhalle meiner früheren Schule Fußball spielten. Doch das stimmte mich eher melancholisch, so daß ich davon Abstand nahm. Die Veranstaltung wurde bald eingestellt. Nachmittags spielten meine Kollegen auf dem Dachboden häufig Tischtennis. Ich beteiligte mich nie an den Spielen, da ich mit meiner Doktorarbeit vorankommen wollte – mitunter bewahrten mich die Pingpong-Geräusche vor dem Einschlafen bei der Lektüre von Fachartikeln. Zudem zog ich es vor, lieber etwas später auf Arbeit zu erscheinen und am Nachmittag eher nach Hause zu gehen, als meine Arbeitszeit mit Kaffeerunden oder Tischtennis zu verplempern.

Am anregendsten für die nächsten Jahre wurde der Zirkel „Schreibender Werktätiger und Studenten", der sich am ersten Mittwochabend jeden Monats von 18 bis 21 Uhr traf. Ich besuchte ihn erstmals im Dezember. Man traf sich zunächst in einem Unterrichtsraum in dem verwinkelten Gebäude der ABF, einer ehemaligen Kaserne. Der Zirkel bestand schon über fünf Jahre, und die Zirkelabende sollten regelmäßig bis Ende 1989 stattfinden. Der Name des Zirkels entsprach der offiziellen Doktrin „Greif zur Feder, Kumpel", seine Zusammensetzung hatte jedoch mit „echten" Werktätigen wenig zu tun, und Studenten erschienen auch selten.

Die Leitung hatte der Schriftsteller Peter Löw aus Mittweida, der formal in einem Kreiskabinett für Kulturarbeit beschäftigt war, aber hauptsächlich zu schreiben versuchte. Literarisch noch ambitionierter war Michael Fritz, der in Dresden lebte. Er hatte sein Studium in Freiberg abbrechen müssen und schlug sich als Galerist durch. Er machte aus seiner antisozialistischen Haltung kaum ein Hehl. Wie sein literarischer Stil wirkte sein persönliches Auftreten durchkomponiert. Nach der Wende erfuhr ich, daß er Mitte der siebziger Jahre aus politischen Gründen exmatrikuliert worden war. Er wurde nach 1989 rehabilitiert, insbesondere wurde ihm das Diplom zugesprochen. Er kehrte jedoch nicht in seinen Beruf zurück, da er sich inzwischen als freier Schriftsteller etabliert hatte. Das proletarische Element verkörperte Karl-Fritz Zillmann, ein nuschelnder älterer Eigenbrötler, der als Archivar an der Bergakademie arbeitete. Er war geschieden, seine Bibliothek lag ihm mehr am Herzen als seine Frau. In seinem Gebrabbel konnte ich meist keinen roten Faden erkennen.

Mitunter brachte Löw einen Bekannten aus Mittweida mit, der auch Erich Loest gut kannte. Von Loest hatte ich gerade *Es geht seinen Gang* gelesen. Eines der wenigen erschienenen Exemplare, ehe das Buch endgültig auf den Index geriet, stand unbehelligt von Obrigkeit und Lesern in der Gewerkschaftsbibliothek der Bergakademie herum. Die nüchterne Schilderung des sozialistischen Alltags in dem Buch imponierte mir. Sie führte dessen Stupidität eindringlich vor Augen und spiegelte treffend den gesellschaftlichen Stillstand.

Außer dem Vorlesen eigener Texte, wo sich besonders Michael Fritz und später auch ich profilierten, führte der Zirkel gelegentlich Buchbesprechungen durch. Auf Anregung von Michael Fritz sollte zum nächsten Zirkelabend das neue Werk von Christa Wolf *Kein Ort. Nirgends*' gelesen werden. Die ausweglose historische Parabel, die als Reflex auf die Vorgänge nach der Biermann-Ausweisung entstanden war, berührte mich tief, zumal es Parallelen zu meiner persönlichen Lebenssituation gab.

Meine neuen Gedichte schickte ich auch Kitty und Frank zur Begutachtung. Sie bewerteten die Texte oft positiv, eine Einschätzung, die ich heute nicht mehr teilen kann. Immerhin ermutigten sie mich, weiter zu schreiben, allmählich eignete ich mir auch theoretische Grundlagen wie Metrik und Versformen an, so daß meine Gedichte mit der Zeit tatsächlich besser wurden.

Rein äußerlich ging es mir blendend. Eine sogenannte Dispensaire-Untersuchung Mitte Oktober ergab, daß ich topgesund sei. Ich hatte also die Gefahren des Auslandsstudiums wohlbehalten hinter mich gebracht. Ich befand mich eigentlich auf dem Höhepunkt meiner Leistungsfähigkeit. Genau wie während des Studiums ließen die widrigen Umstände, wenn sie auch anderer Art als damals waren, mein Potential verkümmern. Am meisten litt ich unter der Trennung von meiner Frau.

Die ersten beiden Monate bei meist angenehmem Wetter kam ich auch mit der Trennung von Kitty einigermaßen zurecht. Die vielen neuen Eindrücke bereicherten mich, und ich schrieb darüber ausführlich meiner Frau. Andere Frauen nahm ich nur unterschwellig wahr. Sexuelle Entspannung verschaffte ich mir, indem ich ein- bis zweimal wöchentlich masturbierte, was ich davor nie getan hatte. Solosex ist bekanntlich zutiefst moralisch, da er mit einer Person geschieht, die man liebt.

Immerhin wollte Kitty vor Weihnachten nach Hause kommen. Das war das Ziel, das mir vor Augen schwebte. Sonst mußten die Auslandsstudenten das Fest bei Väterchen Frost verleben. Dennoch floß die Zeit zunehmend wie Sirup dahin. Mit dem nahenden Winter wuchs meine Schwermut. Bereits im Sommer hatte ich mit Kitty darüber gesprochen, bald ein gemeinsames Kind zu zeugen. Nun schrieb ich: „Ich bin mehr für eine Tochter: Sie würde Dir ähnlich werden, und ich könnte meine Liebe ‚verdoppeln'."

Für mich war zwar nicht jeder Tag gleich, aber jede neue Woche erschien öder als die vorangegangene. Auf größere Radtouren, die einen seelischen Ausgleich darstellten, mußte ich nun verzichten. Am schlimmsten war der Samstagabend, den ich zusammen mit Kitty meist am innigsten verbracht hatte.

Die Aussichten für unser künftiges Zusammenleben schienen nicht günstig zu sein. In einer Gewerkschaftsversammlung der Sektion informierte der für Wohnungsfragen zuständige Mitarbeiter des Rates der Stadt über die Lage. Er sagte, tausend Auswärtige warteten auf eine Wohnung, und tausend junge Ehepaare hätten ebenfalls keine eigene Wohnung. Zudem fehlten siebenhundert Krippenplätze. Er gestand ein, die Situation würde sich in den nächsten Jahren kaum verbessern. Mein Antrag auf eine Ein- bis Zweiraumwohnung wurde umgehend abgelehnt.

Mein Kommilitone Volker Heumann, der als Zivilbeschäftigter bei der Armee in Strausberg zunächst eine bescheidene Dachwohnung erhalten hatte, schrieb, wir seien zwar nicht mehr in der Sowjetunion, aber noch nahe am Kommunismus.

6
Block Ost

Der Ostblock war ein großes Gefängnis mit verschiedenen Sektionen. Wenngleich man als DDR-Bürger kaum eine Chance hatte, daraus ausbrechen zu können, so konnte man sich in einer Nische halbwegs gemütlich einrichten und in oder zwischen einigen Sektionen nahezu frei bewegen. Andere Sektionen wie die übermächtige Sowjetunion war ein abgeschirmter Bereich, den man nur mit besonderen Papieren betreten oder verlassen durfte. Das sozialistische Lager war nicht zimperlich mit Opponenten oder Fluchtwilligen, was man wegen seines historischen Glückverheißungsanspruchs vielleicht noch verstehen konnte, daß die Wächter ebenso gegen Sympathisanten und künftige Funktionsträger ihre Eisenfaust ballten, war schon pervers.

Wenn *ein* Partner in der abgeschotteten UdSSR studierte, während der andere in der kommoden DDR verblieb, wurde einem das Ausgeliefertsein schmerzlich bewußt. Mit Freigang konnte man normalerweise erst nach vier bis fünf Monaten rechnen, und ein Besuch am Internierungsstandort war nur mit enormer Beharrlichkeit zu erreichen. Mit solchen langen Trennungszeiträumen mußten nicht einmal Armeeangehörige, die ebenfalls sehr rigide gehalten wurden, zurechtkommen. Allenfalls Seefahrer und deren Partnerinnen hatten solange auszuhalten, doch diese Männer sahen etwas von der Welt und wurden gut entlohnt. Zudem besaß niemand derart schlechte Kommunikationsmöglichkeiten wie die Auslandsstudenten.

Aufgrund der langen Laufzeiten der Post war es wie die Verständigung mit einer Raumstation jenseits des Sonnensystems. Die durchschnittliche Beförderungszeit eines Briefes von Freiberg nach Kischinjow hatte ich mit 12,4 Tagen berechnet. Wenn Christiane auf Ereignisse reagierte, von denen ich berichtet hatte, kamen mir diese nach drei, vier Wochen oft anachronistisch vor gegenüber den Problemen, mit denen ich mich inzwischen herumschlug. Und umgekehrt war es genauso. Dennoch führten wir einen intensiven Briefwechsel. Die Briefe waren eine Art Leuchtkörper in der stockfinsteren Nacht; den Weg durch die Dunkelheit mußten wir über weite Strecken allein finden

Außer Briefen gab es kaum andere Möglichkeiten, eine ständige Kommunikation aufrechtzuerhalten. Telefonische Kontakte waren nur mit einem immensen Zeit-, Nerven- und Kostenaufwand möglich. Vorausgesetzt der Partner in der DDR war überhaupt telefonisch zu erreichen, was bereits einen Glücksfall darstellte, meldete man im sowjetischen Hauptpostamt zunächst eine Auslandsverbindung für die Abendstunden an – tagsüber gab es keine Möglichkeit für Privatgespräche. Dabei mußte die Gesprächsdauer auf die Sekunde genau angegeben werden. Dann ging man zur festgesetzten Zeit nochmals zum Amt und hatte unter Umständen über eine Stunde zu warten, ehe die Verbindung zustande kam. Nun hieß es sich sputen, schnell die Gedanken sammeln, damit man nichts vergaß, und sich auf das Wesentliche konzentrieren. Kurz vor Ende des Gesprächs meldete sich eine Stimme, die Verbindung werde gleich unterbrochen. Bald darauf ertönte ein Dauertuten. Insgesamt rief mich Kitty während des Studienjahres etwa zehnmal an. Wenn die Gespräche, von der Stasi (oder dem KGB) abgehört wurden wie in dem Film *Das Leben der Anderen* müssen die Lauscher, wenn sie nicht völlig abgebrüht waren, einiges an Melodramatik erlebt haben.

Mein Vater hatte zum Glück vor kurzem einen Telefonanschluß erhalten, worauf wir fast zwanzig Jahre gewartet hatten. Zum Dank war er jetzt häufig mit häuslichem Bereitschaftsdienst für den Rat des Kreises nach Feierabend betraut.

Mitunter waren private Telefonverbindungen zwischen der Sowjetunion und der DDR für einige Tage ganz gesperrt. Flexibler reagieren konnte man mit Telegrammen, wofür schnell zwanzig oder dreißig Mark draufgingen, ohne sich besonders differenziert artikuliert zu haben.

7
Happy Xmas (War Is Over)

Ich begrüßte Kitty am 15. Dezember in Berlin. Auf diesen Tag hatte ich gewartet mit alles verzehrender Sehnsucht.

Außerdem traf ich mich mit Frank Ihlenburg, der uns eine Weile begleitete, aber an dem Tag eher störte. Frank hatte es nicht mehr ausgehalten an der Humboldt-Uni und die Wochenendbeziehung zu seiner neuen Freundin Krystyna, die als Russischlehrerin in der Sprachenabteilung der Ingenieurhochschule Wismar arbeitete, belastete ihn ebenfalls, daher hatte er im November in Wismar vorgesprochen. Der Leiter der dortigen Abteilung Mathematik und Naturwissenschaften Dozent Dr. Preuß stellte ihn als Assistenten ein. Er sollte sich fortan mit Problemen der technischen Mechanik beschäftigen.

Von Frank wußte ich, daß die Wiederbegegnung mit seiner früheren Freundin nach längerer Abwesenheit nicht immer harmonisch verlaufen war. Kitty hatte recht gehabt, als sie schrieb, wir brauchen keine drei Tage, um falsche Bilder von uns zu korrigieren: „Ich bin der festen Überzeugung, daß 'ne halbe Stunde oder noch weniger ausreichen.“ Wir verstanden uns sofort prächtig, als wäre sie nie fort gewesen. Die Qualen der letzten Wochen schienen ein Traumgespinst gewesen zu sein.

Ich hatte versucht, für die erste Nacht in Berlin ein Hotelzimmer zu bekommen. In den alten Unterlagen finden sich nur Absagen – zu jener Zeit war es fast aussichtslos für DDR-Bürger in deren Hauptstadt, privat ein Hotelbett zu bekommen – allerdings wurde die 28. Etage des Hotels „Stadt Berlin" erwähnt, für welche die Zimmer über den FDGB, die Einheitsgewerkschaft, verteilt würden und wofür es gute Chancen gäbe. Da wir uns mit Frank im Foyer dieses Hotelhochhauses am Alexanderplatz trafen, nehme ich an, daß wir dort übernachteten. Erinnern kann ich mich nicht mehr an diesen Aufenthalt.

Während Christianes Ferienaufenthalts sprachen wir über die brennendsten Probleme des vergangenen Semesters, zu denen wir uns bisher nur schriftlich äußern konnten. Christianes letztes Studienjahr in Kischinjow stellte für sie eine große Umstellung dar. Die vier Jahre davor hatten wir gemeinsam verbracht, gewissermaßen wie in einem Glashaus in der sowjetischen Steppe. Jetzt war sie den kalten Steppenwinden ungeschützt ausgesetzt. Die ersten anderthalb Monate der Trennung überstand sie einigermaßen, auch abgelenkt durch den Ärger wegen der weiteren Belegung ihres Zweibettzimmers. Einen Umschlagpunkt markierte eine Angina, die sie Mitte Oktober erwischte. Sie kam sich in ihrem Krankenlager allein gelassen vor. Durch eine Fehldiagnose der Internatsärztin wurde die Krankheit zudem verschleppt. Der schließlich alarmierte Arzt von der „Schnellen Medizinischen Hilfe" ordnete den massiven Einsatz von Antibiotika an: drei Arten (Penicillin, Sulfonamide, Tetrazyklin) gleichzeitig und zudem in einer Überdosis. Die Angina klang daraufhin schnell ab. Durch die wochenlange Krankheit war an eine zwischenzeitliche Heimfahrt Anfang November nicht mehr zu denken. Möglicherweise führten die Medikamente auch zu einer zeitweiligen Veränderung ihres Hormonhaushaltes.

Christiane war, den Briefen nach zu urteilen, die sie nach wie vor regelmäßig schrieb, wie ausgewechselt. Sie konnte faktisch nicht mehr allein sein, verspürte einen starken Drang nach Unterhaltung, verbrachte die meiste freie Zeit zusammen mit Jungen und vernachlässigte auch etwas die anstehende Prüfungsvorbereitung. (Da die einzige Prüfung jedoch mehrfach offiziell verschoben wurde, bestand sie diese dennoch mit „sehr gut".) Sie durchlebte große adoleszente Stimmungsschwankungen, die immer mehr depressive Züge annahmen. Mitte November schrieb sie: „Mir geht es auch schon so, wie Dir oft im vorigen Jahr: Ich halte es hier im Wohnheim nur schwer aus." In einem Brief von Anfang Dezember hieß es dann: „Diesmal bin ich fix und alle und kann nur noch so vor mich hin heulen. Ich lag auf dem Bett und zitterte." Wahrscheinlich hätte sie einen Psychotherapeuten konsultieren sollen. Doch daran war im realsozialistischen Paradies nicht zu denken. Mit solchen „Lappalien" gab sich damals kein Psychiater ab.

Allerdings hätte ich aufmerksamer sein sollen. Bereits in den Briefen aus den Winterferien im Januar 1979, als Christiane für drei Wochen allein in Kischinjow blieb, finden sich Passagen, die auf die Unerträglichkeit des Alleinseins ihrerseits verweisen. Freilich dachte ich im Sommer schon längst nicht mehr daran, und sie hatte es wohl ebenso verdrängt. Andernfalls hätte ich für jede Eventualität Vorkehrungen für eine Heimfahrt Christianes oder einen Besuch meinerseits in Kischinjow während der Feiertage anläßlich der Oktoberrevolution getroffen. Das hätte die Krise zumindest gedämpft. In der Heimat war von alledem selbstredend nichts mehr zu spüren.

Die kostbare Zeit in der elterlichen Wohnung in Freiberg wollte Dieter möglichst autark verbringen. Er hatte bereits erwogen, mit seiner Frau gesondert im Kinderzimmer Abendbrot zu essen, um sich ihr ganz widmen zu können.

Es ist mir nicht erinnerlich, daß er diese etwas absonderliche Idee umsetzte. Seine Mutter wäre extrem beleidigt gewesen. Dennoch waren wir fast nur zu zweit – die meiste Zeit verbrachten wir im Bett. An meinen Bruder, der aus Kinderzimmer ausquartiert worden war, kann ich mich überhaupt nicht mehr entsinnen.

Weihnachten verlebten wir in Sternberg. Kittys Eltern hatten die Trennwand zwischen dem Wohn- und Arbeitszimmer entfernt, wodurch die Stube nun die ganze Fensterfront im Erdgeschoß des Häuschens einnahm und sehr großzügig wirkte, nicht zuletzt wenn man das 16-Quadratmeter-Wohnzimmer meiner Eltern gewohnt war. Anstelle der alten Kachelöfen war ein wuchtiger, aber sauberer elektrischer Nachtspeicherofen gesetzt worden. Es war mein erstes Weihnachtsfest seit sechs Jahren. Früher hatte ich mir kaum etwas daraus gemacht, sondern mich gelangweilt oder in manchen Jahren auch gegrämt, gewisse Mädchen zwei Wochen in der Schule nicht sehen zu können. Nach der erzwungenen Abstinenz genoß ich nun die Feiertage mit Gänsebraten, Tannenbaum und Faulenzen.

Zu Silvester waren wir wieder in Freiberg. Die Knallerei hatte ich nie gemocht, ich kam mir vor wie in einem Kriegsgebiet. Im Ausland waren wir davon verschont geblieben. Den Nachmittag des 31. Dezembers verbrachten wir traditionell bei meiner Großmutter. In diesem Jahr war die Stimmung besonders gedrückt. Der Einmarsch der Sowjetarmee in Afghanistan kühlte das internationale Klima weiter ab. Mir war unerklärlich, was die Russen in diesem trostlosen Land wollten. Sie mußten dafür nicht zuletzt den Boykott der westlichen Länder zu den Olympischen Spielen 1980 in Kauf nehmen, die sie mit großem Aufwand seit Jahren vorbereiteten. Wegen der Olympiavorbereitung hatten die Sowjets weitere Reiserestriktionen veranlaßt, die auch meine Besuchsmöglichkeiten in Kischinjow einschränkten.

Da wir zu keiner Feier wollten und meine Eltern Bekannte zu Besuch eingeladen hatten, begab ich mich mit Kitty zum Orgelkonzert in den Dom. Dem Konzert ging eine ausgiebige Predigt voraus, womit wir nicht gerechnet hatten und was uns mächtig auf die Nerven ging. Kurz vor Mitternacht kamen wir in der kalten Winternacht wieder auf der Beckstraße an.

An den folgenden Tagen wurde es noch kälter. Ich hatte für Anfang Januar einen Urlaubsplatz im Osterzgebirge für uns bekommen. Es war mein erster Urlaub als Werktätiger. Wir fuhren mit dem Bus nach Neu-Rehefeld, etwa dreißig Kilometer südlich von Freiberg, in das Betriebsferienheim der Bergakademie. Urlaubsaufenthalte waren in der DDR nicht selten eine Form des Masochismus, und das dortige Heim befand sich in einem besonders desolaten Zustand, vor allem was die Heizung betraf. Der

Heizkörper wurde höchstens lauwarm, so daß in dem schlecht isolierten, kümmerlichen Raum die Quersilbersäule bestenfalls die Fünfzehn-Grad-Marke erreichte. Das war vielleicht für rumänische Verhältnisse warm, aber sogar in Moldawien hatte man solche Zimmertemperaturen uns nicht zugemutet. So verbrachten wir die meiste Zeit wieder im Bett, immer gut zugedeckt. Dort lasen wir uns auch Stücke von Plenzdorf vor. Während der kurzen Tageslichtphase versuchten wir uns mehr oder weniger dilettantisch auf Skiern. Ich hatte als Bewohner des Erzgebirgsvorlandes gewisse Erfahrungen im Langlauf, während Kitty erst üben mußte. Von den Abfahrtspisten wurden wir abgewiesen, da wir nicht die nötige Ausrüstung besaßen, was wohl besser war.

Trotz der ausgiebigen Bewegung im Freien wurde uns angesichts des strengen Frostes und des Wärmedefizits in der Herberge nie richtig warm. Wir brachen den Aufenthalt vorzeitig ab. Es war unser erster und letzter Skiurlaub. Zum Glück nahm es Kitty mir nicht übel, einen so famosen Urlaub organisiert zu haben. Ich war heilfroh, als der Bus auf die breite, hell erleuchtete Magistrale des Freiberger Neubaugebietes einbog.

In das heizungslose Kinderzimmer der Wohnung meiner Eltern, in dem wir übernachteten, hatten wir einen russischen Heizlüfter gestellt, damit wir uns im Bett nicht zu sehr einmummeln brauchten. Kitty hatte das Gerät aus Kischinjow mitgebracht. In der DDR wurden wegen der Energieknappheit überhaupt keine elektrischen Heizgeräte mehr verkauft. Mein Vater besaß zwar eine offene Heizsonne, aber die schien uns zu gefährlich, wenn wir einschliefen, ohne sie vorher abgestellt zu haben.

Ich fühlte mich sehr behaglich, jeden Tag mit Kitty in einem Bett schlafen können. Desto größer war die Ernüchterung, als sie Mitte Januar zurück nach Kischinjow fliegen mußte. Ich vermißte sie bei Tag und Nacht. Meine Liebe zu ihr wuchs „ins Unermeßliche". Nach der erotischen Vollbremsung quälte ich mich durch dunkle, einsame Tage.

Mein wissenschaftlicher Output sank auf faktisch Null:

Im Sommer damals begann ein neuer Lebensabschnitt, mit fast täglich Neuem (bis etwa Anfang November). Jetzt setzt sich der längst überdrüssige Trott fort. [...] Die Sekte gleicht einem Totenhaus. In meiner Bodengruft komme ich mir vor wie lebendig begraben. [...] Ich habe Klausuren korrigiert. Das war eine ganz gute Ablenkung, obgleich etwas stupide. Dauernd möchte ich so etwas nicht machen.

Gerade die Klausurkorrektur sollte später zu einer meiner Hauptbeschäftigungen werden.

Nach dem abgelehnten Wohnraumantrag hatten wir die Unterbringung in einem Internatszimmer beantragt. Der Antrag wurde von der Abteilung Arbeit der Bergakademie gleichfalls abgelehnt:

Ihre Bitte, um Überbrückung durch Zuweisung eines Internatszimmers können wir nicht nachkommen, da sie Freiberger Bürger sind und nach der Meldeordnung Ihren Wohnsitz ummelden müssen. Da es innerhalb eines Ortes keinen Haupt- und Nebenwohnsitz gibt und die Internate der Bergakademie nur Nebenwohnsitz sind, können wir Sie nicht im Internat aufnehmen.

Ich brachte in Erfahrung, daß einige Assistenten aus Freiberg durchaus im Internat wohnten. Allerdings war die Kapazität für Assistenten-Ehepaare ausgeschöpft, besser sah es für Forschungsstudenten aus, die ein anderes Kontingent hatten – und Christiane sollte im Herbst ein Forschungsstudium beginnen.

8
Spielst du nicht mit

Bereits im November 1979 hatte sich die FDJ-Leitung der Bergakademie an mich gewandt mit dem Ansinnen, mich in das Organisationsbüro zur Vorbereitung und Durchführung des „V. Festivals der Freundschaft zwischen der Jugend der UdSSR und der DDR“, das im Mai 1980 in Karl-Marx-Stadt stattfinden sollte, für ein halbes Jahr zu „delegieren“. Die Bergakademie hatte zwei Leute in dieses Büro, das direkt dem Zentralrat der FDJ unterstand, zu entsenden, wovon einer in der Lage sein sollte, sich auf Russisch ohne Dolmetscher zu verständigen. Da die wenigen anderen Assistenten, die dafür in Betracht kamen, näher an der Promotion waren, hatte man mich ausgeguckt.

Mir gefiel die Sache von vornherein nicht, höchstens, daß ich etwas „Neues“ mitbekam, was sich vielleicht einmal literarisch ausbeuten ließ. Auch Kitty betrachtete die Sache sehr skeptisch. Ich führte gegenüber den Funktionären einige Einwände an, die ich auch dem Kaderleiter der Bergakademie – dessen Tochter eine Zeitlang die beste Freundin meiner Cousine Karin gewesen war – unterbreitete. Aber es fruchtete nichts. Mich konnte zwar niemand zwingen, dort zu arbeiten, aber eine Ablehnung des ehrenvollen Auftrags hätte mir die Phalanx der Funktionäre bestimmt nicht verziehen oder wie es in einem meiner Gedichte dieser Periode hieß: *Spielst du nicht mit / spielen sie mit dir / dir mit.* Und meine Zukunft an der Hochschule wollte ich keinesfalls verspielen. Da ich ohnehin allein in Freiberg hockte, hoffte ich durch eine neue, abwechslungsreiche Aufgabe auf andere Gedanken gebracht zu werden.

Außerdem spielte das Armee-Syndrom in meinen Überlegungen wieder einmal eine gewisse Rolle. Da in der DDR alles irgendwie mit allem zusammenhing, würden möglicherweise diese Genossen rächen, was ich den anderen „angetan" hätte. Und den Grundwehrdienst wollte ich auf jeden Fall vermeiden. (Das wäre wohl auch meine Achillesferse gewesen, an der mich die Genossen vom MfS für ihre Zwecke instrumentalisiert haben könnten, wenn sie mir eine Befreiung vom Wehrdienst zusicherten. Zum Glück ließen sie mich unbehelligt.)

Anfang Februar 1980 begann meine Tätigkeit bei der FDJ im Organisationsbüro in Karl-Marx-Stadt. Meine Illusionen zerstoben in kürzester Zeit: „Tätigkeit" erwies sich als ein Euphemismus – zu tun gab es lange Zeit kaum etwas, abgesehen von gelegentlichen Botengängen. Man hatte vorsorglich – wie oft bei sozialistischen Großprojekten – mehr Leute angefordert als gebraucht wurden. Die Abstellung in das Organisationsbüro sollte mir neben der Abwesenheit meiner Frau die nächsten Monate ganz und gar vergällen. Unter normalen Arbeitsbedingungen hätte ich mein seelisches Gleichgewicht wahrscheinlich besser wiederfinden können, zumal sowohl meine Mathematiker-Kollegen als auch die Studenten, bei denen ich Übungen gehalten hätte, einen wesentlich angenehmeren Umgang darstellten als die Apparatschiks. Außerdem war ich in meinem Bewegungsradius bei den

Genossen, vor allem hinsichtlich Urlaubszeiten, mehr eingeengt als an der Hochschule.

Die Länge meines Arbeitstags änderte sich trotz der Fahrerei nicht wesentlich im Vergleich mit der Sektion Mathematik an der Bergakademie. Ich tuckelte Tag für Tag mit dem Zug nach *Gormorgsstodd*, wie die Einheimischen die Stadt aussprachen, der man den Namen Karl Marx verpaßt hatte, der nie nach Chemnitz gekommen war. Die giftgrünen Doppelstockzüge waren so dreckig, wie sie aussahen, und hatten vor allem auf der Rückfahrt oft erhebliche Verspätungen, so daß ich auf dem zugigen Bahnsteig ausharren mußte. Die Fahrtkosten waren moderat, eine D-Zug-Arbeiterwochenkarte kostete lediglich 8 Mark, wobei der Preis für eine gewöhnliche Hin- und Rückfahrt schon 6,40 betrug. Die Anreise war berechenbarer. Gegen acht Uhr traf ich in der Regel in dem Büro ein, das in einem Hochhaus in der Innenstadt untergebracht war. Das Haus hatte man extra für die Festivalvorbereitung frei geräumt. Die meisten Mitarbeiter waren ohnehin hauptamtliche FDJ-Funktionäre, denen es egal war, an welchem Ort sie ihren Kaffee tranken. Oft mußte ich in einen Außenbezirk, wo die FDJ-Stadtleitung saß und der künftige „Festivalklub" eingerichtet werden sollte. Im Anschluß konnte ich häufig gleich nach Hause fahren. Ansonsten verbrachte ich die Zeit mit Lesen oder dem Hören von Tonbändern. Ein Kollege hatte beizeiten ein Spulentonbandgerät aufgestellt. Nach dem Mittagessen in einer der billigen Gaststätten im Zentrum, ging ich am frühen Nachmittag zum Bahnhof.

Ich lernte einige maßgebliche FDJ-Funktionäre kennen. Sie hatten sich der Funktionärslaufbahn verschrieben, die ihnen ein angenehmes Leben im Dunstkreis der Macht verhieß, ohne sich dabei verausgaben zu müssen. Einige kultivierte Ausnahmen wirkten desto arroganter. Der Vorsitzende der FDJ-Bezirksleitung Karl-Marx-Stadt Aurich verbreitete eine Aura wie ein Provinzfürst. Er wäre sicher zu einer der maßgeblichen Größen der DDR aufgestiegen, wenn sein Staat noch ein paar Jahrzehnte existiert hätte. Mein unmittelbarer Vorgesetzter Stadler war sogar unter anderen Funktionären wegen seiner Härte berüchtigt.

Bei politischen Diskussionen mokierten sich mittlere FDJ-Funktionäre über die unvernünftigen Arbeiter, die zu viele Steaks zum Grillen kaufen würden und die Fleischversorgung unnötig belasteten. Dabei täten es Bratwürste genauso gut. Der Sozialismus könnte so schön sein, wenn das Volk nicht so unbescheiden wäre. Bald mußte ich einsehen, daß solche Typen auch literarisch unergiebig waren.

Einer der wenigen Lichtblicke in dieser Zeit war der Antwortbrief des Eulenspiegelverlages. Sie waren von den eingereichten Gedichten recht angetan. Etwas später erhielt ich sogar einen Förderungsvertrag - ohne weitere Verpflichtungen - in Höhe von 2400 DDR-Markt, wovon man damals gut ein halbes Jahr leben konnte. Gleich mein erster Verlagskontakt war mit Erfolg gekrönt gewesen! Allerdings war die Großzügigkeit wohl Folge einer Verunsicherung der Politbürokratie. Nach der Ausweisung Biermanns waren viele etablierte Schriftsteller abtrünnig geworden, und bei den Jüngeren begann, sich eine autonome Szene zu formieren, also sah man zu, jedes potentielle, einigermaßen opportune Talent zu ködern.

In der zweiten Februarwoche besuchte mich Frank in Freiberg. An Einzelheiten des Besuchs kann ich mich nicht mehr erinnern.

Kurz darauf mußte ich ins Wehrkreiskommando „zwecks Vervollständigung der Wehrunterlagen". Dieser unerfreuliche Gang ist mir gleichfalls nicht mehr präsent. Da die Genossen sich nicht wieder rührten, würde ich wohl im Mai 1980 nicht eingezogen werden, was mir den finalen Stoß versetzt hätte. Wegen des Einsatzes in Karl-Marx-Stadt war ich ja auch unabkömmlich. Und da sie wahrscheinlich nicht wußten, wie lange sich mein FDJ-Einsatz hinzog, würde ich vielleicht auch den nächsten November überstehen.

9

Lost & Found

Christiane war am 21. Januar nach Kischinjow zurückgeflogen. Diesmal hatte sie die Ferien um eine Woche überzogen und war nicht wie im Herbst vorzeitig nach Moldawien zurückgekehrt.

Überhaupt wollten wir in diesem letzten Halbjahr einiges klüger anstellen. Die vergangenen Wochen bezeichnete sie als ihre „schönsten, weil glücklichsten Ferien".

Die Zeit bis zum Abschluß des Studiums erschien ihr endlos. Unterdessen bemühte sich ein Kommilitone zusehends um Christiane. Im vorigen Semester hatte sie schon etliche Stunden zusammen mit ihm verbracht. Das hatte Dieter zwar irritiert, doch sie hatte versichert, daß dieser *Verehrer* sich „korrekt in jeder Beziehung" ihr gegenüber verhalten hatte. Für ihn charakteristisch war ein zur Schau getragenes hohes Selbstbewußtsein, hinter dem tiefe Selbstzweifel steckten, die ihn vor Jahren bis zu einem Suizidversuch getrieben hatten. Er stand auch im Ruf eines lokalen Don Juans. Nun erklärte er, sie brauchte ihm bloß den Anlaß geben, und er wäre bereit, sie näher kennenzulernen. Christiane war zum einen froh, einen anspruchsvollen Gesprächspartner gefunden zu haben, zum anderen erkannte sie die Gefahr, glaubte aber, alles unter Kontrolle zu haben, was Dieter bezweifelte. Als sie den Boden unter den Füßen zu verlieren drohte, schickte Dieter ein Telegramm:

Komme sofort Alles Notwendige mitbringen.

Am 16. Februar flog Kitty erneut in die DDR. Die nächsten acht Wochen verbrachte sie – außerplanmäßig – weitgehend zusammen mit mir. Sie blieb zunächst zehn Tage in der DDR. Danach besuchte ich sie vom 29. Februar bis 12. März in Kischinjow. (Die „Einladung" dafür, die eigentlich eine Einreisegenehmigung darstellte, hatte sie nach relativ wenigen Rennereien erhalten. Die Aufenthaltsdauer war vorgegeben, der Einreisetermin offen. Allerdings bestand ab dem 1. Mai Einreiseverbot wegen der Olympischen Spiele im Sommer 1980 in Moskau.) Anschließend kam sie am 17. März nochmals für vier Wochen nach Hause.

Solche Extravaganzen waren nur möglich, da Kitty keinen Unterricht mehr hatte. Sie mußte „nur" noch ihre Diplomarbeit anfertigen, wozu sie einiges – wenngleich eher Unbedeutendes – in Freiberg erledigen konnte. Durch meinen lockeren Job in Karl-Marx-Stadt hatte ich genügend Gelegenheit, mich ihr zu widmen. (An der Bergakademie wäre das freilich genauso möglich gewesen.) In der zweiten Februarhälfte war es ungewöhnlich mild in

Sachsen, sozusagen als äußeres Zeichen eines neuen Frühlings unserer Liebe, was unsere Stimmung weiter hob.

Ich hatte am westlichen Rand Karl-Marx-Stadts, in Siegmar, für die Zeit der Festivalvorbereitung in einem neu erbauten Lehrlingswohnheim einen Platz in einem Zweibettzimmer bekommen. Bisher war ich nur einmal dort gewesen, um mich anzumelden. Ich übernachtete dort nie. Zu einem brauchte ich dahin fast genauso lange wie nach Freiberg, wo ich mich um nichts zu kümmern brauchte, zum anderen befremdete mich die anonyme Atmosphäre in dem Heim, wo ich niemand kannte. Einmal war ich mit Kitty während meiner Arbeitszeit dort. Ich glaube, wir schliefen miteinander. Es ist der einzige Beischlaf während dieser beiden Monate, an den ich mich dunkel entsinnen kann, obwohl wir uns bestimmt oft liebten. In Freiberg wäre so ein Quartier für mich eine Entlastung von der elterlichen Überwachung gewesen, aber an der Hochschule war dergleichen, wie schon gesagt, nicht zu erlangen.

Hin und wieder verbrachten wir die Zeit zusammen in der City von Karl-Marx-Stadt. Einmal saßen wir beim Mittagessen in einem Bistro einem nicht unsympathischen Typ gegenüber, anscheinend ein Arbeiter, mit dem wir uns etwas unterhielten. Ich hatte Kaßler mit Porree gewählt. Da ich bald satt war, ließ ich den meisten Porree auf dem Teller. Der Typ sagte, daß er ein Porreefan sei, ob er nicht meinen Porree aufessen könne. Als ich das bejahte, mampfte er genußvoll das Gemüse.

In der neuen Stadthalle besuchten wir ein Konzert der Puhdys. Die populärste Rockgruppe der DDR hatten wir zuvor bereits beim Mittagessen im Hotel „Kongreß“ gesehen. Das Konzert fand an einem Sonntagnachmittag statt, das Publikum war größtenteils festlich gekleidet, und von der Musik lenkte nichts ab. Die Zuhörer saßen gesittet in ihren Sesseln und spendeten Beifall wie bei einem Klassikkonzert. Es war noch nicht die Jahrmarktsatmosphäre in verräucherten Viehhallen, die mir in den neunziger Jahren Rockkonzerte vergällte.

In Freiberg gingen wir zum Fasching der Bergakademie, der als eigentlicher Höhepunkt des Studentenlebens galt. Etliche Studenten hatten aufwendig die Wände und Fenster der neuen Mensa mit überlebensgroßen, selbstgemalten Plakaten ausstaffiert. So wenig Interesse bei den meisten für die gesellschaftliche Arbeit bestand, für die Faschingsvorbereitung erschien keine Mühe zu viel. Es war nicht einfach, für eine der beiden Veranstaltungen an Karten zu gelangen, aber als „Funktionär" stellte es natürlich kein Problem für mich dar. Dennoch sah man an dem Abend die hinlänglich bekannten Gesichter der „Szene", die im übrigen nichts mit FDJ und dergleichen am Hut hatten, weiß der Kuckuck, über welche Kanäle sie an Karten gelangt waren. Gegenüber den dürftigen Feten in Kischinjow war es eine grandiose Veranstaltung. Christiane und mir gefielen besonders, daß in den verschiedenen Sälen nicht nur Pop- oder Stimmungsmusik live oder von Konserve gespielt wurde, sondern in einem kleinen Saal auch eine Dixielandband auftrat, wozu wir vorwiegend tanzten. Außerdem waren wir verliebt, und da konnte man sogar für Fasching schwärmen.

Daß ich kurz nach Christianes Abreise gleich nach Kischinjow aufbrach, lag daran, daß es die letzten Möglichkeit war, Urlaub zu bekommen. Eigentlich sollte es bei der Festivalvorbereitung überhaupt keinen Urlaub geben – man war ja so unentbehrlich – wahrscheinlich ließen sich die Genossen nur erweichen, da ich zum *Großen Bruder* reiste. An Einzelheiten der Reise, beispielsweise den Hinflug, kann mich nicht mehr entsinnen. Ich weiß nicht wie ich die Tage dort verbrachte: Laut Kittys späterer Aussage soll ich sie etliche Mal ins Labor begleitet und dort irgendwelche Hilfsdienste geleistet haben. Genauso wenig erinnere ich mich an die Nächte. Ich kann auch nicht sagen, weder wie es im Wohnheim aussah, nicht zuletzt hinsichtlich der von Christiane erwähnten nach wie vor katastrophalen hygienischen Zustände, noch in ihrem Zimmer. Aus heutiger Sicht ist mir die Amnesie unerklärlich. Ganz dunkel kann mich an einen Besuch unseres Lieblingsrestaurants entsinnen. Als einziges blieb eine zufällige Begegnung im Flur des Wohnheims mit Christianes *Verehrer* haften. Er lächelte vieldeutig, und wir grüßten uns beiläufig.

Auf dem Rückflug mußte ich auf dem Kiewer Flughafen wegen einer Flugverspätung auf einer Bank übernachten. Im Gegensatz zu den gelegentlichen früheren Übernachtungen auf Flughäfen war ich diesmal mutterseelenallein. Beizeiten wurde ich von Landsleuten geweckt, die in den Heimaturlaub von der Erdgastrasse „Drushba“ flogen. Sie blieben einige Wochen zusammenhängend vor Ort, um dann für eine gewisse Zeit nach Hause zu fliegen. Die Trassenbauer waren wie alle Goldgräber laut und ordinär, so daß ich froh war, als ich nach der Landung in Schönefeld wieder unter normale Leute kam. Wegen meiner verzögerten Ankunft auf Arbeit verlangten die FDJ-Apparatschiks, daß ich zwei Tage zusätzlich Urlaub nähme. Ich berief mich auf höhere Gewalt, und schließlich verlief sich die Sache im Sand. Bei nur achtzehn Urlaubstagen im Jahr wollte ich die verbleibenden Tage unbedingt für den Sommer nach Kittys Rückkehr aufsparen.

An die anschließenden gemeinsamen vier Wochen in der DDR kann ich mich erst recht nicht erinnern. Sowohl Kitty als auch ich wußten nicht einmal, daß sie überhaupt noch einmal da war – was aus den alten Unterlagen zweifelsfrei hervorgeht. Möglicherweise haben einige Ereignisse, die wir dem Aufenthalt Ende Februar zuordneten, sich tatsächlich im März/April abgespielt, besonders das Puhdys-Konzert. Das einzige woran ich eine vage Vorstellung habe, ist die Umstellung auf Sommerzeit. Anfang April 1980 wurde diese erstmalig in der DDR eingeführt, worüber vor allem in der Bevölkerung viel gesprochen wurde. Mir ist noch bewußt, daß ich an dem Sonntag, als die Uhren um eine Stunde vorgestellt wurden, früh in einem Bus in Brüel bei Sternberg saß. Was hätte ich bei meinen Schwiegereltern verloren gehabt, wenn ich nicht in Begleitung Kittys gewesen wäre?

Dennoch spielten diese vier Wochen wohl eine wichtige Rolle für die Festigung unserer Ehe. In einem späteren Brief Kittys ist von einem besonders „innigem inneren Verhältnis“ seit Ende März die Rede.

10
Wir fahren nach Karl-Marx-Stadt

Ende April fiel im Erzgebirge ein halber Meter nasser Schnee, was dazu führte, daß viele Nadelbäume unter der Last zusammenbrachen. Gerade an dem Tag, wo es am schlimmsten schneite, mußte ich als Bote irgendwelche Geheimpapiere nach Berlin befördern. Der Tharandter Wald lag in tiefstem Weiß, doch bereits in Dresden gab es nur etwas Matsch. Der D-Zug bis Berlin war hoffnungslos überfüllt, so daß ich die ganze Zeit stehen mußte, was Gift für meinen Rücken war. In Berlin lag überhaupt kein Schnee. Ich schien aus einer anderen Welt zu kommen. Ich ging in den Zentralrat der FDJ und gab das Paket ab. Auffällig dort waren die vielen hübschen, jungen Frauen, die offenbar keinen BH trugen. Die Jugendfunktionäre, die meist ihre Jugend längst hinter sich hatten, wußten immerhin, jugendliche Schönheit zu schätzen. Allerdings war mir rätselhaft, was die Damen bewegte, ihren Dienst bei diesen Pfeifen zu verrichten. War die Aura der Macht so unwiderstehlich?

Kurz darauf erkrankte ich. Mit Fieber schleppte ich mich in Karl-Marx-Stadt am Mittag zum Zug nach Freiberg. Der grippale Infekt war begleitet mit ungewohnten Schmerzen in der Lendenwirbelsäule. Das Fieber ging bald zurück, nur die Kreuzschmerzen ließen kaum nach. Die Krankschreibung ersparte mir die Teilnahme an der Maidemonstration in Karl-Marx-Stadt. Einige Blutuntersuchungen deuteten auf eine rheumatische Erkrankung hin. Fast schlagartig wie in Rußland wurde es Frühling mit frühsommerlichen Temperaturen, und meine Beschwerden ließen allmählich nach.

Mitte Mai fand das Festival statt. Mein Arbeitsplatz, wenn man das so nennen darf, war nun der Festivalklub, wo die sowjetische Komsomol-Delegation ihre Basis haben sollte. Die meisten Typen, die hier herumliefen, erschienen mir unheimlich. Etliche hatten schon bei der Armee Schrecken verbreitet, wie ich über ein paar Ecken erfuhr. Oder sie kamen von der Stasi, wofür sie natürlich keine Visitenkarten vorwiesen. Stasi durfte man in den FDJ-Kreisen ohnehin nicht sagen, die offizielle Sprachregelung lautete „die Genossen vom MfS“, „Stasi“ war die Sprache des Klassenfeindes. Der Klassenfeind wiederum war für die Kommunisten so etwas wie eine moderne Inkarnation des Gottseibeiuns. Über einige meiner FDJ-Kollegen wurde getuschelt, daß sie für „Horch & Guck“ schnüffelten. Man verhielt sich am besten unauffällig. Andererseits traf ich kritisch eingestellte oder aufgeschlossene

Leute, die man wie mich hierher beordert hatte. Mit einer jungen Frau unterhielt ich mich ausgiebig über die Romane Hermann Hesses, der einmal zu meinen Heroen gehört hatte, dessen Stern aber zu sinken begann. Mit ihr lag ich von Anfang an auf einer Wellenlänge, ohne daß sich sexuelle Interessen dahinter verbargen. Vielleicht hätte sich daraus eine echte platonische Freundschaft entwickelt, wenn sie nicht genauso schnell verschwunden wäre, wie sie erschienen war. Möglichweise gehörte auch sie zur Stasi. Daß scheinbar weniger linientreue Mitarbeiter für die Firma gleichfalls wirkten, konnte ich mir damals kaum vorstellen.

Meinen Bruder Bernd hatte die Stasi einmal versucht anzuwerben. Sie hatten bei ihm auf Granit gebissen. Er sollte nichts verlautbaren über die Unterredung, doch er erzählte davon meiner Mutter, wodurch es die halbe Stadt wußte. Mich haben die Genossen nie angesprochen. Schwer zu sagen, wie ich reagiert hätte. Durch die Literatur war ich zumindest sensibilisiert. In Strittmatters *Wundertäter* war von einem Stasispitzel die Rede, der vom Vater mit dem Familienbann belegt wurde. Der Partei durfte ein anständiger Mensch notfalls beitreten, bei Kooperation mit der Stasi war die Zumutungsgrenze überschritten.

Kurz vor Eröffnung des Festivalklubs tauchte ein Politbüromitglied wie ein Komet auf, gefolgt von einem langen Schweif von Bodyguards, um den ordnungsgemäßen Stand der Festivalvorbereitung zu inspizieren. Bislang hatte ich noch keinen dieser Halbgötter leibhaftig gesehen. Es handelte sich um Paul Verner, den damaligen Parteichef von Berlin. Wolf Biermann hatte fünfzehn Jahren davor über ihn geschrieben: „Das ist der ganze Verner Paul / Ein Spatzenhirn mit Löwenmaul". Am Ende seines Rundgangs sprach Verner, der noch klappriger wirkte als die anderen Obergenossen, einige markige Worte und wurde so seinem Rufe gerecht – die Biermannschen Schmähverse kannte ich damals natürlich nicht. Möglicherweise sind sie das einzige, was eine gewisse Zeit an diesen Parteioberen, der bald darauf verschied, erinnern wird.

Das Beste am Festivalklub war das Essen. Soviel hatten die Genossen vom Credo Brechts: „Erst kommt das Essen, dann die Moral" verstanden. Der Koch bereitete abwechslungsreiche warme Speisen, dazu gab es mittags und abends Vorsuppe, Kompott, alkoholfreie Getränke und Kaffee. Alles wurde auf eingedeckten Tischen mit tadellos weißen Tischdecken serviert, im Gegensatz zum Sprelacard-Alltag in den meisten Kantinen des Landes.

Das Festival wurde mit großem Pomp in den Medien der DDR inszeniert. Im DDR-Radio lief mehrmals am Tag die „Festivalsong" mit dem schlecht gereimten Refrain: „Was machen wir zu Pfingsten, / Wenn die Wiesen wieder blühn? / Wir fahren nach Karl-Marx-Stadt / Über Autobahn und Schien'."

Der Festivalklub spielte in den Medien eine vernachlässigbare Rolle. Dennoch hielten sich die zuständigen Jugendfunktionäre für die Träger des Universums. Ein Dr. Klenner war gerade aus Afghanistan eingeflogen und berichtete vom ruhmreichen Kampf der Sowjetarmee gegen den Imperialismus und seine islamischen Lakaien. Anders als die anderen Funktionäre besaß er eine intellektuelle Aura, wobei unklar blieb, wo die Grenze zwischen feiner Ironie und grober Einfalt in seinen Schilderungen verlief.

Nach Abschluß des Festivals wurde ein großer Empfang für die verdienstvollen Organisatoren im Bankettsaal der SED-Bezirksleitung zelebriert. Ich war zuständig, für die Beaufsichtigung der Raumgestaltung, sprich das richtige Aufstellen der Tische, das akkurate Bespannen derselben mit gestärkten, weißen Tüchern, das Anbringen des Blumenschmuckes und so weiter. Dazu mußte ich diverse Handwerker einweisen. Es war die einzige klar umrissene Aufgabe der ganzen Zeit, an die ich mich erinnern kann. Nachdem alles aufgebaut war, wurden kurz vor Beginn der Veranstaltung die Speisen aufgetragen. Ein derartig pompöses Büfett hatte ich nie zuvor oder danach erlebt. Ich kam allerdings kaum dazu, an den Leckerbissen mich gütlich zu halten, da ich auch während des Empfangs über irgendetwas zu wachen hatte. Aber das war mir egal, Hauptsache die leidige Geschichte war vorüber.

Am Ende verpaßten mir die Genossen eine wenig schmeichelhafte Beurteilung. Zunächst schrieben sie meinen Familiennamen falsch. Weiter hieß es:

Dieter verfügte über wenig Erfahrungen in der Arbeit des Jugendverbandes und in der Arbeit im Organisationsbüro. Es fiel ihm schwer, sich in sein Aufgabengebiet umfassend einzuarbeiten. Darüber hinaus zeigte Dieter auch zu wenig persönliches Engagement für die Arbeit im Organisationsbüro. Er konnte deshalb nicht in die für ihn ursprünglich vorgesehene Funktion als Stabsleiter der FDJ im Festivalklub eingesetzt werden.

Von dieser Funktion hatte ich nie etwas gehört. So war dieser Kelch an mit vorübergegangen.

In der Durchführungsphase wurden Dieter organisatorische Aufgaben zur Sicherung der Tätigkeit des Festivalklubs übertragen, die er gut erfüllte. Dafür wurde er mit einer Geldprämie ausgezeichnet.

Das Schreiben schloß mit:

Ich kenne und billige den Text dieser Beurteilung:
gez. Stadler   und gez. Tobies.
Zur Kenntnis genommen: gez. D. O..

Es war wie mit dem Abwaschen. Wenn man das nicht wieder machen wollte, mußte man bei äußerlich gutem Willen seine tapsige Unfähigkeit demonstrieren. Das fiel mir unter den meist bornierten Funktionären nicht schwer. Ich kann mich nicht entsinnen, vor 1990 jemals das obige Papier zu Gesicht bekommen zu haben. Die Kenntnisnahme war ja auch bloß „gezeichnet".

Ende Mai kehrte ich an die Bergakademie zurück. Nun konnte ich mich ganz der Forschung widmen. Nach der langen Gammelei hatte ich Schwierigkeiten, mich auf die mathematischen Lehrbücher zu konzentrieren. Nach dem Mittagessen in der Mensa sank mein Kopf oft auf die Schreibtischplatte, und ich schlief eine Weile im Sitzen. Wenn Kitty endlich das Studium in Kischinjow abgeschlossen hätte, würde es auch mit mir aufwärtsgehen.

Um nicht paralysiert zu Hause herumzusitzen, besuchte ich Anfang Juni an einem Wochenende meinen Freund Frank Ihlenburg in seiner neuen Heimat Wismar. Für die behäbige Lebensweise in der DDR war ein Abstecher für ein Wochenende an die Ostsee schon ein Abenteuer, zumal man sich den meist überfüllten und unpünktlichen Zügen der Deutschen Reichsbahn anvertrauen mußte. Zusammen mit seiner Frau Krystyna, der er vor vier Jahren erstmals in Minsk begegnet war, bewohnte er zwei Zimmer im Assistentenwohnheim in der Nähe des Stadtzentrums. Krytyna war in Polen aufgewachsen, ehe ihre Eltern in die

DDR ausreisten. Da sie Ende Juli in ein Praktikum fuhren, kam ich mich ihnen überein, daß Kitty und ich während ihrer Abwesenheit zwei Wochen Urlaub in ihrem Quartier verbringen konnten. Ich unternahm mit Frank und Krystyna während meines kurzen Aufenthalts eine Strandwanderung bei Wismar und einen Ausflug mit dem Dampfer auf die Insel Poel. Wenn sie Hand in Hand am Strand schlenderten, kam ich mir etwas überflüssig vor. Vor kurzem hatte sich Frank ein Motorrad gekauft, an dem er auch gern herumbastelte. Er lud mich zu einer Fahrt als Sozius zum nächsten Seebad ein, das knapp zehn Kilometer entfernt war. Ich war heilfroh, als ich von der Höllenmaschine wieder herunterklettern konnte. Bei meinem Vater als Junge auf dem Rücksitz seines alten Dienstmotorrads hatte ich mich entschieden sicherer gefühlt. Mit dem Nachtzug fuhr ich im Liegewagen zurück bis Karl-Marx-Stadt. Der Abstecher an die Küste war insgesamt eine angenehme Abwechslung, um nach dem Funktionärsmief wieder kreative Gedanken zu entfalten, nicht zuletzt als Anschub für meine literarischen Versuche.

11
Letztes Gefecht

Am 13. April 1980 flog Christiane zurück nach Kischinjow. Im Transitraum des Moskauer Flughafens traf sie einen Betriebsleiter sowie zwei Abteilungsleiter für Mikroelektronik des Kombinates VEB Keramische Werke Hermsdorf. Der Betrieb suchte dringend Hochschulabsolventen. Die Bezahlung war bis zu dreißig Prozent höher als im Hochschulwesen, und vor allem sollte man nach kurzer Zeit eine Neubauwohnung bekommen. Wir sollten im Sommer einmal vorbeischauen, meinten die Dienstreisenden. Ganz abgesehen davon, daß der Betrieb in der „Pampa" lag, konnte ich der Offerte nichts abgewinnen, da sie mir nur einen Job in der EDV anbieten konnten. Zudem schätzte ich die akademische Freiheit mehr als materielle Vergünstigungen. Ein, zwei Jahre später brach ein Assistent mit zwei Kindern, der mit mir zusammen begonnen hatte, die Promotion ab und ging in ein anderes bevorzugtes Kombinat und zwar für Braunkohleförderung, das noch mehr Vergünstigungen gewährte – und noch mehr am „Arsch der Welt“ lag.

Im Kischinjower Wohnheim waren nun die sanitären Anlagen nur auf einer Etage benutzbar. Christianes Zimmerkameradin Mila hatte etwas gegen Kakerlaken kaufen können. Ein, zwei Tage waren die Viecher verschwunden. Am dritten Tag war „eine neue Belegschaft wieder da; bloß daß es zwei Tage lang stank, daß man es kaum aushielt“.

Diesmal schien Christianes seelisches Gleichgewicht robuster zu sein. Zudem hatte sich der *Verehrer* inzwischen eine russische Freundin gesucht. Zu den Maifeiertagen hatte Christiane noch eine innere Krise, konnte sie aber, nachdem die freien Tage vorüber waren, bei intensiver Arbeit im Labor bald überwinden. Sie arbeitete jetzt dort meist bis zum Abend, denn für die Diplomarbeit waren noch viele Messungen erforderlich. Ihr wissenschaftlicher Betreuer, Konstantin Dmitrowitsch, engagierte sich sehr für diese Arbeit. Sie erfuhr, daß er für seine zahlreichen Überstunden, die zum Teil ihretwegen waren, keine Kopeke bekam. Er sagte ihr, daß er die Überstunden aus reinem Interesse an der Wissenschaft mache. Sie strebte an, die Diplomarbeit zumindest mit „gut“ abzuschließen, zweifelte aber an der Möglichkeit einer vorfristigen Fertigstellung. Dieter bedrängte sie, Mitte Mai noch einmal für ein paar Tage nach Hause zu kommen. Zunächst hielt sie die Frage offen, ehe sie sich entschied, in Kischinjow zu bleiben, um konzentrierter arbeiten zu können. Das nächste Zusammentreffen sollte nicht „nur eine Teillösung“ sein, die befriedige sie nicht. Dieses Mal möchte sie „etwas Vollkommenes erleben“. Sie hoffte, in den letzten zwei Monaten von Dieter schwanger geworden zu sein, was sich Anfang Juni jedoch als Illusion herausstellte.

Der Chef der Studentenabteilung des Generalkonsulats Eiteljörge bestellte Christiane zu sich in die Sprechstunde. Sie bedankte sich für seine Bemühungen in Zusammenhang mit ihren Heimreisen. Eiteljörge bemerkte, daß es ihn freue, daß sich die Reise gelohnt habe, und bot sogar an, die Reisekosten für einen Hin- und Rückflug bei ihm abzurechnen. Vielleicht war er doch nicht der eiskalte Apparatschik, für den ihn Dieter bisher gehalten hatte.

Am Sonnabend, den 7. Juni, verteidigte Christiane ihre Diplomarbeit mit „sehr gut", was sie in einem Telegramm nach Sternberg mitteilte, wohin ich auf der Rückreise von Wismar einen kurzen Abstecher gemacht hatte.

Am Vorabend hatte der *Verehrer* noch einen Annäherungsversuch unternommen, den Christiane vereitelte. Sie informierte darüber stolz Dieter. Allerdings mißverstand er den Telegrammtext, was einen Sturm im Wasserglas auslöste, der nach weiteren Telegrammen und Telefongesprächen schließlich abflaute.

(Mitte August erfuhren wir, daß der *Verehrer* eine Russin geheiratet hatte. Da sich eine derartige internationale Ehe nicht über Nacht arrangieren ließ, mußte er die Hochzeit rechtzeitig eingefädelt haben. Christiane gegenüber hatte er nichts darüber verlauten lassen.)

Nach der letzten Prüfung, dem Staatsexamen in Wissenschaftlichem Kommunismus, am Freitag, den 20. Juni 1980, das Christiane gleichfalls erfolgreich bestand, lud ihr Betreuer Konstantin Dmitrowitsch sie zum Abendessen ein. Dabei bekam sie mit, daß er die vielen Überstunden im Labor nicht nur zum Ruhme der Wissenschaft geleistet hatte. Der schätzungsweise fünfunddreißigjährige Mann fand auch persönliches Interesse an ihr. Sie hatte das bisher nicht bemerkt und war nun überrascht. Nachdem sie das Restaurant verlassen mußten, weil ihr Tisch reserviert war für andere Gäste, die nun eintrafen, folgte Christiane ihm in seine Wohnung. Er war verheiratet und hatte ein Kind. Daß sie allein in der Wohnung waren, kam ihr nicht geheuer vor. Sie drängte ihn, wieder nach draußen zu gehen. Gegen Mitternacht verabschiedeten sie sich vor dem Internat. Christiane mußte noch ihre Koffer packen. Dann flog sie am nächsten Morgen nach Hause.

Als Kitty in das Flugzeug stieg, hakte sie in Gedanken das letzte Jahr ab. Ihr Blick war nach vorn gerichtet. Wenn man ins wahre Leben zurückkehren wollte, galt es, die Zeit des Ausnahmezustandes möglichst schnell zu vergessen.

Unter normalen Bedingungen wären uns die Belastungen des letzten Jahres bestimmt erspart geblieben. Normal heißt hier ohne *längere* Trennung. In einem nicht-totalitären System, das die Menschenrechte achtete, wäre es kaum so weit gekommen. Die zugehörige Reisefreiheit hätten wir genutzt, uns möglichst oft zu besuchen.

Bei den damaligen Verhältnissen wäre eine Art Zusatzstudium, das in der Regel Nachwuchswissenschaftler ohne Auslanderfahrung absolvieren mußten, eine denkbare Lösung gewesen. Das hätte Christiane und mich mental entlastet und wäre auch wissenschaftlich ergiebiger gewesen, da mir der Festivalklub erspart geblieben wäre. Zumindest für das Frühjahrssemester wäre das eine reale Option gewesen, da meine Sektion mehr Interesse hatte mich im Ausland forschen, als bei den Apparatschiks versauern zu lassen. Zudem hatte die Kischinjower Universität im November 1979 in einem Rundbrief kundgetan, daß sie zusätzliche Aufenthalte von ausländischen Absolventen fördern möchte.

Über die Vergangenheit sprachen wir kaum noch, was aus heutiger Sicht vielleicht ein Fehler war. Jetzt lag keine ungewisse Zukunft mehr vor mir, der ich mich ausgeliefert fühlte wie ein auf dem Rücken liegenden Käfer. Nicht zuletzt war unsere Liebe nicht abgeschwächt worden. Im Gegenteil hatten die Funken, die zuvor mitunter etwas erschlaffte Glut neu entfacht.

Jetzt konnten wir endlich gemeinsam uns um eine Unterkunft bemühen. Ich konnte systematisch mit der Forschung beginnen, wenn es mit meiner Promotion etwas werden sollte - ein Jahr war bereits nutzlos vertan - und ohne eine geordnete Beziehung war ich dazu nicht in der Lage. Und vor allem konnten wir eine echte Familie gründen.

Kapitel VII

Willkommen und Abschied (1980 - 1983)

Home, home again
I like to be here when I can
And when I come home cold and tired
It's good to warm my bones beside the fire
Pink Floyd: Dark Side of the Moon

1
Rückkehr ins Leben

Am Mittag des 21. Juni 1980 kehrte Christiane für immer aus der Sowjetunion zurück. Ich begrüßte sie mit sechs Nelken am Flughafen Berlin-Schönefeld. Das Diplomzeugnis wurde erst am Monatsende ausgegeben, ein Kommilitone aus einem Nachbardorf brachte es mit, von dem wir es dann abholten.

Ich hatte erneut ein Zimmer unter dem Dach des Hotelhochhauses „Stadt Berlin" gebucht. Es war nicht gerade billig, 55 Mark pro Nacht, das heißt fast ein Zehntel meines Monatsgehaltes. Doch an Geld dachte ich damals als letztes. Sobald wir das Zimmer, mit Blick auf den Alexanderplatz, am frühen Nachmittag betreten hatten, rissen wir uns die Sachen von den Leibern und liebten uns heftiger denn je. Kitty hatte in den letzten Wochen sichtlich abgenommen und trug die Haare lang und offen. Das ließ sie mir noch sinnlicher erscheinen. Danach aßen wir im Hotelrestaurant und bummelten durch die Berliner Innenstadt, die ich nur wie durch einen Vorhang wahrnahm, ehe wir früh am Abend wieder ins Bett gingen. Neun Monate nach diesem heißen Tag wurde unsere Tochter Julia geboren. (Möglicherweise geschah die Zeugung auch weniger spektakulär in einer der folgenden Nächte.)

Danach fuhren Kitty und ich nach Freiberg, wo wir mehr oder weniger in den Tag lebten. Nebenbei mußte ich etwas arbeiten gehen. Ende Juli war in Sternberg eine große Familienfeier geplant, die Silberne Hochzeit meiner Schwiegereltern. Mir waren Familienfeiern seit meiner Kindheit durch die vielen Treffen bei meinen Onkels ein Greuel. Doch um diese Veranstaltung, die meine Schwiegereltern seit langem glorifiziert hatten, kam ich nicht umhin.

Wenigstens wurde die Fahrt nach Sternberg mit der Deutschen Reichsbahn anregender als gewöhnlich. Ich war wieder sehr verliebt in Kitty und gab meinen Gefühlen ohne Scheu Ausdruck. Trotzdem oder gerade deshalb kamen wir in dem Bahnabteil mit einem Mitreisenden in ein intensives Gespräch. Er fragte, ob wir frisch verheiratet seien, was wir verneinten. Eigentlich hätten wir die Frage bejahen müssen. Seit meiner Rückkehr in die komfortabelste Baracke des sozialistischen Lagers vor einem Jahr hatte ich erlebt, daß immer mehr faul wurde im Staate DDR. Ich tauschte mit dem Mitreisenden Erkenntnisse aus, wobei er die Lage noch klarer analysierte. Es wurde deutlich, daß sich der Staat auf der schiefen Ebene befand, auf der es kein Entrinnen mehr gab. Daß man mit einem Fremden so freimütig sprechen konnte, fand ich bemerkenswert. Wer war dieser unauffällige Reisende: ein Dissident, ein Genosse des MfS oder ein ganz normaler Bürger? Ähnliche Gespräche waren damals häufig. Im Prinzip war das Land reif für eine „Wende", die sich leider erst ein Jahrzehnt später vollziehen sollte. Freilich mußte sich erst das internationale Umfeld grundlegend wandeln. So konnte man nur in dem Staat überwintern, verbannte daher die Krisengedanken in die Besenkammer und trottete weiter im sozialistischen Gang.

Die Feier der Silbernen Hochzeit am 29. Juli begann mit dem Mittagessen in einem Saal des neuen Kreiskulturhauses, das malerisch auf einem Hügel am Sternberger See lag. Dort zog sich die Familienfeier mit den üblichen Mahlzeiten bis nach Mitternacht hin. Dieter langweilte sich entsetzlich, konnte aber nicht einmal spazieren gehen. Von eigener Bewegung außerhalb des Gartens hielt man in Sternberg nichts. Für Ortsveränderungen gab es ja das Auto. Am schlimmsten wurde es, als ein Alleinunterhalter mit Akkordeon erschien, auf dem er die übelsten Schnulzen spielte, um für Stimmung zu sorgen.

Da das Haus der Schwiegereltern voll mit Gästen belegt war, mußte Dieter mit Kitty in einem Bett in dem winzigen Vorraum des Kinderzimmers im Obergeschoß schlafen. Er war froh, als der Morgen graute. Am Vormittag fuhren sie endlich in den Sommerurlaub in das nahe Wismar.

Der Urlaub war geprägt von Pech und Pannen. Wir hatten extra zwei Räder mitgenommen, um bequem an den etwa fünf Kilometer entfernten richtigen Strand, der natürlich FKK war, zu gelangen. Bereits am zweiten Tag hatte ich eine Radpanne, und es war nicht möglich, das Rad vor Ort wieder in Stand zu setzen. Wir fuhren nun mit dem Bus zur Insel Poel an den Strand, kehrten aber bereits am frühen Nachmittag zurück, da der nächste Bus erst am Abend verkehrte. In der zweiten Woche regnete es häufiger und von Baden war nicht mehr die Rede. Wir vertrieben uns nun die Zeit mit Lesen, Spaziergängen sowie Minigolf. In der Minigolfanlage flog mir eine Wespe unter das Hemd, ohne daß ich es bemerkte und stach zu, als ich mich jucken wollte. Es kam zu einer allergischen Reaktion. Erst mit Ammoniakampullen aus der Apotheke konnte ich den Schmerz allmählich eindämmen. Daraufhin schrieb ich eine Geschichte über Killerbienen, wovon der Protagonist unbewußt eine verschluckte und daran zugrunde ging. Nun ja, große Literatur war das nicht. Ähnlich kläglich endeten weitere Prosaversuche Anfang der achtziger Jahre, so daß ich beschloß, mich auf Lyrik zu beschränken.

Auf der Rückfahrt nach Süden machten wir Station in Leipzig. Hier traf sich am 15. August das letzte Mal das ehemalige Kischinjower Kabarett in einem Restaurant nahe der Nikolaikirche. Wir hatten zweihundert Mark Prämie vom Generalkonsulat bekommen und die sollte nun gastronomisch umgesetzt werden. Im vorigen Jahr hatten die verbliebenen Mitglieder ein neues Programm aufgeführt, was beim Publikum gut ankam. Christiane hatte mir die meisten Texte geschickt, ich konnte den banalen Stücken, die nicht über den Tellerrand der dortigen Delegation schauten und alles andere als pointiert waren, nichts abgewinnen. Da gab es hierzulande niveauvollere Studentenkabaretts. Jürgen Socolowsky trug jetzt einen Kinnbart, was ihm etwas Respektgebietendes gab – ich mußte meine Autorität als Lehrender – mit anderen Mitteln erringen. Mit den meisten Kabarettmitgliedern hatten wir uns nicht mehr viel zu sagen. Die frühere Notgemeinschaft war vor allem der Not geschuldet gewesen und nicht dem Gleichklang der Individuen. Passend zu dem Nostalgietreffen „Back to the USSR“ waren einige andere anwesende „Gäste“: Besonders auf der Toilette, aber auch im Gastraum huschten etliche Kakerlaken umher. Die aparten Tierchen hatte ich weder vorher noch nachher auf deutschem Boden gesehen.

Ich überlegte mir ernsthaft, ob ich mich am Literaturinstitut in Leipzig bewerben sollte. Möglicherweise konnte ich mich auf diese Weise, als Schriftsteller profilieren. Mit der Mathematik war ich im letzten Jahr kaum vorangekommen, und die mathematische Forschung empfand ich als ziemlich sinnlos. Ich forderte die Unterlagen des Institutes an. Der Lehrplan schien stark mit Marxismus-Leninismus gespickt zu sein, was ich eigentlich als abgeschlossen betrachtete. Und was würde nach dem dreijährigen Studium werden? Mein Auskommen als Mathematiker war solider, auch wenn die Mathematik mich nicht begeisterte. Schreiben konnte ich ja nebenbei. Falls dabei etwas Großes herauskam, wäre es schön, andernfalls keine Katastrophe. Also würde ich meine Tätigkeit als wissenschaftlicher Assistent an der Bergakademie Freiberg fortsetzen.

Im August 1980 zogen wir endlich bei meinen Eltern aus. Einen Kühlschrank hatten wir schon einige Wochen vorher gekauft, er stand solange im Schlafzimmer meiner Eltern. Große Kühlschränke gab es selten, und wir mußten eine Türverkleidung aus Teakholzimitat für 100 Mark der DDR mitkaufen, obwohl wir so etwas gar nicht mochten. Andernfalls hätten wir den Kühlschrank nicht bekommen. Das Gerät war ohnehin unverschämt teuer, aber sehr robust. Ehe wir es 1995 umständehalber verschrotteten, war es nie ernsthaft kaputt gegangen. Ansonsten gab es nicht viel Umzugsgut.

Man hatte uns im Assistentenwohnheim der Bergakademie ein Zimmer im Erdgeschoß zugeteilt. Wahrscheinlich hatten wir das dem Wohnungsbeauftragten der Sektion Physik Dr. Hebert und der Tatsache, daß Christiane ein Forschungsstudium begann, zu verdanken. Der für die Sektion Mathematik zuständige Dozent

Dr. Machner rührte jedenfalls keinen Finger. Machner lehrte Algebra, er war ein entrückter, abweisend wirkender Typ, der nicht nur wegen seiner Körpergröße etwas an die durchgeistigten Figuren El Grecos erinnerte. Seine Habilitation hatte er angeblich seit Jahren so gut wie fertig im Kopf, machte jedoch kaum Anstalten, sie zu Papier zu bringen. Die Sektionsleitung behandelte ihn wie ein rohes Ei, obwohl er insgeheim als „regimekritisch" galt. Nach 1989 mischte er jedenfalls in der Personalkommission gehörig mit (es hätte mich nicht gewundert, wenn er zuvor für die Firma gearbeitet hätte). Gegen diese Art „Dissidenten" wirkten viele SED-Genossen sympathisch.

Das Gebäude war eine frühere Kaserne, die seither weitgehend dem natürlichen Verfall anheimfiel - wie viele Gebäude in der DDR. Erst nach der Wende wurde es saniert und beherbergt heute das Finanzamt. Das Zimmer war einfach, aber geräumig mit hohen Fenstern. In einer Ecke hatten wir eine Kochnische eingerichtet, die aus einem Elektrokocher mit zwei Platten sowie zwei Hängeschränken bestand. Allerdings gab es keinen Wasseranschluß. Die sanitären Einrichtungen lagen zentral neben dem Flur. Im Waschraum standen auch die privaten Waschmaschinen, und es gab eine volkseigene Doppelspüle. Die Mitbewohner ließen darin zuweilen ihr Geschirr stehen. Einmal drückte Kitty, ohne darauf achtzugeben, die Spültaste der Waschmaschine, und deren Abwasser floß aus dem im Spülbecken eingehängten Abflußschlauch über das abgestellte fremde Geschirr. Wir wuschen daher lieber in einer Plastikschüssel in unserem Zimmer ab. Von dem gekrümmten Stehen an dem niedrigen Tisch bekam ich schnell Rückenschmerzen. Der Flurboden im Wohnheim war versehen mit fein geriffelten Kacheln. Sie hatten wahrscheinlich früher die Soldaten beim Putzen zur Verzweiflung gebracht. Für uns gab es einen Reinigungsplan, aber es wachte kein fieser Feldwebel über die Arbeit, so daß uns die Anwendung der Zahnbürste erspart blieb.

Neben uns wohnte ein deutsch-arabisches Paar, und wir konnten uns hin und wieder an orientalischen Klängen erfreuen. Ich legte mich dann meist auf das Bett und lauschte politischen Sendungen des Deutschlandfunks, die ich über ein kleines Kofferradio empfing.

Anfang September kam mein Onkel Christian aus Hannover mit seiner Frau zu einem kurzen Besuch nach Freiberg. Die Ursache war die Beisetzung seiner Mutter, die kurz davor gestorben war. Ich hatte meinen Onkel das letzte Mal Anfang der siebziger Jahre getroffen. Inzwischen mied er die DDR, so gut es ging. Gründe dafür gab es etliche: Schikanen bei der Einreise; Zwangsumtausch; schlechte Straßen; Strafzettel der Volkspolizei; Fehlen von Werkstätten, die notfalls seinen mit Elektronik vollgepackten Mercedes reparieren konnten und last not least die Habgier der Verwandten. Da ich an dem Wochenende mit russischen Studenten unterwegs war, bekam ich ihn nur kurz zu Gesicht.

In der Zeit des Auslandsstudiums waren Westkontakte nicht erlaubt gewesen. Der Leiter der Studentenabteilung hatte uns einmal erläutert, wie man sich verhalten sollte, wenn man in der Sowjetunion zufällig auf einen Westdeutschen traf. Zu schweigen wie ein Fisch wäre unhöflich, demnach solle man freundlich grüßen und anschließend mitteilen: „Ich komme aus der DDR und bin stolz darauf.". Da schwieg ich lieber. Das Kontaktverbot war unsinnig wie die meisten Verbote. Wenn ich meinem Onkel etwas über die Sowjetunion erzählen wollte, konnte ich das jetzt immer noch tun, so dynamisch war die sowjetische Gesellschaft nicht. Er pries in höchsten Tönen Franz-Josef Strauß, der sich anschickte, als Kanzlerkandidat gegen Helmut Schmidt anzutreten. Schmidt nannte mein Onkel einen Roten und hieb mächtig auf ihn ein. Einen Roten hatte ich mir immer anders vorgestellt, zumal Schmidt in den DDR-Medien fast so ein Buhmann war wie Strauß.

Christian fragte mich, ob ich die Überstunden bei der Betreuung der Russen bezahlt bekäme. Als ich das verneinte, erschien ihm das als finstere Ausbeutung – was in dem Fall freilich nicht zutraf, da ich die Zeit bei anderer Gelegenheit abbummeln konnte, was ich ihm allerdings nicht sagte. Er berichtete von einem Mathematiker, dem es gelungen war, aus der DDR in den Westen zu flüchten. Der junge Mann arbeitete jetzt bei ihrer Sparkasse und verdiente ganz gut. War das eine erstrebenswerte Alternative? Christian schenkte meiner Frau und mir nachträglich zur Hochzeit fünfzig Westmark, die er gönnerhaft aus seinem Portemonnaie zog. So viel Westgeld hatte ich noch nie besessen und würde ich auch bis zur Wende nicht wieder haben. Bei seiner Freigiebigkeit war es ein fast exorbitantes Geschenk, gemessen an seinen Monatseinkommen sicher *Peanuts*. Zusammen mit fünf DM, die Kitty von Verwandten auftreiben konnte, kauften wir davon im *Intershop* einen Taschenrechner. Bis dahin hatte ich mit dem Rechenschieber hantiert, was der Entwicklung meiner mathematischen Fertigkeiten nicht abträglich war. Die DDR-Taschenrechner kosteten ein Vielfaches und waren primitiver. Das gute Stück benutzte ich bis nach 1990.

In unserer Sektion gab es auch bald einen Ausreisekandidaten. Ein Assistent namens Heinrich, der im Nachbarzimmer saß, hatte einen offiziellen Antrag auf Ausreise in die BRD gestellt, was Anfang der achtziger Jahre noch selten vorkam. Er wurde nicht entlassen, sondern nur von allen Lehrverpflichtungen entbunden. Dafür hatte er irgendwelche sinnlosen Arbeiten in der Bibliothek zu verrichten. Der Mann machte einen mürrischen, finsteren Eindruck, unwillkürlich mußte ich denken, wenn ich ihm über den Weg lief, wobei er nie einen Gruß erwiderte, Heinrich mir graut vor dir. Auch später waren mir die meisten „Dissidenten" - bei wachsender Sympathie mit ihren Anschauungen - menschlich suspekt. Die „richtige" Meinung sagt wenig über den Charakter einer Person. Der Mann erschien noch eine Weile in der Sektion, bis er plötzlich weg war.

2
Reif für die Insel

Kroch im vergangenen Studienjahr die Zeit für mich manchmal schwerfällig dahin, raste sie nun davon. Kitty war seit September 1980 Forschungsstudentin an der Sektion Physik der Bergakademie Freiberg. Sie beschäftigte sich mit der Untersuchung von Halbleitern. Ihrem offiziellen wissenschaftlichen Betreuer Prof. Schneider war sie eher lästig. Die fachliche Betreuung übernahm faktisch ein unbefristeter Assistent, Dr. Kirsten, der außerdem ehrenamtlicher Parteisekretär der kleinen Sektion war. Es war ein geradliniger, etwas grobschlächtiger, aber warmherziger Mann im Gegensatz zu dem selbstherrlichen Schneider.

Die Forschungsstudenten wurden schlechter bezahlt als befristete Assistenten, sie bekamen nur 500 Mark im Monat, also etwa 130 Mark netto weniger, obwohl sich die Arbeitsaufgaben faktisch nicht unterschieden. Dafür erhielten sie einmal jährlich noch 500 Mark sogenanntes Büchergeld, über das man frei verfügen konnte.

Aber Geld spielte in der DDR eine untergeordnete Rolle. Lebensnotwendige Sachen wie Grundnahrungsmittel, Miete oder öffentlicher Nahverkehr waren sehr billig und wertvollere Güter wie Autos oder gar intakte Einfamilienhäuser nicht auf dem freien Markt zu erwerben, oder man brauchte dazu sehr viel Geld. Von den Sachen, auf die man aus Bequemlichkeit oder ästhetischen Gründen nicht verzichten wollte, waren insbesondere größere Haushaltsgeräte, Möbel und bessere Kleidung unverhältnismäßig teuer.

In den ersten Wochen nach Einzug in das Wohnheim gingen wir nach der Arbeit oft spazieren. Das Heim befand sich neben einer Kleingartenanlage am Waldrand. Hier konnten wir uns an den herbstlichen Farben erfreuen. Bereits im August hatte Kitty festgestellt, daß sie schwanger war. Die Schwangerschaft stabilisierte unsere eheliche Harmonie. Als ich meiner Mutter erzählte, daß wir ein Kind erwarteten, reagierte sie mürrisch, schluckte es aber schließlich. Ich weiß nicht, ob sie uns für zu unreif hielt oder unsere Lebensumstände ungeeignet für ein Baby. Vielleicht schreckte sie nur die Tatsache, Großmutter zu werden. Später kümmerte sie sich liebevoll mit um das Kind und nähte auch viele Sachen.

Zum Nationalfeiertag, dem 7. Oktober, fuhren wir nach Karl-Marx-Stadt. Es erschien mir nahezu unvorstellbar, daß ich vor etwa vier Monaten hier noch arbeiten mußte. Wir trafen uns mit Günter Gehl, einem Kommilitonen aus Christianes Jahrgang. Er hatte eine Tätigkeit im Kombinat Robotron, dem Monopolisten für Rechentechnik in der DDR, begonnen. Die Arbeitswelten in der Industrie und an der Hochschule klafften derart auseinander, daß wir auf verschiedenen Frequenzen kommunizierten. Da wir auch keine privaten Anknüpfungspunkte mehr hatten, riß die Verbindung ab.

Mit zunehmender Beklemmung öffnete ich im September und Oktober 1980 den Briefkasten, getreu dem Brecht-Vers „Der Lachende hat die furchtbare Nachricht nur noch nicht empfangen." Da ich im kommenden März 26 Jahre alt werden würde, war der November die letzte Gelegenheit, daß der Krake mich kriegte. Anderthalb Jahre Fahne hätten mir psychisch das Genick gebrochen. Bis Mitte Oktober wuchs die Angst mit jedem Tag, ehe die Spannung sich allmählich löste. Nun konnte ich bloß noch zum Reservewehrdienst eingezogen werden.

Mein Bruder Bernd, der im Sommer das Abitur abgelegt hatte, mußte zur Ableistung seines Grundwehrdienstes bei der Nationalen Volksarmee ab November antreten. Natürlich hatte er sich nicht verpflichtet, länger zu dienen, obwohl er deshalb immer wieder zu Aussprachen bestellt worden war. Mein Vater stand deswegen unter massivem Druck maßgeblicher Parteifunktionäre. Er konnte nur die Schultern zucken und darauf verweisen, er habe seinem Sohn wiederholt die Notwendigkeit eines mindestens dreijährigen Ehrendienstes erläutert, doch dieser bliebe störrisch wie ein Esel – was übrigens charakterlich sehr ehrenwerte Tiere sind. In meiner Schulzeit hatte es auch Kampagnen zur Erhöhung der Wehrkraft gegeben, aber inzwischen hatte sich dieser Schwachsinn potenziert. Immerhin stand meine Mutter hinter Bernd. Sein früherer Fußballtrainer hatte nach Ableistung seines Wehrdienstes geschrieben, am besten sei, man gehe überhaupt nicht zur Armee. Das war zweifelsohne richtig, aber in der DDR nicht realisierbar. Wenn man nicht *schwer* krank war, blieb als Alternative nur die Psychiatrie oder das Gefängnis.

Meine Mutter war am Abend, an dem mein Bruder einrückte, völlig fertig. Im Laufe meines Studiums war er ihr Lieblingskind geworden, er war aufmerksamer, freundlicher und geselliger als ich. Ihm sah sie gern nach, wenn er gelegentlich über die Stränge schlug, etwa bei Besuchen von Kneipen oder Fußballspielen. So etwas kam bei mir zwar nicht vor, dafür war ich gleichgültiger für die Belange der Familie, und der Familienalltag ging mir oft auf die Nerven. Das Jahr der Noteinweisung bei meinen Eltern nach dem Studium war dem Verhältnis zu ihnen nicht gerade förderlich gewesen. Abgesehen von dem harten Grundwehrdienst hatte mein Bruder Schwein mit der Armee. Er kam auf einen ruhigen Außenposten im südlichen Brandenburg, wo er als Vermesser ausgebildet wurde. Diese Tätigkeit machte ihm so viel Spaß, daß er seinen ursprünglichen Studienwunsch Technische Gebäudeausrüstung aufgab und nach der Armeezeit Vermessungswesen in Dresden studierte. So kam er in einer Notstandssituation zu seinem Beruf wie ich in einer anderen zu meiner Frau gekommen war, und beides wollten wir nicht mehr missen.

Im Herbst 1980 besuchte ich meine ersten beiden Tagungen als Mathematiker. Ich hatte zwar nichts vorzuweisen, doch ich sollte mich an das Fluidum gewöhnen und mir die Vorträge anhören. Die erste Tagung fand in Halle an der Saale statt. Ich kehrte also in die Stadt zurück, in der ich mich auf das Auslandsstudium vorbereitet hatte. Sie erschien mir inzwischen ziemlich fremd. Doch diesmal war ich nicht in einem Mehrbettzimmer in irgendeiner Baracke am Stadtrand untergebracht, sondern in einem Einzelzimmer im ersten Haus am Platze, dem Interhotel Stadt Halle. Auf der Tagung hörte ich erstmals westliche Mathematiker, vor allem aus der BRD, aber auch aus den USA. Für das Zustandekommen der angesehenen Tagung war nicht zuletzt der Hallenser Prof. Tutschke verantwortlich. Nach der Wende hieß es, er habe als IM für die Stasi gearbeitet. 1992 bis zur Emeritierung war er Professor an der Technischen Universität Graz.

Anläßlich dieser Tagung für Komplexe Analysis gab der Rektor der Universität Halle einen Empfang. Die Tagungsteilnehmer fuhren gemeinsam vom Hotel mit der Straßenbahn zur Mensa der Universität, wo die Veranstaltung stattfand. Die Westprofessoren waren erstaunt über den Preis von 20 Pfennig für eine Fahrkarte. Prof. von Wolfersdorf stellte mich seinem Darmstädter Kollegen Prof. Wendland vor und wollte von meiner Tätigkeit bei der Festivalvorbereitung berichten, was ich als unpassend gegenüber einem Westdeutschen empfand und als nicht der Rede wert abtat, was ja auch zutraf. Wendland war eine unauffällige Erscheinung, seine Kleidung hob sich nicht von den DDR-Leuten ab. Einen Westprofessor hatte ich mir anders vorgestellt. Allerdings ließ ihn sein ironisches Lächeln doch nicht als Einheimischen erscheinen. Bei dem Empfang tauschte ich mich mit einem Assistenten aus Darmstadt aus. Die Westassistenten wurden wesentlich besser bezahlt, doch sie waren abhängiger von den Professoren als wir. Außerdem schienen sie viel zielbewußter an ihrer wissenschaftlichen Karriere zu arbeiten als zumindest ich. Das schöne Herbstwetter nutzte ich für mehrere Stadtbummel. An einem Abend besuchte ich meinen früheren Mitstudenten Hans-Gert Gräbe, dem es nach dem Studium in Minsk an die Hallenser Universität verschlagen hatte und der im Wohnheim zusammen mit Studenten hauste. Nach seinen mathematischen Höhenflügen schien er hart gelandet zu sein. Er alberte gerade mit einigen Studentinnen aus dem ersten oder zweiten Studienjahr herum, was mir inzwischen fremd und infantil erschien.

Zwei Wochen danach stand die nächste Tagung auf dem Programm. Diesmal sollte ich mit meinem Chef von Wolfersdorf zu einer Herbstschule für Optimale Steuerung auf die Insel Hiddensee fahren. Wir mußten bereits am Sonntagnachmittag aufbrechen. Um den Trübsinn wegen der erneuten Trennung von Kitty zu vertreiben, hörte ich bis kurz vor dem Gang zum Bahnhof klassische Musik. Die Reise war ziemlich aufreibend. Nicht zuletzt weil wir geraume Zeit im Warteraum des Leipziger Hauptbahnhofs herumsitzen mußten, ehe kurz vor Mitternacht der D-Zug nach Stralsund bereitgestellt wurde. In der Wartezeit erläuterte mir von Wolfersdorf verschiedene Besuchsmöglichkeiten zu Kollegen im sozialistischen Ausland, insbesondere in Polen. Wir hatten zwar Plätze im Liegewagen, aber richtig schlafen konnte man in dem zugigen Abteil nicht. Am frühen Morgen kamen wir an der Ostsee an. Zusammen mit anderen Kollegen setzten wir mit dem Fährschiff zur Insel Hiddensee über.

In Neuendorf, dem südlichsten Hafen, legte die Fähre an. Den Weg bis zur Heidesiedlung zwischen Neuendorf und Vitte mußten wir laufen, das Gepäck wurde auf Pferdefuhrwerke verladen. Wir wurden zu viert in weißen Häuschen untergebracht, die ansonsten als Betriebsferienheim des Jagdwaffenwerkes Suhl, einem der wichtigsten Rüstungsbetriebe der DDR, dienten. Nun war die

Saison zu Ende, und da konnten auch Wissenschaftler in den Genuß eines Inselaufenthalts kommen. Hiddensee war so etwas wie die Trauminsel der DDR. Spontane Übernachtungsmöglichkeiten gab es keine, die sonst an der Ostsee allgegenwärtigen Campingplätze fehlten. Man war privilegiert, wenn man hier den Sommerurlaub verbrachte. Da die Insel autofrei war, übte sie auch auf westliche Kollegen eine Anziehungskraft aus. Zu den Tagungen, die normalerweise aller zwei Jahre durchgeführt wurden, nahmen immer wieder einige westdeutsche Idealisten die beschwerliche Reise zu dem idyllischen Eiland auf sich.

Der *Special Guest* diesmal war jedoch ein Professor aus Moskau, der einen wichtigen Beitrag zur Begründung der neuen Theorie der Optimalen Steuerung vor vielen Jahren geleistet hatte. Er hielt gleich zwei längere Vorträge. Da die Russischkenntnisse der meisten Teilnehmer trotz des umfangreichen Unterrichts in der Schule dürftig waren und der Professor keine Fremdsprachen beherrschte, mußte ich die Vorträge übersetzen. Das Verständnis seiner Rede bereitete mir keine Schwierigkeiten, allerdings fehlten mir manchmal die adäquaten deutschen Fachbegriffe. Weil ich die Vorträge sogar inhaltlich verstand, nahm ich an, daß er ziemlich olle Kamellen erzählte, doch die Zuhörer ließen sich keine Regung auf der Maske der Höflichkeit anmerken. Die Vorträge fanden im Klubhaus der Ferienhaussiedlung statt. Da die Heizung nicht funktionierte, wurde es bald ungemütlich. Endlich stellte man einen großen elektrischen Heißlüfter auf, der wenigstens lokal für Wärme sorgte. Noch dürftiger war das Essen, das in der nahen Gaststätte „Heiderose" verabreicht wurde. Mittags gab es meist einfallslose Eintöpfe und zum Abendbrot lediglich einen Zipfel von der billigsten Mett- oder Leberwurst. Den preiswerten Aufenthalt schien man durch ein Fastenmenü absichern zu wollen. Die Ferienhäuser waren mit Nachtspeicheröfen ausgerüstet. Während man morgens im Bett erwachte, als habe man in einer Sauna geschlafen, wurde es abends empfindlich kühl, vor allem, wenn man am Morgen den Fehler begangen hatte, zu lange zu lüften. Ich übernachtete mit einem Cottbuser Assistenten in einem Zimmer, der etwas stotterte und kühne Pläne entwarf, die bald darauf wie Seifenblasen zerstoben.

Die älteren Kollegen mit größeren Kindern debattierten vor allem über das Bildungssystem der DDR, das unter dem starren Regiment von Margot Honecker immer haarsträubender wurde. Alle Kollegen waren über die Umweltverschmutzung in der DDR beunruhigt. Kürzlich hatte eine Studie zur Belastung der Böden im Freiberger Raum mit Schwermetallen viel Staub aufgewirbelt. Der Artikel war überraschend in einer Apothekerzeitung erschienen, obwohl ansonsten nichts zu diesem Thema in der DDR offiziell publiziert wurde. Es hieß, die Zeitschrift wäre prompt eingezogen wurden. Desto mehr war der Artikel in aller Munde. Darin wurde unter anderem vor dem Verzehr von Obst und Gemüse in den Nachbarorten der Bleihütte Muldenhütten gewarnt, hörte man. Darüber hinaus seien viele Atemwegserkrankungen in der Region auf die Luftverschmutzung zurückzuführen.

Bei dem geselligen Abend, zu dem es wie üblich unter Mathematikern wenig gesellig zuging – was mir durchaus recht war – berichtete der Leipziger Professor Klötzler von einem Urlaubsaufenthalt in einem abseits gelegenem Luxushotel im Kaukasus. Er hatte Vollpension gebucht, nur die Getränke mußte man selbst kaufen, bloß daß es außer Wodka nichts zu kaufen gab.

Ich erkundete Hiddensee ausgiebig. Gleich hinter unseren Häuschen begann die großartige Heidelandschaft, und bis zum Strand war es gleichfalls nicht weit. Mich faszinierten die intensiven Farben in der letzten Oktoberdekade, die bei Sonnenschein voll zur Geltung kamen. Desto trübsinniger wirkte die Landschaft bei Regen oder Nebel. Wir unternahmen eine Gruppenwanderung zur Nordspitze, dem Dornbusch, mit Einkehr in der dortigen Gaststätte. Neun Jahre später las ich deren Beschreibung in dem prägnanten Vor-Wende-Roman *Der Tangospieler* von Christoph Hein. In einem Dachzimmer des Lokals spielt eine Schlüsselszene dieses Romans. Im Inselmuseum, eine Villa, in der einst Gerhard Hauptmann residiert hatte, besuchten wir an einem Abend ein Kammerkonzert. Auf dem Heimweg brachte ein Berliner Professor seine tiefe Bewunderung zum Ausdruck, was Hauptmann alles geschaffen habe. Ich hatte Hauptmann nie lesenswert gefunden, er kam mir antiquiert vor. Wollte der Professor damit zum Ausdruck bringen, wie wenig von seinem mathematischen Lebenswerk bleiben würde? Was sollte ich da erst sagen?

Kitty war inzwischen nach Sternberg gereist. Ich hielt es nicht mehr aus ohne sie und wollte bereits am Vorabend des Abreisetages die Insel verlassen. Überhaupt hatte ich zu DDR-Zeiten die Marotte, egal ob es sich um Urlaub oder eine Dienstreise handelte, wenigstens einen Tag eher zurückzukehren. Wahrscheinlich lag es daran, daß die Unterkunft oder das Essen häufig eine Zumutung darstellten, mitunter wurde das zum Automatismus. Ich war nach Norden zum Hafen Vitte gegangen, hatte die Länge des Weges jedoch unterschätzt. Als ich am Hafen eintraf, fuhr das Schiff gerade ab. Ich trat also schleunigst den Rückweg an. Da es das letzte Schiff des Tages war, mußte ich es in Neuendorf erreichen, wo es ebenfalls anlegte. Die Lage schien hoffnungslos. Offenbar merkte man mir das an. Ein Passant fragte mich plötzlich nach meinem Ziel. Daraufhin überließ er mir sein Fahrrad, ohne daß ich mich irgendwie legitimieren mußte. Ich sollte das Rad in Neuendorf am Hafen stehen lassen. Das ginge so in Ordnung. So konnte ich in Ruhe nach Neuendorf radeln. Soviel Großmut ist mir nie wieder begegnet, schon gar nicht in den rauhen Zeiten seit 1990. Ich vermute, es handelte sich bei dem Wohltäter weder um einen Einheimischen, die eher verschlossener wirkten, noch einen Touristen, den das Hemd näher als der Rock war, sondern um einen Dauergast, beispielsweise einen Schriftsteller.

Etwa zwei Jahre zuvor hatte ich ein ähnliches Erlebnis. Ich war gerade aus dem Ausland auf dem Freiberger Bahnhof eingetroffen. Meine Eltern besaßen noch kein Telefon, und ich stand mit Sack und Pack mutterseelenallein auf dem Bahnhofsvorplatz. Ein Taxi war weit und breit nicht in Sicht. Plötzlich hielt ein *Schwarztaxi*, ein privater Pkw, den sein Besitzer nutzte, um die Familienkasse etwas aufzubessern. Normalerweise ignorierte ich diese Fahrzeuge, die sich in einiger Entfernung zum Bahnhof postierten. Der Fahrer erkundigte sich nach meinem Startpunkt, lud das Gepäck ein und chauffierte mich gratis zur Adresse meiner Eltern, wo er mir beim Entladen behilflich war. Hätte sich dergleichen öfter zugetragen, hätte man in der DDR wirklich von einer „sozialistischen Menschengemeinschaft“ sprechen können, wie das Ulbricht Ende der sechziger Jahre tat. Doch in der Regel galt auch innerhalb der Mauer, daß jeder sich selbst der Nächste war.

Bis zum Eintreffen des Schiffes in Neuendorf hatte ich noch zehn Minuten Zeit. Mir war wohl, als ich wieder das Festland betreten konnte. Auf Inseln fühlte ich mich zuweilen abgetrennt von der Welt. Je mehr ich mich dem Ziel Sternberg mit dem Zug näherte, desto langsamer kam ich voran. Längere Zeit mußte ich in Bützow, das heißt in etwa dreißig Kilometer Entfernung von Sternberg, in der kalten Bahnhofshalle herumsitzen, ehe endlich der Nachtzug einfuhr. In Sternberg hatte sich niemand gefunden, der mich mit dem Auto abholte.

Am nächsten Tag besuchte mich Frank. Seine Eltern holten ihn am Nachmittag wieder ab. Sie waren kürzlich nach siebenjährigem Aufenthalt aus Kairo zurückgekehrt. Frank erzählte mir, daß sie mit dem angehäuften Geld, teilweise in Devisen, gern ein Haus in Greifswald kaufen würden. Aber das sei aussichtslos, da es keinen funktionierenden Immobilienmarkt gäbe. Im Sommer waren die Eltern zwar jeweils für einige Wochen in Greifswald gewesen, aber die übrigen Jahreszeiten hatten sie lange nicht mehr in Mitteleuropa erlebt. Nun schwärmten sie auf der Autofahrt von Sternberg nach Wismar durch die Mecklenburgische Endmoränenlandschaft vom Herbst mit den umgepflügten Äckern und dem bunten Laub der Alleen.

Durch die Dienstreisen erhielt ich einen Motivationsschub für meine Forschung. Wenn man eigene Ergebnisse vorzuweisen hatte, konnte man sie auf Tagungen vorstellen. So lernte man Städte und Landschaften und unter Umständen interessante Kollegen kennen. Ich setzte mich nun ernsthaft mit der Literatur auseinander und erzielte bald erste wissenschaftliche Resultate.

3
Eingetaktet

Erstmals wurde ich zu Übungen bei Mathematik-Studenten eingesetzt. In Folge der von Ulbricht ausgelösten EDV-Welle hatte es seit Ende der sechziger Jahre auch einen großen Ansturm auf das Mathematikstudium gegeben. Die Welle ebbte bald ab, da die materielle Basis für den massenhaften Einsatz der Elektronischen Datenverarbeitung noch nicht vorhanden war. Zeitweise waren allein an der Bergakademie Freiberg in einem Studienjahr über hundert Mathematikstudenten immatrikuliert, womit die Sektion plötzlich zu einer der stärksten der Hochschule wurde. Da die Wirtschaft mit so vielen Mathematikabsolventen nichts anfangen konnte, wurde der Großteil fachfremd eingesetzt. Das sprach sich langsam herum, so daß der gegenteilige Effekt einsetzte und kaum noch jemand Mathematik studieren wollte. Im dritten Studienjahr, für das ich eine Spezialübung bestritt, saßen noch fünf Studenten, darunter die bereits erwähnte Christine Lorz. Während sie in Kischinjow eher mittelmäßig gewesen war, gehörte sie hier zur Spitze. Der Abwärtstrend der Studentenzahl erreichte im folgenden Jahr mit vier Mathematikstudenten den Tiefpunkt, danach ging es zögernd aufwärts. Dafür war die Motivation dieser Studenten hoch, sie hatten sich ja gegen den Trend entschieden, und das Unterrichten bei ihnen machte Spaß.

Die Vorlesung zu meiner Übung hielt Fredi Tröltzsch. Ich hörte mir die Vorlesung ebenfalls an, da der Stoff für mich genauso neu war wie für die Studenten. Seine Vorlesungen waren sehr anschaulich, so daß es willigen Studenten leichtfiel zu folgen. Unser Chef von Wolfersdorf hielt inhaltlich gleichfalls exzellente Vorlesungen, die man auch selbständig gut erschließen konnte. Allerdings wirkte sein Vortrag etwas monoton, so daß mir vor allem am frühen Nachmittag die Augen mitunter zuzufallen drohten.

Fredi Tröltzsch war drei Jahre älter als ich und das Wunderkind der Sektion. Er legte nicht einmal das Abitur ab, da der Sektionsdirektor Prof. König ihn nach der 11. Klasse an der Freiberger EOS sofort immatrikulierte. Nach der Promotion absolvierte er den obligatorischen Auslandsaufenthalt, in seinem Fall in Polen, wovon er gerade zurückgekehrt war. Er war sehr zielstrebig. Mitte der achtziger Jahre wurde er als Dozent nach Karl-Marx-Stadt berufen. Dort übte er auch die Funktion des Parteisekretärs der Sektion Mathematik aus, vernachlässigte darüber jedoch nicht die mathematische Forschung. Als pflichtbewußter Genosse hatte er bereits in Freiberg regelmäßig die Nachrichtensendung des DDR-Fernsehens *Aktuelle Kamera* verfolgt. Ich glaube, ich sah bis zur Wende insgesamt weniger Minuten von diesem langweiligen rosaroten Machwerk als er jede Woche. Dabei war Fredi weder ein Dogmatiker noch politisch naiv, er versuchte nur, die komplizierten Zusammenhänge zu durchschauen. In der Mathematik gelang ihm das bei schwierigen Theorien, warum sollte das nicht gleichfalls möglich sein bei der Politik der Partei- und Staatsführung? Nach der Wende bekam er zwar als nunmehr international angesehener Mathematiker eine Professur in Karl-Marx-Stadt, das nun wieder Chemnitz hieß, doch die sächsische Staatsregierung verweigerte ihm den normalerweise damit verbundenen Beamtenstatus. In Folge nahm er einen Ruf nach Berlin an. Fredis geistiger Horizont beschränkte sich nicht auf die Mathematik, wenngleich eine gewisse Spießigkeit nicht zu bestreiten war. So schwärmte er bei einer zufälligen Begegnung in den neunziger Jahren von dem Musical *Cats* als *dem* Kunsterlebnis und dem Opel Vectra als definitivem Auto.

Fredi Tröltzsch wurde mein neuer Zimmerkollege, da Dietrich Bicher die Mathematik an den Nagel gehängt hatte. Bicher reizte mehr die Tätigkeit als hauptamtlicher FDJ- und später Parteifunktionär. Dabei ging seine Ehe mit drei kleinen Kindern zu Bruch, doch das Wohl der Gesellschaft erforderte eben persönliche Opfer. 1989 engagierte er sich bei der Organisation von Demonstrationen in Freiberg. Danach war er einige Zeit Kreisvorsitzender der PDS, ehe er nach Berlin ging.

Durch den Weggang Bichers war der Posten des FDJ-Sekretärs der Sektion Mathematik vakant geworden, wofür man mich als jüngsten wissenschaftlichen Assistenten ausersehen hatte. Durch den Studentenschwund sank die Bedeutung der FDJ-Organisation an der Mathematik von der eines großen Betriebes auf das Niveau einer Schulklasse. Lediglich im fünften Studienjahr gab es noch viele Studenten, die sich freilich kaum um die FDJ scherten. Angesichts der liberalen Atmosphäre an der Sektion war der Posten für mich akzeptabel. Auf der Wahlversammlung faselte ich nach meinen ernüchternden Erfahrungen in Karl-Marx-Stadt etwas von Demokratie, was zwar ehrlich gemeint, angesichts der zentralistischen Struktur des Jugendverbandes jedoch illusorisch war, weshalb es bei den Studenten – wie sie es in den Vorlesungen zum Marxismus-Leninismus gewohnt waren – zu einem Ohr rein und zum anderen raus ging.

Der Zeitaufwand als FDJ-Sekretär hielt sich in Grenzen, wenn man nicht gerade den fragwürdigen Ehrgeiz hatte, auf allen Hochzeiten zu tanzen. Lediglich während der Studententage, die einmal jährlich abgehalten wurden, hatte ich fast täglich eine Veranstaltung zu besuchen. Weiterhin mußte ich jeden zweiten Montag 13 Uhr in die FDJ-Hochschulleitung zur Anleitung, jetzt der Sekretäre statt bisher der Stellvertreter. Die meisten Informationen betrafen aktuelle Veranstaltungen oder Kampagnen. So bemühte man sich monatelang, die Studenten zur Lektüre einer zweibändigen Thälmann-Biographie zu animieren. Das Werk war in einem grauenhaften Deutsch verfaßt, von der üblichen Geschichtsklitterung nicht zu reden. In der FDJ-Hochschulleitung stapelten sich die Bände bis zur Zimmerdecke – während seriöse Bücher wegen des Papiermangels oft nur in Miniauflagen gedruckt wurden. Die dubiosen Autoren müssen ein Schweinegeld eingestrichen haben. Schließlich erwarben die meisten Studenten das Buch, um ihre Ruhe zu haben. Ich glaube, sogar die Mitglieder der Leitung haben es nie gelesen.

Die Sprache der Funktionäre bestand aus wenigen Versatzstücken. Ein modisches Verb jener Zeit war „eintakten", das sie für alle möglichen Objekte und Subjekte gebrauchten. Es klang aber immer so, als sei es für ein *Objekt* bestimmt. Das Wörtchen paßte somit trefflich zu der menschenverachteten Staatsideologie. Ende 1989 hatte ich den Gedanken, in Analogie zu Klemperers *LTI* – der Sprache des Dritten Reiches – eine Arbeit zur Sprache des Stalinismus zu verfassen. Doch dazu verfügte ich nicht über genügend Material, und mir fehlte eine profunde theoretische Basis. Und wer interessierte sich nach dem Fall der Mauer noch für den Stalinismus?

Mitunter referierte der FDJ-Sekretär der Hochschule, was er auf einer zentralen Anleitung notiert hatte. Da war einmal auch die Rede von BRD-Schriftstellern: Böll „gehe" jetzt wieder, während Grass nach wie vor feindlich wäre. Der Pazifist Böll hatte es mit den SED-Oberen verdorben, als er Solschenizyn bei sich aufnahm, das war offenbar vergeben, da Böll sich gegen die Aufstellung amerikanischer Mittelstreckenraketen in der BRD engagierte. Günter Grass verziehen die Genossen Zeilen wie „Marx verging im Leipziger Allerlei" schwerer. Ein paar Jahre später hob sich auch bei ihm der Daumen des Zensors und *Die Blechtrommel* erschien fast dreißig Jahre nach der Erstausgabe auch in der DDR.

Einmal im Monat mußte ich mich mit den Sekretären der FDJ-Seminargruppen zusammensetzen, die Sitzung fand gewöhnlich im Studentenwohnheim der Mathematiker statt. Das Gebäude stammte aus den fünfziger Jahren und war seitdem dem Verfall anheimgegeben. Die muffige Atmosphäre empfand ich als bedrückend. Die aktivste Studentengruppe war das dritte Studienjahr, die ich bereits vom Unterricht her kannte. Die vier Mädchen und der eine Junge bemühten sich um den Titel „Sozialistisches Studentenkollektiv", der im Gegensatz zu Titeln wie „Kollektiv der Deutsch-Sowjetischen Freundschaft" relativ selten verliehen wurde. Die FDJ-Hochschulleitung erkannte zwar die sehr guten Leistungen der Studenten an, weigerte sich jedoch, die fünf Hanseln als Kollektiv gelten zu lassen. Da konnten ja zwei Leute kommen und sich als Kollektiv ausrufen, um so einen der hehrsten Begriffe des Leninismus der Lächerlichkeit preiszugeben. Wir stritten uns einige Stunden, doch am Ende mußten die Studenten klein beigeben.

Im Dezember 1980 wurde John Lennon vor dem New Yorker Wolkenkratzer, in dem er ein Apartment besaß, von einem Verrückten erschossen. In Amerika war eben alles möglich. Die DDR-Kulturfunktionäre nutzten die Gelegenheit, den vielfältigen Künstler ganz für sich zu vereinnahmen getreu dessen Versen: „Everybody loves you / When you're six foot / In the ground." Es wurde ein Wettbewerb nach dem besten Gedenksong initiiert. Den gewannen natürlich die Puhdys, die ihren kreativen Impetus längst eingebüßt hatten, mit dem lauen Song „He John". Immerhin gelang es den Genossen, durch die Allgegenwart des toten Lennons bei der Jugend einen Überdruß auszulösen: Die Studenten, denen ich ein paar Jahre später über Lennon ein Gedicht von mir vortrug, das freilich auch nicht toll war, meinten bloß, was ich mit den ollen Kamellen wolle.

4
Glück im Hinterhaus

Nach und nach hatte ich mich im Alltag eingerichtet, was eine wachsende Unzufriedenheit in mir hervorrief. Der weitere Weg schien vorgezeichnet, und Durchbrüche würden seltener, soweit sich überhaupt welche ereigneten. Die mentale Krise während des Studiums hatte ich zu lösen versucht, indem ich mich der Lyrik zuwendete. Nun begann ich, eine Art Chronik zu führen, worin ich die wichtigsten Ereignisse, die Ziele und Errungenschaften eines Jahres festhielt, in der Hoffnung, daraus ein Extrakt oder gar einen Sinn destillieren zu können. Das blieb natürlich fragwürdig. Wenigstens erlauben mir die persönlichen Jahresbilanzen seit 1981, auf gesicherte Fakten zugreifen zu können, wenngleich ich das genaue Datum hier in der Regel aussparen werde, um den Leser nicht zu langweilen.

Noch waren nicht alle existentiellen Probleme gelöst. Zunächst galt es, eine richtige Wohnung zu bekommen. Wegen der bevorstehenden Geburt unseres ersten Kindes wurden wir von der zuständigen Behörde als würdig befunden, überhaupt einen Antrag auf Wohnungszuweisung stellen zu dürfen. Wir erhielten zunächst zwei Angebote für Zweiraumwohnungen, die uns nicht zusagten. Die erste Wohnung lag in der mehr und mehr zerfallenden Altstadt. Sie besaß zwar ein WC, doch das stand in der Küche. Die zweite Wohnung befand sich in einem ebenfalls maroden Gebäude in der Bahnhofsvorstadt. Dort hauste eine Familie mit zwei kleinen Kindern. Sie zogen in ein Einfamilienhaus am Stadtrand. Sie hatten etliche Jahre ihrer Lebenszeit geopfert, um sich diesen Traum unter den Bedingungen der sozialistischen Mangelwirtschaft zu erfüllen. Die alte Wohnung hatten sie in den verflossenen Jahren entsprechend verwahrlosen lassen. Wir mußten die Ablehnungen sehr dezidiert begründen, wenn wir Aussicht auf weitere Angebote haben sollten. In das letzte Loch wollten wir nicht ziehen, zumal man dort wahrscheinlich längere Zeit wohnen bleiben mußte. Das Wort *WOHNHAFT* hatte in der DDR eine doppelte Bedeutung.

Schließlich bekamen wir Anfang 1981 das dritte Angebot. Es hieß, wer drei Angebote ablehne, werde in absehbarer Zeit, nicht mehr berücksichtigt. Die Adresse lautete Lindenweg 7. Die Haustür dieses Eckhauses erreichte man über die Hofeinfahrt. Die Wohnung lag im ersten Stock und hatte zwei Zimmer, Küche, Flur sowie ein WC über den Hausflur – zu jener Zeit befanden sich in vielen Altbauten noch Plumpsklos. In dem Haus wohnten fünf Mietparteien. Der Lindenweg wurde seinem Namen gerecht, das heißt im Gegensatz zu den meisten nach 1989 neu angelegten Straßen mit romantischen Namen, säumten ihn tatsächlich Linden. Die Lage war dennoch nicht idyllisch. Zum einen lief der Weg parallel zur Bahntrasse Dresden – Karl-Marx-Stadt, die immerhin in einer künstlichen Senke verlegt war. Mein Onkel Klaus meinte einmal, wir hätten nun eine strategische Position, um die Güterzüge mit Uran nach Osten beobachten können. Ich sah vor allem Züge mit Kohlen, die aus den östlichen Braunkohlerevieren der DDR rollten. Zum anderen befand sich das Haus an der Kreuzung, wo der Lindenweg die Fernverkehrsstraße 173 querte, die damals Straße des Friedens hieß. Die ansteigende Hauptstraße machte vor der Eisenbahnbrücke einen Bogen und war nach oben nicht einsehbar, so daß deren Überqueren zu einer Art russischen Roulettes wurde. Ein Teil des Hauses war der Hauptstraße zugewandt, so auch unser Schlafzimmer. Das gelbweiß verblichene Haus war Ende der zwanziger Jahre erbaut worden, es bildete den bescheidenen Abschluß eines großzügigen Ensembles, das den unteren Teil der Straße flankierte.

Davor hatte die Wohnung die Mutter von Herrn Lachmann zusammen mit dessen Tochter bewohnt. Nachdem die Großmutter kürzlich verstorben war, hatten sie gehofft, daß die Tochter die Wohnung übernehmen könnte. Doch die Wohnraumlenkung meinte, daß einer Studentin eine solche Wohnung nicht zustünde. Herr Lachmann hielt offenbar nicht viel von dem herrschenden Regime, brachte seine Ablehnung aber eher unterschwellig zum Ausdruck. Er bewohnte mit seiner kosmetisch aufgepeppten Gattin eine großzügig geschnittene Wohnung in der unteren Straße des Friedens, fuhr einen neuen Wartburg und wirkte auch im Winter gut gebräunt. Wie viele Leute, die sich nach der Wende als Widerstandskämpfer outeten, hatte er sich recht behaglich eingerichtet in seiner Nische. Nach 1989 fungierte er einige Jahre als Bürgermeister des Wintersportortes Holzhau im Erzgebirge.

Zunächst mußten wir die Wohnung bewohnbar machen. Mein Vater übernahm tatkräftig an die Renovierung. Die Küche mußte sogar neu verputzt werden. In allen Räumen klebten die alten Tapeten in vielen Schichten an den Wänden. Selbstverständlich strich er alle Fenster und Türen neu. Sein Elan war kaum zu stoppen. Im Frühjahr strich er sogar das Geländer im Hausflur auf eigene Rechnung und erwog, das ganze Treppenhaus neu zu weißen, was wir ihm ausreden konnten.

Die letzten Wochen vor Kittys Entbindung quartierten wir uns nochmals bei meinen Eltern ein. Die sanitären Bedingungen waren dort besser, vor allem gab es ein Telefon. Etwa eine Woche nach dem formal errechneten Termin setzten am Abend des 19. März Kittys Wehen ein. Meine Mutter bestellte einen Krankenwagen. In der Nacht des folgenden Tages wurde unsere Tochter Julia geboren.

Beim Umzug auf den Lindenweg halfen meine Schulfreunde Andreas Ulbricht und Volker Bormann. Insbesondere wuchteten sie die Waschmaschine, die circa neunzig Kilogramm wog, und den Kühlschrank vom Hof in die erste Etage. Wegen meines lädierten Rückens sollte ich nichts Schweres heben. Ansonsten war der Hausrat überschaubar.

Ich hatte mich vor allem um die Beschaffung der Möbel gekümmert, was mit viel Rennereien verbunden war. Die Schränke für das Wohnzimmer und das Schlafzimmer hatten wir frühzeitig in Freiberg bestellt. Sie bestanden aus mit Folie beklebten Hartfaserplatten, die wahrscheinlich reichlich Formaldehyd enthielten. Dafür waren sie funktionell. Während die drei Schlafzimmerschränke kompakt angeliefert wurden, mußte die Schrankwand im Wohnzimmer aus einem Bretterhaufen - ohne plausible Beschreibung - zusammengepuzzelt werden. Dabei unterstützte mein Schwager Ulrich meinen Vater. Den Teppich für das Wohnzimmer schleppte ich mit meiner Mutter aus Dresden heran. Wir trugen zunächst den sperrigen, nicht gerade leichten Packen vom Centrum-Warenhaus auf der Prager Straße zum Hauptbahnhof, von wo wir den Teppich mit dem Personenzug nach Freiberg transportierten. Hier konnten wir ihn auf ein Fahrrad laden. Eine Doppelbettcouch hatte ich gleichfalls in Dresden gekauft. Zur Abholung aus einem Auslieferungslager in Freital mußte ich ein Gütertaxi mieten und zusammen mit dem schmächtigen Fahrer das Monstrum in den Transporter und in Freiberg in die Wohnung asten. Im Arbeiter-und-Bauern-Staat mußte eben jeder zupacken, wenn er zu etwas kommen wollte.

In der Küche stellten wir eine Duschkabine mit Elektrospeicher auf, deren Beschaffung wegen des exorbitanten Preises unproblematisch war. Allerdings mußte man sich beim Duschen beeilen, da der Boiler schnell leer gelaufen war, ganz zu schweigen vom zweiten Duschwilligen, der viel Geduld brauchte, ehe er beginnen konnte. Schwieriger wurde es einen Tischler zu überreden, einen Schreibtisch und ein Bücherregal nach unseren Maßen anzufertigen – zu kaufen gab es solchen „Luxus" kaum. Die Erledigung des Auftrages zog sich ein ganzes Jahr hin. Der Preis hielt sich aufgrund der niedrigen Lohnkosten in einem vertretbaren Rahmen. Die Möbel waren solide gearbeitet, die verwendeten Furnierplatten entsprachen den üblichen Ersatzstoffen. Das Regal steht jetzt noch – mangels preiswerten Ersatzes – im Flur.

Die Deckenlampe für das Wohnzimmer kaufte ich schließlich am 20. März 1981 in Brand-Erbisdorf, nicht gerade ein Prachtstück, doch als eines der wenigen Gegenstände unserer Erstausstattung tut sie noch heute ihren Dienst. Ansonsten überdauerten die Absenker einer Monstera, die ich gleichfalls damals heranschleppte, sowie ein Tisch aus Furnier den Lauf der Zeit. Der 20.3. war ein warmer Frühlingstag mit viel Sonne – als solchen hätte ich ihn längst vergessen, wenn ich nicht so eben von der Geburt unserer Tochter Julia erfahren hätte. So vermischte sich Bedeutsames mit Banalem in der Erinnerung, wie das wohl fast immer der Fall ist. Am Nachmittag besuchte ich Kitty in der Frauenklinik. An diese Visite kann ich mich allerdings nicht mehr entsinnen.

Nun war ich also Vater. Darauf war ich recht stolz, was sonst kaum vorkam, wenngleich ich das nur wenig nach außen zeigte. Gegenüber den Kollegen mit Kindern fühlte ich mich nun gleichfalls erwachsen, während mir die anderen, besonders wenn sie älter waren, etwas leidtaten.

Als Kitty aus der Frauenklinik entlassen wurde, war die Wohnung gerade fertiggeworden. Wir hatten nun eine fast neue Wohnung, der man eine gewisse eigene Note nicht absprechen konnte. Besonders angenehm war sie an warmen Frühsommerabenden, wenn der Lindenduft durch das Küchenfenster hereindrang. Dann hielt sich sogar der Verkehrslärm in Grenzen, da niemand aus Langeweile bloß so durch die Stadt kurvte. Der Liter Benzin kostete 1,50 Mark der DDR, das entspräche gemessen am Durchschnittslohn einem heutigen Preis von 4 bis 5 Euro. Freilich war das übliche Gemisch alles andere als umweltfreundlich. Heute steht das Haus an einer verkehrsreichen Straße; nachdem es lange marode und unbewohnt war, wurde es nach 2010 großzügig saniert.

Da der Ofen im Wohnzimmer wenig taugte, mußte ich nach Beendigung der Heizperiode nach Ersatz Ausschau halten. In Freiberg war kein brauchbarer Ofen aufzutreiben. Ich hatte jedoch gehört, daß es in Dippoldiswalde etwas geben könnte. Daher fuhr ich Anfang Mai dorthin, zunächst bis Freital und dann weiter mit der Schmalspurbahn durch den idyllischen Rabenauer Grund. Es war ein wunderschöner Maientag, die Wiesen und Wäldchen entfalteten ihre höchste Pracht. So konnte ich das Angenehme mit dem Nützlichen verbinden

In „Dipps“ – wie der Ort landläufig hieß – bekam ich tatsächlich einen Dauerbrandofen, der sogar angeliefert wurde. Die direkte Bedienung dieser Art Ofen machte das Heizen wesentlich einfacher als der Umgang mit einem Kachelofen. Der Ofen spendete nach kurzer Zeit Wärme, wobei man wie bei einem Kamin durch den anregenden Anblick der glühenden Kohlen das Gemüt hätscheln konnte. Genauso schnell kühlte der Ofen wieder aus, wenn man nicht nachlegte. Der Kohlenverbrauch und Aschenanfall waren dementsprechend hoch. Mein Vater zählte bei seinem Kachelofen die kleinen Briketts, mit denen er den farbig gekachelten Koloß fütterte. Er brauchte kaum mehr als ein Dutzend pro Tag. Wir benötigten mindestens einen Eimer voll, an rauhen Wintertagen bis zu drei Eimern Briketts.

5
Sie hat's uns allen gegeben

Das Jahr 1981 hatte gut begonnen. Am 1. Januar wurde das Gehalt der wissenschaftlichen Mitarbeiter aufgrund eines Politbürobeschlusses erhöht. Ein Instrukteur erläuterte in einer Vollversammlung den Mitarbeitern diese Maßnahme, die Parteiführung hätte die zunehmende Rolle des wissenschaftlichen Nachwuchses erkannt. Das hatte zwar lange gedauert, und üppig war der Gehaltszuwachs von 840 auf 1000 Mark auch nicht. Trotzdem blieb die finanzielle Hierarchie im Hochschulbereich steiler als im Westen. Immerhin rückten wir in der sozialen Rangskala zu den Ingenieuren in den Betrieben auf. Von den Arbeitern oder erst recht Handwerkern wurde man dennoch nicht ernst genommen. Einmal fragte mich ein Arbeiter, was ich mache. Als ich etwas von Hochschule sagte, zuckte er mitleidig mit den Schultern, da habe ich ja gar nichts zum Tauschen.

Am 3. Januar 1981 wurde das erste Gedicht von mir in einer Zeitung publiziert und zwar in der *Jungen Welt*, dem sogenannten Organ des Zentralrates der FDJ. Die Zeitung war nach dem *Zentralorgan* der SED *Neues Deutschland* die wichtigste Tageszeitung der DDR. Da sie in Nebensächlichkeiten weniger verkrampft daherkam als die Parteigazette, wurde sie nicht nur als Pflichtlektüre gelesen. Die populärste Rubrik der *Jungen Welt* hieß „Unter vier Augen" und widmete sich der Partner- und Sexualberatung, eine andere Rubrik war die „Poetensprechstunde", die jeweils sonnabends erschien. Hier stand nun mein Gedicht „Hoffnung". Das heißt, so hatte ich es nie geschrieben, die Redakteure hatten sich erlaubt, ein paar Zeilen zu verbessern. Sie brachten später die Ausrede, sie hätten das mit mir abgesprochen. Davor hatte ich mit der Zeitung bereits einige Jahre korrespondiert. Die *Junge Welt* besaß neben einem speziellen Lyrik-Redakteur, der mir sehr parteikonform erschien, einen Außenlektor, der offenbar einen profunderen literarischen Geschmack besaß. Er bemerkte, meine Gedichte ähnelten mehr Kabaretttexten – irgendwann hatte ich einmal erwähnt, daß ich auch solche verfaßte – als der hohen Literatur. Zwischen Morgenstern und Ringelnatz auf der einen

Seite und Hölderlin und Rilke auf der anderen Seite lägen Welten. Das war zwar als Tatsache unbestreitbar, sollte aber ein Werturteil sein. Dabei erforderten gute satirische oder humoristische Gedichte genauso eine hohe Kunstfertigkeit wie pathetische Texte. Und Ringelnatz wäre es wahrscheinlich nicht allzu schwergefallen, Hölderlin zu imitieren, doch Hölderlin hätte beim besten Willen kein Ringelnatz-Gedicht zustande gebracht. Außerdem bemängelte der Lektor, daß meinen Gedichten das Mitgefühl, das nach seiner Meinung zu jedem Gedicht gehörte, fehlte. Gottfried Benn war für ihn anscheinend kein Lyriker.

Im Februar 1981 wurde Dieter Kandidat der Sozialistischen Einheitspartei Deutschland (SED). Er hatte der Partei bis dahin skeptisch gegenübergestanden, zumal er mit einigen Mitgliedern unliebsame Erfahrungen gemacht hatte. Die Genossen der Grundorganisation Mathematik schienen politisch moderat und meist auch menschlich korrekt zu sein – kein Vergleich mit den verbissenen DDR-Auslandsstudenten und schon gar nicht den kaputten Typen vom FDJ-Zentralrat. Die Aufnahme neuer Mitglieder aus der Intelligenz erfolgte nur stoßweise bei engen Quoten meist in Vorbereitung von Parteitagen. So ein Parteitag, der nur alle fünf Jahre abgehalten wurde, stand wieder einmal bevor. Die Werktätigen überall in der DDR verpflichteten sich zu Ehren des Parteitags zu besonderen Leistungen, die sie ohnehin erbracht hätten, doch derart war das Ritual. Er kam als Assistent überhaupt nur in Frage, da er im Vorfeld des Parteitags gerade die Funktion des FDJ-Sekretärs der Sektion Mathematik innehatte. Wenn er der herrschenden Partei überhaupt beitreten wollte, dann war das die einzige Gelegenheit. Für Studenten standen die Tore etwas weiter offen. Wie so oft in der DDR mußte man zugreifen, ohne lange zu überlegen, wenn man eine Chance hatte. Andere Assistenten waren von den Umständen weniger begünstigt, und es gelang ihnen nicht, als Intelligenzler Einlaß in die Partei der Arbeiterklasse von den Erzengeln der reinen Lehre gewährt zu bekommen, obwohl sie sich mehr verbogen als Dieter. Desto mehr spielten sich diese verhinderten Genossen nach der Wende als geborene Widerstandskämpfer auf.

Mich zwang niemand, der Partei beizutreten. Aber mein Verbleib an der Sektion war gesichert, falls ich beitrat, ansonsten blieben viele Unwägbarkeiten selbst bei besten fachlichen Leistungen. Und was sollte ich in der sozialistischen Praxis? Von den paar Assistenten, die in den folgenden Jahren in ein unbefristetes Arbeitsverhältnis übernommen wurden, war ein einziger nicht Parteimitglied. Und dieser Assistent litt an gelegentlichen epileptischen Anfällen, und da getraute es sich der Sektionsdirektor nicht, ihn hinauszuwerfen. Mein Nachfolger als FDJ-Sekretär, der sich geweigert hatte der SED beizutreten, durfte nach erfolgreicher Promotion sogleich die Sektion verlassen. Außerdem hatte ich die Vorstellung, innerhalb der Institution mehr zum Besseren verändern zu können als von außen - ein Irrglaube, den ich wie viele andere als solchen bald erkennen mußte.

Während der Aufnahmefeier in der kleinen Aula im Hauptgebäude der Hochschule erklangen im Hintergrund Kampflieder. Darunter war das berüchtigte Machwerk „Lied von der Partei" mit dem Text von Fürnberg, das beginnt mit dem Vers „Sie hat uns alles gegeben" und kulminiert in dem Refrain „Die Partei, die Partei hat immer recht". Da hätte ich das rote Büchlein am liebsten gleich wieder abgegeben.

Ich genoß zwar innerhalb der Parteiorganisation eine gewisse Narrenfreiheit, in den Parteiversammlungen wagte ich mitunter ein kesses Wort. Das nutzte meinem seelischen Gleichgewicht, mehr aber auch nicht. Das Parteiabzeichen, das zu tragen eine Ehre darstellen sollte, steckte ich nie an, sogar wenn ich ein Jackett anhatte, was freilich selten vorkam. Ich sah in dem „Bonbon" eher ein Stigma. Zu Feiertagen hängten wir nicht einmal eine Fahne aus dem Fenster, was als Parteimitglied fast an Rebellion grenzte. Wir waren eben alle Widerstandskämpfer.

War man erst einmal Kandidat, mit zwei Bürgen - ich glaube, es waren Fredi Tröltzsch und mein Onkel Heinz, gleichfalls ein fabelhafter Genosse, der ganz anders als mein Vater beim Rat des Kreises strikt Dienst nach Vorschrift machte und für den ansonsten wie für viele DDR-Bürger „privat vor Katastrophe" ging - war die Aufnahme als Mitglied ein Jahr später eher ein formaler Akt, so sicher wie heutzutage der Führerschein nach der Probezeit. Nun durfte ich zweimal im Monat, jeweils am Montagabend, Parteiveranstaltungen besuchen, zum einen die Mitgliederversammlung der Parteigruppe, zum anderen das Parteilehrjahr, das wesentlich rascher beendet war. Bei den Parteiveranstaltungen langweilte ich mich kaum, im Gegensatz zu Versammlungen der Gewerkschaft oder anderer gesellschaftlicher Organisationen, die freilich viel seltener stattfanden. Die Diskussionen in der Parteigruppe verliefen häufig unverblümt, zudem erfuhr man mitunter etwas, wozu man sonst keinen Zugang hatte. Das obligatorische „Du" unter den Genossen war gewöhnungsbedürftig, vor allem bei einzelnen Professoren hätte ich gern darauf verzichtet, es gab aber einem auch das prickelnde Gefühl, zu einer Art Geheimbund zu gehören. Trotz gelegentlicher Geheimniskrämerei der Genossen schienen die Strukturen transparenter als heutige elitäre Vereine wie Rotary Club oder Lions Club, die durch karitative Mätzchen scheinheilig vorgeben, dem Gemeinwohl verpflichtet zu sein, aber politische und wirtschaftliche Entscheidungen möglicherweise mehr beeinflussen als seinerzeit ordinäre Parteiorganisationen.

Mit den Parteiversammlungen war der Montag bis zum Abend gelaufen. Ansonsten wurde die vorgeschriebene Arbeitszeit kaum übertreten. Etwa einmal im halben Jahr mußten die Assistenten eine Woche lang den sogenannten Schließdienst um 18 Uhr durchführen. Man hatte zu überprüfen, ob alle Fenster im Dienstgebäude geschlossen waren, das Licht auszuschalten und am Ende das Gebäude abzuschließen. Dafür bekam man immerhin einen zusätzlichen freien Tag.

Drei- bis viermal im Jahr wurden die Assistenten zur Klausuraufsicht beordert. Der Lehrverantwortliche ließ dann in allen Hörsälen für die Ingenieurstudenten des ersten Studienjahres Kontrollarbeiten schreiben, wozu man sich ab 6.45 Uhr einzufinden hatte. Ich war meist für den Chemie-Hörsaal eingeteilt. Vor dem langgezogenen Gebäude lag eine ausgedehnte Wiese, auf der Kühe grasten. Ich beneidete die Rindviecher fast, da sie eine nützliche Arbeit verrichteten. Die Klausuren sollten die Studenten zum kontinuierlichen Arbeiten anhalten. Die Noten hatten, soviel ich weiß, letztlich keine Bedeutung. Schließlich zählte nur die Zensur der Prüfung, die mündlich erfolgte. Zuweilen mußte ich als Beisitzer bei einem Lehrer im Hochschuldienst an einer solchen Prüfung teilnehmen. Die Lehrer fragten die Studenten mitunter seltsame Bezeichnungen, die zumindest mathematisch nicht relevant waren. Ich äußerte mich aber nicht dazu, genauso wie man schwieg, wenn ein halbgebildeter Genosse von der Kreisleitung in der Parteiversammlung große Töne schwang.

6
Im Westen viel Neues

Nach der Geburt unserer Tochter mußte ich mich in die neue Rolle als Familienvater hineinfinden. Die Kindbetreuung übernahm größtenteils Kitty, wenngleich ich notfalls eine Mahlzeit zubereiten oder Windeln wechseln konnte. Da meine Frau vorwiegend auf das Kind fixiert war, litt ich an der verringerten emotionalen Zuwendung. Nicht umsonst kommt es in dieser Phase bei vielen Paaren zu einer Beziehungskrise. Ich konzentrierte mich zunehmend auf meine Dissertation, mit der ich nun gut vorankam. Am Ende des Jahres konnte ich meine erste eigenständige wissenschaftliche Veröffentlichung bei einer Fachzeitschrift einreichen.

Ende Mai kauften wir uns einen Fernsehapparat und zwar ein preiswertes Schwarzweißgerät, da der Farbempfang des Westfernsehens wegen der unterschiedlichen technischen Standards problematisch war. Beim Transport aus dem hiesigen Fachgeschäft war mir mein Kollege Fredi Tröltzsch mit seinem Trabi behilflich. Im Gegensatz zum *Tal der Ahnungslosen* in Dresden, konnte man in Freiberg wegen der Höhenlage Westfernsehen empfangen, die Bildqualität schwankte zwar nach Wetterlage, notfalls nahm man eben etwas Grieß oder Flimmern in Kauf. Der Westempfang war inzwischen opportun geworden, sogar mein Vater regte sich nicht mehr darüber auf. Die Post hängte in den Häusern sogar Zettel mit den entsprechenden Frequenzen aus. Da das Westfernsehen einigermaßen realistisch über die bundesdeutschen Probleme berichtete, hielten sich die Illusionen der Bevölkerung in Grenzen, im Gegensatz zur Dresdner Region, wo man sich den Westen schillernder ausmalte. Nicht zufällig stellten einige Jahre später dort besonders viele Leute einen Ausreiseantrag. Und daß Helmut Kohl Ende 1989 gerade in Dresden einflog, war ein raffinierter Schachzug.

Im Radio hörte ich eigentlich gar keinen DDR-Sender mehr, obwohl das Angebot an Pop- und Rockmusik vielfältiger geworden war. Ich hatte ein eigenes tschechisches Stereospulentonbandgerät gekauft, nahm aber nicht mehr im Radio auf. Meinen Bedarf an Rock & Pop deckte ich bei RIAS II, der sein entsprechendes Programm auf den ganzen Tag ausgedehnt hatte. Dieser Westberliner Sender brachte auch die Wettervorhersage für unser Gebiet, manchmal sogar Verkehrsmeldungen aus unserer Region. Die Musikauswahl war am Mainstream orientiert, was mich damals nicht störte, zumal die Sendungen frei von Werbung und *heavy rotation* waren, die mir das Formatradio der neunziger Jahre endgültig verleideten. Politische Informationen bezog ich daneben vom Deutschlandfunk. Zum Frühstück hörte ich nach Möglichkeit die Sendung „Aus Ostberliner Zeitungen", die meist sehr amüsant war, anders als deren Quellen wie das *Neue Deutschland*, das ich neben der *Jungen Welt* und dem Bezirksblatt *Freie Presse* abonniert hatte.

Jetzt sah ich jeden Abend die *Tagesschau* der ARD. Das ZDF war mir zu tendenziös. Antikommunistische Eiferer wie Löwenthal, auch wenn sie im Rückblick meist recht hatten, fand ich abstoßender als Karl Eduard von Schnitzlers *Schwarzen Kanal* im DDR-Fernsehen, dem man gewisse unfreiwillige Kabarettqualitäten attestieren konnte. Dabei war es aufschlußreich wie Schnitzler Passagen aus Westsendungen, die ich im Original gesehen hatte, willkürlich zusammenschnitt. Zwar langweilte mich im allgemeinen das bundesdeutsche Parteienhickhack, doch das war immer noch besser als die Auftritte der Partei-und-Staatsführung der DDR oder die Erfolgsberichte zum sozialistischen Wettbewerb, welche *Die Aktuelle Kamera* im DDR-Fernsehen bestimmten. Spannend wurde die BRD-Innenpolitik vor Bundestagswahlen, besonders das Erscheinen der Grünen Anfang der achtziger Jahre brachte Farbe in die graue Parteienlandschaft. Daneben verfolgte ich politische Magazine wie *Panorama*, wobei einige Beiträge wie über die Würmer im Fisch eher unsinnige Ängste schürten. Wer konnte ahnen, daß das nur ein Vorgeschmack auf kommende Zeiten sein würde? Mit Genuß sahen wir auch die Werbung, die im damaligen ausschließlich öffentlich-rechtlichen Fernsehen auf wenige Werbeblöcke beschränkt blieb, was die Wirkung steigerte. Auch wirkte sie nicht so dümmlich penetrant wie ein Großteil der heutigen Reklame, von der Radiosender wie Radio Luxemburg in den sechziger und siebziger Jahren einen Vorgeschmack geliefert hatten. Besonders prägte sich der Winterschlußverkauf von *Pelzlösche* am Kurfürstendamm ein, für den Legionen schöner Frauen mit Pelzmänteln drapiert aufmarschierten, wobei die Preise sehr demokratisch wirkten. Als wir in den neunziger Jahren in Westberlin an dem Laden vorbeikamen, eilten wir ohne Halt vorüber. Wie die meisten Produkte, die man nun problemlos erlangen konnte, hatten auch die Pelzmäntel ihre Aura verloren. Lediglich das KaDeWe, das *Kaufhaus des Westens*, welches ebenfalls in der Werbung hin und wieder vorkam, spiegelte noch etwas von dem imaginären Glanz.

Im dritten Programm der ARD, namentlich dem NDR, liefen kulturelle Sendungen, die mich interessierten wie „Autor-Scooter" mit renommierten Literaten oder „Formel Eins" mit den ersten Musikvideos, die frischer wirkten, als die Konfektionsware, die später die Musikkanäle überschwemmte. Besonders aufschlußreich war die Reihe „Vor vierzig Jahren" mit deutschen Wochenschauen aus der Kriegszeit. Einerseits konnte man daran die Menschenverachtung des Naziregimes, andererseits die Faszination, welche die damalige Propaganda auf die Zeitgenossen ausübte, nachempfinden. Merkwürdigerweise wurden längere historische Originaldokumente im Fernsehen später nicht mehr ausgestrahlt. Lag das an der zunehmenden Kommerzialisierung, oder traute die um sich greifende *Political Correctness* den Zuschauern kein eigenständiges Urteil mehr zu? Der Gegenpol zu den Wochenschauen bildete die Wiederausstrahlung der amerikanischen Serie über den Holocaust, die mich trotz einiger Hollywood-Klischees innerlich sehr berührte. Die antifaschistische Geschichtsdarstellung der SED hatte die Judenvernichtung weitgehend ausgeblendet oder auf die leidenschaftslose Statistik reduziert. Ergreifende Martyrien erlitten in der DDR-Darstellung in erster Linie Kommunisten. Die politische Gesinnung konnte man sich immerhin heraussuchen, die ethische Herkunft jedoch nicht.

Nach meiner Jahresbilanz für 1981 stellte ich Ende Juni die erste Fassung eines Gedichtbandes fertig. Wenn ich diese Feststellung vergleiche mit den wenigen Gedichten, welche ich bis dahin schrieb und heute noch gelten lasse, so komme ich nicht umhin, auf eine beträchtliche Überhebung meinerseits zu schließen. Ich hatte angestachelt von den Kritiken von Seiten der *Jungen Welt* den Ehrgeiz, mehr auf die ernsthafte Lyrikschiene zu kommen, statt auf das Humoreske zu setzen, wofür der Eulenspiegelverlag stand. Das bewog diesen Verlag Ende 1981, die Zusammenarbeit aufzukündigen. Vielleicht hätte ich mich dem heiteren Genre zuwenden sollen, besser Schreiben für die Erfordernisse eines gewissen Marktes statt einer ungewissen Ewigkeit. Unter Umständen hätte ich es zu einem Robert Gernhardt des Ostens gebracht – der mir damals unbekannt war – die Konkurrenz wäre zumindest überschaubar gewesen. Die Lokalmatadoren vom Schlage eines Stengel oder Strahl fand ich peinlich, daß ich damals keinen Gedanken darauf verschwendete.

Im Juli mußte ich zusammen mit anderen Mitarbeitern der Bergakademie zum Waldeinsatz. Durch den übermäßigen Naßschnee im vorigen April waren viele Bäume zusammengebrochen. Nun galt es, im Wald wieder Ordnung zu schaffen. Wegen des allgemeinen Arbeitskräftemangels griff man auch auf Wissenschaftler zurück. Wir sollten ein Waldstück bei Frauenstein im Osterzgebirge beräumen. Mit der bescheidenen Technik, die man bereitgestellt hatte, waren unsere Möglichkeiten sehr begrenzt. Abends war ich so müde, daß ich nicht einmal zum Lesen imstande war. Zum Glück dauerte der Einsatz nur eine Woche. Man konnte mit dem Bus, der jedoch ungünstige Abfahrtzeiten aufwies, zum Einsatzort fahren. Einmal nahm mich und drei weitere Kollegen ein junger Arbeiter in seinem klapprigen Moskwitsch mit. Er raste mit 130 km/h (zulässig waren damals 80 km/h) über die hoppelige Chaussee ins Gebirge. Seitdem setzte ich mich nicht mehr zu fremden Privatleuten ins Auto.

Als wissenschaftlicher Assistent hatte ich 23 Tage Jahresurlaub, das war nahezu das Maximum in der DDR. Die Reisemöglichkeiten waren jedoch begrenzt, schon eine zweiwöchige Urlaubsreise zu ergattern war kompliziert. In Sternberg, das immerhin eine gewisse Abwechslung bot, hielt ich es bestenfalls eine Woche aus. Daneben bekam ich jährlich ein, zwei Dienstreisen zu wissenschaftlichen Tagungen. Um nicht in Freiberg zu versauern, hatte ich mich bei Jugendtourist, dem Reisebüro der FDJ, als Reiseleiter beworben. Das Reisebüro suchte zur Betreuung sowjetischer Reisegruppen sprachkundige und politisch zuverlässige Jugendfreunde. Zwar gab es kein Honorar, aber alle Leistungen waren frei, und die Spesen wurden erstattet, nicht zuletzt wurde man auf Antrag von der Arbeit freigestellt, da der Einsatz als gesellschaftliche Arbeit galt. Dafür mußte man einigen bürokratischen Aufwand auf sich nehmen. Im Vorfeld hatte man eine Ganztagesschulung zu besuchen, und hinterher war eine schriftliche Auswertung vorzunehmen.

Die erste Reise führte mich nach Frankfurt/Oder, wo ich die Russen am Bahnhof in Empfang nehmen mußte. Ab dort ging es weiter mit einem Sonderbus mit zwei russischen Fahrern, mit denen ich mich von der ganze Truppe am besten verstand. Nach kurzem Aufenthalt in Frankfurt/Oder mit einem Tagesausflug nach Berlin führte die Reise ins Erzgebirge nach Oberwiesental, von wo Exkursionen nach Karl-Marx-Stadt und Annaberg-Buchholz führten. Die Übernachtung erfolgte in den besten Jugendherbergen des Landes, sogenannten Jugendtouristhotels, wo man als normaler DDR-Jugendlicher kaum eine Chance hatte hineinzukommen. Allerdings mußte ich zusammen mit Russen in Mehrbettzimmern übernachten, was mein Vergnügen erheblich trübte. Von Oberwiesental mit dem höchsten Berg der DDR, dem 1214 Meter hohen Fichtelberg, war ich enttäuscht. Der Ort war ein Kaff, und die Berge wirkten eher wie Hügel, überhaupt nicht erhaben, gewissermaßen als Synonym des ganzen Landes. Außerdem mutete das Wetter Ende August schon novemberlich an. Auch die Russen hatten sich mehr von der Reise erhofft, doch sie hatten eine Reise in die DDR gebucht, und der Rest war Roulette, immerhin kein russisches.

In dem Sommer besuchte ich meinen ehemaligen Kommilitonen Volker Heumann in Strausberg sowie eine Bekannte in Berlin. Volker lebte dort in einer Parallelwelt, die mir auch offen gestanden hatte. Seitdem ich nicht mehr zum Grundwehrdienst eingezogen werden konnte, zweifelte ich keine Sekunde daran, mich richtig entschieden zu haben, als ich die Hochschule vorzog. Volker hatte mit seiner Frau inzwischen eine Neubauwohnung erhalten. Vor dem Haus harkte ein Offizier im braunen Trainingsanzug, der Freizeitbekleidung der Armeeangehörigen in der Kaserne, penibel den Sand, als ich an der Haustür klingelte. Vor anderen Eingängen waren andere Genossen mit Eifer dabei, die gleiche verantwortungsvolle Aufgabe zu erfüllen. Im Haus hing eine akkurat gestaltete Wandzeitung zu einem politischen Thema. Volker berichtete, daß man nicht Westfernsehen gucken durfte. Zumindest mußte man es heimlich tun, das heißt, der Nachbar durfte nichts mitkriegen. Er schien das zu akzeptieren, zumindest hatte er von gewissen Ereignissen, die in DDR-Medien nicht vorkamen, keine Ahnung. Die Arbeit schien ihn kaum auszufüllen. Das Einzige, was er davon berichtete, waren die Computerspiele, mit denen er die Zeit totschlug. Überhaupt schien er ziemlich frustriert zu sein. Wir schwammen in einem großen See, der unweit der Siedlung lag. Hier fühlte ich mich frei.

Im März 1983 besuchte ich Volker noch einmal zusammen mit Christiane. An diesen Besuch kann ich mich jedoch nicht mehr erinnern. Danach verlor ich ihn lange aus den Augen. Erst nach fast fünfundzwanzig Jahren nahm ich über das Internet wieder Kontakt auf. 1990 hatte er seinen Job bei der Armee rechtzeitig quittiert und war mit seiner Familie nach Rheinland-Pfalz gezogen, wo er bei einer Softwarefirma arbeitete. Ich traf ihn im Jahr 2007 in seiner neuen Heimat, wovon im zweiten Teil meiner Erinnerungen berichtet wird.

Von Strausberg aus fuhr ich zu Kittys Freundin aus der ABF-Zeit Andrea Teucher, die in Berlin-Lichtenberg wohnte. Sie hatte uns bereits im Juni für drei Tage in Freiberg besucht. Den Gegenbesuch stattete ich allein ab, da Kitty mit unserer Tochter voll in Anspruch genommen war. Andrea hatte nach dem Studium der ökonomischen Kybernetik eine Stelle in der Datenverarbeitung eines Kombinates angetreten. Sie hatte immerhin bald eine Wohnung erhalten, was in Freiberg für Alleinstehende - zumindest an der Hochschule - illusorisch gewesen wäre. Die Wohnung befand sich im Hinterhaus einer Gründerzeitstraße. Eine ähnliche Straßenfront war seinerzeit auf dem Cover einer LP eines populären Rocksängers abgebildet, sie besaß eine eigentümliche Aura - wohnen wollte ich da nicht. Ich übernachtete eine Nacht bei Andrea auf der Couch. Kitty hatte mich bereits „gewarnt", daß sie sexuell sehr spröde sei. Grundsätzlich hätte ich seinerzeit keine Skrupel gehabt, meiner Frau ihre Freundin - wenn man ihr Verhältnis überhaupt noch so nennen konnte - zu „verführen". Doch Kitty hatte durchaus recht mit ihrer Charakterisierung, weshalb ich es gar nicht auf einen Versuch ankommen ließ, was mir nicht allzu schwerfiel, da Andrea ohnehin nicht mein Typ war. Allerdings erwies sie sich als guter Kumpel.

Am nächsten Tag unternahm ich mit ihr eine Radtour ins Berliner Umland. Das Rad für mich holten wir am Sonntagmorgen bei Kollegen Andreas, einem Ehepaar, das wir bereits am Vorabend getroffen hatten. Der Mann wußte nichts Gescheiteres, als sich wieder und wieder über mein „Universitäts-Sächsisch" (gemäß der Definition Rosenlöchers) lustig zu machen. In deren Hausflur stank es penetrant. Nebenan befand sich eine Kneipe, und die Besoffenen nutzen nachts den Flur als Pissoir. Die Frau war entsprechend ungehalten. In dem märkischen Sand blieb ich mit dem Rad oft stecken. Da trat es sich sogar auf den Gebirgsstrecken daheim leichter. Nach der Radtour bereiteten wir in Andreas Wohnung ein Mittagessen. Sie hatte Blumenkohl gekauft. Aus ästhetischen Gründen wollte ich ihn als ganzen kochen, während Andrea für Zerteilen war. Ich setzte mich durch, aber es war ein Pyrrhussieg, da in dem Kohlkopf eine riesige Made steckte, die man beim Zerschneiden wohl bemerkt hätte. So ekelte es mich, und ich aß so gut wie kein Gemüse, was zu einer weiteren Verstimmung führte.

Ich übernachtete noch einmal bei ihr im September anläßlich einer Theater-Aufführung im Berliner Ensemble. Anderthalb Jahre später besuchte ich sie noch einmal zusammen mit Kitty.

Die unterschiedlichen Arbeitswelten führten auch hier dazu, daß wir uns immer weniger zu sagen hatten.

7
Macht und Ohnmacht

Ab September 1981 ging Julia in die Kinderkrippe, und meine Frau nahm ihre Tätigkeit als Forschungsstudent in der Sektion Physik der Bergakademie wieder auf. Da sie ihren Arbeitsplatz nicht wie ich vorzeitig verlassen konnte, holte ich das Kind oft aus der Kinderkrippe ab, die sich in reichlich ein Kilometer Entfernung im Neubaugebiet befand. Ich war zwar froh, selbst nie in eine Kinderkrippe gebracht worden zu sein, aber als so schrecklich wie im Westen diese Einrichtungen später gebrandmarkt wurden, empfand ich sie nicht. Am späten Nachmittag und an den Wochenenden gab es noch viel Gelegenheit, dem Kind eine liebevollere Atmosphäre zu bieten.

Anfang Oktober fuhr ich mit Kitty in den ersten Urlaub nach der Geburt unserer Tochter, die wir bei meiner Mutter ließen. Wir hatten uns um eine Reise in das neue FDGB-Heim in Friedrichroda beworben. Außerhalb der Saison hatte man wesentlich bessere Chancen, einen Ferienplatz zu bekommen Das Heim stellte einen Riesenklotz mit modern ausgestatteten Zweibettzimmern dar. Kitty war die meiste Zeit in Gedanken mehr bei Julia als mit mir in der Fremde. Diese Gefühle wurden verstärkt durch ein Kinderbett, das in unserem Zimmer stand und leer blieb. Da sich das Zimmer im unteren Geschoß befand, war die Aussicht dürftig. Der preiswerte Ferienplatz beinhaltete Vollpension, die industriemäßig organisiert in dem großen Speisesaal durchgezogen wurde. Vor allem zum Abendbrot mußte man früh erscheinen, wenn man sich nicht mit Resten wie grober Leberwurst oder Harzer Käse begnügen wollte. Nach dem Abendbrot drängelten sich die vorwiegend älteren Urlauber zum Fernsehraum, es schien, als hingen sie an der Glotze wie ein Junkie an der Nadel. Das Wetter am ersten Tag, an dem wir einen Waldspaziergang machten, war bilderbuchmäßig. In der lauen Mittagssonne leuchtete das bunte Herbstlaub. Am zweiten Tag gab es einen Wetterumschwung, so daß wir eine Wanderung zum Großen Inselsberg abbrechen mußten. Auch in der restlichen Zeit kamen wir nicht mehr zu dieser Wanderung. Bei kühlem Schauerwetter unternahmen wir Ausflüge nach Erfurt, Gotha und Eisenach.

Im Herbst wurde ich erneut zum FDJ-Sekretär der Sektion Mathematik gewählt. Das Interessanteste an dieser Tätigkeit war die Teilnahme an der Dienstbesprechung des Sektionsdirektors, auf der die wichtigsten Angelegenheiten der Sektion behandelt wurden. An diesen Besprechungen nahmen neben dem Direktor Prof. König, seine Stellvertreter für Forschung Prof. Schaar beziehungsweise für Erziehung und Ausbildung Dozent Kosel, der wissenschaftliche Sekretär Dr. Flaxa, der Parteisekretär Dr. Schmieder, der Vorsitzende der Gewerkschaftsgruppe sowie der FDJ-Sekretär teil. Der Gewerkschaftsvorsitzende war mitunter verhindert, so daß ihn sein Stellvertreter Dozent Stoyan vertrat. Letzterer war der einzige Anwesende, der nicht in der Partei war, aber ideologische Fragen spielten hier keine Rolle. In den neunziger Jahren sollte er es zum Rektor der Bergakademie bringen. Schaar kam aus Mecklenburg und hatte auch etwas typisch Norddeutsches in seiner Art, die freundlich, aber distanziert war. Er besuchte regelmäßig Konzerte klassischer Musik in Dresden und verkörperte eine Art Bildungsbürger, was man von den meisten anderen nicht behaupten konnte. In der Runde dominierte König, nicht nur kraft seines Amtes, sondern auch aufgrund seiner Erscheinung und Ausstrahlung, die gewisse Ähnlichkeiten mit dem späteren Kanzler Schröder aufwies. Er kam aus einfachen Verhältnissen und hatte sich über die Arbeiter-und-Bauern-Fakultät in den fünfziger Jahren zu einer Autorität der Freiberger Uni emporgeschwungen. Einmal beneidete er den Leipziger Mathematiker Laßner, der bis zum Mitglied des ZK der SED aufgestiegen war. Unter anderen Umständen wäre König, der zwar ein Opportunist war, aber den führenden Genossen wohl zu schlau vorkam, vielleicht sogar Minister geworden, wenn man bedenkt, welche zum Teil farblose Gestalten heutzutage in der Landesregierung oder sogar der Bundesregierung sitzen. Den nötigen Machtinstinkt besaß er.

Prof. König reiste seit Anfang der achtziger Jahre regelmäßig ins kapitalistische Ausland, was allen anderen Hochschullehrern, geschweige den Assistenten, generell verwehrt blieb. Während seiner Abwesenheit führten die Dienstbesprechungen ein Schattendasein. Im November 1981 kehrte er von einem halbjährlichen Aufenthalt in den USA nach Freiberg zurück. Die erste Dienstbesprechung danach fiel kurz nach seinem fünfzigsten Geburtstag, der mit viel Pathos von den meisten Anwesenden zelebriert wurde. König erzählte recht ausführlich von seinem Aufenthalt in Amerika. Er berichtete stolz, daß er am vorherigen Abend einen hundertseitigen Bericht für das Ministerium fertiggestellt hatte. Auf Anregung der Genossen habe er einen Brustbeutel zum Schutz des Herzens vor Schußwaffen getragen. Mir schien das durchaus plausibel nach dem, was man über die Kriminalität in Amerika gehört hatte. Später verzichtete König freilich weitgehend auf diese Schutzmaßnahme. Viel schlimmer wären die Dealer und Junkies am Frankfurter Hauptbahnhof gewesen – eine Erfahrung, die ich einige Jahre später bestätigt finden würde.

Kurz nach Königs Rückkehr traf ich ihn an der Kasse der größten Kaufhalle des Neubaugebietes, an dessen Rand er ebenfalls eine Wohnung hatte. (Die Einkaufsstätte, die großspurig Unicent hieß, erschien mir damals fast riesig. Obwohl die Verkaufsfläche nach 1989 von Edeka fast verdoppelt wurde, ist es heute ein kleiner Supermarkt.) Er war es offensichtlich nicht gewohnt, im sozialistischen Einzelhandel einzukaufen. Er kramte lange in seiner Hosentasche, ehe er die paar Münzen für die Kleinigkeiten, die er kaufen wollte, beisammen hatte. Die Leute hinter mir blickten bereits verwundert. Offenbar besaß er – wie in Amerika üblich – kein Portemonnaie. Und Kreditkarten gab es im Arbeiter-und-Bauern-Staat nicht.

In den amerikanischen Städtchen, wo König weilte, konnte man nicht zur Uni laufen, weil es keine Fußwege gab. Das dürfte ihn kaum bedrückt haben, da er auch in Freiberg prinzipiell mit dem Auto zur Arbeit fuhr, seit kurzem mit einem Citroën. Einmal während eines Parteilehrjahrs stürzte König ohne Erklärung aus dem Versammlungsraum. Draußen hatte es zu regnen begonnen, und er mußte das Schiebedach seines edlen Wagens schließen, was er bei seiner Rückkehr jovial zum Besten gab. Mit dem Wagen pendelte er am Wochenende nach Berlin, wo er gleichfalls eine Wohnung besaß – für DDR-Verhältnisse ein außergewöhnlicher Luxus.

Ab Ende der siebziger Jahre konnten verdienstvolle Persönlichkeiten in der DDR einen Westwagen erwerben, die „gängigen" Marken waren Volvo, Mazda, Citroën sowie eine kurze Zeit während des sogenannten *Golf-Stroms* auch VW-Golf. Das änderte nichts daran, daß der Normalbürger immer noch bis zu fünfzehn Jahre auf einen Trabi warten mußte, bestenfalls war ein Wartburg oder Lada drin, die aber das Dreifache kosteten, das heißt um die dreißigtausend Mark, entsprechend fiel die Wartezeit nur halb so lange aus.

Das Autothema erwies sich als schier unerschöpflich, so daß es die meisten Frühstücksrunden bestimmte. Man berichtete bewegt, welche Ersatzteile man unter teilweise obskuren Umständen erstanden hatte. Die Leute horteten alle möglichen Teile, die einmal kaputt gehen könnten, um für den Fall der Fälle gerüstet zu sein. Besonders kritisch schien der Erwerb von Reifen zu sein. Werkstattermine waren über Monate ausgebucht. Garagen, für die man eine Genehmigung brauchte, die ebenfalls schwer zu erlangen war, erzielten Mondpreise ohne Rücksicht auf ihre Schäbigkeit, denn ohne Garage rostete das teure Stück schnell dahin. Wegen des Defizits an neuen Pkw erzielten gebrauchte auf dem florierenden privaten Markt oft höhere Preise als der nominelle Neuwert. Häufig wurden Gebrauchtwagen mehrfach neu aufgebaut. Kurz die Autobranche brachte das ganze Elend der Planwirtschaft in konzentrierter Form zum Ausdruck. Einen ökologischen Hintergrund, der das Stiefmütterchendasein der Pkw unter Umständen gerechtfertigt hätte, gab es nicht, da die in der DDR produzierten Zweitakter die Luft übermäßig verpesteten.

Mich ödeten die Gespräche über das Immergleiche, das nicht einmal schön war, bald an, und ich mied nach Möglichkeit solche Runden. Ich wollte meinen Kopf für wesentlichere Sachen frei behalten als den Automüll. Wenn man erst einmal ein Auto hatte, ärgerte man sich über die schlechten Straßen, die hohen Benzinpreise und so weiter. Aufgrund des Mangels war das Auto im

Osten zu einem größeren Kultobjekt geworden als in der westlichen Überflußgesellschaft. Entspannt fuhr ich mit dem Fahrrad an den Autobesitzern vorbei, die sonntagmorgens ihre Lieblinge wuschen und blank wienerten – mit quasi-religiöser Inbrunst – „trabantglücklich", wie es der Lyriker Lutz Rathenow in einem frühen Gedicht ausdrückte. So ein Spießer wollte ich nie werden.

Bei einer FDJ-Veranstaltung war ich auf eine Studentin aufmerksam geworden, die ich gern kennengelernt hätte. Tatsächlich ergab sich einige Tage später die Gelegenheit dazu, woraufhin ich kurz den Kick des Verliebtseins erlebte. In der Mensa brachte ich kaum einen Bissen herunter und war dennoch satt. Es handelte sich um Uta Bicher, die kleine Schwester meines Ex-Zimmerkollegen. Ich bemerkte, daß sie etwas zu dicke Waden hatte, dennoch gefiel sie mir gut. Wir schrieben uns einige Briefe und trafen uns einmal in einer Gaststätte zu einem längeren Gespräch.

Sie wohnte bei ihrem Bruder und beaufsichtigte häufig dessen Kinder, wenn er länger unterwegs war. Außerdem berichtete sie, daß sie oft nicht schlafen könne, weil die Bahn auf dem nahen Bahnhofsgelände die ganze Nacht rangierte. Das hätte ich mir mehr zu Herzen nehmen sollen, es hätte mir fünfzehn Jahre später viel Ärger mit der dann erworbenen Eigentumswohnung in Bahnhofsnähe erspart. Sie erzählte von ihrer Heimat Kleinmachnow, wo nicht nur Funktionäre, sondern auch einfache Leute wohnten. Sie schwärmte für einen kurdischen Kommunisten, den sie vor kurzem kennengelernt hatte, ihm drohte zu Hause die Todesstrafe. Schließlich erwog sie, das Studium abzubrechen, um sich ganz der Parteiarbeit zu widmen. Das kam mir seltsam vor, doch ich wollte sie ja nicht heiraten.

Für das nächste Treffen hatten wir uns eine Woche vor Weihnachten auf dem Weihnachtsmarkt verabredet. Kitty weilte gerade in Sternberg, so daß ich Julia beaufsichtigen mußte. Ich machte mir bereits Sorgen, nicht pünktlich zu dem Rendezvous erscheinen zu können, doch im letzten Moment schlief sie ein. Dennoch war mir mulmig zumute, sie allein zu lassen. Ich konnte nur hoffen, daß das Baby nicht vorzeitig erwachte. Doch nach einer reichlichen halben Stunde war ich wieder in der Wohnung, da mir Uta nur mitteilte, daß wir uns besser nicht mehr treffen sollten. Julia schlief die ganze Nacht durch. Uta wurde bald darauf hauptberufliche Mitarbeiterin der Hochschulparteileitung.

Seit meiner Erkältung im Frühjahr 1980 litt ich an Rückenschmerzen, die sich meist zyklisch insbesondere im Bereich der Lendenwirbelsäule äußerten. Nach Blutuntersuchungen in der Freiberger Poliklinik überwies mich die Fachärztin für innere Medizin Frau Dr. Müller Anfang November zu einer Spezialuntersuchung nach Karl-Marx-Stadt. Durch Blutanalyse diagnostizierte man dort bei mir die Bechterewsche Krankheit, eine spezielle rheumatische Erkrankung, die in Schüben zu einer Versteifung der Gliedmaßen führt.

Zur Bekämpfung der Schmerzen wurde mir ein polnisches Präparat verschrieben, von dem ich jedoch bald die Finger ließ, als ich von den Magengeschwüren hörte, die häufig als Nebenwirkungen auftreten sollten. Da ertrug ich lieber den gelegentlichen dumpfen Schmerz. Zur Therapie wurde mir Ultraschall oder Unterwassermassage verordnet. Daneben begann ich mit einer speziellen Gymnastik, die ich zusammen mit einigen Leidensgenossen jeden Mittwochnachmittag im Physiotherapeutischen Zentrum in der Stadt absolvierte. Wir durchliefen ein festes Repertoire von Dehn- und Streckübungen, vorwiegend in der Bodenlage.

8
Doppelspiel

1981 feierten wir Weihnachten erstmals als junge Familie. Bis zur Bescherung gingen wir mit dem Kinderwagen in den nahen Tierpark, der so verwaist war wie in dem Kinderbuch *Hirsch Heinrich*. In dem Tierpark gab es damals auch zwei Wölfe. Sie heulten mitunter schauerlich, was wir zumindest nachts zuweilen in unserer Wohnung hören konnten, daß ich mir vorkam wie in der Taiga.

Für den ersten Weihnachtstag hatte ich eine Pute gekauft, die ich in den Backofen schob. Ich verschätzte mich etwas in der Zubereitungszeit, so daß es dauerte, ehe der Vogel gar war. Schließlich konnten wir gegen 15 Uhr mit dem Festmahl beginnen. Künftig begnügten wir uns mit weniger aufwendigen Weihnachtsbraten.

Der erste Winter in der Wohnung Lindenweg wurde hart. Zwar stand in jedem Raum ein Ofen, doch die Wohnung kühlte schnell aus. In dem Schlafzimmer, in dem auch unsere kleine Tochter schlief, registrierten wir an einem Morgen als Tiefsttemperatur 6 Grad. Die Fenster waren zugefroren. Ich war jeden Tag mit Kohleneimer schleppen und Asche wegbringen beschäftigt. Desto mehr genossen wir den Frühling. Bereits Anfang April wagte ich eine kleine Radtour mit der einjährigen Tochter im Kinderkörbchen am Lenker. Mein Vater schimpfte, es wäre für das Kind zu kalt.

Am Anfang des Jahres hatte Julia zum wiederholten Mal eine Mittelohrentzündung, weswegen Kitty oder ich die Arztpraxis aufsuchten und anschließend zu Hause bleiben mußten. Die Kinderärztin verschrieb ihr gegen das Fieber spezielle Zäpfchen. Eines Tages begann Julia, am ganzen Körper zu zittern. Sie glotzte apathisch vor sich hin und war in keiner Weise ansprechbar. Und das Fieber schoß nach oben. Kitty befürchtete einen epileptischen Anfall. Da ich nicht daheim war, zog sie das Kind an und lief zur Kinderarztpraxis. Die Ärztin diagnostizierte einen Fieberkrampf. Julia wurde umgehend in das Kinderkrankenhaus zur Beobachtung gebracht. Das Fieber war inzwischen gesunken.

Wir machten uns natürlich große Sorgen. Der Anfall wiederholte sich nicht. Wahrscheinlich waren die Fieberzäpfchen die Ursache gewesen. Durch eine EEG-Kontrolle konnte Epilepsie ausgeschlossen werden. Bald darauf wurde der Wirkstoff der Zäpfchen verboten. Während Julia eine Woche im Krankenhaus lag, besuchten wir sie täglich. Julia trug keine bleibenden Schäden davon. Allerdings war ihre Sprachentwicklung einige Jahre gestört, inwieweit das mit dem Fieberkrampf zusammenhing, blieb offen.

Mir sind die Krankenhausbesuche noch gut in Erinnerung, da ich mich damals intensiv mit der Lyrik von Chajjam beschäftigte. Omar Chajjam, der vor etwa tausend Jahren in Persien lebte, war für mich besonders reizvoll, da er sowohl Mathematiker als auch

Dichter war. Während sein Buch über Algebra ihm bereits zu Lebzeiten Ansehen brachte, wurden seine Kurzgedichte erst nach seinem Tod berühmt und wirken nach wie vor frisch. Ein andere Leitfigur für mich war Heinrich von Kleist, der geäußert hatte, ein Differential lösen und einen Vers schreiben, stellten die beiden Enden der menschlichen Tätigkeit dar. Kleist hatte es zwar in Mathematik nicht sehr weit gebracht, dafür war er als Literat für mich unerreichbar. Zumindest das mit dem Differential und dem Vers hatte ich im Griff. Unter den Lebenden kam ich mir vor als einer der besten Mathematiker unter den Dichtern und einer der besten Dichter unter den Mathematikern. Doch was besagte das – außer einer doppelten Mittelmäßigkeit?

Zu Beginn der achtziger Jahre durchzog das Friedensthema wie ein roter Faden die aktuelle Politik. Nachdem die Sowjetunion begonnen hatte, atomare Mittelstreckenraketen vom Typ SS 20 in der DDR aufzustellen, welche die BRD in wenigen Minuten erreichen konnten, hatte die NATO mit dem sogenannten Doppelbeschluß reagiert, der einerseits die Bereitschaft zu Verhandlungen, andererseits die Installierung amerikanischer Pershing-Raketen in Westdeutschland beinhaltete. In der DDR-Propaganda wurde die kausale Verflechtung natürlich unter den Teppich gekehrt. „Fakt war" – wie man damals sagte – daß das Wettrüsten auf einer höheren Stufe eskalierte. Der Kalte Krieg war fast wieder so frostig geworden wie zwanzig Jahre davor. Die DDR-Führung bemühte sich nicht zuletzt aus wirtschaftlichen Gründen, nicht mehr Porzellan zu zerschlagen, als die sowjetischen Freunde bereits zerdeppert hatten. Honecker betonte ausdrücklich die gemeinsame deutsche Verantwortung, immer öfter trafen sich SED-Politbüromitglieder mit BRD-Politikern, was den Ansehensverlust der Partei, der vor allem aus der wirtschaftlichen Krise resultierte, vorübergehend stoppte. Die FDJ popularisierte die Parteipropaganda, indem sie statt von dem „Doppelbeschluß" vom „Doppelbeschiß" sprach, auch Sticker der bundesdeutschen Opposition wie „Petting statt Pershing" waren im Umlauf. Aus dem pazifistischen Motto „Frieden schaffen ohne Waffen" machte man die tendenziöse Losung „Frieden schaffen ohne Nato-Waffen". Zu Pfingsten organisierte die FDJ entsprechende Friedenstreffen. Nichts zu lachen hatten Leute in der DDR, die sich pazifistisch engagierten. Vor allem der Aufnäher „Schwerter zu Pflugscharen", den etliche Jugendliche auf ihren Parka genäht hatten, brachte die maßgeblichen Genossen zur Weißglut. Die Darstellung des biblischen Motivs war einer Plastik entlehnt, welche die Sowjetunion nach dem Zweiten Weltkrieg der UNO geschenkt hatte und die in New York stand. Nun wurde dieses Motiv angeblich mißbraucht, um eine verfassungsfeindliche Organisation zu bilden.

Die offizielle Friedenskampagne in der DDR erreichte ihren Höhepunkt im Mai 1982. In Freiberg fand eine große Friedensmanifestation auf dem Obermarkt statt. Da sich die Leute echte Sorgen machten, verzichtete man weitgehend auf die sonst bei solchen Gelegenheiten üblichen vorgestanzten ermüdenden Reden. Stattdessen sollte unter anderem die FDJ-Gruppe unserer Sektion ein kleines Kulturprogramm gestalten. Neben Antikriegsgedichten von Brecht sowie einigen DDR-Lyrikern wählte ich auch ein pazifistisches Gedicht mit dem Titel „Jagdflieger" von mir aus, das vor mehreren Tausend Zuhörern im Zentrum der Altstadt über Lautsprecher erklang. Es gab zwar einigen Applaus, ich glaube aber kaum, daß es vielen Anwesenden auffiel, wie dieses und andere Gedichte die offiziellen Parolen konterkarierten.

Ende Mai fuhr ich mit Kitty nach Berlin, von wo wir in die Sowjetunion flogen. Wir hatten eine zehntägige Reise beim Reisebüro der FDJ „Jugendtourist" gebucht, um Leningrad sowie einige weitere Städte im Norden der Sowjetunion zu besuchen. Dahin waren wir während des Studiums nicht gekommen, weil wir dort niemand kannten, und ohne Einladung war nichts zu machen. Der Reise gingen zwei Vorbesprechungen in Karl-Marx-Stadt voraus, wo man uns instruierte, wie man sich im Land Lenins zu verhalten hatte. Das Wichtigste dabei war, gehörigen Abstand zu Jugendlichen aus der BRD zu halten, die man unter Umständen traf. Es sollte unsere einzige Auslandsreise dieser Art bleiben.

Nach der Landung in Leningrad wurden wir ins Stadtzentrum gebracht. Die Unterkunft war mies, nicht zuletzt im Vergleich mit dem, was man den Russen in der DDR anbot. Besonders katastrophal war die Verpflegung, die noch unter dem Mensaniveau aus Studienzeiten blieb. Von Leningrad hatte ich davor viele Russen schwärmen hören, als handele sich um eine Stadt nicht von dieser Welt. Tatsächlich fand ich die breiten Straßen und weitläufigen Plätze im Stadtzentrum mit den klassizistischen Monumentalbauten beeindruckend. Außer diesem Erbe aus der Zeit des Stadtgründers Peter I., gab es viel Unrat und Verfall in den Hinterhöfen. An prägnanten Stellen fielen mir diverse Werbetafeln für wenige westliche Produkte auf, vor allem die Pepsi-Reklame wirkte dominant.

Von Leningrad fuhren wir mit dem Zug nach Karelien, in dessen Hauptstadt Petrosawodsk. Diese Stadt nahm sich kümmerlich gegenüber der Metropole aus. Dafür war die Landschaft in der Umgebung, nicht zuletzt die weiten Birkenwälder, die gerade in frischem Grün erglänzten, erstaunlich. Sie vermittelte ein finnisches Flair. Tatsächlich gab es Ansichtskarten zu kaufen mit Motiven von Helsinki, die jedoch unspektakulär wirkten. Wir waren im ersten Haus am Platz untergebracht, das freilich bescheiden ausfiel. Um uns die Zeit in dem Nest zu vertreiben, besuchten wir unter anderem das Kulturhaus, wo die Bibliothek über eine große Abteilung deutschsprachiger Literatur verfügte, darunter einige Bücher, die in der DDR als „Bückware" galten - so nannte man Werke, die nur unter dem Ladentisch lagen, wonach sich die Verkäuferin also bücken mußte. Es hieß, an der hiesigen Universität studierten viele Studenten Germanistik.

Weiter ging die Reise mit einer langen Zugfahrt in den äußersten Norden, nach Murmansk jenseits des Polarkreises. Allmählich wurde die Landschaft karger. Wir fuhren im Schlafwagen, die Mahlzeiten wurden im Speisewagen gereicht. Zum Mittag gab es Steak. Mir war das Gericht schon beim Essen seltsam vorgekommen, das Fleisch stank irgendwie, dennoch verzehrte ich es. Als wir am späten Abend in Murmansk ankamen, erreichte ich gerade noch rechtzeitig das Hotelzimmer, um mich auf das WC fallen zu lassen. Wegen des Durchfalls konnte ich in der Nacht kaum ein Auge zudrücken. Auch am nächsten Tag konnte ich mich - wie übrigens die meisten Reiseteilnehmer - nicht weit vom Hotel wegbegeben. Nach einer Zwiebackdiät ging es mir allmählich besser.

In den achtziger Jahren verdarb ich mir noch zweimal mit Fleisch gründlich den Magen, was zuvor nie vorgekommen war, nicht einmal während des Auslandsstudiums. Das eine Mal war es die Leber in der Mensa der Bergakademie. Möglicherweise lag es an einem erhöhten Schwermetallgehalt des Fleisches - in der Leber sollten sich diese Schadstoffe, die es in der Region reichlich gab, bevorzugt ablagern. Jedenfalls hatte ich von Leber, die wir in den sechziger Jahren noch roh gegessen hatten, zeitlebens genug. Das andere Mal war es ein Abendessen von Literaten im Restaurant eines Karl-Marx-Städter Interhotels, bei dem ich Zigeunersteak gewählt hatte. Ich folgerte daraus, daß man auch in teuren Gaststätten skeptisch bleiben mußte.

Allerdings verpaßte man nicht viel in der grauen Stadt Murmansk. Die Sonne bekamen wir nie zu Gesicht, obwohl gerade weiße Nächte herrschten. Was nützte das, wenn es vierundzwanzig Stunden am Tag draußen diesig grau war? Die Temperaturen lagen nur etwas über den Gefrierpunkt. Die ersten Knospen der verkrüppelten Bäume begannen, sich zaghaft zu öffnen. Ich kaufte in einer Kunsthandlung ein Ölgemälde mit dem Anblick der Murmansker Bucht. Es war zwar kein großes Kunstwerk, aber für ein Original recht preiswert. Die für die Zugrückfahrt, die anderthalb Tage dauern sollte, notwendige Langmut hatten wir inzwischen uns wieder angeeignet. Dennoch war ich froh, als im Morgengrauen die Vororte Moskaus auftauchten.

In Moskau kamen wir in einem neuen Hotelklotz unter. Die Zimmer waren komfortabel eingerichtet, aber knapp bemessen. In den Gängen ging es sehr lebhaft zu. Vor allem Jugendliche aus der BRD, die durchschnittlich zehn Jahre jünger waren als die Teilnehmer unserer Reisegruppe, krakeelten herum. In Moskau besichtigte ich mit Kitty vor allem Sehenswürdigkeiten, die wir früher noch nicht aufgesucht hatten wie die Allunionsausstellung, ein riesiges Gelände, wo zumindest dem Bewegungsbedürfnis keine Grenzen gesetzt waren. Der Rückflug erfolgte von Scheremetjewo II. Die moderne riesige Halle aus Stahl, Glas und

Beton wirkte nach den verpatzten Olympischen Spielen unbelebter denn je.

9 *Ermutigung*

Vor den Semesterferien gab ich von Wolfersdorf die erste Fassung meiner Dissertation zur Durchsicht. Meinen Notizen entnehme ich, daß es zu einem „halben Verriß" kam, woran ich mich beim besten Willen nicht mehr erinnern kann. Jedenfalls arbeitete ich noch ein halbes Jahr an der Doktorarbeit.

Um die Promotion zu erlangen, brauchten wir nicht als „Zugabe" wie in der BRD ein Rigorosum zu wesentlichen Stoffkomplexen abzulegen, sondern mußten wieder einmal eine marxistisch-leninistische Weiterbildung über uns ergehen lassen. Gelegentlich durften wir daher Vorträgen von ML-Professoren lauschen. Nach dem Vortrag des Professors für politische Ökonomie Köhler stellte ich einmal eine Frage. Der Professor entgegnete darauf: „Wo haben Sie denn studiert?" Nachdem ich ihn aufgeklärt hatte, meinte er nur: „Ach so." Als früherer Rektor der Hochschule nahm er den Zirkus ohnehin nicht mehr ganz so ernst wie seine Kollegen. So klärte er uns auf, daß in der BRD die wissenschaftlichen Assistenten mehr verdienten als DDR-Professoren. Und wir bekamen nur ein Drittel der Gehälter unserer Professoren.

Zum Abschluß mußte eine ML-Arbeit angefertigt werden, die von einem Hochschullehrer der Sektion Marxismus-Leninismus zu begutachten war. Nun war der Marxismus-Leninismus ein ziemlich schwammiges Feld, doch die meisten Gesellschaftswissenschaftler gaben sich konziliant. Ich schrieb die Arbeit bei Dr. Belafi, einem Original, den es irgendwie aus Ungarn hierher verschlagen hatte. Als Thema wählte ich die Widerspiegelung der Entwicklung der sozialistischen Persönlichkeit in der Lyrik der DDR. Im Mittelpunkt standen die Gedichte von Volker Braun, der die Dialektik des sozialistischen Abwärtsgangs sezierte, und Günter Kunert, der sich vom überzeugten Genossen zu einem DDR-Exilanten Ende der siebziger Jahre entwickelt hatte. Die Widerspiegelung der sozialistischen Persönlichkeit in ihren Gedichten war dementsprechend. Nun waren beispielsweise die letzten Gedichte Kunerts gar nicht mehr zugänglich in den Bibliotheken der DDR. Daher ließ ich mir von Dr. Belafi eine Bescheinigung geben, daß ich die Gedichtbände „für wissenschaftliche Zwecke“ benötigte, um bei der Deutschen Bücherei in Leipzig, die traditionell das gesamte deutsche Schriftgut sammelte, eine Einsichtnahme zu beantragen.

Zu Beginn der vorlesungsfreien Zeit fuhr ich daher nach Leipzig. Ich brach früh auf, da ich möglichst viel von der ansonsten unzugänglichen Literatur lesen wollte. Als ich auf dem Weg zum Bahnhof an einem schmalen Durchgang durch ein Fenster im Erdgeschoß sah, wie sich eine Frau gerade anzog, nahm ich das als ermutigendes Zeichen. In Leipzig, der vorgeblichen Weltstadt, gab es im Gegensatz zu anderen Städten der DDR eine Zimmervermittlung, wo man kurzfristig Privatzimmer erhalten konnte. Man wies mir ein Zimmer in einem wenig ansehnlichen Stadtbezirk zu, was zu jener Zeit freilich auf nahezu alle Stadtbezirke zutraf. Man überließ mir in der Wohnung die gute Stube, wo ich die ganze Zeit unbehelligt blieb. Dafür quietschte regelmäßig die Straßenbahn vorüber. Aber ich war nicht als Tourist hier.

In der Deutschen Bücherei war ich von der Vielzahl der Bücher überwältigt, die man in den ehrwürdigen Lesesälen studieren konnte. Nachdem ich in der Registratur einige interessante Werke herausgesucht hatte, bekam ich dank der Bescheinigung die bestellten Bände. In einer Anthologie fand ich sogar Wolf Biermanns „Stasi-Ballade“. Die Werke des Staatsfeindes Nr. 1 direkt zu bestellen, hatte ich nicht gewagt. Neben den DDR-Lyrikern las ich bei der Gelegenheit etliches von bundesdeutschen Autoren. Bei einem späteren Besuch der Deutschen Bücherei hatte ich weniger Glück. Ich hatte mir vom Schriftstellerverband Karl-Marx-Stadt eine ähnliche Bescheinigung beschafft. Doch statt des Sesams der Magazine, öffnete sich eine Tür zu einer Kammer im Dachgeschoß. Da saß eine ältere Frau, die mich zu sich beordert hatte und in barschem Ton fragte, was ich mit jenen Büchern wolle. Ich stammelte irgendetwas von literarischem Interesse und wissenschaftlichem Zweck, worauf sie mich hinauswies.

Danach unternahm ich keinen Versuch mehr, an die Leipziger „Giftschränke“ heranzukommen. Es gab andere Wege, sich suspekte Literatur zu besorgen. So konnte ich in der Sächsischen Landesbibliothek einige Bücher westlicher Philosophen wie Herbert und Ludwig Marcuse sogar mit nach Hause nehmen. Allerdings war die Anreise an den Rand der Dresdner Heide zeitaufwendig. Während mir Herbert Marcuse fremd blieb, fand ich Ludwig Marcuses *Philosophie des Glücks*, in dem er die Figur des Hans im Glück als Prototyp des glücklichen Menschen erkor, anregend. Einmal bestellte ich sogar ein Westbuch zur Soziologie per Fernleihe über die Sektion Mathematik; das Buch hielt aber nicht, was es versprochen hatte. Darin wurde die Idee propagiert, daß eines Tages nicht mehr die Produktion von Waren oder Dienstleistungen das Entscheidende einer Volkswirtschaft sein werde, sondern die Schaffung von Erlebnissen. Daß das *meine* Umwelt einmal maßgeblich prägen würde, konnte ich mir nicht vorstellen. Heute sind Erlebniseinkauf, -bäder, -reisen, -gastronomie etc. alltägliche Erscheinungen; ich stelle mir unter echten Erlebnissen jedoch anderes vor. Für die Phantasie des Autors war das Nonplusultra ein *Erlebnispark* mit einer begehbaren, riesigen Nachbildung einer Vagina. Das ist uns wenigstens bisher erspart geblieben, aber was nicht ist, kann noch werden.

Durch private Kontakte konnte ich die eine oder andere Buchrarität auftreiben. Beispielsweise erhielt ich von einem Mitglied des Zirkels „Schreibender Werktätiger“ eine Vorkriegsausgabe von Nietzsches *Also sprach Zarathustra*. Das Papier war übrigens in einem wesentlich besseren Zustand als bei vielen Büchern aus DDR-Zeiten in meiner heutigen Bibliothek. Ich hatte bis dahin kein Buch in alter deutscher Schrift gelesen, doch zu diesem Werk paßte sie besser als die profanen lateinischen Lettern. Von einem Physiker bekam ich eine Schreibmaschinenabschrift von Kunzes *Die wunderbaren Jahre*. Allerdings hatte mich dessen frühe Lyrik, von der es ein dünnes Reclam-Bändchen gab, mehr berührt.

Nach drei Tagen Bibliotheksrecherchen in Leipzig besuchte ich meine ehemaligen Kommilitonen Jürgen und Siggi Socolowsky, die in Halle-Neustadt eine Neubauwohnung bekommen hatten. Als ich auf dem Bahnhof von Halle-Neustadt ankam, erschien mir diese große Plattenbausiedlung wie das Sinnbild der schönen, neuen Welt. Irgendwie hielten sich Faszination und Schrecken noch die Waage. Einerseits deprimierte die Monotonie der Wohnblöcke, andererseits fühlte ich mich zeitweilig unter den vorbeiflutenden Massen als Teil eines größeren Ganzen. Es war nicht einfach, angesichts der fehlenden Straßennamen die richtige Blocknummer zu finden. Erst später assoziierten die durchnummerierten Blöcke das Bild eines Konzentrationslagers mit Komfort.

Jürgen war als wissenschaftlicher Assistent an der Technischen Hochschule Merseburg tätig, wohin es auch unseren früheren Mathematiklehrer von der ABF Herrn Dietrich verschlagen hatte. Es gab also genug berufliche Anknüpfungspunkte, wie sich überhaupt unsere weitere Karriere sehr ähnlich gestaltete. Siggi arbeitete im Chemiekombinat Buna-Schkopau, einem der größten Umweltverschmutzer der DDR. Später wechselte sie an die Hallenser Universität. Sie hatten eine Tochter, die nur einige Monate jünger war als Julia und den Namen Juliane trug. Sie besaßen dieselbe Schrankwand wie wir, was bezeichnend war für das eingeschränkte Möbelangebot in der DDR. Aus dem Wohnzimmerfenster, das die ganze Zimmerbreite einnahm, blickte man auf den großen Innenhof eines Karrees aus Wohnblöcken. Siggi hatte zum Abendbrot Pizza bereitet, was ich zum ersten Mal aß und die mir bei ihr gut schmeckte. Später verleideten mir dieses Gericht dessen fettige Vettern in Bulgarien.

Im Sommer 1982 fand in Leipzig wieder einmal ein Turn-und-Sportfest der DDR statt. Das waren Großveranstaltungen, die vor allem durch farbenprächtige gymnastische Massenübungen die zuschauenden Massen für die Großartigkeit des Sozialismus begeistern sollten. Einige Wochen davor hatte man die teilnehmenden jungen Frauen zu einem Übungslager in Freiberg zusammengefaßt. Sie übten wahrscheinlich lieber den halben Sommer, als arbeiten zu müssen. Die Frauen waren in den Wohnheimen der Bergakademie untergebracht und zogen gruppenweise jeden Morgen zum Sportplatz am Stadtrand, wobei sie an unserem Fenster vorbeikamen. Soviel natürliche weibliche Wohlgestalt habe ich nie wieder konzentriert gesehen. Daß ich mich mit den

Blicken aus dem Fenster begnügte, ich hätte ja zum Sportplatz pilgern können, zumal ich zwei Wochen allein war, lag wohl an der überquellende Masse - wie man vor manchem heutigen Supermarktregal angesichts der Warenfülle eher gelähmt steht. Als die perfekt inszenierten Übungen dann im Fernsehen gezeigt wurden, ließen sie mich kalt. Offenbar war der Eros wie die Luft aus einem Luftballon entwichen.

Den Hochsommer verbrachte ich vorwiegend mit dem Zusammenschreiben der ML-Arbeit, was mir mehr Spaß machte, als die Beschäftigung mit der Mathematik. Oft saß ich auf der Liegewiese des Johannisbades, von der man einen schönen Blick auf die Stadt hatte, um mir die Sätze des Traktates im Kopf zurechtzulegen. Das Johannisbad war die städtische Badeanstalt, die in den zwanziger Jahren anstelle einer früheren Pferdetränke der benachbarten Kaserne angelegt worden war. Es besaß ein großzügiges Flair, verkam aber zusehends in den letzten Jahren der DDR. Heute steht dort ein sogenanntes Erlebnisbad, ein abscheulicher Klotz, der den Blick auf die Stadt versperrt. Die großen Schwimmbecken wurden zu Planschbecken gesundgeschrumpft und die Liegewiese als Parkplatz zugepflastert.

Der ML-Dozent Dr. Belafi bewertete die Arbeit schließlich mit „sehr gut", ohne einen Kommentar abzugeben. Zehn Jahre davor hätte man mir aus der Arbeit wahrscheinlich einen Strick gedreht, und zehn Jahre danach hätten sogar die gewagtesten Thesen niemand mehr gejuckt. Ich gab die Arbeit Frank Ihlenburg und seiner Frau Krystyna zum Lesen. Sie fanden die Arbeit aufschlußreich, aber sie vermißten den literaturwissenschaftlichen Schliff. Von der modernen Literaturtheorie verstand ich wirklich nichts, aber die hatte ja auch nichts mit Marxismus-Leninismus zu schaffen. In der Mathematik konnte man nicht so schnell auf Glatteis geraten.

Das ganze Jahr suchte ich nach Möglichkeiten, meine Gedichte drucken zu lassen. Am Anfang des Jahres hatte die Zeitschrift des Schriftstellerverbandes, die *Neue Deutsche Literatur* - kurz *ndl,* signalisiert, einige Gedichte von mir zu veröffentlichen. Im Oktoberheft 1982 erschienen dort tatsächlich erstmals sieben Gedichte von mir. Der Redakteur für Lyrik Christian Löser fand an den

Gedichten die Synthese von Lyrik mit Sichtweisen und Vokabular der Naturwissenschaften bemerkenswert. Im Vorfeld der Publikation machte er einige Änderungsvorschläge, die ich größtenteils befolgte und die den Texten zugutekamen. Diese Zusammenarbeit währte bis 1989. Da die ndl – außer der elitären Zeitschrift der Akademie der Künste *Sinn und Form*, die international angelegt war und kaum aktuelle Lyrik publizierte – die einzige Zeitschrift für Gegenwartsliteratur der DDR war, wurde die Publikation auch von einigen Kollegen wahrgenommen; anders als heute, wo in der Flut der Publikationen kaum ein Gedicht die allgemeine Wahrnehmung erreicht.

Ein Parteiideologe hatte in einem Vortrag vor Kadern ein publiziertes Gedicht mit dem Titel „Ermutigung" als abschreckendes Beispiel angeführt: Es verkörpere das Programm der Grünen. Die Parteileitung unserer Sektion hatte daraufhin den Auftrag bekommen, mit mir eine Aussprache zu führen. Das geschah etwa ein halbes Jahr nach der Publikation, die Mühlen der ideologischen Bevormundung mahlten unter Umständen langsam, doch sie mahlten. Die Genossen in der Sektion bemühten sich, einerseits den Schein zu wahren, andererseits die Sache möglichst niedrigzuhängen. Ich wollte mich natürlich nicht von dem Gedicht distanzieren, was sie auch nicht ausdrücklich verlangten. Nachdem wir einige Zeit freundlich aneinander vorbeigeredet hatten, meinte die Parteileitung, sie hätte nun ihre Pflicht getan, und ich durfte gehen.

Weniger Erfolg hatte ich bei den Verlagen. Der Verlag Neues Leben und der Mitteldeutsche Verlag schickten mir das Manuskript mit einem Ablehnungsschreiben zurück.

Frank Ihlenburg hatte den jungen Schriftsteller Jens Sparschuh auf mich aufmerksam gemacht. Sparschuh war derselbe Jahrgang wie ich und hatte bis 1978 in Leningrad Philosophie studiert. Seit kurzem schrieb er als freischaffender Autor Romane sowie Hörspiele. Mit letzteren konnte ich seinerzeit nichts anfangen, ich hielt das für ein anachronistisches Genre, in dem lediglich die Werke von Günter Eich unübertreffbar Bestand hatten. Er teilte mir mit, daß er meine Versuche interessant fände. Nach einem kleinen Briefwechsel besuchte ich ihn im September 1982, als ich wieder einmal mit russischen Austauschstudenten in Berlin weilte.

Er bewohnte mit seiner Kleinfamilie eine stilvoll eingerichtete Altbauwohnung in Pankow, die mir sehr geräumig vorkam, schon der Flur war riesig. Er war einmal mit Russen in Freiberg gewesen. Aufgefallen war ihm besonders ein privater Fleischerladen im Zentrum, der ein köstliches Sortiment Frischwurst anbot und zu jeder Zeit gerammelt voll war. Wenn ich gut gelaunt war, stellte ich mich gleichfalls dort an. Da mindestens drei Verkäuferinnen bedienten, ging es rasch vorwärts, obwohl die meisten Kunden Unmengen an Wurst und Fleisch sich einpacken ließen. Von dem Besitzer Herrn Ferdini wurde gemunkelt, er sei Millionär.

Wir aßen in der großen Küche Spaghetti, wozu Sparschuh Rotwein servierte, wie sich das für einen echten Intellektuellen gehörte. Durch das Fenster sah man die Säulchen einer klassizistischen Villa auf der anderen Straßenseite. Während des Mittagessens wurde in der Presseschau des Deutschlandfunks gerade der erstmalige Einzug der Grünen in einen Landtag der BRD und die erwartete Regierungsbeteiligung Joschka Fischers als hessischer Umweltminister kommentiert. Sparschuh, der einen sehr durchgeistigten Eindruck machte, meinte gleichfalls, daß meine Gedichte auf der Linie der Grünen lägen, mit denen er offenbar gleichfalls sympathisierte. Ansonsten war er gerade dabei, seinen Führerschein zu machen. Er bemerkte, ein Auto zu haben sei sehr wichtig, worüber ich eine völlig andere Meinung hatte, die ich jedoch zurückhielt.

Weiterhin schickte ich mein Manuskript an Franz Fühmann, einen der bedeutendsten Autoren der DDR, der sich auch engagiert um junge Lyriker bemühte. Eine von ihm initiierte Anthologie mit systemkritischen Gedichten war vor kurzem von der Zensurbehörde eingestampft wurden. Fühmann schrieb mir zwar nur eine kurze prägnante Karte, vermittelte mich jedoch an den Aufbau-Verlag, den wichtigsten Verlag der DDR, an den ich mich nicht getraut hatte, direkt zu wenden. Der Aufbau-Verlag hatte sein Domizil in der Hauptstadt in der Nähe des Zentrums der Macht, dem Gebäude des ZK der SED, in dem sich früher die

Reichsbank befunden hatte. Das vermittelte bereits ein gewisses Gefühl von Bedeutung. Der Lektor Gerd Drommer führte mit mir ein freundliches, aber unverbindliches Gespräch. Er machte keine Zusagen, hielt aber eine künftige Veröffentlichung meiner Gedichte für denkbar. Allerdings fand er, daß ich momentan zu wenig vorzuweisen hätte. Wenn der erste Band erschiene, müßte der zweite gewissermaßen schon in der Schublade liegen. Er lobte einige junge Dichter, die er lektoriert hatte und als *die* Entdeckungen der letzten Jahre galten. Mittlerweile sind sie weitgehend vergessen wie die meisten DDR-Autoren.

10
Im Kreml flackert das Licht

Ende Oktober 1982 fand die nächste Herbstschule Optimale Steuerung statt. Die Organisatoren von der Universität Greifswald hatten diesmal als Tagungsort, statt der abgeschiedenen, idyllischen Insel Hiddensee, das größte Seebad der DDR Binz gewählt. Immerhin war die Anreise einfacher. Hier waren in den letzten Jahren in Strandnähe Plattenbauten für den FDGB-Feriendienst hochgezogen worden. Sie ließen bezüglich Sanitär und Heizung keine Wünsche offen, wirkten aber als Fremdkörper im Ensemble der Bäderarchitektur. Ich bekam sogar ein Doppelzimmer für mich allein zugewiesen, auch das Essen war tadellos, dennoch hinterließ der Aufenthalt eher ein schales Gefühl. Vielleicht lag das nur an dem kühlen Regenwetter. Lediglich ein Gruppenausflug in den stattlichen Buchenwald der Granitz blieb positiv haften. Doch ich war schließlich nicht zum Urlaub hergekommen, sondern um meinen ersten wissenschaftlichen Vortrag zu halten. Außer dieser Tatsache weiß ich davon nichts mehr. Es war kein Reinfall, gleichfalls nichts Spektakuläres. In einem Pausengespräch mit einigen mathematischen Koryphäen schwärmte ich einmal von dem größten lebenden deutschen Dramatiker Heiner Müller. Sie hatten den Namen nie gehört.

Da meine Dissertation allmählich in die Schlußphase kam, konnte ich nach zwei Jahren den Posten des FDJ-Sekretärs an einen jüngeren Assistenten abgeben. Endlich war ich der sogenannten gesellschaftlichen Arbeit weitgehend entledigt. Für die recht umfängliche Tätigkeit der letzten zwei Jahre wurde mir der Titel „Jungaktivist" verliehen, wozu eine Prämie von 150 Mark gehörte. Es sollte die einzige Auszeichnung sein, die mit einem nennenswerten Geldbetrag verbunden war, die ich jemals erhielt.

Im November 1982 starb nach langem Siechtum der sowjetische KP-Chef Leonid Breschnew. Er war übrigens der Mann, der in seinem Leben die meisten hohen Orden verliehen bekommen hatte. Breschnew hatte maßgeblich die Periode seit Mitte der sechziger Jahre geprägt, die wenige Jahre später in den sowjetischen Medien Zeit der Stagnation genannt wurde. Ebenso waren besonders die siebziger Jahre, als ich in der UdSSR studierte, die äußerlich konfliktärmste Zeit in der Geschichte der Sowjetunion gewesen, wenngleich viele danach aufbrechende Widersprüche schon lange unter der Oberfläche virulent waren. Im ARD-Fernsehen jagte an dem Todestag ein *Brennpunkt* den nächsten, die DDR-Medien brachten bloß nichtssagende Verlautbarungen, aber sogar hier schien niemand ernsthaft zu trauern.

Erst später wurde bekannt, daß die konfliktscheue Haltung des verstorbenen Kremlchefs - im Kontrast zu seinem Chefideologen und führenden Militärs - eine weitere Eskalation der internationalen Lage verhindert hatte. Vor allem konnte er sich nicht entschließen, Ende 1980 die Sowjetarmee in Polen einmarschieren zu lassen, um die antikommunistische Gewerkschaft Solidarnošč zu zerschlagen, was möglicherweise den Dritten Weltkrieg ausgelöst hätte.

Wie würde es mit der Sowjetunion weitergehen? Davon hing nicht zuletzt das weitere Schicksal der DDR ab. Genaues wußte man auch im Westfernsehen nicht, doch man prognostizierte recht zutreffend, welche Politik der neue Generalsekretär Juri Andropow betreiben würde. Er war wahrscheinlich der gebildetste aller Sowjetführer, und als vormaliger Chef des Geheimdienstes KGB wußte er genau um die Systemfehler des realen Sozialismus, konnte sich aber von den leninistischen Dogmen nicht trennen und beließ es folglich bei Korrekturversuchen an der Oberfläche wie dem Vorgehen gegen Arbeitsbummelanten. Zudem war er bereits schwer krank, als er zu einem der beiden mächtigsten Männer der Welt avancierte, was ein Schlaglicht auf die morbide Sowjetgesellschaft warf.

Ende 1982 fand wieder eine Kunstausstellung der DDR in Dresden statt. Die Besucherzahlen reichten an die spektakuläre MOMA-Ausstellung im Jahr 2004 in Berlin heran, ohne daß man lange anstehen mußte – Anstehen war in der DDR profaneren Dingen vorbehalten. Die Ausstellungen riefen eine breite öffentliche Diskussion hervor. Die aktuelle Exposition war düsterer geraten als die vorangegangenen. Auch unser Kollektiv „Optimierung", das die Arbeitsgruppen Prof. von Wolfersdorfs und Prof. Schochs umfaßte, beschloß im Rahmen des sozialistischen Wettbewerbs, der Ausstellung einen Besuch abzustatten.

Ich war froh, nicht in Schochs Arbeitsgruppe geraten zu sein, was ja zunächst vorgesehen war. Schoch war einmal Sektionsdirektor gewesen und hatte Anfang der siebziger Jahre über sein Spezialgebiet ein Buch verfaßt, von dem er fortan zehrte. Es hieß, er schrieb in den Vorlesungen nur das Buch ab. Ansonsten rauchte er fortwährend Zigarren. Obwohl er nichts mehr publizierte, wurde sein Gehalt regelmäßig höher gestuft, nach König hatte er mit Abstand das höchste Einkommen der Sektion. Nachdem Schoch ein Jahr Arbeitsurlaub hatte, in dem er keinerlei Verpflichtungen nachgehen mußte, fragte ihn von Wolfersdorf bei einem Arbeitsgruppentreffen zur Wettbewerbsauswertung: „Na, Manfred, wie war's", worauf Schoch antwortete: „Positiv". Damit war die Sache erledigt. Seine Assistenten berichteten später, ihr Chef habe in der Zeit eine neue Heizung in seiner Wohnung eingebaut und ähnliche praktischen Dinge erledigt. Ende der neunziger Jahre, als er bereits emeritiert war, wurde seine Stasimitarbeit publik. Kurz darauf verstarb er.

Ich hatte bereits einmal die Kunstausstellung zusammen mit Kitty besichtigt. Besonders ein Bild von Mattheuer, das Bezug nahm auf „Die gescheiterte Hoffnung" von Caspar David Friedrichs, beeindruckte mich, daß ich sogar ein Gedicht dazu verfaßte, was allerdings mißlang. Die meisten Kollegen konnten mit den Bildern wenig anfangen, so etwas würden sie sich nicht ins Wohnzimmer hängen, aber wir hatten etwas für die Kulturarbeit getan. Nach dem Ausstellungsbesuch sah ich im Dresdner Centrum-Warenhaus ein Weihnachtsgeschenk für meine anderthalbjährige Tochter, einen Teddybär, der sie um einiges überragte. Es geschah selten, daß ich spontan für meine Kinder ein größeres Geschenk kaufte.

Den Einkauf der Lebensmittel für Weihnachten erledigte ich wie alle größeren Einkäufe mit dem Fahrrad. In diesem Jahr hatte ich mich, was die Menge der Waren betraf, etwas übernommen. Ich konnte das Rad ohnehin nur schieben, dennoch stürzten unterwegs zwei prall gefüllte Dederonnetze vom Gepäckträger ab. Ein junger Mann, der gerade vorüberkam, meinte trocken, da wird ihre Frau aber schimpfen. Natürlich schimpfte sie nicht, und ich nahm das Malheur eher belustigt auf.

Einen Tag vor Weihnachten beendete ich das Manuskript meiner Dissertation. Jetzt mußte das Elaborat in die Standardform gebracht werden. Einen Teil schrieb ich selbst mit der Schreibmaschine ab, wobei man Pergamentpapier mit Blaupapier darunter zur Verstärkung des Abdrucks verwenden mußte, um ein kopierfähiges Exemplar der Arbeit zu erhalten. Das erschwerte natürlich die Korrektur von Tippfehlern. Unweigerlich auftretende Fehler versuchte man, mit einer Rasierklinge geschickt zu retuschieren. Da ich für das Abschreiben der ganzen Arbeit zu lange gebraucht hätte, brachte ich die gute Hälfte des Manuskripts zu einer Frau, die in ihrer Babypause Schreibarbeiten verrichtete, um sich einige Mark dazuzuverdienen. Ich mußte ihr dankbar sein, daß sie den Auftrag überhaupt angenommen hatte, da mathematische Texte bei Sekretärinnen äußerst unbeliebt waren, vor allem wegen der vielen Formeln mit diversen Indizes, die den Schreibfluß permanent hemmten. Sonderzeichen wie Integrale mußten ohnehin mit der Hand nachgetragen werden. Auch sie vertippte sich hin und wieder, dennoch sahen ihre Seiten etwas gefälliger aus. Letztlich war das egal. Die Pergamentblätter wurden in der Druckerei mittels sogenannter Lichtpausen auf normales Papier reproduziert, was den Blättern eine bräunliche Färbung gab. In der Buchbinderei wurden die Stapel zwischen feste schwarze Umschläge gepreßt, auf denen in Goldschrift das Wort *Dissertation* prangte, was wie ein Sargdeckel aussah. Am Ende hatte man ein gutes Dutzend stattlicher Folianten, an denen man sich abschleppen konnte oder mit jedem Exemplar einen Opponenten hätte erschlagen können. Die Bibliothek nahm weniger Bände als angekündigt ab, weshalb lange bei mir ein halbes Dutzend dieser schwer zu entsorgenden Buchsarkophage im Arbeitszimmer stand, ehe ich sie bei einem Umzug wegen einer Renovierung bis auf ein Exemplar dem Papiercontainer anvertraute.

Zusätzliche Schwierigkeiten erwuchsen daraus, daß meine Schreibkraft auf dem Land wohnte. Der Bus hielt zwar in der Nähe, doch es fuhr nur früh einer in die Stadt und abends zurück. Immerhin gab es in etwa drei Kilometer Entfernung eine Bahnstation. Also nahm ich das Fahrrad mit in den Zug. In Freiberg war es an diesem Tag kurz nach Silvester naßkalt, und im Gebirge hatte es sogar geschneit. Die kurze Fahrt vom Bahnhof zu dem Wohnhaus der Frau war noch erträglich. Auf der Rückfahrt mußte ich mich entscheiden, entweder zwei Stunden auf den nächsten Zug warten oder die fünfzehn Kilometer bis Freiberg mit dem Rad zurücklegen. Ich entschloß mich, ungeachtet meines Rheumas, für letzteres und kam völlig durchgefroren zu Hause an. Am Abend fuhren wir mit Arbeitskollegen von Christiane zu einer Aufführung von Faust II in das Schauspielhaus Karl-Marx-Stadt. Das Ehepaar John nahm uns im Wartburg mit. Selten habe ich eine Autofahrt so genossen, darüber konnte ich sogar das eitle Geschwätz unserer Wohltäter ertragen. Bloß an die Faust-Inszenierung kann ich mich nicht mehr entsinnen.

Mitte März hatte ich alles beisammen, um die Dissertation einzureichen. Als Gutachter fungierten neben meinem Doktorvater Prof. von Wolfersdorf auch Prof. Schlüßler von der Ingenieurhochschule Cottbus sowie Prof. Lanckau von der TH Karl-Marx-Stadt. Schlüßler war ein Lebemann, stets gut gebräunt mit einem eloquenten, gönnerhaften Auftreten. Ich kannte ihn bereits von einigen Tagungen. Wenn die anderen Kollegen mit der Bahn anreisten, kam er in seinem Wartburg, und während sie in Studentenwohnheimen oder preiswerten Hotels unterkamen, logierte er im Interhotel. Zudem brachte er hin und wieder eine Freundin mit, ich weiß nicht, wie viele er davon hatte, obwohl er natürlich glücklich verheiratet war. Jedenfalls mußte ich nach Cottbus zum „Vorsingen" antreten. Nach dem Übersichtsvortrag, der ihn wahrscheinlich die aufwendige Lektüre der Arbeit ersparte, verfaßte er ein Gutachten. Da Cottbus kein Promotionsrecht besaß, ließ Schlüßler seine Assistenten an der Bergakademie promovieren, wo er meines Wissens selbst einmal angefangen hatte. Lanckau interessierte sich gleich gar nicht für mich, er wollte nicht einmal kurz mit mir reden. Offenbar schrieb er das Gutachten aus reiner Gefälligkeit für von Wolfersdorf.

Im Frühjahr 1983 wurde die Arbeitsgruppe Prof. von Wolfersdorf, zu der noch Dozent Dr. Goebel und der Oberassistent Dr. Unger sowie ich gehörten, mit dem Wissenschaftspreis der Bergakademie ausgezeichnet. Mir wurde der bescheidene Anteil von zehn Prozent zugebilligt, was meine wissenschaftlichen Leistungen eher überbewertete. Trotzdem fühlte ich mich etwas mickrig. Es sollte der einzige Wissenschaftspreis bleiben, den ich jemals erhielt. Freilich legte ich auf dergleichen kaum Wert, besonders, wenn der materielle Gewinn so spärlich ausfiel wie bei dieser Ehrung.

11
Dalles oder nichts

In der ersten Hälfte der achtziger Jahre erreichte meine Freundschaft mit Frank Ihlenburg ihren Höhepunkt. Neben einer regen Korrespondenz trafen wir uns regelmäßig und sprachen über die große Politik, Literatur, Wissenschaft und private Probleme. Allein im Jahr 1983 besuchten wir uns dreimal jeweils für mehrere Tage, dazukamen Abstecher von Sternberg nach Wismar. Insbesondere nutzte Frank unser Quartier als Ausgangspunkt für einen Skiurlaub in der Umgebung und im Erzgebirge. Im Vorjahr, als er uns zur selben Zeit besuchte, war es fast frühlingshaft warm gewesen, so daß wir wenigstens ein paar Radtouren unternehmen konnten. Besonders angenehm empfand ich bei unseren Skitouren, daß meine Frau zu Hause wartete, als wäre es das Selbstverständigste in der Welt. Manchmal bereitete sie sogar das Mittagessen, obwohl das sonst mein Metier war.

Im Frühjahr orakelte ich mit Frank bei einem Strandspaziergang in Boltenhagen über die neueste Lyrik und Endzeitstimmung. Im Sommer unternahmen wir in der Umgebung von Wismar einige Radtouren, mitunter gekrönt von einem Bad in der Ostsee. Schließlich liefen wir bei schönstem Herbstwetter die Grabentour nördlich von Freiberg zusammen mit Kitty sowie Julia im Sportwagen. Da die Strecke stellenweise felsig war, trug Frank den sperrigen Wagen über diese Passagen. Als wir durch ein Dorf kamen und ein ortsfremder Passant mit einem Hausbesitzer, der im Garten beschäftigt war, spontan zu plaudern begann, wunderte sich Frank darüber. In Mecklenburg käme so etwas nicht vor. Meiner Art entsprach es zwar nicht, für Sachsen war es jedoch durchaus typisch. Da in den Kaffs sonntags kein Bus fuhr, mußten wir die Landstraße, an der viele Apfelbäume standen und die so gut wie unbefahren war, bis zur nächsten Kleinstadt weitergehen. Doch die Zeit verging schnell. Frank schwärmte von Gebirgstouren, besonders beeindruckten ihn Karstlandschaften. Von den lukrativsten Karstgebirgen in Jugoslawien oder in den Dolomiten konnten wir freilich nur träumen.

Frank erschloß sich die Welt vorerst über das Lernen von Sprachen. Neben Russisch und Englisch, sprach er perfekt Polnisch. Weiterhin begann er autodidaktisch mit Französisch. Sogar Ungarisch beherrschte er nach vier Wochen, so daß er sich damit verständigen konnte. Ich hatte nach einem Englischlehrgang, in dem wir vorwiegend mit dem Ingenieurskauderwelsch gequält wurden, das ich gar nicht brauchte, auch die Sprachkundigenprüfung in der Stufe II abgelegt. Doch meine Englischkenntnisse blieben rudimentär und beschränkten sich auf das grundlegende Vokabular der Popmusik, der Mathematik sowie für Alltagssituationen. Für Russisch erhielt man aufgrund des Auslandsstudiums automatisch die höchste Stufe III der Sprachkundigenprüfung zuerkannt.

Wenn Frank bei uns zu Besuch war, sah er sich im Fernsehen die amerikanische Serie *Dalles* an, die mich überhaupt nicht berührte. Ich hatte einmal eine halbe Folge verfolgt und sie abgeschmackt und gräßlich langweilig gefunden. Hier machten sich die ersten Haarrisse in unserer Freundschaft bemerkbar, die sich nach 1989 zusehends ausdehnen sollten. Mitunter konnte er auch recht zugeknöpft sein. So echauffierte er sich über einen italienischen Film, in dem ausgiebig ein Beischlaf gezeigt wurde, bei dem der Mann kräftig den Arsch der Partnerin betatschte. Auch westdeutsche Poptitel wie „Polizisten", der sich über die Polizei lustig machte oder gar „Ostberlin Wahnsinn", der über die Stasi spottete, brachten ihn in Rage.

Unser Briefwechsel schien so bedeutend zu sein, daß sich sogar fremde Leute dafür zu interessieren begannen. Anfang der achtziger Jahre las die Staatssicherheit zumindest meine Briefe mit, was ich erst fünfzehn Jahre später erfuhr, als ich in meine Akte Einsicht nahm. Ausgangspunkt war möglicherweise das „staatsfeindliche" Gedicht, das in der *ndl* abgedruckt worden war. Die Genossen schrieben subtile Analysen zu meiner politischen Haltung. Dabei stellten sie fest, daß „der Oestreich" offenbar Westfernsehen schaue und die dort gemachten Aussagen über die DDR als wahr ansehe. (Der Schriftsteller Rolf Schneider stellte nach der Wende treffend fest: Alle Behauptungen, die der eine deutsche Staat über den *anderen* aufstellte, waren wahr.) Sie kamen zu der Vermutung, daß „der Oestreich" Mitglied der Partei sein könnte. Diese Ahnungslosigkeit wirft ein bezeichnendes Licht auf die vermeintliche Perfektion der Stasi. Offenbar trauten die verschiedenen Institutionen in der DDR - ähnlich wie im Dritten Reich - untereinander nicht. Die Genossen spekulierten über den Gesundheitszustand meiner Frau. Sie konstatierten ein Lungenleiden, das sie zu Krebs extrapolierten, weswegen sie ihr eine geringe Lebenserwartung gaben. Genauso unvermittelt wie die Überwachung meines Briefwechsels angefangen hatte, brach sie nach etwa zwei Jahren ab. Vielleicht hatten die Kämpfer an der unsichtbaren Front erkannt, daß es schlimmere Staatsfeinde gab.

Anfang März 1983 mußte ich eine andere Behörde aufsuchen, von der ich gleichfalls am liebsten nie behelligt worden wäre. Das Wehrkreiskommando hatte mich zur Einberufungsüberprüfung bestellt. Zum Grundwehrdienst konnten sie mich ja nicht mehr einziehen, aber mit drei Monaten Reservistenausbildung mußte ich rechnen. Nach einem weiteren Termin bei den Genossen, wurde schließlich am Jahresende festgelegt, daß ich im Mai 1984 einrücken sollte.

Ende März machte ich mit Kitty eine Woche Urlaub in Berlin. Über die Bergakademie hatten wir ein Privatquartier in dem Villenbezirk Mahlsdorf erhalten. Wir spürten noch einmal etwas von der Romantik unserer frühen Jahre. Außer den meist furchteinflößenden Hunden, die in fast jedem Grundstück auf der Lauer lagen, machte der Stadtteil einen angenehmen Eindruck, viele alte Bäume und ungewöhnliche Stille in der Großstadt. Wir nutzten den Urlaub vor allem, um verschiedene Theater zu besuchen. Möglicherweise wären wir zu Theaterfreaks geworden, falls wir dieser Leidenschaft zu Hause so abwechslungsreich und auf hohem Niveau hätten frönen können. So sollte unser Verhältnis zum Theater sporadisch und eher unterkühlt bleiben.

Eine weitere Reise führte Dieter in der letzten Maidekade 1983 erneut als Reiseleiter einer sowjetischen Jugendreisegruppe aus Wladiwostok durch die DDR. Reisestationen waren diesmal Berlin, Halle/Saale, Karl-Marx-Stadt, Dresden sowie nochmals Berlin. Die Unterbringung erfolgte mit Ausnahme der ersten Übernachtung in Interhotels, und er bekam jedes Mal ein Einzelzimmer. Das Programm war diesmal nicht so vollgepackt, daß er öfter freie Zeit hatte, was die Russen meist zu einem Einkaufsbummel nutzten, während er sich größtenteils langweilte, da er die Städte bereits zur Genüge kannte. Die Frauen, die den Großteil der Gruppe bildeten, schienen sich teilweise lebhaft für ihn zu interessieren. Einer Russin namens Ella kam Dieter dabei kurzzeitig näher, als ich es im Nachhinein für moralisch angemessen hielt. Doch manche Erfahrungen muß man eben praktisch machen, auch wenn man sie sich im Voraus theoretisch ausmalen kann.

In Dresden besuchte ich in der freien Zeit die Familie meines Schulfreundes Andreas Ulbricht in dessen Wohnung auf der Kesselsdorfer Straße, in die sie kürzlich eingezogen waren. Ich unterhielt mich angeregt mit seiner Frau Steffi, die wegen des Babyjahres zu Hause war. Sie war eine der wenigen Frauen von Freunden oder Bekannten, mit der ich mich genauso gut verstand wie mit ihren Männern.

Zum Schluß weilte ich mit der Reisegruppe noch zwei Tage in Berlin. Wir absolvierten das für sowjetische Touristen obligatorische Programm mit Stadtrundfahrt, Fernsehturm, Pergamonmuseum und dem sowjetischen Ehrenmal in Treptow. Letzteres war der einzige Ort, an dem ich nie zuvor gewesen war. Wahrscheinlich kam kein normaler DDR-Bürger freiwillig hierher, zumal das Monument des Rotarmisten mit dem Kind auf dem Arm jede zweite Propagandaschrift zierte. Ich wunderte mich höchstens etwas, daß das Monument real war, was man von vielen anderen Utensilien der Propaganda nicht gewohnt war. Im Interhotel „Stadt Berlin“ bekam ich die Suite zugeteilt. Ich weiß nicht, wieso mir diese Ehre zuteilwurde. Doch nach Abenteuern war mir nicht mehr zumute, ich fühlte mich frustriert und wollte nach Hause. Von der Reisebetreuung hatte ich die Nase voll, daß ich weitere Anfragen in der Richtung abschlägig beantwortete.

12
Auswahl 84

In Genazinos skurrilem Roman *Eine Frau, eine Wohnung, ein Roman* werden diese drei Größen als Lebensziel eines jungen Mannes definiert. Die ersten beiden hatte ich inzwischen erreicht. Es fehlte bloß der Roman. Gut Ding wollte freilich Weile haben. Für die Frau brauchte ich vom Kennenlernen bis zum gemeinsamen Kind fünf Jahr. Von den ersten eigenen vier Wänden bis zur eigenen, wunschgetreuen Wohnung sollten fünfzehn Jahre vergehen. Meine ersten Romanideen gingen bis 1975 zurück. Würde es noch dreimal solange dauern wie bei der Wohnung, ehe ich die Idee zu Ende brachte? Vorläufig hielt ich mich als Überschaubares an die Lyrik.

Ich versuchte auf unterschiedliche Weise, literarische Kontakte herzustellen und meine Versuche in der Öffentlichkeit zu präsentieren. Ende April sollte auf Anregung der Verantwortlichen des Kulturbundes Frau Dr. Schetelich meine erste öffentliche Lesung im Domizil dieser Organisation, dem Cottaklub, stattfinden. Der Klub befand sich in einer ehemaligen Villa neben dem Stadtpark, und es war ein herrlicher Frühlingsabend, so daß die Lesung sich zumindest von der Seite positiv einprägte. Ich las in dem Salon der Villa, was schon eine gewisse Erhabenheit bot. Meine Mutter hatte mir geraten, vorsichtshalber auf politisch heikle Texte zu verzichten. Da ich keine aktuelle Polemik in die Gedichte packte, sah ich dazu keine Veranlassung. Das Publikum war für eine Lyrikveranstaltung recht zahlreich, wenn es sich auch vorwiegend aus Arbeitskollegen zusammensetzte. Es waren sowohl der Parteiflügel einschließlich des Parteisekretärs Dr. Schmieder zugegen, die wohl sehen wollten, ob das neulich von der Parteibürokratie attackierte Gedicht, nur die Spitze eines Eisberges darstellte, als auch parteilose „Dissidenten" wie Dr. Stoyan. Letzterer hatte einmal zu mir geäußert, die Sektionsangehörigen würden zwar viel veröffentlichen, aber mit meiner Lyrikpublikation sei einmal etwas Wesentliches erschienen. Da hatte er ziemlich dick aufgetragen. Natürlich waren die meisten wissenschaftlichen Fachartikel entbehrlich, aber brauchte die Welt meine Gedichte? Nachdem ich zwei Dutzend Gedichte vorgetragen hatte, gab es eine Diskussion mit den üblichen Fragen wie, für wen ich schriebe oder wie ich dazu gekommen sei. Einige wollten wissen, ob ich nun freischaffender Schriftsteller würde, was ich bloß verneinen konnte. Die Dichterei war zwar ein hübsches Hobby, aber leben konnte davon kein Autor, und außer Lyrik hatte ich nichts vorzuweisen.

Einen Tag nach der Lesung fuhr ich nach Dresden, wo Franz Fühmann in einem historischen Gebäude am neuen Boulevard lesen sollte. Außer der Tatsache, daß er sich für mich beim Aufbau-Verlag eingesetzt hatte, interessierten mich zunehmend seine Prosatexte. Jedenfalls konnte ich seine Lesung nicht besuchen, da der Zutritt zum Leseort wegen Überfüllung versperrt war. Ob Literaturfreunde oder andere freundliche Zeitgenossen für diesen tatsächlichen oder vorgeblichen Zustand gesorgt hatten, blieb mir gleichsam verschlossen. Ich konnte nur die laue Luft unter den ergrünenden Platanen auf dem Neustädter Boulevard genießen und die Heimreise antreten.

Im Freiberger Zirkel „Schreibender Werktätiger und Studenten" war eine neue Generation Autoren aufgetaucht. Von den früheren Mitgliedern nahmen nur noch der Leiter Peter Löw und leider auch der Zirkelsekretär Karl-Fritz Zillmann regelmäßig an den Zusammenkünften teil, die jetzt im Klubhaus der Bergakademie, der alten Mensa, im Stadtzentrum stattfanden. Einerseits kamen dazu Studenten wie Holger Weigelt, einem Dandy der Oscar Wilde nacheiferte, ohne im entferntesten dessen Talent zu haben, und begabte Schüler wie Claudia Göpfert und Helmut Stoyan, dem sensiblen Sohn des Dozenten von unserer Sektion, andererseits als echter Werktätiger Rainer Spalholz, der früher Seemann und jetzt Arbeiter war, sowie die Ingenieure Rosemarie Keil und Gerd John. Daneben gab es eine beträchtliche Fluktuation. Vor allem einige Mädchen glaubten, mit Herz-Schmerz-Versen den großen lyrischen Durchbruch geschafft zu haben und wurden von der nüchternen Analyse auf den harten Boden der Literaturwirklichkeit zurückkatapultiert. Auch Spalholz hatte ich zunächst hart attackiert, einiges akzeptierte er, anderes steckte er weg. Auf diese Weise gelang es ihm beharrlich, mit den Jahren eine eigenständige Schreibart zu entwickeln.

Gerd John besuchte ich einmal in seinem Anwesen in einem nahen Dorf. Er hatte für seine Familie, zu der ein behindertes Kind gehörte, mit viel Eigeninitiative ein altes Haus weitläufig ausgebaut. Von der Terrasse hatte man einen freien Blick auf die ländliche Idylle mit viel Grün und einem Teich. Und man roch intensiv den benachbarten Schweinestall der LPG. Gerd meinte, wenn der Wind günstig stehe, nehme man den Geruch fast nicht wahr. Da zog ich die Enge meiner geruchsneutralen Stadtwohnung vor. Gegen Gerüche war man noch machtloser als gegen Lärm.

Die meisten Schreibenden in Freiberg konzentrierten sich auf Prosa, außerdem waren sie größtenteils sozusagen Kreisklasse. Ich wollte aber in einer höheren Liga mitspielen, weshalb ich meine Aufmerksamkeit auf Karl-Marx-Stadt richtete, wo es eine ambitionierte Literaturszene gab. Unter der Leitung des Schriftstellers Gerd Bieker fand man sich im Neruda-Klub neben dem Interhotel „Kongreß“ zur monatlichen Bezirkswerkstatt zusammen. Bieker hatte einige Jugendbücher veröffentlicht. Ich hielt ihn für recht zahm. Erst neulich erfuhr ich, daß er in den sechziger Jahren eher zu den „jungen Wilden“ gehört hatte. Sein Debütroman, der bereits gedruckt vorlag, wurde nach dem berüchtigten 11. Plenum 1965 verboten und eingestampft. Ein junger Tischnachbar pries einmal mir gegenüber die staatsmännische Klugheit Erich Honeckers. Ich wußte nicht, ob er mich provozieren wollte oder tatsächlich so naiv war. Ich hatte von jeher in dem früheren Dachdecker einen Depp gesehen. Da schwieg ich lieber. Die Lyriker dominierten in dieser Runde. Hier wurden eher meine Gedichte auseinandergepflückt, als daß ich mich als Kritiker produzieren konnte. Von den Karl-Marx-Städter Autoren verfolgten etliche hochgespannte Ziele, behaupten konnte sich auf die Dauer nur die frühere Krankenschwester Kerstin Hensel, die sich als freischaffende Schriftstellerin profilierte. Allerdings blieben ihre Sujets und ihr Stil mir fremd.

Am Ende des Jahres beschlossen die ehrgeizigsten Autoren, einen eigenen Verein zu konstituieren, der nicht mehr für Hinz und Kunz frei zugänglich war. So kam es zur Gründung der *Acachem*, der Akademie an der Chemnitz. Wenigstens war man in der Namensgebung der Gegenwart einige Jahre voraus, wahrscheinlich hätte man im vollständigen Namen später nur die Wörter „an der" gestrichen. Die *Acachem* sollte sich vorwiegend mit Essayistik beschäftigen

Als Forum für junge Lyriker der DDR dienten die „Auswahl"-Bände, die aller zwei Jahre im Verlag Neues Leben herausgegeben wurden. Neben zwei, drei Gedichten war dort auch ein Foto des Autors abgebildet. Von mir hatte man zwei politische Gedichte für die „Auswahl 84" ausgewählt, wozu bereits 1983 die Verträge abgeschlossen wurden. Es waren zwar nicht gerade meine besten Gedichte, aber besser kleine Brötchen als gar keine.

13
Der unschöne 27. September

Für den 1. Juli 1983 war die Verteidigung meiner Dissertation angesetzt. Sie fand im Werner-Bau statt, dem Gebäude der Mineraliensammlung, in dem ich ansonsten nichts zu tun hatte. Auf der Treppe sah ich im Vorübergehen Karin Rank, die dort arbeitete. Sie hatte mit ihrer Familie in demselben Assistentenwohnheim gelebt, wo ich mit Kitty am Anfang einige Monate wohnte. Sie wirkte mädchenhaft, hatte aber eine frauliche Ausstrahlung. Ich wäre gern länger mit ihr zusammen gewesen, sie wohnte nur einige Häuser weiter. Einmal hatte ich sie – nach Rücksprache mit Kitty, die zumindest kein Veto einlegte – zu uns nach Hause zum Kaffeetrinken eingeladen. Sie nahm die Einladung an, sagte aber kurzfristig ab, ich nehme an aufgrund ihres Mannes, mit dem ich nichts anfangen konnte. So blieb es bei kleinen Zufallsbegegnungen, wobei Karin immer sehr freundlich grüßte und wir uns auch gelegentlich kurz unterhielten. Ich nahm die Begegnung als gutes Zeichen.

An die Verteidigung selbst kann ich mich kaum erinnern. Frank Ihlenburg und Jürgen Socolowsky waren angereist. Zudem waren mein Vater und mein Bruder in einer der hinteren Reihen anwesend. Das akademische Milieu war meinem Vater fremd.

Die Beratung der Promotionskommission zog sich lange hin. Am Ende erkannte man mir das Prädikat „magna cum laude" zu. Um die Bestnote „summa cum laude" zu erhalten, mußten alle Gutachter mit „sehr gut" votieren, was folglich nicht der Fall war. Nach der Veranstaltung begleiteten mich Frank und Jürgen durch den Stadtpark zu unserer Wohnung. Sie übernachteten gemeinsam notgedrungen auf der Ausziehcouch im Wohnzimmer. Viel hatten sie sich nicht zu sagen. Es ist naiv anzunehmen, zwei Freunde von einem müßten sich auch mögen.

Am Abend fand die Promotionsfeier in der Gaststätte „Brauhof" statt. Traditionsgemäß erschienen vor allem die näheren Kollegen aus der Sektion. Dazu gesellte sich eine kleine Delegation aus Cottbus. Im Nachbarzimmer feierten die Gießer lautstark die Promotion eines Ingenieurs mit allen zünftigen Insignien, die mir ein Greuel waren. Zu solchen deftigen Feiern waren die Mathematiker glücklicherweise zu introvertiert. Einzelne Kollegen versuchten sich als Entertainer, was größtenteils verpuffte. Die Unterhaltungsbeiträge von Frank Ihlenburg, der sonst meist im Mittelpunkt der Aufmerksamkeit stand, zeigten bei meinen Kollegen keinerlei Wirkung. Einzelne Hochschullehrer tranken viel Weinbrand. Ich war froh, als die ersten Leute aufbrachen. Danach war bald Schluß. Die Rechnung hielt sich im Rahmen.

Socolowsky promovierte ein Dreivierteljahr später in Merseburg. Ich besuchte ebenfalls seine Verteidigung. Das Ritual des wissenschaftlichen Teils glich sich überall. Hingegen liefen die Feiern sehr unterschiedlich ab. In Merseburg ähnelte es einer Karnevalsveranstaltung.

Als frischgebackener Dr. rer. nat. bekam ich am 1. September 1983 einen Arbeitsvertrag als unbefristeter Assistent an der Sektion Mathematik der Freiberger Hochschule. Das Gehalt erhöhte sich um etwa hundert Mark. Materiell waren wir somit einigermaßen abgesichert, wenngleich das Verdienst nach wie vor bestenfalls den Durchschnitt im Arbeiter-und-Bauern-Staat darstellte. Eigentlich müßte hier ein neues Kapitel beginnen. Doch bald sollten sich Schicksalsschläge ereignen, die schlecht zum Anfang eines neuen Kapitels taugen, wenigstens solange wir aufsteigen in der Lebensbahn.

Zunächst schien es ein gewöhnlicher Sommer zu werden. Seit Anfang der achtziger Jahre hatten wir uns ein bis zweimal jährlich mit Familie Zoller getroffen, Kommilitonen aus Kittys Studienjahr, die in Dresden arbeiteten, Michael im Mikroelektronik-Kombinat und Angela bei Robotron. Sie beklagten sich über ihre westvernarrten Kollegen. Als Leipziger waren Michael die Westmedien vertraut, und sie konnten den metaphysischen Kult der im Funkloch darbenden Dresdner nicht nachvollziehen. Dazukamen die Modeticks der Kolleginnen; Angela Zoller sprach nur von den *Fatzkes*. Acht Tage nach meiner Verteidigung luden uns Zollers zum Mittagessen in ihre neue Wohnung ein, einem Altneubau in Zentrumsnähe. Wir hatten extra zeitig gefrühstückt, um ordentlich Appetit zu haben. Wir hätten eigentlich gewarnt sein sollen. Bei einem früheren Besuch gab es gefüllte Paprikaschote, das Lieblingsgericht meiner Kindheit. Damals aß ich vier Stück und mehr davon. Bei ihnen gab es *eine* Schote, dazu reichten sie Salzkartoffeln, mit starker Betonung auf der ersten Silbe. Dieses Mal übertrafen sie sich. Als erstes wurde ein Süppchen gereicht, das wir bald ausgelöffelt hatten. Wir warteten gespannt auf das Hauptgericht, das jedoch ausblieb. Ich kam mir vor wie in der Fabel vom Storch und Fuchs. Auf die Gegeneinladung verzichteten wir großzügig. Es sollte der letzte Besuch bleiben, was selbstverständlich nicht an dem Essen lag. Doch aufgrund der unterschiedlichen Arbeitswelten und in Ermangelung sonstiger

Anknüpfungspunkte hatten wir uns auf die Dauer zu wenig zu sagen. Wir schrieben ihnen im Oktober 1989 eine Karte aus Budapest, auf die sie aber nicht reagierten. Vielleicht hatte die Stasi die offenherzige Karte kassiert.

Im diesem Sommer entdeckte ich meine Leidenschaft zum Wandern. Julia war nun groß genug, daß wir sie zumindest auf kleinere Touren mitnehmen konnten, für Gewaltmärsche waren wir auch später nicht zu haben. Mitte August wanderten wir von Freital-Hainsberg durch den Rabenauer Grund bis zur Talsperre Malter, von wo wir mit der Kleinbahn zurückfuhren. Zu regelmäßigen Wanderungen würde es umständehalber erst in den nächsten Jahren kommen. Doch diese Tour war der Funke, der nicht wieder verlosch.

Im Juli 1983 bekam meine Mutter zunehmende Probleme mit der Atmung. Zunächst nahm ich das nicht besonders ernst, da sie in den vorangegangen Jahren hin und wieder wegen Bronchitis krankgeschrieben war. Einmal rief sie mich auf Arbeit an, damit ich aus der Apotheke ein Antibiotikum holte, das ihr der Arzt verschrieben hatte. Das Mittel kostete einige hundert Mark, und ich erfuhr später, daß es sich um das stärkste verfügbare Präparat handelte. Dennoch änderte sich ihr Befinden nicht, zusätzlich machte ihr die Hitze zu schaffen, wie sie mir am Telefon mitteilte, als ich Ende Juli in Sternberg weilte. Danach wurde sie in die Lungenheilanstalt Zschadraß südlich von Leipzig überwiesen. Mein Vater besuchte sie dort zwei-, dreimal. Da die Verbindung mit öffentlichen Verkehrsmitteln dorthin sehr umständlich war, begleitete ich ihn nicht. Mitte August konnte sie zurückkehren, ohne daß sich ihr Zustand verbesserte hatte, im Gegenteil baute sie zusehends körperlich ab. Das Fernsehen, dem sie in den letzten Jahren zunehmend verfallen war, ignorierte sie weitgehend. Dafür las sie Werke der Weltliteratur wie *Madame Bovary* oder *Peter I.* von Alexej Tolstoi. Am 18. August teilte mir mein Vater mit, daß bei Mutter Krebs festgestellt wurde und zwar im Bereich der Speiseröhre, wofür es keine Behandlungsmöglichkeit gäbe. Bald darauf wurde sie in der Intensivstation des Kreiskrankenhauses Freiberg eingeliefert, wo ich sie einmal mit besuchte. Doch sie war bereits nicht mehr ansprechbar. Am 24. August verstarb sie.

Die Beisetzung fand fünf Tage später unter großer öffentlicher Anteilnahme statt. Neben der umfangreichen Verwandtschaft, die nahezu vollständig erschien, nahmen viele Arbeitskollegen und Bekannte an der Trauerfeier teil. Meine Mutter war wegen ihrer offenen und herzlichen Art sehr beliebt gewesen. Als Grabmal hatte ich einen auf der Oberseite unregelmäßigen, nur vorn geschliffenen Stein beim Steinmetz bestellt, was meinem Vater nicht behagte, er war für eine standardmäßige Ausführung. Dafür gab ich wegen der Beschriftung nach. Nach seinem Dafürhalten sollte oben das Wort *Unvergessen* stehen. Das hielt ich zwar für unphilosophisch – solange wir lebten, blieb sie natürlich unvergessen, und danach änderte das Wort nichts, an dem unvermeidlichen Vergessensein. In der Traueranonnce schrieb er vor meinen Namen die kürzlich erworbenen zwei Buchstaben *Dr.*, das hielt ich zwar für etwas albern, doch wenn es ihn tröstete.

Ich sollte im Auftrag meines Vaters die Kleidungsstücke meiner Mutter im Gebrauchtwarenladen, dem An- und Verkauf, in Kommission geben. Zusammen mit Christiane suchte ich die brauchbaren Stücke heraus. Meinem Vater war das zu wenig, so daß er weitere Teile dazulegte. Im Laden sagte mir die Verkäuferin, ich könne abgesehen von zwei, drei Sachen, für die sie eine lächerliche Summe anbot, den Krempel wieder mitnehmen. Die Leute, die gebrauchte Kleidung kauften, wollten eigentlich nur Westklamotten. Für meinen Vater war das ein Schlag ins Gesicht.

An unserem Alltag änderte sich nach dem Tod meiner Mutter kaum etwas, da ich mich mit meiner Familie, seitdem wir auf dem Lindenweg wohnten, weitgehend von meinen Eltern abgenabelt hatte. Meine Mutter beklagte sich mitunter, daß wir ihnen bei den seltenen Besuchen zu wenig Aufmerksamkeit schenkten. Da mich die wissenschaftliche Arbeit und die Familie weitgehend auslasteten, war ich froh, wenn ich hin und wieder etwas Zeit zum Dichten fand. Und da störten Gäste zuweilen. Ich konnte ja nicht ahnen, daß meine Mutter so früh sterben würde. Ich dachte eher, sie eifere ihrer Mutter nach, die bald neunzig wurde und immer noch agil war.

Wegen des Todes naher Angehöriger erhielt man in der DDR zwei Tage Arbeitsbefreiung. Den einen Tag brauchte ich für die Beisetzung, am folgenden Tag unternahm ich zusammen mit meinem Bruder Bernd eine große Radtour. Aus heutiger Sicht kommt mir das zwar etwas pietätlos vor, zumal meine Mutter nicht Rad fahren konnte, aber was sollten wir tun, das Leben ging schließlich weiter. Für meinen Bruder war es ein schrecklicherer Verlust, da meine Mutter in den letzten Jahren zunehmend auf ihn fixiert war. Zudem fand die Beisetzung ausgerechnet an seinem Geburtstag statt. Die Feier holten wir gewissermaßen im Sattel nach. Wir fuhren zunächst mit dem Zug bis Klingenberg-Colmnitz. Es herrschte strahlendes Spätsommerwetter, morgens war es dafür herbstlich kühl. Allmählich wurde uns auf den Rädern wärmer. Über Wanderwege vorbei an den Talsperren Klingenberg und Lehnmühle erreichten wir die Straße zur Kreisstadt Dippoldiswalde im Osterzgebirge, die einen nicht enden wollenden Aufstieg darstellte. Dafür ging es von da an meist bergab, über die Talsperre Malter und den Rabenauer Grund nach Tharandt. Von hier durch den Tharandter Wald gab es bis Freiberg einige weitere Berge zu bewältigen. Nach 75 Kilometern erreichten wir erschöpft den Bäcker, der sich einige Häuser unterhalb unserer Wohnung befand. So köstlich hatte mir der Kuchen nie geschmeckt.

Am übernächsten Wochenende unternahm ich mit meinem Vater eine Radtour ins Erzgebirge. Von Holzhau fuhren wir durch das Gimmlitztal. Davor galt es wiederum, einen stupiden Aufstieg zu erklimmen. Weiter führte die Tour an der Talsperre Lichtenberg vorbei, die erst vor wenigen Jahren angelegt worden war. Die umliegenden Felsen ließen die Talsperre in einigen Abschnitten wie einen Bergsee im Hochgebirge erscheinen. Fünfzehn Jahre später waren die Fichten derart gewachsen, daß nichts mehr von dieser Illusion blieb. Heutzutage fährt man durch langweiligen Fichtenwald, hin und wieder durch einen Spalt unterbrochen, wo man etwas Wasser sieht. Nach circa fünfzig Kilometern erreichten wir Freiberg. Mein Vater hatte Pflaumenkuchen aus frischen Pflaumen gebacken. Es war eine der wenigen Speisen, die er wirklich gut zubereiten konnte.

Zu Beginn der folgenden Woche wurde mir ein Backenzahn gezogen. Die Operation verlief unerwartet kompliziert, vor allem traten langwierige Blutungen auf, mit denen die Zahnärztin nicht gerechnet hatte. Um weitere Komplikationen im Rachenraum zu vermeiden, schrieb mich die Ärztin krank. Die erste Woche ging es mir wirklich nicht gut. Danach nutzte ich die Rekonvaleszenz, um den Altweibersommer bei langen Waldspaziergängen zu genießen. Am 23. September besuchte ich auch meinen Vater.

Am 28. September, als ich mich gerade wieder auf einen Waldspaziergang einstimmte, klingelte Herr Schubert, der Vater meines früheren Mitschülers, mit einem weiteren Kollegen vom Rat des Kreises. Mein Vater wäre nicht auf Arbeit erschienen und auch telefonisch nicht erreichbar gewesen, ob ich etwas von ihm gehört hätte. Ich hatte nichts gehört. Zusammen mit ihnen ging ich zur Wohnung meines Vaters, die sich zehn Minuten von unserer Wohnung entfernt befand. Da niemand öffnete, schloß ich auf. Auf dem Stubentisch lag ein Abschiedsbrief. Wir suchten die Wohnung ab, ohne meinen Vater zu finden. Schließlich gingen wir zur Bodenkammer. Dort hatte er sich an einer Wäscheleine erhängt. Ich ging schnell zurück in die Wohnung, ohne daß mich das Bild jemals wieder verließ, während die Kollegen einige Zeit auf dem Boden zubrachten.

Bald darauf erschien ein Kriminalkommissar. Er nahm den Brief mit, der bereits am Vortag geschrieben worden war, später erhielten wir eine Kopie. Als Todeszeitpunkt wurde der Abend des 27. September festgestellt. Die Kriminalpolizei schloß Fremdeinwirkung aus.

In dem Abschiedsbrief schrieb mein Vater, ihm sei hundeelend gewesen, und er könne keine Gedanken mehr fassen. Mittags sei er nach Hause gegangen. Nach kurzem Schlaf wäre alles vernebelt und noch viel schlimmer gewesen. So etwas hätte er schon einmal vor vierzehn Jahren gehabt. Damals war er wegen einer Nierenkolik einige Wochen in der Medizinischen Akademie Dresden ausgiebig untersucht und behandelt worden. Nun hoffe er nicht mehr auf Besserung, weil ihn der Verlust von Mutti ständig quäle. Nach einigen organisatorischen Verfügungen endete der Brief mit dem Nachsatz: „Wäsche noch abnehmen und Akten mit Brief sofort ins Kreisamt."

Den psychischen Hintergrund konnte ich nachvollziehen, doch was steckte hinter dem physischen Leiden? Ich suchte bald zusammen mit meinem Bruder den Chefarzt des Krankenhauses auf, bei dem mein Vater in Behandlung war. Er sagte, er habe meinen Vater noch in der vorigen Woche gründlich untersucht. Außer etwas erhöhtem Blutdruck sei alles normal gewesen. Daß mein Vater, der mir immer wieder Hypochondrie vorgehalten hatte, ein Opfer derselben geworden sein sollte, fand ich absurd. Warum gestand er nicht die unverarbeitete Trauer um meine Mutter als ausschließliche Ursache seiner letzten Tat?

In dem Abschiedsbrief hatte mein Vater verfügt, daß es weder eine Traueranzeige noch eine Trauerfeier geben sollte, er wollte in dem Urnengrab bei meiner Mutter beigesetzt werden. Der Rat des Kreises hielt sich nicht an die Verfügung. Um Gerede in der Bevölkerung zu vermeiden, setzten sie für den verdienten Genossen einen Nachruf in die Zeitung. Zum kommenden Jahrestag der DDR am 7. Oktober sollte mein Vater den Vaterländischen Verdienstorden in Bronze verliehen bekommen. Er wußte das, aber es war ihm inzwischen anscheinend egal. Früher fühlte er sich mit seiner Partei genauso innig verbunden wie mit seiner Frau. Aber plötzlich zählte das nicht mehr. Das wichtigste Plus für seine Tätigkeit im Staatsapparat war für meinen Vater die Rente gewesen, die ihn aus der Sonderversorgung erwartete. Ich zog daraus den Schluß, daß man es mit der Altersvorsorge nicht übertreiben sollte. Wenn man das Rentenalter erreichte, würde es schon irgendwie weitergehen und wenn nicht, war es schade, um die überflüssigen Ausgaben.

Zur Beisetzung am 11. Oktober begleiteten die nächsten Verwandten die Urne meines Vaters. Eigentlich sollten nur mein Bruder, den er in dem Abschiedsbrief mit „Du" angesprochen hatte, und ich, der dort nur in der dritten Person vorkam, die Urne begleiten. Es war ein naßkalter Tag, und die Anwesenden zerstreuten sich bald. Mein Onkel Klaus schimpfte hemmungslos, was für ein Idiot mein Vater sei, sich einfach aufzuhängen. Auch meine Oma verfluchte den ihr von Anfang an mißliebigen

Schwiegersohn. Nach dem Tod ihrer Tochter verkündete sie wiederholt, der größte Fehler in ihrem Leben sei gewesen, überhaupt Kinder zu haben. Allein mit ihrem Mann, der dann sicher noch lebte, hätte sie so viele schöne Jahre verbringen können.

Ich konnte den Sinn seiner Tat ebenfalls nicht begreifen. In späteren Jahren entwickelte ich jedoch in düsteren Augenblicken ein gewisses Verständnis dafür. Das soll nicht heißen, daß ich je seinem Beispiel folgen möchte. Ich halte es da nach wie vor mit einem kurzen Gedicht von Reiner Kunze: Suizid // Letzte aller Türen / aber hat man an alle / schon geklopft? Die einzige Ausnahme wäre eine fortgeschrittene Demenz, aber dann ist man wahrscheinlich zu einem solchen bewußten Schritt unfähig.

Kapitel VIII

Warten auf G.
(1983 - 1989)

Wer nicht vor der Revolution gelebt hat, weiß nicht wie süß das Leben sein kann.

Talleyrand

1

Georgia On My Mind

Der Tod meines Vaters nahm mich mehr mit als der meiner Mutter, obwohl ich meine Mutter mehr gemocht hatte. In der Wesensart glich ich eher meinem Vater, ob mir das nun gefiel oder nicht.

Wir nahmen meinen Bruder Bernd eine Weile in unserer Wohnung auf, damit er in einer weniger vertrauten Umgebung als der Wohnung meiner Eltern auf andere Gedanken kam. Bald sah er oft Fußballübertragungen im Fernsehen an, was mir auf die Nerven ging, ich in der jetzigen Situation jedoch tolerierte. In den letzten Jahren hatte ich nur noch sporadisch zu ihm Kontakt gehabt. Unter den neuen Umständen kamen wir uns näher, und er wurde gewissermaßen zu meinem besten Freund. Er studierte seit einem Jahr an der TU Dresden Vermessungswesen, was ihm viel Spaß machte.

Zunächst war unklar, wie es mit der Wohnung meiner Eltern weitergehen sollte. Sie war zwar klein an Quadratmetern und ofenbeheizt, aber immerhin bestand sie aus vier Wohnräumen. Zunächst schienen die Behörden nichts dagegen zu haben, daß wir sie übernähmen, zumal mein Vater in seinem letzten Willen dergleichen ausgedrückte hatte. Anfang November machte der stellvertretende Vorsitzende des Rates des Kreises Huber eine entsprechende Bemerkung. Der Erste Kreissekretär der SED Schlüter suchte uns gleichfalls in der Beckstraße auf. Er sicherte zu, daß wir das Telefon meiner Eltern garantiert behalten könnten. Wahrscheinlich wollte er sich vor allem davon überzeugen, daß wir keine Scherereien machten. Mit zunehmender zeitlicher Distanz zu dem Ereignis vergaßen die Funktionäre bald ihre Versprechungen. Die AWG, zu deren Bestand die Wohnung gehörte, wollte sie möglichst schnell an eine kinderreiche Familie vergeben. Einfach hinaussetzen konnten sie meinen Bruder jedoch nicht, da die AWG-Mitgliedschaft vererbbar war. Meine Familie sollte eine für die Familiengröße angemessene AWG-Zweiraumwohnung erhalten und mein Bruder eine kommunale Einraumwohnung. Da den Funktionären mehr daran gelegen war, das Murren unbefriedigender Wohnungssuchender zu beschwichtigen, als den letzten Willen eines teuren Toten zu respektieren, gaben sie bald dem Druck nach.

Auch das Telefon konnten wir nicht retten. Sogar die Verlegung in eine andere Wohnung wäre unproblematisch gewesen, da es die Wohnungsanschlüsse gab. Es mangelte vehement an Vermittlungsschaltungen. Nach dem Fieberkrampf von Julia hätten wir ein Telefon dringend gebraucht, um im Wiederholungsfall die Schnelle Medizinische Hilfe zu benachrichtigen. Doch die Genossen ließen sich nicht beirren, das war nicht staatswichtig. Wir konnten einen Antrag auf einen privaten Telefonanschluß stellen, der sogleich als dringend von der Post eingestuft wurde, was nichts daran änderte, daß wir bis 1990 kein Telefon bekamen. Zum Glück wiederholte sich der Fieberkrampf nicht.

In der zweiten Oktoberwoche besuchten uns Christianes Eltern. Mein Schwiegervater machte mit uns eine kleine Rundfahrt durch das Erzgebirge. Neben dem Spielzeugmuseum in Seiffen besuchten wir die Talsperre in Rauschenbach. Mein Schwiegervater war von der Laubfärbung im Erzgebirge angetan, die intensiver schien als im der norddeutschen Tiefland. Ein Hauch *Indian Summer* sozusagen, wenn er auch mit dem Begriff wenig anzufangen wußte. Die kurvenreichen Bergstrecken machten ihm mit den Trabi spürbar zu schaffen.

Meine Großmutter Emma war 89 Jahre alt, als ihre Tochter starb. Meine Mutter war für sie genauso wie für meinen Vater der Lebensmensch gewesen, das heißt der wichtigste Mensch in ihrem Leben. Allerdings war sie psychisch robuster als er, wenngleich sie äußerlich mehr jammerte. Natürlich traf sie der Verlust hart. Jetzt mußte sie sich auf ihren Sohn Heinz stützen, zu dem sie nur ein kühles Verhältnis pflegte. Wir konnten darauf verweisen, ein kleines Kind zu haben, das unsere ganze Zuwendung benötigte, aber gelegentlich mußten wir bei meiner Oma vorbeischauen. Das war kein Vergnügen, da die Wohnung immer mehr verdreckte. Anfang der siebziger Jahre hatte man in die Wohnung in einem früheren Verschlag ein Bad mit WC eingebaut. Die Kloschüssel war derart verunreinigt, daß ich mir solche Bedürfnisse möglichst verkniff. Da auch die Hygiene in ihrer Küche sehr anrüchig erschien, nahmen wir Einladungen zum Essen sehr selten und mit zwiespältigen Gefühlen an.

Bald war ich wieder von den üblichen Arbeitsaufgaben in Anspruch genommen. Nach der Promotion wurde mir von der Parteileitung der Posten des stellvertretenden Vorsitzenden der Organisation für Deutsch-Sowjetische Gesellschaft (DSF) der Sektion Mathematik aufgebrummt. Immerhin handelte es sich mehr um eine Alibi-Funktion. Meine einzige nennenswerte Aufgabe bestand im Kassieren der Mitgliedsbeiträge, weshalb ich einmal jährlich jeden Kollegen aufsuchen mußte. Manche nutzten die Gelegenheit zu längeren Monologen über Gott und die Welt, weshalb sich die Aktion meist über einige Tage hinzog. Immerhin erfuhr ich so einiges über Kollegen, was ansonsten kaum ans Licht kam.

Außerdem wurde ich als Gruppenberater für das neue erste Studienjahr der Mathematiker bestimmt. An den DDR-Hochschulen war es üblich jeder Seminargruppe einen Mentor, der in der Regel wissenschaftlicher Assistent war, zuzuordnen. In dieser Funktion hatte man die Studenten bei der Klärung von Studienfragen zu beraten, aber auch zuweilen an FDJ-Veranstaltungen der Gruppe als Beobachter teilzunehmen. Meine Gruppe umfaßte sieben Studenten und Studentinnen, davon waren zwei bis drei „linientreu“ und zwei oppositionell eingestellt, das heißt, sie engagierten sich in der Evangelischen beziehungsweise Katholischen Studentengemeinde. Der Protestant hatte sogar als Bausoldat seinen Wehrdienst abgeleistet. Sie waren dennoch in der FDJ, hielten sich bei Diskussionen aber spürbar zurück, was nicht immer leicht war.

Bereits zu Beginn des Semesters hatte es erregte Diskussionen gegeben wegen des Abschußes eines südkoreanischen Passagierflugzeuges, das sich mit oder ohne Absicht in den sowjetischen Luftraum verirrt hatte. Nicht zuletzt stieß die nebulöse sowjetische Informationspolitik auf nahezu einhellige Ablehnung.

Tatsächlich befand sich die Welt im Herbst 1983 näher am Abgrund, als es den Anschein hatte. Die Sowjetführung rechnete in ihrer Paranoia mit einem baldigen nuklearen Überraschungsangriff der NATO, und sie wollte dem auf jeden Fall mit einem Erstschlag zuvorkommen. Als im sowjetischen Raketenzentrum am 25. September der Start von fünf amerikanischen Interkontinentalraketen angezeigt wurde, war es nur der Umsicht des diensthabenden Offiziers, Oberstleutnant Petrow, zu verdanken, daß er das als Fehlalarm interpretierte und nicht an den Kreml weitermeldete. Später stellte sich heraus, daß Sonnenspiegelungen an dem sowjetischen Spionagesatelliten den Alarm ausgelöst hatten. Von dieser dramatischen Situation erfuhr ich freilich erst fünfundzwanzig Jahre danach.

Im Februar 1984 sollte ich zu einem Studienaufenthalt nach Tbilissi fliegen. Die meisten meiner Kollegen nannten die schwer auszusprechende georgische Hauptstadt Tiflis. Unterstützt durch von Wolfersdorf hatte ich einen Antrag auf eine derartige Reise nach dem Einreichen der Dissertation gestellt. Kurz vor Weihnachten verkündete König mit großer Geste, daß ein fünfundvierzigtägiger Aufenthalt bewilligt wurde. Er wollte damit wohl zu verstehen geben, daß er nicht der Einzige sei, der große Dienstreisen unternehmen durfte. Freilich war Georgien nicht Georgia, auch wenn sich ihre englischen Namen deckten. Bei der Zusammenkunft war der Direktor für internationale Beziehungen Gläser anwesend, der letztlich über alle Auslandsaktivitäten der Wissenschaftler entschied. Er trug sehr starke Brillengläser und stand an Sturheit dem Kischinjower Ausländerdekan kaum nach.

Die Kaukasusrepublik Georgien umgab innerhalb der UdSSR eine besondere Aura. Sie galt als klimatisch begünstigt, von dort kamen Südfrüchte sowie Tee, landschaftlich spektakulär mit Meer und Hochgebirge und politisch eigensinnig. In einer Vorlesung zur Geschichte der KPdSU während meines Studiums, hieß es einmal beiläufig, die Sowjetmacht habe dort erst Anfang der siebziger Jahre gesiegt. Um mich bei dem launenhaften Freiberger Wetter nicht zu erkälten, lief ich die ersten Wochen im neuen Jahr bis zur Abreise am 7. Februar immer zu Fuß auf Arbeit. Ansonsten hätte ich häufig das Fahrrad benutzt. Der zunehmend ödere Fußmarsch steigerte meine Erwartung auf die Reise.

Der Flug führte mit einer Zwischenlandung zunächst nach Sotschi am Schwarzen Meer. Da sich wegen schlechten Wetters über dem Kaukasus die Weiterreise verzögerte, konnte ich mich etwas im Stadtzentrum umsehen. Es regnete bei Temperaturen leicht über 0 Grad, was alles grau erscheinen ließ. Dazukam der schlammige Boden um den Markt herum. Die mediterrane immergrüne Vegetation wirkte irgendwie deplaciert. Ähnlich trübe empfand ich später auch verregnete Wintertage am Mittelmeer, wo die Leute freilich ansprechender gekleidet waren. Da das Flugzeug zum Weiterflug nach Tblissi am Abend nicht mehr starten sollte, wies mir die Fluggesellschaft Aeroflot ein Hotelzimmer zu. Das Hotel befand sich nahe dem Flughafen und machte einen heruntergekommenen Eindruck. Vor allem mußte ich das Zimmer mit zwei Armeniern teilen, die zwiespältig wirkten. Sie wollten kurz wissen, woher ich käme und wohin ich fliegen würde. Danach ignorierten sie mich und sprachen bis tief in die Nacht miteinander auf Armenisch. Ich zog meine Sachen nicht aus, da der Raum kaum beheizt war, verkroch mich in meiner Decke und steckte Ohropax in die Ohren. Irgendwann schlief ich ein, obwohl ich mich alles andere als geborgen fühlte. Am nächsten Morgen verschwanden die Männer frühzeitig. Ich mußte bis zum Nachmittag warten, ehe das Flugzeug abhob. Als Lektüre hatte ich mir die Memoiren von Ehrenburg in drei Teilen mitgenommen, die von gewissen Kritikern überschwenglich gelobt worden waren. Es gab darin zwar einzelne interessante Passagen beispielsweise über den Stalinschen Terror, die ich anhand des Registers in kurzer Zeit gefunden und schnell gelesen hatte, über weite Strecken langweilte mich aber das Werk, was nicht zu meiner Aufheiterung beitrug.

Als ich in Tblissi eintraf, war es bereits dunkel. Unter normalen Umständen hätte man mich wahrscheinlich am Flughafen abgeholt. So mußte ich mich selbständig durchkämpfen. Ein Taxi brachte mich zu den Wohnheimen der Universität. Hier wußte niemand etwas von meiner Ankunft. Der Wachhabende teilte mir schließlich ein spartanisch eingerichtetes Zimmer zu. Bald darauf schlief ich ein.

Am nächsten Morgen wollte ich zunächst zur Universität fahren, um mit meinen Gastgebern Kontakt aufzunehmen. Die Wohnheime lagen auf einem Berg am Stadtrand. Hier lag ziemlich hoher Schnee, womit ich keinesfalls gerechnet hatte. Mit einer Schwebebahn gelangte man zunächst zur Endhaltestelle des Busses. Ich kam mir vor wie in einem Wintersportgebiet. Die Universität befand sich im Stadtzentrum, es gab eine entsprechende Bushaltestelle. Wo aber saßen die Mathematiker? Alle Institutsgebäude waren nur mit georgischen Schriftzeichen versehen, die ich nicht entziffern konnte. Das Wort *Mathematik* hätte ich mir zusammenreimen können aus kyrillischen wie aus lateinischen Buchstaben, doch nun? War ich wirklich in der UdSSR? Mir blieb nichts anderes übrig, als mich auf Russisch durchzufragen, das zumindest alle Stadtbewohner tadellos beherrschten.

Bald darauf traf ich meinen Mentor Prof. Georgi Mandschawidse. Nach der Korrespondenz hatte ich ihn mir jünger vorgestellt. Er wirkte wie ein emeritierter Professor, was offenbar nicht zutraf. Zunächst beauftragte er einen Mitarbeiter, mit mir Mittag essen zu gehen. In dem Restaurant saßen die Gäste in Mänteln, und wir taten ebenfalls besser daran, uns nicht auszuziehen, da die Lokalität unbeheizt war. Der Assistent bestellte eine landestypische Spezialität, die mir zwar nicht sonderlich schmeckte, die man jedoch essen konnte. Immerhin wurden wir zügig bedient. Im Wohnheim mußte ich das Zimmer wechseln. Das neue Zimmer lag sehr ruhig, war aber ebenso unbeheizt wie alle anderen. Etwas später brachte mir Mandschawidse einen elektrischen Heizkörper, so daß ich es einigermaßen aushalten konnte. Normalerweise wäre es hier nicht so kalt. Immerhin konnte ich mir nun vorstellen, daß viel mehr Leute in subtropischen Ländern wegen mangelhafter Heizungssysteme bei Temperaturen um den Gefrierpunkt erfroren als in kältegewohnten Regionen. Am Nachmittag schneite es auch im Stadtzentrum, das ich etwas inspizierte. Junge Männer beschossen sich freudig wie kleine Kinder mit Schneebällen. Da ich mich nicht auf Winter eingestellt hatte, kaufte ich mir einen Schal. Er war rot, einfach gearbeitet, sehr preiswert und robust – ich benutzte ihn noch zwanzig Jahre später. Im Wohnheim lebte ich ausschließlich von der mitgebrachten Dauerwurst, Apfelsinen, die ich auf dem Bauernmarkt kaufte sowie Pepsi-Cola und Brot aus einem nahen Lebensmittelgeschäft.

Am nächsten Tag war ich zu einem Gespräch beim Ausländerdekan der Universität eingeladen. In Kischinjow begleitete diese Funktion ein alter dogmatischer Bürokrat, der sich kaum herabließ, mit seinen Schutzbefohlenen zu reden. Hier saß mir ein kultivierter, eloquenter Mann in den besten Jahren gegenüber, der Mißstände beim Namen nannte. Mit der Fernwärmeversorgung gäbe es leider große Probleme, ich sollte etwas Verständnis dafür aufbringen, das Land sei geologisch kompliziert und die finanziellen Mittel beschränkt. Hinter seinem Schreibtisch stand eine elektrische Heizsonne.

Für das Wochenende hatten meine georgischen Gastgeber einen Ausflug in die Provinz vorgesehen, ins Elternhaus eines Assistenten. Zunächst war mir etwas flau vor dieser Fahrt aufs Land, nicht zuletzt in Anbetracht der schlechten Erfahrungen, die ich damit in Moldawien gemacht hatte. Zunächst mußten wir tanken. Meine Gastgeber meinten, außerhalb der Stadt sei es schwer eine Tankstelle zu finden. Die Tankstelle war sonderbar: Die Zapfpistolen hingen an einer hohen Verstrebung über der Fahrbahn, und man mußte mächtig zerren, ehe man sie in die Tanköffnung bugsiert hatte. Es war nicht einfach, den Weg in das abgelegene Dorf zu finden, da es außerhalb der Hauptstadt keine ernstzunehmenden Hinweistafeln gab. Wenn ausnahmsweise eine Richtung angegeben war, stimmte sie meist nicht. Meine georgischen Begleiter meinten ironisch, die Schilder wären zur Desinformation der CIA aufgestellt. Schließlich kamen wir in dem Nest an. Das Haus und der eingezäunte Hof machten einen sehr sauberen Eindruck. Die Möbel waren geschmackvoll und die technischen Geräte auf dem neuesten Stand. Sogar das Essen schmeckte mir, und niemand nötigte mich zum Konsum von alkoholischen Getränken. Falls man aus dem Fenster schaute, nahm man freilich eine andere Welt wahr. Die Abwässer flossen am Straßenrand ab. An eine öffentliche Wasserpumpe brachte eine junge Frau einen Korb mit Wäsche, um ihn dort zu waschen. Wir unterhielten uns die ganze Zeit, und ich konnte sehr gut schlafen. Am nächsten Tag kehrten wir in die Hauptstadt zurück.

Mandschawidse lud mich zu sich nach Hause ein. Er wohnte in einem großen Mietshaus. Der Fahrstuhl machte einen wenig vertrauenserweckenden Eindruck. Er wäre schon oft steckengeblieben, meinte der Professor. Ich war froh, als wir schon in der ersten Etage aussteigen konnten. Die Wohnung war groß, allerdings mußte Mandschawidse sie mit der Familie seiner Tochter teilen, die als Lehrerin keine eigene Wohnung bekommen hatte. Die Wohnung verfügte über ein großes Speisezimmer mit einer langen Fensterfront und zugehöriger Terrasse. Das Speisezimmer wurde von einem großen ovalen Tisch dominiert. Das Bad war ausgestattet mit modernen Edelstahlarmaturen, was man aus gewöhnlichen DDR-Haushalten nicht kannte. Frau Mandschawidse konnte vorzüglich kochen. Sie brauchte viel Zeit für gewisse georgische Gerichte. Am liebsten aß ich jedoch gebratenes Schweinefleisch mit Kartoffeln, was köstlich gewürzt war. Sie sagte, mich zufriedenzustellen, wäre sehr einfach. Ich war bald fast jeden Tag Gast zum Mittagessen. Und das Schweinefleisch wurde mir nicht zu viel. Von den landestypischen Speisen mochte ich einen Kuchen, der mit grünen Walnüssen gebacken wurde.

Insgesamt hielt ich in Tbilissi fünf wissenschaftliche Vorträge zu den Ergebnissen meiner Dissertation, drei davon an der Universität, den Rest an der Akademie der Wissenschaften. Das Interesse an meinen Themen schien sich in Grenzen zu halten, obwohl ich an klassische Forschungsergebnisse der georgischen Mathematiker Muschelischwili und Vekua angeknüpft hatte. Aber die meist älteren Herren hörten geduldig zu. Andererseits konnte ich kaum neue Impulse in ihren neueren Arbeiten entdecken, die lediglich die klassischen Themen verallgemeinerten. Da mir kein Arbeitszimmer zugeteilt worden war, kam ich nicht in die Verlegenheit, etwas zu forschen. Das kalte Wohnheimzimmer war jedenfalls nicht dazu geeignet. Von einem Studienaufenthalt konnte also kaum die Rede sein. Es sei denn, ich studierte das Leben.

Die Georgier äußerten sich sehr respektlos über die politische Situation in der Sowjetunion und die eigenen Schwächen. Georgien war vor fast zweitausend Jahren christianisiert worden. Zumindest in der Intelligenzija war man inzwischen vom Christentum ermüdet, wie es meine Gastgeber ausdrückten. Mit der kommunistischen Ideologie identifizierten sich die Intellektuellen auch nicht. Sie vertraten eine rationalistische Weltsicht mit viel Skepsis und Selbstironie, was mir sehr behagte. Natürlich waren sie stolz auf ihre Heimat, sie benannten aber auch offen die vielen Mißstände vom allgemeinen Chaos, Engpässen bis zur Korruption. Mandschawidse meinte einmal, von den natürlichen Voraussetzungen her, hätte Georgien ein zweites Kalifornien werden können. Doch es habe sich nicht so ergeben.

Während meines Aufenthalts verstarb der erst vor einem reichlichen Jahr ins Amt gekommene sowjetische Generalsekretär Andropow. Vor allem einige jüngere Assistenten waren darüber bestürzt, da Andropow zumindest versucht hatte, mit dem allgegenwärtigen Schlendrian fertigzuwerden. Daß der morbide Tschernenko als neuer Parteichef bestätigt wurde, betrachteten alle Gesprächspartner als düsteres Omen.

Der Ausländerdekan hatte mich auf zwei Aspiranten aus der DDR aufmerksam gemacht, die wohl als einzige Deutsche dauerhaft hier waren. Ich suchte das Ehepaar in ihrem Zimmer im Wohnheim auf, das sie recht gemütlich eingerichtet hatten. Sie waren offenbar interessiert, etwas aus der Heimat zu hören. Es stellte sich heraus, daß der Mann mit einem jungen Wissenschaftler verwandt war, der seinerzeit mit seiner Frau im selben Wohnheim der Bergakademie wie wir gewohnt hatte. Ich betonte, den Verwandten gut zu kennen, obwohl wir uns lediglich im Flur gegrüßt hatten. Das Ehepaar meinte, man könne es hier einigermaßen aushalten, wenn man zu den Georgiern nutzbringende Beziehungen pflege. Die georgischen Männer, die sich sehr machohaft gaben, sozusagen als die wahren *Latin Lovers*, wären nach Aussagen einiger georgischer Frauen im Bett nicht gerade toll. Die Leidenschaft, die sie vorspiegelten, würde bald verpuffen. In Wirklichkeit wären sie träge.

Über die georgischen Frauen, welche durch weißen Teint und schwarze Haare auffielen, hatte ich in einem alten Lexikon gelesen, daß sie als die schönsten Frauen der Welt gelten würden. Auf mich wirkten sie genauso attraktiv wie abweisend, irgendwie fremd, weder dem Okzident noch dem Orient zugehörig.

An dem zweiten Wochenende fuhren meine Gastgeber mit mir nach Gori, der Geburtsstadt Stalins. Da die Strecke durch bergige Regionen führte, überlegten sie lange, ob sie den Lada Mandschawidses oder den Geländewagen Niwa eines Mitarbeiters nehmen sollten. In Anbetracht der nach wie vor winterlichen Witterung bevorzugte man schließlich den Geländewagen. Zu ihrem berühmtesten Landsmann Stalin hatten meine Gastgeber ein ambivalentes Verhältnis. Einerseits gaben sie unumwunden zu, daß er einer der größten Verbrecher der Geschichte gewesen war, andererseits prägte dieser Georgier maßgeblich den Lauf des 20. Jahrhunderts. Gori war die einzige Stadt der Sowjetunion, in der auf dem zentralen Platz noch ein Stalin-Denkmal aufragte. Die Pose des Diktators glich den üblichen Lenin-Denkmälern. Neben der bescheidenen Kate, wo der spätere Generalissimus geboren worden war, hatte man einen wuchtigen Neubau gesetzt, der als Museum diente. Hier konnte man beispielsweise die Gedichte lesen, welche der junge Priesterschüler verfaßt hatte, oder die kitschigen Geschenke bestaunen, welche die Werktätigen dem *größten Genius der Menschheit* zu seinem 70. Geburtstag dargebracht hatten. Schließlich war die Totenmaske des *weisen Führers* zu sehen. Auf dem Freigelände stand der Salonwagen, mit dem der *Vater der Völker* gereist war. Der Museumskomplex machte einen zwiespältigen Eindruck. Einiges wirkte so, als habe man noch Großes vor, anderes als habe man plötzlich die Arbeiten abgebrochen. Irgendwie erinnerte die Situation an die Erzählung Kafkas *In der Strafkolonie*.

In der ersten Zeit kam ich mir sehr verloren vor in der georgischen Hauptstadt. Ich erkundigte mich beizeiten, nach möglichen Rückflügen. Doch es war alles ausgebucht. Schließlich bekam ich einen Rückflug für Ende Februar. Inzwischen hatte ich mich einigermaßen akklimatisiert. Für Mittagessen und Kommunikation war bei Familie Mandschawidse gesorgt, was mir allerdings mit zunehmender Dauer peinlich wurde. An wissenschaftliche Arbeit war wie gesagt nicht zu denken, nicht zuletzt fehlte mir ein neues Thema. Außerdem mußte ich mich im Mai wegen des Reservistenwehrdienstes wieder von meiner Familie trennen. In Tbilissi kannte ich inzwischen alle sehenswerten Gegenden: Vor allem der Blick von einem Aussichtspunkt auf die am Fuß des Gebirge ausgestreckte Stadt war sehr eindrucksvoll. Irgendwie würde ich den Verantwortlichen in Freiberg schon plausibel machen, daß ich von den fünfundvierzig Tagen Studienaufenthalt nur achtzehn Tage wahrnahm. In den letzten Tagen meines Aufenthalts wurde das Wetter frühlingshaft, so daß ich bedauerte, nicht noch einige Tage in Georgien zu bleiben, doch der Rückflug ließ sich nicht umbuchen.

Auf dem Rückflug konnte ich von Tbilissi direkt nach Dresden fliegen. In Sachsen herrschte tiefster Winter. Als ich in Freiberg eintraf, war die Wohnung leer. Im Wohnzimmer zeigte das Thermometer sechs Grad. Es war eine harte Landung. Ich war zwar mit Wärme in den letzten Wochen nicht verwöhnt wurden, aber so eisig war es nie gewesen. Kitty wollte erst am nächsten Tag mit Julia aus Sternberg zurückkehren. Am Wochenende davor war sie zum Fasching gewesen, während mein Bruder auf das Kind aufpaßte.

Am folgenden Wochenende besuchte ich allein den zweiten Faschingsabend der Hochschule. Dafür setzte ich eine typische georgische Kopfbedeckung auf, eine flache, bunte Mütze aus rauhem Stoff, die ich mitgebrachte hatte und womit ich zwei georgischen Studenten auffiel, die in Freiberg studierten. Sie schienen mit ihrem Studium nicht zufrieden zu sein. Da sie mir sehr machohaft vorkamen, war ich froh, als sie weiterzogen. Ich tanzte noch mit einer Chemiestudentin aus dem ersten Studienjahr, in deren Gruppe ich die Übungen durchführte. Sie war mir im Unterricht aufgefallen, allerdings kühlte sich mein Interesse während des Gesprächs bald ab. Wahrscheinlich war ich mit so jungen Mädchen nicht mehr auf einer Frequenz. Dem karnevalistischen Treiben konnte ich kaum noch etwas abgewinnen. Es war das letzte Mal, daß ich zum Fasching gegangen war.

Ab Mitte der achtziger Jahre bot das Jugendreisebüro „Jugendtourist" auch Reisen in das sogenannte Nichtsozialistische Wirtschaftsgebiet (NSW) an, wozu alles gerechnet wurde, was im Westen nicht zum *Ostblock* zählte. Das heißt, „angeboten" im eigentlichen Sinne wurden die Reisen selbstverständlich nicht. Man konnte nicht ins Reisebüro gehen und sagen, ich will da und da hin. Zunächst durften verdienstvolle Jugendkader, wozu ich nach meiner Tätigkeit als FDJ-Sekretär zählte, einen Antrag auf eine derartige Reise stellen, der von der staatlichen Leitung der Struktureinheit schriftlich befürwortet werden mußte. Dann wurde je nach dem zur Verfügung stehenden Kontingent und den Verdiensten sowie der Zuverlässigkeit des Antragstellers, diesem ein Länderangebot unterbreitet. Ich bekam als erstes Angebot Algerien, was mich nicht lockte. Ich überlegte eine Weile, ehe ich ablehnte. Ich hätte das Angebot nur akzeptiert, wenn ich ernsthaft die DDR für immer verlassen wollte, was nicht meine Absicht war. Danach stellte man mir Jugoslawien in Aussicht, das klang schon besser. Irgendwann geisterte auch Bochum durch den Raum. Ich wußte zwar nicht, was ich gerade dort sollte, aber es wäre immerhin Westen gewesen.

Anfang April 1984 fuhr ich mit der Familie zunächst für eine Woche in das Jugenderholungszentrum Wendisch-Rietz am Scharmützelsee südlich von Berlin. Dort hatte man eine Bungalowsiedlung errichtet. Es war unsere erste Familienreise. Während wir Spaziergänge mit dem Kinderwagen durch die Kiefernwälder und am See unternahmen, malte ich mir einen Aufenthalt unter Pinien im Herbst an der Adria aus.

Vorher mußte ich zum Militär. Nach Beendigung des Reservistenwehrdienstes hatte die FDJ-Kreisleitung keine Ferienreise – weder nach Jugoslawien noch in ein anderes NSW-Land – für mich mehr. Ich war ja nun Geheimnisträger, obwohl mir unklar war, welche Geheimnisse ich kannte. So blieb ich bis Ende 1989 wohlbehütet hinter dem Eisernen Vorhang. Eine ehemalige Mathematikstudentin, die den Schreibtisch neben mir bezog, nachdem Fredi Tröltzsch zum Dozenten an die TH Karl-Marx-Stadt berufen worden war, durfte mit Jugendtourist eine Woche nach Italien reisen. Ich glaube nicht, daß mir eine derartige Gruppenreise gefallen hätte. Im Nachhinein war ich froh, das „Land, wo die Zitronen blühn“ später individuell bereisen zu können.

Zwei Wochen vor meiner Einberufung besuchte ich Frank in Wismar. Seine Frau war verreist, so daß er frei war. Den Höhepunkt bildete eine Fahrt nach Bad Doberan. Dort fuhren wir weiter mit der Kleinbahn nach Heiligendamm, von wo wir eine Strandwanderung nach Kühlungsborn unternahmen. Auf der Promenade inspizierten wir nicht zuletzt die jungen Frauen und gaben Kommentare ab ähnlich wie zehn Jahre zuvor während unseres Studiums in Halle. Zum Abschluß kehrten wir ein in ein Eiscafé.

2
Der Reserveheld

Am 3. Mai 1984 stieg Dieter in den Morgenbus nach Marienberg im Erzgebirge, wo er den dreimonatigen Reservistenwehrdienst anzutreten hatte. Der Ort lag nur eine Stunde von Freiberg entfernt, zum Grundwehrdienst wurden die Wehrpflichtigen möglichst weit vom Heimatort abkommandiert. Das Kasernengelände befand sich unmittelbar am Ortseingang. In dem angrenzenden Neubaugebiet wohnten nicht zuletzt die meisten Offiziere. Er wurde einer Stabseinheit zugeteilt. Worin ihre eigentliche Aufgabe bestand, ging ihm bis zum Ende der Dienstzeit nicht richtig auf, immerhin brauchten sie weniger als die gemeinen Mot.-Schützen, die motorisierten Schützen, wie man die Infanterie nun nannte, in der Gegend herumspringen. Speziell kam er zu einer Granatwerferbatterie. Die Granatwerfer machten einen altertümlichen Eindruck. Es hieß, sie stammten aus Wehrmachtsbeständen. Er wurde als Mathematiker zu den Funkern eingeteilt, während ein Elektroingenieur als Rechner eingesetzt wurde. Letztlich war das auch egal, da der Rechner aus den Zielkoordinaten lediglich mit Hilfe von Tabellen die Einstellung der Geschütze bestimmte. Die Funkgeräte russischer Herkunft waren vor allem robust. Man sagte, sie würden einen Sturz von einem

Lkw unbeschadet überstehen, dafür waren sie elend schwer. Die eigentliche Ausbildung nahm nur einen Bruchteil der Dienstzeit ein. Sie zogen dann meist in das ausgedehnte Gelände hinter den Kasernen, das von Panzern durchgepflügt war und auf dem Hang in einen Wald überging. Hinter einem Hügel verschanzt, nahmen sie zu Übungszwecken meist die Kirche von Marienberg, die eine der größten Hallenkirchen Sachsens darstellte, ins Visier. Richtig geschossen wurde natürlich nicht.

Die meiste Zeit ging mit den stumpfsinnigen Alltagsritualen drauf. Nach dem Wecken um 6 Uhr war der obligatorische Frühsport angesetzt. Eigentlich war ab Mai Sommer befohlen, was nicht zuletzt hieß, daß man lediglich bekleidet mit Turnhose und -hemd um die Kasernenblöcke laufen sollte. Allerdings war das Erzgebirgsklima eher sibirisch, so daß es bis Mitte Mai hin und wieder schneite. Die meisten Aufsichtsoffiziere hatten ein Einsehen und ließen Trainingsanzüge zu, schließlich war man nicht an kränkelnden Soldaten interessiert. Die Trainingsanzüge hatten es vielen Offizieren ohnehin angetan, in diesen kackbraunen Ungetümen sah man sie häufig, wenn sie vor ihren Wohnblöcken Haus- und Gartenarbeiten verrichteten.

Als nächster Höhepunkt folgte das Frühstück. Wie zu allen Mahlzeiten marschierte der Zug dorthin. Für die Essenseinnahme standen jeweils zehn Minuten zur Verfügung. Zu allen Mahlzeiten konnte man einen würzigen Kräutertee trinken. Bei den Mannschaften wurde gemunkelt, dem Tee habe man ein Mittel, das sie Hängolin nannten, beigemischt, welches das sexuelle Verlangen abkühle. Ob das Gerücht auf Tatsachen beruhte oder nur die Aversion gegen Kräutertee ausdrückte, blieb unklar. Dieter konnte bei sich keine derartige Wirkung bemerken, trank das Zeugs freilich auch nicht im Exzeß. (Später las ich, daß solche Gerüchte bei vielen Armeen kursierten. Es gäbe zwar durchaus Mittel, welche potenzmindernd wirkten, doch die führten gleichfalls zu Müdigkeit und allgemeiner Antriebslosigkeit, und daran könne wohl keinem Befehlshaber gelegen sein.) Das Essen hatte den Vorteil, daß man bis zu einer halben Stunde danach nicht zu schwerer körperlicher Belastung herangezogen wurde, ähnlich den Ermahnungen der Erwachsenen, als Kind mit vollem Magen nicht baden zu gehen.

Die Qualität des Essens war im Großem und Ganzen zufriedenstellend, es gab keinen nennenswerten Unterschied zur Kantinen- oder Mensaverpflegung. Im Gegenteil, zwar hatte die Mensa der Bergakademie Freiberg ein gutes Niveau, aber in den Mensen der Uni Leipzig oder TU Dresden hatte ich als Gast einen unansehnlichen Fraß erhalten. Ärgerlich war die Hierarchie der Essenseinnahme. Die Soldaten aßen an langgezogenen Tischen mit Bänken ohne Lehne. Daran erinnerten mich später die bayrischen Bierzelte, wobei mir unerklärlich blieb, was die Zecher daran so großartig fanden. Für die Unteroffiziere gab es einen kleinen Speisesaal mit Vierertischen, sie brauchten dorthin auch nicht zu marschieren. Hingegen speisten die Offiziere im Kasino mit weißen Tischtüchern, wo sie wie im Interhotel bedient wurden. Diese Extrawürste gab es auch im Feldlager, zumindest für die höheren Offiziere. Von einer Volksarmee konnte also nicht die Rede sein. Brecht hatte darauf hingewiesen, um den Charakter einer Armee zu begreifen, müsse man nicht zuletzt auf die Verpflegung schauen.

Nach dem Essen mußte das Bett und der Spind in einen tadellosen Zustand gebracht werden, um bei der nachfolgenden Inspektion nicht unangenehm aufzufallen. Vor allem mit den geforderten scharfen Kanten der Bettdecke hatte Dieter Schwierigkeiten. In seiner Stube standen vier Doppelstockbetten. Außerdem verfügte jeder Soldat über einen Hocker. Wenn er sich anlehnen wollte, da er ansonsten bald Rückenschmerzen bekam, konnte er das nur an den Spind gepreßt tun. Dort hingen die Ausgehuniform, der Trainingsanzug oder der Kampfanzug. Außerdem konnte man wenige persönliche Gegenstände unterbringen. Zivilklamotten waren streng untersagt. Ebenso waren Tauchsieder oder ähnliche elektrische Geräte nicht zulässig. Dennoch verfügte jeder Soldat über ein derartiges Gerät, um sich Kaffee oder Tee bereiten zu können. Manchmal wurden die Geräte zeitweilig beschlagnahmt, so richtig ernst war es den Vorgesetzten nicht, dieses Verbot durchzusetzen.

Konsequenter ging man gegen den verbotenen Alkoholgenuß vor. Wer erwischt wurde, riskierte, daß der Ausgang oder Urlaub gestrichen wurde. Dennoch lagen jeden Morgen etliche leere Schnapsbullen hinter den Kasernen, die aus den Fenstern geschmissen worden waren und vor dem Frühsport von dem Ordnungsdienst schnell aufgesammelt wurden. Vor allem diente das Katz-und-Maus-Spiel um den Alkohol als Ablenkung, damit die Soldaten nicht auf die Idee kamen, den grundsätzlichen Sinn des Militärs zu hinterfragen. Einerseits brauchte man keine Schnapsleichen, andererseits keine nüchtern denkenden Individuen. Für die meisten Zimmerkameraden stellte der Alkohol keinen besonderen Reiz dar. Die meisten tranken zwar gern ein Bierchen, aber das war's auch schon, und dafür wollten sie kein unnötiges Risiko eingehen. Über der Tür befand sich ein Radioempfänger, aus dem ein Einheitsprogramm dröhnte. Dieses Programm hatte man inzwischen dem gängigen Musikgeschmack angepaßt, es wurde ein stereotyper Mix aus meist englischsprachigen Rock- und Poptiteln gespielt, ein Vorgeschmack auf den Dudelfunk, der ab den neunziger Jahren fast alle Frequenzen okkupierte. Lediglich die Wortbeiträge, die sehr kurz gehalten wurden, waren noch nicht westlich.

Mit der Zimmerbesatzung hatte Dieter Glück gehabt. Die Hälfte bestand aus Reservisten wie ihm, die erstmalig bei der Armee waren. Sie hatten Anfang der siebziger Jahre Abitur abgelegt und arbeiteten in der Regel als Ingenieure. Erst die Jahrgänge Mitte der fünfziger Jahre hatte man nach dem Abitur zum Grundwehrdienst eingezogen. Die restlichen Männer waren Arbeiter, die ihren Grundwehrdienst vor einiger Zeit geleistet hatten. Sie waren meist noch älter, Familienväter, inzwischen reif genug, auf besondere „Rechte" zu verzichten, womit die sogenannten Entlassungskandidaten (EKs) den jüngeren Rekruten das Kasernenleben oft zur Hölle machten. Die gedienten Reservisten wurden oft als Kraftfahrer, Mechaniker oder ähnliches entsprechend ihrem Zivilberuf eingesetzt. Einer mußte im Zivilleben täglich um vier aufstehen, um mit seinem Laster Geschäfte zu beliefern. Da hatte er es hier arbeitsmäßig sogar besser. Von dem dreimonatigen zwangsweisen Zusammenleben blieben wenig individuelle

Erinnerungen. Entweder besaßen die Soldaten keine ausgeprägte Individualität oder sie brachten sie hier nicht zum Ausdruck. In einer anderen Einheit diente ein bekannter Mathematiker von der TH Karl-Marx-Stadt. Dieter sah ihn manchmal, wenn er mit den Mot.-Schützen ausrückte. Er kam ihm dann gesichtslos vor, keine Spur von dem künftigen Professor einer renommierten Universität, wozu er nach der Wende berufen wurde. Dieter versuchte sich eher in der Rolle des Schwejk, doch er brachte es später ja auch nicht zum Universitätsprofessor.

Ein Soldat aus dem Erzgebirge, der etwas verschüchtert, aber gutmütig wirkte und selbstgefertigte Nußknacker günstig verkaufte, war katholisch und hatte vier Kinder. Seine Frau nahm aus Glaubensgründen nicht die Pille. Ihn zerriß der Konflikt zwischen großer sexueller Lust und größerer Angst vor einem weiteren Kind. Eine Abtreibung kam für sie erst recht nicht in Frage. Das Thema Sex nahm bei den Zimmergesprächen naturgemäß einen breiten Raum ein, die meisten drückten sich dabei sogar einigermaßen gewählt aus. Es waren eben weder junge Spunde noch lüsterne Alte. Der Katholik erzählte auch von einem Dorfbewohner, der einen besonders langen Penis besaß. Nach seiner Darstellung war das eher ein Fluch als ein Segen, da die Frauen mit denen er verkehrte, über Schmerzen klagten, weshalb sie sich nach anfänglicher Neugier von ihm abwandten, so daß er im Dorf keine Frau mehr fand. Die Geschichte war Balsam für alle Zukurzgekommenen beziehungsweise die, welche sich dafür hielten.

In anderen Zimmern liefen unerfreulichere Typen herum. Besonders ein fieser Obergefreiter, der bei der Lokalredaktion einer sächsischen Bezirkszeitung arbeitete, jedoch stark berlinerte, versuchte zu jeder Gelegenheit, Soldaten zu schikanieren. Er war auch unter den gedienten Kameraden nicht beliebt, da es von ihm hieß, er arbeite für die Stasi. Ein anderer Gefreiter mit einer Visage, wie man sich einen früheren Landknecht vorstellte, hatte sich beim ersten Ausgang gleich eine ältere Frau geangelt, die er nach lautem Bekunden vorwiegend „in den Arsch fickte“.

Die unmittelbaren Vorgesetzten, die Unteroffiziere, waren fast zehn Jahre jünger. Die meisten waren Abiturienten und wollten nach dem Armeedienst, zu dem sie sich für drei Jahre verpflichtet hatten, studieren. Sie waren daher vernünftig und beschränkten die Befehle auf das absolut Notwendige. Allerdings waren einige durch die Kasernenlethargie bereits so demotiviert, daß sie inzwischen nicht mehr studieren wollten. Dieters Gruppenführer, ein Offizier auf Zeit, hatte eine Sportschule besucht, den Sport jedoch aufgegeben, als sich abzeichnete, daß er nicht zur absoluten Spitze gehören würde. Möglicherweise war ihm das allgegenwärtige Doping zuwider geworden, wie er vorsichtig andeutete. Der für die Funker zuständige Unteroffizier hatte kein Abitur und eine reguläre Berufsausbildung wohl auch nicht. Er behandelte die Studierten mit einer Mischung aus Verachtung und Ehrfurcht. Je nachdem, welches Gefühl gerade dominierte, legte er die Befehle harsch oder leger aus.

Über die Unteroffiziere, deren Dienstgrad man offiziell mit Uffz. abkürzte, kursierte bei den gedienten Soldaten ein blöder Standardwitz: Was macht ein Wildschwein, das gegen einen Baum rennt? Uffz! Zumindest auf den Stabsfeldwebel, der für die innere Ordnung in der Kaserne zuständig war, schien der Witz zu passen. Für diesen Posten mußte man sich zwölf Jahre verpflichten. Oft machten das Unteroffiziere, die mit den Herausforderungen des zivilen Lebens nicht mehr fertigwurden. Überhaupt ließ das Personal zuweilen Assoziationen mit den Insassen einer psychiatrischen Klinik aufkommen.

Menschlich sehr unterschiedlich waren die Offiziere. Während der Kompaniechef sachlich, zurückhaltend, wie ein etwas kühler Herr wirkte, war der Politstellvertreter ein Hohlkopf, der auf Kumpel machte und gern vor den Soldaten prahlte. Von militärischen Dingen schien er nicht viel zu verstehen, und seine politische Naivität war beklemmend. Auf der nächsten Stufe der Hierarchie beeindruckte der Bataillonskommandeur durch Launenhaftigkeit und Leibesfülle, dabei war er noch jung. Man sagte ihm eine steile Karriere voraus. Er führte sich schon auf wie ein Potentat im späten Rom. Seine Begeisterung galt dem Fußball. Er fühlte sich – wie Stasichef Erich Mielke für den DDR-Serienmeister BFC Dynamo – als Schirmherr der Lokalelf, die in der Bezirksklasse kickte. In der Mannschaft spielten vor allem Soldaten mit, denen er etliche Vergünstigungen zukommen ließ. Ähnlich privilegiert waren die Mitglieder der Popgruppe „Dialog", die Anfang der achtziger Jahre zu den offiziell am höchsten eingestuften Combos des Landes zählte. Man hatte gleich alle Bandmitglieder zur Reserve eingezogen. So konnte die Gruppe weiter proben und auch die meisten Auftritte wahrnehmen. Wenn sie das in Uniform taten, desto besser, dachten wohl die Verantwortlichen. In der Kaserne sah man sie jedenfalls selten. Fans hatten sie unter den Soldaten allerdings keine, dafür waren sie und ihre Musik wahrscheinlich zu angepaßt und bieder.

An der Spitze der Befehlspyramide stand der Regimentskommandeur, ein Generaloberst. Dessen größte Sorge schien, daß die Rosen in dem Rondell vor seinem Amtssitz sich militärisch korrekt präsentierten. Dafür wurden Soldaten abkommandiert, die sich stundenlang um die Rosen kümmerten. Überhaupt waren Gartenarbeiten sehr beliebt. So mußten wir am Samstagnachmittag oft Unkraut auf dem Exerzierplatz zupfen, was natürlich vergeblich war, wie sich am nächsten Wochenende zeigte.

Einmal sollte Dieter dem Regimentskommandeur vom Kompaniechef Papiere überbringen. Er klopfte zweimal an dessen Tür. Da er nicht sicher war, ob er seine Stimme überhört hatte, öffnete er vorsichtig, grüßte und legte die Mappe auf einen Tisch neben der Tür. Der Generaloberst sah ihn an wie eine Ratte, die sich in sein Allerheiligstes verirrt hatte und zischte: Raus!

Es glich einem seelischen Spießrutenlauf, allein durch das Kasernengelände zu gehen, da man jeden Laffen mit etwas Lametta auf den Schulterstücken salutieren mußte. Vor allem niedere Dienstgrade hatten ein uriges Vergnügen, bei einer ihrer Meinung nach nachlässigen Ehrenbezeigung einen zurückzupfeifen.

Der tägliche Dienst war geprägt von Geländeübungen, Exerzieren und ähnlichem Schwachsinn. Auch der politische Unterricht spielte eine wichtige Rolle. Da konnte man wenigstens in einem warmen und trockenen Raum sitzen. Die meisten Soldaten nutzen die Gelegenheit zum Schlafen. Viele Diskussionen gab es zum gerade verkündeten Olympia-Boykott der DDR. Die Funktionäre hatten beschlossen, aus Solidarität mit der Sowjetunion die Olympischen Spiele in Los Angeles zu boykottieren. Die UdSSR benutzte die Gelegenheit als Retourkutsche für den Boykott des Westens zu den Spielen 1980 in Moskau. Der Westen hatte sein Verhalten mit dem sowjetischen Einmarsch in Afghanistan begründet, die Sowjetunion schob nun den schwarzen Peter der Stationierung amerikanischer Mittelstreckenraketen in Europa dem Westen zu. Die DDR-Mannschaft war stark wie nie zuvor und hätte möglicherweise die Nationenwertung gewonnen, zumindest aber die Sowjetunion überholt. Man konnte nicht verstehen, auf so eine Chance freiwillig zu verzichten. Doch der Kalte Krieg war wieder sehr kalt geworden, da stellten die Sportler nur ein Bauernopfer dar.

Am zweiten Sonntag nach dem Einrücken bei der Armee, besuchte mich Kitty erstmals in der Kaserne. Julia schaute die ganze Zeit sehr verängstigt, als ich ihr in Uniform gegenübersaß. Am folgenden Wochenende wurden wir dann auf dem Marktplatz von Marienberg vereidigt. Danach fuhren wir in den einzigen Kurzurlaub, der uns zustand. Wir konnten uns den Termin nicht aussuchen. Als ich Marienberg verließ, bekam ich einen regelrechten Frühlingsschock, weil sich das Grün üppig entfaltet hatte, was man in der Kaserne und deren erzgebirgischen Umland bisher nicht mitgekriegt hatte. Zur Rückfahrt mußte ich einige Stunden eher aufbrechen, um pünktlich bis Mitternacht in der Kaserne zu erscheinen, da abends keine Busse mehr verkehrten und die Bahnverbindung über Flöha sehr umständlich war.

In der Folge traf ich mich nahezu an jedem Sonntag mit Kitty, was möglich war, da ich Ausgang hatte. Der Ausgang begann nach dem Frühstück und war bis 22 Uhr befristet. Man durfte sich eigentlich nur in einem nur wenige Kilometer großen Umkreis der Kaserne aufhalten. Einige Male kam daher Kitty sonntags zusammen mit Julia mit dem Bus nach Marienberg, wozu sie früh aufstehen mußten. Wir fuhren meist ein paar Stationen mit dem Bus und liefen zurück durch den Wald. Ich wählte die Strecken nach Möglichkeit so, daß wir uns unterwegs lieben konnten. Allerdings brauchte ich dazu etwas Geduld, bis Julia im Sportwagen eingeschlafen war. Einmal passierte es in einer Schonung, einmal auch auf einer Bank im leeren Freibad im Sitzen.

Günstiger war natürlich, wenn ich nach Hause fahren konnte. Man durfte sich dabei bloß nicht erwischen lassen. Zunächst fuhr ich mit dem Linienbus aus Marienberg zwei Stationen bis zur Kreuzung der Fernverkehrsstraße nach Freiberg. Von dort brauchte ich nur fünfhundert Meter der Straße in den Wald folgen und dann die Hand heben. Meist hielt schon der erste Wagen an, zumindest mußte ich nie länger als fünf Minuten warten, ehe mich jemand einstiegen ließ. Es war eine Art stille Konvention, autostoppende Soldaten mitzunehmen. Davor war ich nie getrampt und danach sollte ich es auch nicht tun. So kam ich bereits in den Morgenstunden in Freiberg an. Die Autos fuhren meist nach Dresden weiter und setzten mich an der ersten großen Kreuzung ab. Ich brauchte nur zwanzig Minuten durch das Neubaugebiet laufen, bis ich zu Hause ankam. An einem sonnigen Junimorgen kam ich an einem Block vorbei, vor dem gerade der Sekretär des Wehrkreiskommandos seinen Wagen wusch. Wenn jemand um diese Zeit, in Uniform durch eine Gegend lief, wo es keine Armee gab, konnte der eigentlich nur illegal seinen Standort verlassen haben. Doch der Genosse nahm keine Notiz von mir. Wahrscheinlich war für ihn Dienst Dienst und was darüber hinausging, juckte ihn nicht.

Komplizierter war die Organisation der Rückfahrt. Öffentliche Verkehrsmittel kamen wegen des fehlenden Urlaubsscheins nicht in Frage. Da abends kaum jemand ins Gebirge fuhr und der Ortsausgang von Freiberg weithin einzusehen war, schienen die Chancen, ein geeignetes Auto zu finden, gering. So blieb mir nichts anderes übrig, als meine Onkel Heinz und Klaus um Chauffeurdienste zu bitten. Einige Soldaten hatten ihren Pkw in Marienberg stationiert, was natürlich auch strikt verboten war. Das hatte den Vorteil, daß sie Zivilklamotten in dem Fahrzeug aufbewahren konnten. Natürlich konnte man die Karre nicht in die Nähe der Kaserne stellen. Einige Bekannte parkten am Krankenhaus. Wenigstens kostenlose Parkplätze waren in der DDR keine Mangelware. Einmal führten die Verantwortlichen an einem Sonntagmorgen im Juli eine Großrazzia durch, wo an allen Ausfallstraßen Marienbergs nach Soldaten in Pkw gefahndet wurde. Vernünftigerweise hatte man ausgerechnet den Sonntag gewählt, an dem alle Reservisten wegen der nahen Abschlußübung Ausgangssperre hatten. So gingen den Häschern nur Grundwehrdienstpflichtige in die Fänge, die mit mehrmonatigem Ausgangsverbot und wer weiß was noch bestraft wurden.

Im Juli bekam ich zwei Tage Sonderurlaub wegen eines dringenden Besuchs beim Aufbau-Verlag in Berlin. Der Besuch war zwar wenig ergiebig wie auch spätere Besuche, bis die Zusammenarbeit ganz abbrach. Aber für die Einladung während meines Reservistenwehrdienstes muß ich dem dortigen Lektor Günter Drommer dankbar sein. Den anderen Tag Sonderurlaub verdankte ich dem neunzigsten Geburtstag meiner Großmutter.

Ende Mai hatte der Winter auch im Erzgebirge ausgespielt. Auf den Wiesen blühten diverse Gräser. An sich mochte ich das nicht, da es zu Heuschnupfen führte. Ich diesem Jahr kamen mir die Pollen gerade recht. Ich bauschte natürlich meine Leiden auf. Wegen der Medikamente, die ich gegen das Niesen und Augentränen nahm, wurde ich vom Arzt des Regiments vom Schießen freigestellt. Da ich deshalb nicht am scharfen Schießen teilnahm, das für uns nur zweimal angesetzt war, durfte ich nach den Dienstvorschriften nicht zur Außenwache eingeteilt werden. Das ersparte mir in den Bauch gestandene Beine und vor allem einige durchfrorene Nächte. So absolvierte ich meine Armeezeit, ohne einen einzigen Schuß abgegeben zu haben, wie es sich für einen überzeugten Pazifisten gehört.

Dafür setzten die Vorgesetzten Dieter mit Vorliebe für die innere Wache im Haus ein. Im letzten Monat war er fast jeden zweiten Tag fällig, da für die Innenwache viel weniger Soldaten in Frage kamen als für den Außendienst. Man war zwar nicht mehr den Witterungsunbilden ausgesetzt, die Sonne bekam er allerdings ebenfalls kaum zu Gesicht. Nach dem Zapfenstreich um 22 Uhr durfte er zunächst mit den anderen Kameraden schlafen gehen und wurde dann um 1.30 Uhr von dem wachhabenden Soldaten geweckt, damit er ihn um 2 Uhr offiziell ablösen konnte. Doch der Vorgänger beeilte sich, die fällige Unterschrift im Dienstbuch möglichst gleich zu erlangen. Um 6 Uhr fand das Wecken aller Rekruten statt. Die Wache dauerte noch bis 14 Uhr. Das Essen brachten die anderen mit, was das idiotische Marschieren zum Speisesaal einem ersparte. Danach hatte man sich in den normalen Dienst einzufügen.

Zu tun gab es während des Wachdienstes wenig, prinzipiell sollten irgendwelche Vorkommnisse weitergemeldet werden. Insbesondere war man für die Alarmierung der Mannschaften im „Ernstfall“ zuständig. Es gab jedoch nur Kontrollanrufe aus der Zentrale. Als es im Vorfeld einer Übung nachts tatsächlich zu einer Alarmierung kam, waren alle Soldaten schon vorher unterrichtet. Die meisten hatten sich in Unterwäsche schlafen gelegt, um die Zeitnorm der Einkleidung zu erfüllen.

Vor allem durfte man während des Wachdienstes nicht schlafen, das war der tiefere Sinn des Exerzitiums. Die maximal dreieinhalb Stunden Schlaf davor wurden als ausreichend befunden. Hin und wieder ging der diensthabende Offizier durch die Kasernen und überprüfte das. Wer schlafend angetroffen wurde, mußte die Wache am nächsten Tag fortsetzen. Mit der Zeit bekam man von dem stumpfsinnigen Flur einen Koller, wobei abgesehen von der Müdigkeit der Frühdienst angenehmer war, weil man mehr seine Ruhe hatte.

Der permanente Wechsel von Wach- und regulärem Dienst nahm wegen des fortgesetzten Schlafentzugs allmählich die Form von psychischer Folter an. Dennoch las ich in der Zeit etliche Romane. Die Bibliothek des Regiments war unerwartet gut bestückt. Darin befanden sich einige ideologisch suspekte Titel, die aus den zivilen Bibliotheken längst ausgesondert waren. Ob das Banausentum, Ignoranz oder eine Art intellektueller Widerstand war, konnte ich nicht ergründen. Ich las nicht zuletzt Titel, die im militärischen Milieu spielen wie Hemingways Roman über den Ersten Weltkrieg *In einem anderen Land* und Anderschs *Winterspelt* über das Ende des Zweiten Weltkriegs. Der dort auftretende ehemalige Kellner und fiese Obergefreite Reitel schien eine Art *Universal soldier* darzustellen, der im Gegensatz zu dem gleichnamigen Song von Donovan keinen Wunschtraum verkörperte, sondern auch in der Nationalen Volksarmee – die wohl treffender *Nazi*onale Volksarmee geheißen hätte – über etliche markante Klone verfügte.

Daneben war Dieter zuständig für Wandzeitungen, die jede Kompanie anfertigen mußte. Da den anderen diese Aufgabe lästig war, hatte er einen schönen Zeitvertreib gefunden, der durch eine Mischung aus Anpassung und Auflehnung weder bei den Offizieren noch bei den Soldaten Anstoß erregte.

Den Höhepunkt der Reservistenausbildung bildete die Abschlußübung, die eine Woche vor dem Ende stattfand. Alle Soldaten wurden um 1 Uhr geweckt. Nachdem diverses Gerät verstaut war, brach das Bataillon im Morgengrauen auf. Dieter saß zusammen mit anderen Soldaten auf der Ladefläche eines Lkw, wegen der schlechten Straßen rüttelte es so stark, daß an Schlaf nicht zu denken war. Draußen glitt die Sommerlandschaft vorbei. Autofahrer, die der Kolonne in die Quere kamen, mußten sich auf eine längere Wartezeit gefaßt machen. Am späten Vormittag erreichten sie einen Truppenübungsplatz in der Dübener Heide nahe dem Städtchen Annaburg, von dem sie freilich nichts sahen. Zunächst mußte der ganze Plunder entladen und neu aufgebaut werden, was einige Stunden in Anspruch nahm, da beispielsweise die schweren Waffen schon früher verladen worden waren. Viel Zeit wurde benötigt für den Aufbau der Offizierszelte. Obwohl sie nur eine Nacht bleiben würden, wurden darin Betten, einschließlich Federzudecken, aufgestellt. Die Tische wurden mit weißen Decken drapiert, und es wurde eingedeckt wie bei einem Staatsempfang. Nach Verlauten aus der Küche waren die Speisen und Getränke gleichfalls erlesen. Wenn August der Starke zur Jagd fuhr, kann es kaum feudaler zugegangen sein. Die Soldaten mußten derweil aus ihrem Alugeschirr fressen. Deutlicher konnte die Perversion der sozialistischen Idee nicht illustriert werden.

Nach längerem Warten, das lediglich von kleinen Routineübungen unterbrochen wurde, hieß es am Abend, daß sie sich eingraben sollten. Zum Glück war der Boden sehr sandig, so daß sogar Dieter mit der Zeit an Tiefe gewann. Die Landschaft war überhaupt idyllisch von großen hellen Dünen durchzogen, auf denen alte Kiefern thronten. Man kam sich fast vor wie am Ostseestrand, es fehlte bloß das Meer. In der Dämmerung tauchte ein Rudel Wildschweine vor ihrer Einheit auf. Da standen die Volksarmisten schwer bewaffnet mit Granatwerfern und Maschinenpistolen nahezu wehrlos den Tieren gegenüber, worunter sich auch einige Frischlinge befanden. Schießen kam in keinem Fall in Frage, ohne Befehl hätte man drastische Militärstrafen riskiert. Ganz davon abgesehen, daß sie nur über Platzpatronen verfügten. Man konnte nur hoffen, daß die Wildschweine, die auf dem Truppenübungsplatz wahrscheinlich selten auf Menschen trafen, ein Einsehen mit ihrer absurden Lage hatten. Die Soldaten verhielten sich jedenfalls mucksmäuschenstill, nach einer halbe Stunde trottete das Rudel tatsächlich davon.

Der Himmel färbte sich prächtig rotorange, und allmählich wurde es kühler. Dennoch sollte ihnen bald heiß werden. Die einzelnen Schützenlöcher waren als ungenügend befunden wurden, es sollte ein ganzes Grabensystem ausgehoben werden. Sie schaufelten bis zum nächsten Vormittag. Nach einer kurzen Frühstückspause hieß es plötzlich: „Alles schnell einpacken". Gegen Mittag setzte sich die Lastwagenkolonne wieder in Bewegung. Als sie schließlich in der Kaserne ankamen, war natürlich Entladen angesagt. Die unbenutzten Waffen mußten auseinandergenommen und geputzt werden, Sachen und Stiefel gereinigt und so weiter. Um Mitternacht war endlich Zapfenstreich. Nach fast achtundvierzig Stunden durften sie endlich schlafen.

Die letzten Tage vergingen wie in einem Sanatorium. Die Frauen und Verwandten durften bei dem letzten Besuch die Zivilsachen mitbringen. Sie lagen wie ein Versprechen von Freiheit in den Spinden. Dieters Kameraden meinten, die Zeit sei zwar sinnlos gewesen, aber eines hätten sie gelernt, nämlich ihre Lebenszeit künftig intensiver zu leben. Wahrscheinlich verflüchtigten sich diese Vorsätze bald im Alltag.

Am 31. Juli verließ Dieter am Morgen mit dem Bus Marienberg. Es war derselbe Bus, der ihn vor drei Monaten hierher gebracht hatte. Insgesamt hatte er den Armeedienst glimpflich überstanden. Daß es auch anders ausgehen konnte, sah man am Sohn der Bibliothekarin unserer Sektion, der zur gleichen Zeit seinen Grundwehrdienst in Marienberg ableistete. Er wurde kaputt gespielt, wie das im Armeejargon hieß, und verließ die Kaserne schließlich nach anderthalb Jahren als gebrochener junger

Mann. Für Dieter war es eher ein Abenteuerurlaub, der sogar eine Auffrischung seiner Ehe nach sich zog.

Für den 1. August hatte ich als Ausdruck der wiedergewonnenen äußeren Freiheit eine große Radtour geplant. Der Himmel war leider verhangen, und es war kühler als in den vorhergehenden Wochen, doch ich ließ mich von dem lange gehegten Vorhaben nicht abbringen. Ich fuhr zunächst entlang der Mulde flußabwärts. Nach etwa fünfzehn Kilometern war kein Weg mehr auszumachen, wobei er schon zuvor mitunter recht abenteuerlich anmutete. Ich mußte mich an Gehöften vorbeischlängeln, einmal fiel mich fast ein Hund an. Auf Landstraßen kam ich bis Siebenlehn, wo ich ernüchtert umkehrte. Auf dem schnellsten Weg, das heißt der Fernverkehrsstraße, radelte ich wie ein Gejagter nach Freiberg zurück. Unterwegs begann es zu nieseln, und die dicht an mir vorbeirasenden Autos spritzten mich voll. Die Freiheit konnte bitter sein. Aber ich wollte nicht klagen, künftig mußte ich eben meine Ausflüge besser planen.

3
Bis runter nach Bulgarien

Seit ich meine Dissertation vor anderthalb Jahren eingereicht hatte, war ich in der Forschung zu nichts Nennenswertem mehr gekommen. Die Armeezeit hatte meine Motivation auch nicht befördert. Ich bezweifelte, ob die weltentrückte mathematische Forschung für mich das Richtige sei und überlegte ernsthaft, ob sich vielleicht eine andere Tätigkeit finden ließe. Bereits im Vorjahr hatten wir ein Stellengesuch aufgegeben in der *Wochenpost*, der einzigen Zeitung, die in der DDR Popularität genoß und daher nur kurze Zeiten in den Kiosken erhältlich war, neue Abonnements wurden gar nicht angenommen. Ich erhielt auf die Anzeige zwar keine Antwort, doch einigen Staub wirbelte sie dennoch auf. Es kam nicht alle Tage vor, daß zwei SU-Absolventen in einer zentralen Zeitung eine bessere Stelle suchten. Jedenfalls waren unsere ehemaligen Kommilitonen Michael und Angela Zoller auf die Anzeige aufmerksam geworden, wir sagten aber nicht, daß sie von uns stammte.

Anfang der achtziger Jahre wurde in der DDR die Entwicklung der Mikroelektronik forciert. Der Effekt war zwar letztlich bescheiden, nicht umsonst kursierte der Witz, daß die DDR den größten Chip der Welt entwickelte, doch die Verdienstmöglichkeiten und sonstige Vergünstigungen erwiesen sich als überdurchschnittlich. In Erfurt war ein Mikroelektronikkombinat aus dem Boden gestampft worden. Wir besuchten die Stadt für zwei Tage Mitte August. Das große historische Zentrum und die IGA, das heißt die internationale Gartenbauausstellung, gefielen uns. Ich vereinbarte ein Informationsgespräch in der Kaderabteilung des Kombinates für Mitte September. Diesmal übernachteten wir statt im Hotel bei meinem ehemaligen Mitstudenten von der ABF Hans-Gert Gräbe. Er hatte inzwischen Familie, mit seinem Job war er offenbar auch nicht zufrieden. Die neuen Gebäude der Mikroelektronikfabrik standen auf der grünen Wiese, die ich als einzige bemerkenswert fand. Direkt neben dem Eingang blühte roter Mohn. Das hatte etwas. Man stellte gern Absolventen ein, meine Promotion war freilich wertlos. Als Aufgabe wäre mir die Überwachung der Produktion im Dreischichtsystem zugefallen. Das fand ich wenig lukrativ, da würde ich wohl lieber in meinen abstrakten funktionalanalytischen Räumen herumtollen.

Als Jahresurlaub unternahmen wir zwei Reisen zu je zwei Wochen Ende August und Ende September, ein außergewöhnlicher Luxus für DDR-Verhältnisse. Ende August hatten wir zusammen mit Julia im Ferienheim der Bergakademie auf der Insel Rügen in Altreddevitz ein Zweibettzimmer bekommen. In den Schulferien hatte man keine Chance, an der Ostsee einen Ferienplatz zu ergattern, ansonsten war die Nachfrage deutlich geringer. Zuvor besuchten wir meinen Schwager Ulrich Seegert, der als Offizier bei den rückwärtigen Diensten in Stallberg nahe Ückermünde diente. Er hatte dort sofort eine Neubauwohnung bekommen. Ansonsten sagten sich in der trostlosen Gegend Fuchs und Hase „Gute Nacht“, hin und wieder aufgeschreckt vom Geballer der Nationalen Volksarmee. Außerdem war gerade ein Bekannter bei ihm zu Besuch, der zufällig auch auf die Insel Rügen wollte. Er brachte uns mit seinem Trabant 601 bis zum Ziel. Die Fahrt kam mir endlos vor, nicht zuletzt wegen vieler geschlossener Eisenbahnschranken. Daß die Autofahrt einen Glücksfall darstellte, merkten wir erst auf der Rückfahrt, als wir die paar Kilometer bis Stralsund, von wo es einen durchgehenden Zug gab, mit öffentlichen Verkehrsmitteln bewältigen mußten.

Das Ferienheim befand sich direkt am Bodden, von dort hatte man einen schönen Blick über die Hügel von Mönchgut. Ich stellte mir vor, so ähnlich könnte es an einer jugoslawischen Bucht aussehen, wo ich nun nach Ratschluß der Genossen in der FDJ-Kreisleitung nie hinkommen sollte. Die Betten waren miserabel und das Essen nicht weit her. Doch das kannte der Sachse ja zur Genüge, wie es in der Sachsenhymne „Sing, mei Sachse sing" von Jürgen Hart heißt. Wir hatten die Räder mit der Bahn geschickt, um die Strände in Baabe oder Thiessow erreichen zu können, die jeweils etwa fünf Kilometer weit entfernt lagen. Kitty schimpfte über den Wind, gegen den wir ankämpfen mußten, scheinbar unabhängig von der Richtung, die wir gerade eingeschlagen hatten. An den ersten Tagen herrschte noch Badewetter, Anfang September war an Baden nicht mehr zu denken. Nicht umsonst war die Saison zu Ende. Vielleicht war das besser so. Der Strand von Thiessow galt als längster FKK-Strand von Rügen, er erstreckte sich über einige Kilometer an der Südostküste. Da es dort keine Toiletten gab, hatten die Gäste ihre Geschäfte in dem angrenzenden Kiefernwald verrichtet. In der Folge litten viele Nudisten an seltsamen Hautausschlägen am ganzen Körper, die durch Insekten oder sonst wie übertragen wurden. Ich stellte nach dem Urlaub lediglich einen roten Fleck auf dem Rücken fest. Der Arzt konstatierte, daß es sich um einen Zeckenstich handelte, er wäre jedoch bereits dabei abzuheilen. Wahrscheinlich hatte ich mir die Zecke nicht in Thiessow eingefangen, da ich immer in Hemd und Hose durch den Wald lief. Die restliche Zeit verbrachten wir mit Besuchen des nahen Eiscafés, Fahrten mit der Schmalspurbahn oder Spaziergängen. Einmal wanderte ich allein von der Stubbenkammer nach Saßnitz. Abends spielte ich vor dem Heim Federball mit meiner Tochter, um die ich mich bisher nur sporadisch gekümmert hatte.

Im zweiten Urlaub flog ich Ende September zusammen mit Kitty nach Bulgarien. Wir hatten über das Reisebüro ein Hotel am

Schwarzen Meer in Albena gebucht. Julia hatten wir zu ihren Großeltern nach Sternberg gebracht. Albena war eine weiße Stadt, die vorwiegend aus Hotels bestand. Wegen des vielen Grüns wirkte sie dennoch nicht steril. Die lukrativsten Hotels standen direkt am Strand, sie waren vorwiegend für Touristen mit harter Währung reserviert. Neben den Westtouristen liefen viele Russen herum. Wahrscheinlich sieht das Publikum heutzutage nicht viel anders aus. Unser Bestand an der Landeswährung Lewa war dürftig, da wir nur eine geringe Summe Ostmark umtauschen durften. Dagegen konnten die Westdeutschen unbegrenzt umtauschen, zu einem Kurs, der viermal günstiger war. Für sie waren Restaurants und Vergnügungsangebote wie Wasserski oder Fallschirmspringen daher sehr günstig, und sie ließen, wie es sich gehörte, den Großkotz heraushängen. Aus Gesprächsfetzen entnahmen wir, daß sie es hier fast wie auf Mallorca fanden, nur billiger. Wahrscheinlich sollte das aus dem Mund von Pauschalurlaubern ein Kompliment sein. Wir mußten scharf abwägen, ob wir ein Fahrrad ausleihen konnten oder nicht.

Unser Hotel befand sich auf einem Hügel, eine Viertelstunde vom Strand entfernt. Das Zimmer war einfach, aber sauber. Vom Balkon hatte man einen weiten Blick. In den lauen Nächten tönten die Zikaden unter einem fetten Mond, was ich romantisch fand. In unserem Hotel wohnten viele englische Touristen. Sie lagen gewöhnlich den ganzen Tag am Pool und lasen irgendwelche Boulevardblätter oder Taschenbuchschwarten, statt sich ans Meer zu begeben, was ich befremdlich fand. Während die DDR-Urlauber in Bulgarien eher die bessergestellten oder intellektuellen Schichten der Gesellschaft repräsentierten, kamen die Engländer vorwiegend aus der Unterschicht, die wohlhabender schien als wir. Von den berüchtigten englischen Urlaubern, die es etwa auf Mallorca noch schlimmer treiben sollten als die deutschen Ballermänner, hatten wir seinerzeit noch nichts vernommen. Die hiesigen Spezies behelligten uns nicht durch nächtlichen Lärm.

Am ersten Nachmittag hatten wir Pfirsiche gekauft, die man in der DDR nur sehr selten bekam. Es waren große saftige Früchte. Wahrscheinlich waren sie überreif oder irgendwie verunreinigt, jedenfalls bekam ich in der ersten Nacht schrecklichen Durchfall. Da kannte ich noch nicht den Spruch „Koch es, schäl es oder vergiß es“, den man in südlichen Ländern beherzigen sollte. Nachdem ich am nächsten Tag im wesentlichen nur Zwieback zu mir nahm, hatte sich meine Verdauung wieder normalisiert. Kitty mußte ohnehin Antibiotika nehmen, da sie sich an der Ostsee eine Bronchitis zugezogen hatte. Für sie war der Aufenthalt am Schwarzen Meer eher eine Genesungskur als ein Traumurlaub. Zum Frühstück mußten wir zu einem Restaurant in Strandnähe gehen. Da jeden Tag die Sonne schien, war das ein angenehmer Morgenspaziergang. Die Verpflegung beinhaltete eine warme Mahlzeit, wofür wir Wertbons erhalten hatten. Wie wir es von der Ostsee gewohnt waren, wollten wir am ersten Tag Mittagessen gehen. Die meisten Restaurants hatten jedoch um diese Zeit geschlossen, und in den verbleibenden konnten man nur Getränke und Snacks bestellen. Uns blieb nichts anderes übrig, als uns an den üblichen Rhythmus anzupassen und zum Abendessen in ein Restaurant zu gehen. Mittags aßen wir meist Schafkäse mit Weißbrot und Weintrauben. Manchmal leisteten wir uns auch an der Strandpromenade ein Steak, das dort an Imbißständen gebrutzelt und mit einem Stück Tomate und Weißbrot gereicht wurde.

Die meiste Zeit verbrachten wir mangels Alternativen am Strand, obwohl das nicht meinem Ideal von Urlaub entspricht. Zunächst waren wir am Hauptstrand gelandet. Hier gab es zwar Sonnenschirme, doch es ging sehr laut zu. In der ersten Woche war es noch sehr heiß, erst Anfang Oktober wurde das Klima angenehm mild. Wir mieden bald die Mittagszeit und suchten uns eine stille Bucht, wo die Ostdeutschen sogar FKK betrieben, was bei den prüden Bulgaren geächtet war und bei den Westdeutschen gleichfalls nicht hoch im Kurs stand. An Schwimmen wie an der Ostsee war kaum zu denken, ich liebte es, in der Brandung auf und ab zu springen. Dabei schürfte ich mir am Anfang ein Knie auf, so daß ich mich einige Tage etwas zügeln mußte. Ich las während des Urlaubs Max Frisch, in einer Szene des Romans – ich weiß nicht mehr, war es *Stiller* oder *Mein Name sei Gantenbein*

– tollten die Protagonisten auch in der Brandung. Wenigstens das prägte sich ein.

Von Albena aus nahmen wir an organisierten Ausflügen nach Varna, Nessebar sowie Constanta in Rumänien teil. Am besten gefiel uns das bizarre Nessebar. Zudem fuhren wir dorthin in einem klimatisierten Mercedes-Kleinbus im Gegensatz zu den klapprigen stickigen Bussen, mit denen wir sonst vorlieb nehmen mußten. Einer der DDR-Touristen hatte seinen Ausweis im Hotel vergessen, worauf die Reiseleiterin meinte, Bulgarien sei ein freies Land, da brauche man keinen Ausweis mit sich führen. Wenige Jahre später würden die Bulgaren ernsthaft erörtern, ob sie um Aufnahme als 51. Bundesstaat der USA ersuchen sollten, wo man ja auch keine Ausweise kennt. Zumindest in ihrer Fantasie waren die Bulgaren Meister. In der Realität hatte in dem Land weder die Monarchie noch der Faschismus oder der Kommunismus funktioniert. Und mit dem Kapitalismus sollte es ab den neunziger Jahren kaum besser gehen.

Gegenüber Rumänien mutete Bulgarien freilich an wie das Reich der Seligen. Die Reiseleiterin betonte bei jeder Gelegenheit den Stolz auf Bulgarien angesichts des rumänischen Elends. Der Dreck, und die Armut in den Straßen Constantas übertraf sogar alles, was wir in sowjetischen Städten gesehen hatten. Vor fast zweitausend Jahren war der römische Dichter Ovid hierher verbannt worden und hatte seine *Metamorphosen* geschrieben. Unter diesen Verhältnissen hätte sich ihm wahrscheinlich die Feder gesträubt.

4
Orwell in den Farben der DDR

Anläßlich des zehnten Jahrestags des Abiturs fand im Oktober 1984 das erste Klassentreffen meiner ehemaligen Klasse von der Penne in der Freiberger Gaststätte „Stadt Dresden“ statt. Daran nahm auch unsere Klassenlehrerin Frau Siegel teil, sie schien sich wehmütig an die gute alte Zeit zu erinnern. Die heutige Schülergeneration hatte anderes im Kopf als Lernen. Sie sprach recht distanziert von dem verstockten Deutschlehrer Neumann, dessen

Amoklauf gegen Filme wie „Die Legende von Paul und Paula“ inzwischen sprichwörtlich geworden war. Meine Mitschüler hatten inzwischen fast alle eine Familie gegründet. Ich unterhielt mich vor allem mit Conny, die in Berlin als Russisch- und Französischlehrerin arbeitete und zwei Kinder hatte. Sie berlinerte stark, was mich bei ihr kaum störte, da der Dialekt nicht mit der Arroganz der meisten Hauptstadtbewohner gekoppelt war.

Nach meinem Armeedienst dachte ich, aus der Gesellschaft für Sport und Technik (GST) endlich austreten zu können, da diese Massenorganisation eigentlich für die vormilitärische Ausbildung der Jugend zuständig war. Bei einigen Jugendlichen genoß diese Organisation eine gewisse Beliebtheit, da man dort ohne große Wartezeiten die Fahrerlaubnis erwerben konnte. Ich war zu dem Verein gekommen wie die Jungfrau zum Kinde, als wir anläßlich des Militärlagers an der ABF automatisch aufgenommen wurden. Dummerweise hatte ich diese Mitgliedschaft bei der Einstellung an der Hochschule angegeben und wurde nun in den dortigen Akten geführt. Solange ich nicht gedient hatte, wagte ich nicht auszutreten, um nicht aufzufallen. Der Chef der GST an der Bergakademie war ein abgehalfterter Offizier, der offenbar an chronischer Langeweile litt. Solch ein „Vorkommnis“ war für ihn ein willkommener Anlaß, ein Faß aufzumachen von wegen staatsfeindlicher Einstellung und so. Immerhin war unser Parteisekretär vernünftig genug, die Angelegenheit im Sande verlaufen zu lassen.

Mitte Oktober besuchte ich die Tagung für Komplexe Analysis in Halle, die alle vier Jahre durchgeführt wurde. Im Gegensatz zu meinem ersten Tagungsbesuch 1980, blieb davon wenig haften. Ich hatte ja auch wissenschaftlich nichts Neues vorzuweisen. Ich unternahm einen Ausflug zur Burg Giebichenstein am gar nicht mehr hellen Strande der Saale. Dennoch hatte die ansonsten nüchterne Stadt hier ein romantisches Flair bewahrt. Schade, daß ich während meiner ABF-Zeit nicht soweit vorgedrungen war. Außerdem besuchte ich im Stadtzentrum ein Café. In dem extravaganten Lokal gab es außer Alkohol nur Mokka zu trinken. Aus Unwissenheit oder Übermut bestellte ich gleich ein Kännchen. Danach war ich furchtbar aufgedreht. Kitty hatte erzählt, während ihres letzten Jahres in Kischinjow mitunter exzessiv Kaffee getrunken und sich danach etwas „unzurechnungsfähig“ gefühlt zu haben. Das konnte ich nun nachvollziehen.

Zwei Wochen später sollte ich zu der nächsten Tagung, der Herbstschule für optimale Steuerung, nach Koserow auf Usedom reisen. Prof. von Wolfersdorf war verhindert, außer mir sollte von uns nur der Oberassistent Unger die Tagung besuchen, der separat anreisen wollte. Ich setzte mich also am Montagmorgen in den Frühzug nach Dresden, um von dort die lange Reise an die Ostsee anzutreten, wo ich am späten Nachmittag ankommen würde. Angesichts des novemberlichen Wetters und der häufigen Trennung von meiner Familie in diesem Jahr überkam mich im Zug ein Koller, und ich stieg auf der Hälfte der Strecke an der Station Edle Krone aus, um den Gegenzug nach Freiberg zu besteigen, der wenige Minuten später einfuhr. Von Wolfersdorf war überrascht, als er mich am nächsten Tag im Sektionsgebäude traf. Seine Tochter hätte mich im Zug gesehen. Ich stellte das in Frage und sagte, ich hätte die Reise aus familiären Gründen nicht angetreten. Daß ich sie abbrach, hätte meine damalige psychische Verfassung in einem seltsamen Licht erscheinen lassen, das wollte ich nicht riskieren, da schwindelte ich lieber etwas.

Zumindest die Genossen von der Betriebsschule Marxismus-Leninismus waren froh, mich so unerwartet wiederzusehen. Meine häufige Abwesenheit in den ersten Wochen hatte schon den Mißmut des Verantwortlichen hervorgerufen. Alle SED-Mitglieder mußten sich systematisch ideologischen Schulungen unterziehen. Am harmlosesten war das monatliche Parteilehrjahr in der Grundorganisation. Dann kam die Kreisparteischule, die ambulant ein Jahr lang einmal wöchentlich stattfand, und schließlich gab es stationär ein Jahr die Bezirksparteischule für mittlere Funktionäre sowie drei Jahre Parteihochschule für hohe Apparatschiks. Diese Gehirnwäschen sollten sicherstellen, daß die Parteimitglieder Schwarzes Grau und Graues Weiß sahen, wenn die Parteiführung in ihrer unergründlichen Weisheit es so beschlossen hatte. Mich hatte die Parteileitung zur Betriebschule ML, einer Sparte der Kreisparteischule, abgestellt, was scherzhaft auch als die mildeste Parteistrafe galt. Den Kelch einer höheren Parteischule hätte ich nicht geleert, da wäre ich aus der Partei ausgetreten.

Da die Teilnehmer meines Lehrgangs nur von der Bergakademie kamen, waren sie meist nicht so borniert wie viele Genossen aus den Verwaltungen oder Betrieben. Etliche waren sogar recht kritisch eingestellt, man hätte sie im Alltag nicht für Parteimitglieder gehalten. Besonders gut verstand ich mich mit Andreas Weiß, einem promoviertem Metallurgen, sowie einem Doktoranden aus der Sektion Geologie. Sie waren befreundet mit Leuten, die einen Ausreiseantrag in die BRD gestellt hatten und brachten in Diskussionen offen zum Ausdruck, sie könnten das verstehen. Damit reizten sie den Zirkelleiter, der ansonsten an der ABF Ausländer unterrichtete. Er war zwar gutmütig, aber naiv. Der schärfste Genosse war jedoch der promovierte Chemiker Udo Seltmann. Ihm war es nur mit viel Geduld und Hartnäckigkeit gelungen, die hohen Barrieren für die Aufnahme von Angehörigen der Intelligenz in die SED zu überwinden. Desto wilder führte er sich in der Partei auf. Vor zwanzig Jahren wäre er gefährlich gewesen, vor zehn Jahren bedrohlich, jetzt wirkte er bloß noch absurd. Die Chemie schien ihn inzwischen kaltzulassen, desto mehr brannte er für die Parteidoktrin. Nach Abschluß der Betriebsschule gelang ihm der Sprung zur SED-Kreisleitung, wo er sich als Missionar empfehlen wollte.

Nicht beglückt von meinen Eskapaden in der letzten Zeit war die Sektionsleitung. Mitte November wurde ich zu einer Aussprache beim Sektionsdirektor Prof. König geladen, an der weitere Leitungsmitglieder teilnahmen. Sie hätten zwar etliche Zeit wegen des Todes meiner Eltern Verständnis gezeigt, aber nun sei das Maß voll. Daß ich die letzte Dienstreise nicht angetreten habe, könne man auch als Arbeitsbummelei interpretieren. Das fand ich zwar überzogen, da ich ja in der Zeit in meinem Büro gearbeitet und auf der Tagung kaum etwas verpaßt hatte. Dennoch gelobte ich Besserung. In gewisser Hinsicht hatten sie recht, seit zwei Jahren hatte ich in der Forschung nichts mehr geleistet. So konnte es nicht weitergehen.

Zunächst galt es, den nächsten Umzug zu bewältigen. Das Tauziehen um die AWG-Wohnung meiner Eltern hatte zur Aufnahme in die Wohnungsgenossenschaft im vergangenen Frühjahr geführt. Ich konnte die achthundert Arbeitsstunden meines Vaters übernehmen, so daß ich keine Arbeitsleistungen, die meist im Ausheben von Gräben bestanden, erbringen mußte, was andernfalls Bedingung einer AWG-Mitgliedschaft war. Im Herbst erhielten wir dann ein Angebot für eine Zweizimmer-Neubauwohnung auf der Karl-Kegel-Straße. Diese Straße war zwar die Hauptverkehrsader des Wohngebietes Wasserberg, dennoch war es hier wesentlich ruhiger als auf dem Lindenweg an der Fernverkehrsstraße, was vor allem daran lag, daß auf der Straßenseite der Wohnung nur Bad und Küche lagen. Zuvor hatten wir von der Stadt ein Angebot für eine Altbauwohnung im Stadtzentrum bekommen. Sie befand sich über einem Gemüseladen und hatte zwar drei Räume, aber Plumpsklo, so daß wir die Absage nicht bedauerten.

Die Wohnung Karl-Kegel-Straße 72 lag im zweiten Obergeschoß. Sie war im Vergleich zur Vorwohnung in keiner Hinsicht schlechter, was man von den künftigen Umzügen nicht mehr behaupten konnte. Statt Ofenheizung bekamen wir Fernheizung, statt Außen-WC und Duschkabine in der Küche ein richtiges Bad, sogar mit Fenster. Dazu kam eine Loggia. Nur die Anzahl der Wohnräume blieb leider unverändert. Um möglichst wenig Zeit für die Renovierung zu investieren, ließen wir einen Maler von der Handwerkergenossenschaft kommen. Sogar das Wetter Ende Oktober spielte mit, so daß er auch die Loggia neu streichen konnte.

Den Umzugswagen hatten wir über die Fahrbereitschaft der Bergakademie organisiert, er kam am 24. November 1984, allerdings ohne Träger. Die mußten wir selbst anheuern. Kitty hatte den Mann einer Kollegin, einen ehemaligen Mathematik-Studenten, um Hilfe gebeten. Mein Bruder brachte einen Freund mit. Für die Möbelpacker gaben wir nach dem Einzug eine Fete, die zu einem ziemlichen Krampf geriet.

In die Wohnung Lindenweg zog eine alleinerziehende Mutter ein. Sie wollte die von uns installierte Duschkabine in der Küche nicht bezahlen, weshalb wir sie abbauen mußten. Ich fand schließlich einen Käufer, der die Apparatur für den Restwert von

400 Mark übernahm. Ich mußte ihm jedoch beim Transport behilflich sein, was meinem Rücken schwer zusetzte. Im Nachhinein hätte ich lieber auf die 400 Kröten verzichtet.

Auf der Kegelstraße sollten wir nur zweieinhalb Jahre wohnen. Dennoch wurde diese Zeit zur vielleicht produktivsten meines Lebens. In der mathematischen Forschung schaffte ich einen Durchbruch. Bei dem von Prof. von Wolfersdorf angeregten Thema poröser Strömungen in Staudämmen und Kanälen erzielte ich die grundlegenden Ergebnisse, die ich später zur Promotion B zusammenfaßte. Wahrscheinlich stimmt es: Was ein Mathematiker nicht bis zu etwa seinem dreißigstem Lebensjahr erreicht, erreicht er nie. Auch literarisch war ich selten so kreativ. Ein Dutzend Gedichte aus dieser Zeit wurde schließlich in der Zeitschrift des Schriftstellerverbandes *ndl* publiziert.

Im Winter war die Wohnung ein günstiger Ausgangspunkt für Skiwanderungen, da zweihundert Meter dahinter ein freies Feld begann, woran sich der Wald anschloß. Im Januar 1985 reiste Frank mit Skiern an, was ungläubiges Kopfschütteln von Mitreisenden im Norden hervorrief, wo nichts auf Winter hindeutete. Eine Kollegin von ihm nahm in dem Jahr auch ein Hotel in Freiberg, um die Stadt kennenzulernen. Der DDR-interne Tourismus erreichte Mitte der achtziger Jahre offenbar mangels anderer Reiseziele seinen Höhepunkt. In Freiberg und erst recht im oberen Erzgebirge lag genügend Schnee. Bei den vorangegangenen Winteraufenthalten erreichte Frank, der zuvor nicht Ski gelaufen war, im Langlauf eine wesentlich höhere Perfektion als ich, der bereits seit dem Kindergarten auf Brettern stand. Talent bringt eben mehr als stumpfsinniges Üben. Einmal begleitete ich ihn zu einer Skitour ins Gebirge nach Holzhau, wo die Loipe einige Abfahrten einschloß. Während Frank das sichtlich genoß, erreichte ich das Tal mit flatterndem Herzen und verzweifelten Bremsmanövern. Nach dem Mittagessen in einer Gebirgsbaude glitten wir bei gleißendem Sonnenschein ins Nachbardorf, in dem früher meine Großeltern gewohnt hatten. Obwohl der Ort nur weniger Höhenmeter niedriger liegt, war dort die Schneeschmelze bereits so weit vorangeschritten, daß wir die Skier abschnallen und zum Bahnhof tragen mußten. In Freiberg herrschte bereits starkes

Tauwetter. Die knappe Woche bei uns sollte Franks letzter Skiurlaub hier sein.

Zufällig konnte ich am gleichen Tag Fühmanns neues Buch, die Geschichtensammlung *Saiäns fiktschen*, aus der Buchhandlung abholen. Fühmann übertrug in dem Text die Intentionen von Orwells *1984* auf die DDR sowie die aktuelle Ost-West-Problematik. Das Buch hinterließ bei mir einen nachhaltigen Eindruck. In der Wendezeit führte ich dazu eine Besprechung im Klub des Kulturbundes unter dem Titel „Orwell in den Farben der DDR“ durch. Davor war an so etwas natürlich nicht zu denken. Das Buch Orwells hatte mein Opa Anfang der achtziger Jahre über die innerdeutsche Grenze geschmuggelt. Zehn Jahre eher genügte der Besitz des Buches, um in der DDR in den Knast zu kommen. In den achtziger Jahren war das zwar entspannter, aber auf den Marktplatz konnte man sich damit nicht stellen.

Ende März fuhr ich nach Wismar zu Franks Verteidigung seiner Promotion zum Dr.-Ing. Er hatte die Arbeit an der Universität Rostock eingereicht, da Wismar kein Promotionsrecht besaß. Das ersparte ihm eine großartige Promotionsfeier. Stattdessen lud er die Gutachter nur zum Abendessen ein. In Rostock traf ich auch Konrad Engel wieder, der inzwischen Dozent an der Universität war. Er hatte sich nach dem Abbruch des Auslandsstudiums uns gegenüber an die Parole der DDR-Propaganda „Überholen ohne einzuholen“ gehalten.

5
I Like Chopin

Im März 1985 war der morbide sowjetische Generalsekretär Tschernenko gestorben, was zu allgemeiner Erleichterung führte. Neuer Generalsekretär der KPdSU wurde Michail Gorbatschow. Der DSF-Vorsitzende unserer Sektion Schmidt hängte dessen Porträt sogleich in den Schaukasten im Foyer des Gebäudes, was eher alte Rituale wachrief. In der Betriebsschule ML gab es Stimmen, die meinten Gorbatschow habe sich knapp gegen den Hardliner Romanow durchgesetzt, wobei die Stimme von Außenminister Gromyko, der selbst eher zu den Falken gerechnet wurde und im Westen Mr. Njet hieß, den Ausschlag gegeben hätte. Der Ton der ersten Reden Gorbatschows war erfrischend, aber im Ton waren die meisten sowjetischen Generalsekretäre von jeher vitaler gewesen als die drögen Honecker-Referate. In der DDR schien man eher die Schrauben anziehen zu wollen. So konnte man in der Sächsischen Landesbibliothek keine Westbücher mehr ausleihen. Das war nahezu meine einzige Quelle von Westliteratur gewesen.

Was die in der DDR gedruckte Literatur anbelangte, besaß ich inzwischen einen recht guten Draht zu den beiden großen Buchläden der Stadt. Anhand der Kataloge mit den Neuerscheinungen, die zur Leipziger Frühjahrsmesse erschienen, bestellte ich die von mir gewünschten, meist belletristischen Bücher. Anfangs hatte ich mir die Kataloge selbst aus Leipzig mitgebracht. Allerdings wagte ich es nicht, dort Westbücher mitgehen zu lassen. Später war mir die Fahrt zur Messe zu beschwerlich, und ich nahm in den Buchhandlungen Einsicht in die dortigen Belegexemplare. Die meisten der bestellten Bücher bekam ich tatsächlich geliefert, höchstens bei Werken, auf die breite Kreise erpicht waren, mußte ich zuweilen zurückstecken. Aber Lyrikbände oder Essayistik machte mir niemand streitig, obwohl in diesen Genres vergleichsweise das Subversivste erschien. Und die ausgewählten Werke etwa von Kafka oder Freud waren der Masse schlicht zu teuer. Daneben studierte ich in der Zweigbibliothek der Sektion Mathematik die aktuellen Veröffentlichungslisten für Belletristik des Börsenvereins, was zu weiteren Bestellungen führte. (Für die aktuellen mathematischen Fachartikel war mir das zu mühsam, und ich überließ die Sichtung lieber meinem Chef von Wolfersdorf.) Allmählich konnte ich mir so trotz der Mangelwirtschaft eine ansehnliche Bibliothek mit vielen Werken der Weltliteratur zulegen.

Im Juni ging die Betriebschule ML zu Ende. Aus diesem Anlaß sollte ein geselliges Zusammensein der Teilnehmer aller Parteischulen des Kreises stattfinden. Uns wurde aufgetragen, zur kulturellen Umrahmung einen kleinen Beitrag zu leisten. Ich trug das Gedicht von Enzensberger „Schwierigkeiten der Umerziehung“ vor. Die allgemeine Reaktion war Gleichgültigkeit, man war ganz nach Brecht nur an Fressen und Saufen interessiert. Einige Genossen bekannten danach mir gegenüber, daß sie mit der Aussage des Gedichts, die das Dilemma der sozialistischen Ideologie unterstrich, übereinstimmten.

Gestählt von der Parteischule trat ich Mitte Juni eine zehntägige Dienstreise nach Warschau an. Prof. von Wolfersdorf unterhielt langjährige Kontakte mit der Lehrstuhlinhaberin am Polytechnischen Institut Frau Prof. Wolska-Bochanek. Ich war noch nie davor in Polen gewesen. Meine Eltern hatten Mitte der siebziger Jahre einmal Urlaub in Karpacz gemacht, wußten jedoch nicht viel Gutes zu berichten. Die Streiks der unabhängigen Gewerkschaft Solidarnošč im Jahre 1980 hatten die Stabilität des ganzen Ostblocks erschüttert. Im Gegensatz zur Entwicklung in der ČSSR im Jahre 1968 war die Einstellung der DDR-Intellektuellen ambivalent. Man billigte zwar die antistalinistische Stoßrichtung des Widerstands, doch die klerikalen Werte und Zielsetzungen der Gewerkschaft riefen weitgehend Unverständnis hervor. Die antipolnischen Ressentiments, die im *Neuen Deutschland* angeheizt wurden, stießen kaum auf offenen Widerspruch in der Bevölkerung, wenngleich sie ein Gefühl historischer Peinlichkeit evozierten. Seit der Proklamierung des Kriegsrechts durch General Jaruzelski Ende 1980 herrschte einigermaßen Ruhe im Nachbarland, so daß auch der wissenschaftliche Austausch wieder aufgenommen wurde.

Ich nahm den Nachtzug nach Warschau. Um ihn nicht zu verpassen, war ich rechtzeitig nach Dresden-Neustadt aufgebrochen. Bis zur Abfahrt lief ich die dortigen Alleen entlang und berauschte mich am Duft der erblühenden Linden an dem warmen Sommerabend. Die Ausländerabteilung hatte mir Sitzplätze für die erste Klasse besorgt, so blieb ich weitgehend allein in dem Abteil, an Schlaf war dennoch kaum zu denken. Daher traf ich ziemlich zerschlagen in der polnischen Hauptstadt ein. Der Hauptbahnhof war unterirdisch angelegt und machte einen sehr sauberen Eindruck, was mich überraschte. Mein Quartier befand sich im Gästehaus der Hochschule im Stadtzentrum, so daß ich fast alles zu Fuß erreichen konnte.

Das wissenschaftliche Programm beschränkte sich auf einen einstündigen Vortrag, den ich in Englisch halten mußte. Eine Diskussion gab es dazu nicht. Der Assistent Rogolski lud mich zu sich nach Hause ein, wo wir angeregt über politische und philosophische Fragen in *Broken English* debattierten. Rogolski war stark katholisch geprägt, so daß wir selten einer Meinung waren, was der Herzlichkeit keinen Abbruch tat. Er konnte wahrscheinlich wie ich besser Russisch, doch diese Sprache war für ihn tabu. Die sozialen Unterschiede zwischen den polnischen Assistenten waren beträchtlich. Während Rogolski vier Kinder, aber kein Auto hatte, fuhr ein anderer einen großen Westwagen, die überhaupt auf Warschaus Straßen nicht selten waren. Jener betrieb die Mathematik mehr als Hobby oder Tarnung, sein Geld verdiente er mit einer eigenen Firma. Außerdem bediente er das Klischee des Neureichen, indem er Tennis spielte und zum Wintersport ins Riesengebirge fuhr. Ein Dritter hatte es zu einem Polski Fiat gebracht. Er chauffierte mich auch in dem Wägelchen, das eher einer Seifenkiste glich, durch die Stadt. An jeder Kreuzung hatte ich das Gefühl, eingeklemmt zu sein zwischen den Stoßstangen des vorigen und folgenden Fahrzeugs.

Die Chefin Frau Prof. Wolska-Bochanek, ein ältere Dame, lud mich einmal in ihre Wohnung zum Essen ein. Da ich von meinen Eltern nichts Gutes von der polnischen Küche gehört hatte, aß ich davor einige Brote mit mitgebrachter Wurst. Doch sie bot lauter wohlschmeckende Gerichte in großer Anzahl an, die ich ungern ablehnen konnte. Die Gespräche drehten sich eher um wissenschaftliche Themen. Hinterher war ich so vollgestopft, daß ich mich kaum rühren konnte. Nach fast vierundzwanzigstündigem Fasten konnte ich erst wieder etwas zu mir nehmen.

Da ich viel Zeit hatte, konnte ich die Stadt gründlich erkunden. Mir gefiel die wiedererrichtete Altstadt. Obwohl hier alles im Krieg zerstört worden war, hatte man sie im Gegensatz zu Dresden danach historisch rekonstruiert. Den Mittelpunkt bildete das Schloß, zu dessen Besichtigung Rogolski Karten für eine Führung ergattert hatte. Auf dem Markt gab es ein überquellendes Obst- und Gemüseangebot. Neben einheimischen Sorten, wovon ich besonders die prallen Weichselkirschen bevorzugte, wurden alle

Sorten Südfrüchte nebst diverser exotischer Varianten zu deftigen Preisen angeboten. Man sagte mir, die Früchte seien aus Westberlin privat hierher gebracht worden. Auch etliche Wissenschaftler hatten einige Jahre in Schweden oder Amerika gearbeitet, meist in irgendwelchen Aushilfsjobs.

Rogolski zeigte mir auch die kleine Kirche, in welcher der junge Priester Popiełuszko gegen das Kriegsrecht gepredigt hatte. Danach war er von Geheimdienstlern ermordet worden. Der Mord hatte eine Protestwelle ausgelöst. Die Kirche war mit Kerzen und Blumen übersät, wie ich es sonst nie gesehen habe. In dem engen Raum drängten sich viele Gläubige zum Gebet. Von dieser eindrucksvollen Visite, die an emotionaler Wirkung alle staatlich organisierten Jubelfeiern weit übertraf, berichtete ich lieber nichts daheim, wo Popiełuszko und dessen Verherrlichung als Märtyrer als Inbegriff der Konterrevolution galt.

Abschreckend fand ich in der polnischen Hauptstadt die streunenden Hunde, die man fast überall in großer Zahl fand. Ich hielt schon nichts von Hunden an sich, doch die herrenlosen Köter widerten mich an. Das gab es nicht einmal in den Zentren sowjetischer Großstädte. Mein Fluchtpunkt war der Chopin-Park nahe dem Stadtzentrum. Der Park war umzäunt und Hunde waren nicht zugelassen, was tatsächlich zutraf. Auch dem Straßenlärm war man hier entronnen. Ich zog mich meist ab Vormittag auf eine Bank zurück und las. Mitunter konnte man Eichhörnchen beobachten, die an den Bäumen hochschnellten. Imposanter fand ich die Pfauen, die überall im Park frei herumliefen. Am frühen Nachmittag spielte auf der Freilichtbühne des Parks ein Kammerorchester klassische Werke, ohne daß man Eintritt verlangte. Die Melodien von Mozart und Co. paßten wunderbar zum Gesang der Vögel.

Nach den Tagen im sonnigen Warschau fuhr ich zurück in das kalte, verregnete Freiberg. Ich durfte gleich nach der Ankunft mit meiner Tochter in den Zirkus gehen. Ich hielt ohnehin wenig von Zirkus, unausgeschlafen und frierend in dem spärlich beheizten Zelt wurde die Vorstellung zu einer Tortur für mich. Immerhin gefiel es Julia. Ich war nachher ebenso froh, da es meine letzte Zirkusvorstellung gewesen sein sollte, die ich besuchte.

6
November im Park

Im Frühling 1985 begannen wir, regelmäßig Rad- oder Wandertouren zu unternehmen. Die Radstrecken im Erzgebirge hatten den Nachteil, daß immer wieder längere Anstiege überwunden werden mußten. Man konnte zwar mit dem Zug ein Stück ins Gebirge fahren, doch welche Route zurück man auch wählte, überall stellten sich Berge in den Weg. Die längste Tour, bei der ich mich allein abstrampelte, führte von Holzhau über Neuhausen, Sayda, Mulda und Bertelsdorf nach Freiberg. Da ich nicht viel von der Einkehr in Gaststätten hielt, fuhr ich die Strecke ohne größere Pause durch, um zum Mittagessen wieder zu Hause zu sein. Kürzer war eine Familientour mit Julia auf dem Kindersitz, die von Nassau über die Lichtenberger Talsperre nach Freiberg führte. Zunächst galt es, einen zähen Anstieg zu erklimmen, dafür blühte der Löwenzahn auf den umliegenden Gebirgswiesen unter einem makellos blauen Himmel besonders farbenkräftig.

Im Sommer gingen wir eher wandern. Das bevorzugte Wandergebiet war die Sächsische Schweiz, wohin die Reichsbahn an Wochenenden sogar einen Sonderzug aus Westsachsen eingesetzt hatte, der nur an wenigen Stationen hielt und daher nicht viel länger als der Bummelzug von Dresden brauchte. Außerdem war der Zug zumindest bis Dresden angenehm leer. Natürlich wurde er nach der Wende sofort eingespart. Mitunter fuhren wir in der Sächsischen Schweiz auch ein Stück mit dem Dampfer. Die Preise dafür waren sehr moderat, allerdings hatte man Mühe, etwa ab Wehlen elbaufwärts überhaupt auf den Kahn zu kommen. Die Pappelallee vor Pirna, welche die Elbe säumte, kam mir vor wie Zypressen in der Toskana. So träumte ich von der weiten Welt. Oft waren die Träume schöner als die Wirklichkeit, die ich nach 1990 kennenlernte. Anfang Oktober wanderte ich bei bestem Altweibersommerwetter allein in Dresden durch die „italienische“ Landschaft der Elbhänge zwischen Fernsehturm und Weißem Hirsch.

Den Höhepunkt der Saison bildete eine Wanderung Mitte Oktober zusammen mit Frank in der Sächsischen Schweiz von Krippen über die Schrammsteine und den Großen Winterberg nach Schmilka. Vom Großen Winterberg, hatte ich bei Hans Christian Andersen gelesen, sollte man bis zum Riesengebirge sehen können. Trotz klaren Wetters konnten wir nichts ausmachen, das waren wohl Märchen aus dem vorigen Jahrhundert. Immerhin gab es auf dem Berg noch eine Gaststätte, obwohl sich die Gastronomie in der DDR in einem kläglichen Zustand befand. Beim Abstieg kamen wir durch ein Waldstück, das violett schimmerte. So etwas hatte ich nie zuvor oder danach gesehen, und ich konnte es mir nicht erklären. Ein Wunder war es dennoch kaum. In Schmilka wurde es am Nachmittag schnell kühl, und ich war froh, in den Zug steigen zu können.

Ende Oktober unternahmen wir noch eine Familienwanderung in der Sächsischen Schweiz. Es kostete zwar einige Überredungskunst, die viereinhalbjährige Julia zu bewegen, von Königstein zum Pfaffenstein zu laufen, zumal auf einem sehr gewundenen Pfad, aber danach war ihr Widerwille gegen das Wandern verflogen.

Weniger Fortschritte machte Julia in ihrer Sprachentwicklung, sie kannte zwar inzwischen viele Wörter, konnte aber etliche Laute nicht richtig aussprechen. Schon ihren Namen konnte sie nicht korrekt wiedergeben. Stattdessen sagte sie Huja Oesdeich. Ihre spezifische Sprache verstand außer den Eltern kaum jemand. Auch eine Kindergärtnerin hatte zunächst Probleme damit, so daß ein anderes Kind als Dolmetscher fungieren mußte. Vor allem meine Oma Emma sah mit Unverständnis auf das Kind. Kitty und ich sahen das gelassener. Da Julias geistige Entwicklung nicht beeinträchtigt war, würde sie die drollige Artikulation eines Tages abstreifen können.

Auch im Jahre 1985 machten wir zweimal vierzehn Tage Urlaub im Sommer. Das Reisebüro hatte meinen Antrag, als Reiseleiter für Reisegruppen arbeiten zu können, akzeptiert. Im Vergleich zum Jugendtourist-Reisebüro ging es bei Ihnen wesentlich entkrampfter zu. Ich mußte die Unterlagen der Reiseteilnehmer verwalten und nach der Reise einen Bericht schreiben. Dafür bekam ich die Reise gratis. Den Ehepartner konnte man mitnehmen, was freilich bezahlt werden mußte. So kosteten uns die teuren

Auslandsreisen nur die Hälfte. In den Abschlußberichten sollten Reiseteilnehmer namentlich angegeben werden, die durch ihr Verhalten oder durch politische Äußerungen das Ansehen der DDR schädigten. Ich erwähnte zwar kritische Stimmen, aber stets anonym. Die Stasi, von deren Allmacht ich damals nur eine vage Vorstellung hatte, wird an den Berichten wenig Freude gehabt haben.

Unsere erste Reise führte Kitty und mich auf diese Art ins tschechische Riesengebirge nach Peč. Die Reisegruppe fuhr mit dem Zug von Dresden nach Dečin, von wo wir mit einem Bus zum Ziel gebrachten wurden. Wir wohnten in dem dortigen ersten Haus am Platze. Wir gingen fast jeden Tag wandern, ich liebte vor allem weniger frequentierte Pfade. Wir bestiegen auch den höchsten Berg des Riesengebirges, die Schneekoppe. Der Touristenstrom gipfelan glich einer Völkerwanderung. Mittags aßen wir fast immer in einer der vielen Hütten. Das typische Gericht aus Gulasch und Knödeln war eintönig, aber jede Baude hatte ihre eigene Geschmacksnote. Abends duschten wir, ehe wir zu dem Drei-Gänge-Menü im Hotel gingen. Außerdem standen einige Ausflüge auf dem Programm. Unser tschechischer Reiseleiter war ein älterer Herr aus der k.u.k.-Schule, er schwärmte vom Urlaub in Jugoslawien wegen der Verbindung von Bergen und Meer auf engstem Raum. Er betreute auch westdeutsche Touristen. Der einzige Unterschied zu den DDR-Leuten bestünde darin, daß die Westdeutschen sich nur für die Natur interessierten, während die Ostdeutschen erst einmal in die Geschäfte guckten. Über Politik sprachen wir kaum, von dem herrschenden Regime in der ČSSR schien er nicht viel zu halten.

Anfang September hatten wir einen Platz in einem neuen FDGB-Ferienheim in Rheinsberg erhalten. Das Wetter war noch warm, so daß wir oft in den Seen baden konnten. Radtouren führten uns durch die scheinbar endlosen, stupiden Kiefernwälder. Allein fuhr ich bis nach Schulzenhof, dem Refugium der Schriftstellerfamilie Strittmatter, sowie zum ersten Kernkraftwerk der DDR, von dem ich nur den Sperrzaun wahrnahm. Ein reichliches halbes Jahr später sollten Kernkraftwerke in aller Munde sein. Doch ich nahm nur eine gespenstische Ruhe wahr. Der Bewegungsspielraum in der Gegend war durch viele militärische Sperrgebiete eingeengt. In unserem Kreis gab es kaum Sperrgebiete, und nur ein Häuflein Russen war nördlich von Freiberg stationiert. In Brandenburg beherrschten sie mit ihren monströsen Lastkraftwagen die Landstraßen, und die Wälder waren zerfurcht von Panzerspuren. Hier sah man, daß die DDR immer noch ein besetztes Land darstellte.

Obwohl meine literarische Produktivität einen Höhepunkt erreichte, waren die Chancen für eine Buchveröffentlichung deutlich gesunken, nachdem der Lektor des Aufbau-Verlages Herr Drommer mir im Februar 1985 eröffnet hatte, daß er keine Perspektive für mich bei diesem führenden Verlag sähe. Ich versuchte in den kommenden Jahren, direkt oder über Vermittler mit diversen Verlagen Kontakte anzuknüpfen.

So nahm ich Verbindung mit Rebecca Simon auf. Sie war mit meinem Schwager Ulrich in eine Klasse gegangen und dessen Freundin gewesen. Als ich 1977 das erste Mal im Hause Seegert auftauchte, hatte sie gerade die elfte Klasse abgeschlossen. Sie spielten zuweilen im Wohnzimmer irgendwelche Spiele, für die ich mich nicht interessierte. Sie war zwar ein hübsches, schlankes, blondes Mädchen, aber dem Studenten nach sechs Semestern zu albern und unreif, weshalb ich sie nur unterschwellig wahrnahm. Außerdem sah Ulli seinerzeit bedeutend besser aus als der schniepsige Freund seiner Schwester. Einige Jahre später ergab sich ein anderes Bild. Rebecca hatte inzwischen ein Studium der Germanistik in Leipzig abgeschlossen, sich von Ulrich getrennt und einen Kommilitonen geheiratet. Ulli war ihr wohl geistig zu spartanisch, außerdem boten sich als Offiziersgattin in Sternberg kaum Möglichkeiten zur Selbstverwirklichung. Ich traf mich einmal mit ihr, um ihr mein Manuskript zu geben. Sie war inzwischen eine voll erblühte junge Frau geworden, die mich beeindruckte und der ich Gefühle der Verehrung entgegenbrachte (um einmal den Terminus meiner Frau für solche Fälle zu gebrauchen). Sie wollte das Manuskript an den Mitteldeutschen Verlag weiterreichen. Leider blieb sie erfolglos. Nach einiger Zeit erhielt ich das Manuskript vom Verlag zurückgeschickt. Michael G. Fritz gab meine Gedichte an seine Lektorin beim Verlag Neues Leben.

Sie stellte zwar fest, daß ich einen sehr wohlklingenden Namen habe, konnte aber auch nichts bewirken.

Im Zirkel „Schreibender Werktätiger und Studenten“ hatte sich die Situation zugespitzt. Die Diskussionen verliefen sehr offen, was dem Zirkelsekretär Karl-Fritz Zillmann mißfiel. Er schrieb lebhaft während der Zirkelabende mit, was er notierte, blieb mir allerdings verschlossen. In einem langen Leserbrief an das *Neue Deutschland* brachte er zum Ausdruck, daß es sich bei dem ganzen Zirkel um eine Ansammlung von Staatsfeinden handele. Da er als kauziger Sonderling galt, nahmen die Funktionäre, die darüber informiert worden waren, seine Einschätzung nicht ernst, obwohl sie im Gegensatz zu den meisten seiner Äußerungen gar nicht so abwegig war. Die Abteilung Kultur, die für den Zirkel unmittelbar zuständig war, entband schließlich Zillmann von seiner Funktion als Zirkelsekretär. Mit dieser eher formalen Aufgabe wurde nun ich betraut. Zirkelleiter blieb nach wie vor Peter Löw, der für die Zirkelabende sogar ein Honorar erhielt.

1985 kam Annemarie Kistner, eine junge Frau in meinem Alter, zu dem Zirkel. Sie schrieb offenherzig über Frauen- und Eheprobleme. Die Literatur diente ihr dabei mehr als Ventil für persönliche Konflikte. Sie machte einen spontanen und vitalen Eindruck, wozu ihre rotbraune Löwenmähne beitrug. Eine Weile faszinierte sie mich, bis mich ihre Oberflächlichkeit und Sprunghaftigkeit nervten. Einmal besuchte ich sie in ihrer Wohnung in der Altstadt, von der man einen wunderbaren Blick auf den Dom hatte. Ihr Mann war auch zugegen, schwieg jedoch die ganze Zeit.

Im folgenden Jahr unternahm der Zirkel seinen einzigen Ausflug. Michael Fritz hatte uns nach Dresden eingeladen. Er führte uns durch einige Straßen der Neustadt, wohin man als Auswärtiger kaum gelangte. Zum Abschluß besichtigten wir das kleine Leonardi-Museum.

Mitte November besuchte ich erstmals eine dreitägige Schulung des Bezirksliteraturzentrums Karl-Marx-Stadt, die im Gästehaus des Kulturbundes in dem Städtchen Waldenburg stattfand. Dafür bekam ich sogar eine Freistellung von der Arbeit. Das Bezirksliteraturzentrum sollte die besten Nachwuchsautoren des Bezirkes zusammenfassen. Die Partei sah das wohl als taugliches

Forum, die junge Literatur besser kanalisieren zu können, nachdem Anfang der achtziger Jahre diverse autonome, systemkritische Cliquen entstanden waren. Hier traf ich mit Autoren zusammen, die ich von den Treffen in Karl-Marx-Stadt bereits kannte. Darüber hinaus lernte ich auch Eberhard Saage kennen, einen Freiberger Autor, der an einem Roman arbeitete, der realistisch das Leben nach dem Krieg unter der sowjetischen Besatzung darstellen sollte, womit er zwangsläufig etliche Tabus berührte. Zu DDR-Zeiten konnte er das Werk bei keinem Verlag unterbringen. Danach wurde es zum Grundstock einer autobiographisch gefärbten Trilogie. Als Seminarleiter fungierten ältere Schriftsteller oder Literaturwissenschaftler, die meisten ohne ideologische Scheuklappen. Als wir ankamen, war das Wetter noch spätherbstlich, am letzten Morgen begann es zu schneien.

Weiterhin nahm ich im Herbst 1985 an einer Fachtagung in Cottbus teil, wohin mich mein Kollege Dozent Dr. Goebel mit seinem Trabant mitnahm. Goebel hatte Anfang der achtziger Jahre in Äthiopien unterrichtet und von dort eine junge äthiopische Frau mitgebracht. Zuvor war er mit einer Kollegin verheiratet gewesen. Er hatte gewisse Probleme, sich wieder an den spießigen DDR-Alltag zu gewöhnen. Im Laufe der Woche wurde eine Führung durch den Branitzer Park, der von Fürst Pückler im neunzehnten Jahrhundert angelegt worden war, angeboten. Trotz des Nieselregens entfachte der Rundgang weiter meine Begeisterung für Landschaftsparks. Im Anschluß an die Tagung hatte ich mich für eine Spreewaldrundfahrt eingeschrieben. An sich hatte ich bei Konferenzen und auch Urlaubsaufenthalten in den achtziger Jahren die Marotte entwickelt, vorzeitig abzureisen. Bei Tagungen war meist die Sehnsucht nach meiner Frau, im Urlaub das miese Quartier der Auslöser. Dieses Mal wollte ich also einmal länger bleiben. Allerdings fiel die Exkursion aus, da ich der einzige Interessent war. So blieb der Spreewald, für den meine Oma so geschwärmt hatte, ein weißer Fleck auf meiner touristischen Landkarte.

Der 9. November 1985 war ein warmer Herbsttag voller Melancholie. Eigentlich wollte ich nur in der Stadt etwas erledigen. Das sonderbare Wetter verführte mich, einige Zeit im Stadtpark zu verweilen, was mich zu dem Gedicht „November im Park“ inspirierte, dem besten Naturgedicht, das ich wahrscheinlich je geschrieben habe. Als ich nach Hause kam, fand ich im Briefkasten ein Schreiben des Wehrkreiskommandos, das eine Vorladung zur nächsten Einberufungsüberprüfung erhielt. Wollte die Armee nun alle zwei Jahre bis zum Erreichen der Altersgrenze mit fünfzig nachholen, was sie solange versäumt hatte? Der Reservistenwehrdienst im Vorjahr war eine neckische Erfahrung gewesen, doch ich verspürte keinerlei Neigung, sie noch einmal durchzumachen. Wie Schillers „Taucher“ war ich wohlbehalten beim ersten Mal dem fürchterlichen Schlund entstiegen, ein zweites Mal wie dieser würde ich mich nicht hineinstürzen. Ich setzte mich also mit meiner Fachärztin Dr. Müller in Verbindung, um entsprechende Atteste wegen meiner rheumatischen Erkrankung zu erhalten. Die Überprüfung Ende November führte zu einer Vertagung auf das nächste Frühjahr.

Zum Jahresende 1985 zog Dieter eine vorläufige Lebensbilanz. Dreißig Lebensjahre lagen hinter ihm. Er war sozusagen ein reifer Mann. Was konnte er noch erreichen? In den Feldern Literatur, Arbeit, Gesundheit und Familie/Soziales formulierte er seine Vorhaben für die nächsten Jahre. So wollte er bis 1990 einen Lyrikband veröffentlichen. In der Arbeit wollte er eine Dozentur anstreben. Und bei Familie hieß es: „Scheidung? Noch ein Kind? Letzte Entscheidung bis 1990“.

Ich weiß nicht mehr, was mich an eine Scheidung denken ließ, genauso wenig wie ernsthaft diese Gedankenspiele waren. Wahrscheinlich resultierten sie aus einer Mischung aus Übermut und Langeweile.

7
Radioaktivität

Im Februar 1986 fand in Rostock der zweite (und letzte) Mathematiker-Kongreß der DDR statt. Es war elendiglich kalt im Binnenland, und ich befürchtete, mit der Reichsbahn auf der Strecke zu bleiben. Doch ich erreichte pünktlich Wismar, wo ich Frank Ihlenburg einen kurzen Besuch abstattete. Die dortige

Temperatur leicht unter dem Gefrierpunkt kam mir fast warm vor. Ich wohnte mit Frank in einem Rostocker Studentenheim. Die Studenten hatten das Bad mit Bildern nackter Weiber tapeziert, ein besonders aufreizendes Foto hing direkt über der Kloschlüssel, was vor allem Frank aufregte.

Den Eröffnungsvortrag des Kongresses hielt der Vorsitzende der Mathematischen Gesellschaft der DDR, der Leipziger Professor Gerd Laßner. Er war recht einflußreich oder bildete sich das zumindest ein, da er dem ZK der SED angehörte. Sein Vortrag über den Ursprung des Weltalls beeindruckte mich. Es war erstaunlich, was sie an der Leipziger Universität so erforschten, während wir uns mit irgendwelchen weltfremden Themen herumschlugen, die außer wenigen Insidern, die ähnliche Probleme untersuchten, niemanden juckte. Erst etliche Jahre später, als ich mich intensiver mit denselben Fragen auseinandersetzte, merkte ich, daß Laßner alte Hüte verkauft hatte. Die Urknalltheorie hatte einige Jahre davor bereits der Amerikaner Steven Weinberg in dem Buch *Die ersten drei Minuten* popularisiert, das Werk war freilich in der DDR nie aufgelegt worden.

Ich war Laßner bereits im vorigen Herbst begegnet, als ich meinen Chef zu einer Sitzung des Hochschulrates in Leipzig vertreten mußte. Ich saß damals unter etwa zwanzig Professoren als einziger Assistent und kam mir verloren vor. Die meisten Professoren erschienen mir blasiert. Das Wort führte fast ausschließlich Laßner, der grenzenlosen Optimismus verbreitete, im kraßen Gegensatz zur düsteren wirtschaftliche Situation der DDR.

Zusammen mit Frank besuchte ich Konrad Engel. Er war inzwischen zum Reisekader aufgestiegen. Besonders schwärmte er von einem Tagungsbesuch in Oberwolfach, dem Mekka der BRD-Mathematiker. Es sei dort sehr locker zugegangen. In dem Heim habe niemand sein Zimmer zugeschlossen, fast alle Türen hätten den ganzen Tag offen gestanden.

In Rostock lernte ich Ysette Weiß kennen. Sie hatte in Kischinjow studiert und schrieb nun dort bei Krupnik ihre Doktorarbeit. Sie war sehr attraktiv, eine Mischung aus südländischem Teint und Temperament mit nordischer Anmut. Sie schwärmte maßlos von Kischinjow. Krupnik war sicher ein ausgezeichneter Doktorvater, aber das Kaff ließ mich eher erschauern. Dennoch verknallte ich mich in sie. Auf freundschaftlicher Ebene schienen wir uns gut zu verstehen, ein Rendezvous lehnte sie jedoch ab. Wahrscheinlich war sie schon in festen Händen. Aus Enttäuschung machte ich einen langen Strandspaziergang entlang der Steilküste von Warnemünde. Inzwischen war die kalte kontinentale Luft auch an die Küste vorgedrungen, doch das machte mir nun wenig aus. Ich wärmte mich danach im einzigen Café am Alten Strom auf, wo es freie Plätze gab. Ich glaube, es hieß Imperial. Dort kosteten bei gediegenem Ambiente Speisen und Getränke das Doppelte gegenüber den sonstigen Lokalen, das Glas Tee drei Mark. Nach dem Spaziergang entstand ein Gedicht in Hexametern, angelehnt an eine der Römischen Elegien Goethes, das ich Y. widmete und das in der *ndl* erschien. Wahrscheinlich hat sie es nie zur Kenntnis genommen, ich hätte ihr vielleicht ein Exemplar zukommen lassen sollen. Freilich wäre eine längere Beziehung illusorisch gewesen und weggeschmolzen wie das Eis auf dem Alten Strom, der in jenem Jahr zugefroren war.

Im April mußte ich mich einer Ärztekommission unter Leitung von Dr. Seeber wegen meiner militärischen Tauglichkeit vorstellen. Sie stellte fest, daß ich dienstuntauglich sei. Einige Ärzte sah ich wieder bei Veranstaltungen in der Wendezeit. Es waren also nicht nur alle dagegen gewesen, einige hatten auch etwas dagegen unternommen, ohne mit Aufklebern durch die Gegend zu rennen. Der Oberst des Wehrkreiskommandos knirschte bei Bekanntgabe des Gutachtens mit den Zähnen. Der Entscheid sei nur befristet, sie würden mich schon noch kriegen. Der 9. November 1989 fegte diese Gespenster endlich in den Mülleimer der Geschichte.

Nun konnte ich seelisch erleichtert etwas für meine physische Gesundheit tun. Man hatte mir eine Kur in einem Radiumbad in Georgien verordnet, was wirkungsvoll gegen die Bechterewsche Krankheit wirken sollte. Leider wurde die kontrollierte Radioaktivität von einem unkontrollierbaren GAU überschattet.

Am 26. April 1986 ereignete sich in dem ukrainischen Kernkraftwerk Tschernobyl eine Havarie. Die sowjetische Nachrichtenagentur meldete den Vorfall zunächst gar nicht beziehungsweise spielte ihn herunter. Erst Messungen in Skandinavien, wohin der Wind anfangs wehte, zeigten, daß große Mengen Radioaktivität frei gesetzt worden waren. Später drehte der Wind in Richtung Süddeutschland. Allmählich kam das ganze Ausmaß der Katastrophe ans Licht der Öffentlichkeit. Berechnungen hatten die Zeit für eine derartige Katastrophe vorher auf einige tausend Jahre veranschlagt. Die Havarie bestimmte auch Diskussionen unter meinen Kollegen bei der traditionellen Demonstration am 1. Mai. Die Nachrichtenlage war immer noch unübersichtlich. Es war mild und der Himmel klar, war das ein gutes oder schlechtes Zeichen?

Am 3. Mai fuhr ich zum Flughafen Berlin-Schönefeld. Der Himmel war unverschämt blau, und die Wiesen erstrahlten in sattesten Grün. So kräftig waren mir die Farben in diesem Landstrich nie erschienen. Das Flugzeug nach Tblissi flog statt der Route über Kiew, die ich kannte, einen südlicheren Kurs über das Schwarze Meer. Zumindest schien die Fluggesellschaft die Havarie nicht ignoriert zu haben. Gesagt wurde natürlich nichts.

Ein Bus brachte die Gruppe der DDR-Kurgäste vom Flughafen Tblissi in den georgischen Kurort Zchaltulbo. In der georgischen Hauptstadt war hinsichtlich Vegetation und Temperaturen schon Sommer. Fast unglaubhaft, daß es hier überhaupt einen Winter gab, obwohl ich das zwei Jahre zuvor selbst erlebt hatte. Wir wurden im einzigen Hotel Zchaltulbos mit Mittelklassestandard, dem neuen Intourist-Hotel, untergebracht. Daneben gab es in dem Ort zahlreiche Sanatorien, in denen die sowjetischen Kurgäste einquartiert waren. Hinter den pompösen Stalinschen Fassaden machten diese Bauten einen heruntergekommenen Eindruck. Auch in dem Intourist-Hotel gab es viel Pfusch, schiefe Treppenabsätze und Wände, schlecht schließende Fenster, bröckelnde Balkone, kurz die ganze Pracht des real existierenden Sozialismus. Immerhin hatte man von dem Balkon einen wunderbaren Blick auf ein Bergpanorama. Das bekamen wir jedoch erst am dritten Tag mit, da an den ersten beiden Tagen kühler Dauerregen niederging. Die Kureinrichtungen lagen am Ortsrand. Der eigentliche Ort machte einen erbärmlichen Eindruck, durch die schmutzigen Straßen strichen streunende Hunde. Dahin brachten mich keine zehn Pferde noch einmal. Ich bekam schreckliches Heimweh. Doch wie konnte man von hier abhauen? Erst als die Sonne sich zeigte, konsolidierte sich meine psychische Verfassung. Als Lektüre hatte ich den Roman *Der Name der Rose* von Umberto Eco eingepackt. Der Schmöker aus dem mittelalterlichen Klostermilieu paßte glänzend zu unserem „Kloster".

Ich teilte das Hotelzimmer mit einem Fachmann für Inneneinrichtungen aus Berlin. Seine Spezialität waren schalldichte Verkleidungen von Innentüren. Ich weiß nicht, wer so etwas brauchte, außer den Partei- und Staatsorganen, vor allem wohl die Stasi. Doch Politik interessierte ihn nicht, seine Welt war das Segeln. Außer mit ihm freundete ich mit einer Hausfrau aus Thale an, deren Leitspruch lautete „Appetit geholt wird auswärts, gegessen zu Hause". Mit ihr ging ich ein-, zweimal bei Ausflügen Hand in Hand. Ansonsten blieb es beim Appetitholen. Eine Friseuse verkündete zu jeder passenden und unpassenden Gelegenheit, das Schönste im Leben sei die körperliche Liebe. Obwohl sie recht attraktiv, vielleicht etwas zu puppenhaft wirkte, stieß sie bei den Männern auf taube Ohren. Möglicherweise waren sie zu eingeschüchtert von der Verantwortlichen der Sozialversicherung, welche die Gruppe begleitete, die zudem als Parteiorganisator agierte. Es hieß, wer bei einem Seitensprung erwischt würde, müßte sofort nach Hause fahren und die Kosten der Kur voll erstatten. Ein ähnliches Regime mußte in den Sanatorien herrschen. Bei einem Spaziergang im Kurpark erlauschte mein Zimmerkumpel ein Pärchen hinter den Hecken. „Die bumsen", meinte er trocken zu mir und der Frau aus Thale.

Der Kurpark erschien als Gleichnis für den Aufstieg und Niedergang des Sowjetimperiums. Der Eingangsbereich war protzig angelegt mit Springbrunnen, Statuen und exotischen Pflanzen. Bald verschlechterte sich der Pflegezustand, der Park verödete und glich in den abseitigen Bereichen einer Mülldeponie.

Unsere Kuranwendungen bestanden vor allem in Bädern in radonhaltigem Wasser. Es wurden Einzelbäder und Gruppengymnastik in einem Becken sowie Massagen verordnet. Die Gruppenbäder waren unter meinen Begleitern weniger beliebt, da einige Russen daran teilnahmen, deren Körperpflege meist zu wünschen übrigließ. Dafür hatten die Einzelbäder einen Hauch spätrömischen Luxus', da sie in riesigen Marmorwannen eingenommen wurden. Unter den Patienten war umstritten, inwieweit das Radon die Zeugungsfähigkeit beeinträchtigen würde. Einige meinten, die Konzentration sei im Gegensatz zu den tschechischen Quellen zu schwach, um zu Mutationen zu führen. Andere waren nicht so sicher. Allerdings war das für die meisten Patienten angesichts ihres Alters eher eine akademische Frage. Bei mir war es schon etwas anderes. Wie sich später zeigte, hatte es nicht geschadet, eher im Gegenteil. Die eigentlichen Rückenbeschwerden gingen in den ersten Jahren nach der Kur zurück, was spätere Rückfälle nicht ausschloß. Wahrscheinlich ist die ganze Kurgeschäftigkeit eine Prozession des Placebo-Effektes.

Das Essen während der Kur, das im Restaurant des Hotels verabreicht wurde, war ziemlich eintönig, mit viel Kascha und ähnlichen Leckereien. Es war zwar nicht so miserabel wie seinerzeit in der Studentenmensa, doch von sowjetischen Restaurants war ich Besseres gewöhnt. Ich griff im Zweifelsfall zu dem üppig gefüllten Korb mit Brot, so daß ich am Ende der Kur sogar etwas zugenommen hatte. Mit 62 Kilogramm bei 1,76 Meter Körpergröße blieb ich nach wie vor unter dem Idealgewicht.

Eines Nachmittags las ich wieder auf dem Balkon. Bei der schwülen Luft dämmerte ich fast ein, als plötzlich der Balkon mehrfach wankte. Ich war wieder einmal Zeuge eines Erdbebens geworden. Später hieß es in Nachrichten, es hätte die Stärke 5 auf der Richterskala gehabt, wenn ich mich richtig erinnere, also vergleichsweise harmlos. Vielleicht gab es im Hotel danach ein paar Risse mehr oder man hatte sie davor übersehen.

Von Zchaltulbo unternahmen wir Exkursionen mit dem Bus in die zweitgrößte georgischen Stadt Kutaissi und zu einer uralten Kirche in Gelati. Ein anderes Mal fuhren wir ans Schwarze Meer nach Batumi. Die schroffen Hügel mit der subtropischen Vegetation in dessen Umgebung gaben der Landschaft einen eigenartigen Reiz. Dazukamen Orangenhaine oder Teeplantagen. Desto abschreckender wirkten die miserablen Straßen und dreckigen Dörfer. Da hätten sich Hitlers Generale einmal in der Provinz umsehen sollen, bevor sie mit ihrem wahnsinnigen Rußlandfeldzug begannen. Hier mußte der Angriff jeder modernen Armee im Schlamm steckenbleiben, und zu holen gab es kaum etwas. In Batumi besuchten wir den Botanischen Garten, der sich herrlich an einem Berg erstreckte. Die Promenade am Meer wirkte prächtig, man durfte nur nicht davon abweichen.

Nach drei Wochen ging der Kuraufenthalt zu Ende. Auf der Rückreise bezogen wir ein Hotel in Gori, das gleichfalls den Geist des Stalinismus ausdrückte. Ein pomphaftes Foyer ging über in immer trostlosere Gänge. Erst jetzt fiel mir auf, daß in der Stadt die Abwässer noch oberirdisch abflossen in Rinnen neben den Bürgersteigen. Wir trafen eine Studentin, die akzentfrei Deutsch sprach. Befragt nach Stalin zuckte sie mit den Schultern. Sie hatte in der BRD Germanistik studiert. Auf der Fahrt zum Flughafen Tbilissi malte ich mir das Wiedersehen mit Kitty aus. Derart heftig hatte ich sie seit fünf Jahren nicht begehrt. Wie die Wiederbegegnung verlief, kann ich mich nicht mehr erinnern, gewiß nicht enttäuschend, doch meine Erwartung ist mir noch gegenwärtig. Auf dem Flughafen wartete überraschend Prof. Mandschawidse. Er reichte mir einen Walnußkuchen, den ich besonders schätzte und den seine Frau extra gebacken hatte. Leider sollte es der letzte Kuchen von der Art sein, den ich genoß.

Nach der Ankunft hieß es gleich Koffer umpacken, da wir ab dem nächsten Tag einen FDGB-Ferienplatz auf der Insel Usedom hatten. Der Frühling schien dieses Jahr besonders lange und prächtig zu geraten. Auf der Zugfahrt nach Norden fielen mir viele blühende Rapsfelder und Robinien auf. Auf Usedom blühten noch die Kastanien, der Buchenwald prangte in feinem Grün und auf den Wiesen leuchteten Blumen und Unkräuter einträchtlich nebeneinander.

Unsere Unterkunft in dem Ort Zempin bestand in einem Privatzimmer bei einer Vermieterin mit einem dritten Bett. Das WC lag auf der anderen Seite des Flurs, ein Bad gab es nicht. Wegen der kühlen Witterung froren wir oft, da die Vermieterin zum Heizen zu geizig war. Kein Wunder, daß sich Julia erkältete, woraufhin sie ein- oder zweimal einnässte, was wiederum die Vermieterin erzürnte. Aufwärmen konnten wir uns im Speisesaal, der sich in etwa einem Kilometer Entfernung von dem Wohnhaus direkt an der Steilküste befand. Hier wurde die Vollverpflegung verabreicht. Früh und abends gab es ein Büfett. Den grünen Salat wollte niemand essen. In den sowjetischen Medien hatte die Havarie von Tschernobyl nur eine nebensächliche Rolle gespielt. Dagegen schienen zumindest die Westsender in den vergangenen drei Wochen von nichts anderem berichtet zu haben. Jedenfalls wurde gewarnt vor dem Verzehr von Pilzen, Feldfrüchten und eben Salat. Zu diesem Thema hatte sich auch Erich Honecker geäußert. Er meinte, den Salat könne man ruhig essen, man müsse ihn nur vorher richtig abwaschen, seine Mutter habe es gleichfalls so gemacht, wenn der Salat nicht ganz sauber war. Von solchen Leuten wurden wir regiert.

8
Glasnost und Perestroika

In der Sowjetunion zog man schließlich Konsequenzen aus der Katastrophe von Tschernobyl. Gorbatschow konnte eine offene Informationspolitik, die Glasnost, durchsetzen, womit auch der angekündigte Umbau der Gesellschaft, die Perestroika, zu mehr als einer Worthülse wurde. Es wurde interessant, sowjetische Zeitungen und Zeitschriften zu lesen. Meine Russischkenntnisse, die ich sonst nur noch ausnahmsweise gebrauchen konnte, waren wieder nützlich. Ich las verschiedene sowjetische Zeitschriften im Lesesaal der Bibliothek der Bergakademie. Die DDR-Oberen sahen keinen Grund, an ihrem Sozialismus in den Farben Schwarz-Rot-Gold irgendwelche Korrekturen vorzunehmen. Der Chef-Ideologe Hager prägte den berühmt-berüchtigten Spruch: „Wenn der Nachbar sein Haus umbaut, müssen wir noch lange nicht tapezieren."

Für die Massenorganisation, welche die Freundschaft zur Sowjetunion auf ihre Fahnen geschrieben hatte, die DSF, blieben Glasnost und Perestroika Fremdworte, solange sie bestand. Als stellvertretender Vorsitzender unserer Sektion dieser Gesellschaft mußte ich im Juni den Vorsitzenden Volker Schmidt vertreten und zu einer Aktivtagung nach Annaberg mitfahren. Zusammen mit einem weiteren Mitarbeiter der Bergakademie sowie einem unbedeutenden Funktionär nahm mich der Kreisvorsitzende Genosse Baumgart in seinem Wagen mit. Baumgart war früher Vorsitzender der Plankommission des Kreises und damit Vorgesetzter meines Vaters gewesen. Er schien gutmütig, aber unfähig zu sein, weshalb ich annehme, daß mein Vater die komplizierteren Arbeiten für ihn übernahm und er die Erfolge abrechnete. Später wurde Baumgart auf den DSF-Posten abgeschoben, wo er kein Unheil anrichten konnte. Die Veranstaltung verlief nach dem üblichen Ritual. Irgendwelche langweiligen Reden wurden vom Blatt abgelesen, auf die niemand richtig hörte, da der Inhalt ohnehin bekannt war. Am Ende gab es Beifall, wohl vor allem dafür, daß die Veranstaltung beendet war. Auf der Rückfahrt kamen wir in ein Unwetter. Ein Platzregen ging nieder, Blitz und Donner schlugen in unmittelbarer Nähe des Pkw ein. Auf der Straße lagen schon viele abgefallene Äste, so daß Baumgart zunehmend Slalom fahren mußte. Da krachte unmittelbar hinter dem Wagen ein großer Baum auf den Asphalt. Sekundenbruchteile eher, hätte es nicht gut für uns ausgesehen. Bald ließ das Gewitter nach. In Freiberg war kein Tropfen gefallen, der Himmel hatte sich nur ein bißchen verdüstert.

Zur nächsten DSF-Wahl im November 1987 sollte ich für Schmidt den Rechenschaftsbericht unserer DSF-Gruppe schreiben. Da in der Richtung generell nicht viel geschah, mußte viel geschwafelt werden, um die erwartete Anzahl von Seiten zu füllen. Ich dachte, wenn es schon sein muß, so schreibe ich es wenigstens im Sinne von Glasnost und Perestroika. Schmidt nahm meinen Bericht am Nachmittag vor der Versammlung in Empfang. Er verlor kein Wort darüber. Am nächsten Tag verlas er einen völlig anderen Text, entsprechend den gängigen DDR-Schablonen, den er nach Feierabend selbst formuliert haben mußte.

Nach 1989 sollte er schnell aufsteigen. Da er zu der Zeit, als die SED ihre Tore für junge Intelligenzler kurzzeitig öffnete, gerade keine Funktion innehatte, mußte er draußen bleiben. Später war er zu alt. So war es ihm nie gelungen, Parteimitglied zu werden, obwohl er vieles dafür gegeben hätte. Nach der Wende war er somit gänzlich unbelastet und wurde zum Professor nach Ulm berufen. Die Bayern hatten eben ein Herz für die Opfer der SED-Diktatur.

Einen Höhepunkt für die Bergakademie markierte jedes Jahr im Juni der BHT, der Berg-und Hüttenmännische Tag. Dazu fanden diverse Tagungen und andere Veranstaltungen statt. An sich hatte unsere Sektion kaum etwas damit zu schaffen. Mitunter mußten wir als Staffage zu größere Veranstaltungen erscheinen. Als Höhepunkt fuhr manchmal ein Politbüromitglied mit einem Troß Westlimousinen vor und hielt im Kreiskulturhaus Tivoli eine fundamentale Rede. Ich kann mich noch eine Rede des Wirtschaftschefs Dr. Günter Mittag erinnern, der nach Honecker und Mielke gleich in der Machtpyramide folgte. Zumindest schien er mehr Intelligenz zu besitzen als diese Edelproletarier, wenngleich seine Ausführungen über die „Kraft der Kombinate" nicht viel Weisheit offenbarten. Seinerzeit versuchte man, mit immer größeren Produktions- und Verwaltungskomplexen die mannigfaltigen Probleme der Planwirtschaft irgendwie in Griff zu bekommen.

Auch Parteiobere aus der zweiten Reihe traten zuweilen in der Bergstadt auf. So sprach die Chefin der Abteilung Kultur des ZK der SED Ursula Ragwitz, die nur in einem Citroën vorgefahren kam, im Großen Hörsaal vor Parteimitgliedern aus dem ganzen Kreisgebiet. Sie ließ sich detailliert über die „Qualität" von Werken verschiedener Literaten aus und erteilte zweitrangigen Autoren gute Noten. Namhafte, aber kritische Autoren wie Christa Wolf, Günter de Bruyn oder Volker Braun überging sie mit Schweigen. Ich glaube kaum, daß einer aus dem Parteivolk die genannten Autoren vom Namen her kannte. Und ich konnte nur den Kopf schütteln. Auf dem Höhepunkt der Perestroika wollte der Oberzensor Klaus Höpcke in einem eloquenten Vortrag, den er im Saal der Bibliothek hielt, uns weismachen, wie weltoffen und liberal die DDR-Verlage agierten.

Mitunter traten auch parteiferne Koryphäen auf wie der Vorzeigeforscher Manfred von Ardenne. Er bemühte sich in einem Forum, den Hörsaal davon zu überzeugen, daß er mit seiner Sauerstoff-Mehrschritt-Therapie den Krebs besiegen konnte. Leider hatte das Nobelpreiskomitee in Stockholm das noch nicht begriffen. Sein Institut arbeitete daran, auch andere fundamentale Wissenschaftsprobleme zu lösen, beispielsweise den Mähdreschereinsatz zur Minimierung der Ernteverluste in der DDR-Landwirtschaft.

9
Nikolaiviertel

Im Jahr 1985 war am Stadtrand der neue Tempel der Mormonen, der Kirche der Heiligen der Letzten Tage, in Betrieb genommen worden. Von dem Mormonen hieß es, sie müßten zehn Prozent ihrer Einkünfte an ihre Sekte abtreten, da war die SED mit zwei Prozent noch bescheiden. (Die Polygamie, welche die Sekte für manchen interessant machte, hatte sie freilich inzwischen abgeschafft.) Es war das erste derartige Bauwerk im Ostblock. Bevor der Tempel offiziell geweiht wurde, war für drei, vier Wochen eine öffentliche Besichtigung vorgesehen. Wir schlossen uns in den ersten Tagen einem Rundgang an, drangen allerdings nicht bis ins Allerheiligste vor, da man dafür extra anstehen mußte. Was ich gesehen hatte, genügte mir. Während der Bau von außen - zumindest im Umfeld des Neubaugebietes - eine gewisse Originalität aufwies - hatten die Innenräume den Charme eines realsozialistischen Zweckbaus. Dennoch zog die Tempelbesichtigung die Leute aus der halben DDR magisch an. Bereits die abseitigen Nebenstraßen, die ich auf meinem Arbeitsweg Tag für Tag passierte, waren bald hoffnungslos vollgeparkt. Mancher hatte mit dem Trabi die Reise von Magdeburg oder Frankfurt/Oder auf sich genommen.

Ein lokales Ereignis blieb dagegen die 800-Jahr der Stadt Freiberg, die im Sommer 1986 begangen wurde. Meine Mutter hatte immer von der 750-Jahr-Feier geschwärmt. Seinerzeit befand sich das Naziregime auf dem Höhepunkt seiner Prachtentfaltung. Nun mußten die Kommunisten die letzten Groschen zusammenkratzen, um wenigstens die Häuser im Stadtzentrum am historischen Obermarkt neu zu tünchen. Die minderwertige Farbe hielt nicht lange, schon bald glich der Markt wieder dem desolaten Bild der restlichen Altstadt. Höhepunkt der Feiern sollte der historische Festumzug sein. Unsere Sektion mußte eine Reihe junger

Assistenten als Landsknechte stellen. Zur Kostümprobe war ich noch zugegen. Dann zog ich mir eine Magen-Darm-Grippe zu, so daß mir zeitaufwendigen Proben und der Vorbeimarsch bei naßkaltem Wetter erspart blieben. Ich beobachte zusammen mit der Familie den Umzug vom Straßenrand aus.

Die 800-Jahr-Feier in Freiberg stand freilich im Schatten der 750-Jahr-Feier Berlins. Dafür investierte der bankrotte Staat die letzten Mittel. Das alte Berliner Nikolaiviertel wurde aufwendig rekonstruiert. In Freiberg gab es auch ein kleines Nikolaiviertel, das zudem wesentlich älter war. Dafür hatte man keine Mark übrig, obwohl es sich nur wenige Schritte vom Obermarkt entfernt befand.

An einem der Verkaufsstände des historischen Marktes anläßlich der 800-Jahr-Feier kaufte ich einen Apfelbaum, den ich hinter unserem Wohnblock einpflanzte, getreu dem Motto: Ein Mann solle in seinem Leben ein Buch schreiben, einen Sohn zeugen (eine Tochter war wohl gleichwertig) und einen Baum pflanzen. Wir waren gleich am Ende des ersten Jahres im neuen Haus als Hausmeister für ein Jahr an der Reihe gewesen. Das hieß im Winter vor allem Schneeschippen und im Sommer Rasenmähen. Beides betrieben wir mit minimalem Eifer. Das kindsgroße Exemplar des Bäumchens überdauerte keine zwei Wochen. Ob der Baum nun Opfer von Wildfraß wurde oder ihn jemand für seinen Garten ausgrub oder nur ordnungsliebende Zeitgenossen die alte Ordnung wiederherstellten, blieb offen. Irgendwie kam ich mir als gescheiterte Existenz vor. Doch wer ist das am Ende nicht? Immerhin ging es mit Julia aufwärts. Sie lernte Rad fahren, und im August unternahm ich mit ihr die erste kleine Tour in den Hospitalwald.

Zum Abschluß des Sommers flog ich mit Kitty von Berlin aus in die Niedere Tatra. Ich fungierte erneut als Reiseleiter. Einen tschechoslowakischen Reiseleiter gab es diesmal für uns nicht, so daß die Reisegruppe weitgehend sich allein überlassen blieb. Wir wohnten in einem kleinen Hotel in einem winzigen Ort namens Transgoška. Das Programm beinhaltete Vollverpflegung, was auf die Dauer anstrengend wurde, obwohl die Küche des Hauses vorzüglich war. Da ich als Reiseleiter schlecht zum Mittagessen fehlen konnte, mußten wir morgens frühzeitig zum Wandern aufbrechen. Die meisten Routen waren jedoch für Ganztagswanderungen angelegt, so daß wir eher joggten als wanderten. Da es nur einen einzigen Lift gab, mußten wir zudem oft die Aufstiege aus eigener Kraft bewältigen. Dennoch fanden wir Geschmack am Wandern in diesem Gebirge, das trotz wenig spektakulärer Höhen eher den Alpen als den deutschen Mittelgebirgen glich. Nach einem Aufstieg von neunhundert Höhenmetern, der mir in dem Alter kaum Mühe bereitete, gerieten wir in ein Gewitter. Der Weg aus Ton und Lehm war so glitschig, daß wir über weite Strecken nur rutschen konnten. Außerdem wurde der Weg an manchen Stellen zum Flußbett eines gerade entstandenen Bergbachs. Die Blitze schlugen immer näher von uns ein. Wir duckten uns am Boden. Mir war, als wären wir in eine Schlacht geraten. Kitty machte sich im Wortsinn in die Hosen. Dann war es plötzlich ganz still und die Luft wunderbar klar. Wir eilten schnell ins Hotel, duschten und reinigten die Sachen.

Eine knappe Woche nach Urlaubsende war für den 17. September die Verteidigung von Christianes Dissertation an der Sektion Physik angesetzt. Zur Vorbereitung erzählte sie mir ihren Promotionsvortrag einmal auch während eines Spaziergangs durch den Tharandter Wald von Freital-Hainsberg nach Tharandt. Sie verteidigte die Arbeit mit dem Prädikat „cum laude". Zu ihrer Promotionsfeier, wozu die Physiker den üblichen Klamauk abzogen, hatte ich meine Strickjacke angezogen, was sie mir lange Zeit übel nahm. Hätte ich gewußt, daß ihr das so wichtig war, hätte ich etwas anderes bevorzugt.

Am folgenden Wochenende holten wir Julia aus Sternberg ab, die dort zwei Monate verbracht und sogar den dortigen Kindergarten besucht hatte. Sie sagte, es wäre zwar schön bei der Oma, aber dieses Mal wäre es zu lange gewesen. Immerhin hatten meine Schwiegereltern Gelegenheit, die Fehler, die wir nach ihrer Ansicht in der Erziehung Julias machten, auszubügeln. Sie meinten, Kitty wäre zu weich und würde dem Kind zu viel durchgehen lassen. Außerdem vermißten sie das Training der guten Manieren.

An einem Nachmittag Anfang Oktober wanderten wir erneut durch den Tharandter Wald, der als schönster Wald Sachsens gilt, von Edle Krone nach Tharandt. Ich hatte mir angesichts des herrlichen Altweibersommerwetters ab Mittag arbeitsfrei gegeben. Der azurne Himmel, das bunte Laub der Bäume und sogar die knallroten Fliegenpilze begeisterten mich. Am späten Nachmittag fuhren wir mit dem Zug zurück. Ich wurde wieder vom Wanderfieber gepackt. Ich trieb die Familie am folgenden Wochenende zu einem Ausflug ins Spaargebirge bei Meißen, obwohl ich am Morgen erhöhte Temperatur hatte. Bei der Wanderung war mir auch nicht besonders zumute, doch am Abend hatte ich die Erkältung überwunden.

Im Rahmen der Herbstschule Optimale Prozesse, die wieder auf Hiddensee stattfand, konnte ich erneut die Natur genießen. Diesmal hatte ich mich um die Anreise gekümmert. Um uns strapaziöse Nachtfahrten zu ersparen, hatte ich ein Hotel in Stralsund bestellt. Meine Kollegen wunderten sich, daß so etwas in der DDR überhaupt möglich war. Doch die Autofahrer hatten ja auch Probleme, aus dem Kursbuch eine vernünftige Bahnverbindung herauszufinden. Prof. von Wolfersdorf und Dr. Tröltzsch, der jetzt Dozent an der TH Karl-Marx-Stadt war, unterhielten sich angeregt während der Bahnfahrt. Neuerdings durften wir bei längeren Reisen die 1. Klasse benutzen, doch die Sauberkeit ließ auch hier zu wünschen übrig. Vor allem sprachen sie über C3- und C4-Professuren von Kollegen im Westen oder ähnliches Stellengerangel, was mich langweilte. Sie waren erstaunt, als ich sie bei der Fahrt durch Berlin auf die Stelle hinwies, wo wir der Mauer fast zum Anfassen nahekamen. Da raste der Zug ausnahmsweise, während er sonst durch die Hauptstadt tuckelte.

Außerdem sprach man ausgiebig über die Abrüstungsgespräche zwischen Gorbatschow und US-Präsident Reagan, die gerade in Reykjavik stattgefunden hatten. Man vereinbarte zwar nur bescheidene Maßnahmen, doch erstmals schien es möglich, den Irrsinn des Wettrüstens zu stoppen. Erst etliche Jahre später wurde bekannt, daß die beiden mächtigsten Männer der Welt viel weiter gehen wollten, sogar die Vernichtung aller Kernwaffen ins Auge faßten, was am Widerstand ihrer Beraterstäbe scheiterte.

Am Morgen setzten wir mit der Fähre nach Stralsund über, dabei trafen wir auf die meisten anderen Mathematiker, die mit den Nachtzügen angereist waren. Ich teilte ein Zimmer mit Helmut Bernstein, der auch in Freiberg mit mir im Zimmer saß. Es war ein kauziger Typ, der das Klischee des Mathematikers hundertprozentig verkörperte. Allerdings wirkte er so komisch, daß man ihm keine Lehrveranstaltungen anvertrauen konnte, was seine Übernahme nach dem Forschungsstudium ausschloß.

Bei der Tagung hielt ich einen Vortrag zu meinem aktuellen Forschungsthema, der sogar auf beträchtliches Interesse stieß, was mich verwunderte. Danach klärte mich ein Kollege auf, das habe nichts mit meinen Ergebnissen zu tun. Die vermeintlichen Anwendungen ließen das Thema interessant erscheinen, da fast alle Mathematiker nach einer Legitimation für ihre abgehobene Forschung suchten. Richtige Anwender konnten mit meinen Forschungen kaum etwas anfangen. Da ich mich nicht zuletzt mit Staudammproblemen beschäftigte, hatte ich im Frühjahr die Talsperreninspektion in Dresden besucht. Sie hatten zwar eine Menge ungelöster Fragen, doch die Methoden der komplexen Analysis waren dafür offenbar wenig hilfreich. Das Wetter während der Tagung war zum Glück wunderbar, so daß ich die einzigartige Insel auskosten konnte. Auf der Rückreise besuchten wir das Meereskundliche Museum in Stralsund, das mir im Gegensatz zu sonstigen Naturkundemuseen sehr gut gefiel.

Im Dezember fuhr ich mit den Studenten der Seminargruppe, als deren Gruppenberater ich fungierte, in die Grube „Reiche Zeche“ ein. Bis zur endgültigen Einstellung des Bergbaus im Jahr 1969 hatte man hier vor allem Blei und Zink gefördert. Die Grube war danach zum Lehrbergwerk ausgebaut worden. Allerdings mußte man sich lange vorher anmelden. Wir wurden in wasserdichte Arbeitsklamotten gesteckt und ein Förderkorb hievte uns in die Tiefe. Am angenehmsten fand ich, daß auf einem gewissen Niveau eine konstant angenehme Temperatur herrschte, weiter unten wurde es bald zu warm. Insgesamt konnte ich dem Dreck und der Finsternis im Innern der Erde wenig abgewinnen. Mir blieb unklar, wieso Romantiker wie Novalis diese seltsame Welt idyllisierten.

Im Laufe des Jahres hatte sich unsere Ehe gefestigt. Das Thema Scheidung stand nicht mehr zur inneren Diskussion. Dafür vermerkte ich als Ziel die Geburt eines zweiten Kindes. Nach Kittys Promotion waren zudem die äußeren Voraussetzungen dafür günstig.

Ein halbes Jahr nach der Verteidigung bekam Christiane eine Stelle als unbefristete wissenschaftliche Assistentin an der Sektion Verfahrens- und Silikattechnik der Bergakademie. Hier mußte sie sich in ganz andere, eher technologische Probleme für keramische Werkstoffe einarbeiten. Die Halbleiterphysik, mit der sie sich in den letzten zehn Jahren beschäftigt hatte, konnte sie für die nächsten zwanzig Jahre erst einmal vergessen. Ihr neuer Chef Prof. Michalowski war bereits zur Verteidigung anwesend. Es war ein kleiner Mann mit großem Geltungsdrang, der es wie unser Sektionsdirektor verstand, wissenschaftliche Ergebnisse anderer wunderbar zu verkaufen, als wären es die eigenen. Er kam jeden Tag von Meißen mit dem Auto in seine Sektion, was ich überhaupt nicht nachvollziehen konnte. Fünfzehn Jahre später hatte ich einen ähnlichen Arbeitsweg.

10
Dorf auf Usedom

Anfang 1987 las ich Spenglers *Untergang des Abendlandes*. Das Buch hatte mir Stoyan ausgeliehen, in der DDR war es natürlich offiziell nicht zugänglich. Wie Stoyan fand ich den von Spengler hergestellten Zusammenhang zwischen mathematischen Grundmustern und dem Aufblühen und Verwelken von Kulturen reizvoll. Das Werk inspirierte mich zu einem Vortrag über das Verhältnis von Naturwissenschaft und Lyrik, den ich im September im Rahmen der „acachem“ hielt, der eher skeptisch aufgenommen wurde. Ob der Vortrag etwas taugte oder nicht, kann ich nicht mehr nachprüfen, da der Text verschollen ist.

Ein anderes Thema, was mich interessierte, war die Zwiespalt des sowjetischen Dichters Majakowski, der nach außen den kommunistischen Propagandisten herauskehrte, innerlich aber eher individualistisch gestimmt und sehr verletzlich war. Anläßlich des Jahrestags der DDR organisierte ich ein sogenanntes Lesecafé mit Texten von Majakowski und Jessenin im Studentenclub. Bereits im Frühjahr hatte dort eine Lesung eigener Texte zusammen mit zwei Mitgliedern des Zirkel „Schreibender Werktätiger" stattgefunden.

Meine Texte brachte ich seit Anfang des Jahres auf einem Personalcomputer der Sektion Mathematik in die abschließende Form. Das Gerät namens PC 1715 verfügte über 64 Kilobyte Hauptspeicher. Die Schreibprogramme waren ebenfalls primitiv. Der Nadeldrucker machte einen Heidenlärm, die Druckqualität war schlechter als auf der Schreibmaschine. Dafür konnte man erstmals unproblematisch Korrekturen vornehmen. Ansonsten hatte ich in handschriftlichen literarischen, aber auch dienstlichen Texten oft Änderungen vorgenommen, was das Erscheinungsbild beträchtlich schmälerte. Von Wolfersdorf hatte sich einmal über dieses Zeichen meiner Entscheidungsschwäche beiläufig lustig gemacht.

Im März 1987 unternahm ich meine letzte Reise als Reiseleiter des DDR-Reisebüros. Zu meinem Geburtstag flog ich allein ab Leipzig für eine Woche nach Sotschi an die sowjetische Schwarzmeerküste. Am auffälligsten in der Reisegruppe waren zwei junge aufgetakelte Leipzigerinnen, die offenbar nur ein Ziel besaßen, nämlich westliche Männer aufzureißen, was ihnen wohl mehr oder weniger gelang. Dennoch mußten sie am Ende wieder brav mit der Reisegruppe in die DDR zurückkehren. Von dem Wetter hatte ich mir mehr versprochen, eigentlich wollte ich den Frühling erleben. An einigen Tagen schneite es sogar, es war kälter als bei späteren Reisen im Februar nach Süditalien. Lediglich als an einem der letzten Tage die Sonne durch die Wolken drang, bekam ich, am Strand von Gagra und Pizunda einen Hauch von Frühling zu spüren. Nach den schlechten Erfahrungen der Vortage hatte ich gerade da die hohen Stiefel und den dicken Anorak angezogen.

Wir waren in einem neuen Hotelkomplex abseits der Stadt und des Meeres untergebracht. Der Komplex verfügte über diverse „Erlebnisbereiche", insbesondere ein großes Schwimmbecken. Doch war ich zum Baden hierher geflogen? Die Mehrzahl der

Touristen kam aus Finnland, die hier wahrscheinlich einen Billigurlaub verbrachten. In dem riesigen Komplex, der eingezäunt war wie ähnliche Anlagen in der dritten Welt, kam ich mir nichtig vor. Ich mußte ein Doppelzimmer mit einem älteren Mann teilen, der furchtbar schnarchte. Aus Langeweile spazierte ich oft in dem kleinen, sterilen Park des Hauses oder begab mich ins Schwimmbad und schrubbte stur die Bahnen herunter.

In die Stadt Sotschi kam ich einmal im Rahmen eines Museumsbesuches der Reisegruppe. Das andere Mal suchte ich mit viel Aufwand den Botanischen Garten auf, der mir am besten von der Stadt gefiel. In den Buchläden war keine Schrift von Gorbatschow aufzutreiben, der kürzlich geäußert hatte, wir brauchten die Demokratie wie die Luft zum Atmen. Die russische Provinz schien nach wie vor in der Lethargie der Breschnew-Zeit dahinzudämmern.

Das Erfreulichste an dieser letzten Rußlandreise waren die Mimosenzweige, die ich mit nach Hause nahm. Die grellen gelben Blüten riefen erhebliches Aufsehen in der Eisenbahn nach Freiberg unter den DDR-Normalbürgern hervor, welche die mediterrane Vegetation nicht kannten. Ich kam darüber mit einem welterfahrenen Mann ins Gespräch. Für eine Weile erhob ich mich über den engen Horizont der größten DDR aller Zeiten.

Auf den Frühling im Ländchen mußten wir in diesem Jahr lange warten. Der Mai begann kalt und verregnet. Zu einer Wanderung durch die Weinberge von Radebeul hatte ich nur meine Windjacke angezogen, die zur gleichen Zeit im Vorjahr schon zu warm war. Ich fror darin dermaßen, daß wir die Tour abbrechen mußten und sogleich nach Hause mit dem Zug fuhren.

In diesem Jahr hatten wir erneut einen FDGB-Ferienplatz auf der Insel Usedom bekommen und zwar für Mitte Juni in Bansin. Das Zimmer befand sich in einer alten Bädervilla, an der freilich der Zahn der Zeit genagt hatte. Es gab sogar eine Art Wintergarten ohne Pflanzen. Das Haus lag direkt an der Strandpromenade. Verpflegt wurden wir in dem benachbarten Restaurant, wobei die Qualität zu wünschen übrigließ, angesichts des spottbilligen Ferienschecks kein Wunder. Die Promenade war von Rotdorn gesäumt, der gerade wunderbar blühte. Bereits wenige Jahre später waren die Bäume abgehauen, und die Promenade hatte viel von ihrem historischem Zauber verloren. Am anderen Ende des Strandes befand sich ein modernes Hotel mit verspiegelten, nach außen kupfern schimmernden Scheiben auf einem hermetisch isolierten Gelände, was nach Bekunden der Einheimischen ein Ferienheim der Staatssicherheit darstellte und dem ganzen Ort etwas Gespenstisches verlieh. Zwanzig Jahre danach stand dort zwar ein modernes Hotel, in dessen Café wir einkehrten, doch eine Kontinuität zu dem Stasi-Prachtbau konnte ich nicht herstellen. Hatte man ihn abgerissen oder nur geschickt umgebaut?

Zum Höhepunkt des Urlaubs wurde eine Radtour mit der Familie ins Innere der Insel. Hier entdeckten wir einige weltabgewandte Orte, wo die Zeit im neunzehnten Jahrhundert stehen geblieben schien, was in der Nähe des Touristenrummels desto unglaubhafter wirkte. Ansonsten spielte Julia viel im Sand. Um ihre Neugier zu befriedigen, erzählte ich ihr bei Spaziergängen an der Strandpromenade einiges über das Weltall. Nach der Promenade begann ein herrlicher Buchenhochwald, der sich kathedralenhaft über der Steilküste erhob, den wir ebenfalls oft aufsuchten.

11
Krähen

Im Jahre 1987 begann ich, in der Forschung, mit dem Mathematiker Peter Junghanns von der TH Karl-Marx-Stadt zusammenzuarbeiten. Er hatte in seiner Promotion B die numerische Lösung singulärer Integralgleichungen untersucht und war froh, seine Methoden auf praktische Probleme anwenden zu können, während ich auf diese Weise zu auswertbaren Ergebnissen für meine Probleme kam, die ich zum Abschluß meiner Promotion B brauchte. Wir trafen uns im Verlaufe des Jahres zu Gesprächen in Karl-Marx-Stadt und Freiberg. Am Ende des Jahres reichten wir eine gemeinsame Arbeit ein, wofür Peter freilich den Hauptbeitrag lieferte.

Meine neuesten Forschungsergebnisse stellte ich im Frühherbst im Rahmen eines Vortrags vor Kollegen unserer Forschungsgruppe vor. Ich hatte den Vortrag eher als Diskussionsgrundlage, nicht als Showdarbietung angelegt. Das stieß auf Mißfallen bei dem Kollegen Dr. Gerlach, einem Numeriker, der als einer der wenigen Gäste erschienen war. Natürlich sagte er mir das nicht persönlich. Kollege Gerlach machte so etwas lieber indirekt und stänkerte hinterher bei von Wolfersdorf. Vier Wochen danach präsentierte ich das Konzept der Promotion B mit allem Tamtam vor einem Professorengremium der Fakultät. In dieser Woche war ich eigentlich krankgeschrieben wegen eines grippalen Infekts, wollte den Auftritt aber nicht auf unbestimmte Zeit verlegen. Am Jahresende war das Manuskript der Dissertation im wesentlichen fertiggestellt. Dennoch sollte 1 ¼ Jahr vergehen, ehe es zur Verteidigung kam.

Zu einem Teilproblem brauchte ich ältere Literatur. Die Zeitschriften befanden sich in der Bibliothek der Hochschule für Verkehrswesen in Dresden, die ich deshalb am 6. November 1987 aufsuchte. Hätte mir jemand gesagt, daß ich den größten Teil meines Arbeitslebens in der Nachfolgeeinrichtung dieser „Schaffner-Schule", wie die Institution im gehobenen Volksmund hieß, zubringen würde, hätte ich damals nur gelacht. Vielleicht hätte ich die dicken Krähen, die in Scharen auf der Wiese vor der Hochschule hockten, als gutes oder böses Omen auffassen sollen?

Im Frühsommer 1987 besuchte der beste Mathematikdozent der Kischinjower Universität Naum Krupnik anläßlich einer Europareise für einen Tag die Bergakademie, um einen Vortrag an unserer Sektion zu halten. Ich zeigte ihm zuvor die Altstadt. In Folge der Perestroika waren die diskriminierenden Reisebeschränkungen für sowjetische Juden gefallen, die ihn lange an Moldawien gekettet hatten. Krupnik war besser denn je gestimmt. Bald darauf wanderte er mit seiner Familie nach Israel aus, wo er eine Professur an der Universität Haifa erhielt. Obwohl er schon während unseres Studiums nicht mehr der Jüngste war, lernte er dort in kürzester Zeit Hebräisch, da die Vorlesungen in der Amtssprache gehalten werden mußten. Mit Kollegen sprach er Englisch und daheim unterhielten sie sich auf Russisch.

Im Spätherbst kam Prof. Georgi Mandschawidse aus Tblissi für drei Tage nach Freiberg. Er weilte zu einem Studienaufenthalt bei

Prof. Tutschke an der Universität Halle. Ihm bot ich das erweiterte Freiberg-Programm, das neben einer Altstadtführung auch die Besichtigung der Mineraliensammlung sowie ein Mittagessen im Ratskeller umfaßte. Den anderen Tag aßen wir in der Mensa. Hier mußte man seinerzeit sein Besteck mitbringen. Ich hatte nicht daran gedacht, einen zweiten Bestecksatz einzupacken. Nun hatte Mandschawidse sein Essen bekommen, aber kein Besteck. An der Essensausgabe wollten sie ihm kein Besteck geben, befürchteten sie der ältere Herr könne mit der Alugabel verschwinden? Ich bot ihm mein Besteck an, aber das wollte er nicht. Schließlich fand ich an einem anderen Schalter einen einsichtigeren Mensaangestellten, der uns aus der Patsche half. Mandschawidse war bereits an vielen europäischen Universitäten gewesen. So etwas war ihm noch nie passiert. Am Abend besuchte er mich in unserer Neubauwohnung. Er lobte die fünfgeschossige Bauweise, da brauchte man keinen Fahrstuhl, der bei sowjetischen Häusern oft zu Problemen führte.

Am nächsten Tag fuhren wir in die Sächsische Schweiz nach Rathen. Es war neblig, was die Felsenformationen desto eindrucksvoller erscheinen ließ. Allerdings mußte ich meine Wandervorstellungen angesichts des langsamen Gangs meines Begleiters deutlich abspecken. Desto erfreulicher war das Mittagessen in dem neuen Panorama-Restaurant auf der Bastei. In dem großen Saal waren wir nahezu allein, doch das Essen war gut, und der Ausblick auf das Felsenlabyrinth spektakulär. Mandschawidse war sehr aufgeschlossen, und man konnte sich mit ihm über mehr Themen unterhalten als mit den meisten deutschen Kollegen. Auf der Rückreise kamen wir in dem Zug von Dresden nach Freiberg mächtig ins Schwitzen. Die Heizung war so heiß, das man sich daran verbrannte und ließ sich nicht abstellen, genauso wenig ließen sich die Fenster öffnen, was für unangenehmen Zug gesorgt hätte. Energie wurde in der DDR eben nach besten Kräften vergeudet.

In Halle schien sich Mandschawidse zu langweilen, ich sollte ihn jedenfalls dort besuchen. Sein Gastgeber Prof. Tutschke hatte wahrscheinlich andere Sorgen. Ich konnte mich zu der fast fünfstündigen Bahnreise bei dem naßkalten Wetter in den überfüllten

Zügen der Reichsbahn nicht aufraffen. Heutzutage brauchte man für die Strecke mit dem Auto anderthalb Stunden. Wahrscheinlich war meine Absage nicht gerade edel, aber die Umstände waren es auch nicht. Mandschawidse schickte mir in den folgenden Jahren noch Karten zum Jahreswechsel, die ich erwiderte, bis die Verbindung im Nach-Wende-Trubel abriß.

Im Dezember 1987 wurde ich in den sogenannten ZV-Stab der Bergakademie aufgenommen, ZV stand für Zivilverteidigung. Das war eine Art Bestätigung dafür, daß die Armee nicht mehr ihre Fangarme nach mir ausstreckte. Ich bekam eine Felduniform und mußte etwa einen Tag im Vierteljahr mit den Genossen verbringen. In dem ZV-Stab waren vor allem ältere Assistenten vertreten. Es war nicht so schlimm wie Kampfgruppe, aber genauso sinnlos. Manchmal probten wir Atomalarm. Einmal sollten wir in einem Dorf den Bach von Unrat befreien. Der Vorbereitungsaufwand war enorm. Der Berg kreißte und gebar eine Maus. Äußerlich war nach der Aktion kaum ein Unterschied bei dem Bach auszumachen, aber es wurde als großer Erfolg abgerechnet. Meist saßen wir nur untätig herum und warteten bis zum Dienstende. Immerhin bekam ich auf diese Weise einiges mit, was in den anderen Sektionen der Hochschule vorging. Im Mittelpunkt der Gespräche standen der zunehmende Einsatz von Personalcomputern sowie die Perestroika in der Sowjetunion.

Auf anderer Ebene pflegte ich soziale Kontakte im Rahmen der Physiotherapie. Wegen meiner rheumatischen Erkrankung besuchte ich ab September regelmäßig die Schwimmgymnastik. Sie fand am frühen Montagnachmittag statt. Bis zur Schwimmhalle waren es von der Wohnung nur wenige Schritte. Zuvor bereitete ich mir zu Hause Bratkartoffeln mit Gemüse aus den Resten des Sonntagsessens. Zunächst mußten wir gymnastische Übungen im Nichtschwimmerbecken durchführen, was angenehm temperiert war. Danach ging es in das große Becken, wo wir etliche Beckenlängen mit einem Schaumstoffbrett in Vorhalte oder in Rückenlage durchzogen. Die Wassertemperatur betrug 23 Grad, was für mich entschieden zu kalt war, weshalb ich bald fror. Erst beim Duschen konnte ich mich aufwärmen. Danach mußte ich oft zurück in die Sektion wegen einer Parteiversammlung.

12
Mitteldeutsche Impressionen

Im Juli 1987 waren wir umgezogen. Die neue Wohnung auf der Tschaikowskistraße 49 befand sich nur fünfhundert Meter entfernt von der vorigen. Die Wohnung lag im Erdgeschoß, was nicht unserem Ideal entsprach, war aber sehr ruhig gelegen. Der Wohnblock stand in einem Areal von Plattenbauten aus den siebziger Jahren, das ich, als wir noch im Altbau auf dem Lindenweg wohnten, als besonders abschreckend empfunden hatte. In dem Block davor wohnte mein Onkel Klaus mit seiner Familie. Dahinter befand sich ein Kindergarten, seitlich lag hinter einer Anliegerstraße die Schule. Als Alternative hätten wir eine 2½- Zimmer-Wohnung in dem neuen Wohngebiet Friedeburg bekommen können. Bereits im Vorjahr hatten wir zwei konkrete Angebote dafür erhalten, wollten aber nicht schon wieder umziehen. In Friedeburg standen die Blöcke wesentlich gedrängter, es gab kaum Grün und der Baupfusch war ausgeprägter als bei den älteren Neubauten. Aufgrund der von meinem Vater herrührenden langen AWG-Mitgliedschaft konnten wir bei der letzten großen Vergaberunde ziemlich als die ersten wählen und entschieden uns für die begehrtere Wohnlage auf dem Wasserberg.

Die Wohnung verfügte über ein Zimmer mehr, das Wohnzimmer war ebenfalls großzügiger angelegt. Dafür besaß das Bad kein Fenster, was wegen des großen Gasdurchlauferhitzers sehr bedenklich anmutete. Der Flur war winzig, darin konnten sich bestenfalls zwei Personen aufhalten. Die Vormieter hatten einige Einbauten vorgenommen, insbesondere eine kitschige Holzverkleidung der Loggia, die wir ihnen notgedrungen erstatten mußten, da der Abbau des Krempels noch aufwendiger geworden wäre. Diesmal übernahmen wir die Renovierung der Wohnung in eigener Regie. Insgesamt brauchte ich dafür fast fünf Wochen. Wir quälten uns mit dem Tapezieren der Decken, die Wände waren dagegen harmlos, während draußen das schönste Sommerwetter herrschte. Vom Sommer merkte man in der Wohnung nichts, da sie sehr kühl war, was sich freilich bei Hitzeperioden als vorteilhaft erwies. Dann konnte man sich sogar mittags auf die Loggia setzen.

Meine in den Vorjahren stark angewachsene Bibliothek transportierten wir in einigen Fuhren mit dem Trabant einer Kollegin Christianes. Den eigentlichen Umzug übernahm die Fahrbereitschaft der Bergakademie. Nachdem sie die Einzelteile der Schrankwände aus Wohn- und Schlafzimmer und die restlichen Möbel in die Wohnung getragen hatten, konnte man darin kaum noch treten. Ehe wir mit dem aufwendigen Aufbau begannen, gingen wir Mittagessen in die nahe Gaststätte des Neubauviertels im Unicent. Man platzierte uns am Tisch eines älteren Herrn. Es war ausgerechnet der Rektor der Bergakademie Prof. Emons, von dem später noch zu reden sein wird. Wir verharrten schweigend, bis er endlich zahlte.

Knapp vier Wochen nach dem Einzug unternahm ich mit Kitty eine achttägige Reise durch eine Region, die man bald wieder Mitteldeutschland nennen würde. Man hätte es auch als Abgesang auf ein bald versunkenes Land bezeichnen können, was wir natürlich nicht ahnten. Wir besuchten vor allem das, was blieb: Schlösser, Kirchen und Parks. Wir begannen die Reise in der Lutherstadt Wittenberg. Die Stadt wurde geprägt von den verwitternden Spuren des Reformators und der russischen Garnison.

Von Wittenberg unternahmen wir einen Ausflug nach Wörlitz. Der dortige Park hinterließ bei mir einen tiefen Eindruck, so daß ich ihn in den kommenden Jahren häufig aufsuchte. Er war seinerzeit noch überlaufener als später. In der Kirche am Park hatten Umweltaktivisten Wandzeitungen mit Bildern und Statistiken zur katastrophalen Umweltverschmutzung im Chemiebezirk Halle aufgestellt. Erstmals bekamen wir etwas vom Wirken der Opposition in der DDR unmittelbar mit, nicht nur über die Westmedien.

Die folgende Station war Dessau, wo ich trotz intensiver Suche kein Hotelzimmer auftreiben konnte. Über private Kanäle hatte ich schließlich ein evangelisches Heim gefunden. Dessau war von der klassizistischen Substanz her eine reizvolle Stadt, das Erscheinungsbild hatte durch den Krieg jedoch schwer gelitten. Wir besichtigten die Relikte der großen Vergangenheit. Neben den

Parks und einem klassizistischen Friedhof, der aus einer einzigen Rasenfläche bestand, war das vor allem das Bauhaus. Damals war nur das Hauptgebäude zugänglich, davor parkten etliche Autos mit Westberliner Kennzeichen. Die Villen im Umfeld waren von der sowjetischen Militärverwaltung in Beschlag genommen. Obwohl hier höhere Chargen residierten, machten die Baulichkeiten einen äußerst heruntergekommenen Eindruck. Als Kontrast fuhren wir nochmals mit dem Bus nach Wörlitz. Die Dörfer, die der Bus durchquerte, wirkten armseliger und trostloser als gleichartige Ortschaften in Sachsen. Außerdem besuchten wir den intimeren Park in Oranienbaum. Das zugehörige Schloß befand sich in einem erbarmungswürdigen Zustand.

Dann fuhren wir nach Halle-Neustadt, wo wir bei Familie Socolowsky übernachteten. Von hier unternahmen wir einen Ausflug nach Naumburg und Merseburg. Bei einer kleinen Wanderung kamen wir in Schulpforte vorbei, wo Nietzsche die Königliche Landesschule besucht hatte. Darüber verfaßte ich ein Gedicht, das zusammen mit ähnlichen historischen Texten in der *ndl* abgedruckt wurde. Kurz darauf veröffentlichte der obskure Dissident Wolfgang Harich, der lange als Unperson gegolten hatte, in der Zeitschrift der Akademie der Künste *Sinn und Form* ein Pamphlet, in dem er sich auch heftig gegen die Beweihräucherung Nietzsches durch junge Autoren wandte. Ich weiß nicht, ob er dabei mein Gedicht im Visier hatte. Andere Texte von Nachwuchsdichtern zu dem Thema waren mir nicht unter die Augen gekommen.

Den Abschluß der Reise bildete Weimar, wo mich die drei Parks sowie die Bauhauszeugnisse vorrangig interessierten. Außerdem besuchten wir die Gemäldegalerie im Schloß. Zufällig gerieten wir zum Kaffeetrinken in das benachbarte Café „Resi", das wie ich danach hörte, als Treffpunkt der Weimarer Dissidenten galt. Später hätte man wohl eher gesagt, es war die Stasi-Zentrale.

Im Herbst unternahmen wir von Freiberg Tagesausflüge unter anderem in den Barockpark Großsedlitz, nach Tharandt und Grillenburg sowie in den Klosterpark Altzella. Meine Reiseeindrücke hielt ich in Gedichten fest, die gewissermaßen meine klassische Epoche darstellen sollten und die in der *ndl* abgedruckt wurden.

Weiterhin begleitete ich die Mathematikstudenten bei einer Exkursion in das Rechenzentrum des Kombinates „Schwarze Pumpe". Die von Braunkohlentagebauen geprägte Landschaft mit den ärmlichen Orten südlich von Cottbus erinnerte mich an die Trostlosigkeit ukrainischer Steppen.

13
Nach dem Sommer

Wegen der Umweltbelastung durch Schwermetalle, die durch das rauhe Klima verstärkt wurde, wollten wir weg aus der Bergstadt Freiberg. Vor allem Kitty klagte immer wieder über Beschwerden der Bronchien. Bereits zum Mathematikerkongreß im Vorjahr hatte ich Verbindung mit dem Weimarer Professor Presia aufgenommen.

Anfang November 1987 fuhr ich zu einem Kolloquium der dortigen Hochschule für Architektur und Bauwesen, das in dem Dorf Burkersdorf im Thüringer Wald stattfand. Das Wetter war grausig novemberlich, wozu meine Bahnlektüre von E.T.A. Hoffmann paßte. Das wissenschaftliche Programm der Zusammenkunft war dünn, ganz zu schweigen von der Qualität einiger Vorträge. Die Mehrzahl der Thüringer Kollegen sah ihre Domäne im Feiern. Nicht zuletzt Prof. Walter von der TH Ilmenau tat sich hervor in der Pflege volkstümlichen Liedgutes. In der Wendezeit profilierte sich Walter als eine der Hauptfiguren der „Allianz für Deutschland" in der letzten DDR-Volkskammer, ehe er aus dem Fundus des gesamtdeutschen Panoptikums wieder verschwand.

Ich hatte also genügend Zeit, die Gegend zu erkunden. Wanderungen führten mich nach Schwarzburg, wo im Schloß auf dem prägnanten Bergsporn die Verfassung der Weimarer Republik verkündet worden war. Der Ort wirkte, als wäre die Zeit seitdem stehengeblieben. Ein weiterer Ausflug führte mich nach Sitzendorf, wo ich ein Hotel für den nächsten Sommerurlaub ausfindig machte. Auf dem Rückweg verlief ich mich im Wald. Aus der Richtung, in die ich geraten war, dröhnten bedrohlich Schüsse.

Irgendwie fand ich unter den hohen Buchen den richtigen Abzweig und kehrte in der Dämmerung in das Gästehaus zurück. Wegen einer Stelle in Weimar wollte ich mit Presia in Kontakt bleiben.

Zu Weihnachten 1987 hatten wir einen lebenden Karpfen gekauft, der zwei, drei Tage in der Badewanne herumschwamm. Das war ganz lustig. Dann mußte ich zur Tat schreiten. Da der Fisch nicht zu greifen war, ließ ich zunächst das Wasser ab. Dann wummerte ich mit dem Fleischklopfer dem armen Tier ein paar Mal auf die Birne, was es nicht zu beeindrucken schien. Schließlich wurde es ein ziemliches Blutbad. Gut, daß ich in der Badewanne hantierte. Künftig wollten wir nur tote Fische kaufen.

In der zweiten Januarhälfte 1988 fuhr ich zu einer Tagung, die von der Akademie der Wissenschaften initiiert worden war, nach Biesenthal nördlich von Berlin. Zu der traditionellen Gedenkfeier für Karl Liebknecht und Rosa Luxemburg am vorangegangenen Sonntag war es zur Verhaftung von Oppositionellen gekommen. Sie hatten Spruchbänder mit dem Zitat von Rosa Luxemburg „Freiheit ist immer Freiheit der Andersdenkenden“ entrollt. Die Staatsmacht hatte zwar augenblicklich die Tatzen ausgestreckt, doch die Krallen sogleich eingezogen und die Dissidenten in den Westen abgeschoben. Die Friedhofsruhe im Arbeiter-und-Bauern-Staat schien sich ihrem Ende zuzuneigen. Unterschwellig konnte man die künftigen Erschütterungen auch in dem Provinznest spüren.

Wir waren in einem modernen Betriebsferienheim untergebracht. Ich teilte mit Elias Wegert aus unserer Sektion ein Zimmer. Wegert war ein Jahr nach meiner Promotion von der TH Karl-Marx-Stadt nach Freiberg gekommen. Davor hatte ich angenommen, nun so etwas wie die Nummer 1 der Nachwuchskräfte in der mathematischen Analysis an der Bergakademie zu sein. Gegen Wegert, der ein verwandtes Gebiet wie ich bearbeitete und als Schüler an der Internationalen Mathematikolympiade teilgenommen hatte, sah ich keine Chance mehr. 1988 verteidigte er seine Promotion B und schrieb danach ein Buch. Ich bemühte mich gar nicht erst, in einen aussichtslosen Wettbewerb mit ihm zu treten, sondern hielt es gewissermaßen mit Schiller, der in

Hinblick auf Goethe festgestellt hatte, dem Vortrefflichen gegenüber könne man, wenn man seine Freiheit bewahren will, nur in Liebe begegnen. Ich „liebte“ Wegert zwar nicht, zollte ihm jedoch uneingeschränkten mathematischen Respekt.

Bevor die Tagung begann, schaute ich mich etwas in dem Ort um. Um den See führte eine schöne Promenade, dahinter lag ein Wochenendgrundstück an dem anderen. Viele Datschen schienen ganzjährig bewohnt zu sein, zumindest harrten hinter vielen Gartentoren Hunde, die sich ungewöhnlich aggressiv gebärdeten, was keine guten Rückschlüsse auf deren Halter zuließ. Im Ortszentrum hatte sich seit der Kaiserzeit kaum etwas verändert, es gab Inschriften und Blechtafeln mit dem preußischen Adler, es fehlte nur der Schutzmann mit Pickelhaube.

Die Tagung bestand aus wenigen Übersichtsvorträgen, der Teilnehmerkreis war überschaubar. Ich begegnete zwei jungen interessanten Frauen. Besonders hatte es mir Katharina angetan. Sie war mittelgroß und schlank, ohne dürr sein, hatte mittellange, brünette Haare und ein fein geschnittenes Gesicht. Sie wirkte attraktiv, aber dabei sehr natürlich. Katharina kam aus Rostock, ein Forschungsstudium hatte sie an die Pädagogische Hochschule Dresden verschlagen, bei der ich nach dem Studium auch einmal kurzzeitig nach einer Arbeitsmöglichkeit Ausschau gehalten hatte. Ihr schien es in Sachsen nicht zu gefallen. Wir sprachen nicht lange miteinander, hielten aber den ganzen Abend intensiven Augenkontakt, was einigen Kollegen aus Karl-Marx-Stadt auffiel. Einer meinte, wir wären beide fast in den Augen des anderen ertrunken. Ich mußte wieder daran denken, als ich viele Jahre später in Thomas Manns *Zauberberg* die Beschreibung der Beziehung zwischen Hans Castorp und Claudia las. Freilich hatte der dortige Protagonist wesentlich mehr Zeit. Am nächsten Tag hielt sich Katharina stark an einen ehemaligen Kollegen aus Rostock. Es blieb im Dunkel, was ihren Stimmungswandel bewirkt hatte. Wurde ihr klar, daß ich verheiratet war? Wären meine Chancen gestiegen, wenn ich mich verbal mehr um sie bemüht hätte?

Dafür kam ich zur angesetzten Winterwanderung am Mittwochnachmittag mit ihrer Freundin, die an der PH Güstrow als Assistentin arbeitete, in ein vertrauensvolles Gespräch. Sie war gleichfalls attraktiv, ein bißchen Kumpeltyp und wohl sehr aufgeschlossen mir gegenüber. Ich war jedoch auf Katharina fixiert, so daß ich die Chance nicht ergriff. Die Winterwanderung führte durch eine stimmungsvolle Landschaft aus umgepflügten Feldern mit vielen Krähen, die gesäumt waren von Kiefernhainen. Ich genoß die wehmütige Stimmung und hielt sie in einem Gedicht mit dem Titel „Nach dem Sommer" fest.

In einer Art Panikreaktion reiste ich am nächsten Tag ab. Als innere Rechtfertigung diente mir eine BRD-Ausstellung über den Maler Joseph Beuys, die in Berlin, Hauptstadt der DDR, gezeigt wurde. Der Andrang war groß, doch ich merkte bald, daß diese Art von Kunst mich kaltließ. Dafür war das Wetter ungewöhnlich mild. Am folgenden Tag unternahm ich einen Ausflug in die Sächsische Schweiz. Der Fährmann an der Elbfähre in Rathen erschien mir beinahe wie Charon auf dem Styx. Von dem sonnenüberfluteten Ufer kam ich bald in den Uttewalder Grund, in dem das Wasser an den moosbewachsenen Felswänden heruntertroff. Danach verlief ich mich im Hochwald, wo die Landschaft alles andere als romantisch erschien.

Im Rückblick wäre Katharina wohl die einzige Frau für ein längeres Zusammenleben gewesen, die ich mir als vermeintliche Alternative für Christiane *vorstellen* kann: Kathi statt Kitty? Doch da hätte ich Katharina erst einmal kennenlernen müssen. Und wie groß wäre die Wahrscheinlichkeit gewesen, daß sich meine Begeisterung für ihre Erscheinung bald abgekühlt hätte? Und welche Auswirkungen hätte das Kennenlernen auf meine Ehe gehabt? Auf die Frage „Alles oder nichts" antwortet das Leben mit Vorliebe mit letzterem.

Wahrscheinlich war in dieser Woche meine Jugend unwiderruflich zu Ende gegangen. Von nun an verliebte ich mich nicht mehr. Nach zehn Jahren Ehe hatte ich mich mit dem Status Quo abgefunden. Ich suchte mein Glück nicht mehr irgendwo außerhalb der Ehe und erlaubte mir fortan keine virtuellen, geschweige denn realen Eskapaden. Kitty war in der Hinsicht schon seit einigen Jahren „clean". Wir führten also fortan eine konservative Musterehe.

In der zweiten Aprilwoche mußte Kitty in die Frauenklinik. Sie hatte eine Fehlgeburt. Danach wollten wir unsere Bemühungen für ein zweites Kind nicht aufgeben.

14
Am Heiligen See

Auch 1988 unternahmen wir viele Tagesausflüge. Beispielsweise wanderten wir Ende April durch den gerade ergrünten Buchenwald des Friedrichsgrundes hinter Dresden-Pillnitz. Auf dem Rückweg kamen wir an einem Café vorbei, wo ein Schild darauf hinwies, daß es sich einmal um die Königlich-Sächsische Hofbäckerei gehandelt hatte. Der Kuchen, insbesondere die Eierschecke, war wirklich erstklassig, das Beste, was ich bis dahin in einem Café verzehrt hatte. In der Marktwirtschaft nach 1989 fand ich das Lokal nicht mehr vor. Um Julia zum Wandern zu motivieren, nahmen wir zu einem Ausflug nach Weesenstein ihre Freundin aus dem Nachbarhaus mit. Nachdem wir das Schloß mit dem possierlichen Park besichtigt hatten, wanderten wir zurück nach Heidenau, wo wir kurz vor dem S-Bahnhof in ein kräftiges Sommergewitter gerieten. Ein anders Mal wanderten wir in der Sächsischen Schweiz über die Rauensteine. Die Freundin revanchierte sich ein paar Jahre später, indem sie Julia eine Morddrohung zukommen ließ. Wir mußten deshalb die Polizei einschalten. Die Eltern waren immerhin so verstört, daß sie Julia ein Versöhnungsgeschenk machten.

Den Saisonausklang bildete ein Betriebsausflug nach Diesbar-Seußlitz während der Weinlese im nördlichsten Weinanbaugebiet Mitteleuropas. Das etwas südländische Ambiente, das von einer seltsamen Wehmut durchdrungen war, berührte mich stark. Ich unterhielt mich angeregt mit Dr. Stoyan. Sein Sohn Helmut, der einige Zeit unseren Literaturzirkel besucht hatte, war während der Armeezeit in eine Nervenheilanstalt gekommen. Nach der Entlassung unternahm er 1989 eine Radtour von Rumänien in die DDR, was nicht weniger verrückt war. Nach der Wende stahl er in einer Art Konsumtaumel in westdeutschen Warenhäusern diverse Produkte. Später konnte er sich wieder fangen und absolvierte ein Mathematik-Studium. Glücklich wurde er nicht.

Ich suchte auf den Ausflügen weiterhin Anregungen für Gedichte. Die Ergebnisse waren allerdings zu weit hergeholt, wie ein mißratenes Gedicht über den Brunnen von Matielli im Hof des Bezirkskrankenhauses von Dresden-Friedrichsstadt.

In dem Jahr machten wir fünfmal Urlaub, einschließlich der Kurzurlaube. Es war das letzte Jahr, in dem wir keine Rücksicht auf Schulferien nehmen mußten. Julia war wegen ihrer Sprachprobleme ein Jahr zurückgestellt worden. Mit Hilfe einer Sprecherzieherin gelang es ihr, die vorhandenen Scharten auszuwetzen. Der wiederholte Urlaub nahm einen Trend vorweg, der nach der Wende sich voll ausprägen sollte, freilich mit einer wesentlich weiteren Palette der Reiseziele.

Zu Ostern starteten wir zur ersten Reise. Ich schwärmte damals vom Frühling auf den Kanarischen Inseln, wovon ich einiges gehört hatte. Wir mußten uns mit Thüringen bescheiden. Später interessierten mich die Kanarischen Inseln kaum noch. Wo immer Frühling sein soll, herrscht eigentlich nie Frühling. Zunächst besuchten wir drei Tage Erfurt, wo mich die weitläufige Altstadt und das Kloster, in dem Luther als Mönch gelebt hatte, besonders beeindruckten. Anschließend blieben wir zwei Tage in Weimar, wo wir ein Zimmer im Hotel am Bahnhof gebucht hatten. Hier erlebte ich im Park an der Ilm tatsächlich den ersten Frühlingstag des Jahres. Am nächsten Tag fuhren wir weiter nach Saalfeld. Dieser Karfreitag, der 1. April 1988, prägte sich mir tief ein. Das gebuchte Hotel schien seit der Jahrhundertwende keine Veränderungen erfahren zu haben. In dem Zimmer gab es kein fließendes Wasser, nur einen Waschtrog. Die Dielen knarrten mächtig, die Tapeten und das Mobiliar paßten in ein Museum. Zudem war das Zimmer ungeheizt, und draußen regnete es ununterbrochen. Wir kauften uns Busfahrscheine und fuhren den ganzen Nachmittag im Bus, der gut beheizt war, durch die Stadt. Am nächsten Tag zeigte sich die Sonne, und wir konnten einen längeren Spaziergang unternehmen. An den Wegrändern begannen die grünen Pflanzen, sich zu rekeln, so intensiv hatte ich das zuvor nicht wahrgenommen. Außerdem besuchten wir die Klosterruine in Paulinzella, die Spengler in seinem Hauptwerk als eine Krönung der abendländischen Kultur gefeiert hatte.

Für Anfang Juni hatten wir über die Bergakademie einen Ferienplatz in einem Zimmer in Hasselfelde im Harz erhalten. Von hier unternahmen wir Tagesausflüge oder Wanderungen. Besonders beeindruckte mich die romanische Kirche in Gernrode. Als wir bei einer Wanderung den Ottofelsen bestiegen, stimmte dort ein junger Mann mit Gitarre den Cat-Stevens-Song „Morning has broken" an. Angesichts der anmutigen Landschaft berührte mich dessen Pathos, womit ich ansonsten wenig anfangen konnte.

In der letzten Julidekade fuhren wir zu meinem Bruder nach Potsdam. Bernd hatte inzwischen sein Studium als Vermesser abgeschlossen und arbeitete bei einem großen Baubetrieb als Vermessungsingenieur. Der Spezialbau war vor allem für die Instandhaltung russischer Militärobjekte zuständig. Mein Bruder konnte auf diese Weise ein aufschlußreiches Bild über die Verwahrlosung der Kasernen bei den „Freunden" gewinnen. Er hatte eine Einraumwohnung am Rande der Innenstadt erhalten, in die wir uns während seines Urlaubs für einige Tage einquartierten. Wir besichtigten ausgiebig die drei großen Parks Babelsberg, Sanssouci und den Neuen Garten.

An einem Sonnabend traf ich mich mit Frank Ihlenburg in Ostberlin. Er hatte einen Engländer mitgebracht, der in Berlin als Sprachlehrer tätig war. Ich weiß nicht, wo er ihn kennengelernt hatte. Diese exotische Bekanntschaft verwunderte mich etwas, da Frank neuerdings in einer exponierten Verwaltungsfunktion, als wissenschaftlicher Sekretär des Rektors arbeitete, was in etwa dem heutigen Amt des Kanzlers entspricht. Außerdem hatte er sich mit mir fremder Begeisterung zum Reserveoffizier ausbilden lassen. Frank wollte uns zunächst den Prenzlauer Berg näherbringen. Mit den dortigen Szenenkneipen konnte ich mich nicht anfreunden. An dem Tag waren es 35 Grad im Schatten, was meinen Elan weiter dämpfte, in den Großstadtschluchten herumzuirren. Danach wollten wir den Jüdischen Friedhof in Weißensee besichtigen. Er war jedoch an dem Tag geschlossen, wohl wegen des Sabbats. Außerdem war eine Kopfbedeckung Pflicht, über die wir nicht verfügten. Als Ersatz besuchten wir den sogenannten Thälmannpark. Das Ensemble war vor kurzem angelegt und von der offiziellen Propaganda emphatisch gefeiert worden. Neben dem martialischen Thälmann-Denkmal war von einem Park nicht viel zu sehen.

Am Abend kühlte ich mich in Potsdam am FKK-Strand des Heiligen Sees ab. Der See befand sich nahe der Grenze zu Westberlin und hatte nur einen Durchstich zur Havel. Die Wasserqualität war dennoch zweifelhaft, die Umgebung wirkte jedoch phantasieanregend. Ich verfaßte ein mittelprächtiges Gedicht, das man später als Voraussage des Mauerfalls lesen konnte. Doch da war die Kunst klüger als der Künstler, der sich nicht vorstellen konnte, die Öffnung der Grenzen jemals zu erleben. Hatte nicht Honecker gedroht, die Mauer würde in hundert Jahren immer noch stehen? Am Sonntagmorgen stand ich früh auf und fuhr mit dem Rad nochmals zum Park von Sanssoucci, um einmal den Park ohne Touristen zu erleben.

Kurz darauf traten wir ohne Julia eine anderthalbwöchige DDR-Rundreise an. Zunächst übernachteten wir in Eisenach in einem Hotel in der Innenstadt. Nach kräftigem Frühstück unternahmen wir Wanderungen. Besonders gefiel mir der Weg entlang der Hörselberge. Danach blieben wir zwei Tage in Mühlhausen. Die Stadt machte auf mich einen altertümlichen, aber relativ gut erhaltenen Eindruck. Desto ernüchternder wirkte Leinefelde im Eichsfeld. Das Hotel befand sich in einem Plattenbau und diente wohl vorwiegend als Arbeiterwohnheim. Im Gegensatz zu dem Industriekaff standen die umliegenden Dörfer, die stark katholisch geprägt waren. Insgesamt erreichte die Reise nicht die Intensität des Vorjahres. Über allem hing ein Schleier „deja vu“.

Nach einigen Tagen in Sternberg und Freiberg brachen wir erneut nach Thüringen zu einer achttägigen Reise auf. Das Hotel in Sitzendorf, das ich während meines Aufenthalts im vorigen Herbst im Schwarzatal gebucht hatte, erwies sich entgegen dem ersten Anschein als Reinfall. Das Zimmer war laut wegen der nahen Fernverkehrsstraße, die im November kaum befahren war, aus der Küche drangen diverse Gerüche herein. Trotzdem versuchten wir, aus dem Urlaub das Beste zu machen. Zumindest das Wetter war ideal. Zum Höhepunkt wurde eine Wanderung von Paulinzella nach Königsee. In dem Wald hatte es im Mittelalter etliche Dörfer gegeben, die später bis zum Dreißigjährigen Krieg aufgegeben worden waren. In einigen Teilen wirkte der Wanderweg, der von Heidelbeersträuchern und Lärchen gesäumt war, als hätte sich seither niemand mehr in diese Gegend begeben. Nachmittags gingen wir täglich in dem Freibad von Schwarzburg baden, es lag schattig direkt an der Schwarza. Ich las de Laclos' *Gefährliche Liebschaften*. Die aufgeladene Vor-Revolutions-Stimmung des Buches paßte wunderbar zu der Zeit, ohne daß mir das bewußt war.

Auf der Rückfahrt fuhren wir von Rudolstadt bis Jena in einem Wagen der Bundesbahn, die Strecke war Teil der Verbindung Nürnberg – Berlin Zoologischer Garten. Wir hatten das Abteil für uns allein. Die Ausstattung mit Vorhängen und Polstersitzen, vor allem aber die Sauberkeit war ich von der Deutschen Reichsbahn nicht gewohnt. Zehn Jahre später hatte sich die gesamtdeutsche Bahn in vielerlei Hinsicht der Reichsbahn angeglichen. In Jena wurden wir aus den West-Träumen in den Ost-Alltag befördert. Eine Horde alkoholisierter Fußballfans okkupierte den Zug, in den wir umstiegen. Es war nicht erkennbar, ob ihre Mannschaft gewonnen oder verloren hatte, doch das war wohl gleichgültig. Von der Polizei, die auf dem Bahnhof in angemessener Entfernung gestanden hatte, war niemand im Zug zu erblicken. Wir atmeten auf, als die Meute in Gera den Zug grölend verließ.

Am 3. September 1988 hatte Julia Schulanfang. Sie kam in die Gorki-Schule, die sich mit der Lenin-Schule einen langgestreckten Plattenbau teilte. Der Weg zur Schule war doppelt so weit wie in den Kindergarten, hundert statt fünfzig Meter. Am Ende des Jahres bekam sie das blaue Halstuch der Pionierorganisation. Am Anfang der zweiten Klasse wurde sie Vorsitzende des Gruppenrates. Die Wende bereitete ihrer weiteren gesellschaftlichen „Karriere" ein abruptes Ende. Ansonsten hätte es bald Ärger gegeben, da sie beispielsweise nicht sagen konnte, welche Art Striche die „richtige" Fernsehuhr hatte. Früh lief bei uns nach wie vor der Deutschlandfunk, am Nachmittag RIAS II, und abends sah ich regelmäßig die Tagesschau. Im Hoheitsbereich des Ministeriums für Volksbildung Margot Honeckers versuchte man indes, die

Uhren in die sechziger oder gar fünfziger Jahre zurückzudrehen. Da war alles nach wie vor fixiert auf die kommunistische Erziehung der Kinder, die bereits im Kindergarten einsetzte. Dort lernte meine Tochter auch das Lied „Seh' ich die Soldaten gehen, laß ich all mein Spielzeug stehn". Der RIAS hatte es in einer Sendung als besonders frappierendes Beispiel der militaristischen Erziehung in der DDR aufgegriffen. Mit Schrecken mußte ich nun feststellen, daß es sich um keine aufgebauschte Einzelerscheinung handelte, sondern solcher Art Liedgut zum System gehörte.

15
Gorbi hilf!

Ende Januar 1988 hatte ich das Manuskript meiner Dissertation B von Prof. von Wolfersdorf zurückerhalten. Im Gegensatz zur Dissertation A hatte er kaum etwas daran auszusetzen. Im Juli reichte ich die Arbeit ein. Auf Grundlage der Ergebnisse verfaßte ich auch einen Artikel für eine amerikanische Fachzeitschrift, den ich Ende August abschickte. Beim Studium dieses Artikels bemerkte von Wolfersdorf eine Lücke in einem Beweis. Er war ganz aufgelöst, da er offenbar um sein Renommee bei der Zeitschrift und den Gutachtern fürchtete, falls der Fehler erkannt würde, was allerdings eher unwahrscheinlich war. Derselbe Fehler war freilich schon in der Dissertationsschrift präsent, was ihm seinerzeit entgangen war und ihn nun offenbar zusätzlich kränkte. Wir zogen jedenfalls die Arbeit zurück. Ich überarbeitete den Artikel und reichte ihn etwas später erneut ein. Es blieb mein einziger Artikel, den ich als alleiniger Autor in einer namhaften internationalen Fachzeitschrift publizierte.

Anfang Oktober bekamen wir eine Gehaltserhöhung von dreißig Prozent, zudem wurde ich höhergestuft. Die Assistentengehälter bewegten sich im Vergleich zum Westen zwar nach wie vor auf niedrigem Niveau, dennoch kürzte man zu keiner Zeit in der DDR die Einkünfte, wie das seit Ende der neunziger Jahre in der BRD üblich wurde.

Die regulären Höherstufungen wurden normalerweise aller zwei bis drei Jahre vorgenommen. Dann entbrannte ein harter

Kampf um die fünfzig oder hundert Mark Mehrverdienst bei den Assistenten. Ein Kollege hatte vorgerechnet, daß das Verpassen einer Runde sich im ganzen Arbeitsleben auf einen Pkw Wartburg summierte, der das teuerste DDR-Auto darstellte. Bei den Professoren ging es gleichfalls nicht zimperlich zu. So hatte König inzwischen ein Monatsgehalt von 3800 Mark und mehr erreicht, was ich der Liste der Parteibeiträge entnehmen konnte, während ein anderer Professor, der sogar etwas älter war, bei 2400 Mark ausharrte. Ich war froh, als der Zirkus 1990 aufhörte und feste Gehaltsstrukturen im Rahmen des Bundesangestelltentarifes (BAT) eingeführt wurden. Der Bildungsministerin Frau Bulmahn in der Schröder-Regierung war es vorbehalten, mit Einführung der W-Tarife zum absurden System der sogenannten Leistungsbewertung im Hochschulwesen zurückzukehren und neue demotivierende Rangeleien zu entfachen.

Mein neuer Zimmerkollege wurde Knut Heier, nachdem Herr Bernstein seine Promotion fristgerecht abgeschlossen hatte. Knut gehörte zu der Seminargruppe, wo ich als Gruppenberater fungiert hatte. Er hatte zunächst ein Lehrerstudium in Karl-Marx-Stadt begonnen, das er jedoch bald abbrach, um in seiner Heimatstadt „echte" Mathematik zu studieren. Er war sehr aufgeschlossen und freundlich, so etwas wie „Everybodys Darling". Seit Bicher vor zehn Jahren war er der erste Zimmerkamerad, mit dem ich mich auch über dienstliche Belange hinaus gut verstand. Im Auftrag von Wolfersdorfs hatte ich ihn gefragt, ob er an einer Assistenz interessiert sei, was er bejahte, woraufhin der Professor mit ihm darüber sprach. Davor war ich bereits als Bürge für Heiers Eintritt in die SED aufgetreten. Es war das einzige Mal, daß ich solch eine Bürgschaft verfaßte. Für seine weitere Entwicklung gab es ausgearbeitete Kaderpläne mit Parteischulbesuch und ähnlichem. Dank der Wende blieb ihm diese Karriere erspart.

Ende Oktober besuchte ich eine Tagung in Ilmenau. Deren wissenschaftliches Programm war zwar weniger anspruchsvoll als gewohnt. Dafür gab es ansonsten etliche Anregungen. Zu dem geselligen Beisammensein unterhielten wir uns angeregt mit einem Kollegen aus der BRD. Der nahm kein Blatt vor den Mund und berichtete auch von seinen Sorgen, die sich vor allem um

Steuern oder Krankenkassen drehten. Das konnten wir kaum nachvollziehen. Es war völlig unvorstellbar, daß dieselben Fragen uns zwei Jahre später auf den Nägeln brennen sollten. Uns bewegte insbesondere die Reformunwilligkeit unserer Oberen. In Ilmenau schien die Gorbimania bereits ausgebrochen zu sein, wovon ich in Freiberg nichts merkte. Beispielsweise hing am Balkon eines Internats eine große Losung mit der Inschrift: „Gorbi hilf!“. In Dresden hatte ich in dem Jahr erstmals das Stück *Warten auf Godot* gesehen. In der DDR hieß G. wohl Gorbatschow. Neben den politischen Diskussionen nutzte ich die Zeit zu einer Besteigung des Kickelhahns, wo Goethe sein berühmtes „Über allen Gipfeln ist Ruh“ gedichtet hatte.

Um mein Interesse an der Umgestaltung in der Sowjetunion noch besser befriedigen zu können, abonnierte ich die sowjetischen Zeitschriften *Ogonjok* sowie *Sputnik*. *Ogonjok* war zur Speerspitze der Opposition in der UdSSR geworden, im Anspruch vergleichbar mit dem *Spiegel*, wobei einem die Reklame erspart blieb. Im *Sputnik* gab es einen Querschnitt wichtiger Artikel des letzten Monats der sowjetischen Presse in deutscher Sprache. Im Dezember 1988 wurde der Vertrieb auf Honeckers Anweisung hin ganz eingestellt, da ihm die unzensierte Darstellung der Geschichte der Sowjetunion mißfiel. Die kurze Mitteilung im *Neuen Deutschland*, wofür der Postminister, von dem man vorher nie etwas gehört hatte, als Verantwortlicher herhalten mußte, wirbelte viel Staub auf und machte die Phrasen der deutsch-sowjetischen Freundschaft völlig zur Farce. Ich beschwerte mich beim Postminister wegen der Nichtauslieferung der abonnierten Zeitschrift und bekam daraufhin einen standardisierten Antwortbrief mit den bekannten Floskeln.

Im November 1988 hielt ich an der Sektion Mathematik einen Vortrag über Stalin und nahm damit die ein Jahr danach einsetzende öffentliche Abrechnung mit dem Stalinismus im Kleinen voraus. Neben neuen sowjetischen Publikationen stützte ich mich auf die Geheimrede Chrustschows, die er auf dem XX. Parteitag der KPdSU im Jahre 1956 gehalten hatte, die ich mir nach über 30 Jahren endlich verschafft hatte. Die Stalin-Biographien diverser sowjetischer oder amerikanischer Autoren kannte ich damals noch nicht, so daß mein Vortrag in mancher Hinsicht recht naiv geriet. Immerhin hatte ich an einem Tabu gerührt.

Zwei Wochen später hörte ich im Karl-Marx-Städter Neruda-Klub einen Vortrag des Literaturwissenschaftler Ralf Schröder zum Thema „Perestroika und Sowjetliteratur". Es war eine raffinierte Stellungnahme gegen die hiesigen Stalinisten. In den fünfziger Jahren hatte Schröder im Gefängnis gesessen und wagte sich nun wieder heraus aus seiner Deckung.

Mitte Dezember fuhr ich zu der traditionellen Tagung für Komplexe Analysis in Halle. Von dem einstigen Glanz dieser Veranstaltung war wenig übriggeblieben, was sich schon in der Unterbringung widerspiegelte. Statt des Interhotels, hatte man mir und Heier ein Privatzimmer zugewiesen. Das Zimmer war derart kalt und unwirtlich, daß ich nach einer Nacht das Weite suchte und bei Familie Socolowsky in Halle-Neustadt um Asyl bat, das sie mir ohne Zögern gewährten. Ich hielt erstmals einen Vortrag in englischer Sprache, was mir relativ gut gelang. Ein Redner aus dem Westen präsentierte in seinem Vortrag eine CD, als habe er sie gerade erfunden. Die armen Zonis hatten schließlich die neuen Scheiben noch nie gesehen.

Immer noch wurde ich bei der Betreuung sowjetischer Austauschstudenten zu einzelnen Ausflügen oder Veranstaltungen hinzugezogen. Die Studenten, welche zur der Zeit der Perestroika kamen, schienen weniger ängstlich zu sein als zuvor. Dennoch wirkten sie scheu, wahrscheinlich schienen sie der neuen Freiheit nicht zu trauen. Schließlich sollte ich einmal die DDR-Studenten nach Moskau begleiten. Mit mir sollte ein Dozent reisen, dessen hölzerne Art mir absolut gegen den Strich ging. Außerdem hatte ich trotz Perestroika keine Lust, drei Wochen in Rußland zu verbringen. Es gelang mir, mit einigen Tricks den Auftrag bis Herbst 1990 aufzuschieben. Und da dachte keiner mehr an Deutsch-Sowjetische Freundschaft.

In vorletztem Jahr der DDR erklärte erstmals eine Mathematikstudentin ihren Austritt aus der SED. Einige Jahre davor wäre sie wohl in die ideologische Mangel genommen und, falls sie auf ihren Entschluß beharrt hätte, exmatrikuliert worden. Als Begründung gab die Studentin Brecht an, sie habe einen neuen

Freund gefunden und könne sich nicht mehr mit den Positionen der SED identifizieren. Mehr wollte sie sich nicht äußern. Die Parteileitung gab dem Antrag ohne weiteren Kommentar statt. Lediglich der Genosse Goebel meldete sich in der Diskussion und wollte von der Studentin wissen, ob sie nicht mehr für den Frieden sei. Die Studentin antwortete lediglich: „Doch." Dann durfte sie gehen. Ich wäre ihr gern gefolgt, aber als Assistent kurz vor der Verteidigung der Promotion B war mir das zu heikel.

Die Arbeitsbedingungen wurden immer fragiler. Von jeher hatten die Assistenten ihre Arbeitszimmer selbst zu reinigen. Jetzt hieß es, daß wir bald wegen des Arbeitskräftemangels die Reinigung der Toiletten im Dienstgebäude übernehmen sollten. Lange hätte es wohl nicht mehr gedauert, ehe es so gekommen wäre. So bewahrte mich Gorbatschow davor, als Clochard zu arbeiten.

16
Auf der Schwelle

Das Jahr 1989, in dem sich die sogenannte Wende vollziehen sollte, war in mancherlei Hinsicht ein Jahr der letzten Male. Genauso wie viele Menschen, bevor sie sterben, nicht ahnen, dieses oder jenes das letzte Mal zu tun, hatte ich keine Ahnung, bald in einer anderen Welt zu leben, in der vieles, was zuvor mehr oder weniger selbstverständlich erschien, unfaßbar war und umgekehrt.

Das Jahr begann mit einer privaten Havarie, einem Brand in unserer Küche am 2. Januar. Bei der Zubereitung von selbstgemachten Pommes frites in der Pfanne auf dem Gasherd, entzündete sich plötzlich das Fett, woraufhin Kitty, die allein in der Küche stand, nichts Besseres einfiel, als Wasser hinzuzugeben. Daraufhin entwickelte sich eine Stichflamme, die die Tapete in der halben Küche und die Gardine versengte. Kitty konnte von Glück reden, daß sie sich keine Verbrennungen zuzog. Wenigstens übernahm die Versicherung den nicht allzu beträchtlichen finanziellen Schaden, und ich tünchte in drei Tagen die Küche neu. Bald darauf stellten wir unseren ersten Gefrierschrank auf, in der

Hoffnung von den Wechselfällen der Versorgung, vor allem mit besseren Fleischstücken, etwas unabhängiger zu werden.

Die allgemeine Unzufriedenheit mit der wirtschaftlichen Krise und politischen Stagnation in der DDR ließ weltanschauliche oder berufliche Unterschiede unbedeutend erscheinen. Man fand in Gesprächen schnell gemeinsame Anknüpfungspunkte. Immer öfter hörte man, die DDR sei ein Schwellenland, das - entgegen dem üblichen Trend - sich auf den Weg von einem modernen Industriestaat zu einem Land der dritten Welt befände. Die Parteiführung verbreitete den Slogan vom „Sozialismus in den Farben der DDR". Diese Abart des preußischen Sozialismus erschien mir diametral entgegengesetzt der ursprünglichen Idee des Sozialismus, die Marx und Engels proklamiert hatten. Indes die Hoffnung auf Veränderung war gering, da der Horizont vieler Mitbürger sich zusehends auf ihre Kleingärten zu verengen schien.

In einer Diskussion im Anschluß an eine öffentliche Buchlesung äußerte eine Bibliothekarin sinngemäß, wir hätten nicht das Recht, uns über die fehlende Zivilcourage der Leute während der Nazizeit zu mokieren, wenn wir selbst nichts gegen heutiges Unrecht täten. Später würden die Kinder oder Enkel erneut fragen: „Warum habt ihr nichts dagegen unternommen?" Mir schien die in der Frage steckende Gleichsetzung zwischen NS- und SED-Regime zwar fragwürdig. Aber vielleicht hatte sie recht, was das Wesen zwischen der Rassen- und Klassendiktatur betraf und vor allem in Hinblick auf das eigene Engagement?

In diesem letzten Jahr der alten Zeitrechnung besuchten wir zwei Familien, die bisher nicht zu den Personen gehörte, mit denen wir näheren Umgang pflegten. Das Wort „Freundeskreis" erscheint mir abgedroschen und charakterisiert nicht die Art unserer sozialen Kontakte. Vor und während des Umbruchs weitete sich das Feld der sozialen Begegnungen, um sich danach desto enger zusammenzuziehen.

Familie Günther war streng katholisch und wohnte in einem Mietshaus in der desolaten Altstadt. Die Frau arbeitete in Christianes Institut. Eigentlich wollten sie in der Altstadt bauen, sie hatten bereits ein Grundstück an der inneren Stadtmauer erworben, was unter den DDR-Verhältnissen eine Last bedeutete. Nach der

Wende siedelten sie bald nach Nordrhein-Westfalen über. Der Grundstückskauf war zumindest eine gute Wertanlage gewesen. Hätten wir damals Grundstücke gekauft, soweit das überhaupt möglich war, hätten wir danach absahnen können. Doch wer konnte vermuten, daß der wertlose Grund und Boden plötzlich zu einer Kapitalanlage werden würde?

Herr Fischer hatte gleichfalls mit Christiane gearbeitet, ehe er die Buchbinderwerkstatt seines Onkels übernahm. Zunächst mußte er dafür eine Facharbeiterausbildung absolvieren und später den Meisterbrief erwerben. Er wohnte zusammen mit seiner Familie in einer Neubauwohnung am Wasserberg. Nach der Wende etablierte er sich als kleiner Unternehmer.

17
Glanz und Elend

Für den 31. März 1989 war die Verteidigung meiner Dissertation B, wie die Habilitation seinerzeit hieß, angesetzt. Als Gutachter fungierten meine Kollegen Prof. von Wolfersdorf und Dozent Dr. Goebel und Prof. Prößdorf vom Karl-Weierstraß-Institut der Akademie der Wissenschaften in Berlin. Goebel hatte meine umfangreichen Rechnungen alle penibel überprüft; eine Mühe, der sich wohl wenige Gutachter unterziehen. Mit ihm zusammen publizierte ich auch einige kleinere Artikel zu Teilproblemen. Daß sich Prößdorf zur Anfertigung eines Gutachtens bereitfand, stellte sicher eine Ehre für mich dar. Prößdorf hatte einige wichtige Monographien zu singulären Integralgleichungen verfaßt und stellte eine internationale Autorität auf diesem Fachgebiet dar. Er war auch menschlich sehr integer. Ich stellte meine Ergebnisse in einem Vortrag in seinem Institut vor. Zu meiner Verteidigung konnte er nicht kommen.

Zur Verteidigung hielt ich wohl den besten Vortrag meiner wissenschaftlichen Laufbahn. Sogar der kritische Dozent Dr. Stoyan zeigte sich beeindruckt. Ich hatte den Zenit meiner mathematischen Karriere erreicht. Am nächsten Tag wurde ich auch offiziell zum wissenschaftlichen Oberassistenten befördert. Die Promotion B mit dem Titel Dr. sc. nat. wurde Anfang der neunziger

Jahre formal in die Habilitation mit dem Titel Dr. rer. nat. habil. umgewandelt.

Die Promotionsfeier war ebenfalls sehr gelungen, ganz nach meinem Geschmack. Es gab weder blöden Gaudi oder irgendwelche idiotische Spiele noch steife Feierlichkeit oder Alkoholexzesse. Die Gäste beschränkten sich auf knapp zwanzig „handverlesene“ Personen. Als Ort hatte ich das Lesecafé im Klubhaus der Bergakademie gewählt, das fast keiner der Anwesenden vorher kannte. Der Raum war als Teestube eingerichtet, er diente zuweilen auch für literarische Lesungen. Die Speisen lieferte die Mensa an. Ich fühlte mich ausnahmsweise sogar in dem Anzug wohl. Das merkte ich, als ich wegen irgendeines organisatorischen Details den darunter befindlichen Studentenklub aufsuchen mußte.

Dr. Goebel hatte seine Nichte mitgebracht, die etwas jünger als mein Bruder war. Bernd entflammte bald für sie. Ich fand sie gleichfalls sehr attraktiv. Sie arbeitete im Schichtdienst in einem Pflegeheim bei Magdeburg und schien sich für ihre Tätigkeit sehr zu engagieren. Nicht zuletzt daran scheiterte leider die Beziehung zu meinem Bruder.

Im Mai erhielt ich die Lehrbefähigung, die Facultas docendi, zuerkannt. Ich durfte nun offiziell Vorlesungen übernehmen. Freilich hatte ich bereits zuvor einige Spezialvorlesungen für Mathematiker gehalten und im Frühjahr 1989 auch eine weiterführende Vorlesung für Ingenieure begonnen. Die Anzahl der Zuhörer bei den Mathematikstudenten war aufgrund der geringen Jahrgangsstärken immer einstellig, eine Spezialvorlesung hielt ich gar vor zwei Studenten. Ursprünglich hatte ich die Facultas docendi bereits 1986 beantragt. Der damalige Rektor Emons hatte den Antrag jedoch aus irgendwelchen machtpolitischen Erwägungen abgeschmettert.

Den gesellschaftlichen Höhepunkt der DDR, wie es hieß, im ersten Halbjahr 1989 bildeten die Kommunalwahlen im Mai. Wahlen mit der Einheitsliste der Nationalen Front waren seit Bestehen der DDR eine Farce gewesen: Vor allem kam es darauf an, eine Wahlbeteiligung von 99 Prozent und mehr zu erzielen, die als Zustimmung zur Politik der SED gewertet wurde. Nein-Stimmen waren noch seltener gewesen. Ich bedauerte zwar, daß es sich nur um Kommunalwahlen handelte, da die zu wählenden Vertreter ohnehin nichts zu bestimmen hatten. Doch selbst das laut Verfassung oberste Gremium, die Volkskammer, war in der Diktatur des SED-Politbüros faktisch machtlos. Wie einige andere wollte ich den Zirkus diesmal jedenfalls nicht wieder mitmachen. Nicht zur Wahl zu gehen, war schlecht möglich, da die Verweigerer an die Betriebe weitergemeldet wurden, was mich unter Umständen meine Stelle gekostet hätte. Aber die Wahl war immerhin geheim, so daß man die Liste durchstreichen konnte. Dafür mußte man sich freilich in die Wahlkabine begeben, was auch nicht selbstverständlich war. Nicht umsonst hießen die Wahlen im Volk „Zettel falten", sprich die Bürger erhielten die Wahlzettel, falteten sie augenblicklich (meist ungelesen) und ließen sie in der Wahlurne verschwinden. Aber es war schließlich nicht verboten, die Kabine aufzusuchen, zumal kaum nachvollziehbar war, was man da tat. Zum Glück klafften der Allmachtsanspruch der Partei und die realen technischen Überwachungsmöglichkeiten des bankrotten Staates auseinander. Ich gab meine Stimme bereits vorher in einem Sonderwahllokal ab.

Am Wahltag saß ich im Wahlvorstand eines studentischen Wahllokals. Viele Studenten hatten bereits vorher abgestimmt. Die restlichen Studenten kamen nahezu vollständig, die meisten zum Falten. Trotzdem konnten wir am Abend bei der Auszählung etwa 10 Prozent Gegenstimmen feststellen. Der Leiter des Wahlvorstandes, ein strammer Genosse, konstatierte das mit Zähneknirschen, meldete es jedoch korrekt weiter. In anderen Wahlbezirken, wo sich wie bei uns Zuschauer bei der Auszählung einstellten, gab es ähnliche Resultate. Dennoch wurden für Freiberg nur 2 bis 3 Prozent Gegenstimmen in der Zeitung angegeben. Ein ähnliches Bild mit maximal 20 Prozent realer Gegenstimmen ergab sich in den Großstädten, wo die Ergebnisse analog geschönt wurden. Ein Stochastik-Dozent griff diese Daten auf und stellte in einer Klausur die Aufgabe, anhand von mehreren Stichproben mit 10% für ein bestimmtes Ereignis, die Wahrscheinlichkeit zu berechnen, daß dieses Ereignis insgesamt nur mit einer vorgegebenen Wahrscheinlichkeit von 3% geschah. Das Ergebnis war natürlich verschwindend gering. Durchgefallen wäre bei den tatsächlichen Daten wohl kein einziger Kandidat. Was war das für ein Staat der 10 bis 20 Prozent Gegenstimmen nicht aushielt? So ein Monolith konnte bloß zerbrechen. Daß es dann so schnell ging, war für jeden überraschend. Die offizielle Propaganda konzentrierte sich indes auf die Vorbereitung des 40. Jahrestags der DDR im Oktober.

18
Pariser Tango

Ende April begann endlich die neue Wandersaison. Es sollte die letzte sein, zumindest im bisherigen Sinne. Bereits im Januar war ich im Tharandter Wald unterwegs gewesen. Dabei stieß ich auf eine Wildschweinherde, die zum Glück von mir keine Notiz nahm.

An einem Wochenende fuhr ich zu meinem Bruder nach Potsdam, wo wir im Fläming eine Tour unternehmen wollten. Ich hatte ihn bereits am Anfang des Jahres besucht, um eine Aufführung von Heiner Müllers *Wolokolomsker Chaussee* im Potsdamer Theater, das als besonders progressiv galt, zu besuchen. Irgendwie galt der Fläming als letzter Geheimtipp. Die Strecke von Belzig nach Wiesenburg erwies sich als stupide, größtenteils mußten wir auf Landstraßen laufen, die jedoch kaum befahren waren. Auch die in diversen Berichten gelobten Trockentäler wirkten eher ernüchternd. Lediglich der Park in Wiesenburg bildete einen Lichtblick, wenngleich er ziemlich verwahrlost wirkte. Zudem begann es zu regnen. An der Bahnstation erreichten wir buchstäblich in letzter Minute den Zug nach Potsdam. Sonst hätten wir vier Stunden in der Einöde bis zum nächsten Zug zubringen müssen.

Bei meinem Bruder sah ich erstmals die privaten Fernsehsender, die man in Freiberg nicht empfangen konnte, zumindest nicht ohne Satellitenschüssel, die uns die Sache nicht wert war. So konnte ich einen Blick in die Zukunft des TV richten, die nicht gerade verheißungsvoll erschien. Die Sender strahlten auch sogenanntes Frühstücksfernsehen aus, was ich besonders pervers fand.

Auf der Rückfahrt hatte der Zug mehr als zwei Stunden Verspätung. Statt zum Mittag kam ich erst am Nachmittag in der Sektion Mathematik an, doch letztlich interessierte das keinen, da ich zur Parteiversammlung pünktlich erschien.

Im Zug hatte ich den gerade erschienenen Roman *Der Tangospieler* von Christoph Hein gelesen, der ein realistisches, also wenig schmeichelhaftes Bild der DDR am Ende der sechziger Jahre zeichnete. Ich verfaßte dazu eine Besprechung für die Hochschulzeitung. Prof. König bekam dieses Blättchen in Paris, wo er sich gerade zu einem Studienaufenthalt aufhielt. Er nahm den Artikel als Indiz, das doch einiges in der DDR in Bewegung geriet. Einige Monate davor hatte ich mit ihm auf einer Parteiversammlung einen Disput, als ich mich für Reformen in der DDR ähnlich der Glasnost und Perestroika von Gorbatschow einsetzte, während er – ganz auf der offiziellen Linie – jeglichen Reformbedarf bestritt. Dabei hätte er es als Reisekader besser als ich wissen müssen, was alles faul war im Staate DDR. Doch sollte er für unbestimmte Veränderungen seine persönlichen Privilegien aufs Spiel setzen?

Kurz darauf traf ich mich mit Frank Ihlenburg in der Sächsischen Schweiz zu einer kleinen Wanderung. Frank weilte zu einer Tagung in Dresden. Er wohnte in einem der relativ neuen Hotels auf der Prager Straße, das schon einen morbiden Eindruck machte. Zuvor war er in Polen gewesen. Dort diskutierte man lebhaft in persönlichen Gesprächen, aber auch inoffiziellen Publikationen, daß die deutsche Wiedervereinigung unmittelbar bevorstünde und was das für Polen bedeute. Das erschien uns völlig verrückt. Er hatte die Diskussionen in seinem Reisebericht vermerkt, woraufhin ihn „Müller und Schulze“ aufsuchten, wie die Staatssicherheit in dem Roman *Der Tangospieler* von Christoph Hein firmierte, die diese Ansicht überrascht notierten. Die Wanderung von Wehlen über die Rauensteine nach Rathen und am anderen Elbufer zurück sollte die letzte gemeinsame Wanderung zusammen mit Frank sein. Auf dem Rückweg zeigte er mir einen Schleichpfad unterhalb der Bastei, der in den Wanderkarten nicht eingezeichnet, jedoch abwechslungsreicher als der asphaltierte Weg entlang der Elbe war.

Anfang Mai fuhr ich zu einem Informationsgespräch an die Universität Rostock. Dort war eine Dozentur für mathematische Analysis vakant. Einige Kollegen aus Karl-Marx-Stadt, die gleichfalls in Frage kamen, hatten schon abgewinkt. Sie verspürten keinen Drang, an die rauhe Küste umzusiedeln. Ich übernachtete in Sternberg. Vorher stieg ich in Ludwigslust aus und erkundete den dortigen Landschaftspark. Es herrschte Kaiserwetter, und das frische Grün berauschte meine Sinne.

Am nächsten Tag brach ich in aller Frühe nach Rostock auf. Es war zwar kühl, desto klarer wirkten die Landschaft und der Himmel. An der Sektion Mathematik hörten sie erfreut, daß ich auch eine Vorlesung Partielle Differentialgleichungen für Ingenieure hielt. Meine Begeisterung für eine Dozentur in Rostock war sehr gedämpft. Ich sagte schließlich ab, da mir eine Stelle in Weimar erstrebenswerter erschien, zumal sich dort wahrscheinlich eher Arbeit für meine Frau finden würde. Ein Jahr später wurde die Dozentur nochmals ausgeschrieben. Da gab es plötzlich ein Dutzend ernsthafter Bewerber, in den Wendewirren wurde die Stelle aber doch nicht besetzt.

Nach dem Gespräch fuhr ich nach Warnemünde und spazierte zur Steilküste. Auf dem Rückweg wurde ich durch ein massives Polizeiaufgebot gestoppt. An dem Tag erfolgte die Einberufung der neuen Wehrpflichtigen, was mir erst später bewußt wurde, und man suchte offenbar irgendwelche Fahnenflüchtige, die sich in dem Wald dem Gestellungsbefehl entzogen hatten. Die Polizisten traten sehr rüde auf, kurz zuvor hatte ich in einer sowjetischen Erzählung über den Stalinschen Terror gelesen, daß das höchste Gut in einem Staat die Unschuldsannahme für seine Bürger sei. Zufällig hatte ich den Personalausweis bei mir. Eigentlich nahm ich ihn sonst nicht mit zu Tagesausflügen, um ihn nicht zu verlieren, weil das auch viel Ärger einbrachte. Doch ich hatte vergessen, ihn in Sternberg auszupacken. So mußten mich die Polizisten widerwillig weiterziehen lassen. Ich sah zu, daß ich den Strandbereich schnell verließ. Ohne Ausweis hätte ich die Nacht bestimmt hinter Gittern verbringen müssen. Der Staat DDR kam mir zunehmend vor wie eine schlummernde Bestie.

Zu Pfingsten fuhren wir für eine Woche in das Betriebsferienheim der Bergakademie nach Poebeltal ins Osterzgebirge. Es wurde der letzte Urlaub in dieser Art. Das Ziel war nicht weit, man konnte es mit dem Bus erreichen bei einmaligem Umsteigen, dennoch war die Anreise recht zeitaufwendig. Aus dem Grund waren wir bisher kaum in diese Gegend gekommen und erwanderten sie nun ausgiebig. Das Heim war einfach, die Leiterin engagierte sich stark, um eine familiäre Atmosphäre zu schaffen. Das war zwar gut gemeint, entsprach aber nicht unserem Urlaubsideal. Lieber hätten wir etwas mehr Luxus genossen und unsere Ruhe gehabt. Dazu sollten wir erst nach der Wende kommen.

Gleich am zweiten Tag hatte ich einen starken rheumatischen Anfall meiner Bechterewschen Erkrankung. Ich konnte mich faktisch nicht mehr bewegen, insbesondere den Hals überhaupt nicht mehr drehen. In die Kreisstadt ging es weitgehend bergab, so daß ich auf dem Rad dahin rollen konnte, um bei einem Arzt Medikamente zu erlangen. Julia mußten wir gleichfalls mitschleppen, da die Heimchefin gerade unterwegs war und wir ansonsten keine Beaufsichtigung fanden. Für den Rückweg wollten wir notfalls ein Taxi nehmen. Doch da ging es mir schon besser, so daß ich das Rad schieben konnte. Zum Glück erlitt ich einen derartigen Anfall später nicht mehr.

Wie der junge Nietzsche fühlte ich mich ab Mitte der achtziger Jahre eher als alter Mann, später jedoch eher jünger werdend. Ich litt häufig unter Gliederschmerzen und Einschränkungen der Beweglichkeit. Um diese aufrechtzuerhalten, ging ich weiter wöchentlich zur Bechterew-Gymnastik. Wegen meiner Unlust zu gymnastischen Übungen war ich seit einiger Zeit der *spezielle Freund* der Physiotherapeutin geworden. Die Gespräche meiner Mitturner drehten sich nicht zuletzt um das Fernsehen, vor allem Sendungen wie die schmuddelige Stripteaseshow „Tutti frutti“ im aufkommenden westdeutschen Privatfernsehen, das speziell für die Bedürfnisse der armen Ostler konzipiert worden schien. Die Physiotherapeutin Frau Schenk war nicht wesentlich älter als ich und verkörperte die blühende Gesundheit. Dennoch sollte die kränkliche Herrenrunde, die sie betreute, sie um einiges überleben. Sie starb Anfang der neunziger Jahre plötzlich an Krebs.

Ab 1990 hatte ich keine Zeit mehr für das ganze Brimborium, manches fiel auch dem Rotstift der Krankenkassen zum Opfer. Jedenfalls ging es mir – ähnlich dem lyrischen Ich in dem Brecht-Gedicht „Die Krücken" – fortan deutlich besser. Dabei war die Krankheit ein wesentlicher Grund gewesen, den häufiger aufkommenden Gedanken an einen Ausreiseantrag in die BRD zu verwerfen. Denn was würde in dem inhumanen System mit meinen Wehwehchen geschehen? Würde ich in der Leistungsgesellschaft Zeit dafür erübrigen können? Hier konnte ich während der Arbeitszeit die Therapien besuchen. Die andere Sorge war, auf dem Arbeitsmarkt keine angemessene Stelle zu erhalten. Die Westdeutschen, die ich auf Tagungen kennengelernt hatte, waren blendende Verkäufer gewesen, ein Talent, was mir völlig fehlte. Daß sie auch nur mit Wasser kochten und oft mit recht trübem, sollte ich erst nach und nach erfahren.

Die anstrengendste Radtour des Jahres führte uns zum Großhartmannsdorfer Teich, einem Naturbad mit FKK-Strand. Julia bewältigte die über dreißig Kilometer lange, bergreiche Stecke auf ihrem mickrigen Kinderfahrrad. Wir hatten schon Probleme, auf den normalen Rädern die Höhen zu erklimmen. Nachdem wir hinzu eine Nebenstrecke genutzt hatten, wählten wir für die Rückfahrt die kürzeste Strecke über die Fernverkehrsstraße, wobei uns vor allem die Abgase der Zweitakter anstanken. Ein reichliches Jahr später, nachdem die richtigen Autos die Straßen zu beherrschen begannen, wäre es mit dem Rad auf dieser Strecke lebensgefährlich gewesen.

Im allgemeinen waren wir bei Ausflügen auf die öffentlichen Verkehrsmittel angewiesen. Wenn kein Bus mehr fuhr, mußte man eben laufen, wie einmal von Moritzburg nach Dresden. Solche Touren prägten sich dauerhaft ein.

19
Totenstein

Ende Juni fand die letzte Zusammenkunft des Bezirksliteraturzentrums in Waldenburg statt. Die Literatur war dabei zweitrangig, im Vordergrund standen politische Gespräche. Auch meine lyrische Produktivität hatte in den vergangenen beiden Jahren deutlich nachgelassen. Die bisherigen Sujets schienen abgegrast zu sein. Bei einer Diskussion mit einer Gesandten der SED-Bezirksleitung äußerte ein Literat, der hauptberuflich als Notarzt arbeitete, er fühle sich nicht als DDR-Bürger, sondern als Deutscher. Der Genossin verschlug das die Sprache. Sie nickte nur noch unmerklich, als immer neue Einwände gegen die aktuelle Politik der Parteiführung erhoben wurden. Die Ärzte waren überhaupt gut vertreten unter den Schreibenden, sie beklagten am lautesten ihre miese Bezahlung.

An einem heißen Nachmittag unternahm ich einen Ausflug mit der Bahn zur Rochsburg, die sich ein paar Bahnstationen nördlich des Tagungsortes befand. Die Burg war nicht weiter bemerkenswert. Beim Abstieg rutschte ich aus an einer feuchten Stelle, wo irgendwelche Abwässer den Hang hinunterflossen – an sich war der Boden von langer Trockenheit ausgedörrt. Ich hatte mir den Arm aufgeschlagen und verspürte einen heftigen Schmerz im Handgelenk, zeitweise wurde mir schwarz vor den Augen. Der nächste Zug fuhr in unabsehbarer Zeit. Die einzige Chance, das Quartier zu erreichen, das vielleicht zwanzig Kilometer entfernt war, stellte ein Taxi dar. Tatsächlich kreuzte fast augenblicklich eines dieser damals seltenen Vehikel in der Einöde auf und hielt sogar, als ich winkte, was nicht weniger spektakulär für DDR-Verhältnisse war. Wahrscheinlich glich ich einem Schiffsbrüchigen. In dem Heim stellte einer der schreibenden Ärzte fest, der Arm sei wahrscheinlich gebrochen, eine akute Sepsisgefahr bestünde jedoch nicht. Ich nahm den nächsten Bus in die nahe Kreisstadt Glauchau und fuhr von dort mit dem Zug nach Freiberg, wo in der Poliklinik der erste Befund bestätigt wurde. Ich bekam einen Gipsverband und wurde krankgeschrieben. Ich verbrachte die folgenden heißen Tage meist auf dem Balkon unserer kühlen Erdgeschoßwohnung. Zunächst mußte ich die Klausuren korrigieren, die ich davor schreiben lassen hatte, später las ich viel.

Vier Wochen später traten wir unsere letzte DDR-Rundreise an. Der Gips war gerade abgenommen wurden, ich konnte den Arm jedoch noch nicht belasten, so daß ich mich oft auf Kitty verlassen mußte. Wir fuhren im sogenannten Interzonenzug bis Plauen, am anderen Ende unseres Bezirkes Karl-Marx-Stadt – der letzten Station vor der Westgrenze, die man normalerweise als DDR-Bürger erreichen konnte. Bereits davor tauchten Uniformierte im Zug auf, die in den Koffern herumwühlten. Die Stadt Plauen schien von der allgemeinen Beunruhigung, die sich im Land ausbreitete, nicht betroffen zu sein. Die Jugend bildete große Trauben vor dem Kino, in dem der Film *Dirty Dancing* lief. Außer Unterhaltung und schicken Klamotten schien sie nichts zu interessieren. Auch unser Hotel machte einen properen Eindruck, kaum zu glauben, daß es solche Oasen in unserer mittleren Umgebung noch gab.

Völlig unvorstellbar war, daß es hier ein Vierteljahr später die meisten Demonstranten gegen das Ancien Regime geben würde, zumindest bezogen auf die Bevölkerungszahl. Ich vermute allerdings, daß überwiegend die Älteren auf die Straße gingen. So nahe der Westgrenze war man wohl nicht anfällig gewesen für einen Wandel im Sinne Gorbatschows, sondern verpuppte sich so lange, bis das nahe Paradies erreichbar schien.

Wir erkundeten eine knappe Woche das Vogtland, wohin wir bisher nicht gekommen waren. Danach blieben wir ein paar Tage in Gera. Vom dem dortigen Obergenossen sagte man, daß er an keinem Weiberrock vorbeikäme, ohne danach zu grapschen. Obwohl er als Hardliner galt, gab es überraschend viele kritische sowjetische Zeitschriften zu kaufen. Vielleicht hatte er bei seiner Geilheit die ideologische Arbeit vernachlässigt. Oder er kannte seine Pappenheimer, da es hier kaum Intellektuelle gab, kümmerte sich ohnehin kein Aas um den politischen Diskurs. Über Magdeburg, dessen Dom die einzige Sehenswürdigkeit darstellte, erreichten wir schließlich Sternberg, von wo wir Ausflüge mit dem Bus nach Schwerin sowie Güstrow in die Barlach-Gedenkstätte machten.

Mitte August fuhr ich mit Kitty noch eine Woche ins östlichste Sachsen. Die Fahrt dahin mit der Reichsbahn war noch langwieriger als nach Westen. In Görlitz verbrachten wir zwei Tage in einem überhitzten Hotelzimmer unter dem Dach. Die Stadt war als einzige größere Stadt Deutschlands im Krieg nicht zerstört worden, vierzig Jahre Sozialismus hatten ihr jedoch stark zugesetzt. Wir unternahmen auch einen Ausflug in die benachbarten Königshainer Berge. Die trostlose Melancholie dieser Landschaft um den Totenstein faszinierte mich, ohne daß ich diese Gefühle lyrisch artikulieren konnte. Dann fuhren wir weiter nach Zittau. Das dortige Hotel im Stadtzentrum fanden wir im Vergleich zu den Häusern, in denen wir in den letzten Jahren genächtigt hatten, so gut, daß wir gleich für das nächste Jahr reservierten. Dann waren wir freilich nicht mehr darauf angewiesen. Wir wanderten im Zittauer Gebirge, das auf engem Raum abwechslungsreiche Routen bot.

Im September unternahmen wir eine längere Wanderung zwischen Karl-Marx-Stadt und Freiberg und zwar von Falkenau nach Oederan. Dabei passierten wir ein Terrain, das uns bisher unbekannt war. Daß solche Erkundungen auch schiefgehen konnten, zeigte eine Radtour nördlich von Freiberg, wo ich zwischen Feldrainen, einem Wäldchen und der Mulde mich derart verfuhr, daß ich nur noch sehen konnte, wie ich zurückfand. Irgendwie gab die Umgebung nichts Lohnendes mehr her für Wanderungen oder Radtouren.

Wegen des schönen Herbstwetters beschlossen Kitty und ich, mit dem Dampfer von Dresden nach Meißen zu fahren. An sich schwärmte ich nicht gerade für Schiffahrten aller Art, doch die Strecke reizte mich. Bisher kannten wir nur das Elbtal von Dresden nach Süden in die Sächsische Schweiz. Um nicht auf einem überfüllten Kahn stromauf kriechen zu müssen, entschlossen wir uns für einen Wochentag. Nachdem Julia in die Schule gegangen war, setzten wir uns in den Zug nach Dresden. Der Himmel war wolkenverhangen, was für zusätzliche Melancholie sorgte, doch es blieb trocken. Die Dampferfahrt verlief erwartungsgemäß. Wir trafen sogar eine frühere Kommilitonin aus Kischinjow. Petra Seliger studierte Biologie ein Studienjahr über mir. Sie wies eine gewisse Ähnlichkeit mit Kitty auf, was mir natürlich erst auffiel, als ich diese schon kannte. Man sah sie meist allein, sie wirkte etwas abweisend und als Studentin älter, als sie tatsächlich war. Hatte ich mich deshalb im ersten Studienjahr nicht für sie interessiert? Immerhin hatte sie sich seitdem kaum verändert. So gab es eine Portion Nostalgie gratis, doch dominierend war ein Geschmack von Abschied. Die Dampferfahrt kam mir später als *der* Schwanenabgesang der DDR-Zeit vor.

Am folgenden Wochenende fand der letzte Betriebsausflug von Kittys Arbeitskollektiv aus der Werkstoffwissenschaft statt. Wir waren für die Organisation verantwortlich. Ich hatte anhand von Wanderheften und -karten eine Route im mittleren Erzgebirge von Pobershau ins Schwarzwassertal ausgewählt, wo wir bis dahin selbst nicht gewesen waren. Wir testeten die Strecke einmal im August. Das bewahrte uns vier Wochen später nicht davor, daß wir zeitweise vom Weg abkamen. Immerhin war die Anreise nun angenehmer, da wir im Pkw von Kollegen mitfahren konnten und nicht auf Busse mit Umsteigen angewiesen waren. Im August mußten wir gar über Zschopau zurückfahren. Auch bei der Wanderung waren die Gespräche von politischen Themen bestimmt.

Die letzte große Wanderung alten Stils unternahmen wir am 1. Oktober mit der Familie meines Schulfreundes Andreas Ulbricht. Er begeisterte sich inzwischen für das Bergsteigen und führte uns in der Sächsischen Schweiz auf eine Strecke, die von normalen Touristen kaum begangen wurde. An einigen Stellen kam man nur kletternd voran, wobei uns Andreas Hilfe gewährte. Vor allem Julia war von der Kraxelei sehr angetan.

20
Wir bleiben hier

Im August und September 1989 verschärfte sich die politische Krise in der DDR. Nachdem Ungarn seine Westgrenze geöffnet hatte, nutzten immer mehr DDR-Bürger dieses Loch im Eisernen

Vorhang, um dem Sozialismus in den Farben der DDR zu entrinnen. Die Führung des Landes war durch die Krankheit Honeckers paralysiert, von dem man nur noch wenig hörte. Die wenigen Sentenzen, die nach außen drangen, waren desto bestürzender: „Die Mauer wird noch in hundert Jahren stehen", „den Republikflüchtlingen weinen wir keine Träne nach" und – als Krönung – „den Sozialismus in seinem Lauf, halten weder Ochs noch Esel auf". Einige Kollegen von Christiane meinten, Honecker sei bereits abserviert. Das hörte ich gern, doch mir fehlte der Glaube.

Während viele DDR-Bürger sich aus der Staatsbürgerschaft verabschiedeten, fiel der Parteiführung nichts Besseres ein, als die Parteidokumente umzutauschen. Mit mir führte aus diesem Anlaß die Parteileitung unserer Sektion Anfang September ein persönliches Gespräch. Unser Sektionsdirektor König war gerade aus Paris zurückgekehrt. Nach seiner Darstellung hatte er dort offensiv die Politik der Parteiführung verteidigt, wie er auf einer Parteiversammlung versicherte. Anläßlich des 40. Jahrestags sollte ihm der Vaterländische Verdienstorden in Bronze verliehen werden, worauf er offenkundig stolz zu sein schien.

Zur selben Zeit beantragten wir ein Visum nach Ungarn. Nicht weil wir flüchten wollten. Die Reise war bereits vor zwei Jahren geplant gewesen, mußte aber damals wegen einer Erkrankung von mir, abgesagt werden. Damals hatten wir ein Quartier im Voraus gebucht. Da man nur sehr begrenzt DDR-Mark in ungarische Forint umtauschen konnte, wollte die Vermieterin eine Bezahlung in Wolldecken. Als wir nicht gekommen waren, forderte sie dennoch die Decken, was wir ignorierten. Ich dachte schon, man würde uns das Visum nicht erteilen, doch eine Woche vor dem Abfahrtstermin traf das Papier ein. Meinem Bruder, der bereits im August in Ungarn gewesen war, als gerade die ungarisch-österreichische Grenze geöffnet wurde, verweigerten die Behörden im September ein Durchreisevisum für Ungarn nach Rumänien.

Die Wochen vor der Abreise verliefen turbulent. Mitte September hörte ich im Westradio, daß sich ein Neues Forum als Sammelbewegung der Opposition in der DDR gebildet hatte. Ich hätte mich gern einer solchen Organisation angeschlossen, doch in unserer Gegend schien es keinen Ansprechpartner zu geben.

Anfang Oktober fand im Saal der Alten Mensa eine Diskussionsveranstaltung zu aktuellen Fragen statt. Zwei Tage zuvor hatte es in Leipzig die erste große Demonstration gegeben. Die Hauptlosungen lauteten nun: „Wir bleiben hier" und „Wir sind das Volk". Das traf die SED an ihrem wundesten Punkt, hatte sie nicht bisher für ihre wegweisenden Beschlüsse immer das Volk für sich reklamiert? Während die Flüchtlinge in den Westen sozusagen „privat vor Katastrophe" stellten, was für die Lebensart in der DDR schon lange charakteristisch gewesen war, wollten die Demonstranten hierzulande etwas verändern.

In dem vollen Saal wurden erstmals Probleme angesprochen, die zuvor bestenfalls im kleinen Kreis erörtert worden waren. Ich meldete mich auch und äußerte, die Allmacht des Politbüros sei verfassungsfeindlich. Tatsächlich hieß es in der DDR-Verfassung, daß die Volkskammer das höchste Staatsorgan sei, das Politbüro, das tatsächlich alle grundlegenden Entscheidungen fällte, war darin überhaupt nicht erwähnt. Meine Bemerkung hätte wohl genügt, wenn sich die Ereignisse anders entwickelt hätten, wegen öffentlicher Herabwürdigung, wie der Gummiparagraph im Strafgesetzbuch hieß, einige Zeit hinter Gitter zu verbringen. Am Ende hatten die Anwesenden die Angst besiegt, so wie es war, würde es nicht bleiben. Doch was erwartete uns? Zum Abschluß sangen alle „Die Internationale": *Wacht auf, Verdammte dieser Erde ... Die Internationale erkämpft das Menschenrecht.* Der Text war geläufig, doch hatten wir ihn schon einmal auf uns bezogen?

In Vorbereitung des 40. Jahrestags der DDR sollte unser Zirkel „Schreibender Werktätiger" zusammen mit dem Mal-und-Zeichen-Zirkel der Bergakademie eine Grafik-Lyrik-Mappe erstellen. Der bürokratische Aufwand war beträchtlich, da eine Druckgenehmigung erteilt und ein Papierkontingent bereitgestellt werden mußte. Dagegen spielte die Finanzierung nur eine untergeordnete Rolle. Ende September wurden die Hauptakteure vom Vorsitzenden des Rates des Kreises Vetter in sein Empfangszimmer eingeladen. Vetter war im Gegensatz zu seinem Vorgänger, unter dem mein Vater gearbeitet hatte und der nach der Wende als

Spitzenkandidat für die PDS in Chemnitz kandidierte, ein grobschlächtiger Typ mit Säufergesicht, der mit Kultur kaum etwas am Hut hatte. Der Empfang war eine Pflichtübung. Dabei versäumte er nicht, vor den bösen Buben des Neuen Forums zu warnen. Der Name prangte inzwischen an einigen Stromhäuschen, aber leibhaftig hatte ich noch keinen Vertreter gesehen.

Das Neue Forum revanchierte sich im Wahlkampf zu den Kommunalwahlen im Frühjahr 1990, indem es Vetter und den politisch ähnlich gestrickten Bürgermeister Klinge, der zuvor für Studienangelegenheiten an der Bergakademie zuständig gewesen war, in lächerlicher Pose auf ihre Flugblätter bannte. Nach der Wende sah ich die beiden ehemals nach dem ersten Kreissekretär der SED mächtigsten Männer des Kreises hin und wieder in der Stadt. Sie wirkten zerknirscht und Vetter fast wie ein Asozialer.

Bereits Anfang September hatte die letzte Zusammenkunft unseres Schreibzirkels mit dem Leiter Peter Löw stattgefunden, der nach fast zwanzig Jahren ausschied. Ich sollte fortan den Zirkel leiten, allerdings brauchten sie mir als Angehörigen der Bergakademie kein Honorar zu zahlen. Etwa zur selben Zeit erschienen auch meine letzten Gedichte in überregionalen Publikationen, der *ndl* sowie der Zeitschrift für Nachwuchsautoren *Temperamente*.

Wir stellten die Gedichte der Grafik-Lyrik-Mappe sowie einige aktuelle Texte am 7. Oktober 1989, dem 40. Jahrestag der DDR, im Lesecafé des Klubhauses der Bergakademie vor. Es war ein trüber, verregneter Tag. In Freiberg gab es weder Propagandaaufzüge wie in Berlin noch Gegendemonstrationen. Es herrschte eher Friedhofsruhe. Am Vorabend hatte die Polizei einige „kriminelle Elemente“ am Bahnhof zusammengeknüppelt, die versuchten, auf die Züge mit Ausreisewilligen aufzuspringen. Die SED-Spitze hatte blödsinnigerweise entschieden, daß die DDR-Bürger, die in die Prager Botschaft der DDR geflüchtet waren, in Zügen über das Territorium der DDR ausreisen sollten.

Zu der Lesung waren im Gegensatz zu früheren ähnlichen Veranstaltungen kaum Zuhörer erschienen, obwohl die Gedichte alles andere als staatskonform waren. Es handelte sich eher um eine Anti-Feier. Daran änderten auch die musikalischen Zwischenstücke nichts, die der Mitarbeiter der Abteilung Kultur Andreas Schwinger auf dem Cembalo zum Besten gab. Schwinger sollte bald darauf das Neue Forum in Freiberg etablieren. Anschließend ging ich mit Kitty ins benachbarte Café Hartmann, das im Stil eines traditionellen Wiener Kaffeehauses eingerichtet war. Auch die Gaststätte blieb nahezu leer. Es war mehr denn je unklar, was die Zukunft bringen mochte. Daß ich ein Jahr später in einem echten Wiener Café sitzen würde, konnte ich mir freilich nicht vorstellen.

21
Ungarische Tänze

Im Herbst 1989 liefen viele meiner Lebensfäden parallel. Ende September fuhr ich auf Einladung von Prof. Presia zu einem Vortrag und Kadergespräch nach Weimar. Bereits im Mai weilte ich zu einem derartigen Gespräch an der dortigen Hochschule für Architektur und Bauwesen. Zur Überbrückung der Wartezeit hatte mir damals der dortige Oberassistent Hempel einen Westkatalog mit Fertigteilhäusern zugeschoben. Offenbar waren etliche Leute schon frühzeitig in der BRD angekommen. Ich hatte Hempel vorher nur einmal auf der Tagung in Halle erlebt, wo er einen wissenschaftlich sehr dünnen Vortrag hielt. Presia war von anderem Format. Allerdings war er im Gegensatz zu Hempel Mitglied der SED, ähnlich kritisch gegen die Parteiführung eingestellt wie ich. Presia meinte, wahrscheinlich könnte ich eine außerordentliche Dozentur in Weimar bekommen.

Auf der Rückreise machte ich einen Abstecher nach Freyburg bei Naumburg. Statt Weinidylle im nördlichsten Weinanbaugebiet fand ich ein düsteres, verkommenes Städtchen. Dafür erquickte ich mich an der Lektüre von Pasternaks *Dr. Schiwago*. Das Buch hatte mir Andreas Ulbricht ausgeliehen, im Zuge der Glasnost war es fast dreißig Jahre nach seiner Veröffentlichung inzwischen in der Sowjetunion erschienen, jedoch nicht in der stalinistischen DDR.

Am 12. Oktober fuhren wir am Abend nach Dresden, von wo wir während der Herbstferien im Schlafwagen nach Budapest reisen wollten. Bald erreichten wir die Grenze in Bad Schandau.

Die Grenzkontrolle war langwierig und demütigend. Man unterzog uns einer Leibesvisitation und durchwühlte alle Koffer. Sogar das Abteil suchten die Genossen penibel ab. Doch sie fanden nicht, was sie suchten, nämlich Urkunden unserer Studienabschlüsse für einen Neustart im Westen, weil wir sie natürlich nicht mitführten. Sollten wir nochmals in die Verlegenheit kommen, uns einer derartigen unwürdigen Prozedur unterziehen zu müssen, würde ich doch einen Weg finden, die Dokumente aus dem Hort des realen Sozialismus zu schmuggeln.

Am Morgen des nächsten Tages kamen wir in Budapest an. Gleich auf dem Bahnsteig kamen uns zwei, drei Taxifahrer entgegen und fragten, ob wir zur Grenze wollten. Sie waren offensichtlich verwundert, als wir verneinten. Von Ungarn konnten wir den weiteren Verlauf der Ereignisse in der DDR aus sicherer Fluchtentfernung beobachten. Jeden Abend las ich gründlich die aktuelle *Süddeutsche Zeitung*. Falls es zu einem Massaker in der DDR wie im Mai in China auf dem Platz des Himmlischen Friedens kommen sollte, das Egon Krenz ausdrücklich gutgeheißen hatte, würde ich es doch vorziehen, mich endgültig von der DDR zu verabschieden. Bei der Montagsdemonstration in Leipzig am 9. Oktober mit 70.000 Demonstranten schien es auf Messers Schneide gestanden zu haben. Später erfuhr ich, daß Scharfmacher wie der Leipziger Mathematik-Professor Laßner in Hinblick auf die Kampfgruppen im Vorfeld dieser Demonstration geäußert hatten, Waffen seien genug da, und Schießen hätten sie schließlich gelernt. Zum Glück behielten die besonnenen Kräfte die Oberhand. Die Demonstranten skandierten nicht umsonst „Keine Gewalt“.

Wir mieteten in Budapest über die Zentrale Zimmervermittlung ein Privatquartier am Stadtrand. Wegen der geringen Summe, die man umtauschen konnte, mußten wir uns mit der einfachsten Ausstattung begnügen. Immerhin verfügte das Haus über einen kleinen Vorgarten. Mit der Metro fuhren wir zu den wichtigsten Sehenswürdigkeiten der Donaumetropole, hin und wieder genehmigten wir uns ein Taxi. Der Singsang der ungarischen Ansagen in der Metro imponierte mir. Mittags aßen wir meist in Bistros Kesselgulasch. Vor allem genossen wir das kosmopolitische Flair des „Paris des Ostens“. Dabei gefiel es mir auf den Donauhängen wesentlich besser als in der überlaufenen Innenstadt. Das Wetter war stets sonnig und angenehm, nur morgens war es etwas frisch. Besonders berührte mich, als wir einen Hang aufgingen, wie von der Terrasse einer Villa klassische Musik heraufdrang. Ich glaube, es war einer der ungarischen Tänze von Brahms. Das war einer der Momente, der einging in die dreißig Minuten Glück, die wir, nach Goethe, im Leben wirklich genießen. In dem Überschwang schrieben wir unter anderem eine Ansichtskarte an unsere früheren Kommilitonen Familie Zoller in Dresden, worauf wir allerdings nie eine Reaktion erfuhren. In einem Taxi hörten wir, daß zur letzten Montagsdemonstration am 16. Oktober in Leipzig noch mehr Leute kamen, es waren 160.000, und alles friedlich verlief. Die Taxifahrer hörten mit Vorliebe den deutschsprachigen Touristensender *Radio Danubius*, bestimmt wegen der Musik. Mich interessierten vorrangig die Nachrichten. Der Bann schien gebrochen. Wir konnten frohen Herzens nach Hause fahren. Am Abend des 17. Oktobers bummelten wir noch etwas durch die Einkaufspassagen, ehe wir in den Schlafwagen nach Dresden stiegen.

Kapitel IX

Tage des Ruhms
(1989 - 1990)

The west is the best
Get here, and we'll do the rest
The Doors: The End

Pfarrer reden in den Parlamenten.
Leipzig hört auf einen Dirigenten.
Peter Hacks: 1990

1
Die Wende

An der Grenze zur Deutschen Demokratischen Republik begrüßten uns die Zöllner freundlich und gingen sogleich weiter, ohne irgendwelche Kontrollen. Ob sie sich auch bei den Zügen in die andere Richtung neuerdings so verhielten? Oder war das unserer, in ihren Augen wahrscheinlich unverhofften Rückkehr geschuldet? Bald darauf erreichte der Zug den Dresdner Hauptbahnhof. Es war noch kalt, doch die Sonne schien an diesem 18. Oktober 1989.

Ich kaufte mir eine *Sächsische Zeitung* und las sie im Zug nach Freiberg. Das Blatt war nicht wiederzuerkennen: ausführliche Berichte von Protestkundgebungen, Interviews mit systemkritischen Persönlichkeiten, authentische Leserbriefe. Die Redaktion schien kaum verändert, aber sie hatten ihre Ketten abgeworfen. Unser Bezirksblatt, die *Freie Presse*, erschien dagegen noch verkrampft. Im *Neuen Deutschland* druckten sie bald als Fortsetzung *Collin* von Stefan Heym. Der Roman über einen alten, unangepaßten Kommunisten hatte noch vor kurzem auf dem Index gestanden.

Nach der Ankunft begab ich mich gleich zu meiner Arbeitsstätte. Der Parteisekretär unserer Sektion Werner Lyska schickte mich zu einer Anleitung der Parteisekretäre in die Hochschulparteileitung, da er eine andere Parteiveranstaltung besuchen mußte. Ich hatte bisher zwar nicht in diesen Kreisen verkehrt, doch wenn er meinte. Die Anleitung begann 14.30 Uhr. Davor fuhr ich mit dem Rad kurz nach Hause. Um 14.00 Uhr meldete der Rundfunk der DDR, daß Erich Honecker aus gesundheitlichen Gründen als Generalsekretär der SED zurückgetreten sei. Als Nachfolger wurde Egon Krenz bestimmt. Außerdem gaben die Verantwortlichen für Wirtschaftsfragen und für Massenmedien Mittag und Herrmann ihre Posten auf. Zu der Anleitung wiederholte der Sekretär der Hochschulparteiorganisation Wiethan im wesentlichen nur diese Meldung, ergänzt von Auszügen aus der Rede von Krenz, in der er von einer „Wende“ sprach, ansonsten aber kaum Neues sagte. Wiethan schien die Vorgänge eher argwöhnisch zu sehen, hielt sich aber bedeckt. War das nur eine neue Runde des stalinistischen Lieblingsspiels „Der König ist tot, es lebe der König“, wie es sich zuletzt bei der Entmachtung Ulbrichts durch Honecker im Jahre 1971 zugetragen hatte? Oder käme jetzt ein Sozialismus mit menschlichem Antlitz?

In den folgenden Wochen war ich häufig unterwegs zu politischen Veranstaltungen. Vor allem in der ersten Zeit war ich regelrecht euphorisiert. Dazukamen die ungewöhnlich warmen Tage bis Ende Oktober. In einer Diskussionsrunde im Großen Hörsaal traten erstmals Wortführer der Opposition in Freiberg auf. Darunter befand sich Steffen Wendisch, der Sohn unserer Bibliothekarin, den sie bei der Armee in Marienberg kaputt gespielt hatten. Seine Absichten waren sicher die besten, aber er verfügte über keine politische Erfahrung, geschweige denn Rhetorik und verschwand bald von der politischen Bühne. Den anderen Galionsfiguren erging es ähnlich. Immerhin hatten sie die Lawine in Bewegung gesetzt, die sich nun auch in der Provinz nicht mehr aufhalten ließ.

Ich besuchte auch eine Aufführung des Stadttheaters, die kurzfristig im Großen Hörsaal angesetzt worden war. Sie spielten ein politisches Stück eines kritischen sowjetischen Autors. Vor einem Monat hätte es noch Sprengkraft besessen, nur wirkte es antiquiert.

Inzwischen liefen im DDR-Fernsehen immer brisantere Reportagen, vor allem die neue Sendung *11 99* des Jugendfernsehens brachte spektakuläre Enthüllungen. Den Höhepunkt bildete wahrscheinlich die Sendung über die Wohnsiedlung des Politbüros in Wandlitz. Der mediokere Luxus, von Ananas im Supermarkt bis zum Swimmingpool, der da gezeigt wurde, stachelte den Neid des Volkes an. Dabei lebte fast jeder westdeutsche Zahnarzt in einem besseren Ambiente, wie später nüchtern konstatiert wurde. Nun sollten die Privilegien der Funktionäre die Ursache sein für den Niedergang des Sozialismus. Unseren wissenschaftlichen Sekretär Dr. Flaxa, der auch lange Zeit Parteisekretär gewesen war, hörte ich als ersten aussprechen, was später zur Stereotype wurde: „Wir sind vierzig Jahre betrogen worden." Es war viel Selbstbetrug im Spiel und den Betrug, den sie in ihrer Jugend erfahren hatten, gaben sie weiter an die nächsten Generationen.

Die alte Regierung klammerte sich an jeden Strohhalm. Ministerpräsident Stoph verkündete, daß zusätzlich Apfelsinen importiert werden sollten. Weiterhin wurden das Kindergeld erhöht und die Preise für Kinderkleidung gesenkt. Dabei war der Staat längst bankrott. Bald darauf wurde eine neue Regierung unter Hans Modrow gebildet. Modrow war zuvor Bezirkssekretär von Dresden gewesen und galt als Anhänger Gorbatschows, wenngleich man solange Honecker an der Macht war, kaum etwas davon gemerkt hatte. Aber das politische Parkett war glatt, einige unbequeme Politbüromitglieder hatte man in den achtziger Jahren kaltgestellt. Die Mitglieder des Modrow-Kabinetts erschienen wie das letzte Aufgebot der SED. Die neuen Außen- und Bildungsminister hatte ich als FDJ-Funktionäre Anfang der achtziger Jahre erlebt. Es war derselbe Typus Apparatschik, der zuvor den Ton angab, nur etwas geliftet. Und der neue Minister für das Hoch- und Fachschulwesen war sogar eine Nummer schärfer als sein Vorgänger. Diesen Posten sollte der ehemalige Rektor der Bergakademie Hans-Heinz Emons, der vor kurzem nach Berlin aufgerückt war, einnehmen. Den Mann kannte ich zur Genüge. Das Wort, das während seiner Amtszeit am meisten getuschelt wurde, lautete „Machtmißbrauch". Sollte die Überwindung des

Stalinismus, den die Zeitungen jetzt überall aufdeckten, durch die Stalinisten geschehen? War das die verhießene „Wende“?

Ich verfaßte eine Resolution, in der ich im Namen der Angehörigen der Bergakademie Freiberg gegen die Berufung von Emons zum Minister protestierte. Das Schreiben unterzeichneten in kurzer Zeit Hunderte Angehörige der Bergakademie. Sogar das *Neue Deutschland* berichtete von den Unwillensbekundungen an der Hochschule, wo der neue Minister lange gewirkt hatte. Natürlich blieb er im Amt, allerdings nicht lange, da die ganze Regierung von den nachfolgenden Ereignissen bald hinweggespült wurde. Die Resolution war der ehrliche Versuch, das Verhalten von Funktionsträgern während der Diktatur aufzuarbeiten. Es gab damals Einpeitscher wie Emons, aber auch viele besonnene Funktionäre und Mitläufer, die mehr oder weniger eingebunden waren in den Mechanismus der Macht, aber versuchten, anständig zu bleiben. Im Nachhinein erscheint mir die Resolution naiv, als wäre es jemals in der Politik um Redlichkeit gegangen. In Anbetracht der bald einsetzenden Hysterie, die nicht nur jegliche Stasimitarbeiter, sondern auch einfache SED-Mitglieder unter Generalverdacht stellte, während andere willfährige Helfer sich zu Widerstandskämpfern hochstilisierten, wurde mir die ganze Sache sogar peinlich.

Nach einer Diskussionsveranstaltung, auf der wieder viel Dampf abgelassen wurde, aber am Ende Ratlosigkeit herrschte, kam ich mit einigen älteren Teilnehmern ins Gespräch, die meinten, es sei an der Zeit ein klares Programm zu formulieren. Wir vereinbarten ein internes Treffen. In der Wohnung von Herrn John, der an der Sektion Physik arbeitete, trafen sich ein halbes Dutzend Intelligenzler, darunter Dr. Husemann, der in einem Forschungsinstitut tätig war. In der Ablehnung der neuen Regierung waren sich die Anwesenden weitgehend einig, doch welche Forderungen sollten nun erhoben werden? Natürlich vor allem freie Wahlen. Außerdem mußte man Rücksicht auf die Russen nehmen. Keinesfalls sollte etwas in Richtung Wiedervereinigung verlangt werden, sagte John, und die anderen nickten. Husemann, der damals einen recht unbedarften Eindruck machte, sollte bald darauf einen steilen politischen Aufstieg in der CDU erleben. Ein Jahr nach der Zusammenkunft war er Staatssekretär in der Sächsischen Landesregierung. Man mußte eben auf das richtige Pferd setzen und nicht irgendwelchen Flausen folgen. John engagierte sich später ebenfalls in der CDU, blieb aber in den lokalen Grabenkämpfen hängen.

Meinen politischen Idealen stand die Sozialdemokratie am nächsten. Ich versuchte, mit der Sozialdemokratischen Partei der DDR, der SDP, die Anfang Oktober gegründet worden war, Verbindung aufzunehmen. Ich ging zu einer der ersten Sitzungen des Freiberger Ortsvereins, der von Herrn Wittenburg, einem wissenschaftlichen Mitarbeiter an der Bergakademie, initiiert wurde. Wittenburg trat achtungsgebietend auf und schien ziemlich weit rechts zu stehen. Die Partei expandierte stark. Es wurde eine erste offene Versammlung angesetzt, der angemietete Saal war viel zu klein für die zahlreichen Interessenten. Die Partei gab sich siegesgewiß für die kommenden Wahlen.

Eine Programmatik konnte ich kaum entdecken, dafür barsten viele Redner fast vor antikommunistischem Haß. Vielleicht wäre mancher unter einer anderen Herrschaft eine Stufe höher gestiegen auf der Karriereleiter, aber wirkliche Talente, auf welchem Gebiet auch immer, waren unter ihnen genauso selten wie überall, im wesentlichen handelte es sich um Phantomleid. Das war wohl nur erklärbar durch den Selbsthaß, vierzig Jahre sich geduckt zu haben, den sie nun nach außen projizierten. Das SED-Regime machten sie dabei weniger an Strukturen, mehr an Personen fest. Kurz ich war ziemlich ernüchtert. Hätte sich die SDP damals statt auf die alten SED-Genossen, die bereits ausgezählt waren, auf die Auseinandersetzung mit der CDU konzentriert und dabei die reformorientierten SED-Mitglieder integriert, hätte sie wahrscheinlich wirklich die Macht übernehmen können. Doch so blieb die SDP schwach an inhaltlicher und personeller Substanz.

In der SED waren inzwischen die Reformer im Aufwind. Das Regiment von Egon Krenz hatte keine Zukunft. Die Partei bereitete sich auf einen Außerordentlichen Parteitag Mitte Dezember vor. Prof. König schlug mich als einer der wenigen Delegierten unserer Parteigruppe für die Hochschuldelegiertenkonferenz vor, welche die beiden Abgesandten unserer Hochschule zum Parteitag nominieren sollte. Noch vor einem Monat wäre so ein Vorschlag undenkbar gewesen. Der Hochschuldelegiertenkonferenz gingen etliche Versammlungen voraus, in denen sich die Kandidaten für den Parteitag vorstellten. Zum ersten Mal sollte es innerhalb der Partei freie Wahlen geben. Dabei kristallisierten sich zwei Grundströmungen heraus: Die kommunistischen Kräfte wollten zu den (vermeintlich) unverdorbenen Ursprüngen zurück, im Gegensatz dazu schwebte den sozialdemokratisch eingestellten Kräften ein Sozialstaat skandinavischer Prägung vor, was ich eindeutig favorisierte. Die Mehrzahl der Delegierten bezog eine Position zwischen diesen beiden Alternativen. Die endgültige Entscheidung sollte auf der Wahlversammlung Ende November fallen.

Am 4. November fand die erste Demonstration in Freiberg statt, organisiert vom Neuen Forum. Das Wetter war inzwischen umgeschlagen und naßkalt geworden, doch das störte uns kaum. Nach einigen kurzen Reden auf dem Obermarkt bewegte sich der Zug um die historische Altstadt. Eigentlich wollten die Organisatoren, zu denen mein Ex-Kollege Dietrich Bicher zählte, daß die Demonstranten das Gebäude der Staatsicherheit nicht passierten, um einer möglichen Konfrontation aus dem Wege zu gehen. Doch an der Kreuzung hundert Meter davor, liefen die Demonstranten geradeaus weiter, statt wie geplant nach rechts abzubiegen. Bis Ende der siebziger Jahre hatte sich die Stasi in der Kreisstadt mit einer alten Villa als Dienstgebäude begnügt, dann war ein Neubaublock daneben hochgezogen worden, der wegen seines giftgrünen Anstrichs nach einem DDR-Actionfilm im Volksmund „Das grüne Ungeheuer“ genannt wurde. Von den Tschekisten war nichts zu sehen. Alle Gardinen waren zugezogen, obwohl die Genossen bestimmt dahinter ausharrten, rührte sich nichts. Die Demonstranten skandierten: „Schämt euch!“.

Ich kam im Laufe der Demonstration mit einem Arbeiter ins spontane Gespräch. Normalerweise hatte ich zu der angeblich herrschenden Klasse seit meiner Reservedienstzeit bei der Armee keinen Kontakt mehr gehabt. Aber in diesen Wochen gab es tatsächlich so etwas wie die soziale und politische Einheit des Volkes, wovon die Partei früher nur gefaselt hatte. Der Arbeiter meinte, er sei gespannt, wie die nächste Maidemonstration verlaufen würde. Daß es keine Demonstrationen am 1. Mai mehr geben würde, überstieg unsere damalige Vorstellungskraft.

Danach sah ich mir im Fernsehen die große Kundgebung in Ostberlin mit einer bunten Rednerschar von Stefan Heym bis zu Markus Wolf an. Ein dritter Weg schien nun gangbar zu sein. Die intellektuellen Bevölkerungsschichten der DDR waren sich lange vor der Wende weitgehend einig gewesen – wie beispielsweise Umfragen belegten, die auf RIAS ausgewertet wurden – sowohl in der Ablehnung des realen Sozialismus als auch, daß das Modell der BRD keine wünschenswerte Alternative darstellte. Die westliche Oberflächlichkeit, die man aus der Werbung kannte, der Konsumzwang und die Neidkomplexe, der Konkurrenzdruck und die Wachstumsneurose wirkten ernüchternd, ganz zu schweigen von der Vergeudung der natürlichen Ressourcen.

Als ich eines Abends von einer oppositionellen Versammlung kommend durch den Stadtpark ging, bemerkte ich dort eine kleine Kundgebung mit ein paar hundert Leuten. Neben dem Wilhelm-Pieck-Denkmal hatte sich der ehemalige SED-Kreissekretär Schlüter postiert und versuchte, gegen die allgemeine Unruhe anzukommen. Er sagte etwas von Fehlern, die gemacht worden waren, nun aber von der neuen Führung korrigiert würden, damit der Sozialismus seine Vorzüge ungehindert entfalten könnte. Die Buh-Rufe wurden immer lauter. Immerhin hatte der alte Funktionär den Mut gehabt, sich vor die Massen zu stellen. Überzeugen konnte er sie nicht. Ich ging weiter. In einer Nebenstraße parkten einige tschechische Busse. Die Tschechen kamen seit einiger Zeit in die grenznahen Regionen zum Einkaufen. Ich sah einige Frauen und Männer mit vollen Taschen die Busse besteigen. Das sollte das Volk des Prager Frühlings sein? Wir machten hier Revolution, und sie hatten nichts im Kopf als Einkaufen. Ich ahnte nicht, daß die Rollen bald getauscht werden würden. Außerdem welches *Volk* macht schon Revolution? Später las ich, daß fünf Prozent der Bevölkerung, die fest entschlossen sind, die alten Verhältnisse zu ändern, für einen Umsturz genügen. Wesentlich mehr werden es im Herbst 1989 weder bei uns noch in Tschechien gewesen sein. Wenn ich an die vielen Bekundungen der Opposition zurückdenke, waren es fast immer die gleichen Gesichter, die man dort sah.

2
Karneval

Der Herbst 1989 war nicht nur heiß in politischer Hinsicht, sondern brachte auch Klarheit für die Entwicklung unserer Familie. Nach Christianes Promotion bemühten wir uns um ein zweites Kind. Beim ersten hatte es ja sofort geklappt. Nach der Fehlgeburt im April 1988 blieben wir erfolglos. Kitty führte extra einen detaillierten Kalender, doch die Hoffnung schwand. An zu geringer Beischlafhäufigkeit konnte es gewiß nicht liegen. Im Sommer 1989 wollte sie mich schon zu einer Untersuchung wegen meiner Zeugungsunfähigkeit schicken. Immerhin konnte ich während der Radonkur 1986 in Georgien geschädigt worden sein.

Ende Oktober starb Kittys Opa Ziems aus Parchim. Sie fuhr zur Beerdigung am 27. Oktober nach Mecklenburg. Nach ihrer Rückkehr wurde sie schwanger. Es war gewissermaßen die letzte Gelegenheit. Ihre nächste Periode fiel nach dem 9. November, und da hatte sich die Welt verändert. Ein Kind wäre mir dann bei der wachsenden Unsicherheit als zu gewagt erschienen. Doch so war ich noch erfüllt von revolutionärer Leidenschaft.

Am Abend des 9. November 1989 saß ich wie immer in den letzten Wochen, wenn ich nicht gerade unterwegs war, vor dem Fernseher. Immer noch überschlugen sich die Ereignisse, ähnlich wie zur Zeit der Inflation das erhaltene Geld war die neueste Zeitung oft schon veraltetet. So wurde ich Zeuge des berühmten Auftritts von Günter Schabowski, als er am Ende einer Pressekonferenz einen Zettel aus der Tasche zog und beiläufig verkündete, das Politbüro habe beschlossen, ab Mitternacht könnten die DDR-Bürger ohne Vorliegen besonderer Gründe über alle Grenzübergangsstellen ausreisen. Die Nachricht war einigermaßen kryptisch: War nur die ständige Ausreise gemeint, damit die Ausreisewilligen nicht mehr den Umweg über die ČSSR nehmen mußten oder auch andere Reisen? Ein Reisegesetz, das erstmals

Freizügigkeit für die DDR-Bürger bringen sollte, wurde seit einigen Tagen öffentlich diskutiert. Den ersten dilettantischen Entwurf hatte im Fernsehen der Rechtsanwalt Gregor Gysi, den ich in diesem Zusammenhang erstmals sah, eloquent auseinandergepflückt.

Daß alles so schnell gehen würde und vor allem so chaotisch, konnte am frühen Abend des 9. November keiner ahnen. Ohne die Komprimierung der Nachricht im BRD-Fernsehen wäre wohl die Botschaft von Schabowski genauso folgenlos verhallt wie das meiste, was in jenen bewegten Tagen geäußert wurde. So hatte das Fernsehen erstmals Weltgeschichte gemacht.

Am Vormittag des folgenden Tages lag über der Stadt eine eigentümliche Ruhe. Vertrautes erschien irgendwie verfremdet. Auf dem Weg zur Mensa erblickte ich am großen Hörsaal grelle Plakate, welche die Eröffnung des Karnevals ankündigten. War die Öffnung der Berliner Mauer in der Nacht des 9. Novembers nur ein Gag zum Faschingsauftakt? Jedenfalls begannen nun die närrischen Tage zum allgemeinen Gaudi. Seinen Aschermittwoch erlebte irgendwann jeder für sich allein.

Ich saß am 12. November im Bus in den Tharandter Wald, als der Westberliner Bürgermeister Walter Momper im Radio verkündete: „Freue dich, Berlin" und „Wir sind jetzt das glücklichste Volk der Welt". Momper war der volksnahe Politiker mit dem roten Schal – außer diesem Markenzeichen und den beiden Sprüchen blieb von ihm nicht viel haften, aber wie hieß sein Ostberliner Kollege?

Ich wollte mich bei einem Waldspaziergang von dem Trubel etwas erholen. Bevor wir in den dunklen Wald hineinfuhren, begann der Busfahrer, den Rütli-Schwur aus *Wilhelm Tell* von Schiller zu deklamieren. Das beeindruckte mich, wenn die Kutschen- respektive Busfahrer öffentlich die Klassiker zitierten, erlebten wir wirklich einen historischen Augenblick. So etwas ereignete sich in hundert Jahren bestenfalls einmal.

Nach dem 9. November bekam die DDR-Führung, trotz aller Wechsel der Richtung und des Personals, die Zügel nicht mehr in die Hand. Erst brannten ihr die Pferde des Staatsvolkes durch, später kroch sie in den Kofferraum der bundesdeutschen Staatskarosse. Auf der ersten Montagsdemonstration in Leipzig nach dem Fall der Mauer tauchten massenhaft schwarzrotgoldene Fahnen auf. Die Losung „Wir sind das Volk“ mutierte zu „Wir sind ein Volk“ und der erste Kulturminister der DDR und Stalinverehrer Johannes R. Becher feierte Auferstehung mit dem lange verstummten Vers aus der DDR-Nationalhymne: „Deutschland, einig Vaterland“.

Wie überall verflachten die Kundgebungen in Freiberg zusehends, die Teilnehmerzahlen reichten nicht mehr an die kurze Glanzzeit heran, und vor allem änderte sich das Publikum. Auf der letzten Kundgebung auf dem Obermarkt, die ich besuchte, forderte unter starkem Beifall der Sprecher der örtlichen SDP Herr Löscher, dessen Frau in der Sektion Mathematik als Sekretärin arbeitete, insbesondere das Recht auf freien Einkauf. In Freiberg sollte man endlich in einem C&A-Kaufhaus shoppen können. Daß es etwa zehn Jahre dauern würde, ehe dieses Ziel der „Oktoberrevolution“, wie ich den Umbruch damals noch titulierte, verwirklicht wäre, stellte wahrscheinlich keine Tragödie dar. Schneller war die Aldi-Kette, von welcher der Redner gleichfalls geschwärmt hatte, die mindestens drei Filialen in der Stadt aus dem Boden stampfte.

Als ich Ende November zur Hochschuldelegiertenkonferenz der SED in die Alte Mensa ging, sah ich einen älteren Mann mit einem großen Schild trotzig zum Obermarkt schreiten, wo die nächste Kundgebung stattfand. Auf dem Schild wurde die schnelle Wiedervereinigung gefordert. Der Mann wirkte verloren. Er sollte am Ende mehr ausrichten als die zahlreichen erregten Delegierten in dem Saal, wo über alles und nichts palavert wurde. Zum Sonderparteitag wurden nach etlichen Wahlgängen ein reformorientierter Professor für Marxismus-Leninismus und ein Student entsandt. Bald gingen mich die Sandkastenspiele der Genossen nichts mehr an. Eine Woche nach der Konferenz trat ich aus der SED aus.

Daß die Partei die Herausforderungen der Zukunft nicht begriffen hatte, bewies der Sonderparteitag der SED Mitte Dezember. Statt die alte Partei aufzulösen und eine neue Linkspartei zu gründen, nannte sie sich zur Rettung des Parteivermögens – vor allem auf Betreiben Gysis – lediglich um in SED-PDS, wobei sie die obsoleten ersten drei Buchstaben bald abstreifte. Auf dem Parteitag hielte der Radikalökologe Rudolf Bahro eine ziemlich wirre Rede. Dessen Buch *Die Alternative* wirbelte Ende der siebziger/Anfang der achtziger Jahre viel Staub auf, und Bahro mußte einige Jahre im Zuchthaus Bautzen zubringen, ehe er in den Westen abgeschoben wurde. Ich kaufte mir sein Werk gleich nach der Publikation Ende 1989, kam jedoch nie dazu, es zu lesen.

Die neue Parteispitze bildeten Gysi, Berghofer und Modrow. Gysi erwies sich als glänzender Rhetoriker, aber wenig begabt für den Stumpfsinn der Tagespolitik, wie sich später zeigen sollte. Der vormalige Dresdner Oberbürgermeister Wolfgang Berghofer stellte wahrscheinlich den einzigen DDR-Politiker dar, der den markanten Westpolitikern das Wasser reichen konnte – immerhin war er der einzige, der auch meinem Westonkel Christian, der lange für Franz Josef Strauß geschwärmt hatte, als prägnant auffiel. Freilich war Berghofer zu sehr in das alte System verstrickt gewesen, woraus man ihm bald einen Strick drehte. Wie sollte der Bürgermeister einer Großstadt in der DDR keine Kontakte zur Staatssicherheit gehabt haben? Also verschwand er alsbald aus dem politischen Leben, was dem Westen nur recht sein konnte. Die Bühne war endlich frei für die Auftritte der Überfigur von Bundeskanzler Kohl. In den Pausen mimten einige ‚DDR-Originale den Kasper.

3
Vom Aufbruch zum Zusammenbruch

Nach der Grenzöffnung wollten wir natürlich auch einmal in den Westen. Das war leichter gesagt als getan. Vor allem an den Wochenenden waren nicht nur die Autobahnen, sondern ebenso die Züge hoffnungslos überfüllt. Dabei verkehrten bereits einige Sonderzüge. Offenbar wollte kein reisefähiger DDR-Bürger auf das Begrüßungsgeld von einhundert D-Mark pro Person verzichten, das nur noch bis zum Jahresende ausgezahlt wurde. Wir warteten etwas ab, bis die größten Wellen abgeebbt waren, ehe wir uns am Mittwoch, den 7. Dezember 1989 in den D-Zug nach

Hof, der ersten größeren Stadt der BRD nach der Grenze, setzten. Julia hatten wir für zwei Tage von der Schule freistellen lassen. Der Zug war nicht übermäßig voll, wir mußten das Abteil nur mit drei anderen Passagieren teilen.

Unterwegs las ich noch ausführlicher als sonst die Tageszeitungen. Neben dem *Neuen Deutschland* und der *Freien Presse*, die wir von früher abonniert hatten, kaufte ich häufig die *Sächsische Zeitung* sowie *Die Union*, die ehemalige Zeitung der Ost-CDU, die am gründlichsten die aktuellen Ereignisse reflektierten. Die Medien beherrschte gerade die Flucht des Chef-DDR-Devisenbeschaffers Schalck-Golodkowski, der plötzlich der Hauptschuldige für die wirtschaftliche Misere sein sollte. Wahrscheinlich hätte man den guten Mann in jenen Tagen gelyncht, wenn man ihn in der DDR gefaßt hätte. Daß er dann ausgerechnet in Bayern Asyl fand, blieb vielen Zonis rätselhaft.

Für die knapp zweihundert Kilometer lange Strecke bis Hof brauchte der Zug viereinhalb Stunden, so daß wir gegen Mittag Hof erreichten. Den Grenzverlauf erkannte man sofort. Nachdem wir die gräßlichen DDR-Grenzanlagen passiert hatten, wirkte die Landschaft sehr aufgeräumt und die Dörfer wie große Spielzeugsiedlungen, sogar die vereinzelten Werkshallen wie Ausstellungsgebäude. In Hof gingen wir durch die Straßen, die im Gegensatz zu unserem Heimatort sehr gut vom Schnee geräumt waren. Die Einheimischen rümpften die Nase über den ungewohnten Gestank, den die Zweitakter-Trabis verbreiteten. Während die Hauptgeschäftsstraße vor allem von unseren Landsleuten okkupiert war, bewegten sich in den kaum frequentierten Vierteln die Einheimischen mit einer Gelassenheit, die ich bisher kaum erlebt hatte. Die gut ausgeschilderten öffentlichen WCs waren von einer frappierenden Sauberkeit.

Nachdem wir unsere dreihundert D-Mark Begrüßungsgeld erhalten hatten, sahen wir uns etwas in den Läden um. Eigentlich waren wir ja bereits zu viert, aber bei allem Rummel, den man im Westen um das ungeborene Leben trieb, wurde dafür keine müde Mark gezahlt. Während meine erste Reise als Fötus vom Westen in den Osten geführt hatte, war es bei unserem zweiten Kind gerade umgekehrt.

Am meisten interessierte mich der Buchladen, doch dafür konnte ich die Geduld meiner beiden Begleiterinnen nicht allzu sehr strapazieren. Neben reizvollen Prosawerken und diverser Trivialliteratur entdeckte ich etliche zweifelhafte Publikationen über den Zweiten Weltkrieg. Vor dem Laden war die aktuelle Ausgabe der Wochenzeitung *Die Zeit*, die eher einem Zeitungspaket glich, ausgelegt. Die dicke Schlagzeile lautete: „Vom Aufbruch zum Zusammenbruch". Danach suchten wir den Spielzeugladen auf, wo wir ein Spielzeugauto für Julia kauften. Ansonsten nahmen wir zwei Kilogramm Apfelsinen mit, die uns als sehr preisgünstig erschienen. Alles in allem wollte ich von dem Geld so wenig wie möglich ausgeben, da ich es für Reisen im nächsten Frühjahr zu nutzen gedachte.

Am Nachmittag begaben wir uns zurück zum Bahnhof. Da ich uns keine zweite lange Bahnfahrt am selben Tag zumuten wollte, hatte ich eine Übernachtung in demselben Hotel in Plauen bestellt, in welchem wir im letzten Sommer einige Tage verbracht hatten. Doch zunächst mußten wir bis Plauen kommen. Der Bahnsteig war völlig überfüllt. Endlich wurde ein Zug bereitgestellt. Alle Wartenden drängten in diesen Personenzug nach Plauen. D-Züge verkehrten nachmittags keine. Die Bahnbeamten waren zuvorkommend und versuchten, das Chaos in geordnete Bahnen zu lenken. Am Ende quetschten wir uns in einen der prall gefüllten Wagen. Es war wie in einem sowjetischen Trolleybus, Umfallen konnte niemand, bloß daß die Fahrt anderthalb Stunden dauern sollte. Während ich die ganze Zeit stehen mußte, konnten sich Christiane und Julia wenigstens zeitweilig auf eine Bankkante setzen. Dennoch war die Stimmung im Wagen ziemlich gelöst, da immer neue Begebenheiten aus den letzten Wochen erzählt wurden.

Als wir in Plauen ankamen, war es sehr duster, die Straßenbeleuchtung war deutlich reduziert. Die Straßenfluchten wirkten grau und bedrohlich. Auch das Hotel erkannten wir kaum wieder. Es machte einen verwahrlosten Eindruck. Die Flure waren verdreckt und das Zimmer kalt. *Die Zeit* hatte wohl recht, wenn sie vom Zusammenbruch sprach. Wenn der Verfall in dem Tempo anhielt, befand sich das Land bald in der Steinzeit. Aus dem

Nachbarzimmer hörte ich stupide Musik und andere Geräusche bis tief in die Nacht. Desto mehr genossen wir die Fahrt mit dem D-Zug am frühen Morgen nach Hause – um diese Zeit waren die Züge nach Osten fast leer. Die Stadt München zahlte, hieß es, ein zusätzliches Begrüßungsgeld. Das war etwas für Hartgesottene. Noch einmal würde ich für die paar Piepen solche Strapazen nicht auf mich nehmen.

Nach der Ankunft erschien mir Freiberg wie eine Oase in einer Wüste aus Chaos, doch die Oase schrumpfte. Eine Woche nach der ersten Westreise besuchte ich meinen Kollegen Peter Junghanns in Karl-Marx-Stadt. In Flöha mußte ich aus irgendwelchen Gründen umsteigen und auf den Anschlußzug warten. Auf dem Bahnsteig krakeelten junge Kerle und schrien: „Hängt die Kommunistenschweine auf". Die öffentliche Ordnung schien sich aufzulösen, Polizei war nirgends mehr zu sehen. Zum Glück sah ich nicht gerade wie ein Kommunist aus.

Kurz vor dem Jahreswechsel hatte eine Organisation, die mir nicht mehr erinnerlich ist, dazu aufgerufen, eine Menschenkette quer durch die gesamte DDR zu bilden. Sie sollte den Wunsch nach Gewaltlosigkeit symbolisieren. Es war das letzte Mal, daß ich zu einem politischen Massenauflauf ging. Ich begab mich zum Ortsausgang in Richtung Karl-Marx-Stadt, wo die Dichte der Leute allmählich nachließ. Einige hatten Kerzen mitgebracht. Es gelang, die Menschenkette zumindest bis zur nächsten Ortschaft herzustellen. Die Fernverkehrsstraße, auf der wir standen, war völlig autofrei. (Möglicherweise hatte sie die Polizei abgesperrt.) Nach einer Weile kam doch ein Fahrzeug und zwar ein Audi 80 mit einem älteren Herrn am Steuer und seiner Frau auf dem Beifahrersitz. Die Westdeutschen durften inzwischen unbehelligt in die DDR einreisen. Das Ehepaar wurden begeistert beklatscht wie lang erwartete Außerirdische, als habe der Westen nicht nur das bessere System, sondern auch die besseren Menschen. Das Ehepaar genoß augenscheinlich die Bewunderung, die sonst nur V.I.P.s zuteilwurde. (Wären sie einige Jahre später gekommen, hätten sie damit rechnen müssen, daß man die Luft von den Reifen ihres geparkten Wagens ließ oder einen ähnlichen Willkommensgruß entbot.)

Nach Weihnachten bekam ich einen Brief von Prof. Presia. Er teilte mir mit, daß ich eine außerordentliche Dozentur an der Hochschule für Bauwesen und Architektur in Weimar besetzen könne. Vor einem Vierteljahr hätte ich über diese Nachricht gejubelt. Angesichts der zunehmenden Verunsicherung schien es mir nun halsbrecherisch, den sturmgeschützten Hafen der Freiberger Hochschule zu verlassen und in einem fremden Schiff über das tosende Meer zu segeln. Ich sagte folglich ab.

Außerdem machte ich mir Gedanken, wie wir unser Geld sicher anlegen konnten. Wir waren ja keinesfalls vermögend. Der Maler Klemke, für den Frank Ihlenburg während des Studiums einmal als Dolmetscher fungierte, äußerte damals, mit Leuten, die nicht mindestens hunderttausend Mark auf dem Konto hätten, gäbe er sich nicht ab, die würden einen nur anpumpen. Wir pumpten zwar niemand an, aber hunderttausend Ostmark hatten wir nicht, aber einige zehntausend waren es schon. Allerdings hatte die DDR-Währung seit den siebziger Jahren deutlich an Kaufkraft eingebüßt. Da der Staat offenbar bankrott war, mußte man die völlige Entwertung der DDR-Währung befürchten.

Über meinen Schwiegervater Heinz Seegert erwarben wir Anfang 1990 einen Trabant 601, der in Sternberg auf dem Hof des Häuschens meiner Schwiegereltern verbleiben sollte, bis ich den Führerschein erworben hatte. Wir bezahlten für das gute Stück, Baujahr 1966, siebentausend Mark der DDR, was sogar für die Blütezeit der Mangelwirtschaft ein stolzer Preis gewesen war. Und daß die Markwirtschaft – in welcher Form auch immer – auf der Tagesordnung stand, konnte man sich ausrechnen. Der Verkäufer lachte sich wahrscheinlich ins Fäustchen, einen solchen Blödmann gefunden zu haben. Wir waren damals hinsichtlich Autos absolute Dilettanten, hier rächte sich meine Verachtung der Kraftfahrzeuge, die ich bisher zur Schau getragen hatte. Daß mein Schwiegervater, der immerhin beruflich für Handel und Versorgung zuständig war, den Kuhhandel einfädelte, bleibt mir jedoch schleierhaft. Wahrscheinlich war er so von dem Mangelsystem geprägt, daß er rationale ökonomische Überlegungen nicht mehr anstellen konnte. Das war bis dahin unser größter finanzieller Mißgriff, es sollte weder der letzte noch der größte bleiben. Weiterhin kaufte ich bald darauf einen kleinen Transistorempfänger und eine Lederjacke für jeweils einige hundert Ostmark, auch diese Sachen gab es ein halbes Jahr später besser und wesentlich günstiger. Doch das waren letztlich „Peanuts“.

Kurz vor dem Jahreswechsel 1989/90 besuchte uns Andreas Ulbricht mit seiner Frau Steffi. Mit ihr fand ich eine engagierte Gesprächspartnerin. Sie begeisterte sich vor allem für die Grünen, argumentierte aber noch sehr einfältig. Andreas war noch Mitglied der SED, trat natürlich irgendwann ebenfalls aus. Dennoch ging ihre Ehe, in der sie zwei Kinder hatten, über die politischen Verwerfungen in die Brüche. Steffi bezeichnete Andreas bald als „alten SED-Arsch“. Sie arbeitete später bei den sächsischen Grünen. Andreas war im Rahmen der Scheidung immerhin so clever, ihr den Trabi zuzuschieben. Politisch war er vielleicht etwas schwer von Begriff, die wirtschaftliche Lektion hatte er von uns als Erster gelernt. Tatsächlich fand er in der Markwirtschaft dann einen gut dotierten Job.

In der Silvesternacht lief der Fernseher, das war sonst nicht unsere Art. Die Riesenparty am Brandenburger Tor in Berlin wurde live übertragen. Ein Tollkühner stieg sogar auf die Spitze des symbolträchtigen Bauwerkes und beschädigte dabei Statuen. Es war eben „Wahnsinn!“ – wie die Moderatoren in jedem zweiten Satz beteuerten.

4
Sonnenblumen im Winter

Angeregt durch das Gespräch mit Steffi Ulbricht begann ich, mich intensiver für die Grünen zu interessieren, deren Programm ich nach einem SED-Ideologen ja bereits Anfang der achtziger Jahre in einem Gedicht komprimiert hatte. Nach einer Stippvisite bei den Karl-Marx-Städter Grünen, die sich kürzlich konstituiert hatten, lancierte ich eine Mitteilung betreffs Gründung der Freiberger Grünen am Schwarzen Brett der Mensa und auf die Kreisseite der *Freien Presse*. Zu der Gründungsversammlung am 11. Januar 1990 kam ein gutes Dutzend Leute in das Musikzimmer der Alten Mensa. Einige Neugierige, die man mit der Freiberger

„Szene“ assoziierte, verschwanden bald. Es blieben ein paar Studenten, darunter ein Mathematikstudent, der nach einigen Abenden sich ebenfalls zurückzog, und zwei, drei Berufstätige. Vorzeigbar war nur der Arzt Dr. Lutter, der in dem nahen Dorf Niederbobritzsch, praktizierte. Ein obskurer Arbeiter, der auch der SED angehört hatte, versuchte, in den Diskussionen ständig sich in den Vordergrund zu schieben, ohne irgendwelche Substanz vorweisen zu können. Der Typ war in seiner Art so schmierig, daß es mir peinlich wurde, mit ihm zusammenzusitzen. Man konnte sich seine Parteifreunde nicht aussuchen, das war schon in der SED so gewesen. Die Steigerung Gegner - Feind - Parteifreund entbehrt nicht ganz der Wahrheit.

Der beste Gedanke, der in Hinblick auf die anstehenden Wahlen geäußert wurde, war wegen der Umweltbelastung die ganze Umgebung der Kreisstadt aufzuforsten. Wenn ich mir vorstelle, diese Idee wäre 1990 tatsächlich umgesetzt wurden, so hätten die Bäumchen inzwischen eine respektable Größe erreicht, und das Leben hier wäre bestimmt entspannter, als es sich jetzt darbietet. Ansonsten wurde erörtert, ob die KandidatInnen, die die Ortsgruppe auf dem ersten Parteitag der Ost-Grünen vertreten sollten, nur einen Schlafsack oder auch eine Isomatte mitnehmen mußten. Eine Partei, die ihren Vertretern nicht einmal ein bescheidenes Hotel gönnte, war nicht nach meinem Geschmack. Beiläufig machte mich ein Student darauf aufmerksam, daß meine Quarzuhr politisch inkorrekt sei, da sie Spurenelemente enthielte, die schwer recycelbar wären. Kurz der Verein ging mir allmählich auf die Nerven. Der Arzt kam auch nicht mehr zu den Treffen. Ich klebte noch zusammen mit Kitty ein paar Plakate mit der Sonnenblume, dem Symbol der Grünen, an einige Litfaßsäulen im Zentrum, damit die Partei zu den bevorstehenden Wahlen im Stadtbild überhaupt präsent war, ehe ich mich von der Partei Ende Februar verabschiedete.

Bereits Ende Januar war ich eine Woche nach Biesenthal gefahren, wo erneut die Wintertagung des Karl-Weierstraß-Institutes stattfand. Im Gegensatz zu der Tagung vor zwei Jahren traf ich keine interessanten Frauen. Ich hatte ein Zimmer zusammen mit einem bekannten russischen Mathematiker bekommen. Ich konnte mich mit ihm recht gut unterhalten. Sein Körpergeruch erinnerte fatal an einige seiner Landsleute während meines Studiums in Kischinjow, weshalb ich ihm doch lieber aus dem Wege ging. Die meiste Zeit verbrachte ich zusammen mit den jüngeren DDR-Teilnehmern vor dem Fernseher, um den begonnenen Wahlkampf zu kommentieren. Den Vogel schoß ein Kandidat der NDPD ab, der mit plumpen nationalistischen Invektiven aufzutrumpfen versuchte. Kurz darauf war er in der Mottenkiste, aus der er hervorgekrochen war, wieder verschwunden.

Nach der Tagung reiste ich zu meinem Bruder Bernd nach Potsdam. Von dort fuhr ich erstmals nach Westberlin. Außerdem stattete ich Claudia Göpfert, die in dem Freiberger Literaturzirkel gewesen war, in Schildow nördlich von Berlin einen letzten Besuch ab, wo sie sich mit ihrer gerade gegründeten Familie eingerichtet hatte.

Nach Westberlin gelangte ich durch das Tunnellabyrinth an der Friedrichstraße, das etwas Beklemmendes hatte. Wenn hier die Transitreisenden jedes Mal durchmußten, waren sie schon gezeichnet. Ich fuhr mit der S-Bahn zum Bahnhof Zoo. Hier geriet ich in eines der Sexkinos. Ich schaute mir zunächst in einer Kabine einen dieser 1-DM-Streifchen und dann im Saal einen Pornofilm an, frustrierend war beides auf seine Art. Das Schauspiel in der Kabine war vorüber, kaum daß man sich versehen hatte. Hingegen war der Pornofilm von einer derart an den Haaren herbeigezogenen lähmenden Dramaturgie, daß ich nach fünf Minuten aufstand und den Saal verließ. Diese Seite des Westens konnte ich also abhaken. Ich bummelte über den Kurfürstendamm, der mir reichlich banal vorkam. Hingegen wurde das KaDeWe, das Kaufhaus des Westens, seinem Rufe gerecht. Besonders die Lebensmittelabteilung im Dachgeschoß imponierte mir. Danach kam ich in einer Nebenstraße in einen kleinen Buchladen. Die Verkäuferin war sehr freundlich. Wahrscheinlich war ich einer der ersten Ostmenschen, die den Laden je betreten hatten. Ich kaufte Thoreaus *Walden* als Taschenbuch. Danach besuchte ich das Schloß Charlottenburg. In dem Großstadtgetöse kam es mir deplaciert vor.

Am folgenden Samstag besah ich zusammen mit meinem Bruder die Reste der Mauer am Potsdamer Platz. Der Handel mit den Devotionalien der verscheidenden DDR schien seine besten Tage schon hinter sich zu haben. Außerdem fuhren wir nach Spandau. Hier sei weniger Rummel und die Altstadt sehenswerter, versprach mein Bruder.

Erquicklicher wurde mein erster Abstecher nach Schleswig-Holstein. Ende Februar besuchte ich für drei Tage Frank Ihlenburg in Wismar. Es sollte das letzte Mal sein, daß ich dort übernachtete. Frank las noch gründlich das *Neue Deutschland,* das ich inzwischen abbestellt hatte. Er schien weitgehend ratlos zu sein. In den letzten Jahren hatte er als wissenschaftlicher Sekretär des Rektors gearbeitet - keine gute Startposition für die neue Zeit. Mit seinem Trabant fuhren wir nach Lübeck. Die Hansestadt mit dem sanierten, alten Stadtkern gefiel mir besser als das zusammengewürfelte Westberlin. Allerdings gab es auch architektonische Dissonanzen, wie die häßlichen Bauten aus den sechziger Jahren am Markt. Frank kaufte von seinem Westgeld einige Kiwis und eine Flasche Rotwein, was ich für reine Geldverschwendung hielt. Eigentlich wollten wir noch zu dem im Grenzgebiet gelegenen Schaalsee, der als besonders reizvoll galt, doch wir fanden keine Zufahrt. So begnügten wir uns mit Ratzeburg, das eine schöne natürliche Lage besaß. Auf der Rückfahrt streiften wir einige Mecklenburger Dörfer, die einen sehr desolaten Eindruck machten. Die einzigen Lichtpunkte stellten die Wahlplakate der großen Parteien dar, welche vor allem für Auftritte prominenter westlicher Politiker in größeren Städten warben.

Auf der Rückfahrt sollte ich Julia aus Schwerin mitnehmen, die während der Winterferien in Sternberg gewesen war und von meinem Schwiegervater zum Schweriner Bahnhof mit dem Auto gebracht wurde. Frank war früh zur Arbeit gefahren, ich hatte noch etwas Zeit bis zur Abfahrt des Zuges. Jedenfalls verpaßte ich den letzten Bus zum Bahnhof Wismar, womit man den Zug nach Schwerin erreichen konnte. Der nächste Bus fuhr zwar zehn Minuten später, doch der Zug nach Schwerin war pünktlich abgefahren. Auf den folgenden Zug konnte ich nicht warten, einerseits hätte mein Schwiegervater mit Julia lange in Schwerin ausharren müssen, ohne zu wissen, was los sei, andererseits wäre der Anschlußzug nach Dresden futsch gewesen. Also nahm ich kurzentschlossen ein Taxi. Im Zug der einsetzenden Liberalisierung fuhren jetzt mehr Taxis, die Preise waren noch zu verkraften. Der Wagen kam zeitgleich mit dem Zug, den ich verpaßt hatte, am Schweriner Bahnhof an. Mein Schwiegervater staunte, als ich von der Stadt und nicht vom Bahnsteig zur Schalterhalle kam. Ich kaufte mir noch eine *taz* als Reiselektüre.

Die linksalternative Westberliner *Tageszeitung* (*taz*) hatte 1990 einen Ableger des Hausblattes herausgebracht, die Ost-*taz* gewissermaßen. Die Tochterzeitung war redaktionell weitgehend von dem Mutterblatt unabhängig. Die Artikel wurden nicht zuletzt von den Leuten geschrieben, die ich zumindest vom Namen her aus der Poetenbewegung der DDR kannte. Die Themen waren nicht so schräg und multikulti wie in dem Westberliner Blatt. Die Ost-*taz* wurde zu meiner Lieblingszeitung bis sie nach einigen Monaten wieder in dem Mutterblatt aufging. Einmal publizierten sie einen pointierten Bericht von einer Wahlkampfveranstaltung der CDU in Freiberg. Ich hängte den Bericht an das Schwarze Brett in der Mensa der Bergakademie. Er war offenbar so treffend, daß ihn aufgebrachte CDU-Anhänger nach kurzer Zeit abgerissen hatten. Soviel zum Thema Meinungsfreiheit von Seiten der Kohl-Anhänger.

Daneben las ich nunmehr vor allem *Die Zeit* und die *Süddeutsche Zeitung*, für die ich jeweils ein Geschenk-Abo bekommen hatte. *Die Zeit* konnte ich ein Jahr kostenlos lesen, danach abonnierte ich die Zeitung auf eigene Rechnung. Die *Süddeutsche Zeitung* hielt bis Mitte der neunziger Jahre durch, dann erlaubten es laut Mitteilung des Vertriebs die wirtschaftlichen Umstände nicht mehr, ein Abo zu verschenken. Sie bestellte ich nicht, ich vergeudete ohnehin zu viel Zeit für Zeitungslesen.

Am 18. März 1990 fanden die ersten freien Wahlen in der DDR statt. Es war ein ungewöhnlich warmer Tag, ein Vorgeschmack auf den Sommer. Nachdem wir unsere Stimme im Wahllokal in der Schule nebenan abgegeben hatten, fuhr ich mit dem Zug bis Klingenberg, von wo ich durch den Tharandter Wald, vorbei am Lips-Tulian-Felsen, einem früheren Räuberversteck, bis Naundorf wanderte. Von hier wollte ich eigentlich einen Bus nehmen, doch in absehbarer Zeit verkehrte sonntags keiner. Ich trottete einen reichlichen Kilometer die Fernverkehrsstraße bergan bis zur Gaststätte Ziegelscheune. Hier konnte ich Mittag essen und anschließend mit dem Bus nach Freiberg zurückkehren. Die Leute an meinem Tisch unterhielten sich über die Wahlen. Sie meinten, heute hätten sie die Richtigen gewählt, den Verdienstvollen könnten sie das nächste Mal immer noch die Stimme geben.

Die Richtigen stellte offenbar die „Allianz für Deutschland" dar. Unter diesem Schirm hatten Kohl & Co. die alte Ost-CDU sowie zwei, drei neue oppositionellen Splittergruppen zusammengekittet. Die Oppositionellen dienten der Reputation, die alte Partei als solide Mitgliederbasis. Bis vor kurzem war die Ost-CDU - wie die anderen sogenannten Blockparteien der SED - als „Blockflöten" verhöhnt worden. Der Persilschein der West-CDU erteilte ihnen die Absolution: Die *Bösen* waren alle in der SED gewesen. Die gänzlich Unbelehrbaren hatten sich demnach in der PDS verschanzt, die mindestens ein Jahrzehnt lang in den Medien stets mit dem Versatzstück „SED-Nachfolge-Partei" erwähnt wurde - mit derselben Penetranz hatten früher die DDR-Medien den Namen Erich Honecker nur mit der vollständigen Bezeichnung seiner Funktionen genannt.

Die größte neue Gruppe in der „Allianz" bildete der Demokratische Aufbruch. Dessen Vorsitzender war der Rechtsanwalt Wolfgang Schnur, der einen stechenden Blick besaß wie die Riesendoggen in der DEFA-Verfilmung des Andersen-Märchens „Das Feuerzeug". Schnur leitete seine Reden auf den Marktplätzen des Landes mit dem Satz ein: „Vor ihnen steht der erste frei gewählte Ministerpräsident der DDR". (Seine Pressesprecherin hieß Angela Merkel.) Von ähnlichem psychologischem Kaliber war der Vorsitzende der SDP, Ibrahim Böhme, dessen Vorname eigentlich Manfred lautete, den ich auf dem Freiberger Obermarkt erlebte. Eine Frau neben mir, die ich flüchtig von der Bergakademie kannte, geiferte wie ein Fischweib gegen den distinguierten Genossen Böhme. War es gar die jüdische Herkunft, die sie aufbrachte? Die Herkunft entpuppte sich später als Fiktion, wie manches andere, das er selbst in Umlauf gesetzt hatte, da er es nicht aushielt, ein banaler Manfred B. zu sein. Kurz vor der Wahl wurde Schnur als IM, das heißt Informeller Mitarbeiter der Staatssicherheit, enttarnt, und auch gegen Böhme wurden erste Anschuldigen erhoben. Schnur verschwand sofort in der Versenkung, Böhme konnte sich noch bis zum Jahresende über Wasser halten.

Auch an der Hochschule verwandelten sich mehr oder weniger vertraute, harmlose Gesichter zu Hobbypolitikern. Sie vertraten nahezu jede Couleur des politischen Spektrums. Zuweilen geschah das sogar in einer Person. Das bizarrste Beispiel stellte der letzte Direktor der Bibliothek Walter dar. Zu DDR-Zeiten galt er als strammer Kommunist. Davon wußten vor allem seine (Leidens-)Genossen in der Kampfgruppe, manche unrühmliche Geschichte zu berichten. Im Dezember 1989 outete er sich als Anhänger Rudolf Bahros. Am großen Aushang in der Mensa hängte er ein Manifest aus, das verkündete, nur die radikale ökologische Umkehr und der rigorose Konsumverzicht könne die Menschheit vor dem Untergang retten. Wenige Wochen danach kandidierte er bei den Wahlen für die DSU, den bald verkümmernden Ableger der bayerischen CSU, die zwar alles Mögliche versprach, aber keine grüne Spinnereien.

Ich ging am Abend des 18. März zur Auszählung in unser Wahllokal. Die dortigen Ergebnisse schienen meine Befürchtungen zu bestätigen. Tatsächlich erzielte die „Allianz für Deutschland" einen grandiosen Wahlsieg und verfehlte nur knapp die absolute Mehrheit. Dagegen erreichte die SDP, die sich bis vor kurzem als sicheren Sieger gesehen hatte, ein dürftiges Ergebnis. Überraschend gut mit etwa 20 Prozent schnitt die PDS ab. (Nach interner Schätzung hätte die SED in ihren besten Zeiten bei *freien* Wahlen höchstens 28 Prozent bekommen.) Die Bürgerrechtler vom Bündnis 90, die der Volksmund in der Kneipe als die *Verdienstvollen* titulierte, brachten es nicht einmal auf 5 Prozent. Nur wegen des Fehlens einer Sperrklausel konnten sie überhaupt in die Volkskammer einziehen.

Ich hatte nach reichlicher Überlegung für Bündnis 90 gestimmt. Vor allem der hochgebildete und besonnene Theologe Wolfgang Ullmann von „Demokratie jetzt" überzeugte mich, während ich die andere Gallionsfigur dieser Gruppe, den Filmemacher Konrad Weiß, der sich als antikommunistischer Eiferer hervortat, ablehnte. Daneben kandidierten weniger profilierte und weniger provozierende Vertreter des Neuen Forums. Die meisten Vertreter von Bündnis 90 wollten damals eine bessere DDR, was überhaupt nicht den Nerv des Volkes traf, das die Losung „Kommt die D-Mark nicht zu uns, gehen wir zu ihr“ elektrisierte. Genau das versprach die „Allianz“.

Zum neuen Ministerpräsidenten wurde Lothar de Maizière von der CDU gewählt, der einer Großen Koalition vorstand. Wenn de Maizière neben dem Koloß Kohl Aufstellung nahm, war schon von der Erscheinung her klar, wer das Alpha-Tier verkörperte. Einer schnellen Einführung der D-Mark und dem baldigen Anschluß der DDR stand nun nichts mehr im Wege, zumal die USA und UdSSR bereits im Februar prinzipiell grünes Licht gegeben hatten.

Um den Schwarzen vor Ort nicht kampflos das Feld zu überlassen, entschloß ich mich angesichts der nahen Kommunalwahlen, mich nochmals politisch zu engagieren. Ich nahm Kontakt zum Neuen Forum auf, das nach wie vor unter der Leitung von Andreas Schwinger stand. Nach dem Erstarken der vom Westen geförderten Parteien dümpelte das Forum auch in Freiberg dahin. Um überhaupt eine Chance zu haben, wurde beschlossen, eine gemeinsame Liste der Freiberger Bürgerbewegung zur Wahl zusammen mit „Demokratie jetzt“ sowie lokalen Initiativgruppen zu bilden. Auf der Liste kandidierte unter anderem auch Christoph Willenberg, ein Mathematikstudent aus der Seminargruppe, in der ich Gruppenberater gewesen war, der sich damals vor allem in der Katholischen Studentengemeinde engagiert hatte.

5
Those Were the Days

Im Frühjahr 1990 packte mich das Reisefieber. „Go west“, hieß die Devise. Die nötigen Devisen hatte ich zusammengekratzt. Außer dem Begrüßungsgeld konnten wir eine Summe in derselben Größenordnung vor Ort offiziell tauschen. Außerdem nahm ich den Tauschbetrag meiner Großmutter Emma in Anspruch. Die Bahntickets konnte man für das gesamte Bundesgebiet in der DDR für Ostmark kaufen. Umgerechnet (zum offiziell festgesetzten Kurs Ost - West 2:1) kostete der Kilometer lediglich 4 Pfennige West - so günstig würde Bahnfahren nie mehr sein.

Meine erste Reise führte mich Ende März/Anfang April nach Franken. Ich brach um Mitternacht auf, der Zug nach Westen war rammelvoll, ich saß in einem Achterabteil eines Reichsbahnwagens mit abgewetzten roten Kunstledersitzen zwischen mürrisch blickenden Männern. Am frühen Morgen mußte ich in Marktredwitz umsteigen. Es war jämmerlich kalt, wurde jedoch ein schöner Tag. Nach einer halben Stunde fuhr endlich der Zug in Richtung Nürnberg ein, der auch von Einheimischen genutzt wurde und weniger voll wurde. Der Zug brauste durch enge, heimelige Täler. In den Wäldern waren viele Bäume umgebrochen, wahrscheinlich unter Naßschnee wie in Sachsen einige Jahre davor. Ansonsten erschien mir die Landschaft als Edelkitschausgabe einiger Stiche und Gemälde von Albrecht Dürer.

In Nürnberg stolperte ich neben dem Hauptbahnhof zunächst in eine Videothek. Der Schweinekram, der die meisten Regale füllte, ließ mich schnell Kehrt machen. Ich streifte durch die Innenstadt, die sich allmählich mit Konsumenten füllte, in Richtung Burg, die tadellos restauriert war, vielleicht zu tadellos. Auf dem Rückweg nahm ich an einem Verkaufsstand von Maggi eine Suppe zu mir, die dort kostenlos zum Probieren angeboten wurde. Verpflegung, das heißt vor allem eine Dauerwurst, ein Brot, ein paar Ostschokoladen, hatte ich ausreichend in meiner Reisetasche verstaut, um unnötige Ausgaben zu sparen. Am teuersten kamen mir zunächst die Schließfachgebühren vor. Ich kaufte mir im Westen lediglich Getränke, mit Vorliebe Aprikosensaft von Granini, sowie hin und wieder ein frisches Brötchen, obwohl die bei uns nach wie vor 5 Pfennige kosteten.

Am frühen Nachmittag setzte ich meine Reise fort. Mein eigentliches Ziel lautete Rothenburg ob der Tauber, dessen mittelalterliche Aura eine besondere Anziehungskraft auf mich ausübte. Der Zug nach Ansbach, wo ich umsteigen mußte, bestand aus einer Lokomotive und zwei Wagen, die nur mäßig besetzt waren.

So etwas hatte ich noch nicht gesehen, sogar in der mecklenburgischen Provinz gab es mindestens vier Wagen. Die Fernzüge der Reichsbahn ließen an Bandwürmer denken.

Am späten Nachmittag erreichte ich Rothenburg, das im Schein der frühen Abendsonne einen traumhaft friedlichen Eindruck machte. Ich fand ein Gasthaus in der Altstadt zum Übernachten. Ich sollte mir ein Zimmer suchen, sagte beiläufig der Wirt. Alle Türen standen offen, was mich etwas verunsicherte, ich wählte ein Zimmer mit Aussicht auf den Hof. So gut hatte ich lange nicht mehr geschlafen, zumindest bildete ich mir das ein. Am Morgen wurde ein opulentes Frühstück serviert. Es war mir fast peinlich, den Wirt zu behelligen, um zu zahlen. Auf der Suche nach einem noch preiswerteren Zimmer, fand ich ein Haus außerhalb der Altstadt mit einem Schild „Zimmer zu vermieten". Das Zimmer kostete eigentlich 30 DM, da ich aus dem Osten kam, wollte der Hausherr nur fünfundzwanzig haben. Von hier durchquerte ich am Wochenende mehrmals die Altstadt, lief auf der Stadtmauer entlang und beschaute die erhabene Stadt aus dem Tal der Tauber. Ich musterte den großen Weihnachtsladen und besuchte am Sonntag das Mittelaltermuseum. Am besten gefielen mir jedoch die etwas abseitigen Gassen, die kaum von Touristen tangiert wurden und am authentischsten wirkten. Viele Gaststätten, an denen ich vorbeikam, boten auf großen Tafeln Erdbeertorte an. Die gab es bei uns allenfalls im Juni. Die Torte reizte mich zwar, doch mein Geiz ließ mich weiterlaufen.

In meinem Zimmer brühte ich mir wie seinerzeit bei der Armee mit dem Tauchsieder Tee auf. Dabei mußte ich aufpassen, daß die erhitzte Tasse, die ich gleichfalls mitgebracht hatte, nicht die edle Marmorplatte beschädigte, die das Fensterbrett darstellte. In dem Haus wohnte auch ein junger Lehrer zur Untermiete, der Deutschunterricht für Aussiedler erteilte. Er verdiente 2800 DM brutto, was mir ungeheuer viel vorkam und womit er durchaus zufrieden schien. Überhaupt schienen hier alle zufrieden zu sein. Der Hausbesitzer gab sich sehr gelassen, im Hof stand sein großer BMW. Einiges, was der Lehrer von ihm erzählte, klang freilich weniger schmeichelhaft. Mit dem Lehrer bestieg ich den Turm des Rathauses, von oben konnte man einen weiten Blick ins

Land genießen. Zu meiner Überraschung hörte ich, daß Rothenburg im Krieg nahezu vollständig zerstört worden war. Was man heutzutage bestaunen konnte, waren sozusagen Imitationen, die zumindest perfekt nachgebaut waren. Außerdem besaß die Stadt einen SPD-Bürgermeister. Ich nahm bisher an, in Bayern regierte überall die CSU. Der Lehrer klärte mich zunächst auf, daß Bayern und Franken, wo mir uns befanden, zweierlei seien. Wir sprachen ausführlich über die Volkskammerwahlen in der DDR. Er sagte, er überlege, ob er im kommenden Sommer eine Radtour durch die DDR unternehmen würde. Er wollte wissen, wie die Radwege bei uns seien. Ich konnte keine gute Kunde darüber geben. Andererseits reizte ihn auch eine Tour durch die Ardennen, dort sollte es ebenfalls sehr ursprünglich sein.

Ich meinte zu dem Lehrer, daß ich Angst hätte, unter den Bedingungen der Marktwirtschaft bestehen zu können. Er meinte, vor allem käme es auf Persönlichkeit an, die wäre für die Arbeitgeber das Ausschlaggebende bei der Besetzung aller Stellen. Der Rest ergäbe sich dann gewissermaßen von selbst. Gut. Was aber war Persönlichkeit? Man hatte uns immer die allseitig entwickelte sozialistische Persönlichkeit vor Augen gehalten. Die konnte nicht gemeint sein. Das Sozialistische war abgetan und das Allseitige, worin ich meine Stärke sah, genauso? In der DDR war es eher eine Verzierung gewesen, auf die man gern verzichten konnte. Und wie stand es damit im Westen?

Am Montagmorgen war es ungewöhnlich still in Rothenburg. Hier rammelten die Leute nicht in aller Frühe los und hatten es dennoch zu viel mehr gebracht. Der Hausbesitzer äußerte einmal beiläufig, er hätte vor allem das Geld für sich arbeiten lassen. Ich fuhr weiter nach Würzburg, das ich im Schnelldurchlauf besah. Auf einem Weinhügel erkannte ich einen Schriftsteller aus Karl-Marx-Stadt und ging leicht nickend an ihm vorbei. Auf dem Markt gönnte ich mir ausnahmsweise eine Bratwurst. Mehr reizte mich Bamberg, das nicht im Krieg zerstört worden war und nach Ansicht des Lehrers hinsichtlich des Renovierungsaufwandes, den er mindestens auf eine Milliarde bezifferte, am ehesten vielen Städten in der DDR glich. Tatsächlich war Bamberg weniger blank geleckt, aber an die DDR mußte ich dabei nicht denken.

Am späten Abend bestieg ich den Zug in Richtung Osten und kam gegen Mitternacht in Freiberg an. Am nächsten Tag begab ich mich mit einem Hochgefühl ins Institut.

Während meiner ersten Westreise war mein Opa Gerhard gestorben. Er hatte seit zehn Jahren im Altersheim gewohnt und war 92 Jahre alt geworden. Bei den ersten freien Wahlen am 18. März hatte er für die „Allianz für Deutschland“ votiert, obwohl ihm als alten Gewerkschafter die SPD historisch näher stand. Die Beisetzung fand drei Wochen später in Freiberg statt. Es war noch einmal die gesamte Verwandtschaft versammelt. Die Gespräche zur Trauermahlzeit kreisten um die Errungenschaften der aufblühenden Markwirtschaft wie neue Obstsorten oder Frühkartoffeln sowie um Aktien und andere Geldanlagen.

Bevor ich die nächste Kurzreise antrat, bekamen wir erst einmal Besuch aus dem Westen. Die Freiberger Bürgerbewegung hatte einen Besucheraustausch mit den Grünen aus Darmstadt, unserer Partnerstadt in Westdeutschland, vereinbart. Zu Ostern traf ein Bus mit Vertretern und Sympathisanten ein. Das Programm bestand aus einem Ostermarsch und einer Gesprächsrunde. Zu dem Ostermarsch liefen ein paar Dutzend Leute um den Obermarkt, was von weitem eher wie ein größeres Familientreffen aussah. Früher waren Ostermärsche in der DDR verboten gewesen, wofür oder wogegen wollten wir nun marschieren?

Wir hatten uns bereit erklärt, einen Gast in unserer kleinen Wohnung aufzunehmen. Es war ein bunter Vogel mit großen Löchern in den fleckigen Jeans, der versuchte, mit dem gelegentlichen Reparieren von Fahrrädern sein Aussteigerdasein abzusichern. Ich guckte mit ihm und seinem Freund einen Filmklassiker im Fernsehen und ging mit ihnen in die damals originellste Gaststätte der Altstadt essen. Eine Kommunikation ergab sich nicht, er lag einfach nicht auf unserer Wellenlänge. Wenigstens kehrte er meist erst um Mitternacht in die Wohnung zurück. Eine etwas ausgeflippte Mathematikstudentin, deren Diplomarbeit ich betreut hatte, und ihr grün-fundamentalistischer Mann durften einen Dozenten für Mathematik aufnehmen, der nicht nur vom Outfit her vertrauenswürdiger erschien. Welcher Dilettant hatte die Gäste aufgeteilt? So schnell würden wir keine unbekannten

Leute mehr aufnehmen. Die einzige Erfahrung war, daß es in der BRD nicht nur Spießer gab, doch das wußten wir schon vorher. So waren wir froh als Ostern vorbei war.

Danach versuchte ich, meine Lyrik endlich zu publizieren. In der *Zeit* hatte ich Annoncen von Westverlagen gelesen, die Manuskripte publizierten. Ich schickte meine gesammelten Werke an einen dieser Verlage. Die Antwort traf schnell ein, sie würden das Manuskript drucken, wenn ich die Kosten übernähme. Derart hatte ich mir das nicht vorgestellt. Statt der politischen Zensur gab es nun die Zwänge des Marktes. Keinem von beiden wollte ich mich unterwerfen. Wenn niemand freiwillig die Gedichte publizierte, blieben sie eben liegen.

Anfang Mai fuhr ich ins finsterste Bayern. Zunächst übernachtete ich in Regensburg. Es war wesentlich schwieriger, in einer Großstadt eine preisgünstige Bleibe zu finden als in dem beschaulichen Rothenburg außerhalb der Saison. Schließlich nahm ich ein Zimmer bei einem Türken, das nicht gerade ein Schnäppchen war. Regensburg hinterließ bei mir gemischte Gefühle. Mir gefiel zwar der Dom, doch was sollte ein großer Park im Stadtzentrum, der unzugänglich war, weil er zum Schloß der Gräfin von Thurn und Taxis gehörte? Das war ja finsterer Feudalismus. Am Donnerstagabend strömte die ganze Stadt per Auto oder zu Fuß in die Geschäfte der Innenstadt, die dann länger geöffnet hatten. Es schien fast, als wären sie ansonsten geschlossen.

Am nächsten Tag fuhr ich weiter nach Passau. Das barocke Ensemble der Stadt sagte mir zu, allerdings fand gerade irgendein Volksfest statt. Die riesigen Bierzelte und die Blasmusik waren nicht mein Geschmack. Meine Unterkunft in einem Hotel der Brathähnchenkette „Wiener Wald“, war winzig und minimalistisch eingerichtet, aber immerhin sauber und preiswert. Von Passau unternahm ich einen Abstecher nach Österreich, um einen Länderpunkt zu sammeln. Um möglichst viel zu sehen, wählte ich die Schiffsverbindung donauabwärts bis Engelhartszell, das lag zwar gleich hinter der Grenze, doch die Landschaft war anmutig. Der Kapitän gab sich redselig über Bordfunk, was er sagte, war seltsam. An der Grenze meinte er, jetzt würden sie die bayrische Fahne einholen und dafür die österreichische Fahne aufziehen, die deutsche Fahne bliebe aber die ganze Zeit gehißt. Das Publikum schien diese Bemerkung besonders treffend zu finden.

Am Sonnabend reiste ich zurück mit Zwischenstationen in Amberg und Hof. Eine Weile saß ich mit einem amerikanischen Intellektuellen im Abteil, der nach Prag unterwegs war, wo er sich vor kurzem niedergelassen hatte. Das Gespräch war vielleicht der Höhepunkt der Reise, leider mußte er in Marktredwitz umsteigen. Besonders Hof wirkte sehr ernüchternd auf mich, von dem Staunen vor einem knappen halben Jahr war nichts übriggeblieben. Überhaupt war diese zweite Reise in den Westen ein matter Abglanz von der Tour nach Rothenburg, doch die nächsten Kurzreisen hatte ich bereits eingefädelt.

Am folgenden Sonntag, den 6. Mai 1990, fanden die Kommunalwahlen statt. Ich kandidierte auf den Listen der Freiberger Bürgerbewegung sowohl für die Stadtverordnetenversammlung als auch den Kreistag. Während ich im Kreis ganz hinten auf der Liste stand, wurde ich in der Stadt als Nachfolgekandidat von Herrn Schwinger gewählt. Souveräner Wahlsieger wurde die CDU. Sie hatte ihre Stimmen vor allem durch die Kandidatur vieler Ärzte gewonnen, die dann oft ihre Mandate gar nicht wahrnahmen. Dennoch wurde in der Stadt eine Koalition gebildet, der auch die SPD und FDP beitraten, außen vor blieben bei dieser „Nationalen Front" lediglich die Bürgerbewegung, die PDS und die Grünen, die freilich nur eine einzige Vertreterin stellten.

Nach den Wahlen traf sich das Neue Forum noch zu gelegentlichen Besprechungen im „Haus der Demokratie", in dem uns ein Zimmer zugewiesen worden war. Früher diente das Gebäude als Sitz der SED-Kreisleitung. Das Neue Forum war, nachdem sich die neuen Institutionen gebildet hatten, überflüssig geworden. Schwinger betrieb systematisch die Auflösung. Wenige Tage nach Einführung der Währungsunion am 1. Juli fuhr er mit seinem gerade erworbenen Westschlitten vor und transportierte die letzten Unterlagen ab, wobei wir den Wagen beladen durften.

Zu Beginn der Frühjahrsferien fuhr ich zusammen mit Julia zum ersten Besuch meines Westonkels Christian. Die Zugfahrt nach Hannover war recht langwierig. Im Zug nach Karl-Marx-Stadt, das bald wieder Chemnitz heißen sollte, schimpfte der

Schaffner mörderisch auf den Chef der PDS Gregor Gysi, dieser gab als Kommunist, Intellektueller und Jude eine treffliche Zielscheibe für die dumpfen Triebe des geduckten Volkes ab. Auf dem geschäftigen Bahnhof von Hannover empfingen uns Onkel Christian und seine Frau Jutta. Sie hatten Schwierigkeiten, uns auf dem vollen Bahnsteig zu erkennen. Sie glaubten, wir stiegen aus den neuen Interregiowagen auf dem Bahnsteig gegenüber, der gleichzeitig eingefahren war, doch der Reichsbahnzug war zwar voll gewesen, aber alles andere als ansehnlich.

Im Mercedes chauffierte uns Christian zu seinem Einfamilienhaus in Langenhagen. Ich hatte es mir nach diversen Erzählungen etwas größer vorgestellt, vor allem war ich überrascht, daß es keinen Keller besaß und es sich um ein Fertigteilhaus handelte. Immerhin besaß es fünf Zimmer, zwei Bäder, ein Gäste-WC, einen Balkon und eine große Terrasse mit anschließendem Garten. Das Glanzstück des Hauses waren die Bäder, kein Wunder bei einem Klempner. Sie waren großzügig bemessen, an der Duschapparatur konnte man die gewünschte Temperatur einstellen. Im Obergeschoß, wo uns das Zimmer mit Balkon zugewiesen wurde, wohnte noch Juttas Mutter, von der wir nicht viel merkten. Sie mußte schon steinalt sein und machte – dank Kegelabenden und Kosmetik – einen fidelen Eindruck. Der Ankunftstag fiel gerade auf den Muttertag. Bei uns hatte es diesen Feiertag, den man wie das meiste im Westen aus Amerika übernommen hatte, nicht gegeben. Ich hatte keine Ahnung, wen man aus dem Anlaß beschenkte. Wir hatten natürlich für die Frauen des Hauses nichts mitgebracht. Aber meine Tante Jutta schien nicht förmlich in solchen Fragen zu sein.

Christian zeigte mir stolz seinen Safe, in dem er einen kleinen Goldbarren aufbewahrte. Er hatte Angst vor Einbrechern, die mit der Öffnung der Grenzen beträchtlich gewachsen war. Den Safe würden die Stümper nicht knacken können, und sonst gäbe es nicht viel zu holen. Doch sie könnten die Möbel demolieren. Dergleichen war bei Bekannten bereits geschehen, und die Versicherung hatte sich störrisch gezeigt. Daher ließen sie alle Schranktüren offen, wenn sie in den Urlaub fuhren, damit die Diebe gleich sahen, woran sie waren und das Inventar heil ließen. Am besten sei freilich, gar nicht mehr in den Urlaub zu fahren.

Unsere Gastgeber boten uns in den fünf Tagen ein kompaktes Programm. Hannover selbst gab wenig her, die Kaufhäuser in der Innenstadt fand ich öde wie später auch in anderen Großstädten. Bei der Fahrt durch die Stadt fielen die großen Wahlkampfplakate der Parteien mit den Konterfeis ihrer Spitzenkandidaten ins Auge. Der Wahlkampf zur ersten frei gewählten Volkskammer war mehr auf die Parteien zugeschnitten gewesen. Am auffälligsten war das Porträt von Gerhard Schröder, der sich als perfekter Macher präsentierte. Mein Onkel sagte, er könne den Kerl überhaupt nicht leiden. Das half nicht, am folgenden Wochenende gewann Schröder erstmals die Landtagswahl für die SPD. Eine grüne Oase in der Betonwüste stellte der große Park dar, die Herrenhäuser Gärten, in dem wir allerdings nur kurz verweilten. Vor allem die große Fontäne fand ich bemerkenswert.

Christian war gerade dabei, in ihrem früheren Wohnhaus, das sich an einer vielbefahrenen Straße befand, ein Souterrain-Appartement einzurichten. Eine Mieterin aus der DDR stand bereits auf der Matte. Um Kosten zu sparen, übernahm er alle handwerklichen Arbeiten selbst. Die Materialien kaufte er preiswert beim Großhandel. Wir begleiteten ihn, als er im Metro-Großmarkt am Stadtrand eine Wohnungstür kaufte. Die riesige Halle mit schier endlosen Reihen von Produkten in allen denkbaren Ausführungen war imposant. Eine derart große Verkaufsfläche, auf der sich die vereinzelten Kunden verloren, habe ich nie wieder betreten. Für das gewöhnliche Volk war dieser Einkaufstempel tabu.

Tagesausflüge führten uns in die Lüneburger Heide und in den Harz. Julia war das Fahren im Auto nicht gewohnt, auf der Rückbank des Mercedes‘ wurde es ihr vor allem nach starker Beschleunigung einige Mal fast übel. Dabei konnte Christian über die stark befahrene Autobahn nicht mehr mit 200 km/h preschen wie noch in den siebziger Jahren bei Besuchen meines Opas. Über Celle, das über eine ansprechende Altstadt verfügte, steuerte mein Onkel den Heidepark Soltau an. Die Fahrattraktionen im Heidepark waren nach Julias Geschmack, sie fand in Christian einen bereitwilligen Begleiter. Mir wäre die natürliche Heide lieber gewesen als der künstliche Freizeitpark. Auch Goslar gefiel mir gut, wenngleich mir dort für eine Kleinstadt zu viel Trubel herrschte. Von Braunlage fuhren wir mit der Kabinenbahn auf den Wurmberg, den zweithöchsten Gipfel des Harzes. Die Natur im Westteil dieses Mittelgebirges fand ich langweiliger als im Osten. Dafür wurden wir in diversen Restaurants gut verköstigt. Christian ließ sich dabei immer bis auf den letzten Pfennig der Rechnung herausgeben. Vielleicht resultierte das aus seinen Erfahrungen als Handwerker, wo er Trinkgeld eher als beschämendes Almosen empfunden hatte. Am letzten Tag unserer Reise ließ er sich für das Finanzamt von mir quittieren, daß er Gäste aus der DDR Unterkunft und Verpflegung gewährt hatte.

Auf der Rückreise wollte ich noch so viel wie möglich im Westen besichtigen. Wir fuhren zunächst mit dem Interregio bis Hannoversch Münden. Nach Aussage Alexander von Humboldts gehörte der Ort zu den sieben am schönsten gelegenen Orten der Welt. Am Zusammenfluß von Werra und Fulda sah ich einen Mann, der als Gärtnergehilfe arbeitete, dessen Gesicht mir aus dem Freiberger Assistentenwohnheim bekannt vorkam. Wir nickten uns stumm zu. Er war also schon im Westen angekommen, freilich ziemlich weit unten. Vielleicht war es bloß ein freundlicher Fremder, der nur dem Bekannten ähnelte. Die Fachwerkhäuser im Zentrum wirkten pittoresk. Schwierig war es, ein Nachtquartier zu finden. Eigentlich hatte ich auf die neue Jugendherberge am Stadtrand spekuliert. Dort meinten sie, Julia und ich müßten getrennt in Mehrbettzimmern schlafen, was inakzeptabel war. Schließlich fanden wir eine Pension, die billig und sonst nichts war. Über eine wacklige Stiege mußten wir in die hinterste Dachkammer steigen, die zudem etwas unheimlich wirkte. Zum Glück waren wir ziemlich müde. Als Frühstück gab es nur Marmelade und Schmelzkäse abgepackt in Plastikbechern mit aufgebackenem Brot.

Den folgenden Tag verbrachten wir in Kassel, einer ähnlich nüchternen Stadt wie Hannover. Mich reizte vor allem der weitläufige Park in Wilhelmshöhe, dessen Wahrzeichen, der siebzig Meter hohe Herkules, Geschmackssache war. Am Abend fuhren wir zurück. Der Zug war gut gefüllt mit Ostlern, ab Leipzig hatten wir ein Abteil für uns allein und konnten uns ausstrecken. Nach Mitternacht trafen wir zu Hause ein.

Vierzehn Tage später brach ich zur nächsten Erkundungsreise nach Süddeutschland auf. Nach einer beschwerlichen Reise erreichte ich als erste Station Ulm. Ich bekam ein dunkles Zimmer gegenüber dem Dom. Der Dom war zwar beeindruckend, doch sonst berührte mich die Stadt wenig. Den Lebensstil fand ich eher befremdlich. Besser fühlte ich mich in Friedrichshafen am Bodensee. Das Hotel war großzügig angelegt und dennoch preiswert. Von hier unternahm ich Ausflüge nach Meersburg und zur Insel Mainau, die nach Aussage von Onkel Christian zu den sehenswertesten Orten der Bundesrepublik zählte. Ich fand die Blumenschau mit den ebenso zahlreichen Leuten eher langweilig. Am nächsten Tag nutzte ich ein günstiges Tagesangebot der Bahn, um mit dem Zug die Schweizer Umgebung des Bodensees abzufahren. In der Universitätsstadt St. Gallen schien das Leben beschaulich dahinzufließen und dabei nicht stehenzubleiben. Die emsige Geschäftigkeit, die mir in der BRD zunehmend auf den Geist ging, schien der Schweiz fremd zu sein. Ich besichtigte den Rheinfall in Schaffhausen, den ich mir gewaltiger vorgestellt hatte. Am Abend fuhr ich mit einem Dampfer zurück nach Friedrichshafen. Es war ein milder Sommerabend. Die Sonne stand rot über den Bergen. Neben mir saß ein amerikanisches Liebespaar, und es war einer der seltenen Momente, wo ich mich sozusagen im Einklang mit dem Kosmos fühlte.

Weiter ging es nach Zürich, das ich im Schnelldurchlauf besichtigte, wovon nicht viel haften blieb. Ich mußte immer nur an Lenin denken, der hier etliche Jahre verbracht hatte und dessen revolutionären Phantasien angesichts des wohlgeordneten Schweizer Alltags absurd erschienen. Ich fuhr weiter nach Waldshut an der Grenze, in der Schweiz wollte ich wegen der hohen Hotelpreise nicht übernachten. Das Zimmer in dem Gasthof am Markt war ungewöhnlich groß, ein Doppelzimmer zum Preis eines Einzelzimmers. Die seltsame Ruhe im Stadtzentrum beunruhigte mich eher. Danach besah ich Basel, bis ich in Freiburg im Breisgau eintraf. In der Stadt herrschte buntes Treiben, die dicht gepackten Straßencafés waren bis in die Nacht stark frequentiert. Vor allem Studenten schienen eine Dauerparty zu feiern. Daneben tummelten sich viele Ausländer. Die meisten preiswerten Hotels waren belegt. Telefonisch fand ich in einem Außenbezirk eine Pension, doch der Besitzer konnte kaum Deutsch. Nach den ernüchternden Erfahrungen in Regensburg, legte ich auf und klingelte stattdessen in einem Hinterhof der Altstadt. In der Pension gab es tatsächlich noch ein preiswertes Zimmer, das sich sogar als akzeptabel erwies.

Die nächste Zwischenstation war Offenburg. Die Stadt an der französischen Grenze, aus der Wolfgang Schäuble stammt, stellte ein modernes, gesichtsloses städtisches Konglomerat dar. In demselben Stil präsentierte sich das Hotel in Bahnhofsnähe, das ich ausgewählt hatte. Der Osten Deutschlands lag von hier aus betrachtet kurz vor Sibirien. Doch Offenburg diente mir lediglich als Ausgangspunkt meiner ersten Visite nach Frankreich. Mit dem Zug fuhr ich ins benachbarte Straßburg. Ich bestieg den Turm des großartigen Münsters und bestaunte die pittoresken Gassen von „Petite France“. Abseits der touristischen Glanzlichter wirkte die Stadt jedoch dreckig und fad, sie erinnerte eher an Städte in der DDR als an die prosperierenden Siedlungen in Westdeutschland oder der Schweiz. Auch die Autos schienen klappriger zu sein. Auf dem Bahnhof fuhr vor meinem Zug ein Zug nach Paris ein. Eine Masse Jugendlicher stürmte lautstark die Wagen, und ich kam mir eher wie in einer Fußballarena vor.

Für den letzten Tag im Westen hatte ich mir besonders viel vorgenommen. Zunächst inspizierte ich die heile Welt von Heidelberg, die sich vom Hauptbahnhof aus nur allmählich erschloß. Dann schloß ich mein Gepäck in Frankfurt am Main ein. Es war widerlich, durch die Junkies am Hauptbahnhof in die Stadt vordringen zu müssen. Zwischen den Hochhäusern der Banken kam ich mir nicht weniger verloren vor.

Ich mußte mich beeilen, den Zug nach Osten zu erreichen. Auf dem vollen Bahnsteig kam ich mit meiner Transportkarre für das Gepäck nur zäh voran. So passierte es, daß ich das schwer manövrierbare Gefährt einem Geschäftsmann in die Hacken rammelte, der gut gekleidete Mann stöhnte mit Schmerz verzerrtem

Gesicht auf. Ich murmelte „Entschuldigung bitte“ und sprintete weiter zu meinem Zug. Der gute Mann tat mir persönlich aufrichtig leid – was konnte er dafür, daß die Barbaren aus dem Osten eingefallen waren? Freilich war er ein Bourgeois, wahrscheinlich verdiente er sich am Osten gerade eine goldene Nase. Ein, zwei Tage Schmerzen, dann war das Malheur vergessen. Mir fuhren später auch gelegentlich Leute mit diesen Bahnkarren fast in die Hacken, da ich jedoch dafür sensibilisiert war, konnte ich meist zur Seite ausweichen, und es blieb bei sachteren Berührungen.

Im Intercity saß mir schräg gegenüber ein Japaner, der die ganze Zeit telefonierte, was damals sehr ungewöhnlich war. In Fulda stieg ich noch einmal aus und schlenderte durch die Fußgängerzone bis zum Dom der Bischofsstadt. Es war gerade ein Volksfest im Gange, bei dem ich mir irgendwie deplaciert vorkam. An einem Bratwurststand schmetterte aus den Lautsprechern der Mary-Hopkins-Schlager „Those were the days“. Später las ich in der *Süddeutschen Zeitung*, daß ein afrikanischer Diktator diesen Titel zu den Hinrichtungen seiner Gegner spielen ließ. Ja, wessen gute Zeit ging hier zu Ende: meine oder die des Westens? Bald sollte vieles anders sein, obwohl viele im Westen lange brauchten, bis sie das merkten.

In Bebra mußte ich umsteigen. Ich genoß die lange Junisonne, ehe der schmuddelige Zug nach Osten einfuhr. Nach Mitternacht hieß es in Erfurt außerplanmäßig erneut Umsteigen. Ich irrte durch die fast stockfinsteren Gänge der verdreckten Bahnsteigunterführung. Hier schien alles kaputt zu sein wie nach dem Krieg. Ich atmete auf, als der fast leere Zug nach Dresden endlich abfuhr.

6
Die Revolution geht weiter

Innerhalb eines halben Jahres hatte ich mehr von Westdeutschland kennengelernt als die meisten Westdeutschen seither von Ostdeutschland. Die anfängliche Euphorie war einer gewissen Ernüchterung gewichen. Zumindest mit der Bahn würde ich solche Art Rundreisen in die BRD nicht mehr unternehmen. Dennoch war ich froh, endlich uneingeschränkt reisen zu können. Hinter den deutschen Grenzen begann das Universum Europa erst richtig. Darin gab es noch für Jahrzehnte, viel zu entdecken. Was sollte ich auch weiter so intensiv in den Westen reisen, da der Westen nun zu uns kam. Tag für Tag ergossen sich mehr Waren, Informationen und Emissäre der freien Welt in das Deutsche Demokratische Reservat.

Im Ostfernsehen gab es immer mehr Westreklame. Opel warb mit „What a wonderful world" in der Interpretation von Louis Armstrong für ihre Karossen, obwohl es diese vorerst nirgends im Osten zu kaufen gab. Wahrscheinlich wollten sie im Wettlauf mit dem VW-Konzern diesen psychologisch ausbooten, eine Rechnung die letztlich nicht aufging. Tchibo schickte allen Haushalten einige Sonnenblumenkerne, damit diesen ein Licht aufginge. In der Werbung glänzten sie mit dem Spruch „Die Revolution geht weiter, Tchibo senkt die Kaffeepreise". Kurz, der gesellschaftliche Umbruch war zur Farce mutiert. Die Weißwäscher von SUNIL erklärten den Ostwilden, wie man Wäsche richtig wäscht. Und ein forscher junger Mann beteuerte, einen Job bei der IDUNA NOVA gefunden zu haben und meinte selbstbewußt: „Das schaffen Sie auch, wenn Sie gut sind." Dem DDR-Fernsehen nützte der vorauseilende Gehorsam wenig. Innerhalb eines Jahres wurde es von einem bayerischen Kommissär völlig „abgewickelt". Überhaupt wurde damals im Osten fast alles abgewickelt. Die Zeitung mit den großen Buchstaben, die bald auch im Osten erschien, rief die Freiheit an den Ostseestränden aus. „Oben ohne", vom rigiden SED-Regime unterdrückt, sollte nun total sexy sein, während die gleichmacherische Freikörperkultur als unwürdig für freie Bürger deklariert wurde.

Das Ende der DDR-Währung rückte näher. Bundeskanzler Kohl hatte die Stimme des Volkes erhört. Eine feste Summe der Sparguthaben sollte – genau wie die Löhne und Gehälter – im Verhältnis 1:1 konvertiert werden, für den (größeren) Rest galt der Umtauschkurs 1 D-Mark für 2 DDR-Mark. Solche Kurse gab es bis dahin nur in den Köpfen der unverbesserlichsten Rosarotseher der DDR-Planwirtschaft.

Vielleicht ließ sich aus unserem DDR-Geld noch mehr herausholen? In Chemnitz wurden für ehemaliges Volkseigentum Aktien ausgegeben, die man in Ostmark bezahlen konnte und die 1:1 in Westmark umgestellt werden sollten. Das schien mir eine gute Anlage: Waren nicht Aktien auf Wachstum programmiert? Wenn man gleich wieder ausstieg, profitierte man zumindest von dem günstigen Umtauschkurs. Auch Kollege Stoyan hatte geäußert, sich für diese Aktien zu interessieren. Als ich zu der Ausgabestelle an der Peripherie von Chemnitz kam, herrschte dort ein unglaublicher Menschenauflauf. Die berühmt-berüchtigten DDR-Schlangen nach Bananen schienen ein Klacks dagegen zu sein. Allenfalls der Verkauf von Reisebüroreisen ans Schwarze Meer in den sechziger Jahren, was ich nur vom Hörensagen kannte, als sich die ersten Leute bereits am Vorabend angestellt hatten, fiel mir als passender Vergleich ein. Meine Aversion gegen das Anstehen ließ mich unverrichteter Dinge wieder abziehen. Und das war gut so. Erst viele Jahre später las ich in der Zeitung, daß es sich bei der Aktion um einen der größten Betrugsfälle der Wendezeit handelte. Eigentlich hätte man sich das seinerzeit selbst an den Fingern abzählen können, aber als gelernter DDR-Bürger glaubte man, im Westen sei alles bestens. Ähnliches ereignete sich ein paar Jahre danach in Albanien. Die Albaner übertrafen freilich die Ostdeutschen in ihrer Naivität bei weitem, weshalb die meisten ihre spärlichen Ersparnisse einbüßten, statt wie versprochen Millionär zu werden.

In der Gewerkschaftskasse unserer Sektion befand sich noch etwas DDR-Geld, das niemand in D-Mark umtauschen konnte oder wollte. Mit der Einheitsgewerkschaft war sowieso Schluß. Um das Geld aufzubrauchen, wurde beschlossen, Ende Juni einen Ausflug mit Familienangehörigen in die Sächsische Schweiz durchzuführen. Ich nahm Julia mit zu der Wanderung von Krippen über die Schrammsteine nach Schmilka, wo es am frühen Nachmittag Mittagessen gab.

Zwei Tage nach meinem Abstecher nach Chemnitz ging in der Nacht vom 30. Juni zum 1. Juli die DM-Sonne endlich über der Zone auf. Einige Ostdeutsche gebärdeten sich wie Psychopathen. In Berlin kam es zu Tumulten, als die ersten DM-Scheine ausgegeben wurden. An diesem Volk konnte man nur verzweifeln. Nun hatten wir also Westgeld auf dem Konto, nach bisherigen Ostmaßstäben sogar viel Westgeld. Bis 1989 waren die fünfzig D-Mark, die uns mein Onkel zur Hochzeit geschenkt hatte, unser größter Schatz gewesen. Nun besaßen wir das Vierhundertfache, was nichts daran änderte, daß wir nach *westlichem* Maßstab arm dran waren. Und von nun an zählte der Westmaßstab.

Wir beobachteten in Ruhe den Austausch des Warensortiments in der nahegelegenen Kaufhalle, dem Unicent. An den letzten Tagen vor der Währungsumstellung wurde die Kaufhalle ausgeräumt. Es blieben nur die leeren Regale, es mutete an wie ein Laden in der sowjetischen Provinz. Doch das Wunder war programmiert und verwunderte daher wenig, wenngleich die Schnelligkeit, mit der sich die Umstellung vollzog, überraschte. Am Sonntagnachmittag war der Laden komplett eingeräumt mit dem bekannten westdeutschen Lebensmittelsortiment. Aus der Kaufhalle war über Nacht ein kleiner Supermarkt geworden mit einem komplexeren Angebot als im früheren Intershop. Mir fiel besonders die lange Reihe mit Valencina-Saft von Dittmeyer auf.

Nach der Einführung der DM-Mark fielen westliche Händler wie Heuschrecken über die Stadt her, um möglichst viel von dem frischen Geld abzubekommen. Auf dem Markt brachten neben vielen Obstständen Marktschreier Käse, Fisch und Wurst an das ausgehungerte Volk. Exotische Pflanzen wurden feilgeboten und diverse Billigklamotten. Die Kolonisatoren reichten den verdutzten Indianern die Glasmurmeln des weißen Mannes. Während eloquente Verkäufer Gurkenhobel oder Teppichreiniger anpriesen, als handle es sich um den letzten Schrei der High-Tech-Gesellschaft, sammelten holländische Antiquitätenhändler alte Möbel ein. Neben den Händlern bevölkerten die Fußgängerzone Hare-Krishnan-Jünger, Bettler oder Straßenmusikanten, darunter die später recht populäre Kelly-Familie, die sich neben dem Rathaus aufgestellt hatte. Freiberg war Teil des Weltdorfes geworden.

Ich kaufte ein exotisches Gewächs, das bald einging. Bei einer Verkaufsveranstaltung im Saal des Ballhauses erwarb ich als Schnäppchen für 100 DM einen blauen Anzug, der vielleicht vor zwanzig Jahren einmal modern gewesen war. Doch das blieben meine einzigen Verfehlungen. Ansonsten hielten wir unser Geld beisammen. Beispielsweise kauften wir eine Zeit lang keinen Kuchen beim Bäcker mehr. Kostete früher ein Stück 40 Pfennig Ost, mußte man nun mindestens 1 DM berappen. Da sich die meisten Kunden so verhielten, verschwanden bald die großen Kuchenbleche aus den Regalen der Bäckereien. Dafür konnten sie nun an Brot und Brötchen, die bisher 5 Pfennige gekostet hatten, verdienen. Das Outfit der meisten Bäckerläden wurde bald auf westlichen Standard geliftet. Die Westbrötchen waren knackiger, zum anderen bestanden sie vorwiegend aus Luft und schmeckten am nächsten Tag vollkommen fade. Erst Jahre später kehrten einige Bäcker mit Erfolg zu den Mangelrezepten der DDR-Zeit zurück.

Ähnlich ambivalent verlief die Entwicklung bei den Fleischern. Mußte man sich dort früher zur rechten Zeit geduldig anstellen, um etwa Lende oder Rouladen beziehungsweise das volle Frischwurstsortiment zu bekommen, lag nun in den Fleischtheken der Metzger und Supermärkte, was der Magen begehrte. Zu der DDR-Zeit waren die Fleisch- und Wurstwaren immer frisch, während man nun nicht mehr wußte, wie lange das Zeug schon ausharrte. Am erfreulichsten war das neue Käseangebot. Statt zwei, drei Einheitssorten konnten man nun Dutzende oder gar Hunderte Sorten Käse kaufen, weshalb in meiner Ernährung der Käse die Wurst weitgehend verdrängte.

Beeindruckend war das vielfältige Obst- und Gemüseangebot. Das ganze Jahr gab es fortan importierte Weintrauben, Birnen, Tomaten oder Gurken, natürlich Bananen, Apfelsinen sowie Kiwis. Von letzteren wußte man zunächst nicht, wie man sie überhaupt aß. Darüber hinaus konnte man weit über die traditionelle Saison Erdbeeren, Aprikosen, Pfirsiche, Nektarinen (gleichfalls eine Novität), Melonen und so weiter erwerben. Der Haken bestand darin, daß die meisten Früchte, abgesehen von Äpfeln und Südfrüchten, nicht mehr so schmeckten, wie man das kannte. Das saftige Aroma war einem wohlfeinen Äußeren gewichen. Am krassesten war es bei den Tomaten.

Hobbygärtner, die hofften, ihre Erträge in der Marktwirtschaft an den Mann oder die Frau bringen zu können, liefen oft ins Leere. So versuchte auf dem Weg zum Waldbad ein anliegender Gartenbesitzer, seine Kirschen für DM-Mark zu verkaufen; zuvor konnte man Kirschen faktisch nur bekommen, wenn man selbst einen Kirschbaum hatte. Dennoch beobachtete ich kein einziges Mal, daß jemand dort etwas erwarb. Kurz vor dem Waldbad hatte ein Bauer neben seinem Hof eine Imbißbude aufgestellt. Sie stand direkt neben dem großen Misthaufen. Insgesamt kauften die Leute keine einheimischen Produkte mehr, soweit es solche in und auf den Märkten überhaupt noch gab.

Als einzigen „Luxus“ leistete ich mir schließlich ein neues, preiswertes Fahrrad, eine Mischung aus Cityrad und Mountain Bike. Trotz der Achtzehn-Gangschaltung mußte ich feststellen, daß das Erklimmen von Bergen nach wie vor eine Schinderei darstellte.

Den Politikern ging es darum, möglichst schnell den Beitritt zur BRD zu vollziehen. Man sprach von den DDR-Politikern der Wendezeit oft als Laienspieltruppe, treffender wäre wohl Schmierentheater von Masochisten. Die Präsidentin der Volkskammer Sabine Bergmann-Pohl glänzte durch verbale Tiefflüge. Unglaublich, daß die Frau Ärztin sein sollte: wäre sie längere Zeit im Amt geblieben, sie hätte den ganzen Berufsstand in Verruf gebracht. Indes betrieben „Macher“ wie Günter Krause Realpolitik, indem sie sich westlicher als der Westen gebärdeten. Mit ihm kam Wolfgang Schäuble schnell voran, den Einigungsvertrag einzutüten. Dumm für den Westen lief nur, daß die Paralysierung der DDR kostenintensive Spätfolgen zeigte, an die damals niemand im Regierungslager zu denken wagte.

In dieser spannungsgeladenen, verrückten Zeit wartete Kitty auf die Entbindung. Am 27. Juli, einem heißen Sommertag, war es endlich soweit. Als ich in der Frauenklinik anrief, sagte man mir, ich hätte einen Sohn. Ich war erfreut darüber, das brachte nach der ersten Tochter zusätzliche Abwechslung in die Familie. Doch die Nachricht erwies sich bald als Mißverständnis, man hatte zwar nicht die Babys, doch die Namen der Väter verwechselt. Es war doch eine Tochter, für die wir als Namen Laura ausgewählt hatten – dann eben noch eine Tochter. Am Abend sollte ich erstmals Kitty in der Frauenklinik besuchen, nachdem ich den Nachmittag zusammen mit Julia im Johannisbad verbracht hatte. Ich kaufte zur Erinnerung an diesen Tag alle wichtigen Zeitungen, doch am späten Nachmittag waren einige schon vergriffen, insbesondere die BILD-Zeitung, mit der ich ansonsten nichts am Hut hatte. In der Klinik zeigte mir Kitty das Neugeborene. Es schaute in sich zusammengekrümmt und ahnungslos in ein unverständliches Sein. War das die richtige Zeit, Kinder in die Welt zu setzen? Lange Zeit trug ich Zweifel in mir. Es dauerte Jahre, ehe ich begriff, daß es sich um einen Glücksfall handelte.

7
Ende der Geschichte

Der Unicent-Supermarkt führte zwar alle notwendigen Lebensmittel, doch das Sortiment war vergleichsweise bescheiden. Bald wurde der Laden vergrößert, indem man Lagerräume in Verkaufsfläche umwandelte, später kamen im Außenbereich Parkplätze dazu. In manchen Dörfern reagierte man schneller. In der benachbarten Gemeinde Wegefahrt funktionierte die LPG eine Lagerhalle zum Supermarkt um. Der Andrang war zunächst gewaltig. Ich fuhr zweimal mit dem Rad dahin, um einzukaufen. Für eine Richtung brauchte ich mindestens fünfundvierzig Minuten. Als im Herbst die ersten provisorischen Großmärkte am Stadtrand Freiberg eröffnet wurden, blieben in dem abgelegenen Kaff schnell die Kunden weg, und der LPG-Markt mußte dichtmachen.

Logistisch ließen sich die Einkäufe kaum noch mit dem Fahrrad bewältigen. Ich meldete mich daher bei der Fahrschule an. Warte- und Ersatzteilprobleme, die uns bisher ein Auto verleidet hatten, gab es ja nicht mehr. Meine erste Anmeldung für die Fahrschule resultierte von 1986. Unser „Wagen“ glänzte noch in Sternberg auf dem Hof. In der ersten Jahreshälfte verharrten die Fahrlehrer in gewohnter DDR-Lethargie. Doch nun für richtiges Geld schossen die Fahrschulen wie Pilze nach einem warmen Regen aus dem Boden. Die Eröffnung des Theoriekurses fiel prompt auf meinen Urlaub, so daß mich mein Onkel Heinz vertreten mußte.

Mitte August fuhr ich zusammen mit Julia zum ersten Mal in den Westen richtig in den Urlaub. Wir hatten ein Doppelzimmer in einer Pension in Büsum gebucht. Über Sternberg fuhren wir an die Nordsee, an der wir eine reichliche Woche blieben. Das Zimmer wirkte im Vergleich zu den meisten Privatquartieren, die wir früher über den FDGB bekommen hatten, gediegen. Allerdings wurde es wie alle Hotelzimmer, wenn man etwa bei schlechtem Wetter den ganzen Tag darin zubringen mußte, bedrückend. Außerdem vermißte ich einen Kühlschrank. Künftig wollten wir, wenn das möglich war, nur noch Ferienwohnungen mieten. Zum Abendbrot löffelten wir frisch gekaufte Quarkspeisen oder griffen auf harte Wurst zurück. Die anderen Pensionsgäste gingen natürlich Abend für Abend essen. Der Bericht darüber bildete den Hauptteil der Gespräche zum Frühstück, das wie üblich in der Pension inbegriffen war. Man hatte den Eindruck, sie gingen nur in Gaststätten, um sich lang und breit darüber auslassen zu können. Ein anderes unerschöpfliche Thema stellte der gegenüber liegende Garten dar, der zwar nicht verwildert, aber nicht so mustergültig gehegt und gepflegt wirkte, wie es die Westmenschen erwarteten. Mit denen sollte ich fortan *ein* Volk sein: eine Vorstellung, die mich erschaudern ließ. Es war schon schlimm genug, mit den polternden oder einfältigen Ostdeutschen die Staatsangehörigkeit zu teilen.

Höhepunkt des Aufenthalts an der Nordsee bildete eine ausgedehnte Radtour durch Dithmarschen, zunächst auf den Deichen und dann durch das weitläufige Hinterland, wobei Julia eine bemerkenswerte Ausdauer zeigte. Besonders beeindruckten mich die einzeln stehenden Gehöfte, die von einem Baumgürtel umgeben wie Oasen in dem platten Grasland erschienen. Außerdem unternahmen wir mit der Bahn Abstecher nach Sylt sowie Husum. Auf Sylt begeisterten mich vor allem die hohen Sanddünen bei List. Dabei gerieten wir an den Rand eines Sperrgebietes, doch die Schutzeinrichtungen wirkten nicht so martialisch wie im Osten. Dennoch hatte ich einige Mühe, aus dem Labyrinth herauszufinden.

In Büsum besuchten wir auf Julias Wunsch die Meeresschwimmhalle. Überhaupt mußte ich mich oft nach ihren Begehrlichkeiten richten. Bald kannte ich ausgiebig alle Spielplätze des Ortes. Radtouren richtete ich so ein, daß wir hin und wieder einen Spielplatz besuchen konnten. In der Meeresschwimmhalle konnte man preiswert zu Mittag essen. Daneben gab es wenige Straßen von der Pension entfernt einen Laden, in dem Fertiggerichte zum Mitnehmen angeboten wurden. Ich kaufte Julia einen Drachen, den wir an den Deichen versuchten, steigen zu lassen, was bei dem meist starken Wind selten gelang. Von der Nordsee, weshalb ich eigentlich herkam, war ich enttäuscht. Ebbe und Flut hatte ich mir eindrucksvoller vorgestellt. Der Unterschied machte in Büsum nur wenige hundert Meter meerwärts in sechs Stunden aus, und den Schlick, der sich bei Ebbe an den Sandstrand anschloß, fand ich alles andere als anziehend. Da lobte ich mir die Ostsee. Ich beschaffte mir sogleich Prospekte: Das nächste Jahr würden wir mit der ganzen Familie auf die Insel Fehmarn fahren.

Nach der Rückkehr widmete ich mich sogleich der Fahrschule. Die mündliche Prüfung legte ich ohne Probleme Mitte September ab. Doch nun kam die Praxis. Bei der ersten Fahrt ging es nach ein paar Runden auf dem Hof gleich am Friedhof vorbei in ein Industriegebiet. Dort gab es kaum Autos – außer Lastern. Später fuhr ich mit dem Fahrlehrer, der zwar gutwillig war, aber über ein mäßiges psychologisches Geschick verfügte, kreuz und quer durch meine Heimatstadt. Zum Glück konnte ich die Fahrstunden gut mit meinen dienstlichen Verpflichtungen abstimmen. Obwohl ich die Hauptverkehrszeiten mied, machte ich nur langsam Fortschritte. Immer wieder würgte ich den Motor ab. Ob meine Ungeschicklichkeit mit der Kupplung umzugehen, auch an dem Fahrschulauto, einem alten Skoda, lag, läßt sich schwer sagen. Die Fahrprüfung schien jedenfalls in unabsehbarer Ferne.

Inzwischen begann man, die Infrastruktur in Ordnung zu bringen. Der Straßenzustand zu DDR-Zeiten war katastrophal gewesen, was mich als Radfahrer nicht weiter juckte. Die Leipziger Straße, die durch das Universitätsgelände führte und den Status einer Bundesstraße hatte, wurde innerhalb von drei Wochen von dem buckligen Pflasterbelag befreit, grundhaft ausgebaut und asphaltiert. Man konnte nur staunen, wie der Westen sich ins Zeug legte. Allerdings blieb das ein Strohfeuer, nur der Ausbau der Autobahnen ging zielstrebig vonstatten. Viele Straßen wurden nur notdürftig geflickt, und für den Ausbau von kurzen Straßenabschnitten wurden diese bald wieder monatelang gesperrt.

Nach Abschluß der Verhandlungen des Einigungsvertrags stand dem Anschluß der DDR nichts mehr im Wege. Erstmals in der Geschichte begann ein Volk, ein Teil desselben zu kolonisieren. Eine Mesalliance nach dem Motto: Halb sank er hin, halb zog sie ihn. Die DDR-Bevölkerung wurde geistig entmündigt, aber mit einem satten Schweigegeld abgefunden. Das drohende Abrutschen des Landes in die Dritte Welt konnte gestoppt werden, im Gegenteil das Gebiet zwischen Fichtelberg und Rügen schaffte den Anschluß an die letzten Wagen des Erste-Welt-Expresses. Der 3. Oktober, ein Tag ohne historischen Hintergrund, wurde zum Tag der deutschen Einheit bestimmt. So konnte verhindert werden, daß die DDR 41 Jahre alt wurde. Hätte man geschichtsträchtigere Daten wie den 9. Oktober (Umschlagpunkt der Leipziger Montagsdemonstrationen) oder den 9. November (Mauerfall) als Nationalfeiertag gewählt, hätte das als Ermutigung zur Zivilcourage oder Spontanität mißverstanden werden können. Solche Werte wurden zwar zuweilen in Sonntagsreden beschworen, doch im kapitalistischen Alltag besaßen sie keine Bedeutung.

Am Vorabend des 3. Oktober 1990 begingen einige Bekannte eine DDR-Abschieds-Party, zu der ich auch eingeladen war. Ich hatte darauf genauso wenig Lust wie auf irgendwelche weihevolle Einheitsfeiern. Ich nutzte den Feiertag zu einer Radtour über die Dörfer, das Wetter war mild genug. Auf den Landstraßen merkte ich, daß eine neue Zeit angebrochen war. Raser, die keine Rücksicht auf Radfahrer nahmen und haarscharf beim Überholen vorbeidüsten, machten mir zu schaffen. Ich mußte abseitigere Pfade wählen, wenn ich noch Freude am Radfahren haben wollte.

So war mein Leben in der DDR zu Ende gegangen. In der BRD sollte es mir in vieler Hinsicht bessergehen, aber glücklicher wurde ich nicht. Im Rückblick waren die achtziger Jahre vielleicht die beste Zeit in meinem Leben. Möglicherweise lag das nur daran, daß ich einfach in den besten Jahren gewesen war. Gleichzeitig war ich Zeuge eines historischen Prozesses geworden. Als Kind hatte ich, besonders als ich mich für Napoleon begeisterte, davon geträumt, eine Revolution zu erleben. Das schien mir genauso illusorisch, wie einmal nach Paris zu reisen.

Im Osten hatte sich mit der Wiedervereinigung der Kreis der deutschen Geschichte geschlossen. Die Großvätergeneration, verunsichert von der jungen Demokratie, hatte ihr Heil in Hitler gesucht. (Für die heutige Vorstellung ist es unfaßbar, daß einer so banalen Figur je eine solche Bedeutung zuwachsen konnte. Ohne Hitler wäre die Geschichte zweifellos ganz anders verlaufen: Und viele heute lebende Individuen, mich eingeschlossen, gäbe es dann gar nicht!) Die Elterngeneration mußte dann für den Wahnsinn ihren Kopf hinhalten und suchte, soweit sie den Krieg überlebt hatte, Erleuchtung von ihrer dressierten Verblendung zum Gutteil im Kommunismus. Erst der Enkelgeneration glückte es, in einem günstigen Moment der Historie die falschen Propheten zu stürzen und zu den Werten des zivilisierten Europas zurückzukehren.

Inhalt

Erster Teil
Erwachen im Morgenrot

Kapitel I
Die frühen Jahre
(1955 - 1962)

Kapitel II
Zwischen Fahnenappell und Wembley-Stadion
(1962 - 1970)

Zweiter Teil
Der lange Mittag

Kapitel V
Im Reich des Bösen
(1974 – 1979)

Dritter Teil
Dämmerungen

Kapitel VI
Schattenspiele
(1979 – 1980)

Kapitel VII
Willkommen und Abschied
(1980 – 1983)

Kapitel VIII
Warten auf G.
(1983 – 1989)

Kapitel IX
Tage des Ruhms
(1989 – 1990)

Fotonachweis

Cover vorn: Selbstporträt des Autors (April 2008)
[An der Wand] Im Alter von 4 Jahren (Juli 1959)

Cover hinten [innerhalb der Spiegelfassung - am Rand von oben, im Uhrzeigersinn]:
An der ABF Halle mit Jürgen Socolowsky (links) und
Frank Ihlenburg (rechts) (Frühjahr 1974)
Im Alter von 2 Jahren mit Vater (April 1957)
Mit Ehefrau Christiane (und im Kinderwagen Tochter Laura) (September 1990)
Mit Christiane (Juli 1986)
Mit Christiane und Tochter Julia (4 Monate) (Juli 1981)
Im FDJ-Hemd an der EOS Freiberg (1973)
Im Alter von 3 Monaten mit Mutter (Juni 1955)
[Daneben] Als Schulanfänger (September 1962)
[Darunter] Hochzeitsfoto mit Christiane (Februar 1978)

Danksagung

Der Autor dankt allen, die bei der Erstellung und Überarbeitung des Manuskriptes durch Hinweise, Kritiken und Korrekturlesen behilflich waren. Besonderer Dank gebührt zunächst meiner Frau und meinen Kindern. Weiterhin danke ich herzlich Jürgen und Sieglinde Socolowsky, Werner Lyska und meinem Bruder, die inhaltliche Ungenauigkeiten sowie Schreibfehler in den vorangegangenen Auflagen bemerkt haben.
Für etwaige weitere Fehler ist ausschließlich der Autor verantwortlich. Leser können Unkorrektheiten mitteilen oder Stellungnahmen zu diesem Buch übermitteln per E- Mail an:
DieterOestreich@web.de